DU MÊME AUTEUR

Etre et Agir dans la philosophie de saint Thomas, Troisième édition, Rome, Université Grégorienne, 1966.

Cogito cartésien et réflexion thomiste, Paris, Beauchesne, 1946 (épuisé).

Existence et Liberté, Paris-Lyon, Vitte, 1955.

Ethica generalis, 3a ed., Rome, Université Grégorienne, 1966.

Essai sur l'agir humain, Rome, Université Grégorienne, 1962.
   (Trad. espagnole: *Ensayo sobre el obrar humano,* Madrid, Editorial Gredos, 1966).

Connaissance de l'être, Bruges-Paris, Desclée De Brouwer, 1966.

JOSEPH DE FINANCE S.J.

ÉTHIQUE GÉNÉRALE

2ª edizione
Riveduta e corretta

EDITRICE PONTIFICIA UNIVERSITÀ GREGORIANA
ROMA 1988

1967 – I Edizione
1988 – II Edizione

Con approvazione ecclesiastica

© 1988 - E.P.U.G. - Roma

Editrice Pontificia Università Gregoriana
Editrice Pontificio Istituto Biblico
Piazza della Pilotta, 35 - 00187 Roma, Italy

Le présent ouvrage est essentiellement une traduction de notre *Ethica generalis* (troisième édition, Rome, 1966). Quand le traducteur est en même temps l'auteur, il a droit à une certaine liberté. On en a usé ici pour améliorer la présentation et la bibliographie, ainsi que pour introduire çà et là quelques compléments. Les divisions à l'intérieur des chapitres ont été simplifiées, là où il a paru nécessaire de les maintenir. Par contre, pour des raisons de commodité, nous avons conservé les paragraphes numérotés. Les remaniements et additions apportés au texte font que les numéros de ce livre ne correspondent pas toujours exactement à ceux de l'original latin. Voici la table de concordance. (En italique, les paragraphes figurant seulement dans le texte français, entre parenthèses, ceux qui figurent seulement dans le texte latin. Le sigle rem., après un groupe de paragraphes de l'édition latine, signifie que ces paragraphes ont été remaniés dans la version française: la correspondance porte sur le groupe).

Ethique générale	Ethica generalis [3]	Ethique générale	Ethica generalis [3]
1-26	1-26		(287)
27-28	27-28 rem.	287-288	288
29-36	29-36	289-309	289-309
37	37-38	310-311	310-311 rem.
38-39	39	312-313	312-313
40-87	40-87		
88-89	88		
90	89		
	(90)		
91-96	91-96		
97-98	97-98 rem.		
99-211	99-211		
212-213	212		
214-219	213-218		
	(219)		
220-250	220-250		
251-252	(251)		
253-254	252-253		
255	254-255		
256-264	256-264		
265	(265)		
266-286	266-286		

INTRODUCTION

I. Définition.

1. - Le mot *éthique* vient du grec ἦθος, qui signifie coutume, façon habituelle d'agir, caractère [1], sens qui est aussi celui du latin *mos, moris,* lequel a donné en français *mœurs* (du pluriel *mores*) et, par l'intermédiaire de *moralis,* l'adjectif *moral. Ethique* et *moral* sont donc, d'après l'étymologie, de signification équivalente, et c'est pourquoi, sous leur forme substantivée féminine, ces mots sont souvent pris l'un pour l'autre. On dit indifféremment: l'*éthique* ou la *morale,* pour désigner ce que nous pouvons provisoirement définir: *science ou philosophie de l'action humaine.* — De nos jours cependant, nous le verrons, beaucoup, surtout dans le monde anglo-saxon, introduisent entre les deux termes une distinction.

On pourrait croire qu'en parlant d'*éthique,* on sous-entend le substantif: *science* ou *philosophie*. Historiquement, ce serait faux. *Ethique,* à travers le latin *ethica,* se rattache au pluriel neutre ἠθικά: ce qui concerne les mœurs, qu'Aristote (ou son éditeur) a donné comme titre à ses deux grandes œuvres morales: l'*Ethique à Eudème* et l'*Ethique à Nicomaque*. L'équivalent latin serait *Moralia* (titre donné, par saint Grégoire le Grand à ses célèbres Commentaires sur le livre de Job). Transcrit en latin, le mot *ethica,* comme les mots *physica, metaphysica, politica,* a d'abord gardé sa valeur de pluriel (cf. l'anglais: Ethics, Physics, Metaphysics); par la suite, il a été traité comme un féminin et c'est comme féminin qu'il a donné le français: *éthique.*

Dans la définition ci-dessus (science ... de l'*action* humaine), le mot *action* doit se prendre au sens strict, correspondant à la πρᾶξις aristotélicienne, en tant que distincte à la fois de la spéculation (θεωρία) et du « faire » (τὸ ποιεῖν: activité artistique et technique, production

---

[1] Il signifie aussi, au pluriel: séjour habituel, demeure, résidence (des hommes ou des animaux). Il existe une forme brève, ἔθος, dont le sens est: coutume, usage. — La racine indo-européenne paraît être *suedh-,* où *sue-* est une forme réflexive et *dh-* a le sens général de poser, faire... La signification première serait donc: action propre (à moi, à toi etc.) ou bien: chose appropriée, « faite sienne » (p. ex. une maison). Comp. le sanscrit *svadha*: « custom, rule, law, accustomed place, home, (wonted state), ease, pleasure ... », A. A. MacDonell, *A Practical Sanskrit Dictionary,* Oxford-London, 1924, p. 370 b.

d'objet, transformation du milieu etc.) ². Ce qui compte, du point de vue de l'art ou de la technique, c'est que l'œuvre soit réussie : que la statue soit belle, que la table tienne sur ses pieds, que l'avion vole... L'agent et son acte n'ont d'intérêt que par rapport à l'œuvre. C'est à eux, au contraire et, plus précisément, à l'agent considéré à travers son acte, que l'éthique s'intéresse au premier chef.

A s'en tenir à l'étymologie, on pourrait donc déjà appeler (science) éthique ou morale la simple description des mœurs ou façons d'agir soit des hommes en général soit d'une société déterminée. Et de fait, chez ceux que l'on regarde comme les grands « moralistes » — Aristote, son disciple Théophraste et le moderne imitateur de ce dernier, La Bruyère etc. — cette description tient une grande place. — Avec le secours de méthodes plus perfectionnées et dans une attitude de neutralité qui exclut tout jugement de valeur, elle est poursuivie de nos jours sur le plan de la phénoménologie, de la caractérologie, de la sociologie etc. ³.

Mais l'éthique doit-elle s'en tenir là? Certains le pensent. Plus exactement, à la vieille éthique « théorique » et « normative », qui, selon eux, ne peut apporter aucune certitude « scientifique », ils voudraient substituer une « science des mœurs », qui considérerait le fait moral à l'instar des autres faits sociaux, décrirait les coutumes, les jugements et sentiments moraux propres aux différentes sociétés et déterminerait les lois de leur apparition, de leur développement, de leur évolution, de leur

---

² « Differt autem facere et agere quia, ut dicitur in IX Met., factio est actus transiens in exteriorem materiam, sicut aedificare, secare et huiusmodi; agere autem est actus permanens in ipso agente, sicut videre, velle et huiusmodi », I-II, 57, 4. — Voir Aristote, *Met.*, Θ, 8, 1050 a 23 ad fin. et *Eth. nicom.*, I, 1, 1094 a 4-6; VI, 4, 1140 a 1-23. — Toutefois on ne saurait identifier la distinction de l'agir et du faire avec celle de l'action immanente et de l'action transitive. La réussite d'un raisonnement relève incontestablement du domaine de l'immanence; pourtant elle ne tombe pas directement sous la juridiction de l'éthique. D'autre part, l'action tend naturellement à une transformation du milieu. Disons que l'immanence embrasse à la fois la spéculation et l'action, en tant que distincte du « faire », mais celle-ci, par son dynamisme propre, tend à lui échapper.

³ Voir, par exemple, le grand ouvrage de Ed. Westermarck, *The Origin and Development of Moral Ideas*, 2 vol., London, 1906-1908. (Trad. française par Robert Godet: *L'origine et le développement des idées morales*, 2 vol., Paris, 1928-1929). — Comme études sociologiques des faits moraux, citons: Em. Durkheim, *Le suicide*, Paris, 1897; P. Fauconnet, *La responsabilité*, Paris, 1920. Comme application de la méthode phénoménologique à l'étude des faits moraux, mentionnons en particulier M. Scheler: *L'homme du ressentiment*, Paris, 1933 (en allemand: *Ueber Ressentiment und moralisches Werturteil*, Leipzig, 1912); *Repentir et renaissance* (dans *Le sens de la souffrance*, Paris, 1936; en allemand: *Reue und Wiedergeburt*, dans *Vom Ewigen im Menschen*, Leipzig, 1921); P. Ricœur, *Finitude et culpabilité*, 2 vol., Paris, 1960.

disparition comme la « science » le fait pour les phénomènes physiques. Telle est, par exemple, la position de L. Lévy-Bruhl, dans *La morale et la science des mœurs*, Paris, 1903.

Selon cet auteur, parler de « science normative », c'est se contredire. La science énonce ce qui est, non ce qui doit être : « La science, par définition, n'a d'autre fonction que de connaître ce qui est. Elle n'est et ne peut être que le résultat de l'application méthodique de l'esprit humain à une portion ou à un aspect de la réalité donnée. Elle tend, et elle aboutit, à la découverte des lois qui régissent les phénomènes. Telles sont les mathématiques, l'astronomie, la physique, la biologie, la philologie etc. La morale théorique se propose un objet essentiellement différent. Elle est, par essence, législatrice. Elle n'a pas pour fonction de connaître, mais de prescrire » [4]. L'éthique, ainsi comprise, ne peut donc, d'après Lévy-Bruhl, être une science.

D'autre part, beaucoup aujourd'hui, parmi les tenants de l'analyse linguistique, ne veulent voir dans l'éthique ou la philosophie morale, qu'une logique du discours moral. Son rôle se réduirait à définir les termes ou concepts moraux (bien, mal, juste, injuste, droit, devoir etc.), à déterminer leurs relations, soit entre eux, soit avec les termes ou concepts non moraux, à codifier les règles de leur usage correct, en distinguant les cas où ils conservent leur signification proprement morale de ceux où ils n'ont qu'une signification non morale ou pas de signification du tout etc. Une éthique ainsi entendue ne peut rien prescrire d'une façon absolue, mais seulement montrer que telle prescription particulière est cohérente ou non avec les principes ou valeurs de base reconnues par l'individu. Mais il dépend d'un chacun de choisir tel système de valeurs plutôt que tel autre et, sur ce choix, la philosophie morale n'a rien à dire.

Ecoutons, par exemple, J. Hartland-Swann : « Le philosophe moral (moral philosopher) ... se préoccupe avant tout de découvrir la signification logique des concepts employés et comment les propositions qui expriment des problèmes moraux se rapportent à celles qui expriment des problèmes non-moraux, ou en diffèrent. Pour lui donc, ces problèmes sont, si je puis ainsi parler, des *problèmes en matière morale* (*problems in morals*). En outre, *n'importe quelle* proposition — interrogative ou non — dans laquelle sont enveloppés des concepts moraux ou apparemment tels, est également intéressante de ce point de vue et, par suite, constitue au même titre un problème en matière morale » [5].

---

[4] *Op. cit.*, pp. 10-11.
[5] « The moral philosopher ... is concerned primarily to discover the logical significance of the concepts used and how sentences, embodying moral problems, are related to or differ from sentences embodying non-moral problems. For him therefore these problems are, if I may put it this way, *problems in*

« On a parfois soutenu ... que le rôle du "philosophe moral" est d'établir définitivement quels principes moraux sont valides de fait, quelles fins sont vraiment valables en elles-mêmes ... Nous verrons pourtant que le "philosophe moral" *comme tel* n'est nullement en mesure d'agir comme arbitre de la moralité, si ce n'est dans un sens très limité et qui demandera à être soigneusement défini » [6].

2. - Science positive des mœurs ou logique du discours moral: ces définitions de l'éthique ne se posent qu'en s'opposant à une notion ancienne ou vulgaire. Celle-ci dit autre chose: cela précisément que les conceptions rapportées ci-dessus veulent exclure: le caractère normatif, pratique, au plein sens du mot, de ses conclusions. L'éthique est *normative,* non pas, comme la logique, pour ce qui regarde le bon fonctionnement de la pensée, mais pour ce qui regarde la bonne marche de la vie, l'orientation droite de l'existence. Elle est une science *pratique,* non seulement parce qu'elle traite de la *praxis* humaine, mais parce qu'elle vise à la diriger [7]. Il ne suffit pas aux mo-

---

morals. Moreover, *any* sentence — whether interrogative or not — in which moral or seemingly moral concepts are embedded is equally interesting from his point of view and therefore equally constitutes a problem in morals », J. Hartland-Swann, *An Analysis of Morals,* London, 1960, pp. 18-19.

[6] « It has sometimes been held ... that the moral philosopher's task is to settle definitively what moral principles are in fact valid, and what ends are really valuable in themselves ... We shall see however that the moral philosopher *as such* is in no position to act as a moral arbiter except in a very restricted sense — a sense which will require to be defined very exactly », *ib.,* p. 21. Par ces derniers mots, l'auteur entend que la philosophie morale peut aider à voir clair dans les situations complexes et à trouver ainsi la solution appropriée, pp. 183-184.

[7] Non pas sans doute en indiquant ce que tel individu doit faire en telle circonstance et comment il doit s'y prendre, étant donné son caractère, son état, sa situation etc.: cela relève de la vertu de prudence et, dans une certaine mesure, de la « direction de conscience »; mais en énonçant les règles générales, en formulant les principes qui doivent commander le jugement moral. L'éthique n'est donc pas une science pratique en ce sens qu'elle déboucherait immédiatement sur l'action: elle n'est pas « pratico-pratique », à l'instar du jugement prudentiel, ni, selon l'expression de M. Maritain, « pratiquement pratique », comme le serait la casuistique, comme le sont la plupart des ouvrages de spiritualité. Immédiatement, elle rectifie l'intellect, elle est spéculative, et c'est en cela qu'elle est science. Mais elle n'est pas purement spéculative: elle vise l'action, qu'elle entend rectifier à travers la rectification de l'intellect. Le jugement rétrospectif sur l'action est secondaire: l'action ne peut être jugée droite ou déviée que si l'on a d'abord dans l'esprit une prénotion, sous forme d'exigence pratique, de sa rectitude, comme il sera expliqué plus tard.

Sur l'éthique comme science pratique, selon saint Thomas, voir J. Maritain, *Distinguer pour unir,* Paris, 1932, pp. 618-627 et 869-896; *Science et Sagesse,* Paris, 1935, pp. 227-240; Y. Simon, *Critique de la connaissance morale,* Paris, 1934, pp. 79-97 et E. J. Naus, *The Nature of the Practical Intellect according to Saint Thomas Aquinas,* Rome, 1959, stt. pp. 42-68. — A noter la position de Jean de Saint-Thomas, pour qui la morale ne devient science

ralistes de décrire les mœurs: ils entendent les juger et les rectifier. Ils proposent des règles, des avis; des conseils et des préceptes pour montrer aux hommes le chemin du *bien vivre* et les y engager.

Mais cela peut s'entendre de deux façons:

1) On peut penser à un *art de vivre,* à une technique du bonheur (individuel ou social). Telle est — à parler en gros — la conception antique de la philosophie morale; toute orientée vers le souverain bien, dont la possession procure à l'homme la félicité.

Il va de soi qu'une technique du bonheur est admise même par ceux-là qui définissent autrement la philosophie morale. Ainsi Lévy-Bruhl voit dans la *science des mœurs* le fondement sur lequel pourra un jour se constituer un *art moral* capable d'indiquer ce qu'il faut faire pour assurer le salut et le mieux-être de la société. Et ceux qui ne voient dans l'éthique qu'une espèce de logique sont les premiers à proclamer son utilité pour la solution des problèmes de vie.

2) Mais la science du *bien vivre* peut être également comprise comme la science de ce qui *convient à l'homme.* Bien vivre, dans ce cas, ne signifie pas: vivre heureux, mais: vivre *comme il faut.* En vivant bien, l'homme mérite l'estime, la louange, l'approbation etc.; en vivant mal, en faisant ce qui ne convient pas, il mérite le blâme. Une telle éthique ne dira pas: agis de telle façon si tu veux être heureux (ou: puisque tu veux être heureux), mais: agis de telle façon si tu veux vivre en homme (et tu *dois* vivre en homme). — Cette conception de la morale n'était pas inconnue des anciens: Platon, Aristote, les stoïciens parlent souvent de ce qui convient ou ne convient pas à l'homme, des conduites conformes ou contraires à la raison, de ce qu'il faut faire ou éviter etc. La thèse de Brochard, selon laquelle la pensée grecque classique aurait ignoré l'obligation morale, ne se soutient pas [8]. On doit reconnaître toutefois que la nécessité objective du bien, le devoir de le réaliser intéressent moins ces penseurs que son caractère aimable et désirable, au point que leur éthique paraît souvent tourner à une esthétique de la vie morale, confusion favorisée par l'étroite

---

pratique qu'en se perfectionnant par la vertu de prudence; en elle-même, elle serait purement spéculative. Voir *Ars Logica,* p. II, q. 1, a. 4 et q. 27, a. 1 (*Cursus philosophicus,* éd. Reiser, t. I, pp. 276-277 et 826-827). — Bon exposé dans O. Lottin, *Morale fondamentale,* Paris-Tournai, 1954, pp. 4 ss.

[8] V. Brochard, *La morale ancienne et la morale moderne,* « Revue philosophique », 1901, I, pp. 1-12 (reproduit dans *Etudes de philosophie ancienne et de philosophie moderne,* Paris, 1912, pp. 489-503).

affinité, pour la mentalité hellénique, des notions de bon et de beau [9]. On peut dire que, chez les anciens, l'obligation est plutôt vécue comme un donné de l'expérience éthico-religieuse que scientifiquement développée. Elle reste en général sur le plan de l'expression populaire ou de l'interprétation mythique et n'intervient guère dans la systématisation rationnelle de la morale. Cette idée, au contraire, tient une grande place dans les théories élaborées sous l'influence, directe ou non, du christianisme et, en particulier, dans l'éthique kantienne, dont elle est la notion-clé (nn. 115-116).

Ces deux conceptions de la morale ne s'excluent nullement. A priori, rien n'empêche qu'une vie conforme à l'idéal de l'homme soit aussi pour lui le chemin, et l'unique chemin, du bonheur; et, de fait, nous montrerons — retrouvant en cela l'affirmation spontanée de la conscience commune — qu'il en est bien ainsi, de sorte que l'un des deux aspects de l'éthique ne peut être adéquatement exposé indépendamment de l'autre. On le vérifierait aisément en considérant les grandes doctrines morales. Celle des scolastiques, par exemple, et nommément de saint Thomas, se présente d'ordinaire comme une éthique de la béatitude, mais elle inclut une éthique de l'obligation [10]. Et, de son côté, l'éthique kantienne finit par réintroduire, comme élément du souverain bien, l'idée de bonheur (n. 118).

3. - On le voit, la définition de l'éthique, pour peu qu'elle veuille sortir des généralités vagues, dépend, partiellement du moins, de la manière dont sont abordés et résolus les problèmes moraux. C'est dire que notre propre définition ne se justifiera pleinement que dans la démarche de notre traité. Au départ, elle est en quelque manière postulée. Posons donc que l'éthique est une science normative des actions et par là de l'existence humaine — normative au second sens, non à la façon d'un art de vivre heureux, mais en tant qu'elle comporte une règle valant par soi, un devoir proprement dit, une obligation absolue ou catégorique (sans prétendre toutefois que cette obligation soit l'élément essentiel de la moralité). L'éthi-

---

[9] Le bien moral ou « honnête » se dit en grec plutôt κάλον que ἀγαθόν; l'« honnête homme » (au sens des classiques, l'homme pleinement humain est καλὸς κἀγαθός. Le mot latin *honestum* présente une ambiguïté semblable. — Cf. L. Ollé-Laprune, *Essai sur la Morale d'Aristote*, Paris, 1881, pp. 76-81.

[10] A moins de dire — comme on l'a soutenu à propos de saint Thomas — qu'une telle éthique est plutôt une théologie du retour à Dieu, plus exactement de Dieu ordonnant et conduisant l'homme à sa fin au moyen de la grâce, de la loi, des vertus etc. Voir dans ce sens R. Guindon, *Béatitude et Théologie morale chez saint Thomas d'Aquin*, Ottawa, 1956.

que est la science de ce que l'homme doit faire pour vivre comme il doit vivre, pour être ce qu'il doit devenir, pour qu'il atteigne sa valeur suprême, pour qu'il réalise dans sa nature ce qui se présente comme la justification de son existence, *ce vers quoi et pour quoi il existe.* En deux mots: l'éthique est une science *catégoriquement normative.*

D'une éthique ainsi entendue, la matière est plus déterminée, plus restreinte que s'il s'agissait simplement d'une description des mœurs ou d'une technique de la vie heureuse. Selon notre définition, en effet, l'action est considérée sous un aspect plus subjectif ou, mieux, personnel: comme procédant de la *volonté libre.* Ce caractère n'aurait pas autant d'importance dans le cas, par exemple, d'un art de vivre heureux, car il n'est pas exclu qu'un acte posé sans advertance, sans décision libre etc., puisse, par son contenu matériel, favoriser le bonheur ou y mettre obstacle. Un somnambule peut se blesser comme il peut aussi, par une suggestion opportune, exécuter une gymnastique salutaire pour laquelle le courage lui eût manqué dans l'état de veille ou se défaire d'une habitude nuisible à sa santé. Une éthique du bonheur paraît donc, à première vue, du moins, conciliable avec la négation de la liberté et l'histoire nous dit que cet accord s'est vérifié à maintes reprises: l'éthique de Spinoza en est un exemple. Pour la même raison, une éthique du bonheur se montrera parfois peu chatouilleuse sur le respect de l'autonomie personnelle. Elle croira rendre aux hommes un bon office en déterminant à leur place les chemins de la félicité et en les y poussant de force s'ils sont assez sots pour ne point s'y engager d'eux-mêmes. — Là au contraire où l'on pose l'obligation, il faut poser aussi la liberté, sans laquelle celle-là n'a pas de sens (n. 39, 1). En d'autres mots, l'éthique, telle que nous l'entendons, ne considère pas les actes posés par l'homme en tant qu'ils procèdent de lui, qu'ils lui appartiennent, qu'ils sont siens etc. *d'une façon quelconque* (*actus hominis*), mais en tant qu'ils sont posés par lui selon le mode d'agir propre à l'homme et qui le distingue de tous les autres êtres de notre expérience, c'est-à-dire avec advertance et liberté, comme nous allons le voir (nn. 13-14), en tant qu'ils sont, au plein sens du mot, des *actes humains* (*actus humani*).

4. - Notre définition de la *philosophie* morale, pour être complète, requiert une dernière précision.

Chez la plupart de hommes, les prescriptions morales revêtent aussi un caractère religieux. Elles sont considérées comme des commandements de la divinité; leur connaissance est souvent attribuée à une révélation divine etc.

En tant que *philosophes,* nous admettons sans hésiter qu'une telle communication est possible, bien plus, qu'elle est hautement souhaitable. En tant que *chrétiens,* nous savons et croyons qu'elle a eu lieu. — Pourtant, l'éthique philosophique, précisément en tant que philosophique, ne considère pas la réalité morale telle que la révélation nous la fait connaître, mais telle qu'elle se présente pour la raison usant de sa lumière naturelle : telle que la raison peut la décrire, l'interpréter, en reconnaître et en justifier les exigences. Cela crée d'ailleurs un problème, dont nous allons nous occuper bientôt.

Nous dirons donc, pour être complets, que l'éthique est la *science catégoriquement normative des actes humains, selon la lumière naturelle de la raison.*

Ce caractère rationnel de l'éthique philosophique ne signifie aucunement qu'elle doive procéder d'une façon rationaliste et « laïque », en ignorant systématiquement le fait religieux, la valeur religieuse, et pas davantage qu'elle soit sans intérêt pour la formation de l'esprit chrétien. Tout au contraire, l'éthique, comme les autres disciplines philosophiques, est assumée dans la synthèse de la foi, en tant qu'elle étudie des structures et des exigences essentielles de l'homme qui, parce qu'essentielles, demeurent dans l'ordre chrétien et fondent la possibilité d'une rencontre et d'une dialogue avec ceux « du dehors ». La philosophie rendra d'autant plus de services à la foi qu'elle sera plus authentique rationnelle, mais réciproquement, toutes choses égales d'ailleurs, le philosophe percevra d'autant mieux les exigences profondes de la raison qu'il sera lui-même plus chrétien.

II. Intérêt et légitimité.

5. - L'intérêt humain de l'éthique semblerait ne pas avoir besoin de preuve ou d'explication. La question la plus brûlante qui se pose à l'homme n'est-elle pas celle-ci : que faire ? — Sans doute, s'agit-il d'abord des problèmes d'urgence immédiate, qui surgissent de sa condition besogneuse et menacée : il faut vivre, et pour vivre se nourrir, se vêtir, s'abriter, il faut maintenir la famille, élever les enfants, il faut conserver la cohésion du groupe dont dépend la sécurité et la prospérité de tous. Mais, quand il a commencé d'échapper à l'urgence et connu quelques moments de réflexion, l'homme ne peut manquer de s'interroger sur ce qu'il fait et sur ce qu'il doit faire pour que sa vie ait un sens. Le problème moral est posé, tout au moins d'une manière implicite. Car il est bien clair que l'homme n'accède pas à la moralité à travers une formule générale et abstraite : c'est à l'intérieur de problèmes très particuliers, très concrets, très « quotidiens », que la question sur le sens de l'existence, sur la direction à lui imprimer, s'articule en lui et pour lui.

L'éthique, en tant que réflexion sur ce problème vital, apparaît donc une science éminemment humaine. — Pourtant, sur la légitimité d'une recherche définie comme nous l'avons fait plus haut, on a élevé et on élève de multiples objections.

Certaines se fondent sur des raisons tout à fait générales dont l'examen et la réfutation relèvent d'autres disciplines et que nous pouvons pour cela supposer, à bon droit, déjà examinées et réfutées. Telles les objections qui procèdent du refus de reconnaître valide une connaissance métaphysique et métaphénoménale, d'admettre une nature humaine fondamentalement identique en tous etc. — En particulier, l'objection que nous avons vue soulevée par Lévy-Bruhl contre la notion de science normative (n. 1) s'inspire du préjugé positiviste et scientiste, qui ne veut reconnaître d'autre source légitime de certitude que la « science », au sens moderne du mot (mathématiques et sciences de la nature), excluant par là toute connaissance certaine, méthodique et systématique — donc « scientifique », au sens ancien du mot — des valeur et des normes. Plus profondément ladite objection sous-entend le divorce, fréquemment proclamé de nos jours, de l'ordre du bien d'avec celui du vrai et de l'être, divorce qu'une saine métaphysique exclut [11] et sur lequel d'ailleurs nous aurons à revenir.

Nous pouvons ranger parmi ces objections d'ordre tout à fait général, celle que soulève le positivisme logique d'un Ayer, par exemple, ou d'un Stevenson. Les jugements éthiques, comme les jugements esthétiques ou métaphysiques n'auraient proprement aucune signification. En effet, une proposition significative, quand elle ne se réduit pas à une tautologie, doit être toujours empiriquement vérifiable. Or une proposition éthique (ou esthétique ou métaphysique) n'est pas une tautologie : si je dis : il est mal de mentir, je ne me répète pas, comme si je disais : mentir est mentir. Mais d'autre part, une telle proposition n'est pas empiriquement vérifiable. Il n'y a aucune détermination donnée dans l'expérience, aucun caractère observable et contrôlable qui réponde au prédicat apparent *mal*. Les propositions dont nous parlons expriment donc simplement notre réaction subjective : aversion, admiration, désir, crainte etc. Elles l'expriment, notons-le bien ; elles ne la signifient pas. En effet, en disant : il est mal de mentir, mon intention n'est nullement de faire connaître mon état de conscience : c'est du men-

---

[11] L'œuvre de L. Lavelle peut être ici invoquée comme une magnifique affirmation à la fois du caractère ontologique de la valeur et du caractère axiologique de l'être.

songe que je parle. Seulement j'en parle littéralement pour ne rien dire. Ma proposition n'a pas plus de contenu qu'un cri de joie ou de douleur. C'est une simple réaction émotive.

Ne signifiant rien, les propositions de l'éthique ne sont ni vraies ni fausses. Tout ce qu'on peut se demander à leur sujet, c'est la raison subjective, émotionnelle qui les explique. L'éthique, comme science, se réduit donc entièrement à la psychologie et à la sociologie [12].

---

[12] « En effet, en disant qu'un certain type d'action est juste ou injuste (right or wrong), je n'énonce pas un fait (I am not making any factual statement), n'énonce rien sur mon propre état d'esprit (not even a statement about my own state of mind). Je ne fais qu'exprimer certains sentiments moraux. Et celui qui affecte de me contredire ne fait lui aussi qu'exprimer ses sentiments moraux. De sorte qu'il n'y a évidemment aucun sens à demander qui de nous deux a raison. Car ni l'un ni l'autre n'énonce une véritable (genuine) proposition », A. J. Ayer, *Language, Truth and Logic*[2], London, 1951, pp. 107 ss. (trad. par nous). Dès lors : « il ne peut rien y avoir qui mérite d'être appelé science éthique (There cannot be such a thing as ethical science), si l'on entend par : science éthique, l'élaboration d'un système de morale qui soit « vrai ». Car nous avons vu que, les jugements éthiques n'étant que l'expression de sentiments (feelings), il ne peut y avoir aucun moyen de déterminer la validité d'un système moral quel qu'il soit, et partant aucun sens à demander si un pareil système est vrai... Il apparaît donc que l'éthique, en tant que branche du savoir, n'est rien de plus qu'un département de la psychologie et de la sociologie », *ib.*, p. 112 (trad. par nous).

Charles L. Stevenson (*Ethics and Language*, Yale, 1944) fait sienne cette théorie « émotionnelle ». Moins radical en un sens que Ayer, il reconnaît que les termes éthiques contiennent un élément descriptif, mais leur caractère proprement éthique leur vient d'un indice émotionnel dont ils sont affectés et grâce auquel ils sont aptes à susciter à leur tour une émotion chez l'auditeur ou le lecteur. Plus précisément, selon cet auteur, un jugement tel que « A est bon » peut s'interpréter selon deux modèles (« patterns ») : 1. J'approuve A. Fais de même. 2. A possède certaines qualités ou relations X, Y, Z — mais en outre je l'approuve et je sollicite l'approbation de l'auditeur. (Bien entendu, cette approbation n'est pas signifiée descriptivement, mais exprimée émotionnellement). — De toute manière, on le voit, il ne saurait y avoir une science du bien, car *l'approbation* ne peut être la conclusion d'un argument. Stevenson concède cependant qu'elle peut être appuyée par des raisons, mais, en dernière instance, elle dépend de la décision du sujet.

On pourrait évidemment citer ici les néo-positivistes du cercle de Vienne (devenu ensuite cercle de Chicago) : Carnap, Reichenbach, dont Ayer s'inspire manifestement. — Auparavant déjà L. Wittgenstein, dans son fameux *Tractatus Logico-Philosophicus* (1921), avait exclu du domaine du discours l'éthique et la métaphysique. Non pourtant qu'il niât la réalité de leur objet, mais cet objet, selon lui, appartient à la sphère du « mystique » (« Das Mystische ») et reste donc entièrement ineffable et inexprimable, *Tract....*, 6. 42 (*Schriften*, Frankf. a. M., 1960, p. 80). Or, « sur ce dont on ne peut rien dire, il faut se taire », 7 (*ib.*, p. 83).

Le point de départ, du moins en ce qui concerne l'éthique, est sans doute à chercher chez G. E. Moore (*Principia Ethica*, Cambridge, 1903). A force d'insister sur le caractère singulier et irréductible du bien (qu'il conçoit comme une « qualité non naturelle »), Moore finit par rendre à peu près impossible toute spéculation éthique. On ne peut dire : le bien consiste en ceci ou en cela (par ex. dans le plaisir, l'utilité etc.), mais simplement : le bien est

L'objection s'effondrera si nous parvenons à montrer qu'il y a une véritable expérience morale, une perception authentique de la valeur (nn. 28-31). Mais, dès à présent, nous rejetons le postulat qui la supporte. Ramener toute proposition significative et non tautologique à la description d'une expérience suppose une analyse mutilante de la connaissance, de la pensée et du langage. L'assomption n'est pas seulement arbitraire: elle se contredit. Car elle n'est évidemment ni tautologique, ni empiriquement vérifiable, au sens de leurs auteurs, et pourtant ceux-ci seraient bien fâchés si on leur rétorquait qu'en ce cas elle ne signifie rien.

6. - Nous intéressent davantage les objections qui naissent, pour ainsi dire, à l'intérieur du domaine de l'éthique et la concernent donc en propre. Nous en signalerons deux, souvent rebattues de nos jours.

D'une part, non seulement les façons d'agir, mais, ce qui est bien plus remarquable, les jugements moraux sur les actions, varient considérablement selon les époques et les peuples, ce qui semble exclure l'idée d'une éthique dont les prescriptions s'imposeraient universellement. — D'autre part, dans une société donnée, les divers systèmes moraux, bien que procédant de principes différents, voire opposés (la raison, la nature humaine, l'intérêt privé, l'intérêt commun, le sentiment etc.), aboutissent tous, plus ou moins, aux mêmes conclusions pratiques, lesquelles se trouvent, comme par hasard, concorder le plus souvent avec les façons de juger et d'agir propres à ladite société. Ceci donne à penser que les règles morales ne dépendent pas véritablement des principes: ces derniers, et la construction systématique élaborée à partir d'eux, ne seraient qu'idéologie artificielle, étrangère à la moralité véritable. La morale vécue n'a rien à voir avec la morale philosophique.

Ces difficultés seront examinées en leur lieu. Dès maintenant, observons ceci:

La diversité des conduites et des jugements moraux, dont fait état la première objection, regarde la détermination de ce qui est à faire ou à éviter; elle laisse intacte l'universalité du principe que quelque chose — le bien — est à faire, quel-

---

le bien. — Pourtant les propositions éthiques ont un sens, car le mot bien *signifie* quelque chose. On est loin du radicalisme de Ayer.

Sur toute cette école, voir par ex. M. J. Charlesworth, *Philosophy and Linguistic Analysis*, Pittsburgh-Louvain, 1959.

que chose — le mal — à éviter. Bien plus, elle la suppose :
sans un certain accord fondamental sur les notions de bien et
de mal, il n'y aurait aucun sens à dire que ce qui est bien
pour les uns est mal pour les autres. « Vérité en-deçà des Pyrénées, erreur au-delà » : encore faut-il que des deux côtés des
Pyrénées on s'accorde sur le sens des mots *vérité* et *erreur*.

Nous verrons, d'ailleurs, que la conscience morale du genre
humain ne s'en tient pas à cette unité purement formelle. L'accord s'étend au moins aux déterminations plus générales de
ce qui est à faire ou à éviter (nn. 185-190). Et nous verrons comment s'explique le désaccord. Mais, quoi qu'il en soit, ce désaccord fût-il aussi total qu'on le prétend, l'objection ne prouverait aucunement l'impossibilité ou l'inutilité de l'éthique. Celle-ci ne pourrait être conclue que d'un examen attentif de la
question et cet examen relève déjà de l'éthique.

Quant à la convergence des divers systèmes dans les mêmes conclusions, d'abord, elle n'est pas aussi parfaite qu'on
veut bien le dire, mais surtout, dans la mesure où elle se vérifie, elle ne prouve qu'une chose : que les hommes, avant toute
élaboration philosophique, ont un équipement moral qui leur
permet de se diriger dans la vie. L'éthique, pas plus que les
autres disciplines scientifiques, ne part de zéro. L'homme ne
crée pas l'univers : il l'interprète et le transforme. Il en est
de même pour cet autre univers que constitue le monde moral,
avec ses normes et ses valeurs. Le rôle de la philosophie est d'élucider, d'interpréter ce donné premier, d'en déchiffrer la structure intelligible (par exemple, en définissant avec soin les notions de bien, de juste, de droit et de devoir), d'en repérer le
principe et le fondement, de soumettre à un examen critique
les évaluations et prescriptions de la conscience individuelle,
de la société, de la tradition etc., le critère étant ici l'accord
avec le principe reconnu premier de la moralité, pour les préciser, les rectifier s'il y a lieu, ou éliminer celles qui contrediraient ledit principe. Bref de rendre le monde moral toujours
plus rationnel.

Au reste, ces difficultés se dissiperont peu à peu au cours
même de notre recherche. Le mouvement se prouve en marchant. Si l'éthique se construit et tient debout, c'est qu'elle peut
se construire.

7. - Voici enfin une difficulté d'un tout autre ordre, soulevée en particulier par M. Maritain. Elle porte, non sur la possibilité d'une éthique en général, mais sur la possibilité d'une

éthique élaborée à l'aide de la simple raison et qui soit en même temps une science pratique au sens plein. On peut la formuler ainsi :

Impossible de déterminer ce que l'homme doit faire sans connaître d'abord ce pour quoi il existe, sa fin ou son idéal. Or, dans l'ordre existant de fait — et l'éthique ne s'intéresse qu'à celui-là —, la seule fin, le seul idéal véritable de l'homme sont une fin, un idéal surnaturels, dont la raison ne sait rien : la foi seule, grâce à la Révélation, les fait connaître. Une éthique purement rationnelle reste donc radicalement insuffisante dans son ordre même de science pratique.

Et en effet — autre façon de présenter l'objection — une science pratique concerne l'action humaine (comme matière *à ordonner*). Mais l'action humaine se déroule dans l'ordre historiquement existant, non dans un ordre idéal, simplement possible. On agit sur des étants — choses ou personnes —, non sur des contenus de pensée, sur des essences. Il s'ensuit qu'un jugement correct sur l'action humaine, et en particulier un jugement directif — comme ceux que l'éthique entend formuler —, requiert la connaissance du statut existentiel de la réalité et tout spécialement de la réalité humaine. Or ce statut existentiel est un statut surnaturel. Faute de le connaître et de le reconnaître, les consignes ne « colleront » pas aux exigences vraies du réel [13].

Tout cela est exact et la question ici soulevée touche un des points les plus délicats de la théologie : les rapports de la nature et de la grâce. Mais, de toute façon, il reste vrai que celle-ci, comme on dit, ne détruit pas celle-là : elle la suppose et la parfait. Les exigences naturelles, celles qui découlent de l'essence même de l'homme, de ce sans quoi l'homme cesserait d'être homme, demeurent donc en quelque état où cette nature puisse se trouver, bien qu'elles y revêtent chaque fois une modalité différente. Pour autant que la raison est capable de connaître la structure essentielle de l'homme, elle est capable aussi de connaître ces exigences qui forment comme le cadre de la moralité

---

[13] Voir J. Maritain : *De la philosophie chrétienne*, Paris-Bruges, 1933, pp. 102 ss.; *Science et Sagesse*, Paris, 1935, pp. 268-278. M. admet certes la possibilité d'une éthique naturelle ou « philosophie morale inadéquatement prise », mais il nie qu'une telle philosophie soit une véritable science pratique. Dans le même sens voir M.-M. Labourdette, *Connaissance pratique et savoir moral*, « Revue thomiste », 1948, pp. 142-179. — En sens opposé : Th. Deman, *Sur l'organisation du savoir moral*, « Rev. des Sc. phil. et théol. », 1934, pp. 270-280. J. M. Ramírez, *De philosophia morali christiana*. « Divus Thomas », (Frib.), 1936, pp. 87-122. — Ch. Boyer, *Morale et surnaturel*, « Gregorianum », 1948, pp. 527-543.

concrète. Le statut surnaturel de l'humanité ne rendrait la philosophie morale impossible que si la nature humaine était altérée du fait de son élévation — mais alors, ce ne serait plus l'homme que la grâce élèverait ...

> La structure essentielle et permanente de l'homme — la nature absolue — dont nous parlons dit tout autre chose que la « nature pure » des théologiens, qui n'a jamais existé de fait. Si elle eût existé, elle eût été une réalisation particulière — nous pourrions dire un état zéro — de la nature absolue [14].
> Le point de vue essentialiste, qui voit dans l'élévation surnaturelle et les exigences qui en découlent un mode — d'ailleurs éminent — selon lequel l'essence humaine et ses exigences sont réalisées, appelle, comme complément et correction, une vision existentielle, plus proprement théologique, où la nature humaine apparaît comme voulue et posée en vue de son élévation et des opérations qui en résultent, au sens où tout existant, toute « substance », existe en vue de son opération (saint Thomas, *Somme théol.*, I, 105, 5 etc.).

8. - Mais cela, M. Maritain ne le contesterait pas. S'il niait purement et simplement la possibilité d'une éthique philosophique, il n'aurait pas entrepris d'écrire une *Philosophie morale* [15] ! — De notre côté, nous sommes les premiers à reconnaître qu'une éthique philosophique reste imparfaite en son ordre et souffre d'une *double indétermination*.

Indétermination d'abord quant à la *motivation* des règles morales : les motifs tirés de la considération de la nature humaine, de la raison naturelle ..., ne constituent pas la motivation totale ni la motivation suprême de la conscience chrétienne. Le chrétien agit par amour *filial* de Dieu, par fidélité à l'Esprit du Christ, pour collaborer à l'œuvre rédemptrice, pour honorer en soi-même et dans les autres la dignité de fils de Dieu, de membre du Christ etc. Toutes motivations étrangères à la simple raison.

Indétermination ensuite quant à ce qu'il convient concrètement de faire : nous avons dit pourquoi.

Nous accorderons donc sans difficulté que l'éthique philosophique n'est qu'une science *imparfaitement pratique*.

> Les sciences pratiques, comme telles, sont tournées vers la réalité concrète, théâtre de l'action humaine. Si elles ne peuvent déterminer concrètement l'action, elles restent imparfaites dans leur ordre (impar-

---

[14] Voir J. Fuchs, *Le droit naturel*, Paris-Tournai, 1960, pp. 39-56 (trad. de *Lex naturae*, Düsseldorf, 1955) ; *Theologia moralis generalis*, Pars prima, Romae, 1960, pp. 66-88.

[15] *La philosophie morale. I. Examen historique et critique des grands systèmes*, Paris, 1960.

faites *en tant que sciences pratiques*). — Certes, en tant que *sciences*, elles se situent au plan de l'universel: considérer l'action dans sa singularité est le rôle de la prudence (n. 192). Mais, en tant que *pratiques*, elles ne peuvent laisser de côté les conditions existentielles de l'humanité. Une éthique achevée comme science pratique doit considérer l'homme selon les conditions où il existe en fait, non pas selon les conditions propres à tel ou tel homme en telle ou telle situation, mais selon les conditions existentielles où, dans le monde qui est le nôtre, dans l'économie qui est la nôtre, tout homme se trouve en fait et nécessairement. — Toutefois l'indétermination dont l'éthique philosophique est affectée n'infirme pas les conclusions auxquelles la raison peut parvenir et n'empêche pas qu'il soit possible de constituer un corps de vérités morales scientifiquement ordonné.

Ajoutons que, ici comme ailleurs, la Révélation apporte à la raison un secours précieux en l'aidant à déterminer plus pleinement et plus sûrement l'ordre moral naturel lui-même. Ce secours est double: « confortation » subjective, illumination intérieure de l'esprit, purification des « yeux du cœur » etc., et, d'autre part, proposition objective de vérités, de normes que la raison, par elle-même, aurait sans doute pu trouver, mais que, de fait, elle n'a pas su trouver. Ne soyons pas surpris s'il paraît quelquefois extraordinairement difficile de démontrer rigoureusement ce que la Révélation elle-même ou le Magistère qui l'interprète nous présentent comme une exigence de la morale naturelle. Plus nous descendons des généralités aux déterminations concrètes, plus nombreux sont les facteurs en jeu, dont la connaissance bien souvent nous échappe ou demeure voilée (nn. 188; 189).

Notons enfin ceci. L'existence humaine, concrètement vécue, pose à la raison des problèmes que celle-ci est incapable de résoudre d'une manière pleinement satisfaisante, par ses seules ressources (pensons en particulier au problème du mal). C'est que la condition existentielle de l'homme ne peut pas se déduire de la considération de sa « nature absolue ». En face de semblables apories, la philosophie devra reconnaître ses limites et cet aveu pourra préparer le philosophe à accepter le secours d'une lumière supérieure (n. 313).

III. - L'ÉTHIQUE ET LES AUTRES BRANCHES DU SAVOIR PHILOSOPHIQUE.

9. - Science *pratique*, ou, mieux, *spéculativo-pratique*, la philosophie morale se distingue nettement, quant à sa visée intentionnelle, de la métaphysique, de la cosmologie, de la psychologie etc., qui forment la partie purement spéculative de la philosophie et ne formulent, de soi, aucun impératif. D'autre part, elle présente une certaine affinité avec la logique et l'esthétique, normatives elles aussi. Comme l'éthique donne les règles du *bien vivre,* la logique donne les règles du *bien penser* et l'esthétique du *bien juger* en matière d'art etc. La différence est que seules les règles éthiques sont absolument impératives. La logique ne dit pas: il faut raisonner correctement, mais: si l'on veut raisonner correctement, voici comment on doit procéder. Semblablement, l'esthétique ne dit pas: tu dois juger avec goût, ou: tu dois faire une œuvre de beauté, mais: si tu veux juger avec goût, si tu veux faire une œuvre de beauté, voici ce qui peut te guider. L'éthique, elle, dit, sans plus: tu dois être bon et, pour être bon, agir de telle manière. Seule donc l'éthique peut être dite normative au sens strict (n. 3). C'est pourquoi elle exerce dans cet ordre une fonction souveraine. Toutes les disciplines pratiques ou normatives: esthétique, médecine etc. lui sont en quelque manière subordonnées. Non qu'elles n'aient pas leurs principes propres, leur finalité propre, leur sphère propre à l'intérieur de laquelle elles sont seules compétentes. Ce n'est pas à la morale de décider si telle statue est belle et « dit quelque chose », si tel remède guérit, si telle forme de gouvernement est efficiente. Mais parce que l'éthique traite de la fin et de la valeur qui transcendent et jugent toutes les autres valeurs et les autres fins, c'est à elle en dernier ressort de régler l'exercice de toutes les activités humaines et par conséquent l'usage des normes spécifiques qui les régissent. Cette subordination est d'autant plus étroite, d'autant plus intrinsèque, que la science normative en question intéresse davantage l'homme comme tel. De ce point de vue, la politique et la médecine ont évidemment avec la morale des liens plus directs et plus intimes que l'architecture ou l'agriculture.

10. - Comment faut-il entendre la distinction entre la philosophie spéculative et la philosophie pratique, ou, plus précisément, entre la métaphysique et l'éthique? Nous rencontrons ici deux positions extrêmes.

D'un côté l'intellectualisme absolu, qui tend à effacer cette distinction en voyant dans l'éthique une simple conséquence logique, voire un simple chapitre, de la métaphysique. Ainsi chez les stoïciens, ainsi surtout chez Spinoza, dont l'*Ethique* est d'abord un traité de métaphysique exposée *more geometrico*. Il est notable que dans les deux cas nous avons affaire à une doctrine d'allure panthéiste. — Mais alors s'évanouit le caractère pratique de la morale. Car, si aucun facteur nouveau n'intervient, de la spéculation on ne tirera jamais que de la spéculation. Comme le remarque Hume, en une formule qui a fait fortune chez les moralistes anglais, d'un *is* on ne fera jamais sortir un *ought* [16] (nous pourrions dire: d'un indicatif, on ne fera jamais sortir un impératif). — Sans compter que, si la vie morale se résorbe dans la vie intellectuelle, la valeur vraie de l'homme se mesurera à l'acuité de son esprit — ce qui paraît assez peu humain.

Faut-il alors, avec le moralisme absolu, professer l'entière indépendance de la morale, dissocier complètement la conscience ou le cœur d'avec la pensée théorique? C'est la position de Jean-Jacques Rousseau et, plus récemment, de Frédéric Rauh dans *L'expérience morale* (1903), dont l'influence a été si profonde sur les universitaires français [17]. Telle est surtout la position de Kant. Bien mieux, Kant renverse la dépendance: c'est maintenant la métaphysique qui, pour autant qu'elle est possible, s'appuiera sur la morale, seule capable d'atteindre l'en-soi. Ce moralisme a fortement imprégné la spéculation métaphysique du XIXe siècle.

Mais il risque de frayer la voie à un scepticisme moral. Car on ne peut pas indéfiniment museler la raison théorique et lui interdire de mettre la moralité en question, d'en chercher la raison intelligible. Raison théorique et raison pratique ne sont qu'une seule et même raison: Kant le reconnaît; impossible que celle-ci continue d'adhérer à ce que celle-là est impuissante à justifier.

Ici encore, la solution ne peut résulter que d'un examen approfondi de la réalité morale. Pour l'instant, disons simplement qu'à nos yeux l'éthique a bien un donné original, irréductible à celui de la psychologie ou de la métaphysique, mais que ce donné requiert une illumination rationnelle et ne peut être pleinement interprété qu'au moyen de la métaphysique. C'est que l'éthique et la métaphysique s'enracinent toutes deux

---

[16] *Traité de la nature humaine*, III, I, 1; trad. fr. A. Leroy, Paris, 1946, t. II, pp. 585 s.

[17] *L'expérience morale*, Paris, 1903. Rauh avait d'abord tenté de fonder la morale sur la métaphysique: *Essai sur le fondement métaphysique de la morale*, Paris, 1890. Sur Rauh on peut lire G. Gurvitch, *Morale théorique et science des mœurs*[2], Paris, 1948, pp. 135-164. — Sur le problème général du rapport morale-métaphysique, voir R. Le Senne, *Traité de morale générale*, Paris, 1947, pp. 685-734 (conclusion).

dans la même activité profonde du sujet humain; distinctes, elles sont étroitement solidaires au point que l'une ne peut s'achever sans l'autre. L'éthique a besoin de la métaphysique pour s'interpréter, mais, à son tour, la métaphysique a besoin de l'éthique pour que ses affirmations révèlent pleinement leur signification et leur fécondité. Comme, par exemple, la notion métaphysique du « bien transcendental » s'enrichit par la considération de la valeur morale, et comme les axiomes qui s'y rattachent prennent alors une nouvelle portée et découvrent, pour ainsi dire, une nouvelle dimension!

Au fond, il s'agit ici, radicalement, de la question débattue en ontologie : le bien est-il formellement identique à l'être (et au vrai), au point que par simple analyse *conceptuelle* on puisse établir le principe: tout être, comme tel, est bon — ou bien est-il distinct, et comment, et quel ordre y a-t-il entre lui et l'être, entre lui et le vrai? — Nous tenons, avec l'école thomiste, que l'être, le vrai, le bien sont *réellement identiques mais formellement distincts*. La notion de bien présuppose celle d'être et lui ajoute un élément logique (le rapport de convenance ou de perfection) qui n'était pas explicité dans la simple notion d'être. Mais l'*acte* d'affirmer l'être enveloppe nécessairement sa position comme bien. Et si le bien trouve son fondement et son intelligibilité dans l'être, réciproquement l'être ne se manifeste complètement qu'en déployant ses attributs transcendantaux.

IV. Méthode et division du traité.

11. - L'éthique est souvent présentée selon un ordre synthétique et déductif, non seulement par ceux qui la ramènent à la métaphysique, mais par tous ceux qui, comme la plupart des scolastiques et beaucoup de néoscolastiques, veulent la construire à partir de la *fin dernière* de l'homme. — Celle-ci peut s'établir diversement: soit par la Révélation, s'il s'agit d'une morale théologique, soit au terme d'une métaphysique qui aura montré l'ordination à Dieu de tous les êtres et en particulier des êtres raisonnables, soit au moyen d'une réflexion sur l'activité spirituelle et sa finalité radicale etc. Mais, une fois posée, c'est elle qui sert de principe pour fonder les notions essentielles de la morale: le bien, l'obligation, la loi naturelle. la conscience, le droit, les devoirs ... Ce caractère déductif est d'ailleurs inégalement rigoureux chez les divers auteurs, en particulier pour ce qui regarde la détermination de la norme morale et du concept même de bien moral. — En gros, nous pouvons dire que cette méthode est celle de saint Thomas dans la *Prima Secundae*.

Il est certain que l'éthique ne saurait s'achever sans une telle considération synthétique. Pourtant, la méthode dont nous parlons semble, de soi, plus adaptée à la théologie; chez les scolastiques — avant tout théologiens — elle était parfaitement à sa place. On peut se demander, au contraire, si elle est bien indiquée pour un éthique *philosophique*. « La philosophie considère les créatures en elle-mêmes et mène, à partir d'elles, à la connaissance de Dieu : ici, on commence par les créatures et l'on finit par Dieu » [18].

Mais il y a surtout ceci. Le fait moral est présent, dans la conscience individuelle et dans la société bien avant toute élaboration et toute justification philosophique. Les hommes n'ont pas attendu les spéculations des éthiciens sur la nature, la fin, la condition de l'homme etc., pour reconnaître pratiquement la valeur morale et se sentir obligés, (pas plus qu'ils n'ont attendu, pour rendre un culte à la divinité, une démonstration techniquement élaborée de l'existence de Dieu). Ce fait moral est le présupposé de toute spéculation éthique, à tel point que les notions qu'on pourrait construire, les conclusions qu'on pourrait déduire resteraient à l'état d'intentions vides, si elles ne s'y rattachaient. C'est donc de là que nous devons partir. Ainsi notre méthode sera d'abord *analytique* et *inductive*. Elle devra commencer par reconnaître les données de la conscience morale et c'est en cherchant à les interpréter, à en dégager la signification dernière qu'elle atteindra le principe qui rendra possible la déduction.

12. - La distinction entre *éthique générale* et *éthique spéciale* est assez universellement acceptée. La première a un caractère plus formel : elle considère la nature et les conditions générales de l'activité morale, ce qui se retrouve en tout acte moral, quelle qu'en soit la matière. A elle revient d'examiner ce qu'est le bien ou la valeur morale, l'obligation, la loi, la sanction, etc., d'en chercher le fondement, de déterminer la fin dernière de l'homme, d'étudier la structure de l'acte moral, les conditions de la responsabilité etc.

L'éthique spéciale applique ces principes généraux aux diverses branches de l'agir humain; elle précise comment l'homme doit se comporter selon les divers ordres dont il fait partie (famille, nation etc.), les divers rôles qu'il joue dans la

---

[18] « Nam in doctrina philosophica, quae creaturas secundum se considerat et ex eis in Dei cognitionem perducit, prima est consideratio de creaturis et ultima de Deo », saint Thomas, *Cont. gent.*, II, 4.

société, les diverses relations qu'il soutient etc. On distinguera ainsi une éthique individuelle, une éthique familiale, une éthique sociale au sens strict (dans laquelle rentre l'éthique professionnelle), une éthique religieuse (le chapitre des « devoirs envers Dieu »)[19] etc.

Le présent traité ne s'occupe que de l'éthique générale. Voici l'ordre que nous suivrons.

Une première partie traitera de la *valeur morale*. Après avoir brièvement considéré l'activité humaine en général, nous examinerons les données de la conscience morale, telle que celle-ci se manifeste dans la conduite des individus, dans les institutions et les mœurs de la société. Cet examen mettra en évidence les notions d'un bien à faire, d'un mal à éviter, c'est-à-dire la notion d'un ordre moral, caractérisé par une valeur propre — la valeur morale — dont ses constituants participent sous une forme positive (ce qui est « bien ») ou négative (ce qui est « mal »), et par une exigence absolue, qui se traduit pour la conscience sous la forme de l'obligation (du « devoir »). Nous tâcherons de préciser ces diverses notions, et en particulier, de déterminer exactement l'essence, la « formalité » de la valeur morale (livre I). Cela fait, nous essaierons de repérer le point d'insertion dans l'être de l'ordre moral et son fondement dernier, ce qui nous permettra d'amorcer le mouvement synthétique et déductif (livre II).

La *deuxième partie* sera consacrée à l'étude de l'*ordre moral* lui-même. Cet ordre se présente sous deux aspects: *objectif* et *subjectif*. L'ordre moral objectif comprend l'ensemble de ce *qui est à faire*: le décrire en détail appartient à l'éthique spéciale. Nous nous contenterons d'en dessiner les traits généraux. Deux notions retiendront particulièrement notre attention: celle de *loi* et celle de *droit*. — bien que cette dernière ne concerne qu'une classe d'actions, mais d'une généralité supérieure à celle des divers « devoirs » étudiés en éthique spéciale (livre III). — L'ordre moral subjectif concerne l'acte humain en lui-même, le « faire » de ce qui « est à faire ». Nous aurons à préciser la structure de l'acte moral, ses conditions et les conditions d'une existence morale. Ce qui comportera notamment l'étude de la conscience morale en ses divers états et celle des vertus (livre IV).

---

[19] Ethique religieuse quant à son objet. Dans un autre sens, une éthique sera dite religieuse si elle tire de la religion ses principes et ses motivations.

Enfin, dans la *troisième partie,* nous envisagerons le problème du rapport entre *bonheur* et *moralité.* La valeur morale et la félicité semblent, au premier abord, radicalement distinctes et notre enquête touchant l'essence de celle-là nous aura obligé à mettre celle-ci « entre parenthèses ». Est-ce là le dernier mot? N'y a-t-il pas entre elles une profonde affinité et laquelle?

C'est le problème de la *sanction.* Sa solution nous permettra d'intégrer la notion de fin dernière et bouclera notre compréhension philosophique de la réalité morale, tout en posant de nouveaux problèmes et en ouvrant de nouveaux horizons (livre V).

PREMIERE PARTIE
LA VALEUR MORALE

LIVRE PREMIER

ESSENCE ET NORME DE LA VALEUR MORALE

CHAPITRE PREMIER

LES DONNEES DE LA CONSCIENCE MORALE

I. L'ACTION HUMAINE.

13. - L'homme n'agit pas toujours en homme, son activité ne porte pas toujours la marque de sa différence spécifique. Bien souvent ses actes, tout en procédant de lui, tout en étant siens, n'expriment que cette zone de son être par laquelle il rentre dans le genre des corps animés; comme les activités des autres vivants, ils sont régis par une nécessité de nature, ils sont déterminés. Tels — outre les opérations de la vie végétative (qu'on n'a pas coutume, dans l'usage courant, d'appeler actes) — les gestes instinctifs, irréfléchis, les tics, les réflexes, les démarches accomplies sous l'empire d'une contrainte psychique, de la suggestion hypnotique, d'un *raptus* démentiel etc. Actes de *l'homme,* ils le sont, puisque c'est bien de cette individualité charnelle et spirituelle, appelée Pierre, Paul etc., qu'ils émanent, mais non pas actes *humains.* Car cette individualité, ils ne l'expriment pas, ils n'en procèdent pas en tant qu'elle est humaine. Seul est vraiment humain l'acte que l'homme pose en tant qu'homme, l'acte qui porte en lui-même le sceau de sa différence spécifique. Or cette différence est la raison ou plutôt la rationalité. Les actes humains seront donc ceux que l'homme pose en tant qu'il est doué de raison.

Il pourrait sembler, dès lors, que le domaine des actes humains recouvre entièrement celui de l'activité spirituelle. La formation d'une idée ou d'un jugement au choc de l'expérience, la perception intellectuelle d'une évidence, l'attrait spontané du bien etc. seraient ainsi à classer parmi les actes humains. La psychologie pourrait accepter ce langage. Mais l'éthique — du moins selon l'usage traditionnel — ne l'admet pas.

C'est qu'elle a une autre façon de considérer les choses. La psychologie est une science spéculative; selon son acception la plus riche et la plus vraie, elle s'intéresse à la *nature* de l'homme, à la *nature* de l'acte, à son étoffe ontologique, pourrions-nous dire, au degré d'être qu'il manifeste dans le sujet; elle en étudie la structure, les conditions, le processus. L'éthique, elle, entend diriger l'action de la *personne,* du *sujet spirituel,* en qui la nature humaine subsiste et à qui les actes s'attribuent en dernier ressort. C'est pourquoi, dans ces actes, elle regarde avant tout la manière dont ils sont posés par le sujet et dont celui-ci peut en répondre. Ce n'est pas là simplement pour elle, comme pour la psychologie, un aspect de son objet, mais ce qui en conditionne la possibilité.

Précisons ici qu'en distinguant *sujet spirituel* et *nature,* nous n'entendons nullement faire de celui-là une entité mystérieuse située en dehors ou au-dessus de celle-ci! Le sujet spirituel, c'est la nature spirituelle existante, à la fois en tant qu'*existante* et que *spirituelle.* Existante, car seul l'existant agit, lève l'indétermination du possible. Spirituelle, parce que c'est cette spiritualité, cette « immatérialité » qui, en l'ouvrant à l'Absolu, en la faisant « en quelque manière toutes choses », l'élève au-dessus des conditions des choses qui « ne sont que ce qu'elles sont », des *natures simplement natures,* enfermées dans leur degré d'être, et lui donne de transcender toute détermination particulière: infinité *secundum quid,* qui est le principe de la liberté, qui est, pouvons-nous dire, la liberté ontologique et radicale.

Or certains actes, bien que d'essence spirituelle et partant propres à l'homme, sont plutôt en lui le fruit de sa nature (en tant que spirituelle), que le fruit du sujet lui-même. La manière dont ils sont posés n'est pas radicalement différente de la manière dont sont posés les actes infraspirituels: fruits de la nature, ils suivent comme ces derniers la loi de toute activité simplement naturelle, qui est le déterminisme. Pour d'autres actes, au contraire, la façon même dont ils sont posés manifeste la différence humaine. Plus exactement, ce qu'ils expriment, dans le mode de leur surrection, ce qu'ils révèlent, ce n'est pas simplement la *nature* (humaine, spirituelle), c'est le *sujet* comme tel, comme *cet existant-ci.* Car la nature — non seulement la nature abstraite, mais la nature concrètement réalisée en cet individu placé en telles circonstances — ne suffit pas à rendre compte de leur détermination, et, avant tout, à expliquer pourquoi ils sont posés au lieu de ne pas l'être [1].

---

[1] C'est pourquoi nous avons inclus l'existence dans la définition du sujet. Seul l'existant est capable de l'initiative qui lèvera l'indétermination « par excès » due à la transcendance de la nature spirituelle.

De tels actes sont donc propres à l'homme, non seulement quant à leur structure et leur étoffe, mais quant à la manière dont ils dépendent de l'agent et c'est pourquoi ils méritent, à un titre privilégiés, d'être appelés *actes humains*. On voit tout de suite qu'il s'agit des actes émanant de la volonté libre. Du point de vue de l'éthique, il y a identité entre *acte libre* et *acte humain*.

Mais il faut remarquer qu'un acte volontaire et libre n'est pas nécessairement un acte dont la volonté est le principe immédiat. L'acte qui procède immédiatement de la volonté est appelé acte « élicite » (de *elicere*, tirer de, faire sortir): ainsi la décision d'écrire ce livre. L'acte qui procède médiatement de la volonté, en tant que celle-ci met en branle une autre puissance dont cet acte est le fruit immédiat, est appelé acte « impéré », c'est-à-dire commandé: ainsi l'acte de mes doigts frappant les touches du clavier. — Or le domaine de la liberté embrasse également les actes de la seconde catégorie, car l'action humaine n'est pas complète sans eux (n. 224). — On voit par là que la distinction entre actes « de l'homme » et actes humains ne se ramène nullement à la distinction entre l'acte externe (qui s'exerce et s'étale dans l'espace) et l'acte interne, entre le geste et l'intention, puisque le geste lui-même, en tant qu'il est animé par l'intention, appartient à l'acte humain [2].

Un acte de volonté peut être commandé par un autre. Ainsi quand j'ai fait une promesse, prononcé un engagement, pris une décision pour l'avenir, l'acte de volonté requis pour tenir ma promesse etc., sera sous l'influence de l'acte par lequel j'ai promis. Plus généralement, la volonté voulant la fin se meut elle-même à vouloir les moyens [3]. Ainsi encore la volonté de faire pénitence peut m'exciter à poser un acte intérieur de charité. Ce qui n'empêche pas, bien entendu, comme il ressort du dernier exemple, l'acte commandé d'avoir sa motivation et son intentionnalité propres. L'action du vouloir « impérant » consiste essentiellement à mettre en valeur les motifs qui déclencheront le vouloir « impéré » [4].

La distinction ci-dessus exposée des « actes de l'homme » et des « actes humains » semble devoir conduire à cette conclu-

---

[2] Saint Thomas, *Somme théol.*, I-II, 17, 5-9.
[3] *Ib.*, I-II, 9, 3; *De Malo*, 6, a. un.
[4] Voir sur la question, V. Frins, *De actibus humanis*, Fribourg en Br., 1897-1911, t. I, pp. 406-423. — Dans les trois volumes de cet ouvrage, « on entend toute l'Ecole » et notamment la scolastique postérieure, mais on n'entend guère que cela, ce qui en marque à la fois la richesse et les limites.

sion surprenante, que le sommet de l'activité humaine — la vision et l'amour béatifiques — n'est pas un acte humain ... On peut répondre qu'un tel acte est en réalité *surhumain,* puisqu'il n'est de l'homme qu'en tant que celui-ci est « déifié », « fait participant de la nature divine ». Mais ne vaut-il pas mieux reconnaître simplement que notre définition de l'acte humain est une définition adaptée au propos de l'éthique ? Ce propos est de diriger l'activité humaine *dans les conditions de la vie présente;* or, en cette vie, l'acte du sujet spirituel, l'acte humain, n'est *jamais* soumis à la nécessité, il est toujours libre de la liberté de choix. Et cela, parce que le Bien Total ne lui est jamais immédiatement et concrètement présenté, mais toujours à travers des signes qui le manifestent en le cachant. Or c'est seulement devant le Bien Total, enveloppant le bien même de sa subjectivité et de sa liberté, que le sujet spirituel serait emporté par un amour à la fois irrésistible et cependant issu de son centre le plus intime, du foyer même de son Je [5].

14. - L'activité spécifiquement humaine se distingue de l'activité observable chez les autres êtres de notre expérience par les traits suivants [6] :

1) Avant d'agir, l'homme *se représente,* plus ou moins clairement, ce qu'il va faire : son œuvre et, avec elle, son action (par exemple : un livre et l'ensemble des opérations qui constituent la composition du livre).

2) Non seulement l'homme se représente son œuvre et son action, mais il les vise, les « intentionne », par une décision volontaire. L'intention du vouloir diffère évidemment de celle de la pensée spéculative, où l'objet apparaît en repos devant un sujet en repos. Ici, au contraire, le sujet est en mouvement vers l'objet et, corrélativement, celui-ci se présente comme en mouvement de la possibilité vers l'existence. Vouloir, c'est toujours vouloir que quelque chose *soit,* qui n'était pas ou n'était pas sous cet aspect ou n'était pas pour moi.

Toutefois, ceci ne suffit pas, car le simple désir apparaît lui aussi comme un mouvement vers ... et vise l'objet en l'orientant intentionnellement vers l'existence. Seulement, tandis que, dans le simple désir, l'existence à venir de l'objet se présente comme absolument indépendante de l'acte qui la vise, *l'objet*

---

[5] Voir notre *Essai sur l'agir humain* (désormais cité: *Essai* ...), n. 114; pp. 275-277. Egalement *Existence et Liberté,* pp. 355 ss.
[6] Voir *Essai*..., nn. 14-17; pp. 39-45.

du vouloir est visé comme devant être par l'effet du vouloir lui-même. Certes, mon *fiat* n'est pas créateur: il ne suffit pas de décider que mon livre soit, pour qu'il surgisse devant moi, prêt à être imprimé! Beaucoup d'intermédiaires sont requis entre le vouloir et l'accomplissement de l'œuvre. Et ces intermédiaires peuvent manquer. Des obstacles peuvent survenir. Je puis tomber malade. Je puis être privé de mes instruments de travail. Plus simplement, je puis changer d'avis. Ma volonté n'est pas plus immuable qu'elle n'est toute-puissante. Ce qu'on veut dire, c'est uniquement ceci: *à condition* que les moyens ne fassent pas défaut et que mon vouloir présent persévère, l'effet, infailliblement, surgira, le livre s'écrira. La volonté n'est efficace que sous condition, mais elle est efficace; c'est peut-être même à travers elle que nous saisissons l'efficacité *du dedans*.

3) Cette intention du vouloir vise toujours quelque chose au-delà de son objet immédiat et particulier: l'acte humain est motivé par une fin. C'est le principe bien connu: *omne agens agit propter aliquem finem*. Remarquons qu'il est susceptible de deux sens. Il peut signifier simplement l'intentionnalité du vouloir qui se porte vers son objet au lieu de se reposer en lui-même comme le sentiment: on ne veut pas pour vouloir, on ne veut pas à vide. Ainsi entendu, il ne nous apprend rien de nouveau. Mais il peut signifier aussi — et c'est le sens qu'il revêt ici pour nous — que l'intention du vouloir ne s'arrête pas à l'objet expressément visé, ou, plus précisément, que cette intention est supportée et nourrie par une intention plus profonde visant un terme qui constitue pour l'objet comme un fond et un horizon de valeur.

Reprenons notre exemple. Il peut se faire que j'aie du plaisir à composer, comme il arrive dans les moments d'inspiration et d'euphorie. Et ce plaisir peut être le motif qui alors me *meut* à ajouter une page à mon manuscrit au lieu de lire un livre ou d'écrire une lettre. Il peut arriver aussi que je me mette au travail *mû* par la pensée que l'oisiveté est honteuse, que le travail est la loi de l'homme, que chacun doit faire valoir ses talents, réaliser quelque chose etc. Je puis voir dans mon travail un service de l'humanité, de l'Eglise, un témoignage etc. Enfin il se pourrait que la composition de ce livre, sans présenter par elle-même un bien grand intérêt, fût nécessaire pour obtenir un diplôme, parvenir à une situation jugée désirable par moi ... Nous reconnaissons la distinction classique — au moins depuis Platon et Aristote [7] — des trois genres du bien: l'agréable, l'honnête et l'utile.

Le motif de la volonté, ce qui la met en branle, son *stimulus*, pouvons-nous dire, c'est le *bien* ou la *valeur* dont l'objet se présente revêtu. Voilà sa forme *a priori* objective, comme l'être est celle de l'intelligence, forme non pas limitante mais ouvrante, et qui, loin de déformer l'objet, assure au contraire la conformité du sujet avec lui. Voilà ce qu'elle poursuit à travers toutes ses démarches. Elle ne peut rien vouloir que sous l'aspect de bien, en vue du bien qu'elle y découvre.

> Dans la division ci-dessus mentionnée du bien, il semble qu'il faille élargir le sens du mot: agréable (ou délectable), jusqu'à lui faire signifier la simple cessation d'une douleur, d'un sentiment pénible, ou le simple fait d'y échapper, même s'il n'y a pas en cela de plaisir proprement dit [8]. Ou bien on devra appeler: utile, ce qui se rapporte immédiatement à la satisfaction d'une nécessité vitale (fuir une maison en flammes, manger pour ne plus avoir faim), quand bien même cette satisfaction n'est pas posée « thématiquement » comme une fin *en vue de quoi* les actes en question seraient valorisés comme utiles.

L'utile, en tant que tel, est essentiellement relatif à l'agréable ou à l'honnête, qui ont en eux-mêmes un caractère terminal, chacun dans sa ligne. Si une chose plaît, il n'y a pas à demander pourquoi elle est désirable (bien qu'on puisse, à coup sûr, chercher s'il convient de la désirer). Et semblablement l'honnête, pris dans sa généralité, se présente comme ce que nous devons désirer et il n'y a pas à demander pourquoi. Car on pourrait seulement répondre: parce qu'il est honnête de rechercher l'honnête ...

4) Comme l'enseigne la psychologie rationnelle, et comme nous l'exposerons nous-même plus en détail (nn. 280-283), l'homme, par l'élan de sa volonté *naturelle*, poursuit, à travers tous ses vouloirs, comme sa fin dernière (subjective), son parfait accomplissement, la satisfaction intégrale de ses aspirations ou, comme on dit, sa *béatitude*. Celle-ci se présente donc à nous comme l'horizon dernier du désir, ce qui explique qu'elle ne soit pas d'ordinaire visée « thématiquement ». (On

---

[7] Platon, *Lois*, 667 b c. Aristote, *Eth. nicom.*, II, 2, 1104 b 31. — Cf. *Essai ...*, nn. 18-19 et 39; pp. 45-49 et 91-92.

[8] Voir sur la question et en particulier sur la différence entre plaisir et cessation de la douleur ou satisfaction d'un besoin, P. Ricœur, *Philosophie de la volonté*, t. I, Paris, 1950, pp. 85-116. — La division classique du bien est critiquée, d'un autre point de vue, par Al. Roldán, dans sa remarquable *Metafísica del sentimiento*, Madrid, 1955, pp. 266 ss.

veut « thématiquement » une situation, une augmentation de salaire, un poste de T. V., une automobile etc.: on forme rarement le projet explicite d'être heureux).

5) Pour autant que les biens qui se présentent à lui comme fins plus immédiatement attingibles sont impuissants à lui conférer ce parfait accomplissement, l'homme, non seulement vise en agissant une fin et une valeur, mais il peut se donner à lui-même une fin, *sibi praestituere finem* [9], en se faisant mouvoir par telle valeur plutôt que par telle autre, en déterminant son jugement de valeur. C'est pourquoi on dit qu'il possède un *libre arbitre*, (un libre jugement) et qu'il est « maître de son agir », au sens expliqué plus haut.

<blockquote>Le libre arbitre ne s'exerce pas simplement dans le choix des moyens, comme on le dit souvent en s'inspirant d'Aristote [10] : son acte le plus radical porte sur la fin dernière elle-même, en tant que l'homme choisit de se réaliser de telle ou telle manière (dans le plaisir, la vertu, la gloire; en Dieu ou en soi-même etc.) [11]. — Mais surtout, la volonté n'est pas adéquatement définie par la tendance au bonheur: outre cette dimension eudémonique, elle en a une autre, dont nous parlerons bientôt et sans laquelle l'existence morale, au sens plein du mot, serait impossible.</blockquote>

6) La liberté entraîne la *responsabilité*. Cette notion est d'origine sociale. Etre responsable, c'est avoir à *répondre*, à rendre compte de ses actes devant un autre (individu ou société), qui nous a confié une chose, une personne, une fonction etc. et envers qui nous nous sommes, au moins implicitement, engagés (*re-spondere*: prendre un engagement en retour et, par extension, s'acquitter d'un engagement). Plus particulièrement, c'est avoir, éventuellement, à supporter les conséquences de son acte, à réparer le dommage qu'il aura causé à autrui, à subir la sanction qu'il appelle de la part de la société... Mais m'engager à prendre soin d'une chose ou d'une personne, à m'acquitter convenablement d'une fonction, suppose que cela est en mon pouvoir et subir une peine, du moins une peine grave, pour une action qu'il n'aurait pas dépendu de moi de poser, apparaît vite, à une conscience évoluée, comme

---

[9] Saint Thomas, *Somme théol.*, I, 18, 3.
[10] Aristote, *Eth. nicom.*, III, 4, 1111 b 26-30.
[11] Voir *Somme théol.*, I-II, 89, 6, où saint Thomas, théologien et donc pleinement lui-même, fait éclater le cadre aristotélicien: « cum vero usum rationis habere inceperit ... primum quod tunc homini cogitandum occurrit est deliberare de seipso: et si quidem ordinaverit se ad debitum finem » etc. « Seipsum ordinare ad debitum finem » dit autre chose que « elegere ea quae conducunt ad finem ».

une iniquité. Je ne puis répondre d'un acte que s'il est vraiment *mien*, s'il a sa cause propre dans ce qui fait de moi un sujet maître de ses déterminations. Par là, la notion de responsabilité se dégage de l'élément social qui l'enrobait. Avant d'être responsable devant les autres, je suis responsable devant moi-même; je dois me reconnaître — si désagréable que cela puisse être parfois — comme l'auteur véritable de mon acte, celui dont le libre *fiat* en a seul permis la position. Je suis responsable : cela veut dire qu'il est inutile de chercher à me justifier en alléguant la faiblesse humaine, l'hérédité, le tempérament, le caractère, le climat, le milieu etc., car ces facteurs auraient été impuissants si ma liberté ne leur avait laissé le champ libre.

Selon cette acception, courante chez les contemporains, Sartre en particulier, la responsabilité apparaît moins comme une suite que comme un aspect de la liberté. Les deux notions se rejoignent en profondeur. La liberté évoque plutôt l'exclusion du déterminisme; la responsabilité, l'attribution de l'acte au Je.

On évitera donc ces courts-circuits édifiants mais trop faciles qui, de la conscience de la responsabilité, font directement conclure à l'existence de Quelqu'un devant qui nous sommes responsables. On ne passe pas sans médiation du sociologique au métaphysique et au théologique. (Cf. ce qui est dit plus loin de l'obligation, nn. 161-163 et du mérite, n. 290).

15. - Dans la *Prima Secundae* (8-17), saint Thomas, utilisant les analyses d'Aristote, de saint Augustin et surtout de saint Jean Damascène (à travers, malheureusement, une traduction défectueuse), distingue dans l'unité de l'action humaine plusieurs actes élémentaires ou moments, les uns posés par la volonté elle-même, les autres par l'intellect ou les « puissances » exécutives. L'ordre suivi dans l'exposition — ordre logique, extérieur à la genèse vivante de l'agir — rend cette exposition un peu confuse. Le saint Docteur s'y occupe successivement des actes de la volonté à l'égard de la fin, et des actes de la volonté à l'égard des moyens ou, plus exactement, de « ce qui est pour la fin » (*ea quae sunt ad finem*), notion plus vaste, semble-t-il, que celle de moyens. — Parmi les premiers, on distinguera ceux qui concernent la fin absolument prise et ceux qui concernent la fin en tant que visée à travers les moyens. On aura ainsi, pour ce qui est de la fin en elle-même, la « volonté » (*voluntas*) au sens strict (8, 9, 10) et la jouissance (*fruitio*, 11), qui se situent respectivement au principe et au terme du processus; pour ce qui est de la fin comme « fin » des moyens, la visée (*intentio*, 12) par laquelle le sujet se porte vers celle-là comme devant être atteinte à travers ceux-ci. Quant aux moyens, l'acte central à leur égard est le choix (*electio*, 13), mais le choix suppose une délibération (*consilium*, 14), pour déterminer le moyen le plus convenable; s'y joint un acte que saint Thomas appelle le *consensus* (15; terminologie augustinienne) et qu'il entend comme une approbation de certains moyens, antérieurement au choix. (Ainsi, dirions-nous, pour aller de Rome à Paris, j'ai le choix entre le rail, la route et l'air avec plusieurs itinéraires, plusieurs compagnies aériennes etc. Mais seuls certains moyens retiennent mon intérêt: par exemple, l'avion pourra être exclu d'emblée, soit pour des raisons économiques, soit à cause d'une crainte insurmontable: je ne *consens* qu'à la route ou au rail). — Après l'élection vient la mise en œuvre (*usus*, 16), par laquelle la volonté actionne les « puissances » exécutives: les bras, les jambes, mais aussi l'intelligence: nous entrons ainsi dans le domaine des actes « impérés » (supra, n. 13), dont saint Thomas s'occupe dans la question suivante (17). Notons que le commandement (*imperium*) est, selon lui, un acte de la raison: c'est la raison, faculté de l'ordre, qui « ordonne » la volonté à la réalisation du moyen choisi (*ib.*, a. 3). — Nous aurions ainsi, selon l'ordre naturel, la série suivante: *voluntas - intentio - consilium - consensus - electio - imperium - usus - fruitio* [12].

Par la suite, Billuart a encore enrichi la série, de manière à compter douze actes, symétriquement disposés, six pour l'intelligence (le dernier concernant toutes les puissances exécutives) et six pour la volonté. On a ainsi le tableau suivant:

---

[12] Sur l'origine historique de cette analyse, voir O. Lottin, *La psychologie de l'acte humain chez saint Jean Damascène et les théologiens du XIIe siècle occidental*, dans *Psychologie et morale aux XIIe et XIIIe siècles*, t. I, Louvain, 1942, pp. 393-394.

Intelligence (et puissances exécutives)	*Volonté*
1. Simple pensée (*apprehensio*) du bien.	2. Simple vouloir (inefficace) du bien.
3. Jugement par lequel la fin est présentée comme possible.	4. Visée efficace (*intentio*) de cette fin.
5. Délibération (*consilium*).	6. Consentement (*consensus*).
7. Jugement pratique sur le moyen le plus convenable.	8. Choix dudit moyen.
9. Commandement (*imperium*) de la raison.	10. Mise en œuvre active (*usus activus*) de la part de la volonté.
11. Mise en œuvre passive (*usus passivus*) de la part des puissances exécutives et de l'intellect.	12. Jouissance (*fruitio*).

Selon Billuart, tous ces actes « concourent à l'action morale, quand on l'accomplit, non d'une façon hâtive ou impulsive, mais avec prudence et posément, encore que, par suite de l'extrême rapidité de leur genèse et de leur succession, ils puissent à peine être perçus et distingués par le sujet lui-même »[13]. — Tout le monde, pourtant, même parmi les thomistes, n'admet pas cette description les yeux fermés. Certains estiment que l'un ou l'autre de ces actes est en trop: c'est le cas notamment du *consensus*. Ne se méprend-on pas d'ailleurs sur la portée de l'analyse thomiste? Ne faut-il pas voir dans ces prétendus actes plutôt les aspects ou les moments de l'action humaine en son unité concrète, selon qu'elle se forme dans l'intériorité de la volonté profonde et qu'elle parvient, à travers les divers niveaux du psychisme, à s'exprimer dans l'extériorité[14]?

16. - Puisque l'acte libre est celui où intervient, comme

---

[13] « Hi ergo duodecim actus ad opus morale concurrunt quando non praecipitanter aut ex sola imaginatione, sed prudenter et mature peragitur, licet, quia admodum subito fiunt et sibi succedunt, vix ab ipso operante percipiantur et discernantur », Billuart, *De actibus humanis*, Dissert. III, Prologus, dans *Cursus theologicus*, t. I, 2a p., Brescia, 1837, p. 64 b.

[14] Voir S. Pinckaers, *La structure de l'acte humain suivant saint Thomas*, « Revue thomiste », 1955, pp. 393-412: l'analyse thomiste est structurelle, non psychologique; les divers moments ne se succèdent pas dans le temps mais correspondent aux divers niveaux de l'action. La différence principale porte sur le rôle de la *simplex volitio*: pour Billuart, il s'agit d'une volonté inefficace ou velléité; pour S. Pinckaers, d'un vouloir efficace qui soutient et anime du dedans tous les autres « actes » ou moments de l'action.

facteur déterminant, le sujet spirituel comme tel (c'est-à-dire en tant que transcendant le déterminisme de la nature), il s'ensuit que l'acte sera d'autant plus libre et partant plus humain, que le sujet sera plus présent à soi-même et saura davantage ce qu'il fait.

La liberté suppose la lucidité, mais il y a deux sortes de lucidité : l'une qui regarde la connaissance de l'objet, l'autre qui regarde la conscience du sujet. L'une et l'autre sont requises pour que l'acte puisse être pleinement imputé au sujet comme son fruit authentique. — Une moindre connaissance de l'objet rend l'acte moins libre et moins volontaire *en tant que tel acte visant tel objet déterminé,* bien qu'il puisse rester libre et volontaire sous un aspect plus général. Un enfant tue son camarade en jouant avec une grenade qu'il a prise pour une ferraille inoffensive : l'acte, considéré comme un simple geste, a été libre ; considéré comme un homicide, il ne l'a pas été. — Au contraire, une moindre présence à soi, une « aliénation » du sujet dans ses déterminations naturelles, non spirituelles (passions, pulsions etc.), rend l'acte moins libre *en tant qu'acte spirituel en général.* Pour autant que le principe de l'acte se déplace du sujet vers la « nature », l'acte retombe sur le plan du déterminisme et devient extérieur au sujet comme tel.

La volonté libre étant caractérisée par la maîtrise de son acte, il dépend d'elle de vouloir ou de ne pas vouloir, de sorte que le non-vouloir, la pure abstention, n'est pas moins imputable qu'un vouloir positif [15],

Comment entendre cela ? Nous ne sommes jamais sans quelque vouloir, sinon quand la conscience s'assoupit : il y a tout au moins une adhésion obscure du sujet à lui-même, en tant qu'il se connaît à travers l'expérience confuse de son corps et du monde, sans faire attention à aucun objet particulier. Saint Thomas lui-même enseigne qu'il y a toujours quelque acte à l'origine du péché d'omission [16]. On ne va pas à la messe parce qu'on s'attarde à jouer, parce qu'il y a des affaires à expédier etc. Ainsi, lorsque le sujet s'abstient de vouloir ce qu'il devrait vouloir, cela se produit soit parce qu'il veut autre chose, soit parce qu'il tient à ne pas troubler, par un acte déterminé, sa tranquille adhésion à soi, ce qui peut donner à la conscience une opacité massive, imperméable à toute sollicitation généreuse. On pourrait dire que ce vouloir-autre-chose, cette adhésion, accompagnés

---

[15] Saint Thomas, *Somme théol.*, I-II, 6, 3.
[16] « Quod aliquis declinet ad non faciendum illud quod potest facere et non facere, non est nisi aliqua causa vel occasione coniuncta vel praecedente », *ib.*, I-II, 71, 5. — Sur la question, voir V. Frins, *De actibus humanis*, t. I, pp. 229-237, qui admet la possibilité d'une « omission pure », tout en avouant que le cas ne se vérifie presque jamais.

d'un jugement de valeur positif sur le non-vouloir [17], équivalent virtuellement à un acte qui exclurait le vouloir de l'objet en question (par ex., l'accomplissement de tel devoir urgent).

Malgré tout, on a peine à comprendre comment le jugement: *il est bon de ne pas vouloir*, peut être assumé par le sujet en l'absence de *tout* acte volontaire. Si le jugement reste spéculatif, il ne motive pas. S'il devient pratique, il suppose une intervention du vouloir. Non pas sans doute un acte formel, thématique, s'exprimant discursivement dans la conscience, mais un acte enveloppé, subtil, comme ceux que les grands spirituels savent discerner dans les profondeurs secrètes de l'âme. Autre chose est l'acte même du vouloir, autre chose sa résonance psychique, par exemple par la proposition: *je veux*. On remarquera du reste que le problème de l'imputabilité du non-vouloir est toujours traité en fonction de la faute. Il n'est jamais question de mériter en dehors de tout acte positif. — Des éléments juridiques interfèrent ici avec les éléments proprement éthiques (n. 219) et les deux ordres ne se recouvrent pas (n. 218). L'ordre public, le bien commun peuvent demander qu'une responsabilité *civile* soit reconnue là même où la responsabilité *morale* fait défaut.

Saint Thomas appelle « directement volontaire » l'action posée par une décision du vouloir et « indirectement volontaire », celle qui résulte d'un non-vouloir [18] — par exemple, un accident dû à une négligence (on a oublié de vérifier si le robinet du gaz était fermé). — Chez les scolastiques récents, ces expressions ont un sens un peu différent. Le « volontaire direct » correspond au *voluntarium secundum se* de saint Thomas; c'est ce qui est directement voulu par l'agent: par exemple, boire quelques verres de bon vin avec des amis. Le « volontaire indirect » est ce que saint Thomas entend par *voluntarium secundum causam* (ou *in causa*): parce qu'on a bu, on conduit mal et la voiture, avec les amis, finit contre un arbre. On ne veut pas cet effet, bien sûr, mais parce qu'il résulte, et d'une façon assez normale et prévisible, de ce qu'on a voulu, il est imputé à celui qui a posé la cause. — Dans quels cas cette imputation est-elle légitime, nous le dirons plus loin (n. 246) [19].

De tout ce qui précède, il suit que l'ignorance — comme l'enseigne saint Thomas après Aristote — rend l'acte purement et simplement involontaire, en tant que tel acte, « lorsque, sans être elle-même volontaire, elle a pour effet que l'on veuille ce qu'autrement on ne voudrait pas » [20]. L'acte posé sous l'empire

---

[17] « Potest autem ratio apprehendere ut bonum, non solum hoc quod est velle aut agere, sed hoc etiam quod est non velle et non agere », saint Thomas, *ib.*, I-II, 13, 6.
[18] *Ib.*, I-II, 77, 7.
[19] Voir V. Frins, *op. cit.*, pp. 216-217.
[20] Saint Thomas, *Somme théol.*, I-II, 6, 8. — L'ignorance *concomitante*

de la crainte est moins volontaire qu'il ne serait, accompli de sang froid [21], tandis que — toujours selon Aristote et son disciple — l'acte posé dans l'ardeur d'un désir véhément — *concupiscentia* — engage davantage la volonté — à moins, bien sûr, que la passion ne bloque complètement le fonctionnement de la raison [22]. — Et en effet, le capitaine qui jette par dessus bord sa cargaison pour échapper au naufrage, ne le fait pas le cœur léger; il aimerait mieux sauver sa marchandise; il est donc divisé, privé de cette intégration psychique, qui est le propre de l'acte pleinement volontaire. Au contraire, le passionné qui, comme dans les romans de chevalerie, accomplit des prouesses pour son « objet », le fait avec une spontanéité totale. La passion opère en lui cette « cristallisation » dont parlait Stendhal — une unité momentanée et souvent illusoire de ses forces internes. C'est avec « toute son âme », ou du moins avec ce qu'il croit être toute son âme, qu'il va vers l'objet adoré.

Le *volontaire*, tel que l'entend saint Thomas en dépendance d'Aristote, n'est donc pas la même chose que le *libre*. Volontaire se dit par rapport à l'énergie du vouloir, à l'élan qui l'emporte vers l'objet voulu. Libre se dit par rapport à la manière dont l'acte, dans son exercice, dépend du sujet (n. 13).

Ces deux propriétés fonctionnent, jusqu'à un certain point, comme des variables indépendantes. Un acte ne peut être libre sans être volontaire, mais il n'est pas nécessairement plus libre du fait qu'il est plus volontaire. L'acte passionnel est plus volontaire, mais il est moins libre.

L'élan de la volonté n'est pas à confondre avec les affects sensibles: il est à leur égard un peu comme le concept à l'égard des phantasmes. Sans les phantasmes, le concept ne peut s'actualiser pour la conscience [23]. Et de même le vouloir, pour vouloir vraiment, a besoin d'un support affectif. Évitons le dualisme qui *sépare* la vie rationnelle de la vie sensible. Il n'y a pas *deux* consciences mais *une seule* — à la fois rationnelle et sensitive — parce qu'il y a une *une seule* âme, *un seul* sujet humain. Aussi l'élan de la passion, quand la volonté y consent, ne lui

---

(sans influence sur l'acte: on eût agi de même si on avait su ...) ne rend pas l'action involontaire, mais simplement *non volontaire, ib.* (Ainsi le jaloux qui, croyant tuer un de ses rivaux, en tue un autre, dont il souhaitait également se défaire). L'ignorance conséculive ou volontaire rend l'acte, en un certain sens (*secundum quid*) involontaire, c'est-à-dire moins volontaire. Voir plus loin, nn. 242-246. En tout cela, saint Thomas dépend beaucoup d'Aristote, *Eth. nicom.,* III, 1-3, 1109 b 30 - 1111 b 3. Mais l'ἑκούσιον d'Aristote ne correspond pas exactement au volontaire puisqu'il s'attribue également aux animaux, ce qui embarrasse quelque peu saint Thomas.

[21] *Ib.*, I-II, 6, 6.
[22] *Ib.*, I-II, 6, 7.
[23] *Ib.*, I, 84, 7.

reste pas extérieur, mais compose avec elle *un seul et même* élan du sujet total.

Les modernes, il est vrai, attribuent généralement tout l'élan à la sensibilité et ne laissent à la volonté que la décision sèche. Mais c'est là mutiler et exténuer indûment le vouloir [24].

II. DE LA VALEUR EN GÉNÉRAL.

17. - Le motif propre de la volonté est le bien (n. 14, 3). Or le bien présente un double aspect. Il est *fin* et *valeur* [25].

Comme *fin,* vers laquelle le sujet voulant se porte à travers les moyens, il concerne l'ordre de l'*exercice,* de la mise en œuvre ; lui répondent, dans le sujet, ce que les psychologues anglo-saxons appellent des *conations* (la visée même du vouloir, l'effort — *conatus* — qui mobilise les forces physiques ou mentales et les lance en avant pour la conquête de l'objet ou la réalisation du projet).

Comme *valeur,* dont l'objet apparaît revêtu, à la manière d'une quasi-qualité et qui, en certains cas du moins, se communique à l'acte qui le vise [26], le bien concerne l'ordre de la *spécification* (il vaudrait peut-être mieux dire : de la *qualification,* car, en un autre sens, le vouloir est spécifié par sa fin [27]). Lui répondent dans le sujet des *affects* divers (amour, admiration, joie, complaisance désintéressée etc.).

Ces deux aspects sont inséparables. Tout ce qui présente une valeur peut être visé comme fin, et rien ne peut être visé comme fin, si ce n'est pour la valeur qu'on lui reconnaît. Aussi bien, les définitions contemporaines de la valeur comportent-elles d'ordinaire une référence à la tendance et à la fin.

---

[24] Parmi les modernes, F. Brentano est l'un des rares à ranger dans la même classe l'affectivité et la volonté. Voir *Psychologie vom empirischen Standpunkt,* Leipzig, 1874, p. I, l. 2, ch. 8 (trad. fr.: *Psychologie du point de vue empirique,* Paris, 1944, pp. 235-264). — La division ternaire : connaissance, affectivité, volonté, qui remonte à J. N. Tetens (*Philosophische Versuche über die menschliche Natur und ihre Entwickelung,* Leipzig, 1777, pp. 619-627), a été admise par quelques scolastiques modernes et, tout récemment, par Al. Roldán, *op. cit.*

[25] Voir J. Maritain, *Neuf leçons sur les notions premières de la philosophie morale,* Paris, 1951, pp. 32-33 et surtout *La philosophie morale,* pp. 39-41. Egalement *Essai...,* n. 23 ; pp. 55-56.

[26] Il est honnête de vouloir l'honnête et utile de vouloir l'utile, mais il n'est pas toujours agréable de vouloir l'agréable... Mais c'est parce que l'acte qui vise immédiatement l'agréable comme tel est la jouissance et celle-ci est agréable par elle-même.

[27] *Essai ...,* n. 32 ; p. 74.

Ainsi dans le *Vocabulaire technique et critique de la philosophie* : « Valeur : A) Caractère des choses consistant en ce qu'elles sont plus ou moins estimées ou désirées ... ; B) en ce qu'elles méritent plus ou moins d'estime ... ; C) en ce qu'elles satisfont à une certaine fin ... ». De même dans le *Wörterbuch der philosophischen Begriffe*, d'Eisler : « Sans une volonté tendant à un but, posant des fins, sans besoin, pas de valeur » (« Ohne zielstrebigen, zwecksetzenden Willen, ohne Bedurfnis, kein Wert »). Voir aussi le *Dictionnaire de la langue philosophique* de Foulquié-Saint-Jean : « Valeur. E. ... : L'être en tant que désiré ... 1. Au sens abstrait, propriété ou caractère de ce qui est, non pas seulement désiré, mais désirable ... 2. Au sens concret : les choses désirables elles-mêmes ... ». — En cela, les contemporains se rattachent à ces « anciens », loués par Aristote, qui définissaient le bien : « ce vers quoi toutes choses tendent »[28]. Remarquons pourtant que l'« appétibilité, l'amabilité etc. expriment plutôt le phénomène ou mieux l'« essence phénoménologique » (*ratio*) du bien, l'aspect sous lequel il se manifeste immédiatement, que sa *nature*, c'est-à-dire ce qui fonde cette essence dans l'être. De cette nature, il va être question à l'instant.

Cependant la valeur, selon l'usage actuel, ne peut être purement et simplement identifiée au bien, tel que l'entendent les scolastiques. Elle implique une relation au sujet spirituel, c'est-à-dire, pratiquement, à l'homme. L'herbe des prés-salés est bonne pour les moutons, mais elle n'a de valeur que pour leur propriétaire. Il semble même que la valeur connote une reconnaissance, une estime effectives. L'eau est bonne pour l'organisme, mais elle ne présente une valeur que lorsque sa rareté, la difficulté de la trouver, l'urgence de s'en procurer etc., la mettent, pouvons-nous dire, en relief axiologique, lui donnent de l'*intérêt*. La valeur rentre dans la catégorie plus générale de l'*intéressant*, de l'*important*[29], de ce qui « rompt l'indifférence » ; il lui est essentiel de se détacher sur un fond neutre, et souvent en contraste avec une anti-valeur (n. 22, 4).

Si maintenant nous considérons la *nature* du bien — passant ainsi du point de vue phénoménologique au point de vue ontologique —, nous distinguerons encore en lui deux aspects : l'aspect de *perfectivité* par rapport à un sujet qui tend vers lui ou jouit de le posséder[30] et l'aspect de *perfection* ou d'achèvement, qui n'implique pas relation à un sujet différent, mais dit repos de l'être dans sa plénitude[31]. Au bien comme perfectif, la réponse est le *désir*, l'« amour de convoitise » (*amor concupiscentiae*), fondé, nous dit saint Thomas, sur le rapport puissance-acte (le perfectible, en effet, est, par définition, en puissance à l'égard du perfectif). Au bien comme parfait, la réponse est l'*amour* proprement dit (*amor amicitiae*), qui ne

---
[28] Aristote, *Eth. nicom.*, I, 1, 1034 a 3.
[29] D. v. Hildebrand, *Christian Ethics*, pp. 23-63.
[30] Saint Thomas, *De Ver.*, 21, 1.
[31] Saint Thomas, *Somme théol.*, I, 5, 1 etc.

suppose de soi aucune indigence, mais complaisance pure et — toujours selon saint Thomas — se fonde métaphysiquement sur le rapport ou la « similitude » de l'acte à l'acte. — La distinction ne doit pas être forcée. L'idée de perfection ne nous est intelligible que moyennant un certain dynamisme, au moins idéal : est « parfait » ce qui satisfait pleinement aux exigences de sa nature ou de sa notion, ce qui en réalise toutes les virtualités etc. Le mot même : parfait, c'est-à-dire entièrement fait, suggère l'idée d'une tendance, d'un effort vers l'achèvement de l'œuvre. Nous connaissons Dieu comme parfait en le pensant à l'horizon de toute notre intentionnalité spirituelle, comme le perpétuel au-delà. Et il est remarquable que saint Thomas, au moment même où il identifie « bon » et « parfait », présente celui-ci comme désirable : « il est clair que toute chose est désirable pour autant qu'elle est parfaite, car tous les êtres désirent leur perfection »[33].

En rigueur, cependant, de même que le bien, pour être visé comme *fin*, doit d'abord se présenter comme *valeur*, de même il n'est *perfectif* d'un sujet qu'en raison de la *perfection* qu'il possède en soi.

18. - La valeur constitue un des thèmes favoris de la pensée philosophique contemporaine. Certes les spéculations sur le bien ne datent pas d'hier. Mais dans la métaphysique classique, et notamment chez les scolastiques, le bien est considéré à partir de l'être, comme son attribut transcendantal. La philosophie des valeurs dit autre chose. Elle prend comme centre de perspective le bien lui-même ou la valeur ou encore le sujet évaluant ; c'est de ce point de vue, non du point de vue de l'être, qu'elle ordonne et systématise. Comme la métaphysique classique, qui est avant tout une ontologie, dessine et décrit l'univers de l'être, dont le bien est une propriété, l'axiologie[34] entend décrire l'univers du bien selon sa structure propre et ses propres principes d'interprétation.

Selon une acception un peu plus stricte, la philosophie des valeurs — comme distincte d'une simple « science des valeurs » — se caractérise par une tendance à privilégier le point de vue de la valeur, à regarder celle-ci comme supérieure à l'être, voire comme constituant l'être véritable et, par suite, à subordonner ou à réduire la métaphysique à l'axiologie (n. 10). Parfois la valeur est considérée comme entièrement séparée de l'être ou même comme son opposé, au point de ne pouvoir se réaliser sans mourir (nn. 5 ; 22, 1).

---

[32] *Ib.*, I-II, 27, 3.
[33] *Ib.*, I, 5, 1.
[34] L'axiologie est la science des valeurs (ἀξιώματα = *dignitates*). Axiologique : qui concerne les valeurs. — Bonne introduction historique à la philosophie des valeurs dans L. Lavelle, *Traité des valeurs*, t. I, Paris, 1951, pp. 3-181 ; P. Romano, *Ontologia del valore*, Padova, 1949 ; A. Guzzo et V. Mathieu, art. *Valore*, dans l'*Enciclopedia Filosofica*, t. IV, col. 1493-1515 ; St. Breton, art. *Valori* (Filosofia dei), dans l'*Enciclopedia cattolica*.

En ce sens, les penseurs qui, avec Platon et les néo-platoniciens, situent le Bien au-dessus de l'Etre et tiennent pour la plus vraie la connaissance qui saisit les choses du point de vue de la finalité et de la beauté, peuvent être regardés comme des précurseurs. De même verra-t-on quelque pressentiment d'une considération propre de la valeur et de son insertion dans la métaphysique là où un auteur souligne la différence entre l'ordre de l'être et celui du bien: quand, par exemple, saint Thomas observe que le couple *simpliciter - secundum quid* ne s'applique pas de la même façon dans les deux cas (la substance existe *simpliciter,* les perfections accidentelles ne lui conférant qu'un être *secundum quid;* au contraire, le bien disant perfection, une chose n'est bonne *simpliciter* que si elle est complètement équipée et en action)[35]; ou encore là où Malebranche distingue les *rapports de grandeur* et les *rapports de perfection*[36]. Plus proches encore d'une philosophie de la valeur sont les deux dernières *Critiques* de Kant et la philosophie fichtéenne du Sollen, où la réalité, comme dans le platonisme, apparaît subordonnée à la moralité et à la beauté.

En fait, bien avant la naissance de la philosophie des valeurs, deux classes de valeurs avaient déjà été l'objet d'une étude poussée: les *valeurs morales,* depuis l'antiquité, sous la forme d'une étude des vertus, et, plus récemment, les *valeurs économiques.* Le propre de la philosophie des valeurs a été d'entreprendre l'étude systématique de l'ordre axiologique pour lui-même et dans son ensemble.

19. - Diverses causes expliquent le développement de la philosophie des valeurs dans la seconde moitié du XIXe siècle:

1) En premier lieu, une défiance de la spéculation due au développement de la critique et au conflit des systèmes, qui invite bien des esprits — comme jadis Socrate — à se détourner du problème de la réalité en soi pour envisager les choses dans leur relation au sujet: ce qu'il y a en elles d'important, d'intéressant, ce que nous avons à en faire ...

2) En second lieu, une réaction contre l'objectivisme scientiste, prédominant vers le milieu du siècle, qui éliminait le sujet et ne reconnaissait d'autre valeur que le vrai (ou le « vérifiable »). La « science » ne se préoccupe pas du bien ou du mal, du beau ou du laid; il n'y a pas pour elle de vérité noble ou ignoble: toutes les valeurs se nivellent dans l'impartialité sèche des chiffres et des protocoles d'expérience. — La philosophie des valeurs revendique pour le sujet le droit de s'intéresser à son point de vue.

3) En troisième lieu, le caractère tragique de l'époque contemporaine, avec ses révolutions et ses guerres mondiales, où sont mises en question d'une façon aiguë la signification et la valeur de l'existence. L'homme sent ses valeurs contestées, menacées: il est donc naturel qu'il s'y intéresse davantage. — Dans le même sens jouent les transformations dues au progrès technique qui, en modifiant le style de vie, font paraître caduques certaines valeurs reçues jusque-là, amenant ainsi le sujet à s'interroger sur le principe même de la valeur.

---

[35] Saint Thomas, *Somme théol.,* I, 5, 1 ad 1um.
[36] *Traité de morale,* Ie p., c. I, 6; *Méditations chrétiennes,* IV, nn. 7, 8. — Cf. saint Augustin: « In iis enim quae non mole magna sunt, hoc est majus esse quod est melius esse », *De Trinitate,* VI, 8; PL. t. 42, col. 929.

4) Le développement, au XIXe siècle, des sciences économiques, où le problème de la valeur tient une grande place et a donné lieu à des théories de grand renom (Ricardo, Marx, Boehm-Bawerk et l'école « marginaliste » etc.), ainsi que l'importance croissante accordées à ces sciences dans la civilisation contemporaine, industrielle et mercantile. L'attention des philosophes était ainsi attirée vers le problème général de la valeur.

5) Mention toute spéciale doit être faite ici de Fr. Nietzsche.

Avec sa critique impitoyable des valeurs traditionnelles, et tout particulièrement des valeurs plus spécifiquement chrétiennes (bonté, pitié, humilité etc.), avec son exaltation de la volonté, de la vie triomphante et son regard tourné vers l'avenir, Nietzsche compte parmi ceux qui ont le plus fait pour déplacer vers la valeur (identifiée avec la vie) l'intérêt de la pensée contemporaine. — Dans une mesure plus modeste, le pragmatisme a travaillé dans le même sens : juger de la vérité par l'utilité, c'est substituer au point de vue intellectualiste celui de la valeur, car l'utile est une valeur. — Enfin, la phénoménologie est venue fournir une méthode qui, appliquée au donné de la conscience axiologique, en a permis une description plus rigoureuse.

20. - On fait généralement commencer avec Lotze, Brentano et Meinong la philosophie des valeurs proprement dite. Son unité est d'ailleurs extrêmement lâche : on peut, au cours de son développement, y distinguer plusieurs tendances, plusieurs écoles, parfois aussi opposées que possible.

1) Tendances idéalistes, « transcendentalistes », néo-kantiennes (Rickert, Windelband), néo-fichtéennes (Münsterberg) : la valeur est une catégorie, un idéal, une norme transcendentale ; elle se réfère à un sujet transcendental, à une conscience évaluante en général.

2) Interprétation psychologiste : la valeur est fondée sur les besoins, les tendances, les désirs du sujet : elle est donc entièrement relative (Chr. von Ehrenfels, Müller-Freienfels, Ribot).

3) Interprétation sociologique : ici encore la valeur est relative mais le centre de référence est la société : les valeurs sont des faits sociaux et doivent être étudiées comme les autres faits sociaux (Durkheim, Lévy-Bruhl, Bouglé). En réalité, ce que l'on considère alors, plutôt que les valeurs, ce sont les évaluations, les jugements moraux etc. reçus dans telle société. On en étudiera la genèse, l'évolution etc. mais il n'est pas question de les juger à leur tour.

(Le marxisme va évidemment dans ce sens : les modes d'évaluer de la société dépendent de son infrastructure économique et sociale ; il y a là cependant un aspect humaniste qui semble dépasser le relativisme : l'homme est la vraie source des valeurs et l'humanité sans classes semble être le point de référence d'une échelle axiologique objective).

4) Interprétation existentialiste (Sartre) et « libertiste » (Polin). Les valeurs sont créées par la liberté, elle-même valeur suprême. A l'inverse de la tendance précédente, nous avons ici un subjectivisme absolu. Toute norme objective est niée (cf. n. 107).

5) A l'extrême opposé, voici l'interprétation phénoménologique et platonisante, qui attribue aux valeurs une sorte d'être en soi (Ansichsein), différent de celui des essences « catégoriales » en ce qu'il n'est pas l'objet d'une intuition intellectuelle, mais d'une intuition émotionnelle

(M. Scheler: *Der Formalismus in der Ethik und die materiale Wertethik*, Halle. a. d. S., 1916: trad. par M. de Gandillac: *Le formalisme en éthique et l'éthique matériale des valeurs*, Paris, 1955), N. Hartmann, *Ethik*, Berlin-Leipzig, 1925) et, dans une certaine mesure, D. von Hildebrand: *Die Idee der sittlichen Handlung*, 1916; *Christian Ethics*, New York, 1952, qui se rattacherait peut-être mieux au groupe suivant). — Ici, il s'agit vraiment d'une métaphysique des valeurs. Loin d'être la projection des tendances de l'homme, ce sont elles, au contraire, qui commandent les tendances.

6) Même observation pour l'interprétation spiritualiste, qui rapporte les valeurs à l'activité spirituelle et, à travers elle, à l'Absolu, à Dieu: les valeurs sont une manifestation de l'Absolu; une présence de l'Absolu, de l'Universel dans le particulier. Dieu est l'identité de l'Etre et de la Valeur (R. Le Senne: *Obstacle et Valeur*, Paris, 1934; *Qu'est-ce que la Valeur*, « Bulletin de la Société française de philosophie », 1941; L. Lavelle: *Traité des Valeurs*, 2 vol., 1951-1955 — le vol. II est posthume).

Les philosophes scolastiques contemporains qui traitent de la valeur peuvent être rapprochés de ce groupe.

Nous ne disons rien de ceux pour qui les jugements de valeur sont dépourvus de toute signification (A. J. Ayer et les tenants du néo-positivisme logique, supra n. 5, 1). Il est clair que semblables théories sont la négation radicale de toute philosophie des valeurs.

21. - L'amour, le désir, le vouloir ne sont possibles, semble-t-il, que si l'objet s'est manifesté comme revêtu de valeur: l'objet de la volonté est le bien « saisi » d'abord par l'intelligence (*bonum apprehensum*). — Mais par ailleurs cette « saisie » du bien présuppose chez le sujet une inclination, un appétit. L'« essence phénoménologique » du bien, avons-nous dit, c'est le désirable, l'aimable, or ces mots n'ont de sens pour nous que moyennant l'expérience du désir et de l'amour [37].

Je puis savoir qu'une chose est bonne parce que d'autres me l'assurent: c'est le principe de la publicité, mais: 1. Cela présuppose chez moi tout au moins une notion générale de la valeur, qui n'a été possible que moyennant l'expérience d'un désirable actuellement désiré. 2. Plus la valeur ainsi expérimentée diffère de celle dont on me parle, plus ma saisie de celle-ci reste inadéquate; il peut même y avoir erreur totale: la valeur est visée d'une manière qui ne lui correspond pas (ainsi quand la valeur morale est désirée comme exaltation du moi). 3. Au principe des jugements de valeurs dictés par l'opinion, l'éducation etc., il y a nécessairement quelque expérience personnelle plus ou moins bien interprétée. Si beaucoup admirent de confiance Picasso ou Mathieu, c'est parce que certains ont réellement perçu dans l'œuvre de ces peintres une valeur d'art.

L'antinomie n'est qu'apparente. La saisie du bien présuppose sans doute une tendance, mais une tendance « naturelle »,

---

[37] Voir *Essai*..., nn. 40-43; pp. 92-104. Et aussi Al. Roldán, *op. cit.*, pp. 397-412.

antérieure à toute connaissance réfléchie. L'objet est perçu comme bon ou mauvais selon qu'il s'accorde à cette tendance ou la contredit. Bien entendu, cet accord ou ce désaccord ne tombent pas directement eux-mêmes sous la connaissance. Ils rentrent dans ses conditions subjectives: ce qui est connu, c'est leur projection dans l'objet sous forme de valeur (positive ou négative). Car l'objet ne se présente comme bon et désirable qu'en vertu d'une certaine « convenance » de sa nature avec celle du sujet. Le sujet découvre en lui cela même vers quoi il tendait — sans peut-être le savoir —, ou tout au moins ce qui peut favoriser, d'une manière ou d'une autre, la satisfaction de sa tendance.

Le bien une fois reconnu comme tel — d'une connaissance concrète, affective, évidemment — l'appétit change de caractère, s'éclaire de conscience, devient « élicite ». Plus la perception de la valeur se précise, se « thématise », plus le vouloir se dégage de la tendance spontanée, plus l'action devient rationnelle sinon raisonnable. — Enfin la satisfaction de la tendance entraîne normalement le plaisir, dont l'expérience va communiquer à l'objet une nouvelle appétibilité et donc une nouvelle valeur.

Quoique le désir et l'amour « élicites » présupposent la connaissance, ils la dépassent. D'où la possibilité d'une perception obscure et comme d'une pénétration spirituelle de l'objet par une affectivité illuminée d'intelligence, par une intelligence attentive au message du cœur. Ce message n'apporte de soi aucune information nouvelle sur la structure de l'objet: en ce sens il n'en accroît nullement la connaissance, il ne révèle aucune détermination, aucun prédicat. Mais il en manifeste davantage la valeur et, à travers elle, le caractère existentiel. Ce à quoi nous nous intéressons existe pour nous tout autrement que les choses insignifiantes. Il faut certaines dispositions affectives et morales pour réaliser que les autres existent aussi bien que nous.

> L'amour, le sentiment en général, ont deux manières d'influer sur la connaissance: en stimulant l'attention par l'intérêt, ce qui permet la découverte ou la mise en relief, dans l'objet, d'aspects, de nuances, de valeurs qui seraient, sans cela, demeurés latents, inaperçus ou indistincts; mais aussi en jouant le rôle de « milieu » (*medium in quo*), dans lequel, à travers lequel le sujet atteint et, pour ainsi dire, expérimente la valeur, la densité existentielle etc. de l'objet. Ce à quoi nous nous engageons, ce à quoi nous tenons, devient quelque chose de nous-mêmes et participe pour nous au caractère incommunicable et immédiat de notre propre existence.

Retenons donc ceci: la valeur, quelle qu'elle soit, ne se révèle pleinement à nous que dans l'acte où elle est effectivement aimée, estimée, désirée etc. La fin, enseigne saint Thomas, meut — comme le premier moteur d'Aristote —, en se laissant désirer [38]. Etre désiré, c'est donc, pour la fin, manifester sa propriété finalisante, mais c'est aussi manifester sa valeur, car c'est par sa valeur que la fin meut. Dans le désir et l'amour en acte et là seulement, le bien, exerçant sa causalité propre, se manifeste et devient, pour le sujet, en « acte dernier » de valoir.

22. - Considérons à présent quelques caractères, particulièrement intéressants pour notre propos, de la valeur.

1) On dit souvent que la valeur *transcende le donné*, en ce sens que nul objet, nul existant donné dans l'expérience ne peut l'incarner entièrement. Nous savons tous par nous-mêmes quelle déception nous apporte d'ordinaire la réalisation de nos rêves les plus longuement caressés! Nous voulons quelque chose de plus, nous voulons, tout au moins, quelque chose d'autre — et c'est là semble-t-il un trait propre à l'homme [39]. — A partir de cette constatation, certains croient pouvoir opposer absolument réalité et valeur. Mais cette conclusion dépasse les prémisses. Tout ce que nous pouvons dire, c'est que l'esprit, le sujet spirituel comme tel transcende l'ordre entier des choses qui peuvent être pour lui objets. Dans le monde — l'ensemble des objets —, nous sommes au-delà du monde. C'est le principe de notre inquiétude et de notre progrès.

2) Tout en transcendant l'existence, la valeur regarde vers elle, en quelque sorte. Elle nous apparaît comme ce qui l'exige (au sens étymologique de *faire sortir, ex-igere*) ou la justifie, comme un titre (de l'objet) à exister, un *devoir-être* (Seinsollen). Ce devoir-être entraîne pour le sujet un *devoir-faire* (Tunsollen). La valeur nous meut à réaliser l'objet qu'elle affecte, à le réaliser, en tout cas, *pour nous*, à désirer qu'il soit et, s'il existe déjà, à approuver son existence et nous en réjouir etc. Une œuvre d'art parfaite nous semble justifiée par sa perfection: elle « mérite » d'être: on a parfois l'impression comme d'une nécessité. Chez l'artiste, en tout cas, cette exigence de-

---

[38] « Sicut influere causae efficientis est agere, ita influere causae finalis est appeti et desiderari », saint Thomas, *De Ver.*, 22, 2.
[39] *Essai...*, n. 51; pp. 121-124. — Sur les caractères de la valeur, *ib.*, n. 36; pp. 81-84.

vient impérieuse, quasi physique : le poème doit s'écrire, la statue prendre forme sous les doigts ...

3) Les valeurs — ou du moins la plupart d'entre elles (cf. n. 23) — constituent des couples, présentant chacun un pôle positif et un pôle négatif [40]. On a ainsi : le bien et le mal (le mal n'est pas un moindre bien ou la simple absence du bien mais sa « privation » : il dit manque, frustration ; ceci est vrai tout spécialement du mal moral, cf. n. 234) ; l'agréable et le pénible (la douleur n'est pas un plaisir diminué ; une sensation désagréable est tout autre chose qu'une sensation faiblement agréable ou neutre) ; le beau et le laid ; le vrai et le faux (une information fausse est autrement redoutable que l'absence d'information) etc.

Cette bipolarité est un trait qui distingue la valeur de la simple réalité, car celle-ci, comme telle, n'a pas de contraire. Le néant est la négation de l'être ; il n'en est pas le pôle négatif. Cette absence de contraire était déjà signalée par Aristote, à propos de la substance et de la quantité [41]. (Le Philosophe ne connaissait pas les quantités négatives, qui d'ailleurs ne se trouvent pas dans la réalité, mais supposent un travail de l'esprit). — L'opposition ne s'introduit dans l'ordre de l'être que moyennant le dynamisme, la finalité, le « devoir-être », qui y introduisent aussi la valeur, au sens large, du moins, et c'est alors seulement que l'absence de forme devient un manque. On trouve, il est vrai, la contrariété dans la catégorie de qualité, dont c'est là, suivant Aristote, le caractère distinctif ; mais il faut remarquer justement que cette catégorie est en rapport étroit avec la valeur, comme en témoigne le langage courant (une personne de qualité) ; aussi bien, les valeurs sont-elles appelées parfois « qualités tertiaires » et nous avons nous-même présenté la valeur comme une « quasi-qualité » (n. 17). C'est que, d'une part, l'objet n'est bon, ne vaut vraiment que muni de toutes ses propriétés, facultés, puissances, qui sont d'ordre qualitatif (n. 18), et, d'autre part, la qualité se rapporte toujours, directement ou indirectement, à l'ordre de l'agir.

4) Ces couples sont *orientés* : en chacun d'eux le pôle positif prévaut sur le pôle négatif et se justifie seul par soi. A proprement parler, c'est lui qui est la valeur ; le pôle négatif, la « valeur négative » se nommerait mieux antivaleur [42].

5) Enfin les divers ordres de valeurs sont *hétérogènes*. Pas de commune mesure entre la valeur de vérité et la valeur de santé, la valeur d'un geste généreux et celle d'une partie de

---

[40] Voir R. Le Senne, *Obstacle et valeur*, pp. 182-184 et L. Lavelle, *Traité des valeurs*, t. I, pp. 233 ss.
[41] *Catég.*, 5, 3 b 24-32.
[42] Voir L. Lavelle, *op. cit.*, p. 233, qui rejette ou du moins juge peu satisfaisante l'expression « valeur négative ».

plaisir, ce qui rend vaine l'idée d'un calcul des valeurs à la Bentham (n. 63). Il n'y a donc pas une valeur unique qui se retrouverait ici et là à des degrés divers d'intensité. La diversité est qualitative. La conscience la perçoit spontanément. L'élévation morale que procure le sacrifice, n'est pas du même ordre que les satisfactions sacrifiées, ne les récupère pas sous leur espèce propre, à la façon dont est récupéré le capital engagé dans une opération lucrative. Et c'est pour cela que le sacrifice est vraiment un sacrifice.

6) Hétérogènes, les ordres de valeurs ne sont pourtant pas purement divers: leur diversité est ordonnée, ils constituent une *hiérarchie*.

23. - L'établissement d'une échelle des valeurs est l'un des problèmes principaux de l'axiologie. Avant de l'aborder, examinons deux positions extrêmes.

La première est celle qui voit dans le caractère hiérarchique une propriété exclusive du monde des valeurs, propriété qu'il faudrait par suite refuser à la réalité comme telle. L'être, de soi, ne comporterait aucun ordre, aucune gradation. — Mais nous rejetons ce séparatisme de l'être et du bien (n. 5). L'être dit acte, donc perfection; il y a des degrés d'être dans la mesure où l'être est plus ou moins en acte, donc plus ou moins parfait. La notion de participation, sans laquelle l'être est inintelligible dans son unité-multiplicité, implique celle d'ordre, de hiérarchie. — Ce qui est vrai, c'est que l'idée de perfection est la charnière de l'ontologie et de l'axiologie (et donc aussi de la métaphysique et de l'éthique), car l'être, en tant que parfait, est bon.

L'autre position, diamétralement opposée, rejette toute hiérarchie axiologique. Les valeurs sont incomparables; seule la liberté y introduit, par son choix gratuit, un ordre subjectif. — Il est certain, en effet, que mon choix seul fait que telle valeur vaille *efficacement* pour moi, qu'elle soit, comme nous l'avons dit (n. 21), en « acte dernier de valoir ». Souvent même la valeur ne sera pleinement saisie que dans un acte de comparaison et de préférence. — Reste que, dans la comparaison même, les valeurs sont saisies comme « valant en acte premier » indépendamment de mon choix. Il n'est pas en mon pouvoir de faire que certaines soient plus élevées, d'autres plus basses, que la connaissance de la vérité, l'amitié, la générosité ne se présentent comme plus hautes, plus dignes que les valeurs relatives à la vie sensible comme celle d'un mets délicat ou d'un bureau bien chauffé en hiver ... Et la même chose se dira des « antivaleurs » correspondantes ... La perception de cet ordre axiologique objectif est un élément essentiel de la conscience morale.

24. - On a proposé plusieurs classements des valeurs. Le plus rationnel semble être celui qui les range selon qu'elles concernent plus ou moins le sujet spirituel comme tel. On distinguera en outre, à chaque niveau, celles qui se tiennent du côté de l'objet et celles qui se tiennent du côté du sujet. On signalera enfin avec les valeurs proprement dites les antivaleurs qui leur répondent. On obtiendra ainsi le tableau suivant (en laissant de côté les valeurs « générales » comme celles de l'existence, de l'individualité, de l'universel etc. [43] et les valeurs d'utilité, qui sont réductibles) [44]:

1) *Valeurs infra-humaines* (appelées ainsi non parce qu'elles ne vaudraient pas pour l'homme — ce qui n'aurait aucun sens — mais parce qu'elles ne valent pas pour lui selon sa différence). Ce sont les valeurs de *sensibilité*: du côté de l'objet, l'agréable, le délectable et les opposés: le désagréable et le douloureux; du côté du sujet le plaisir et la douleur; — et les valeurs *biologiques*: le sain et le morbide, du côté de l'objet; la santé et la maladie (débilité, « misère physiologique » etc.) du côté du sujet etc. — Bien que la conscience sensible, en tant qu'intériorité commencée, soit d'un niveau plus élevé que la simple activité biologique, ses valeurs sont subordonnées aux valeurs de celle-ci: un plaisir qui altère la santé est pervers. Remarquons toutefois que, chez l'homme, la conscience sensible n'est pas uniquement ni principalement en vue du corps, mais en vue de la vie spirituelle, ce qui introduit un autre principe d'appréciation. Reste que la vie sensible avec ce qui la concerne ne porte pas sa justification en soi.

2) *Valeurs humaines infra-morales.* - *Humaines,* car, supposant l'exercice des facultés propres à l'homme, elles n'ont de sens que pour lui, considéré selon sa différence. Non pas

---

[43] Ces valeurs, selon N. Hartmann, *Ethik*[2], 1935, pp. 267-305, présentent cette propriété de n'avoir pas de contraire; elles sont toutes positives. — Nous y verrions des aspects du bien transcendental; cf. *Essai*..., n. 150; pp. 370-372. — Pour tout ce paragraphe, *ib.,* nn. 150-155; pp. 370-381.

[44] Pourtant D. v. Hildebrand, *Christian Ethics,* pp. 64-71, reconnaît à l'utile une valeur irréductible. La valeur d'une action productrice est souvent sans commune mesure avec la valeur du produit. Mais c'est que l'utile, impliquant adaptation des moyens à la fin, comporte un élément de rationalité qui a une valeur en soi. « There is here a sober reasonability which is connected with the teleological character of means as such », *ib.,* p. 68.

humaines cependant au point de mesurer, en dernière instance, la valeur de l'homme comme tel. On peut y distinguer deux groupes :

a) Les valeurs *économiques* et celles qu'on pourrait appeler *eudémoniques,* comme les couples prospérité — misère, succès — échec et en général tout ce qui meut la plupart des hommes à se juger (ou à juger les autres) *heureux* ou *malheureux.* — Le côté objectif est ici la valeur propre d'une certaine situation, de certains événements (p. e., de grands « biens », la réussite d'une entreprise etc.); le côté subjectif, l'état, la « hexis » du sujet en tant qu'affecté par cette situation : l'« êtreriche », la réussite personnelle de l'entrepreneur etc. — On pourrait croire que ces valeurs, du moins certaines d'entre elles, relèvent plutôt de la catégorie de l'utile. Pourtant, il y a dans la possession, dans le pouvoir une affirmation de soi, une sorte d'extension de la personnalité qui, en elle-même, est bonne et désirable : — Ces valeurs, situées au confin du vital et du spirituel — car l'ordre économique concerne, en premier lieu, les besoins plus élémentaires — médient en quelque manière entre les valeurs de l'étage précédent et celles dont nous allons parler.

b) Des valeurs plus proprement *spirituelles,* plus dégagées de référence aux besoins biologiques. Telles sont : les valeurs *noétiques* : du côté de l'objet : la vérité ou la fausseté (d'une proposition etc.); la profondeur ou le caractère superficiel (d'une doctrine, d'un livre etc.); du côté du sujet : la connaissance du vrai, la pénétration de l'esprit, la solidité etc. ou, au contraire, l'erreur, l'ignorance, la lourdeur, la légèreté d'esprit etc.; les valeurs *esthétiques* et *artistiques* : du côté de l'objet : la beauté ou la laideur; du côté du sujet, le bon ou le mauvais goût; les valeurs *sociales* : du côté objectif : cohésion et prospérité de la nation, du groupe etc., ou anarchie, désordre, décadence etc.; du côté subjectif : « don de relation », tempérament de chef, initiative — ou, au contraire, incapacité d'accrocher les autres, tempérament asocial etc.; valeurs enfin concernant *la volonté en tant qu'elle est nature* : force de caractère, constance dans les entreprises, faculté de « rebondissement » ou, à l'opposé, faiblesse, lâcheté, inconstance, esprit de capitulation ... (la valeur objective correspondante sera ici un certain « style », ferme ou relâché, de l'action et de l'ouvrage). Ces dernières valeurs touchent de plus près les valeurs morales et il n'est pas facile de les en distinguer : la paresse est-elle un vice ou un défaut naturel? Par ailleurs, en vertu du conditionnement, chez l'homme, du spirituel par l'organique, elles ont une base biologique. La paresse peut tenir à un mauvais fonctionnement des sécrétions internes ...

Les valeurs dont il vient d'être question ne doivent pas être sous-estimées. Et pourtant, ce n'est pas en elles que consiste la perfection de l'homme en tant qu'homme. Et cela, parce qu'elles restent encore, malgré tout, *extérieures au sujet comme tel*. Elles ne l'atteignent pas en ce qu'il a de plus « soi ». Les valeurs intellectuelles elles-mêmes, bien qu'assurément intérieures — l'intellection n'est-elle pas le type de l'action *immanente*? — ne pénètrent pas jusqu'au centre intime de la personnalité, ne l'affectent pas: elles sont de la nature (spirituelle) plutôt que de la personne, du Je. L'activité cognitive, comme telle, efface, pour ainsi dire, le sujet devant l'objet. Dans: « je connais », le Je est plus posé que posant; il n'a pas l'initiative de l'acte, il surgit devant la conscience comme un des termes de la relation noétique, en même temps que l'objet. Bien sûr, il dévoile un sujet existant, comme condition ontologique de l'acte dévoilant, mais non pas comme *engagé* dans celui-ci. — Cette extériorité relative fait que l'objet, intériorisé dans l'intellect, n'affecte pas le sujet dans son intimité, dans sa subjectivité. En tant que connaissant, le sujet n'est pas valorisé par son objet: c'est lui, au contraire, qui le valorise [45]. Connaître le beau ne rend pas beau, connaître le bien ne rend pas bon.

Les valeurs considérées jusqu'à présent peuvent être appelées « valeurs naturelles », en tant qu'elles concernent la nature (sensible ou spirituelle) du sujet, non le sujet lui-même, comme tel.

3) La *valeur morale* (le singulier ici est préférable, car cet ordre est beaucoup plus fortement unifié que les précédents, comme il résultera de notre recherche) affecte, elle, le sujet en ce qu'il a de plus « sien »: dans l'exercice de sa *liberté*. C'est la valeur propre de l'ordre *pratique,* en tant que distinct à la fois du *spéculatif* et du *poiétique* (art et technique). Elle concerne l'action humaine elle-même — et non pas seulement ni directement l'œuvre qui en est le fruit — en tant que cette action procède de la volonté libre (nn. 1; 3). C'est elle qui mesure vraiment la valeur de la personne humaine.

4) Enfin la *valeur religieuse* (ici encore et pour la même raison que tout à l'heure nous préférons le singulier) concerne

---

[45] Saint Thomas, *Somme théol.,* I, 82, 3; *De Ver.,* 29, 11.

la relation du sujet au principe suprême de la valeur qui est aussi celui du sujet. Nous n'en parlerons pas pour l'instant. Irréductible à la valeur morale, elle lui est cependant intimement liée; les deux ordres s'enveloppent l'un l'autre: pas de moralité parfaite sans religion, pas de religion authentique sans moralité [46].

III. LA VALEUR MORALE.

A. *Le phénomène de la valeur morale.*

25. - Le monde éthique, tel qu'il fait l'objet de notre étude, est celui de la valeur morale. Mais la première question qui se pose est évidemment de savoir s'il y a là autre chose qu'un mot.

Demander cela, ce n'est pas demander si une valeur répondant au signalement de la valeur morale est *objectivement fondée* et partant vaut *en soi*, de sorte que le sujet, selon qu'il se conforme ou non à ses exigences, non seulement s'apparaisse

---

[46] Sur le rapport entre valeur morale et valeur religieuse, voir B. Häring, *Das Heilige und das Gute*, Krailling b. München, 1950, surtout pp. 45-58 (trad. fr.: *Le Sacré et le Bien*, Paris, 1963; pp. 41-50).
  Notre classification des valeurs se rapproche de celle de M. Scheler, qui distingue, dans l'ordre ascendant: valeurs de l'agréable (et du désagréable), valeurs vitales, valeurs spirituelles, valeurs religieuses. Les valeurs supérieures sont plus riches, plus indivisibles, plus indépendantes des qualités objectives et de l'organisme; elles procurent une satisfaction plus profonde. — Mais on remarquera que la valeur morale est en dehors de cette hiérarchie: c'est qu'elle ne peut jamais être visée pour elle-même (cf. plus loin, n. 33, 2). — N. Hartmann ajoute à la considération de la « hauteur » des valeurs, celle de l'urgence ou, comme il dit, de la force (Kraft). Il distingue: valeurs très générales (allgemeinste), valeurs fondamentales subjectives (par ex. valeur de la vie, de la conscience, de l'activité, de la liberté etc.) et objectives (valeurs des « biens », Güterwerte, par ex. valeur de la situation, de la puissance, du bonheur etc.), valeurs morales fondamentales (le bien, le noble, la plénitude, la pureté) et spéciales. Il n'y a pas de valeur suprême.
  L. Lavelle (*Traité des valeurs*, t. II) considère les divers rapports de l'homme avec le monde. Chacun de ces rapports fonde un ordre double de valeurs, selon qu'on l'envisage du côté de l'objet ou du côté du sujet. Or l'homme peut être considéré dans le monde, devant le monde, au-dessus du monde: On a ainsi, successivement, les valeurs économiques et les valeurs affectives, les valeurs intellectuelles et les valeurs esthétiques, les valeurs morales et les valeurs religieuses.
  Plus récemment, H. Reiner a proposé une autre classification. Les valeurs sont absolues ou relatives. Ces dernières, à leur tour, sont ou bien relatives au sujet lui-même (eigenrelativ) ou bien relatives à un autre (ou aux autres: fremdrelativ). Les valeurs relatives au sujet sont, par définition, subjectives; les autres, ainsi que les valeurs absolues, sont objectives, *Das Prinzip von Gut und Böse*, Fribourg en Br., 1949, p. 9; *Gut und Böse*, Fribourg en Br., 1965, p. 19. Les valeurs relatives supposent toujours un besoin.

à lui-même bon ou mauvais, mais le soit réellement, d'un point de vue absolu et doive, en conséquence, être jugé ainsi universellement. C'est demander s'il y a, pour la conscience axiologique (i. e. jugeant des valeurs), une valeur distincte de toutes celles que nous avons appelées infra-morales, irréductible à celles-ci et d'un niveau absolument supérieur.

Il ne s'agit pas non plus ici de savoir comment s'est constituée pour nous cette valeur, comment l'homme en a pris peu à peu conscience. Les psychologues, les ethnologues, les sociologues peuvent disserter sur l'origine des idées morales, la genèse de la conscience morale ... Ce qui nous intéresse pour l'instant, c'est la valeur morale telle qu'elle se présente effectivement à la conscience, c'est cette conscience telle qu'elle est actuellement structurée. — Or de ce qu'un auteur croit pouvoir expliquer l'apparition, dans la conscience, de la valeur morale par l'évolution d'autres valeurs (par exemple, des valeurs eudémoniques, comme certains utilitaristes dont nous reparlerons), il ne s'ensuit pas qu'il nie l'originalité et l'irréductibilité de la valeur morale *pour la conscience actuelle*. Les deux questions sont distinctes.

26. - Par contre, on rangera parmi les négateurs de la valeur morale tous ceux qui prétendent en réduire l'expérience à l'expérience d'autres valeurs. Ici, il ne s'agit plus de genèse mais de structure: la valeur morale ne serait qu'un nom pour désigner des valeurs eudémoniques, sociologiques etc. (être loué ou blâmé, estimé ou méprisé, favoriser ou compromettre la cohésion du corps social, réussir ou échouer dans la vie etc.). Bien agir, ce serait donc, identiquement, *même pour la conscience* — entendons une conscience éclairée sur ses véritables motivations, au-dessous de l'apparence superficielle —, accroître sa capacité d'action, assurer le succès de ses entreprises, agir selon la coutume et l'intérêt de la société etc. (Cf. n. 78).

Négateurs encore de la valeur morale, tous ceux qui ne veulent voir dans les valeurs supérieures et les activités ou inclinations correspondantes (art, morale, religion) qu'une « sublimation » — autant dire un camouflage — des instincts élémentaires, en particulier de la *libido* sexuelle, par suite de la « censure » exercée par le Surmoi (lui-même fraction aliénée du moi par identification introjective au Père ...), tout en identifiant parfois, comme Freud lui-même, la « voix de la conscience » avec le Surmoi (ce qui donne à la vie morale un aspect ambigu). — Négateurs au suprême degré, ceux qui, avec Nietzsche, ne voient dans la morale qu'un façon hypocrite, pour les hommes, de dissimuler en l'embellissant leur impuissance, leur lâcheté, leur ressentiment, leur bassesse d'esclaves.

La critique impitoyable de Nietzsche se développe, à partir d'*Aurore* (*Morgenröte*, 1881), dans *Ainsi parla Zarathoustra* (*Also sprach Zarathustra*, 1883-1884; le l. IV parut en 1892), *Au-delà du Bien et du Mal* (*Jenseits von Gut und Böse*, 1886), *La généalogie de la morale* (*Zur Genealogie der Moral*, 1887), *Le crépuscule des idoles* (*Götzendämmerung*, 1889). — On sait que Nietzsche distingue deux classes ou deux races d'hommes : les « maîtres » (Herren), en qui la Vie s'affirme triomphante, et qui s'attachent aux valeurs « nobles » — et les « esclaves », à la vitalité rabougrie et vouées aux valeurs « vulgaires ». La morale — spécialement la morale chrétienne — est, selon Nietzsche, une revanche des esclaves, l'exaltation des valeurs vulgaires, baptisées « bien », au détriment des valeurs nobles, flétries comme « mal ». — Ailleurs Nietzsche dénonce dans la « mauvaise conscience » un état morbide (Erkrankung), propre aux esclaves et provenant d'une sorte de réflexion de la « volonté de puissance » (Wille zur Macht). Cette volonté existe chez tous les hommes, mais chez les maîtres elle s'exerce sans entraves et normalement, c'est-à-dire sur les autres. Chez les esclaves, elle ne peut s'exercer au dehors : elle se retourne donc sur le sujet pour le torturer intérieurement, *Zur Genealogie* ... II, nn. 16-18.

Il est évident enfin que les tenants du positivisme logique ou linguistique, pour qui les jugements de valeur sont vides de sens (nn. 5; 20), ne peuvent reconnaître aucun contenu, même phénoménologique, à la valeur morale.

La grande majorité des philosophes et le sens moral commun de l'humanité — du moins quand la conscience est parvenue à un certain degré d'évolution — affirment au contraire la spécificité de l'expérience morale et de la valeur qui s'y révèle. Cette affirmation pourrait s'expliciter ainsi :

Parmi les diverses valeurs qui peuvent motiver l'acte humain, la conscience — du moins en certains cas — en saisit une d'un caractère nettement à part : non seulement différente des autres comme celles-ci diffèrent entre elles, non seulement irréductible aux autres ou à leurs combinaisons, mais sans commune mesure avec elles parce que située sur un plan supérieur. Le propre, en effet, de cette valeur, c'est de « mesurer », en dernière instance, l'acte humain en tant qu'humain et, à travers lui, l'homme en tant qu'homme. L'acte sera jugé bon ou mauvais *comme acte humain,* l'homme sera jugé bon ou mauvais *comme homme,* selon que leur valeur morale sera positive ou négative, à telles enseignes que l'homme, eût-il par ailleurs les plus belles qualités : intelligence, force, beauté, savoir-faire etc., devra, s'il est moralement « négatif », être regardé comme un « méchant homme », purement et simplement. A l'inverse, un « pauvre type », médiocrement doué du point de vue intellectuel et physique, s'il a « bonne volonté », s'il est moralement positif, est « bon », purement et simplement.

27. - La conscience morale commune s'illusionnerait-elle ? Son expérience prétendue ne serait-elle qu'une imagination d'expérience ou le résultat d'une fausse interprétation ? Nous croyons, au contraire, que l'expérience morale est authentique et que la valeur qui s'y manifeste répond au signalement donné ci-dessus.

Il est clair qu'une démonstration en forme est ici impossible. On ne démontre pas un donné de conscience : tout ce qu'on peut faire, c'est d'orienter convenablement l'attention du lecteur ou de l'auditeur, pour le rendre capable de saisir par lui-même le donné en question, ici, la valeur morale. Les « arguments » suivants n'ont pas d'autre but. (On remarquera leur caractère d'intériorité croissante. Tous les trois partent du fait que l'homme porte des jugements de valeur morale, mais, dans le premier, le sujet et l'objet du jugement sont en-dehors de nous; dans le second, l'objet est encore en-dehors, mais le sujet est nous-mêmes; dans le troisième, sujet et objet sont en nous, sont nous).

1. *L'existence des jugements moraux, comme donnée de fait de la réalité humaine.*

Quelque idée qu'on professe sur la morale, on est bien obligé de reconnaître la présence, dans la société humaine, de jugements de valeur portant sur les actions des individus. Certaines apportent à leurs auteurs approbation, éloges, récompenses, d'autres, au contraire, attirent sur eux reproches, blâmes, châtiment; d'autres enfin, apparemment, restent sans signification axiologique, indifférents. Cette distinction et en particulier l'opposition des actes « bons » et « mauvais » n'est pas simplement le fait d'un peuple, d'une race ou d'une époque : on la rencontre — l'histoire et l'ethnologie en font foi — en tous les types culturels — chez les plus primitifs comme chez les plus évolués —, avec, bien sûr, d'immenses différences quant à la détermination de ce qui est reconnu « bon » ou « mauvais ».

On trouvera d'innombrables témoignages, par exemple, chez V. Cathrein, *Die Einheit des sittlichen Bewusstseins*, Freiburg-im-Br., 1914 et R. Mohr, *Die christliche Ethik im Lichte der Ethnologie*, in *Handbuch der Moraltheologie*, Bd IV, München, 1954. Ceux-là même qui donnent du « sentiment moral » une interprétation naturaliste, n'en contestent généralement pas l'universalité. Ainsi Ed. Westermarck, *L'origine et le développement ...*, c. 5, t. II, pp. 131-135, montre bien, à l'aide de nombreux exemples, comment des hommes apparemment sans culture distinguent les bonnes actions des mauvaises, se repentent de leurs transgressions, s'indignent contre celles d'autrui etc. (Il n'est d'ailleurs pas nécessaire, à la rigueur, que cette universalité du « sentiment moral » soit établie. Une seule expérience morale authentique suffirait pour notre propos).

On nous saura gré, pensons-nous, de reproduire ici, au moins partiellement, une note qu'un ethnologue — le Père J. Goetz — a bien voulu, rédiger pour nous :

« Ce n'est pas la statistique comparée des contenus objectifs des catégories du bien et du mal qui nous permet d'affirmer l'universalité du sens moral, mais bien le fait que toute civilisation, c'est-à-dire tout groupe humain, possède ces catégories ...

D'autre part, il est bien connu que les Primitifs sont en général incapables de réciter le catalogue de leurs préceptes positifs et négatifs, même les plus généraux; mais ils savent bien exactement dans chaque cas concret de leur vie ce qu'ils doivent faire ou éviter « pour être un homme ».

D'où vient alors cette connaissance? Le vrai problème est de savoir qui le soumet à ces lois, l'oblige à ces choix dont l'utilité n'apparaît pas immédiatement et souvent ne se comprend pas du tout, comme si l'essentiel n'était pas un bien à atteindre ou un mal à éviter mais la loi elle-même. Le tabou ne se justifie que par lui-même : c'est interdit parce que c'est interdit.

A première vue, on serait tenté de partir du fait que ces lois sont inculquées par les mythes, plus ou moins liés à la cosmogonie, ou de cet autre que les interdits mettent en œuvre une conception du monde comme système de forces. Mais les lois ne dérivent pas de ces mythes; ceux-ci ne sont que des justifications postérieures ou plus exactement expriment simplement le fait que ces lois existent. On est toujours ramené au même point : l'homme éprouve le besoin de se donner des lois, l'homme est un être qui se donne des lois. — On en arrivera alors à affirmer que l'homme est un être social (en étendant la socialité du Primitif à tous les êtres qui l'entourent) et de fait on a cru pouvoir affirmer que le Primitif est un être qui n'existe pas comme individu mais seulement dans et par le groupe. C'est la société qui crée la personne, c'est la société qui impose des lois et qui s'exprime dans les mythes. C'est pourquoi la moralité du Primitif se réduit au tabou, expression de la contrainte sociale.

Nous ne pouvons plus nous contenter de cette simplification, basée sur une observation trop superficielle ... Certes, on pourra toujours discuter entre anthropologues qui pensent que l'homme a créé la société parce qu'il est homme et ceux qui pensent que l'homme n'est devenu homme que par la vie collective. Comment pourrons-nous jamais observer des faits assez primitifs pour trancher le désaccord ...?. Rien ne nous permet de décider en fait de l'antériorité de la conscience collective sur la conscience individuelle ou réciproquement.

Mais ce que nous pouvons observer depuis quelques siècles chez les

Primitifs vivants, c'est que la conscience individuelle juge la conscience collective, quand il y va de la vie de l'individu. Car, quand un « sauvage » est victime de la pression sociale qui le condamne selon ses lois alors qu'il n'a pas conscience d'avoir mal agi ou lorsque la société ne sait pas le défendre contre les manœuvres secrètes des sorciers, alors il s'écrie : Dieu, regarde! Dieu me voit! — De même, dans le mythe qui exprime si réalistement ce qui est, ce qu'est la vie, ce qu'est l'homme, il arrive un moment, pour nous absolument inattendu, où s'affirme l'existence d'un ordre parfait supérieur et parfaitement moral, soit que le héros se mue tout à coup en gardien d'une moralité qu'il a si peu observée ..., soit que, à côté de cette mythologie réaliste se profile au loin un autre ordre qui dépasse et encadre cette mythologie. C'est précisément cet élément d'un autre ordre ... que nous appelons Dieu en ethnologie. Dieu est l'expression du jugement de la conscience individuelle sur les exigences de la conscience collective. A côté du bien et du mal que nous appelons relatifs, il y a un bien et un mal absolus, celui du Dieu lointain des Primitifs.

Quel peut bien être le fondement de cette assertion vraiment primitive? — Si les mythes cosmogoniques et sociologiques expriment la prise de conscience par l'homme de sa participation au monde, de son être-dans-le-monde, alors l'idée du Dieu lointain ou du Dieu Créateur ne peut s'expliquer autrement que comme une prise de conscience encore plus profonde et pour cela moins précise d'un autre aspect de la condition humaine, de son être-au-monde, — participation de l'homme et du monde à un ordre qui les domine tous les deux et qui, à vrai dire, rend seul possibles et stables les autres ordres particuliers; un ordre où le bien et le mal sont absolus, inexorablement justes, selon les termes d'un vieux « chef de terre », traduits par mon interprète ... Peut-on d'ailleurs concevoir un ordre jugé par les hommes sans une justice qui ne dépende pas du jugement des hommes? »

28. - Ce qu'il faut bien remarquer, c'est que l'éloge et le décri prennent une allure toute différente, selon qu'ils s'adressent, chez celui qui en est l'objet, à des qualités ou des défauts « naturels » (abondance ou indigence de biens extérieurs, force ou débilité physiques, pénétration ou lourdeur d'esprit etc.) *ou* au fait d'avoir ou de n'avoir pas agi (ou voulu agir) « comme il fallait », selon les normes de valeur reçues. On plaint un imbécile et un infirme; il arrive qu'on se moque d'eux, et c'est odieux; mais personne n'aurait l'idée de les blâmer : « ce n'est pas leur faute », dit-on. Inversement, on peut louer chez un homme la beauté, l'intelligence, les biceps etc., mais c'est plutôt pour admirer ces « dons » naturels et l'en féliciter au sens propre, l'en déclarer heureux, que pour en faire le thème d'une louange qui le vise *en lui-même* — lui en faire un « mérite ». C'est précisément cette notion de mérite (n. 289) qui nous permet peut-être le plus facilement de reconnaître dans la conscience populaire, telle qu'elle s'exprime dans les mythes et le folklore, l'originalité de la valeur morale. Pensons seulement à ces légendes, à ces contes où l'on voit le héros, après mille épreuves, obtenir la *récompense* de ses peines (Hercule, mais aussi Cendrillon). Le bonheur auquel il parvient ne se présente pas seulement comme l'effet naturel de son activité ni comme un simple hasard. Que la bonne fée s'intéresse à Cendrillon, que la fille dédaignée gagne le cœur d'un prince, ce n'est pas seulement pour elle une heureuse aventure: il y a quelque chose en elle qui appelle cet intérêt et cet amour: non pas sa seule beauté ni même sa seule misère (comme si le fait de souffrir réclamait, par lui-même, une compensation: idée qui traduit d'ailleurs un certain sens, déjà semi-moral, de l'ordre, de l'équilibre, de la justice), mais une valeur dont elle a fait preuve dans ses « épreuves », valeur manifestée comme patience, obéissance, dévouement etc. et qui nous fait dire de sa fortune: « c'est juste, elle l'a mérité »: la *valeur morale*.

Songeons aussi à l'*indignation* qui saisit d'ordinaire les hommes devant l'injustice — soit celle dont ils souffrent eux-mêmes, soit celle dont ils voient les autres victimes — et qui, dans ce dernier cas surtout, comme l'a bien noté Camus dans *L'homme révolté*, diffère immensément de la simple conscience d'un tort subi. (Sans doute, nous sommes naturellement portés à regarder comme injuste tout ce qui nous désavantage; pourtant, le désavantage est autre chose que l'injustice: leurs notions, les réactions qu'ils provoquent sont différentes. L'amour propre utilise la valeur morale pour ses fins à lui, mais il l'utilise comme une valeur autre que celle qu'il poursuit lui-même). — Sur un ton mineur, que de fois n'entendons-nous pas des jugements de ce genre: *ce n'est pas juste, cela ne devrait pas être!* — Pensons enfin aux réactions des hommes devant les échecs et les succès, les malheurs et les bonheurs qui arrivent à certaines personnes (dans la réalité, cette fois, et non dans la légende): X *ne méritait pas* cette disgrâce! Z *n'a pas volé* ce qui lui arrive! Jugements qu'une conscience suffisamment évoluée ne prononcerait certainement pas si n'étaient en cause que des qualités et des valeurs naturelles.

On pourrait multiplier les exemples. Mais le lecteur n'a qu'à regarder autour de soi et ceux qu'il découvrira seront pour lui les plus convaincants. Ces jugements de valeur qui s'expriment dans les créations de la conscience populaire, dans le langage quotidien et les réactions spontanées d'une âme naturellement morale, manifestent, semble-t-il, que dans les actions dont il s'agit et dans leur sujet, réel ou fictif, une valeur est saisie et reconnue qui éveille en nous un intérêt et réclame de nous un hommage auxquels les valeurs naturelles ne peuvent prétendre. C'est qu'elle ne concerne pas simplement des fins particulières, utilitaires : l'ordre de la *commoditas*, la vie ou le bien-être de l'individu, de sa progéniture, de son clan — valeurs dont les animaux eux-mêmes semblent avoir une perception rudimentaire et concrète ; elle concerne l'homme en tant qu'homme ; elle l'affecte selon qu'il fait ou ne fait pas ce qu'on attend d'un homme ; elle est la mesure la plus décisive de son *humanisation*.

29. - Il est vrai que ces mêmes actions se présentent le plus souvent comme ordonnées ou interdites par la divinité, ou du moins affectées de quelque caractère *sacré* (le péché, la transgression religieuse, est du sacré négatif). Rien de plus normal, vu la mutuelle implication des valeurs morale et religieuse. Mais le problème de leur distinction est tout autre que le problème de la distinction de la valeur morale et des valeurs inframorales.

C'est un fait, pourtant, que la conscience humaine n'a pas du premier coup distingué clairement la valeur morale et reconnu son primat.

Cela résulte d'abord du vocabulaire moral. Les mots qui signifient la valeur se rapportent en premier lieu à la force physique, à la puissance, à l'efficacité etc. Ainsi le mot valeur lui-même (*valere* : être fort, vigoureux, puissant), ainsi vertu (*virtus* : même racine que *vis*) et son équivalent grec ἀρετή ; ἀγαθός semble avoir été dit d'abord des nobles, des gens haut placés et puissants ... On sait d'ailleurs combien les jeunes, en général, estiment la force physique : leurs héros favoris sont souvent des athlètes, des boxeurs, des coureurs : des jarrets et des biceps d'acier ... C'est peu à peu seulement que l'adolescent — et l'humanité adolescente — découvrent où est la vraie force, le vrai courage, la vraie valeur : dans l'énergie de l'âme qui réfrène les passions et les instincts et les soumet à la raison.

De même, c'est peu à peu — et chez la plupart bien imparfaitement — que la conscience humaine a appris à distinguer l'acte dans sa matérialité de l'intention qui lui donne sa signification formellement morale. Parce que l'homme est naturellement tourné vers le dehors, il est porté à juger les autres — et soi-même — par ce qu'ils ont fait plutôt que par ce qu'ils ont sincèrement voulu faire. La violation purement externe, accomplie en bonne foi, d'un commandement divin, était assez, à ses yeux, pour rendre l'homme digne de la colère des dieux. Cf. la légende d'Œdipe.

Enfin la conscience humaine a été lente à distinguer entre la valeur proprement morale de l'homme et sa valeur sociale [47], et beaucoup aujourd'hui, comme, par exemple, les marxistes, récusent cette distinction.

---

[47] Ce qui amène l'individu à poser le problème moral, à prendre conscience de la valeur morale, c'est bien souvent, une contradiction pratique, un conflit

Mais notons-le bien : autre chose est de montrer la *genèse* d'une notion, autre chose d'en juger la *validité*. Problème génétique et problème critique doivent être soigneusement distingués. Qui voudrait soutenir que la mathématique perd quelque chose de sa dignité, du fait qu'elle est née sous la pression des besoins pratiques (l'échange, l'arpentage etc.) et qu'elle se colorait sans doute, dans les débuts, de représentations magiques?

Du reste, il arrive souvent qu'une valeur soit pour ainsi dire *induite* par une autre, dont elle se sépare par la suite pour la conscience. Le cas est manifeste dans l'éducation. Les caresses maternelles « élèvent » peu à peu l'enfant à reconnaître et à aimer les valeurs dont il a, en sa mère, l'incarnation [48].

Il n'est donc pas étonnant que pour une conscience encore fruste la valeur morale se distingue mal de ces impératifs sociaux qui s'imposent par eux-mêmes, sans aucune raison (pensons non seulement aux interdits, aux tabous, mais aussi à la formidable pression de la coutume, de la mode, du « respect humain », dans certains milieux surtout, pourtant évolués). — Il faut un progrès de la réflexion pour que se manifeste à la conscience la valeur — vraie ou supposée — qui les justifie, tout au moins la valeur de l'intégration sociale que leur ob-

---

entre directions d'existence incompatibles, qui l'oblige à réfléchir et à mettre en question l'obéissance aux lois de la tribu ou du clan, jusque là sans problèmes. Voir, par ex. E. Weil, *Philosophie morale*, Paris, 1961, pp. 30-39. — Sur le conflit, en général, comme facteur de réflexion morale, voir R. Le Senne, *Le Devoir*.

En occident, du moins dans le monde grec, ce type de conflit, avec l'émergence qu'il provoque de la valeur morale au-dessus des valeurs simplement sociologiques, a trouvé son expression littéraire au Ve siècle avant notre ère dans l'Antigone de Sophocle et, un peu plus tard, dans les dialogues platoniciens : *Gorgias, Les Lois* etc. — Mais, tandis que la conscience individuelle s'affirmait ainsi en face des lois de la cité, contemporainement, chez les sophistes, l'affirmation de l'individu prenait l'allure d'une exaltation naturaliste de l'instinct, toute règle morale étant regardée comme conventionnelle et artificielle (n. 52). — Encore un peu de temps et, avec Aristippe et Antisthène, cette même affirmation s'orientera vers une revendication d'absolue autarcie et indépendance, préludant ainsi de loin à une éthique de la pure liberté. — On le voit : dès le début, la conscience individuelle de soi se trouve confrontée à trois possibilités qui définissent trois attitudes éthiques : éthique de la valeur morale, du bien du devoir; éthique de la nature et de l'instinct; éthique de la liberté. Le problème sera de faire droit aux exigences qui s'expriment à travers ces trois attitudes.

Sur le développement de la conscience morale et le passage de la contrainte extérieure à l'idée d'obligation, on peut lire A. Ponceau, *Initiation philosophique*[4], Paris, 1963, t. II, pp. 201-218.

Il y aurait lieu, évidemment, d'étudier ici la formation du sens moral dans l'individu et d'abord chez l'enfant. On consultera, entre autres, J. Piaget, *Le jugement moral chez l'enfant*, Paris, 1932, et G. Cruchon, *Psychologie pédagogique*, I : Les transformations de l'enfance, Mulhouse, 1966, pp. 203-214 et 297-335 (bibliog., pp. 396-400).

[48] Sur l'induction des valeurs, voir *Essai* ..., n. 148; pp. 363-366.

servance aide à maintenir. — Mais ajoutons tout de suite ceci : saisir la valeur est une chose, pouvoir la discerner et l'exprimer, et d'abord l'objectiver en un concept défini, en un « verbe mental », en est une autre. La démarche et les jugements des hommes témoignent qu'ils perçoivent la valeur morale, même s'ils trébuchent dans l'emploi qu'ils font de sa notion (cf. le texte rapporté n. 27). Et d'ailleurs, encore une fois, il s'agit pour nous de vérifier le fait de l'expérience morale, non d'en établir l'universalité. (De celle-ci, il sera question plus loin, n. 184).

30. - 2. *Nos jugements sur autrui.*

Chacun de nous, pour peu qu'il s'examine, trouvera dans sa propre vie bien des exemples de situation où la valeur morale, manifestée positivement ou négativement dans la conduite des autres, a motivé son jugement. Pour mieux la faire apparaître dans sa pureté, il peut être avantageux d'instituer une expérience mentale, sur un cas supposé. Imaginons donc un homme qui se jette à l'eau pour sauver son ennemi mortel. Cet homme fût-il lui-même notre ennemi, nous ne pouvons nous empêcher de l'approuver et de le louer intérieurement. Pourquoi cela ? Parce qu'il a montré du courage, de l'esprit de décision etc. ? Mais ces qualités peuvent se manifester aussi bien dans des actions, chez des individus que nous sommes loin d'approuver. Combien de gangsters en font preuve ! Parce qu'un tel homme pourrait nous secourir en cas de péril ? Notre réaction approbative devrait, alors, être proportionnelle à la probabilité reconnue par nous au péril ; or, elle en est complètement indépendante. Sans réflexion intéressée, sans calcul, elle vise, dans la conduite du généreux sauveteur, une valeur qui « vaut » par elle-même, indépendamment de l'avantage qui nous en revient ou pourrait nous en revenir et qui nous force à dire : « Voilà une bonne action », « voilà un homme de bien », ou, tout au moins : « allons, il y a quand même chez cet homme quelque chose de bon ! ».

Or, remarquons-le, cet homme ne mériterait nullement notre admiration — du moins, pas ce genre d'admiration — s'il avait agi sous l'effet d'une contrainte physique ou psychique irrésistible ; pas plus qu'on ne blâme celui qui, dans ces conditions, pose un acte normalement répréhensible.

31. - 3. *Nos jugements sur nous-mêmes.*

Ici encore, il suffirait de puiser dans notre propre expérience, mais, pour la même raison que tout à l'heure, nous proposerons un cas.

Imaginons que la possibilité s'offre à nous de triompher dans un concours en nous procurant frauduleusement les sujets à l'avance ou par quelque autre artifice du même ordre. Peut-être cette fraude révélerait-elle en nous certaines qualités : habileté, audace etc. — et de fait, il y en a parfois qui fraudent plutôt pour le plaisir de déjouer la surveillance, d'en démontrer l'inefficacité etc. Le succès ainsi obtenu serait en outre, probablement, la source d'avantages non méprisables et nous pourrions dire, en nous frottant les mains : « que j'ai bien fait ! ». — Et pourtant, non, « ce ne serait pas *bien* ». L'adverbe n'a pas, ici et là, le même sens. Il s'agit à présent d'une autre valeur. En jugeant qu'il n'est *pas bien* de tricher, nous ne pensons pas aux sanctions, car leur probabilité peut être, en certains cas, négligeable. Ni aux inconvénients qu'une pratique généralisée de la tricherie entraînerait pour nous : que pèserait ce motif lointain, hypothétique, devant l'avantage certain et immédiat de l'acte en question ? Ce que nous sentons ou plutôt ce que nous comprenons, c'est que, en fraudant, nous nous diminuerions, nous *descendrions,* selon un ordre de valeurs sans commune mesure avec les autres (par exemple, avec l'ordre des valeurs économiques), nous serions *dignes* de blâme, *dignes* de punition : ce qui est tout autre chose que d'être simplement *en danger de* blâme ou de punition, tout autre chose aussi et incomparablement plus grave que d'être *effectivement* blâmé ou puni.

Mais supposons que nous rejetions l'idée tentatrice, que nous renoncions à frauder. Peut-être sentirons-nous quelque amertume, quelque regret d'une si belle occasion perdue — surtout si notre honnêteté nous a valu un échec. Mais en même temps nous jugerons que ce sentiment n'est pas beau, n'est pas *bien* : il manifeste ce qui, en nous, contredit la valeur. Au contraire, nous comprendrons que, par notre loyauté, notre existence gagne en plénitude et s'élève à un niveau supérieur. Nous sommes plus hommes, plus conformes à la vérité de notre essence, plus *nous-mêmes* en un mot. C'est que nous avons surmonté ce qui tenait à notre particularité individuelle, en tant qu'elle dit exclusion des autres et donc négation, ce qui ne pouvait pas être approuvé de tous, justifié aux yeux de tous, ce qu'il y avait en nous d'irrationnel, de ténébreux et partant étranger à notre centre le plus personnel [49]. Nous nous sentons

---

[49] Cf. Vl. Soloviev, *La justification du bien*, 1897-1898 ; trad. fr., Paris, 1939, pp. 28-42 : l'origine de la conscience morale est à chercher dans le senti-

donc plus libres, du fait même que nous nous sommes soumis à la valeur, qui, étant absolue, nous délivre (*solvit ab*) de notre particularité et de notre partialité. — Bref: en obéissant à l'appel de la valeur morale, du *bien,* nous avons vraiment agi comme *personne,* non simplement comme *individu,* s'il est vrai que la personnalité ajoute à l'individualité l'« ouverture » à l'Universel. — Mais dire cela, c'est dire que la valeur morale est la valeur propre de la personne, la valeur propre du sujet spirituel, la valeur propre de la liberté, la valeur propre enfin de l'homme considéré selon sa différence.

Un cas où la valeur morale se présente avec un relief singulier, c'est l'expérience du *repentir,* j'entends du repentir authentique, qui naît de la reconnaissance d'une faute librement commise. Nous pouvons y distinguer trois éléments:

1. *C'est fait* — et je n'y puis rien. Je puis réparer les suites, mais ne puis faire que ce qui est fait n'ait pas été fait. Il y a là comme une expérience existentielle du principe de contradiction.

2. *C'est moi qui l'ai fait.* Moi-même, et non pas quelqu'un d'autre ou quelque chose d'autre en moi. Si grande que puisse être la part des circonstances, du tempérament, de l'hérédité etc., si l'acte a été posé librement et pour autant qu'il l'a été, c'est de moi qu'il tient sa détermination existentielle. Et là encore, je n'y puis rien.

3. *J'ai mal fait,* j'ai fait ce que je n'aurais pas dû faire, j'ai mérité le blâme etc., un blâme qui m'atteint *moi-même,* selon mon centre personnel, mon ipséité, non selon une détermination extérieure (comme il arrive pour une maladresse ou une « gaffe » involontaires). Je me sens jugé par moi-même ou plutôt par l'idéal que je porte en moi mais qui ne dépend pas de moi. Et de nouveau, je n'y puis rien.

32. - On voit assez par là à quel point la théorie émotive des jugements moraux (n. 5), est infidèle à la vérité phénoménologique. Celui, en effet, qui profère de tels jugements a parfaitement conscience de les prononcer en raison d'une valeur qu'il saisit dans l'objet (par exemple, dans l'acte de frauder) et il ne saurait en aucune manière les confondre avec la simple expression ou le simple énoncé d'un état subjectif. C'est au contraire cet état (par exemple, le sentiment d'aversion à

---

ment de la « pudeur », qui exprime la certitude intime que l'homme a de sa transcendance sur l'animalité.

l'égard de la fraude) qui apparaît en dépendance de la valeur perçue, *motivé* par elle [50].

L'explication psychanalytique, qui tantôt fait de la conscience morale une sublimation de la *libido*, tantôt l'attribue à la pression du Surmoi, ne réussit pas non plus à « sauver les phénomènes ». Ces facteurs ne pourraient opérer qu'une exigence subjective; or, nous l'avons vu, l'exigence de la valeur morale se présente comme objective et cela d'autant plus que le sujet se sent plus affranchi des pulsions et des contraintes psychiques, plus à même de juger et d'agir selon son vrai moi. Le psychisme peut expliquer certaines fausses attributions de valeur morale comme dans le cas des scrupuleux; ces erreurs sont plus fréquentes dans les états rudimentaires, même non pathologiques, là où la perception de la valeur morale est mal dégagée des phénomènes affectifs qui l'accompagnent d'ordinaire mais se rencontrent également ailleurs (n. 46). Pourtant, autre chose est l'attribution, autre chose la perception de la valeur. Celle-ci appartient à une couche plus profonde du sujet et est présupposée par celle-là. Le scrupule n'est possible que chez un être moral; c'est l'ouverture à la valeur morale qui le distingue d'une simple phobie.

Cela suffira pour l'instant. La perception de la valeur morale se fera plus claire quand nous aurons déterminé plus précisément les propriétés et repéré le fondement ontologique de cette valeur. Ici, il s'agit simplement des données immédiates de la conscience morale préphilosophique.

33. - Sans aller au-delà de ces données, mais en les explicitant, nous pouvons distinguer quelques traits caractéristiques de la valeur morale :

1) Tout d'abord, comme n'importe quelle valeur, elle présente un aspect objectif et un aspect subjectif. Elle affecte l'objet de l'action : secourir le prochain en détresse est bien en soi; voler le bien d'autrui est mal. Mais elle affecte aussi le sujet à travers son acte : vouloir secourir le prochain est bien et celui qui a cette « bonne volonté », pour autant qu'il l'a, est bon; vouloir voler est mal, et celui qui a cette « mauvaise volonté », pour autant qu'il l'a, est mauvais. — Formellement, le lieu propre et immédiat de la valeur morale est l'acte du sujet.

---

[50] Cf. D. v. Hildebrand, *Christian Ethics*, pp. 122-128 : les jugements et sentiments moraux ne sont pas seulement *causés* (comme les états superficiels : fatigue, dépression etc.); ils sont *motivés* et se présentent à la conscience comme une *réponse* du sujet à la valeur de l'objet (value-response).

Le sujet, en effet, n'est bon ou mauvais moralement que parce qu'il agit bien ou mal; la qualification morale l'atteint selon cette espèce d'existence qu'il se confère par l'exercice de sa liberté. Bien entendu, il n'est pas nécessaire que cet acte se produise au dehors: la valeur morale qualifie en premier lieu l'opération immanente du vouloir. Pourtant l'acte « externe », nous le verrons, participe aussi de la valeur morale (nn. 224-232) et l'objet en participe aussi, mais analogiquement. Cette participation s'étend évidemment, et à plus forte raison, à la zone de l'affectivité: il y a de bons et de mauvais sentiments; nous en reparlerons (n. 276).

A notre affirmation que la valeur morale réside d'abord et formellement dans l'acte du sujet — elle dit en effet une certaine rectitude (ou un certain dérèglement) de l'agir —, on pourrait opposer que l'acte est bon quand il vise le bien et que partant celui-ci est en premier lieu dans l'objet (n. 17). Le rapport entre valeur morale objective et valeur morale subjective sera traité plus tard (nn. 224-232), mais, dès maintenant, remarquons ceci. Le bien moral n'est tel que par son rapport avec la liberté qui doit le vouloir. Il n'est pas une chose à laquelle il serait indifférent d'être réalisée de telle ou telle façon. Peu importe qu'un maçon bâtisse un mur par amour du travail, par désir du gain ou sous la contrainte du besoin: tout ce qu'on demande de lui, c'est que le mur soit solide, droit etc. L'intention, les dispositions subjectives ici ne comptent pas, si nous considérons le *maçon en tant que maçon*. — Au contraire, il importe souverainement que le bien moral soit posé par un libre choix, à tel point qu'une action, extérieurement conforme aux critères de la moralité, cesse d'être proprement morale si cette liberté fait défaut. (Cf. la distinction entre le « faire » et l'« agir », n. 1).

2) La valeur morale se présente comme estimable, aimable, désirable *par elle-même, pour elle-même*: c'est la manquer que de la viser *seulement* en vue d'autre chose (cela équivaudrait à ramener l'*honnête* à l'*utile*): *Honestum dicitur quod per se desideratur*[51]. C'est pourquoi nous admirons et approuvons un homme juste, généreux, fidèle etc., indépendamment de toute réflexion intéressée (nn. 30 et 71). — Cela n'empêche pas, bien sûr, que la valeur morale puisse *en même temps* être appréciée et recherchée en vue d'autre chose (je veux faire le bien pour me sauver), mais on la détruit si on en fait un

---

[51] Saint Thomas, *Somme théol.*, I, 5, 6.

simple moyen, si on la relativise. Il y a en elle quelque chose qui s'impose par sa propre dignité [52].

Mais d'autre part, paradoxalement, il semble que la valeur morale ne puisse être atteinte qu'à la condition de n'être pas expressément visée. Le moralisme (chercher la vertu pour la vertu) n'est qu'une forme subtile de l'amour de soi (pharisaïsme). Selon Max Scheler, par exemple, la valeur morale apparaît « sur le dos » (« auf dem Rücken ») de l'action, qui regarde autre chose (à savoir la valeur des personnes) [53]. Il y a là un problème, sur lequel nous reviendrons. Nous verrons que la valeur morale ne peut être authentiquement visée qu'à la condition d'être traversée et dépassée, non pourtant — et ceci maintient ce que nous affirmions tout à l'heure — comme un moyen vers une fin.

3) En tant qu'aimable, désirable etc. par elle-même, la valeur morale ne semble pas différer des valeurs de vérité, de beauté et en général des valeurs dites « spirituelles » (n. 24, 2). Pourtant la différence est grande et elle apparaît si l'on compare le rapport que la valeur morale soutient avec les autres valeurs et le rapport que celles-ci soutiennent entre elles.

Les valeurs de culture, les valeurs artistiques par exemple, sont sans doute, en tant que spirituelles, d'un ordre plus élevé que les valeurs biologiques. Et cependant, je ferais mal si je ruinais ma santé en prenant trop sur mon sommeil pour écouter Bach ou Beethoven. Il y a donc des cas où la valeur morale demande le sacrifice provisoire d'une valeur supérieure à une valeur inférieure. Au contraire, et c'est ce qui marque la transcendance de la valeur morale, il ne peut jamais être bien de lui préférer une autre valeur. C'est une évidence, presque une tautologie, car comment pourrait-il être bien de préférer quoi que ce soit au bien? Ce qui est acceptable et parfois inévitable, c'est seulement en certains cas, de préférer une forme de réalisation du bien à une autre, normalement meilleure ou même, hors de ces cas, nécessaire.

---

[52] « Quaedam ... appetuntur et propter se, in quantum habent in seipsis aliquam rationem bonitatis, etiam si nihil aliud boni per ea nobis accideret, et tamen sunt appetibilia propter aliud, in quantum scilicet perducunt nos in aliquod bonum perfectius; et hoc modo virtutes sunt appetendae (cf. Aristote, *Eth. nicom.*, I, 5, 1097 a 30-34); unde Tullius dicit ... quod quiddam est quod sua vi nos allicit et sua dignitate trahit, ut virtus, veritas, scientia; et hoc sufficit ad rationem honesti », saint Thomas, *Somme théol.*, II-II, 145, 1 ad 1um. — Saint Anselme exprime magnifiquement, à son ordinaire, ce caractère de la valeur morale, quand il définit la justice « rectitudo voluntatis propter se servata », *De veritate*, c. 12; PL. t. 158, col. 482 B. Cf. sa définition de la liberté: « Potestas servandi rectitudinem voluntatis propter ipsam rectitudinem », *Dial. de libero arbitrio*, c. 3; ib., col. 494 B. — Sur la *rectitudo* chez saint Anselme, voir la thèse de R. Pouchet, qui porte ce titre, Paris, 1964.
[53] Max Scheler, *Der Formalismus in der Ethik*, 1921, pp. 522, 527-528. — Avec plus de nuance, N. Hartmann, *Ethik*[2], pp. 236-240.

On répondra peut-être que l'exemple ne prouve rien : s'il faut ménager la santé, c'est qu'elle conditionne la réalisation des valeurs supérieures ; la subordination de celles-ci n'est donc qu'apparente : on réserve l'avenir, on recule pour mieux sauter. — Mais c'est précisément ici que se manifeste le caractère hors pair de la valeur morale. Car lorsqu'elle entre en scène, on ne peut pas raisonner de cette façon. La moralité n'admet pas de vacances ni de retraite stratégique. Sans vie tout court, pas de vie morale et pourtant la morale n'accepte pas que, pour lui conserver un sujet, je sauve ma vie par un acte immoral. Il est des cas — Aristote le reconnaissait — où l'idéal moral exige le sacrifice de ce qui conditionne la moralité !

4) C'est que, si la vie est présupposée à la réalisation de la valeur morale, celle-ci, à son tour, apparaît comme la *raison d'être* de la vie : *vivendi causa*. Plus encore : comme le *sens* de l'être — à la fois sa signification et sa direction. Car elle est le sens de la liberté, étant sa valeur propre ; elle en est la raison d'être, selon la magnifique définition anselmienne du libre arbitre : « le pouvoir de garder la rectitude de la volonté en vue de cette rectitude même » ; et la liberté est la plus haute expression de l'existence. Les choses sont finalisées par les personnes, l'« ordre des corps » par l'« ordre des esprits », mais celui-ci est intérieurement ordonné vers un sommet : la valeur morale qui, étant la valeur propre de la personne, la valeur *personnalisante* par excellence (n. 31), indique le pôle de l'être et dessine, dans l'ordre des esprits, une image de l'« ordre de la charité ».

En disant que la valeur morale est la valeur propre de la personne et possède un caractère « absolu », on ne prétend évidemment pas qu'un petit mensonge rende l'homme « absolument » mauvais ou que la moindre bonne action le rende parfaitement vertueux ! On veut dire simplement que la valeur morale affecte l'homme dans son centre personnel et ne peut être récusée, relativisée au nom d'une valeur plus haute. C'est l'ordre de la moralité, dans son ensemble, qui présente un caractère transcendant et absolu, mais à ce caractère nos actes participent en mesure diverse : il y a du plus et du moins. Un petit mensonge ne rend pas criminel, mais rien ne peut faire que le menteur, en tant que menteur, soit bon.

Ajoutons enfin que si la valeur morale est bien celle de l'homme en tant qu'homme, elle n'est pas l'unique valeur de l'homme. Un homme droit est bon, purement et simplement, mais il n'a pas de ce seul fait toute la plénitude et la perfection qui conviennent à l'homme. La valeur suprême n'est pas la valeur totale. On pressent qu'un problème se posera lorsqu'il s'agira de déterminer leurs rapports (nn. 277 ss.).

5) En tant qu'elle concerne la personne, la valeur morale se présente comme absolument singulière : nul ne peut poser pour moi cette valeur qui est ma propre réalisation de la valeur. — Mais en même temps, elle se présente comme universelle et cela doublement :

1. D'une part, ce qui est bon (ou mauvais) moralement pour moi, le serait pour tout autre dans les mêmes conditions. Mentir, voler, torturer, assassiner : cela n'est pas simplement pour moi « répugnant » ; je vois clairement que cela doit « répugner » à tout homme. Sauver un enfant en danger, aider un malheureux à se réhabiliter, non seulement *je serais heureux* de le faire, mais je vois que pour tout homme — supposé qu'il en ait la possibilité et l'occasion — *il serait bien* de le faire. — Ceci n'empêche pas l'existence de vocations tout à fait singulières, mais dans ces vocations mêmes une valeur universelle se manifeste : *la fidélité à l'idéal propre*. A l'intérieur de tous les devoirs, il y a le devoir de faire son devoir. Il ne s'agit pas ici d'un universel abstrait, d'un schéma analogique (ce que ton devoir est pour toi, le mien l'est pour moi). Il s'agit d'une attitude concrète, existentielle qui se retrouve au sein de toutes les attitudes authentiquement morales (et que nous aurons à préciser). Bref, le Devoir n'est pas un abstrait des devoirs ; ce sont au contraire ceux-ci qui particularisent le Devoir et il n'y a pas de moralité vraie si la fidélité aux devoirs particuliers (familial, civique etc.), ne s'appuie sur une volonté radicale de fidélité au Devoir [54].

2. D'autre part, lorsque je juge qu'une certaine conduite est, compte tenu des circonstances, moralement bonne ou mauvaise pour moi, je vois que tous les autres, même ceux qui ne se trouvent pas dans les mêmes conditions et pour lesquels peut-être la valeur morale prend une autre forme, devraient, s'ils connaissaient ma situation, approuver mon jugement. Le jeune homme qui se juge appelé au sacerdoce ou à la vie religieuse ne prétend pas que tous ses camarades doivent suivre son exemple, mais il peut exiger qu'ils l'approuvent, sans pour autant se condamner.

Ce double caractère de la valeur morale est lié au double caractère de la liberté. D'une part, en tant qu'elle est l'expression de la subjectivité singulière, la liberté est ce qui nous individualise au maximum ; d'autre part, en tant qu'elle a sa racine dans la raison, elle ne va pas sans

[54] Nous verrons du reste plus tard que les vocations les plus singulières ne dispensent jamais des lois universelles : il n'y a pas de « suspension de l'éthique » (nn. 184-185 et 191-192).

une compréhension fondamentale des autres libertés, qui permet la communication et la reconnaissance réciproque. A son tour, ce double caractère de la liberté manifeste le double caractère de l'être (*esse*) : à la fois universel et unique, incommunicable comme acte propre de chaque existant et principe radical de leur communion.

6) Nous avons parlé de devoir... Et cela nous amène à considérer un dernier caractère de la valeur morale : son caractère obligatoire. Vu l'importance de ce sujet, nous lui consacrerons un article spécial.

B. *Le phénomène de l'obligation.*

34. - Nous avons dit (n. 2) que la notion d'obligation jouait, dans la philosophie morale des deux derniers siècles, un rôle de premier plan. C'est Kant surtout qui a contribué à mettre en relief cet aspect de la vie morale : on sait que pour lui l'obligation devient le caractère essentiel du bien, l'action bonne étant celle qui est accomplie par devoir (n. 115). — D'autre part, cette même notion est fréquemment, aujourd'hui, contestée ou vidée de son contenu. Contestée, comme chez les défenseurs de la morale « sans obligation ni sanction » (n. 94) ; vidée de son contenu, chez ceux qui en ramènent la conscience à la pression des représentations collectives (nn. 52 ; 78) ou du Surmoi (n. 26). — N'a-t-on pas d'ailleurs été jusqu'à soutenir que la morale thomiste ignorait la notion d'obligation ou du moins ne lui faisait qu'une place restreinte, la limitant à certains secteurs de la vie morale [55] ? — D'autres enfin, dont nous reparlerons (n. 160), tout en affirmant bien haut l'existence de l'obligation, prétendent qu'elle n'est authentiquement donnée à la conscience que moyennant la connaissance explicite de Dieu législateur.

Il y a donc lieu d'élucider le phénomène de l'obligation dans sa liaison avec celui de la valeur morale. Ici non plus, notre propos n'est pas de chercher si et comment la conscience de l'obligation est fondée en réalité, pas davantage d'en expliquer la genèse ou d'en établir l'universalité. Peu nous importe que cette notion, comme d'autres concepts moraux (celui de responsabilité, par exemple, ou de loi), se présente d'abord à nous chargée de connotations sociologiques (on est obligé envers quelqu'un, en raison d'un bienfait reçu, d'un prêt ou simple-

---

[55] Voir, par exemple, J. Tonneau, *Devoir et morale*, « Rev. des sc. phil. et théol. », 1954, pp. 233-252 ; *Absolu et obligation en morale*, Montréal-Paris, 1965.

ment d'une condition dépendante, servile etc.), connotations qui, non critiquées, servent trop souvent à passer, d'une façon rapide mais indue, du devoir à Dieu. — Il s'agit uniquement de ceci : constatant, de fait, la présence, dans la conscience humaine, de la notion d'obligation, nous voulons la tirer au clair en la dégageant des éléments adventices qui l'accompagnent d'ordinaire. Comme tout à l'heure, notre méthode sera descriptive, non déductive, encore moins polémique.

35. - Qu'il y ait une conscience de l'obligation, un phénomène de l'obligation, *la conduite et le langage humains* en sont des indices manifestes. Il suffit d'ouvrir les yeux pour voir que les hommes — disons, pour ne rien préjuger : des hommes, et cela sous toutes les formes culturelles, sont ou se prétendent, dans leur vie pratique, dirigés, dominés par certaines normes, règles ou lois, qui s'imposent à eux du dedans (c'est-à-dire sans contrainte extérieure), avec une force parfois incroyable. Il ne s'agit pas de l'attraction du plaisir ou d'une poussée de l'instinct vital : ce que ces règles exigent est bien souvent contraire aux vœux et aux intérêts de la nature sensible. Ce n'est pas non plus une nécessité physique. La force, les moyens ne manquent pas toujours pour violer la loi. Ce qui n'est pas possible, c'est, en la violant, de se soustraire à son emprise, de faire qu'elle ne soit plus loi, qu'elle ne condamne pas ceux qui la violent. C'est pourquoi précisément on parle d'*obligation* : l'homme se sent *lié* ; il peut faire ce qui ne doit pas se faire, mais, s'il le fait, il ne peut faire qu'il ne soit — et, s'il est sincère, ne se reconnaisse — blâmable ou méprisable : il a, pour l'amour de la vie ou de ses plaisirs, sacrifié ses raisons de vivre : sa vie, telle qu'il l'a faite par sa liberté, est donc sans raison, axiologiquement absurde, privée de sa justification... D'où le phénomène du remords, analysé plus haut (n. 31) et qui, là du moins où la conscience est suffisamment évoluée, diffère complètement du regret causé par une bonne occasion perdue, un impair ou une bévue. De là encore l'idée si répandue d'une certaine dualité dans l'homme, idée qui s'est parfois développée et durcie en systèmes franchement dualistes, opposant vivement l'esprit et la matière, l'âme et le corps, purusha et prakriti etc. De là enfin l'idée de la conscience comme *guide* et *juge* ; de là ces expressions : ma conscience m'ordonne, ma conscience m'interdit, ma conscience me reproche ;

la voix de la conscience, l'œil de la conscience (« L'œil était dans la tombe et regardait Caïn ») [56] etc.

36. - L'obligation s'exprime sous la forme d'une nécessité: Que de fois entendons-nous dire : « Il *faut* agir ainsi! Ce n'est pas *comme il faut* ». Pourtant cette nécessité est d'un tout autre ordre que la nécessité physique. Sans doute, cette différence est-elle peu perceptible pour une conscience encore grossière : l'obligation morale, sauf peut-être en des cas exceptionnels (voir le texte cité n. 28), ne se distingue pas de la pression sociale exercée à travers les interdits et les tabous. Peu à peu cependant, de la pure conscience de la nécessité, émerge la conscience de la valeur qui justifie cette nécessité, la conscience aussi de la liberté qui différencie la nécessité morale de la nécessité naturelle. Le vocabulaire s'adapte à cette prise de conscience : on a l'*obligatoire* à côté du *nécessaire*. L'anglais et l'allemand ont spécialisé deux verbes : *I must, I ought; müssen, sollen*...

Ainsi la nécessité morale en vient-elle peu à peu à proclamer son autonomie par rapport à la pression sociale: au-dessus des lois, des règles, des normes propres au clan, à la tribu, à la cité, se détachent pour la conscience celles qui conviennent à l'homme en tant qu'homme, — ces lois « non écrites », que Sophocle a célébrées par la bouche d'Antigone [57].

D'ordinaire, comme on l'a dit — et le texte de Sophocle en est un exemple — l'obligation est rapportée à un législateur divin. C'est un fait pourtant que la conscience de l'obligation se rencontre parfois chez des agnostiques, voire chez des athées. Ainsi Littré, Vacherot, Comte... Il y a plus. Chez ceux-là même qui rejettent toute espèce d'obligation proprement morale (les matérialistes, les existentialistes athées etc.), cette négation prend fréquemment une allure quasi morale : on dirait qu'ils se sentent obligés de nier l'obligation, par souci de la vérité, pour libérer les hommes de leurs préjugés, pour leur permettre une vie plus riche etc. On ne combat avec cœur la valeur morale et l'obligation qu'au nom d'une autre valeur morale, d'une autre obligation...

---

[56] Victor Hugo, *La Légende des siècles* : La Conscience.
[57] « CRÉON : Ainsi, tu as osé passer outre à ma lois? — ANTIGONE : Oui, car ce n'est pas Zeus qui l'avait proclamée! ce n'est pas la Justice, assise aux côtés des dieux infernaux ; non, ce ne sont pas là les lois qu'ils ont jamais fixées aux hommes, et je ne pensais pas que tes défenses à toi fussent assez puissantes pour permettre à un mortel de passer outre à d'autres lois, aux lois non écrites, inébranlables, des dieux (ἄγραπτα κἀσφαλῆ θεῶν νόμιμα)! Elles ne datent, celles-là, ni d'aujourd'hui ni d'hier et nul ne sait le jour où elles ont paru. Ces lois, pouvais-je donc, par crainte de qui que ce fût, m'exposer à leur vengeance chez les dieux? », Sophocle, *Antigone*, vv. 449-460, tr. P. Mazon, « Les Belles Lettres », Paris, 1955, p. 89.

37. - De la considération objective, passons, comme précédemment à la réflexion sur notre propre expérience morale [58]. Nous avons tous vécu des moments où la nécessité du Devoir s'est faite plus impérieuse, voire tragique, sous une forme tantôt positive, tantôt — et plus souvent peut-être — négative. Ils peuvent fournir une excellente matière à notre analyse. Toutefois, outre qu'ils restent le secret de chacun, l'élément proprement moral s'y trouve presque toujours mêlé d'une façon inextricable à l'élément social (poids de la coutume, des opinions reçues, désir d'être approuvé, crainte d'être blâmé etc.) et surtout à l'élément religieux (crainte d'offenser Dieu). Ce mélange est bénéfique : les éléments ainsi associés se renforcent mutuellement. Mais il ne facilite pas notre recherche. Une réflexion rigoureuse permettrait sans doute d'isoler le facteur éthique, mais, ici encore, nous aurons avantage à partir d'un cas fictif convenablement choisi : Supposons donc — pour varier les exemples — que l'occasion s'offre à nous d'acquérir un gros héritage en falsifiant un testament. L'avantage économique d'une telle opération crève les yeux, mais il peut s'y joindre une réelle utilité sociale. L'argent ainsi obtenu ira en bonnes œuvres, entretiendra des écoles, des hôpitaux etc. au lieu de tomber dans la poche d'un héritier dissipateur ou débauché. (Semblablement, une dose de poison opportunément administrée eût parfois épargné à l'humanité les caprices d'un despote). Il y a sans doute des inconvénients : on peut être découvert, arrêté, condamné ; on risque de perdre l'estime, la confiance des autres etc. Pourtant, je peux imaginer un crime « parfait » où ces probabilités soient pratiquement nulles.

Et cependant, tout considéré, il *ne faut pas* faire cela. C'est clair comme le jour. Mais qu'est-ce que cela veut dire ? Qu'y a-t-il sous ce *il ne faut pas ?* Essayons d'y voir mieux.

38. - Eliminons d'abord les éléments étrangers à la moralité. La prévision des conséquences fâcheuses : nous avons vu

---

[58] On pourrait, pour rendre plus étroit le parallélisme, considérer ici la manière dont nous jugeons de ce que les autres devraient ou auraient dû faire. Nous avons, pour simplifier, omis cette considération, qui n'aurait du reste, semble-t-il, apporté rien d'original. Cependant, il est intéressant de remarquer la différence entre le jugement moral : *tu dois faire cela,* et l'impératif : *fais cela* (ou : *je veux que tu fasses cela*). Nous avons vu que certains auteurs, comme C. L. Stevenson, expliquent celui-là par celui-ci (voir plus haut, ch. I, note 4). Il est clair pourtant que le premier exprime une exigence universelle, impersonnelle (c'est-à-dire indépendante de la personne qui le formule), alors même que cette exigence est, en réalité, invoquée pour justifier un vouloir très personnel.

pourquoi. Cependant, il y en a une, semble-t-il, que notre hypothèse n'a pas exclue : le *remords*. C'est entendu, rien ne révélera ma fraude, mais si j'échappe aux autres, je ne m'échapperai pas à moi-même, je serai mon propre bourreau. La crainte de devoir me condamner moi-même, n'est-ce pas l'essence de l'obligation?

Il faut distinguer. Le sentiment du remords peut être envisagé sous deux aspects : matériellement, comme sentiment pénible, et formellement (selon l'intention qui donne un sens à cette *hylè* psychique), comme un sentiment pénible *mérité*. Si je falsifie ce testament, je souffrirai d'avoir fait ce que je ne devais pas faire.

Or, sous le premier aspect, la prévision du remords n'a évidemment aucun caractère éthique. Le même sentiment désagréable peut être éprouvé en dehors de tout contexte de moralité, par exemple quand on agit contre son habitude ou contre les usages. Certaines personnes ne peuvent dormir sans avoir trois ou quatre fois vérifié si la porte de la chambre est bien fermée, s'il n'y a pas de voleur sous le lit etc, ou sans avoir rangé de telle ou telle façon leurs vêtements... Et il importe de noter ici que l'intensité d'un état psychique ne dépend pas uniquement de son contenu objectif. On est parfois beaucoup plus bouleversé par une crainte que l'on *sait* être vaine ou parce qu'on aura manqué à un usage qu'on *sait* être ridicule, que pour la violation d'une loi, que l'on *sait* pourtant être juste et sainte. Tout comme, de ce qu'une femme est plus émue de la mort de son petit chien que de celle d'un inconnu, qu'elle apprend de son journal, on aurait tort de conclure qu'elle serait prête à sacrifier un homme pour sauver son chien.

Sous le second aspect — comme déplaisir motivé, mérité — le remords et partant la prévision du remords ont bien, cette fois, un caractère moral, mais ce caractère leur vient tout entier de ce qui motive et mérite le déplaisir : la violation du devoir. C'est dire que la question reste entière. La prévision du remords ne peut constituer la conscience de l'obligation puisqu'elle la suppose. Il n'y aurait pas de remords ni, par conséquent, de prévision du remords, si je ne me sentais *obligé* de faire ce à quoi je me reprocherai d'avoir manqué.

Les mots, ici encore, sont ambigus (cf. n. 31). « Je n'aurais pas *dû* faire cela » n'a pas toujours une signification morale. Un candidat hésite, à l'examen, entre deux réponses et choisit la mauvaise. « J'aurais dû répondre autrement », se dira-t-il, mortifié ; entendons : c'était là la condition pour réussir. Rien de plus ici, dirait Kant, qu'un impératif hypothétique, une règle de la prudence ordonnée à la *commoditas*. Une conscience tant soit peu exercée saisit d'emblée la différence entre : « je n'aurais pas *dû* donner cette réponse » et « je n'aurais pas *dû* tricher ». Le remords est tout autre chose que le regret d'une bonne occasion perdue.

Du reste, supposé qu'à l'aide d'une pilule ou d'une opération chirurgicale comme la lobotomie, il me soit possible de prévenir tout sentiment de culpabilité, cette assurance ne changerait rien à l'impératif moral ; au contraire, devant cette hypothèse, je vois clairement surgir un nouveau devoir : celui de *refuser ces moyens de violer impunément mon devoir*.

<small>Beaucoup voudraient aujourd'hui éliminer la « conscience de culpabilité », qu'ils considèrent comme un sentiment morbide. Mais s'il y a en effet une conscience de culpabilité qui procède d'obscurs processus subconscients, de souvenirs ou de désirs refoulés etc., ou même simplement d'un jugement faux, et qui, en conséquence, doit être soignée comme une maladie ou dissipée comme une illusion, il y en a une autre, la véritable, qui naît d'un jugement correct de la raison pratique, dont elle est la résonance affective. Celle-ci est bonne, salutaire et indispensable dans une vie humaine où le désordre moral occupe toujours une place. Il faut seulement travailler à l'harmoniser de plus en plus avec le jugement de la raison, en sorte que la réaction affective se proportionne à la valeur (ou à l'antivaleur) objective.</small>

39. - On éliminera de la même manière la crainte des *sanctions sociales,* (perte de la réputation etc.), non seulement parce que, dans l'hypothèse envisagée, elles seraient évitées, mais surtout parce que leur prévision peut bien constituer un motif efficace d'éviter le délit, mais nullement, de soi, un motif *moral*. La crainte de la sanction, comme celle du remords, ne devient morale que lorsque la sanction est redoutée comme sanction *méritée* : si j'agis ainsi, on me méprisera — et justement — car j'aurai fait ce *qu'il ne faut pas* faire. *Il ne faut pas* ... La question demeure.

Et ceci vaut même si la sanction est une sanction divine. Elle aussi n'a de valeur morale que parce qu'elle est censée procéder d'un Dieu juste. Au cas où — par une hypothèse absurde — le mal devrait être récompensé et la vertu punie, il n'en faudrait pas moins éviter l'un et pratiquer l'autre. A tel point que celui qui prétendrait observer la loi morale *à seule fin* d'éviter le châtiment (par crainte « servilement servile », comme disent les théologiens) resterait au-dessous du seuil de la moralité.

Rappelons pourtant ce qui a été dit (n. 29, fin) de l'« induction » des valeurs. C'est bien souvent à travers l'approbation désirée et cherchée des parents, des maîtres, des camarades admirés que l'enfant s'élève à l'authentique amour du bien.

Enfin, nous éliminerons, dans notre analyse, les divers sentiments, impressions ou émotions qui accompagnent d'ordinaire la conscience de l'obligation et sans lesquels celle-ci serait comme désarmée, mais ne se confondent point avec elle. Nous en dirons autant de la pression exercée par les représentations collectives ou par le Surmoi, à laquelle les sociologues d'une part, les psychanalystes de l'autre prétendent réduire le caractère impératif du devoir. La pression collective existe et tout n'est pas à rejeter dans la conception du Surmoi; dans une conscience rudimentaire, infantile ou mal formée, ces éléments peuvent apparaître au premier plan, mais en eux-mêmes ils restent de l'ordre *naturel* (en tant que distinct de l'ordre moral), de l'ordre physique, au sens large. Ce sont de purs faits. Dès que la conscience s'aperçoit de leur vrai caractère, ils sont démythisés, détrônés. Ils peuvent toujours exercer leur poussée psychique; ils ne sont plus porteurs d'un appel pour ma raison et ma liberté. — Bref, la pression sociale n'a un caractère moral que dans la mesure où je reconnais une valeur morale à la société, un devoir de lui obéir. Et toujours, le problème demeure ... [59].

40. - Après toutes ces éliminations, que reste-t-il? Nous pourrions répondre: il reste tout. Il reste l'essentiel. Je ne dois pas falsifier ce testament; *il ne le faut pas*. J'expérimente une nécessité, mais d'un genre tout spécial. Elle me régit sans être en moi à la façon d'une détermination subjective, c'est-à-dire d'une détermination qui affecte le sujet en lui-même, dans sa réalité concrète, orientant ses actes dès leur premier surgisse-

---

[59] Cette description de la conscience de l'obligation est courante chez ceux-là même qui l'expliquent autrement que nous. Voir, par ex., H. Sidgwick, *The Methods of Ethics*[7], London, 1907, pp. 23-38: la conscience du devoir (duty, « ought ») est distincte du sentiment de plaisir ou de peine, du jugement « prudentiel » (impératif hypothétique), pp. 25-26, de la pensée du jugement des autres, pp. 27-28, de la pensée du châtiment, pp. 28-31, de la pensée du jugement de Dieu, p. 31.
Comme autres descriptions de la conscience morale, signalons R. Le Senne, *Traité de morale générale*, pp. 307-331 et 525-607 (pp. 568-575: l'obligation) et G. Gusdorf, *Traité de l'existence morale*, Paris, 1949, pp. 108-131 (pp. 124-131: le devoir comme accomplissement).

ment (parce que mes terminaisons nerveuses ont reçu une certaine détermination, à la suite d'une brûlure, ma conscience est une conscience douloureuse; parce que mon genou a reçu, au-dessous de la rotule, une certaine détermination, sous forme de choc, ma jambe s'étend brusquement: nécessité physique, exclusive de la liberté). Rien de tel dans le cas de l'obligation morale. La connaissance du devoir, pas plus que n'importe quelle autre connaissance, ne change rien à mon être naturel. C'est pourquoi la nécessité de l'obligation n'est pas une nécessité physique, encore moins une nécessité métaphysique (il n'est pas contradictoire que l'acte défendu se commette, que l'acte obligatoire soit omis). C'est une nécessité qui, non seulement n'exclut pas la liberté, mais n'a de sens que pour elle: supprimez le libre arbitre, l'obligation disparaît ou n'est qu'un mot vide. L'obligation morale est *la nécessité propre de la liberté* [60].

Cette nécessité est dite *objective*, parce qu'elle nous est comme imposée par l'objet, qui se présente comme *exigeant d'être posé*. L'acte, dans sa réalité ontologique, en tant que détermination du sujet, reste contingent: il peut n'être pas posé. En tant, au contraire, que la raison pratique l'anticipe dans sa représentation, il emprunte à l'objet une nécessité idéale et pratique: il exige, lui aussi, d'être posé. La valeur que je saisis en lui l'« exige » de moi, bien qu'il dépende de moi de le poser.

41. - Qu'est-ce à dire? Toute valeur se présente, en quelque mesure, comme un devoir-être, une invitation, parfois pressante, à l'existence, une « exigence » de réalisation (n. 22, 2). - Mais, dans le cas de la valeur morale, cette exigence est *absolue*. — Quand il s'agit des autres valeurs, leur exigence regarde les différentes puissances ou tendances par elles concernées, non la liberté elle-même. Ainsi de l'exigence créatrice chez un poète ou un musicien. Y manquer n'est pas nécessairement mal user de la liberté.

---

[60] Entendons bien ceci. Dire: tout acte libre est nécessairement libre, c'est bien affirmer une nécessité de la liberté, mais non une nécessité propre à celle-ci, car tout ce qui est est nécessairement ce qu'il est. Dire, avec Sartre: l'homme est « condamné à la liberté », ou, avec l'Ecole: dans l'acte libre, nous voulons nécessairement le bien, c'est affirmer une nécessité de la liberté ou dans la liberté, mais qui ne la rencontre pas vraiment et se situe au plan de ses conditions (la nature humaine, la volonté), avant elle, peut-on dire. L'obligation, au contraire, est une nécessité qui rencontre la liberté et ne s'exerce et n'a de sens que dans le champ ouvert par celle-ci. Voir *Essai...*, n. 121; pp. 292-294.

Un poète mobilisé devra parfois, s'il veut être tout entier à son devoir, frustrer sa faculté poétique de son exercice normal. Ou bien, pour égayer les soirées du régiment et remonter un moral défaillant, sera-t-il conduit à rimer des chansons indignes de son génie. Mauvais usage de l'« habitus » poétique ? Oui, si nous considérons celui-ci selon sa finalité propre. Mais non pas mauvais usage de la liberté, si la valeur sacrifiée l'a été pour un Idéal supérieur.

Dans le cas de la valeur morale, au contraire, l'exigence concerne directement la liberté, et le sujet spirituel comme tel. C'est pourquoi, si cette exigence est frustrée, il y a mauvais usage de la liberté même, désordre, déviation, perversion du sujet *dans sa subjectivité*.

L'expression: *user de sa liberté*, peut sembler critiquable: la liberté, propriété du sujet comme tel, ne saurait être assimilée à un instrument. Cependant, comme le sujet spirituel fini présente une dualité interne, un « déséquilibre » métaphysique, étant, en quelque manière, *au-delà de soi*, dépassant sa finitude subjective par son infinité objective (à la fois *hoc aliquid* et *quodammodo omnia*), on peut dire qu'il est à la fois *disposant* et *disposé* (disposed of), qu'il *use de soi-même* (expression augustinienne). A plus forte raison le dira-t-on de la liberté, celle-ci étant formellement une propriété du vouloir, lequel ne coïncide pas avec le sujet lui-même et « médie » entre celui-ci et l'objet.

On peut exprimer la chose autrement. Quand il s'agit des autres valeurs (sensibles, économiques etc.), je me sens libre totalement: aucune ne s'impose en moi; je puis, en principe, me soustraire à leur emprise; si je ne le puis en fait, la raison en est à chercher dans mes dispositions psychiques (inclination, aversion etc.), non dans une exigence venant de l'objet. Quand il s'agit de la valeur morale, il en va tout autrement. Je puis m'y soustraire, car je puis me refuser à ses exigences; je ne puis pas m'y soustraire, car dans l'acte même où je la refuse, je reste sous sa juridiction: la valeur méprisée me condamne. Il y a quelque chose en moi qui continue à l'affirmer au moment même où ma conduite la nie. « Je reconnais que la loi est bonne » [61]. Et cela m'apparaît, non comme un simple *fait* psychologique, mais comme un *droit*, comme *ce qui doit être*. Cette valeur qui s'impose à moi, je comprends qu'elle ne dépend pas de mon état de conscience, de mon désir etc., mais qu'elle vaut, en elle-même, quelle que soit mon opinion à son

---

[61] Saint Paul, *Rom.*, 7, 16.

égard. Je suis pris en elle comme dans l'être; impossible de m'y dérober et, si je le pouvais, ce serait mal.

Remarquons bien qu'il ne s'agit ici nullement d'une impossibilité psychologique. Psychologiquement, il y a mille moyen d'échapper au remords ou au sentiment de l'obligation: un travail absorbant, l'étourdissement du plaisir, au besoin l'ivresse, les stupéfiants, le LSD etc. L'impossibilité dont nous parlons est dialectique: au moment où je décide de tuer en moi le sens moral, je vois nécessairement que c'est immoral (n. 38). Il est mal de dire — et de chercher à croire — qu'il n'y a pas de mal.

42. - Comme on l'a vu plus haut (nn. 31; 33, 3), selon notre réponse à la valeur morale nous avons conscience de monter ou de descendre le long d'une échelle de valeurs qui juge en dernière instance de toutes les autres [62]. Ajoutons à présent: nous avons conscience, en outre, qu'*il ne faut pas* descendre. Il y a un sens interdit. Et c'est précisément pour cela que cette échelle est l'échelle absolue. Il ne s'agit pas simplement de moi, de ma perfection, de mon élégance spirituelle. S'il ne s'agissait que de cela, qui m'empêcherait d'y renoncer? Au nom de quoi m'interdirait-on de me perdre? Mais je n'ai pas le droit de me perdre en perdant ma raison d'être, mes *vivendi causas*. Je n'en ai pas le droit, parce que mon action enferme de l'absolu: elle atteint — j'en ai la conscience confuse — quelque chose qui me dépasse, m'englobe et commande mon existence: l'ordre même des valeurs.

On voit par là que l'obligation ne peut se ramener à une simple nécessité disjonctive (ou tu seras moral ou tu seras malheureux) ou hypothétique (si tu veux être heureux, sois moral). Ces formules ne sont pas fausses (*Si vis ad vitam ingredi, serva mandata*), mais par elles-mêmes elles ne rendent pas compte du caractère absolu de l'obligation et feraient de la fidélité au devoir un simple calcul utilitaire ou tout au plus un souci de cohérence avec soi-même [63]. On ne sera pas plus avan-

---

[62] En fait, bien souvent, l'acte « honnête » ne semble entraîner aucune « montée »: on se contente de ne pas descendre. Nous reviendrons là-dessus en traitant le problème des « actes indifférents » (ch. XI). Il suffit, pour notre propos présent, qu'il y ait certains cas manifestes où l'option a lieu entre la « descente » et la « montée ».

[63] Ajoutons, pour ce qui regarde la béatitude proprement dite, que sa connexion avec l'acte présuppose la valeur morale de celui-ci et le devoir de le poser (ou de l'éviter): nn. 38,4; 297. « Si tu agis ainsi, tu manqueras la béatitude, non par l'effet physique de ton acte, mais parce que tu auras fait ce que *tu ne devais pas faire* ». La nécessité hypothétique présuppose donc l'obligation.

cé si au lieu du bonheur on met la pleine réalisation de l'homme, la vie selon la raison etc. Car, à s'en tenir là, on laisserait penser qu'il est loisible de ne pas vivre en homme, de ne pas suivre la raison ... Or cela n'est pas. Je dois être moral si je veux vivre en homme, mais je dois vivre en homme : la nécessité se trouve là déjà toute entière. Non dans l'alternative ou le conditionnement, mais dans l'un des membres de l'alternative, dans le conditionné.

Et pourtant il est vrai que l'obligation morale s'explicite à la conscience sous la forme d'une disjonction ou d'une condition. Etre obligé à ..., c'est être en situation telle que, si l'on se dérobe, on fait *mal* [64]. On est donc lié, non par la crainte d'une sanction, mais — dans l'obligation comme telle — par l'alternative : ou faire ce bien — ou *mal faire* ... Or le mal, en tant que non-sens ou contre-sens de la vie, perte des *vivendi causae,* se présente immédiatement comme *à fuir* : il n'y a aucun sens à demander pourquoi. Le bien, au contraire, dit de soi appel, attrait : l'obligation ne surgit que là où apparaît la possibilité de se dérober (c'est-à-dire, non pas la liberté, mais cette forme inférieure de liberté qu'est le libre arbitre de la créature à laquelle le Bien ne se manifeste qu'à travers des biens partiels et relatifs). On pourrait donc dire que, dans la formule classique, sur laquelle nous reviendrons bientôt : le bien est à faire, le mal est à fuir, le premier membre se rapporte plutôt au pur attrait de la valeur, l'urgence propre à l'obligation n'apparaissant qu'avec le deuxième. Seulement, il faut comprendre que la vraie force de l'obligation réside toujours dans la valeur. L'urgence de fuir le mal n'est que le détour par lequel se manifeste, dans le sujet faillible, la pure exigence du bien. N'est-ce pas de la sorte, d'ailleurs, que la nécessité intérieure à l'être se montre à nous dans toute sa force par l'impossibilité de la contradiction et donc par la médiation du non-être ?

L'impératif moral nous apparaît donc comme un « impératif catégorique ». Non en ce sens qu'il serait aveugle, irrationnel, sans fondement etc., mais en ce sens qu'il ne dépend pas en lui-même d'une considération utilitaire et intéressée,

---

[64] D'où cette assertion, courante chez les théologiens moralistes, mais qui, comprise de travers, scandalisait, si je ne trompe, le bon Compayré, qu'un supérieur légitime peut « obligare ad peccatum mortale ». Ce qui signifie, tout simplement : obliger sous peine de péché, mettre dans l'alternative d'obéir ou de faire mal.

d'une disposition de la sensibilité, d'une inclination particulière et contingente etc., bien qu'il puisse dépendre de tout cela quant aux conditions subjectives de sa perception ou de son efficacité.

Sans doute, les avantages, les goûts personnels etc., peuvent et parfois doivent être pris en considération quand il s'agit de déterminer la matière de la moralité. Pour le choix d'un état de vie, par exemple, il est utile, voire indispensable, d'examiner ses dispositions particulières, ses attraits, ses répugnances, afin de mieux discerner l'état pour lequel on est le mieux adapté et où l'on a le plus de chance d'être ce qu'on doit être. Et l'on peut certes tirer des joies escomptées, des peines redoutées etc., des motivations puissantes qui nous aident à accomplir notre devoir et seront peut-être pour la conscience en gros plan. Ce qu'on veut souligner ici, c'est que la valeur morale est d'un autre ordre et qu'elle doit en quelque manière entrer dans la motivation de notre acte, pour que celui-ci soit moralement bon. Comment l'entendre, nous le dirons plus loin (nn. 238-239).

Il ne suffirait pas de dire, comme, semble-t-il, certains néothomistes, que la nécessité de l'obligation dérive de ce que nous voulons nécessairement être, être en plénitude, être heureux etc. Si cette nécessité est simplement celle d'un fait (ma nature est telle, que je ne peux pas, physiquement, ne pas vouloir être heureux), nous n'avons encore, comme dit Kant, qu'un impératif assertorique (puisque tu veux être heureux etc., tu dois agir ainsi). Manquer à mon devoir serait me contredire, me déchirer: absurdité, misère, péché contre la logique, mais une incohérence n'est pas une faute à moins que l'on n'ait posé d'abord le devoir d'être cohérent.

Pour que la nécessité de l'obligation puisse être déduite de la nécessité de la fin dernière, en sorte qu'elle apparaisse à la fois et conditionnelle et catégorique, il faut que la nécessité de cette fin soit comprise comme une nécessité, non *de fait* seulement, mais *de droit*. On tend nécessairement à une fin qui, par elle-même, mérite absolument qu'on y tende. A cette condition seulement est sauf le caractère moral et de cette tendance et de l'obligation. Mais cela revient à mettre déjà dans la tendance tout le mystère de l'obligation. La fin est alors, non seulement ce que *je ne puis pas ne pas vouloir*, mais ce que *je dois vouloir*. — Au bout de toutes nos analyses, nous trouvons toujours l'irréductible.

43. - Ajoutons enfin que l'éminence de la valeur morale se manifeste à nous le plus souvent dans le conflit de la raison pratique avec ce qu'il y a en nous d'irrationnel. La valeur nous apparaît alors comme comprimant, refoulant, *liant* la spontanéité sensible. C'est pourquoi précisément son exigence est sentie comme une « obligation », une « ligature ». Elle semble limiter, mortifier notre liberté, alors qu'en réalité notre liberté ne se trouve vraiment qu'en se conformant à la valeur (n. 31).

Le conflit n'est pas seulement ni d'abord, comme on le croit, entre la sensibilité et la raison : il est intérieur à la volonté finie elle-même, en tant que celle-ci est sollicitée à la fois par son bien propre et par le Bien, l'équilibre et l'ordre juste des deux tendances n'étant pas un donné immédiat mais devant être établis par une libre option.

44. - Si liée qu'elle soit à la valeur morale, l'obligation n'en est pourtant pas le principe formel, mais une propriété qu'on pourrait appeler dynamique. Et ici même une précision s'impose. Tout bien n'apparaît pas comme obligatoire et d'ailleurs il est des biens qui s'excluent. Un homme peut hésiter entre deux manières, également vertueuses, de servir le bien commun : il y a là deux valeurs authentiques, mais qui ne peuvent être toutes deux source d'obligation (à moins d'admettre, avec certains, comme N. Hartmann, que le choix — inévitable — entre les valeurs entraîne nécessairement une faute). Le caractère obligatoire n'apparaît donc pas comme une propriété universelle de la valeur morale. Par contre, nous l'avons dit (n. 42), une nécessité négative (il ne faut pas ...) est inhérente à toute antivaleur. Le mal, universellement, est à fuir. De sorte que l'obligation fondamentale (le « premier principe » de la morale) semblerait pouvoir se formuler ainsi : ne fais jamais le mal, ou encore : ne t'oppose jamais à l'ordre du bien.

Cependant, le premier principe s'énonce traditionnellement sous une autre forme : Il faut faire le bien et éviter le mal (*Bonum est faciendum et prosequendum, et malum vitandum*) [65]. Le premier membre n'est sans doute pas un simple doublet du second. D'autre part, l'équilibre de la formule paraît exiger que la nécessité exprimée en latin par l'adjectif verbal, en français par *il faut*, soit du même ordre dans les deux cas : autrement dit, que l'obligation de faire le bien soit aussi stricte que celle de fuir le mal. Tenant compte de ces remarques, on peut entendre de trois manières ladite obligation :

    1. *Il ne faut faire que le bien.* On suppose alors qu'il ne

---

[65] Saint Thomas, *Somme théol.*, I-II, 94, 2.

peut y avoir d'acte humain moralement neutre, ce que tout le monde n'admet pas, même s'il s'agit des actes pris dans leur exercice concret (n. 236). Si de tels actes sont possibles, rien ne m'interdit, par définition, d'en poser.

    2. *Il faut faire tout bien dont l'omission serait un mal.* C'est incontestable, mais il semble étrange de définir le bien à faire par le mal à fuir : le mal, de soi, est second par rapport au bien (n. 22, 4). Sans doute, d'une certaine manière, l'idée de *mal à fuir* est liée à celle d'obligation. Mais ce n'est pas, comme l'interprétation susdite le laisserait entendre, en tant que le mal à éviter serait simplement l'*indice* qu'un certain bien est obligatoire ni même, à parler rigoureusement, en tant que l'obligation d'éviter le mal serait la raison pour laquelle il faut faire le bien... La liaison, on l'a vu, est beaucoup plus intime (n. 42). La vraie source de l'obligation est dans la valeur.

    3. Voilà pourquoi nous proposons une troisième interprétation : *Il faut faire du bien,* réaliser la valeur morale est l'œuvre propre de l'homme, sa vocation. Il ne serait pas permis, à supposer que cela fût possible (dans l'hypothèse où il y aurait des actes humains « indifférents »), de se mettre durablement dans un état d'hibernation morale, en se contentant de « ne pas faire le mal ». L'idéal n'est pas de « se garder », mais de fructifier. L'Evangile n'encourage guère une éthique simplement conservatrice, qui bornerait l'ambition de l'homme à ne pas déchoir.

    Ainsi le caractère d'obligation inhère à la sphère du bien considérée dans son ensemble, non à chacun de ses éléments. *Tout bien n'est pas obligatoire, mais il y a une obligation de faire le bien.*

    45. - Il suit de là que l'éthique est une science normative et non purement spéculative. Elle ne peut se ramener à une simple description des attitudes et des jugements moraux, à un « art de vivre », à une technique de la félicité et pas davantage à une logique du discours moral (n. 1).

    On ne nie pas, bien sûr, que la valeur morale puisse faire l'objet d'une considération théorique. Parce que le bien et le vrai coïncident dans l'être, le bien est objet de pensée : il y a une vérité des valeurs [66]. Et parce que, pour la même raison, l'intelligence et la volonté s'enveloppent réciproquement [67], la

---

[66] *Ib.*, I, 59, 2, ad 3um.
[67] *Ib.*, I, 16, 4.

réflexion intellectuelle saisit l'acte du vouloir et ce qui s'y rapporte, donc aussi la valeur morale. Dès lors une éthique spéculative est possible.

Il est clair également qu'une définition toujours plus précise des concepts, moraux, l'exacte détermination de leurs liaisons réciproques et de leurs rapports avec les concepts non moraux etc., jouent en morale un rôle très important. La syntaxe et la logique du discours moral font partie de l'éthique. Mais celle-ci ne s'y réduit pas.

Il faut du reste bien prendre garde de ne pas isoler les concepts de l'expérience qui y correspond. Si les concepts des réalités spirituelles (comme sont la volonté et la valeur morale), ne sont pas vivifiés par une expérience de leur ordre, ils s'évanouissent en purs symboles. L'obligation, par exemple, ne peut être vraiment pensée qu'à partir d'une obligation actuellement éprouvée (n. 163). Le discours moral n'a de sens qu'autant qu'il se rapporte à cette saisie, à cette expérience fondamentale de la valeur. Et c'est là qu'il trouve la norme de sa rectitude. (Tout comme les propositions de la physique ont leur norme dans l'expérience scientifique). Sinon il reste en dehors de la sphère de son objet.

Il faut bien distinguer d'une connaissance portant simplement sur les attitudes à l'égard de la valeur morale ou sur la manière dont la valeur se détermine selon les divers types de conscience (connaissance qui relève plutôt de la psychologie, de la sociologie et de l'ethnologie), la connaissance qui vise la valeur morale en elle-même et qui est la connaissance proprement éthique. Et c'est au sujet de la valeur morale elle-même, non de ses déterminations particulières, que le doute est déjà un refus.

Mais il est impossible de s'en tenir à une considération purement théorique de la valeur morale: ce serait la fausser. Car le propre de cette valeur, c'est qu'elle exige d'être reconnue et réalisée par nous, de devenir la norme de nos jugements axiologiques et pratiques et de nos actions (n. 40). La regarder comme une illusion, suspendre à son égard notre propos de fidélité, c'est déjà la renier. Dès lors, si la science éthique veut être une vraie science de la valeur morale, il lui appartient de proposer son objet non seulement comme *à connaître,* mais comme *à reconnaître* et *à réaliser,* de le proposer, donc, comme norme de nos évaluations, de nos décisions et de nos actes. Or, une science qui propose de la sorte son objet est une science *normative* et *impérative*. Ce caractère, que nous avions, au point de départ, attribué à l'éthique (n. 2), se trouve ainsi justifié. L'éthique est pratique, normative, non pas, notons-le bien, quoique spéculative, mais précisément par le souci, éminemment spéculatif, de respecter la condition de son objet.

46. - Nous voyons à présent combien il importe de repérer avec précision le constitutif interne (la « formalité ») et le fondement de cette valeur.

Non que cette recherche soit requise pour que la valeur « vaille » pour nous, se fasse reconnaître par nous. Il n'est pas nécessaire d'avoir résolu le problème critique pour pouvoir légitimement affirmer la réalité des choses, ni d'avoir élucidé les notions fondamentales de la mathématique pour avoir le droit de poser $2 + 3 = 5$! L'évidence est immédiate, le doute réel concrètement éprouvé comme impossible. Pareillement ici : nous éprouvons concrètement l'impossibilité de nous soustraire à l'ordre moral. Vouloir y échapper, c'est encourir sa condamnation.

Et pourtant la double question dont nous parlons ne peut être esquivée. Ce qui est en jeu, ce n'est pas seulement une satisfaction, d'ailleurs bien légitime, de l'intelligence, c'est notre propre fidélité à la valeur.

En effet, si cette dernière n'est pas convenablement élucidée, sa perception risque de s'altérer et elle-même court le danger d'être confondue avec d'autres valeurs. Cela serait sans doute impossible si elle était toujours l'objet d'une idée claire et distincte. Mais, dans la conscience, elle s'accompagne d'états divers (sentiments d'admiration, d'amour, de crainte, de peine, de joie etc.), qui se rencontrent également dans la perception des autres valeurs. D'où possibilité de confusion.

D'autre part, notre conviction naturelle, bien que le plus souvent implicite, c'est qu'il n'y a rien avant l'être, au-dessus de l'être, en dehors de l'être. L'ordre axiologique (comme l'ordre idéal en général) se fonde donc dans l'ordre ontologique. Mais l'être, pour nous, c'est avant tout l'existant empirique, « mondain ». D'où la tentation connaturelle de chercher dans le « monde » (humanité comprise) le fondement de la valeur morale. Si l'être « mondain » se révèle incapable de jouer ce rôle, c'est l'ordre moral lui-même qui risque d'être mis en question et rejeté comme illusoire, en dépit de l'évidence première.

Mais est-il possible de récuser une évidence? Oui, dans le

cas présent, car la valeur morale, non seulement exige, une fois perçue, d'être reconnue, mais demande d'ordinaire, pour être clairement perçue, certaines dispositions de la volonté (cf. n. 21). « Tel est un chacun et telle la fin lui paraît »[68]. Aussi le mépris de la valeur peut-il en offusquer la perception, en l'étouffant, pour ainsi dire, sous le poids de représentations, de sentiments, d'émotions etc. plus massifs et consonants à la détermination choisie par le sujet.

---

[68] Aristote, *Eth. nicom.*, III, 7, 1114 a 31.

CHAPITRE II

LE CONSTITUTIF INTERNE DE LA VALEUR MORALE

47. - La valeur morale s'est fait connaître à nous comme la valeur propre de l'acte humain et de l'homme comme tels, mais si cette définition nous permet de la situer dans l'échelle des valeurs, elle ne nous en livre pas la nature interne. L'examen de ses caractères et, en particulier, de son exigence obligatoire nous laisse dans notre ignorance : ces caractères appartiennent à la valeur, ils ne la constituent pas. Qu'est-elle donc en elle-même ? Voilà ce qu'il nous importe maintenant de savoir : nous avons dit pourquoi.

On objectera peut-être que la valeur morale n'est pas susceptible d'une définition stricte, pas plus que le bien en général et les autres notions premières [1] : on peut seulement la situer par rapport aux autres objets de pensée ou la décrire à partir de ses effets. Pourtant, comme nous avons distingué l'*essence phénoménologique* et la *nature* du bien, n'est-il pas possible de découvrir, sous le phénomène de la valeur morale, une structure intelligible qui la fonde ? C'est à cette recherche que nous allons nous employer dans ce chapitre.

48. - Or cette question, chez la plupart des auteurs, se trouve liée à d'autres qui la masquent bien souvent. Ce sont :

1) La question de la *norme* ou du critère de la *moralité*. *Norma*, en latin, veut dire équerre. Un tracé, un mur etc. qui en suivent fidèlement les contours forment un angle droit. Métaphoriquement, le mot signifie « ligne de conduite, règle, type idéal ou règle par rapport auxquels sont portés les jugements de valeur » [2]. La norme de la moralité est donc ce qui mesure

---

[1] « ... bonum numeratur inter prima ... Prima autem non possunt notificari per aliqua priora, sed notificantur per posteriora, sicut causae per proprios effectus », saint Thomas, *In I Met.*, l. 1 ; ed. Pirotta, n. 9.

[2] P. Foulquié - R. Saint-Jean, *Dictionnaire de la langue philosophique*, p. 481.

M. Blondel (*L'Etre et les êtres*, Paris, 1935, pp. 240-241) établit entre *règle* et *norme* une distinction ingénieuse. La règle serait extrinsèque et indifférent au dynamisme propre du sujet auquel elle s'applique. La norme, conformé-

la rectitude des jugements pratiques et des actions, tout comme le principe de non-contradiction peut être dit la norme de nos jugements théoriques. L'action conforme à la norme morale sera bonne; l'action contraire à la norme sera mauvaise.

Cette question a beaucoup de rapport avec la nôtre; elle ne se confond pourtant pas absolument avec elle. Une fois déterminée l'*essence* de la valeur morale, on pourrait encore avoir à se demander à quel *signe* on en reconnaîtra la présence [3]. Supposons que l'essence de la valeur morale soit dans l'aptitude de l'acte à procurer la félicité de l'homme ou la gloire de Dieu, il resterait à chercher le critère de cette aptitude : ce sera, par exemple, la convenance avec la nature humaine, avec la raison etc. — En fait, nous le verrons, l'essence de la valeur morale est dans la conformité de l'acte avec sa norme. Réellement donc, sinon formellement, les deux questions n'en font qu'une.

2) La question du *souverain bien*. En quoi consiste la parfaite réalisation de l'homme, la « béatitude »? Question qui, nous l'avons vu (n. 2), répond à la problématique la plus commune des anciens.

3) La question de la *fin dernière*. En vue de quoi l'homme est-il au monde? La vie humaine a-t-elle un sens et lequel? Achèvement de l'évolution? Réalisation de l'Humanité? Gloire de Dieu? etc. (Fin dernière objective). — Vers quoi l'homme tend-il effectivement à travers toutes ses démarches? Qu'est-ce qu'il veut au fond de tous ses vouloirs? Le plaisir? La vérité? La rectitude? La liberté? L'union à Dieu? etc. (Fin dernière subjective). — La fin dernière subjective n'est autre que la béatitude, mais le point de vue diffère et les deux questions aussi. Car l'identité entre les deux notions est médiate : elle suppose établi que l'homme cherche en tout son achèvement total.

---

ment à l'étymologie, désignerait l'orientation verticale, ascensionnelle, intérieure à ce dynamisme. « C'est la ligne perpendiculaire, en tant que telle, qui seule et intrinsèquement va droit au but », p. 241. Il est certain que le mot *norme* dit d'ordinaire une certaine transcendance, différente de la simple extériorité. On ne parle de norme que là où l'action considérée a une certaine densité axiologique: normes morales, normes juridiques, mais on n'aura pas l'idée de parler de normes à propos d'un jeu ... Il ne semble pas toutefois que l'interprétation blondélienne réponde à l'usage réel du mot.

[3] Certains auteurs distinguent entre *norme constitutive* et *norme manifestative*. Ed. Elter rejette cette distinction: « La norme n'étant rien d'autre que le principe qui dirige l'activité, il lui est essentiel d'être le signe qui fait connaître la rectitude de l'acte », *Compendium philosophiae moralis*, Romae, 1950, p. 15. — C'est juste, mais cela laisse intacte la distinction entre la norme (essentiellement manifestative) et le constitutif formel de la valeur.

4) La question de l'*origine des idées morales*. Cette question semble, à première vue, relever plutôt de la psychologie, de l'ethnologie et de la sociologie que de l'éthique; pourtant elle intéresse également celle-ci. Souvent, en effet, de la manière dont cette origine est comprise, des conclusions — du reste illégitimes (n. 29) — sont tirées touchant le contenu et la validité de ces notions. La valeur morale sera ainsi ramenée à ce qui n'est pas elle.

Les doctrines morales peuvent être classées diversement, selon les réponses qu'elles donnent aux questions indiquées ci-dessus (en particulier aux questions 1, 2, 3 et à la nôtre), chaque question fournissant un principe de classement, ou encore selon les principes subjectifs auxquels elles reconnaissent un rôle prépondérant dans la vie morale : on distinguera alors des morales rationnelles ou rationalistes, des morales de la volonté, des morales du sentiment ... Ces diverses divisions, fondées sur des principes différents, se prêtent mal à être coordonnées. Toute classification, du reste, dès là qu'il s'agit de réalités complexes, comme la pensée d'un auteur, a quelque chose d'artificiel. Remarque dont il faudra se souvenir dans les pages qui suivent.

49. - En enquêtant sur l'essence de la valeur morale, nous rencontrerons nécessairement sur notre chemin ces diverses questions. Il ne s'agit pas en effet d'établir *a priori* et de discuter les réponses possibles à la nôtre; c'est assez pour nous d'examiner les réponses effectivement données. Or chaque auteur a sa problématique particulière et nous n'avons pas le droit de les faire entrer de force dans nos cadres en leur attribuant une réponse à une question qu'ils ne se sont jamais posée sous la forme où nous la posons. Nous respecterons donc la démarche de leur pensée, même si cela doit nous écarter parfois un peu de notre propos. — Du reste, cette enquête historique n'a aucune prétention à être exhaustive; notre intérêt n'est pas celui de l'historien. C'est assez pour nous d'exposer ici les principales opinions touchant le problème éthique fondamental, sans perdre de vue l'objet de notre recherche. Les critiques que nous ferons n'auront pas seulement pour but de démasquer et de réfuter les erreurs, mais plus encore de découvrir l'« âme de vérité » présente en chaque doctrine et qui y rend parfois l'erreur si redoutable. Cette critique, au sens premier du mot, pour ne pas dire ce dialogue, nous aidera ainsi à élaborer peu à peu notre propre solution et à serrer de plus près la vérité.

Or ce qui nous servira à juger les diverses interprétations de la valeur morale, c'est, avant tout, la fidélité à ce que la conscience en perçoit et qu'ont élucidé les analyses du chapitre précédent. Toute interprétation qui y contredirait et, implicitement du moins, proposerait sous le nom de valeur morale autre chose que la valeur décrite ci-dessus, serait, de ce fait même, disqualifiée.

Notre enquête ne suivra pas l'ordre historique, car, aux grandes époques de la pensée, apparaissent à la fois plusieurs types de doctrine morale, sans qu'on puisse discerner une ligne bien nette d'évolution. L'ordre suivi sera plutôt dialectique, au sens platonicien-augustinien. Nous irons du dehors au dedans et de bas en haut: *ab exterioribus ad interiora, ab inferioribus ad superiora.* Nous examinerons donc successivement:

1. Si la valeur morale consiste en un caractère intrinsèque de l'action considérée ou dans sa conformité avec une norme purement extrinsèque, telle que la loi positive, la coutume etc.

2. Si — supposé reconnu le caractère intrinsèque de la valeur morale — ce caractère doit être conçu comme essentiellement relatif à un objet ou une fin extérieurs à l'activité spirituelle comme telle. (Nous rangeons dans cette catégorie d'objets le sujet lui-même et les autres sujets, pour autant qu'ils ne sont pas considérés selon leur dimension spirituelle). — En d'autres mots, la valeur morale étant la valeur propre de la subjectivité spirituelle, cela revient à demander si la valeur morale se définit par rapport aux valeurs infra-morales ou « naturelles ».

3. Si, enfin, au cas où la réponse à la deuxième question serait négative, le caractère intrinsèque de la valeur morale doit être compris à partir de l'activité spirituelle elle-même dans son exercice immanent, ou s'il faut la dépasser en quelque manière vers ses conditions transcendantes, et comment.

I. L'EXTRINSÉCISME MORAL.

50. - La valeur morale d'un acte consiste-t-elle essentiellement dans une propriété intrinsèque de cet acte? En d'autres termes, un acte est-il moralement bon ou mauvais par lui-même, indépendamment de tout jugement extérieur le déclarant tel, de toute loi le permettant, l'ordonnant ou le défendant?

Certains l'ont nié. La valeur morale de l'acte lui viendrait tout entière du dehors, de sa conformité (ou de son opposition) à un commandement *extérieur* (du « prince » ou de Dieu), de telle sorte que le même acte serait bon ou mauvais selon qu'il est permis ou défendu, sans que cette permission ou cette défense dépendissent en rien de son contenu ou de sa structure interne.

Cette théorie s'appelle parfois *positivisme moral*, parce qu'elle réduit la loi morale tout entière à une loi *positive* (nn. 179; 208). — Toutefois, pour éviter la confusion avec le positivisme de Stuart Mill, Auguste Comte, Littré etc., qui n'a rien à faire ici, nous préférons parler d'*extrinsécisme moral*, ce qui s'accorde mieux, d'ailleurs, avec le principe de notre classification.

51. - Or les raisons ne manquent pas qui semblent justifier cette manière de voir.

Il y a d'abord la diversité des mœurs et des jugements moraux. Que les hommes soient souvent infidèles aux règles reconnues par eux, naïf qui s'en étonnerait. Mais qu'ils soient en désaccord sur ces règles mêmes, au point que les uns considèrent comme un pieux devoir ce que les autres abominent (n. 182), voilà qui paraît mal conciliable avec l'idée d'une moralité intrinsèque des actions. Si une action est mauvaise par elle-même, sa malice devrait être reconnue partout, comme le feu est partout reconnu comme brûlant.

Plus directement, l'analyse de la conscience morale semble nous orienter vers la même conclusion. La moralité, nous l'avons montré, comporte l'obligation, mais il n'y a pas d'obligation sans loi. Or, la loi, pour nous dont le processus cognitif va du dehors au dedans, c'est avant tout la loi positive, promulguée par un législateur différent de nous et extérieur à nous (n. 180). — N'est-ce pas un fait, d'ailleurs, que la conscience morale ne s'éveille d'ordinaire que sous la stimulation de commandements et d'interdits venant du dehors. Le cas est particulièrement net chez les enfants. Le bien et le mal sont d'abord saisis comme ce qui est conforme ou contraire à la règle donnée par les parents [4].

---

[4] Voir ce que dit saint Thomas sur la nécessité d'une loi humaine pour porter efficacement les hommes à la vertu, *Somme théol.*, I-II, 95, 1 (cf. Aristote, *Eth. nicom.*, X, 10, 1179 b 31 - 1180 a 22). Sans parler du texte fameux de saint Paul sur la connaissance du péché (et donc l'éveil de la conscience morale) à travers la Loi de Moïse, *Rom.*, 7, 7.

52. - On peut considérer comme précurseurs de l'extrinsécisme moral les *sophistes* qui, tel le Calliclès de Platon (*Gorgias*, 482 ss.), opposaient la nature (φύσις) à la loi (νομός), où ils ne voyaient que convention et artifice et à laquelle ils rapportaient tous les jugements moraux. Mais ils sont plutôt à ranger parmi les négateurs de l'éthique.

Par la suite — surtout après les campagnes d'Alexandre —, une connaissance accrue des divers peuples et de leurs mœurs si variées favorisa chez certains un véritable *scepticisme moral*. Toute la différence des bonnes et des mauvaises actions était l'effet de l'opinion et de la coutume. On attribue cette doctrine à Carnéade. — A l'époque moderne, pour une raison semblable (découverte de l'Amérique, contacts nouveaux avec l'Inde, la Chine, le Japon etc.), la même tendance sceptique s'est fait jour: on la constate, par exemple, chez Montaigne [5].

Plus récemment enfin, l'*école sociologique* (Durkheim, Lévy-Bruhl) a voulu expliquer par l'influence de la société l'ordre entier des jugements et des sentiments moraux. On sait que la société, pour les représentants de cette école et surtout pour Durkheim, n'est pas simplement l'ensemble des individus, mais une réalité *sui generis*, la plus réelle de toutes, supérieure à ses membres et condition de leur humanisation. Les valeurs morales sont celles que la société approuve et impose aux individus. Pourtant, il ne semble pas juste de parler ici d'extrinsécisme moral. En effet, la règle des mœurs dictée par la société reflète les exigences *réelles* de celle-ci: la société ordonne ce qui sert à sa conservation, son développement etc. Nous réservons donc pour plus tard (nn. 85-89) l'examen de la théorie sociologique.

53. - Comme type d'extrinsécisme moral, fondant la distinction du bien et du mal sur la seule autorité du « prince », on cite généralement la doctrine de Thomas Hobbes. Selon ce dernier, en effet:

« Avant les pactes et les lois, il n'y avait ni justice ni injustice; et la nature du bien et du mal n'était pas plus commune chez les hommes que chez les bêtes » [6].

« Les règles du bien et du mal, du juste et de l'injuste sont des lois civiles; et ainsi ce que le législateur prescrit doit être tenu pour bien; ce qu'il défend doit être tenu pour mal » [7].

---

[5] Montaigne, *Essais*, II, 12: Apologie de Raymond de Sebonde.
[6] *De Homine*, c. 10; éd. G. Molesworth, Londres, 1839-1843, t. II, p. 94.
[7] *Leviathan*, c. XXIX; t. III, p. 232.

En réalité la vrai pensée de Hobbes n'est pas facile à saisir.

Selon lui, l'homme, dans l'*état de nature* jouit d'une liberté sans limite : chacun a droit à tout (*De Cive,* c. 1, n. 10) : en particulier, droit à conserver sa vie par tous les moyens, voire en tuant les autres qui, dans cet état, sont toujours des agresseurs possibles. Conséquence : l'état de nature est « une guerre de tous contre tous » (*bellum omnium in omnes*), c. 1, n. 12. Pour sortir d'un état si désavantageux, pour s'affranchir de la crainte perpétuelle qu'il entretient, les hommes concluent entre eux des *pactes,* qui donnent naissance à la société et leur permettent de vivre en paix, comme le réclame la « raison droite ». Ces pactes sont conclus en vertu de la *loi naturelle,* dont Hobbes traite longuement, *ib*., cc. 2 et 3. Outre cette loi fondamentale : « il faut chercher la paix là où on peut l'avoir ; là où on ne le peut, il faut se préparer à la guerre (*quaerenda esse belli auxilia*) », il y donne un catalogue de vingt lois dérivées, dont la première déclare nécessaires le transfert ou l'abandon de certains droits, tandis que la dernière condamne l'ivresse !

Hobbes dit en toutes lettres que la loi naturelle est un précepte (*dictamen*) de la raison, *ib*., c. 2, n. 1 ; c. 3, n. 33. Mais il s'agit ici de la raison *utilitaire,* nous dirions presque technicienne, de la raison en tant qu'elle connaît de l'adaptation des moyens à la fin naturellement cherchée, qui est la conservation de l'homme, *ib*., c. 3, n. 31. Hobbes apparaît ici assez proche de l'utilitarisme dont nous parlerons bientôt.

Cette loi naturelle n'est d'ailleurs pas suffisante pour assurer la paix et l'accord des volontés. Est nécessaire une *autorité* dotée de pouvoir coercitif et d'un « empire absolu », *ib*., c. 6, p. 13. Rien ne doit échapper à son domaine ; c'est elle qui déterminera le bien et le mal moraux, *ib*., c. 14, n. 10.

Et le pacte qui l'a constituée entre les mains du prince est irrévocable. De l'anarchie on passe ainsi, dialectiquement pourrait-on dire, à l'état totalitaire.

Hobbes est plus radical encore dans *Leviathan* : « Les passions des hommes ne sont pas des péchés, et pas davantage les actions qui en résultent, tant que leurs auteurs n'aperçoivent aucune autorité qui les interdise. Une loi ne peut être connue si elle n'est promulguée et elle ne peut être promulguée tant qu'on ne s'entend pas sur le législateur », c. XIII ; p. 100. Aussi la loi naturelle n'est pas une vraie loi, à moins d'être considérée comme venant de Dieu, ce que l'Ecriture seule nous apprend. — Il est douteux que cette dernière réflexion exprime la pensée personnelle de l'auteur. La seule loi véritable, pour lui, paraît être la loi humaine. C'est pourquoi, « il n'y a pas d'autre éthique que la science des choses bonnes ou mauvaises dans le commerce et la société des hommes », c. XV ; p. 122.

On ne voit pas très bien comment la théorie de la loi naturelle s'accorde avec cette détermination autoritaire de la valeur morale. Hobbes admet expressément que certaines lois naturelles doivent être observées même dans la guerre, donc même dans l'« état de nature », *De Cive,* c. 3, n. 27, note ; p. 145. Les lois naturelles obligent au for interne ; bien que leur transgression ne soit pas « crime », mais simplement « vice », elle rend coupable la conscience (« animus reus fit »), *Leviathan,* c. XV ; p. 121. Hobbes parle des devoirs des princes ; il admet, en certains cas, le droit de résistance à l'état : ceux qui, dans ces conditions, tuent les résistants, ont le droit pour eux, mais n'en pèchent pas moins contre la loi naturelle, *De Cive*, c. 6, n. 13.

Il semble donc, par ces textes, que Hobbes admette, avant toute loi positive, une certaine distinction du bien et du mal moraux. Seulement, ces textes expriment-ils sa vraie pensée ou ne sont-ils dus qu'à un prudent conformisme ? On a plutôt l'impression que, pour lui, le caractère rationnel de l'action (commandé par la loi naturelle) ne revêt, avant l'intervention de la loi (positive), aucune valeur morale.

Des idées assez semblables se rencontrent chez Nietzsche qui, lui aussi, rapporte à la loi (positive) la distinction du juste et de l'injuste [8]. La loi est imposée par les puissants : c'est la morale des maîtres (voir plus loin, n. 95). — Mais nous savons qu'ailleurs Nietzsche reconnaît dans la morale traditionnelle, et surtout dans la morale chrétienne, l'effet du « ressentiment » des esclaves et la consécration de leur médiocrité, n. 26.

54. - Un autre type d'extrinsécisme fonde la valeur morale sur une loi positive et arbitraire de Dieu.

Déjà au moyen-âge, Guillaume d'Ockham et son école faisaient dépendre de la libre volonté divine l'ordre de la moralité aussi bien que celui de l'être. « Dieu ne peut rien contre la droite raison, soit, mais la droite raison, pour ce qui regarde son action au-dehors, est sa volonté ... Ne disons pas : parce que quelque chose est droit ou juste, pour cette raison, Dieu le veut, mais plutôt : parce que Dieu le veut, cela est droit et juste » [9].

C'est la thèse que reprendra et que poussera Descartes, surtout dans ses lettres à Mersenne, du printemps de 1630 [10]. Descartes, observons-le, ne met pas en doute que le bien moral soit dans la fidélité à la raison : c'est l'ordre lui-même de la raison qui tient à un libre décret de Dieu. Parler autrement, ce serait assujettir Dieu au Destin.

---

[8] « Demgemäss giebt es erst von der Aufrichtung des Gesetzes an 'Recht und 'Unrecht' », *Zur Genealogie der Moral*, n. 11; éd. Kröner, t. 8, p. 368.

[9] « Deus non potest contra rectam rationem, verum est, sed recta ratio quantum ad exteriora est voluntas sua ... Nec enim quia aliquid rectum est aut justum, ideo Deus vult, sed quia Deus vult, ideo justum et rectum », G. Biel, *Collectorium circa IV Sent.*, I, d. 17, q. 1, q. 3, cor. 1, K. — Cf. P. Vignaux, art. *Nominalisme*, in *Dict. de théol. cath.*, col. 764-769.

[10] Ecrites le 15 avril, le 6 et le 27 mai. Dans l'éd. Adam-Tannery, t. I, pp. 145, 149, 151 ss. — Cf. *Respons. ad sextas objectiones*, t. VII, p. 432 (tr. fr., t. IX, pp. 232-233); *Lettre au P. Mesland*, t. IV, pp. 118-119. — Descartes étend explicitement sa doctrine à l'ordre des valeurs : pas de bien ou de mal avant le libre décret divin. D'où un certain embarras pour maintenir la véracité divine. Descartes invoque alors la simplicité de l'Etre parfait qui lui interdit de se contredire en violant la loi qu'il a librement posée ...

Mais c'est S. Pufendorf — plutôt juriste que philosophe — qui, partant de prémisses assez semblables à celles de Descartes, a le plus complètement développé la théorie morale du volontarisme divin [11].

Selon Pufendorf, l'ordre rationnel, par lui-même, n'est pas encore un ordre moral. La raison (comme chez Hobbes) juge de l'utile; d'elle-même, elle ne peut s'élever à la moralité. Celle-ci ne commence qu'avec la loi. Mais il n'y a de loi que là où le législateur est connu. La moralité présuppose donc la connaissance de Dieu.

En effet, cette loi qui « surimpose » l'ordre moral à l'ordre naturel procède de la toute libre (« liberrima ») volonté de Dieu, qui donne aux choses la nature qu'il lui plaît. Pas de nécessité absolue et intrinsèque : tout dépend, en dernier ressort, du bon plaisir divin [12]. La même liberté souveraine qui dispose des *êtres physiques* (entia physica) et de leurs natures, dispose également des *entia moralia* (le bien, le droit etc.). Ils sont eux aussi le fruit du bon plaisir.

Pufendorf, si notre interprétation est exacte, ne se contente donc pas d'affirmer, comme certains scolastiques (nn. 151; 160), que l'obligation morale se fonde immédiatement, *même pour nous,* sur la volonté de Dieu *hypothétiquement nécessaire* (si Dieu veut créer l'homme, il veut nécessairement que l'homme agisse selon la norme du bien); il la fonde, et avec elle tout l'ordre moral, sur un *libre décret divin.* Même si ce décret est celui-là même par lequel Dieu librement donne à l'homme la nature qu'il a, la valeur morale, selon Pufendorf, ne se fonde pas sur cette nature mais sur le libre vouloir de Dieu...

55. - L'extrinsécisme moral est insoutenable.

Que certaines actions reçoivent *immédiatement* leur valeur (positive ou négative) de leur conformité ou leur opposition à une règle extérieure, la chose est évidente : c'est le cas de toute législation purement positive, des ordres donnés par l'autorité légitime etc. L'enfant à qui ses parents défendent de fumer fait mal s'il fume, non pas parce que l'acte serait en soi désordonné, mais, directement, parce qu'il *désobéit.*

Toutefois, cela ne saurait valoir de *toutes* les actions : il y en a manifestement qui, indépendamment de tout précepte, sont, de soi, bonnes ou mauvaises. Bien plus, si nous regardons mieux, là même où la valeur morale semble dériver du précepte, celui-ci, en réalité, introduit l'action dans la sphère de la valeur, applique la valeur à l'action : il ne constitue pas l'essence de la valeur. — Dans l'exemple donné plus haut, la défense des parents fait, pour l'enfant, qu'il soit mal de fumer, mais ce

---

[11] *De jure naturae et gentium,* Amsterdam, 1688, l. 1, c. 2, n. 6; pp. 18-19.
[12] « Qua ratione igitur actioni hominis possit competere aliqua affectio, quae ex necessitate intrinseca et absoluta, extra Dei impositionem et beneplacitum promanet? », *ib.,* p. 19.

n'est pas cette défense qui fait qu'il soit mal de désobéir. Elle introduit l'acte en question dans la classe des actes de désobéissance, affectés par eux-mêmes d'une valeur négative; elle lui applique la valeur négative de la désobéissance: elle ne la constitue pas formellement.

56. - La grande faiblesse de la théorie extrinséciste, c'est qu'elle présuppose cela même qui est en question. Pour que la conformité ou l'opposition à la loi puissent déterminer la valeur morale de l'action, il faut, premièrement, qu'il soit moralement bon d'obéir à la loi, moralement mauvais de la violer. Or cela ne peut venir de la loi elle-même, ni d'une loi antérieure, sinon la question se reposerait et nous serions renvoyés à l'infini. Il faut obéir à la loi parce que cela convient à la raison, à la nature humaine, parce que l'obéissance est condition de vie pour la société ou pour quelque motif de ce genre dont nous remettons à plus tard la détermination. En d'autres termes: si l'on explique la valeur morale de l'acte par la conformité à la loi, il reste à expliquer la valeur de la conformité à la loi.

Secondement, l'obéissance à la loi n'a elle-même valeur morale que si la loi est juste ou tout au moins n'est pas injuste. C'est donc la valeur même de la loi qu'il s'agit maintenant d'expliquer. Et, encore une fois, cette explication ne peut venir de la loi elle-même. Le critère, la norme doit être ailleurs. L'extrinsécisme moral est donc intenable.

Il y a trois façons d'obéir à une loi humaine: par routine, entraînement grégaire, déclenchement d'un réflexe bien monté etc.; par crainte des sanctions; par conviction raisonnée enfin, soit de la valeur de *cette loi,* soit de la valeur de l'obéissance à *la loi.* Dans le premier cas, on reste en dehors de la moralité; dans le second également, si la motivation de crainte est exclusive (n. 39). La moralité n'apparaît que dans le troisième cas. Mais il est clair qu'alors la valeur morale ne résulte pas de la simple conformité à la loi ou au précepte: elle lui est antérieure. Ce n'est pas la loi humaine qui impose de chercher le bien commun, l'amitié civique, l'ordre et la justice etc.

57. - A cet argument, plus dialectique, nous pouvons en joindre un autre, plus immédiat. La conscience morale nous montre avec évidence que certaines actions sont bonnes de soi, d'autres, de soi mauvaises et prohibées en n'importe quelle hypothèse imaginable. Aider le prochain, vouloir son vrai bien, travailler à soumettre les inclinations égoïstes et sensuelles à ce qu'il y a en nous de noble et de généreux etc: impossible d'imaginer que cela puisse être mal. Au contraire, torturer, massacrer à plaisir, semer la dissension par de faux rapports, se livrer sans frein à la débauche etc : tout cela, quand bien même une loi barbare l'ordonnerait, la conscience ne réussira jamais à l'approuver sincèrement. L'extrinsécisme moral conduit logiquement à des conséquences inacceptables et que Hobbes lui-même, à ce qu'il semble, n'accepte pas.

58. - Ces critiques conservent leur valeur si, avec Pufendorf, on fonde l'ordre moral, non plus sur une loi humaine, mais sur un décret arbitraire de Dieu. Ce décret ne peut déterminer la valeur de l'action que parce qu'il est « digne et juste » d'obéir à Dieu et donc parce que, indépendamment de tout précepte, il y a un ordre du juste et de l'injuste, un ordre du bien et du mal (n. 172). — Allons plus loin : la loi divine n'oblige que parce que Dieu est la Valeur suprême et la Source de toute valeur morale. A un Démiurge méchant, comme le « malin génie » de Descartes, on ne devrait pas obéir. En parlant ainsi, nous ne prétendons nullement soumettre Dieu au jugement de la conscience, mais seulement notre *idée* de Dieu. Un être, aussi puissant qu'on voudra, qui contredirait l'exigence morale, *ne serait pas* Dieu.

Ajoutons, comme tout à l'heure, qu'il répugne à la raison morale qu'en n'importe quel ordre institué par Dieu le mensonge, l'oppression des pauvres, la haine de Dieu etc. soient licites. Cela répugne, car le même acte aurait à la fois une valeur morale positive, en tant que licite, et une valeur morale négative, que la raison morale ne peut pas ne pas reconnaître. L'absolue contingence de l'ordre axiologique et de l'ordre éthique n'est pas moins impensable et impossible que l'absolue contingence de l'ordre métaphysique et de l'ordre logique.

> Saint Thomas n'hésite pas à écrire : « L'essence de toute justice dépend en premier lieu de la sagesse de l'entendement divin, qui a constitué les choses dans un juste rapport entre elles et à leur cause ; et c'est en ce juste rapport que consiste l'essence de la justice créée. Quant à dire que la justice dépende de la volonté pure et simple (de Dieu), c'est dire que la volonté divine ne suit pas l'ordre de la sagesse — et c'est un blasphème » [13]. Ici encore, les extrinsécistes n'osent pas tirer toutes les conséquences de leur doctrine : ils préfèrent éluder prudemment la question.

---

[13] « Primum ex quo pendet ratio omnis justitiae, est sapientia divini intellectus, quae res constituit in debita proportione et ad se invicem et ad suam causam ; in qua quidem proportione ratio justitiae creatae consistit. Dicere autem quod ex simplici voluntate dependeat justitia, est dicere quod divina voluntas non procedat secundum ordinem sapientiae, quod est blasphemum », *De Ver.*, 23, 6.

Enfin, à la base de la théorie de Pufendorf, il y a, semble-t-il, une confusion. Dieu pose librement les êtres dans l'existence, mais il ne peut les poser qu'avec la nature qui leur convient; le contraire serait un non-sens. Si Dieu crée des hommes, il leur donne, cela va de soi, une nature humaine. On ne peut donc dire qu'il donne aux choses la nature qu'il lui plaît de leur donner. La liberté divine concerne les existences, non, directement, les essences [14].

Mais il est vrai que les *conditions existentielles* dans lesquelles ces natures créés se trouvent en fait dépendent, comme l'existence elle-même, d'un libre décret divin et qu'elles doivent être prises en considération quand il s'agit de déterminer l'ordre moral concret (n. 8).

59. - Les deux opinions que nous avons rejetées ne s'écartent pas également de la vérité: celle de Pufendorf moins que celle de Hobbes. Il est vrai, en effet, comme nous le dirons (nn. 152-157), que Dieu est la source et le fondement dernier de tout l'ordre moral et que sa volonté, essentiellement sainte, est la règle et l'exemplaire de toute volonté droite [15]. L'erreur de Pufendorf semble avoir été surtout de ne pas distinguer assez entre le fait, pour la valeur morale, *d'avoir en Dieu sa raison dernière* et le fait *d'être formellement constituée par un rapport à la volonté divine*.

De la première opinion elle-même nous retiendrons le rôle qui revient à l'autorité dans la formation de la conscience morale. Ce rôle ne se ramène pas à une fonction d'enseignement ou d'exhortation. En réfrénant, en dressant la spontanéité animale au moyen de menaces et de promesses, elle oblige l'enfant ou l'adulte encore infantile à revenir sur soi, à réfléchir, elle l'élève de la pensée noyée dans les images et les instincts à la pensée lucide, à la volonté délibérée, elle lui enseigne à contrôler rationnellement ses impulsions. — D'un autre côté, si l'autorité sait se faire aimer, si ceux qui l'exercent — parents ou maîtres — joignent à une haute valeur morale des qualités qui attirent l'affection, l'enfant ou l'élève, à travers ces qualités, apprendra à connaître et à goûter, dans les personnes dont il dépend, la valeur morale elle-même (n. 29).

Puisque la valeur morale de l'action humaine ne lui vient pas simplement d'un principe extérieur, il faut qu'elle consiste en une propriété intrinsèque. Laquelle? C'est ce que nous devons chercher à présent.

---

[14] Cf. saint Thomas, *Cont. gent.*, II, 30: « Qualiter in rebus creatis esse potest necessitas absoluta » et III, 129: « Quod in actibus humanis sunt aliqua recta secundum naturam et non solum quia lege posita ».

II. Le naturalisme moral

A. *L'eudémonisme.*

60. - Cette propriété intrinsèque de l'action humaine, qui en mesure la valeur propre (la valeur morale), il paraît, au premier abord, assez naturel de la voir dans *l'aptitude de l'acte à procurer* — directement ou indirectement — *le bonheur*, la pleine satisfaction de l'agent. N'est-ce pas le bonheur que l'homme cherche en tous les objets de son désir et à travers toutes ses démarches (nn. 14, 4; 281-284)? N'est-il pas pour nous, en quelque manière, la valeur suprême, le « souverain bien »? N'est-ce pas, dès lors, en fonction de lui que doit s'apprécier la rectitude de nos actions? C'est le degré d'adaptation à la fin qui permet de juger si un acte a été correctement accompli et dans quelle mesure. Je juge qu'une montre « marche bien » si elle indique exactement les heures et les minutes: c'est là sa fin. La vie humaine « marche bien », est bonne, comme vie humaine, si elle va droit vers le bonheur, si elle fait ce qu'il faut pour l'obtenir.

Cette façon de considérer la réalité morale peut s'appeler, en général, *eudémonisme* (du grec εὐδαίμων, heureux) [16]. Nous en distinguerons trois formes, fort différentes, selon que le bonheur est cherché dans les satisfactions sensibles (*hédonisme*, de ἡδονή, plaisir), dans le bien humain naturel complet (incluant donc, et en premier lieu, le bien rationnel) tel qu'il est possible en cette vie (*eudémonisme rationnel*) ou enfin dans un bien dont la jouissance plénière est réservée pour l'au-delà (nous pouvons appeler cette troisième forme *eudémonisme eschatologique,* de ἔσχατον, dernier, parce qu'elle se rapporte aux « fins dernières »). Il va de soi que ces diverses sortes d'eudémonisme ne méritent pas le même jugement.

> Les doctrines hédonistes, en particulier, ne posent pas de la même façon que nous le problème moral et ne semblent même pas distinguer nettement la valeur morale des autres valeurs; elles pourraient donc, à première vue, sembler en dehors de notre perspective, sans intérêt pour notre enquête. Mais, en fait, l'homme n'échappe jamais complètement au sentiment confus de « quelque chose à faire », d'une valeur

---

[15] Saint Thomas, *De Ver.*, 23, 7; *Somme théol.*, I-II, 19,9.
[16] Sur l'histoire du mot εὐδαιμονία, voir A. J. Festugière, *Contemplation et vie contemplative chez Platon*, Paris, 1936, pp. 268-334 (résumé chez J. Vanier, *Le bonheur, principe et fin de la morale aristotélicienne*, Paris-Bruges, 1965, pp. 180-185).

à réaliser. En proposant leur règle de vie, les penseurs en question l'ont nécessairement présentée comme convenable à l'homme, bonne — purement et simplement — pour lui, ce qui est, précisément, le caractère que nous avons reconnu à la valeur morale.

61. - Sous sa forme la plus grossière, l'hédonisme est attribué à un disciple de Socrate, Aristippe de Cyrène, ce qui a valu à ses tenants l'appellation de *cyrénaïques*.

La doctrine d'Aristippe est un subjectivisme. Nous ne connaissons que nos propres impressions. La sensation actuelle est l'unique critère de la vérité. Et pareillement l'unique critère de la valeur est le plaisir actuel qui consiste en un mouvement paisible.

A première vue, de tels principes devraient conduire à une recherche effrénée du plaisir. Il n'en est rien. C'est que, le plaisir étant dans l'âme, il est vain de chercher la félicité dans les objets. La vie véritablement heureuse est celle qui se contente de peu et trouve son plaisir dans les choses les plus ordinaires et partant les plus faciles à se procurer [17].

En pratique donc, cette morale est plutôt ascétique. Rien de surprenant à cela, si nous observons que ce qu'elle cherche avant tout, c'est l'*autarkeia*, l'indépendance, la suffisance, la maîtrise de soi. « Je possède, je ne suis pas possédé ». On pourrait dire que, en rigueur, l'hédonisme, chez Aristippe, concerne plutôt la manière de réaliser la valeur morale que cette valeur en elle-même, laquelle résiderait davantage dans l'*autarkeia*.

62. - Une forme déjà plus délicate d'hédonisme est celle que nous trouvons chez Epicure.

Pour Epicure aussi le plaisir est le souverain bien. Mais ici le plaisir n'est plus dans le mouvement: il est dans le *repos*, dans l'absence de trouble (*ataraxia*).

Le plaisir, pour Epicure, est essentiellement le plaisir sensible, le plaisir du corps. « La racine de tout bien est le plaisir du ventre ». Mais on distinguera parmi les plaisirs ceux qui ne sont *ni naturels ni nécessaires* (par ex., les honneurs), ceux qui sont *naturels, mais non nécessaires* (des mets raffinés) et ceux enfin qui sont à la fois *naturels et nécessaires* (un repas très simple mangé avec appétit). Il faut éviter les premiers, user des seconds avec modération; seuls les troisièmes sont pu-

---

[17] Diogène Laerce, *Vies des philosophes*, 1. II, ch. 8, ou bien H. Ritter - L. Preller, *Historia phil. graec.*[8], nn. 263-275. — Voir également R. Le Senne, *Traité de morale générale*, Paris, 1947, pp. 381-382, dont nous suivons l'interprétation.

rement et simplement désirables et du reste toujours à notre disposition.

Les plaisirs de l'esprit surpassent les plaisirs du corps mais se fondent sur eux, car ils consistent uniquement — on reconnaît là le matérialisme épicurien — dans le souvenir des plaisirs sensibles passés et l'attente des plaisirs sensibles futurs. Cependant Epicure et ses disciple accordent une grande place à l'amitié — et leurs amitiés sont restées célèbres — ce qui paraît s'accorder malaisément avec les principes de l'Ecole [18].

Il semble qu'Epicure, lui aussi, ait cherché avant tout la liberté intérieure, l'indépendance.

L'épicurisme, comme doctrine morale, a trouvé des défenseurs à l'époque moderne, notamment chez certains « philosophes » du XVIIIe siècle, comme Helvétius, d'Holbach. La morale hédoniste de Fourier, au XIXe siècle, a beaucoup de points communs avec celle d'Epicure.

63. - Avec Jeremy Bentham (1748-1832, juriste plutôt que philosophe), l'hédonisme se présente sous une forme qui veut être scientifique. La doctrine de Bentham est souvent appelée *utilitarisme* et, de fait, comme nous le verrons, elle est à l'origine de l'éthique utilitariste de Stuart Mill (n. 77). Elle se rattache pourtant à l'hédonisme en tant qu'elle se propose de guider le sujet moral vers la plus grande somme de plaisir possible [19].

Selon Bentham l'homme cherche nécessairement à se procurer le plus de plaisir qu'il peut et à éviter autant que possible la douleur. « La nature a placé l'homme sous l'empire du *plaisir* et de la *douleur* Nous leur devons toutes nos idées; nous leur rapportons tous nos jugements, toutes les déterminations de notre vie. Celui qui prétend se soustraire à cet assujétissement, ne sait ce qu'il dit: il a pour unique objet de chercher le plaisir, d'éviter la douleur, dans le moment même où il se refuse aux plus grands plaisirs, et où il embrasse les plus vives douleurs. Ces sentiments éternels et irrésistibles doivent être la grande étude du moraliste et du législateur. Le *principe de l'utilité* subordonne tout à ces deux mobiles » [20].

Les erreurs de conduite viennent d'un faux jugement sur les suites heureuses ou fâcheuses de nos actes. D'où la nécessité d'une sorte d'arithmétique des plaisirs (pleasures) et des douleurs (pains; on traduirait mieux, peut-être, déplaisirs) [21], qui permette de calculer où se trouve

---

[18] Diogène Laerce, *op. cit.*, 1. X. Ritter-Preller, *op. cit.*, nn. 470-476. Cf. Le Senne, *Traité*..., pp. 382-384.
[19] Parmi ses œuvres intéressent spécialement: *An Introduction to the Principles of Morals and Legislation*, 1789; *Traité de législation civile et pénale*, traduit et édité par Et. Dumont, 3 vols, 1802; *Deontology*, (posthume), 1834.
[20] *Traité*...2, Paris, 1820, t. I, pp. 2-3. — De même: *An Introduction*..., c. 1; ed. Harrison, Oxford, 1848, p. 125.
[21] Bentham n'a pas inventé cette idée, mais il l'a mise au point et vulga-

le maximum des uns et le minimum des autres. Or les plaisirs diffèrent entre eux selon sept *dimensions*, à savoir : l'intensité, la durée, la certitude, la proximité, la fécondité (en nouveaux plaisirs), la pureté (un plaisir pur est un plaisir sans mélange de déplaisir), l'extension (un plaisir que d'autres partagent vaut mieux, toutes choses égales d'ailleurs, qu'un plaisir non partagé). Et il en va de même des douleurs ou déplaisirs. Tout cela peut être mesuré, chiffré et donner lieu ainsi à un « calcul moral » apte à diriger l'action. Ce calcul permet, par exemple, de démontrer mathématiquement la supériorité de la tempérance sur l'ivresse.

Bentham cependant n'ignore pas que les plaisirs (et les douleurs), étant hétérogènes, ne sont pas toujours susceptibles d'être comparés entre eux directement. Mais de même que les températures, qualitativement différentes, sont mesurées par leur rapport avec une grandeur quantitative (le dilatation d'une colonne de mercure etc.), ainsi plaisirs et peines peuvent être mesurés et comparés indirectement, par leur rapport à un terme commun : la somme d'argent (money) que le sujet est prêt à dépenser pour se procurer ce plaisir ou s'épargner cette peine [22]. En quoi s'exprime ingénument la structure morale de l'ère libérale et capitaliste [23].

Il faut ajouter, pour éviter une interprétation grossière et injuste, que Bentham fait une grande place à la *bienveillance*, source des plaisirs les plus purs. L'éthique benthamienne, quant à son contenu, n'est donc pas une éthique de l'égoïsme. Bien plus, le principe que Bentham pose comme devant inspirer le législateur, c'est celui du plus grand bonheur du plus grand nombre : une action quelconque mérite approbation ou blâme selon sa tendance à produire des plaisirs ou des peines [24], à augmenter ou à diminuer la somme de félicité chez tous

---

risée. Il en expose les règles, *Traité* ..., t. I, pp. 49-51. Ces opérations « sont les éléments du calcul moral et la législation devient une affaire d'arithmétique », p. 50.

[22] « Si, ayant une couronne (5 shillings) dans ma poche ..., j'hésite entre acheter une bouteille de bordeaux pour me désaltérer moi-même ou la dépenser pour donner le moyen de vivre à une famille que je vois sur le point de périr faute d'assistance, tant pis pour moi à la longue, mais il est clair qu'aussi longtemps que je continuerais à hésiter, les deux plaisirs de la sensualité d'une part et de la sympathie d'autre part, auront exactement pour moi la valeur de cinq shillings, seront exactement égaux pour moi », Fragment inédit ap. E. Halévy, *La formation du radicalisme philosophique*, t. I : *La jeunesse de Bentham*, Paris, 1901, app. II, p. 413 (texte p. 412).

Cf. déjà Hobbes : « The value or *worth* of a man is, as of all other things, the *price*, that is to say, so much as would be given for the use of this power », *Leviathan*, c. 10 ; éd. Molesworth, t. III (des œuvres en anglais) p. 76.

[23] Comparer le reproche que fait Marx au capitalisme de confondre toutes les valeurs en les ramenant à celle de l'argent et de dégrader ainsi la dignité humaine, *Oekonomisch-philosophische Manuskripte*, in Marx-Engels Gesamtausgabe (MEGA), I, Bd 3, p. 149 ; *Misère de la philosophie*, ch. 1, MEGA, I, Bd 5, p. 123. Même reproche dans un sermon, presque contemporain, de Newman : *Sermons to mixed Congregation* (1849), Longmans, Green and Cº, 1909, pp. 89-92.

[24] C'est le *principe d'utilité* que Bentham expose ainsi : « Je suis partisan du *principe d'utilité*, lorsque je mesure mon approbation ou ma désapprobation d'un acte privé ou public sur sa tendance à produire des peines et des plaisirs ; ... bien entendu que je prends ces mots, *peine* et *plaisir*, dans leur signification

les êtres sentants (animaux compris). Ici, nous sommes tout près de l'utilitarisme altruiste que Mill développera.

Il importe de noter qu'en tout cela l'intention de Bentham est plus pratique que spéculative. Son but est de réformer les mœurs. Il veut — en avance sur son temps — que les peines soient éducatives (il imaginera même pour cela une prison — le « Panoptique » — où les prisonniers sont constamment sous les yeux d'un surveillant invisible). Et il se demande comment il est possible d'agir sur les hommes, quels ressorts il faut manœuvrer pour qu'ils choisissent le bien. Il pense trouver ce ressort dans le principe du plaisir. Son éthique est plutôt l'exposé d'une méthode capable de porter efficacement les hommes à la vertu.

On pourrait dire que la recherche de l'intérêt propre, du plus grand plaisir, est la loi psychologique qui gouverne le comportement de l'individu. Mais le législateur, lui, cherche la plus grande somme de plaisir pour la communauté. Il obéit, comme législateur, à un autre critère et semble relever d'une autre éthique. Bentham répondrait que rechercher le plus grand plaisir de la communauté, c'est rechercher, pour son propre plaisir, le maximum d'extension. L'attitude du législateur serait donc elle-même commandée par la recherche subjective du plaisir. Les deux visées sont pourtant distinctes et Bentham législateur est meilleur que l'homme selon Bentham.

64. - Le type classique de l'eudémonisme rationnel est l'éthique aristotélicienne.

L'objet de la science morale, selon Aristote, c'est le bien. Non pas le Bien en soi, le Bien séparé de Platon, qui, à supposer qu'il existât, n'aurait pour nous aucun intérêt, mais le bien *humain*. Or le bien humain, l'œuvre propre de l'homme [25], c'est le bonheur, l'εὐδαιμονία, c'est-à-dire l'exercice le plus parfait des activités humaines. Le bonheur ne consiste pas essentiellement dans le plaisir : celui-ci est simplement le signe et la suite de l'action réussie ; il « vient s'y ajouter par surcroît, comme vient s'ajouter par surcroît, à la force de l'âge, la beauté » [26].

---

vulgaire, sans inventer des définitions pour donner l'exclusion à certains plaisirs ou pour nier l'existence de certaines peines. Point de subtilité, point de métaphysique ; il ne faut consulter ni Platon ni Aristote. *Peine* et *plaisir*, c'est ce que chacun sent comme tel », *Traité* ..., t. I, p. 4. Cf. *An Introduction* ..., c. 1, n. 2 ; q. 126. Plus tard, il préférera dire : *principe du plus grand bonheur* : greatest happiness (or felicity) principle, *An Introduction* ..., c. 1, n. 1 ; p. 125, note (écrite en 1822).

[25] *Eth. nicom.*, I, 7, 1097-1098. — Sur l'eudémonisme aristotélicien, voir L. Ollé-Laprune, *Essai sur la morale d'Aristote*; J. Léonard, *Le bonheur chez Aristote*, Bruxelles, 1948 ; R. A. Gauthier, *La morale d'Aristote*; Paris, 1958 ; et l'ouvrage déjà cité de J. Vanier, *Le bonheur, principe et fin de la morale aristotélicienne*. Et, bien entendu, le *Commentaire de l'Éthique* par R. A. Gauthier et J. Y. Jolif, Louvain-Paris, 1959.

[26] *Eth. nicom.*, X, 4, 1174 b 33 ; trad. Gauthier-Jolif. — Aristote se garde d'ailleurs de proscrire toute recherche du plaisir.

Le bonheur requiert essentiellement la *vertu,* c'est-à-dire l'activité s'exerçant selon la règle de la raison et un certain équilibre objectif (le juste milieu), dont la détermination est l'affaire du sage [27] (n. 268). — Pourtant la vertu ne suffit pas au bonheur parfait. Il y faut des circonstances extérieures : la santé, des ressources suffisantes, des amis etc. [28]. L'homme, d'ailleurs, n'est pleinement homme que dans la cité : l'idéal humain est celui du citoyen vertueux, plus encore, du *politique,* qui s'emploie à doter la cité de lois justes, pour y faire régner un ordre rationnel.

Mais les vertus morales dont Aristote a donné des analyses si remarquables (en particulier de la justice, *Eth. nicom.* l. V, et de l'amitié — qui à proprement parler n'est pas une vertu —, l. IX et X), ne sont pas le sommet de l'activité humaine. Elles le cèdent aux vertus intellectuelles ou *dianoétiques.* L'activité la plus haute de l'homme, celle qui le rapproche le plus du bonheur parfait et de la condition divine, c'est la contemplation philosophique. Mais elle n'est possible qu'à un petit nombre et par intermittence. Le bonheur parfait n'est pas à la mesure de l'homme : il dit quelque chose de divin. La vertu mérite la louange, mais on ne loue pas celui qui est heureux : on l'honore, comme les immortels ... Le bonheur est au-delà de la vertu.

Ethique de la contemplation, éthique des vertus morales et civiques : il y a, dans la doctrine d'Aristote, une tension et, pour ainsi dire, un « bifocalisme ». On notera aussi qu'il n'est nulle part fait allusion à une survie de l'âme (sauf par manière d'on-dit) et qu'en tout cas cette idée ne joue aucun rôle.

L'éthique aristotélicienne répond à la problématique morale des anciens (n. 2). Ce qui intéresse, c'est de savoir en quoi consiste le bonheur et quels chemins y conduisent. Cependant le mot : eudémonisme, n'exprime pas toute la doctrine morale d'Aristote. La valeur de l'action ne se réduit pas, pour lui, à son aptitude à conduire au bonheur. La conformité à la raison [29] a valeur en soi. La vertu mériterait d'être désirée, même si rien n'en devait suivre [30]. L'idée d'obli-

---

[27] *Ib.*, II, 6, 1106 b 36.
[28] *Ib.*, I, 9, 1099 a 31 - b 8.
[29] Κατὰ τὸν ὀρθὸν λόγον πράττειν, *ib.*, II, 2, 1103 b 31-32.
[30] *Ib.*, I, 5, 1097 b 2-4. Voir Ollé-Laprune, *Essai sur la morale d'Aristote*, pp. 81-104. Gauthier et Jolif, *op. cit.*, 2ᵉ p., pp. 563-575, montrent bien le caractère proprement moral de l'éthique aristotélicienne. — On notera pourtant qu'Aristote, dans le texte cité, range dans la même catégorie la vertu, les honneurs et les plaisirs. Les uns et les autres méritent d'être voulus pour eux-mêmes, mais ils peuvent aussi l'être en vue d'autre chose, et en cela ils se

gation ne fait pas défaut, bien qu'elle soit loin d'avoir chez Aristote la même force que dans l'éthique chrétienne et moderne: « Il y a pourtant, bien sûr, des choses auxquelles on ne peut se laisser forcer; mieux vaut alors mourir après avoir subi les derniers supplices » [31]. Mieux vaut: il est *plus beau,* il y a donc aussi, en vérité, plus de bonheur. L'eudémonisme n'est pas renié, mais il n'a pas cet aspect étriqué et utilitaire qu'on lui attribue souvent. Pour Aristote, « une action vertueuse... implique un rapport au bonheur, non sans doute comme un moyen à une fin, mais comme une partie à son tout » [32].

65. - Quant à l'eudémonisme que nous avons appelé « eschatologique », plutôt qu'une doctrine systématiquement proposée, il faut y voir une possibilité et comme une tentation de la conscience religieuse — de celle du moins qui, comme la conscience chrétienne, admet que l'existence humaine ne s'achève pas à la mort.

En tant, en effet, que cette conscience est tendue vers le « salut », la « béatitude » ou tout au moins l'absence de maux — gagner le ciel, éviter l'enfer —, elle sera facilement portée à mesurer la valeur de ses actes selon qu'ils lui servent pour cette fin dont l'importance éclipse tout. Cette valeur utilitaire étant mise au premier plan, il sera aisé de la confondre avec la valeur *morale,* mesure propre de l'acte humain en tant que tel. L'acte moralement bon sera, *formellement,* celui qui « conduit au ciel ».

De fait, on a proposé parfois, comme norme de la moralité, le rapport de l'acte à la fin dernière (n. 128). Si cette fin dernière est entendue au sens de béatitude et de béatitude considérée subjectivement, on peut voir là une sorte d'eudémonisme de qualité supérieure.

On pourrait objecter que, la béatitude eschatologique étant d'ordre spirituel, cette forme d'eudémonisme ne devrait pas être considérée ici. Cependant, si la béatitude authentique concerne en effet l'activité spi-

distinguent du bonheur, qui n'est pas rapportable à une fin. Le bonheur est donc bien la valeur suprême.
[31] *Ib.,* III, 1, 1110 a 26-27.
[32] R. A. Gauthier, *Magnanimité,* Paris, 1951, p. 84 (qui renvoie à *Eth. eud.,* II, 1, 1219 b 12-13).
Comme type contemporain d'eudémonisme rationnel, on peut citer 'a *Philosophie morale,* d'Eric Weil, où cependant le thème eudémoniste se combine avec un thème kantien. « Avant tout et après tout, la morale est et reste recherche du propre bonheur (raisonnable et, comme tel, moral) », p. 131. Le bonheur rationnel est la satisfaction de la raison, bien mieux, « la raison, l'exercice de la raison, la raison réalisée par l'homme lui-même en lui-même, *est* le bonheur », p. 49. Cependant la raison exige que l'individu poursuive, raisonnablement, le bonheur de l'individu empirique, non la simple satisfaction de la raison, p. 149.

rituelle, elle la concerne, pour autant qu'on la considère simplement comme béatitude non spécifiée (*sub ratione communi beatitudinis*), comme une activité de la nature (spirituelle), et non pas selon la dimension propre du sujet personnel (n. 278).

Empressons-nous d'ajouter que la béatitude chrétienne, loin de dire félicité simplement subjective, centrée sur le « moi », implique au contraire, — parce qu'elle est « joie de la vérité » (*gaudium de veritate*), joie de la Joie de Dieu — la reconnaissance et l'amour désintéressé de la Valeur suprême, source éminente, exemplaire transcendant de la valeur morale. « Dans la perspective chrétienne, il y a comme une décentration qui fait que la désignation traditionnelle « éthique de la béatitude » n'est justifiée qu'à condition que cette béatitude soit comprise comme le bonheur qui enveloppe à la fois, mais comme terme second, l'accomplissement total de mes capacités de désir, et, comme terme premier, l'union transformante à un Autre que moi que j'aime plus que moi-même, l'entrée dans Sa propre vie pour l'accomplissement plénier de Son vouloir » [33]. — Il est clair qu'un tel eudémonisme est au-delà de l'eudémonisme.

66. - Avant de porter sur ces diverses formes de l'eudémonisme un jugement critique, marquons bien ce qui est en question. Que la volonté, en toutes ses démarches, tende nécessairement et implicitement à la « béatitude », c'est-à-dire à la perfection consciente de soi, nous n'avons pas à le discuter ici (nn. 14, 4; 281-289). Il ne s'agit pas non plus de savoir si l'activité conforme à la règle morale est ou n'est pas l'unique moyen de parvenir à la fin bienheureuse, pour autant que celle-ci peut s'obtenir par l'effort humain (nn. 295-297). Enfin, nous ne contestons pas qu'il y ait, entre valeur morale et « béatitude » quelque connexion intrinsèque : ne disent-elles pas, toutes deux, sous des rapports divers, la perfection propre de l'homme ? La réussite humaine totale les embrasse l'une et l'autre comme vertu récompensée et bonheur mérité (n. 285).

Le seul point à examiner est le suivant : faut-il dire qu'une action est « bonne » moralement en tant et parce qu'elle conduit au bonheur — ou *vice versa*? Autrement dit : le rapport au bonheur est-il le fondement immédiat et la norme de la valeur morale?

Dans la discussion qui va suivre, nous dirons « bonheur » ou « félicité », plutôt que « béatitude ». La « béatitude », au sens plein du mot, est un bonheur rassasiant, un bonheur qui « comble » toutes les aspirations du sujet (n. 278). Or, la plupart des auteurs dont nous allons nous occuper, du seul fait qu'ils n'envisagent qu'un bonheur terrestre, ne peuvent prétendre si haut. C'est pourquoi nous préférons employer un terme plus modeste.

---

[33] J. Maritain, *Neuf leçons* ..., p. 22.

Notre examen commencera par l'hédonisme, dont la cause est plus facile à juger. Nous considérerons ensuite l'eudémonisme dans son principe général.

67. - Il suffit d'énoncer la thèse hédoniste pour sentir, avant toute réflexion critique, à quel point elle contredit le jugement spontané de la conscience morale. Celle-ci, ou, plus exactement, la raison pratique, perçoit confusément que le plaisir, pris comme but et règle de l'action humaine, la dégrade et l'avilit. Le jouisseur, l'amateur de ses aises, l'homme habile à éviter ce qui coûte nous inspirent peu d'estime et souvent provoquent notre mépris; celui, au contraire, qui sait, pour une juste cause, sacrifier son bien-être et sa vie même, enlève, fût-il notre ennemi, notre approbation et notre admiration [34]. Or cela serait impossible si la valeur de l'action humaine se mesurait au plaisir ou par rapport au plaisir.

Il est vrai que l'homme vertueux trouve parfois un plaisir délicat dans le sacrifice même. Mais ce plaisir, tout spirituel, tire tout son prix et toute sa réalité de la valeur morale inhérente au sacrifice. Il est la conscience que prend l'homme d'avoir grandi en humanité (n. 71).

68. - Pourquoi la conscience morale juge-t-elle ainsi? Ce n'est pas qu'elle condamne le plaisir en lui-même. Le sens commun moral n'est pas rigoriste. Mais elle découvre, dans le jouisseur par système un double désordre. 1. Il prend pour fin ce qui, de soi, est l'accompagnement, la sanction et comme l'épiphénomène de l'action réussie, de la fin atteinte (n. 64), ce dont le sens est précisément d'aider à l'exécution correcte de l'acte. 2. Mais surtout, par la recherche systématique et raisonnée du plaisir, il subordonne au particulier ce qui est fait pour l'universel. Le plaisir est toujours subjectif et particulier; l'industrie que le jouisseur déploie pour se le procurer engage l'intelligence ouverte sur l'universel et la totalité. Une valeur supérieure est donc asservie à une valeur inférieure (ce qui est tout autre chose qu'une simple préférence occasionnelle et pro-

---

[34] Bradley a bien montré cette opposition de l'hédonisme à la conscience morale (encore que sa critique se ressente souvent de l'idéalisme qu'il professe): voir *Ethical Studies*[2], Oxford, 1927, ch. 3: « Pleasure for pleasure's sake », surtout pp. 85-93. « Quand des personnes qui vivent moralement mais sans théorie sur la question, entendent dire que la fin morale pour l'individu et l'espèce est l'accroissement maximum de sentiments agréables (pleasurable feeling) et que rien, dans le monde entier, n'a la moindre valeur morale, excepté cette fin et les moyens qui y conduisent, il est indéniable qu'elles repoussent une telle conséquence. Elles sentent qu'il y a des choses « que nous devrions choisir, même s'il n'en résultait pour nous aucun plaisir », *ib.*, p. 88.

visoire, n. 33, 3). Et plus l'homme engage ses facultés spirituelles — raison et volonté — dans la recherche de la jouissance, plus s'aggrave le contraste entre le caractère universel du moyen et le caractère particulier de la fin. — Un désordre analogue se rencontre partout où le plaisir individuel est cherché exclusivement ou principalement dans les activités qui, de soi, visent le bien de l'espèce ou de la communauté ou dont la signification essentielle est d'être « pour l'autre » : l'activité sexuelle, notamment [35].

De ce que le plaisir stimule à l'action et aide à l'accomplir correctement, on conclut parfois qu'il est dans l'ordre de le chercher comme fin. Mais la conclusion ne vaut que d'une fin secondaire et concomitante. Il s'agit d'ailleurs moins d'un projet expressément énoncé (je veux le plaisir ...) que d'une attitude profonde de la volonté, qui est l'essentiel de la vie morale. Le vrai désordre n'est pas dans le fait qu'à un moment donné la pensée du plaisir prédomine dans la conscience; il est dans l'hédonisme habituellement vécu, et sereinement accepté comme donnant le ton à l'existence.

Il semblerait, d'après ce qui précède, que l'épicurien et l'utilitariste à la Bentham soient plus loin de la vraie moralité que le cyrénaïque ingénu. Paradoxalement, il n'en est rien, car un autre facteur entre en jeu, ou plutôt le même facteur, considéré sous un autre aspect. Par l'introduction du calcul dans la recherche hédoniste, la spontanéité sensible est réfrénée, l'homme apprend à dominer ses impulsions, à ne pas céder à l'attrait présent; il épargne pour l'avenir, sait se priver aujourd'hui d'une jouissance pour en avoir demain une plus grande. D'un côté ce calcul, transformant l'hédonisme naïf en hédonisme réfléchi et scientifique, en aggrave plutôt, nous l'avons vu, l'immoralité; mais, par ailleurs, il insère dans l'action humaine un élément qui pourra plus tard se développer en moralité authentique, lorsque l'homme, réfléchissant sur son activité, comprendra la nécessité de donner aux puissances qu'il met en œuvre une fin digne d'elles, une fin *rationnelle*.

69. - Du reste, l'hédonisme, en tant que doctrine morale, recourt tacitement à une autre norme que le plaisir. Pourquoi en effet nous invite-t-il à le rechercher, sinon parce qu'il juge cette recherche accordée à la nature humaine, parce qu'il estime juste et raisonnable que l'homme poursuive délibérément ce vers quoi il est naturellement porté? Il avoue donc implicitement que l'essence du bien « honnête » n'est pas dans le plaisir ou l'aptitude à le procurer, mais dans la convenance de l'acte à la nature humaine, à la raison ou à quelque principe du même ordre.

---

[35] Cf. l'étude de A. Plé : *La masturbation*, « Supplément de la Vie spirituelle », n. 77, mai 1966, pp. 258-292.

Nous voyons, par exemple, Bentham soucieux de justifier son « principe d'utilité » en montrant comment les autres principes qu'on pourrait invoquer (principe de l'ascétisme, principe de la sympathie et de l'antipathie etc.), conduisent nécessairement soit au despotisme soit à l'anarchie [36]. Mais cela suppose qu'il est *bon* d'éviter le despotisme et l'anarchie.

70. - Outre ces erreurs concernant directement la valeur morale, l'hédonisme en implique une autre, plus grave encore et qui forme son présupposé : à savoir, que le bonheur de l'homme consiste dans le plaisir sensible. Or bonheur et plaisir diffèrent à tel point que, le principe de l'eudémonisme fût-il vrai, l'hédonisme n'en tirerait aucun avantage. Le bonheur dit plénitude, intimité : c'est un état, doué d'une stabilité relative, où tout concourt à combler notre être dans ses profondeurs. Il y a en lui quelque chose de substantiel et de supra-temporel : aussi peut-il subsister sous les épreuves qui dévastent la surface, quand elles n'atteignent pas une intensité excessive. Le plaisir au contraire et surtout le plaisir sensible, a son lieu dans la zone superficielle et tourbillonnante ; il n'a aucune densité ontologique ; c'est du subjectif pur, qui ne peut tenter de se justifier devant la raison qu'en s'appuyant à quelque motivation objective (« il faut bien s'amuser », « on a un corps pour en jouir » etc.). — Mais cette erreur implique à son tour que l'homme n'est, pour tout dire, qu'un animal plus évolué : erreur, celle-là, dont la réfutation relève de l'anthropologie rationnelle.

L'opposition entre la subjectivité du plaisir et l'objectivité que comporte le bonheur est bien marquée par Bradley. De plus, observe-t-il, qui dit bonheur dit totalité, ensemble harmonieux ; les plaisirs, au contraire, se succèdent et ne peuvent ni être éprouvés à la fois, ni ordonnés en un système etc. C'est pourquoi l'hédonisme ne peut se proposer comme une doctrine apte à diriger l'action humaine : les plaisirs relèvent de l'appréciation subjective et l'expérience ne peut fournir ici un critérium suffisant : ce qui est plaisir pour les autres ne l'est pas nécessairement pour moi, et pourquoi devrais-je me ranger à leur jugement ? [37]

Du reste, la recherche systématique du plaisir, surtout du plaisir actuel, est plutôt de nature à réduire l'homme au désespoir, devant l'impossibilité d'une satisfaction totale et l'évanouissement continuel de la satisfaction présente. Rien d'étonnant, dès lors, qu'un disciple d'Aristippe, Hégésias, ait enseigné, comme remède unique, le suicide, ce qui lui valut le surnom de πεισιθάνατος (celui-qui-persuade-de-mourir).

---

[36] *Traité* ..., I, pp. 6-32 ; *An Introduction* ..., c. 1, n. 14, pp. 129-131.
[37] *Op. cit.*, pp. 93-103, où cependant certaines affirmations appellent des réserves.

71. - Examinons à présent l'eudémonisme sous sa forme générale. Comme nous l'avons dit (n. 49), notre critère, dans toute cette enquête, c'est, avant tout, l'accord de la théorie avec l'expérience morale. Nous devons donc examiner si l'interprétation eudémoniste rejoint cette expérience, si la valeur morale, telle qu'il la conçoit et que ses principes permettent de la construire, est bien celle que l'analyse de la conscience morale a manifestée.

Or le rapport au bonheur, où l'eudémonisme place l'essence de l'action bonne, peut s'entendre de deux manières (et de deux manières seulement, semble-t-il): ou comme un rapport *téléologique* (de moyen à fin, en tant que l'action bonne conduit à la félicité), ou comme un rapport de *participation* (en tant que la vertu est un élément du bonheur, que l'acte bon, par lui-même, est source de joie etc.). *Est-il possible, selon l'un ou l'autre de ces rapports, de retrouver la valeur morale telle que la conscience morale nous la révèle?*

Ce ne peut être selon le premier rapport. Le « bien honnête », nous est donné, dans l'expérience morale, comme immédiatement aimable, comme « valant » par lui-même et donc, en ce sens, absolu (n. 32, 2). Mais si l'action est bonne, « honnête », parce qu'elle conduit, en tant qu'elle conduit au bonheur, la valeur morale est relativisée: elle n'est plus aimable, estimable pour soi, mais pour quelque chose d'autre; le bien « honnête » se dégrade en bien « utile ». Ou, en d'autres mots, la valeur morale perd sa transcendance sur les autres valeurs, notamment sur les valeurs eudémoniques, puisqu'elle leur doit sa propre valeur. L'eudémonisme ainsi entendu contredit, lui aussi, la conscience morale.

Du reste, comme on le verra mieux plus tard (nn. 294-296), le bonheur parfait (la « béatitude ») ne résulte pas de l'action bonne par voie de causalité physique mais par voie de « mérite »; or le mérite se fonde sur la bonté morale de l'action, il ne peut donc la constituer. — Ce point vaut tout spécialement contre l'eudémonisme « eschatologique ». L'action bonne mérite le ciel — mais à condition qu'elle soit bonne.

Considérons maintenant le second rapport (rapport de participation). Sans doute, l'action bonne s'accompagne d'ordinaire d'un certain contentement intérieur — la « joie de la bonne conscience », dont parle l'*Imitation du Christ* —, sentiment de plénitude spirituelle, satisfaction d'être « dans l'ordre », « comme il faut », qui, à défaut du bonheur au sens plein, en est au moins la trace, en a le goût, en représente les arrhes. Mais d'abord ce sentiment, bien souvent, effleure à peine à la conscience, dissimulé, écrasé sous la douleur et les soucis. Et surtout, et en tout cas, bien loin de constituer la valeur morale, il la suppose. Car il apparaît à la conscience comme le fruit et la récompense naturelle de l'action moralement bonne, comme le plaisir en général est le fruit et la sanction de l'acte réussi dans son ordre. Il peut servir à reconnaître la valeur, non à la définir.

L'immoralité de l'eudémonisme éclate dans la manière dont, logiquement, il doit comprendre les devoirs envers les autres: comme de simples moyens d'assurer la félicité du sujet, par exemple en procurant une satisfaction sentimentale. On fera du bien, parce qu'on y trouve plaisir, dans l'amour on cherchera sa joie, c'est à soi-même qu'on se donnera en se donnant à l'autre ... Or l'amour vrai aime l'autre, cherche l'autre pour lui-même, non pour soi.

Cette déviation peut se rencontrer dans l'eudémonisme eschatologique: chez celui, par exemple, qui fait l'aumône, qui visite les pauvres exclusivement *pour gagner le ciel* (conçu sous l'aspect de félicité subjective).

Et il est bien vrai, encore une fois, que l'amour désintéressé est source de joie très pure, mais si la valeur de l'amour lui vient de cette joie, l'autre n'est aimé par moi que comme une occasion de la goûter: il m'intéresse aussi peu que les paroles mises sous une mélodie n'intéressent l'amateur de musique. Un tel amour, soi-disant désintéressé, n'est qu'une comédie ou une illusion [38].

Ces remarques nous introduisent à une nouvelle considération.

72. - Si le principe eudémoniste était vrai, il faudrait dire que l'action a d'autant plus de valeur morale qu'elle est plus expressément posée en vue ou en raison du bonheur qu'elle promet ou qu'elle donne. Or ceci contredit la conscience morale qui met l'acte posé par pur amour du bien, de la rectitude morale, bien au-dessus de l'acte posé par intérêt propre [39]. L'eudémonisme, comme l'hédonisme, rend le désintéressement inintelligible et immoral; il aboutirait logiquement à une attitude qui est le contre-pied de celle où la conscience morale reconnaît son idéal.

Il ne s'agit pas, évidemment, de condamner le désir de la béatitude et de supprimer la vertu d'espérance. Le désir de la béatitude, en tant que naturel et nécessaire, reste de soi hors de la sphère morale:

---

[38] J. Maritain, *Philosophie morale*, I, pp. 422-423.
[39] Le caractère désintéressé de la valeur morale — *rectitudo voluntatis propter se servata* — par opposition à la recherche de la *commoditas*, est une notion essentielle de l'éthique de saint Anselme. Voir R. Pouchet, *La Rectitudo chez saint Anselme*, Paris, 1964.

il ne peut donc être condamné (n. 288). Bien plus, en tant qu'il se porte, non pas seulement sur la béatitude *en général* mais sur la béatitude authentique, qui dit union contemplative et affective avec Dieu, telle que le Bienheureux mette sa joie dans le bien de Dieu plutôt que dans le sien propre (n. 65), ce désir est tout ce qu'il y a de plus moral : il glorifie Dieu magnifiquement, comme le glorifie l'espérance chrétienne, en tant qu'elle dit confiance dans la bonté et la fidélité divines. Or cette glorification de Dieu est éminenemment morale puisqu'elle se rapporte directement à la source et au principe de toute valeur (nn. 152-157). La valeur morale est ici enveloppée dans la valeur religieuse (n. 24, 4).
— Au reste, tous les maîtres spirituels ont à cœur de guider les âmes vers l'amour pur et désintéressé, de telle sorte que la béatitude subjective soit désirée surtout comme un nouveau motif et une nouvelle possibilité d'aimer et de glorifier Dieu pour lui-même.

73. - Enfin il faut s'entendre sur la notion même de bonheur ou de félicité. Le bonheur peut être envisagé du point de vue *subjectif,* comme jouissance d'un bien possédé, ou du point de vue *objectif,* comme possession du bien. Dans le premier cas, la critique de l'eudémonisme se ramène à celle de l'hédonisme (nn. 67-69) : il s'agit en effet d'une forme d'hédonisme, qui peut être spirituelle et raffinée mais présente le même défaut essentiel que les formes plus grossières.

En particulier, il sera impossible de proposer une règle morale qui indique le vrai chemin du bonheur. Car ce qui plaît aux uns ne plaît pas aux autres; ces plaisirs ou ces bonheurs ne peuvent être goûtés tous à la fois ni comparés selon une échelle universellement valable : chacun a ses préférences et nul ne peut juger à ma place de ce qui me fait plaisir (n. 70).

D'autre part, la conscience perçoit, le sens moral commun reconnaît une différence qualitative, une différence de valeur entre les diverses satisfactions. La plaisir de boire un bon verre de vin est différent de la joie qui naît d'une action généreuse et celle-ci l'emporte sur la première, même si, comme il arrive parfois, elle est psychologiquement moins intense, voire quasi nulle. La félicité des « paradis artificiels ». n'est pas de la même classe que la joie de connaître, le *gaudium de veritate.* — Or, cet ordre n'apparaît pas à la conscience morale comme un ordre entre des états subjectifs et participant de leur subjectivité, ainsi qu'il arrive, par exemple, dans nos jugements concernant l'agréable et même, pour une bonne part, dans nos jugements de goût. Il se présente, au contraire, comme mesure et norme de ces états. Il y a des bonheurs vrais et des bonheurs factices, des satisfactions authentiques, qui méritent d'être désirées et de fausses satisfactions, qui ne le méritent pas. Les eudémonistes ne le nient point; ils assignent même à l'éthique la tâche de les distinguer. Mais, nous l'avons vu, une telle distinction ne peut s'établir à partir de la félicité subjective ou du plaisir. Il faut considérer la source dont il procède, c'est-à-dire que le bonheur doit être envisagé *objectivement* [40].

Mais dès lors l'eudémonisme est dépassé. Le critère de l'action bonne ne sera plus son rapport au bonheur, mais au bonheur *vrai*, au bonheur conforme à la nature humaine, à la raison etc. Le bonheur lui-même a sa norme, qui le distingue des contrefaçons. Or, si la norme ne peut exercer sa fonction qu'à la condition d'être elle-même contrôlée par une autre norme, il faut voir en celle-ci la norme véritable.

Le principe qui intervient ici pourrait s'énoncer: *norma normae est norma normati*. En fait, nous l'avons déjà employé à propos de l'extrinsécisme moral (n. 56) et nous aurons encore à l'utiliser dans les discussions qui vont suivre. On peut l'illustrer par des exemples très simples. Si, pour connaître la température de ma chambre, je dois d'abord contrôler mon thermomètre en le comparant à un thermomètre étalon, c'est-à-dire si je n'accorde ma confiance à mon thermomètre qu'en raison de sa conformité à l'étalon, c'est celui-ci qui sera la véritable mesure et, au cas où il me serait également commode de l'utiliser, c'est évidemment à lui seul que j'aurais recours. Semblablement, quand je dis: cette pièce d'étoffe a trois mètres, j'admets que ces mètres sont de vrais mètres, conformes à l'étalon du pavillon de Breteuil à Sèvres (comme on apprenait jadis à l'école) ou à la nouvelle définition des physiciens ... C'est cet étalon ou cette définition qui sont la vraie mesure. Seulement, comme je ne puis aller chercher le premier ni, encore moins, faire les opérations auxquelles renvoie la seconde, je me contente de mon mètre en bois, en toile cirée ou en matière plastique; je le tiens pour exact, jusqu'à preuve du contraire. — Tout différent est le cas de la norme morale. L'accord de l'acte avec la nature ou la raison est plus aisé à constater que son aptitude à procurer le *vrai* bonheur. Bien mieux: je ne puis avoir de celui-ci une idée correcte qu'en me référant aux exigences de la nature et de la raison (n. 284, fin). La vraie norme, directement utilisable, est donc bien ici la norme de la (prétendue) norme.

En résumé, l'eudémonisme ou bien se dégrade en un hédonisme — aussi raffiné qu'on voudra — où la conscience mo-

---

[40] « Si delectatio esset ultimus finis, ipsa secundum seipsam esset appetenda. Hoc autem falsum est: refert enim quae delectatio appetatur, ex eo ad quod consequitur delectatio; nam delectatio quae consequitur bonas et appetendas operationes, bona est et appetenda; quae autem malas et fugienda. Manet igitur quod sit bona et appetenda ex alio », saint Thomas, *Cont. gen.*, III, 26. Cf. Aristote, *Eth. nicom.*, X, 5, surtout 1175 b 24 - 1176 a 3.

rale ne se reconnaît pas, ou bien se dépasse en recourant à un autre critère que le bonheur, à un critère du bonheur [40bis].

Les eudémonistes invoquent parfois, pour justifier leur opinion, le fait que tous les hommes cherchent le bonheur [41]. Mais ce fait; par lui-même et en dehors de toute interprétation métaphysique, prouve simplement que le bonheur est désirable, non qu'il doive être désiré. C'est la paralogisme naturaliste (naturalistic fallacy), dénoncé par G. E. Moore [42].

Quelque chose cependant doit être retenu des théories que nous venons de rejeter. L'éthique ne peut négliger le problème du bonheur, objet pour nous d'un désir naturel et nécessaire. Elle se doit de déterminer son rapport avec la valeur morale. Bien que situés sur deux plan axiologiques différents, l'un et l'autre se présentent comme désirables par eux-mêmes — donc à titre de fin —, d'un désir qui revêt dans les deux cas la forme d'une nécessité, physique pour celui-là, morale pour celle-ci. Ceci fait pressentir qu'il doit y avoir entre les deux une connexion intrinsèque. Le problème sera examiné plus loin.

74. - A côté de l'eudémonisme positif dont nous venons de parler, il y aurait lieu d'envisager aussi ce qu'on peut appeler l'*eudémonisme négatif,* les doctrines qui mesurent la valeur de l'action humaine à son pouvoir de libérer l'homme de la douleur et de l'existence individuelle, considérée comme source de la souffrance et du mal. On sait combien cette manière de voir est familière à la pensée indienne : elle a trouvé son expression accomplie dans le bouddhisme. En occident et à l'époque moderne elle a été systématiquement élaborée par A. Schopenhauer, *Die Welt als Wille und Vorstellung* (*Le monde comme volonté et comme représentation,* 1819). — Ni le bouddhisme, ni Schopenhauer n'enseignent pourtant une morale égoïste : tout au contraire, ils ne recommandent rien tant que la pitié pour la souffrance universelle, une pitié qui, comme le fait remarquer H. de Lubac à propos du bouddhisme, n'est pas un amour authentique, s'adressant à la *personne* de l'autre, puisque l'autre n'est, comme moi, qu'un faisceau d'apparences [43].

Les objections que nous avons opposées à l'eudémonisme en général valent aussi pour cette forme négative. — Mais de plus nous en rejetons absolument le principe. Non, l'existence in-

---

[40bis] Semblablement, W. G. Maclagan voit, dans les théories eudémonistes, « a confused compromise between egoistic hedonism on the one hand and on the other hand a doctrine of obligation to realize *values* », *The Theological Frontier of Ethics,* Londres, 1960, p. 59, n. 2.

[41] Voir, par ex., J. Stuart Mill, *Utilitarianism,* ch. 4; éd. E. Rhys, Londres, 1931, pp. 32-33.

[42] *Principia ethica,* pp. 66-67 etc.

[43] Voir H. de Lubac, *Aspects du Bouddhisme,* Paris, 1951, ch. I.

dividuelle n'est ni le mal ni la source du mal; elle en constitue seulement la possibilité. Mais la possibilité du mal n'est pas en elle-même un mal : elle marque seulement une limitation du bien, sans laquelle ce bien particulier ne serait pas possible, et pour laquelle l'appellation de « mal métaphysique » — introduite par Leibniz — est tout à fait malheureuse. — Enfin, si le sacrifice de la vie revêt souvent une très haute valeur morale, ce n'est pas formellement en tant que négation de l'existence mais en tant que préférence accordée à une valeur supérieure, en tant qu'affirmation de cette valeur. Du reste le sacrifice de la vie n'est pas le renoncement à l'existence bien que subjectivement il puisse apparaître tel. Développer ces divers points est l'affaire de la métaphysique et, pour le tout dernier, de l'anthropologie rationnelle.

La norme et le constitutif formel de la valeur morale ne se trouvent pas dans le bien particulier, dans la satisfaction individuelle du sujet. Il faut chercher ailleurs. Où ?

Si nous ne voulons pas quitter le monde des réalités concrètes, des existants, ce qui se présente à nous immédiatement ce sont les autres sujets et leurs communautés: sociétés particulières (nation, état etc.) et société universelle (humanité). C'est donc de ce côté que nous devons orienter notre enquête.

B. *Ethiques altruistes et communautaires.*

75. - Plusieurs raisons nous sollicitent à voir l'essence de la valeur morale dans un rapport au bien des autres ou de la société, une aptitude de l'acte « bon » à augmenter la somme de bien-être dans le monde, à promouvoir la cohésion et la prospérité sociales etc. Et cette fois la conscience morale semble acquiescer.

En effet — notre critique de l'eudémonisme l'a montré — nulle part la valeur morale n'apparaît mieux que dans le sacrifice du bien privé au bien des autres ou au bien commun. Un homme « bon » est d'abord pour nous un homme qui « fait du bien », qui soulage, console, sème le bonheur et la joie. Et la morale chrétienne ne se résume-t-elle pas dans le précepte de la charité, qui, selon saint Paul, « contient toute la loi en plénitude » [44] ?

Du reste, le caractère social pénètre à ce point toute notre activité qu'il n'y a pas d'action, si « privée », si secrète qu'on l'imagine qui n'ait un retentissement sur les autres et n'inté-

---

[44] *Gal*, 5, 14; *Rom*, 13, 8-10.

resse de proche en proche toute l'humanité. La société semble ainsi à l'horizon de notre agir; nous avons en elle l'être et le mouvement sans pouvoir jamais nous affranchir de son influence et de notre responsabilité à son égard. En elle nous trouvons notre achèvement: que serions-nous sans elle? Les faits montrent — par exemple, le cas des « enfants sauvages » — que l'homme ne s'humanise vraiment que dans son sein. Condition de notre pleine humanisation, elle apparaît par conséquent comme ce à l'égard de quoi se définit la valeur qui mesure notre rectitude humaine: la valeur morale.

On sait enfin que, selon beaucoup de contemporains, la personnalité consiste radicalement dans un rapport à l'autre, une aptitude à s'ouvrir à l'autre par le don et l'accueil. Le Je n'est Je que par et pour un Toi [45]. Mais la valeur morale est la valeur propre de la personne, la valeur que prend la personne quand elle agit comme il convient à sa dignité de personne. Elle sera donc, à son tour, affectée du même caractère, elle consistera dans ce qui favorise la communication véritable, l'ouverture et le don.

76. - Les systèmes qui situent — au moins implicitement — la norme du bien moral dans un rapport à l'autre (individu ou société) sont de types fort divers, comme on peut s'y attendre.

Certains insistent surtout sur la disposition affective, le sentiment qui inspire l'action: l'action est bonne quand le sentiment est dirigé vers l'autre, son bonheur, sa pleine réalisation, au lieu d'être recourbé égoïstement sur le sujet. Ainsi plus ou moins, Hutcheson (morale de la bienveillance), Adam Smith (morale de la sympathie) Auguste Comte (altruisme) etc. [46]. Ce sont les morales souvent appelées « morales du sentiment ».

---

[45] Citons, par exemple, M. Scheler, *Nature et formes de la sympathie*, tr. fr., Paris, 1928; M. Buber, *Je et Tu*, tr. fr., Paris, 1938; M. Nédoncelle, *La réciprocité des consciences*, Paris, 1942; E. Mounier, *Le personnalisme*, Paris, 1950.

[46] Francis Hutcheson (1694-1746): *Inquiry into the Ideas of Beauty and Virtue*, 1725; *System of Moral Philosophy*, 1755 (où apparaît le principe du plus grand bonheur du plus grand nombre). — Adam Smith (1723-1790), plus connu comme économiste: *Theory of Moral Sentiments*, 1759, où est développée la morale de la sympathie. — Auguste Comte, (1798-1857), fondateur du positivisme: *Discours sur l'esprit positif*, 1844; *Système de politique positive*, 1851-1854; *Catéchisme positiviste*, 1852. Sur Comte, on lira: J. Maritain, *La philosophie morale*, I, pp. 327-436. Egalement, H. de Lubac, *Le drame de l'humanisme athée*[3], Paris, 1945, pp. 135-278. — Pour une étude plus complète, voir H. Gouhier, *La jeunesse d'Auguste Comte et la formation du positivisme*, 3 vol., Paris, 1933-1941.

Antony Ashley, Comte de Shaftesbury (1671-1713) est souvent rangé parmi les tenants de l'éthique sentimentale. Et en effet, il situe la moralité avant tout

Arrêtons-nous en particulier à Auguste Comte. On sait que la morale a été tardivement ajoutée par lui aux six sciences fondamentales qui, des mathématiques à la sociologie, étudient la réalité objective. Elle concerne la vie sentimentale et subjective; son rôle est de favoriser les tendances utiles à la cohésion sociale. Comte, en effet, entend réagir contre l'individualisme révolutionnaire; comme les traditionnalistes (Bonald, de Maistre) dont il dépend par certains côtés, il insiste sur la réalité et l'importance majeure de la société, au point que celle-ci devient chez lui le sujet véritable, l'individu n'étant qu'une abstraction. La société se compose d'ailleurs d'un emboîtement de sociétés élémentaires, dont la première est la famille; l'homme n'est homme que par son insertion dans le corps social et n'a que le droit de remplir son devoir envers celui-ci.

Or, la cohésion sociale est possible grâce aux inclinations « altruistes » qui sont en l'homme et que l'éthique doit systématiquement faire prévaloir sur les inclinations égoïstes. La morale comtienne aura « l'amour pour principe », l'amour désintéressé, selon cette formule de l'*Imitation du Christ,* que Comte affectionnait: *Amem te plus quam me nec me nisi propter te* [47].

Comte, qui admirait beaucoup le catholicisme médiéval, bien qu'il fût absolument imperméable au dogme chrétien et à l'idée de Dieu, a voulu, en partie sous l'influence de facteurs personnels, couronner son éthique par une institution religieuse et ecclésiale, qui retiendrait, en lui donnant un fondement « positif », ce qu'il jugeait valable de l'ancienne religion: une structure extérieure et le culte de certaines valeurs. C'est la *religion positive,* imaginée par lui dans la dernière période de sa vie et qu'il s'efforça d'organiser et de propager: elle comporte essentiellement le culte du Grand Etre (l'humanité, y compris les morts, « subjectivement » immortels dans la mémoire des vivants), flanqué du Grand Fétiche (la Terre) et du Grand Milieu (l'Espace)... Comte semble avoir vécu sa doctrine morale avec une sincérité absolue.

77. - Chez d'autres auteurs, la norme objective de la valeur morale est plutôt l'avantage qui résulte de l'action pour les individus, sans que l'avantage propre du sujet jouisse du

---

dans les sentiments, dont le « sens moral » (moral sense, reflex affection) juge d'une façon instinctive et immédiate, un peu à la manière des jugements de goût (*An Inquiry concerning Virtue and Merit,* 1699). Mais ce « sentiment », tel que Shaftesbury le décrit, semble bien comporter l'exercice spontané de la raison, avec un accompagnement affectif (cf. plus loin, n. 190). Et d'ailleurs Shaftesbury ne met pas toute la bonté morale de l'homme dans les seules inclinations sociales, mais plutôt dans un équilibre harmonieux de l'amour de soi et de l'amour d'autrui et, plus profondément, dans un bel accord de l'individu avec le « système » dont il fait partie (la société, le genre humain, voire l'univers), accord où l'individu trouve son bien véritable. C'est le « sens moral » qui juge de cette harmonie. Ainsi l'éthique de Shaftesbury est par certains côtés une éthique « esthétique » et même, pourrait-on dire, « cosmique », en tant qu'elle situe l'accomplissement de l'individu dans son intégration au Tout.

[47] *Imit. Christi,* l. III, c. 5, mais il s'agit là de l'amour du fidèle pour Dieu.

moindre privilège. L'action bonne est celle qui tend à promouvoir la plus grande félicité du plus grand nombre. C'est l'*utilitarisme*, dont le principal représentant est John Stuart Mill (*Utilitarianism*, 1863) et qui a connu un grand succès surtout dans les pays de langue anglaise (voir par exemple le livre classique de H. Sidgwick, *Methods of Ethics*, 1875), au point de devenir pour beaucoup une doctrine qui va de soi et qu'on ne prend donc plus la peine de justifier.

Nous avons vu (n. 63) que Bentham, parmi les dimensions du plaisir, indique l'*extension* qui varie selon que le plaisir est partagé par un nombre plus ou moins grand de sujets. Mais chez Bentham le plaisir des autres est considéré comme un élément du plaisir propre au sujet en question: c'est, finalement, pour jouir davantage que je veux que les autres jouissent avec moi. Au contraire, selon Mill et les utilitaristes de son école, l'homme moralement bon cherche *immédiatement* le bien du plus grand nombre. L'utilitarisme fait sienne la règle d'or de « Jésus de Nazareth » (comme l'appelle Mill): « Ainsi, tout ce que vous désirez que les autres fassent pour vous, faites-le vous-mêmes pour eux » [48]. Entre son intérêt propre et celui des autres, l'homme doit rester « aussi impartial qu'un spectateur désintéressé et bienveillant » [49]. Et le bien et le mal, l'avantage et le désavantage ne doivent pas être appréciés selon l'impression subjective, mais selon le jugement des gens sages et expérimentés. « Mieux vaut être un homme insatisfait qu'un pourceau satisfait; mieux vaut être Socrate insatisfait qu'un sot satisfait. Et si le sot ou le pourceau sont d'un avis différent, c'est qu'ils ne connaissent qu'un côté de la question: le leur. L'autre partie connaît les deux côtés » [50]. L'empirisme de Mill n'est donc pas un empirisme grossier.

78. - Tandis que l'utilitarisme considèrent le bien des individus — le bien de l'humanité étant la simple somme des biens de chacun de ses membres — l'école sociologique (E. Durkheim, L. Lévy-Bruhl, C. Bouglé etc.), s'inspirant de Comte, rapporte le bien moral à la société qui impose à ses membres, par les règles et les jugements moraux, les actions utiles à son bien-être. Or le bien-être social n'est pas la somme des bien-êtres individuels, car la société est une réalité *sui generis*, supérieure aux individus qui lui doivent leur dignité, leur « sainteté » de personnes humaines et sans laquelle ils ne seraient guère plus que des animaux supérieurs (nn. 52; 75). Le progrès moral sera obtenu par une connaissance plus parfaite — grâce à la science sociologique — de ce qu'est la société, de son vrai bien et des conditions de celui-ci. Et la science, no-

---

[48] *Mat.*, 7, 12.
[49] « As strictly impartial as a disinterested and benevolent spectator », *Utilit.*, ch. 2; p. 16.
[50] *Ib.*, p. 9.

tons-le, est aussi un fait social : en tant qu'œuvre de la raison, elle appartient au genre humain, elle exprime la société universelle. Ainsi, à aucun moment, on ne sort du social.

Voir, par exemple, E. Durkheim, *La détermination du fait moral*, « Bulletin de la Société française de philosophie », 11 fév., 1906 : « En interrogeant la conscience morale contemporaine ... on peut se mettre d'accord sur les points suivants : 1° Jamais, en fait, la qualification de moral n'a été appliquée à un acte qui n'a pour objet que l'intérêt de l'individu ou la perfection de l'individu entendue d'une manière purement égoïste ; 2° Si l'individu que je suis ne constitue pas une fin ayant *par elle-même* un caractère moral, il en est nécessairement de même des individus qui sont mes semblables et qui ne diffèrent de moi qu'en degré, soit en plus, soit en moins. 3° D'où l'on conclura que, *s'il y a une morale*, elle ne peut avoir pour objectif que le groupe formé par une pluralité d'individus associés, c'est-à-dire la société, *sous condition toutefois que la société puisse être considérée comme une personnalité qualitativement différente des personnalités individuelles qui la composent*. La morale commence donc là où commence l'attachement à un groupe quel qu'il soit », p. 115 (italiques de l'Auteur). Cf. pp. 127-129. L'existence de la société, supérieure à l'individu, est un postulat de la morale. Elle seule explique le double caractère du bien moral, à la fois obligatoire et désirable — deux aspects qui ne doivent pas être dissociés, p. 114, et par où le moral s'apparente au sacré. On sait du reste que pour Durkheim c'est la société qui fonde la valeur religieuse : à la fois immanente et transcendante, pp. 131-132, elle « est à ses membres ce qu'un dieu est à ses fidèles » [51], elle « entretient en nous le sentiment d'une perpétuelle dépendance » [52], elle inspire le respect, elle nous meut du dedans, puisqu'elle ne peut exister que dans les consciences individuelles.. Elle est une « Réalité d'où nous vient tout ce qui compte à nos yeux et qui pourtant nous dépasse de tous côtés.. Elle est nous-mêmes et la meilleure partie de nous-mêmes, puisque l'homme n'est homme que dans la mesure où il est civilisé » ..., p. 131. Ainsi, les deux caractères du fait moral « ne sont que deux aspects d'une seule et même réalité, qui est la réalité collective », p. 133.

C'est d'ailleurs la société qui a consacré en Europe la valeur de la personne : « Analysez l'homme tel qu'il se présente à l'analyse empirique, et vous n'y trouverez rien qui implique cette sainteté ; il n'y a en lui rien que de temporel. Mais, sous l'effet de causes que nous n'avons pas à rechercher ici, la personne humaine est devenue la chose à laquelle la conscience sociale des peuples européens s'est attachée plus qu'à tout autre ; du coup elle a acquis une valeur incomparable. C'est la société qui l'a consacrée. Cette espèce d'auréole de Sainteté qui entoure l'homme et qui le protège contre les empiètements sacrilèges, l'homme ne la possède pas naturellement : c'est la manière dont la société le pense, c'est la haute estime qu'elle en a présentement, projetée au dehors et objectivée », p. 135.

Il s'agit de la société idéale qui se cherche dans la société réelle ;

---

[51] Em. Durkheim, *Les formes élémentaires de la vie religieuse*, Paris, 1912, p. 295.
[52] *Ib.*

ou plus exactement, il s'agit de la société réelle, de *cette société-ci*, mais parvenue à une plus lucide conscience de soi, qu'elle ne peut obtenir que par la science, *ib.*, p. 176. C'est au nom de cette société plus parfaite que l'état présent peut être critiqué et réformé, et que le progrès moral est possible.

On remarquera la différence entre le comtisme et le sociologisme, malgré l'influence certaine de celui-là sur celui-ci. Chez Comte, la morale appartient à l'ordre subjectif; elle se distingue par là, en le couronnant, du système des sciences objectives. Pour les sociologues, la morale est un fait social et qui s'étudie, comme les faits sociaux, d'une manière purement objective. (La notion de science normative est contradictoire pour Lévy-Bruhl, n. 1).

79. – Nous retrouvons dans le marxisme cette subordination totale de l'individu à la collectivité, mais encadrée dans une vision du monde beaucoup plus ample.

On suppose évidemment ici déjà connue la philosophie générale du marxisme, le matérialisme dialectique et son application à l'histoire humaine ou du moins la forme sous laquelle il s'est présenté avant tout à Marx, le matérialisme historique. Selon cette doctrine, on le sait, les formes de pensée, les « idéologies », notamment le droit, la morale et la religion, sont entièrement conditionnées par l'« infrastructure » économique et sociale. Autre, par exemple, est la morale féodale, basée sur l'honneur, autre la morale capitaliste et bourgeoise, où la respectabilité et le respect de la propriété tiennent une si large place, autre enfin la morale prolétarienne. « Les idées dominantes d'une époque sont celles de sa classe dominante ». Cela vaut en particulier des idées morales. La classe dominante impose les règles et les dogmes qui favorisent sa domination. Un système fondé sur la propriété privée conférera nécessairement à celle-ci un caractère sacré.

Cette théorie devrait entraîner une totale relativisation et donc une volatilisation de la morale. Et l'on rencontre, en effet, chez Lénine par exemple, des textes qui semblent signifier son congé à la morale aussi bien qu'à la religion. Mais il s'agit de la morale bourgeoise et de la morale fondée sur un principe transcendant. En fait, si le marxisme soviétique, jusqu'à ces dernières années, a négligé le problème éthique, il s'efforce aujourd'hui de combler cette lacune.

On peut dire qu'il y a, pour le marxiste, des valeurs morales authentiques: elles sont déjà présentes dans la conscience prolétarienne qui, pure du péché d'exploitation, a seule une vision non déformée de la réealité humaine. Ces valeurs trouveront leur plein épanouissement dans la future société « sans classes », où l'homme, réconcilié avec lui-même, jouira de toute la richesse de son humanité. Abolie la propriété privée, abolie l'exploitation, abolie la division des classes etc., l'homme, devenu maître de la nature et des déterminismes sociaux, passera définitivement du règne de la nécessité dans celui de la liberté (Engels) et sera l'homme nouveau, l'homme total. La valeur morale, pour le moment, se définit en fonction de cet idéal: elle est ce qui l'anticipe et le prépare. Un acte est bon quand il favorise l'avènement de la société sans classes; il est mauvais quand il l'entrave. Là est, pour le marxiste, la norme du bien. Et comme les situations diverses font qu'un même type de conduite puisse tantôt aider, tantôt gêner l'entreprise révolutionnaire, la même action sera tantôt bonne, tantôt mauvaise. Le marxiste, en cela, ne se sent nullement de mauvaise foi, nullement en contradiction avec lui-même: il a au contraire la conviction d'être parfaitement cohérent, parfaitement fidèle à son idéal, à la seule tâche qui importe. Le marxisme nous offre ainsi l'exemple d'une morale entièrement téléologique, d'une morale où la valeur des actions se juge exclusivement d'après leur rapport à la fin et nullement d'après leur conformité interne à un idéal[53].

80. - Les doctrines dont nous venons de parler ont bien vu qu'il n'y a pas de valeur morale sans un certain dépassement de l'intérêt propre et une certaine intention d'universalité. En cela, elles sont plus près de la vérité éthique que les doctrines centrées sur la félicité de l'individu. Il est vrai d'autre part, comme nous l'avons dit (n. 75), que nos actes ne sont jamais sans quelque retentissement social, ce qui nous investit d'une responsabilité indéclinable envers les autres et la communauté.

Mais devons-nous, pouvons-nous, pour autant, admettre la norme de valeur que ces théories, implicitement ou explicitement, nous proposent?

81. - Et d'abord, pour ce qui concerne les morales dites « sentimentales », cherchons si — en vertu du principe: *norma normae est norma normati* — le sentiment « altruiste » est, par

---

[53] Sur l'éthique marxiste, voir J.-Y. Calvez, *La pensée de Karl Marx*, Paris, 1946, pp. 432-439. — Ce qui nous intéresse ici, c'est moins la vraie pensée de Marx que celle des marxistes contemporains. Il va de soi que le sujet demanderait d'être traité beaucoup plus amplement et qu'il exigerait, avant tout, une étude de la doctrine économique de Marx, notamment de sa théorie de la valeur. A lire également J. Maritain, *La philosophie morale*, I, pp. 261-324. — Sur la morale dans le marxisme soviétique, voir S. Vagovic, *Etica comunista*[2], Rome, 1966.

lui-même, une mesure suffisante, sûre, inconditionnelle de la rectitude de l'action. Ce sentiment peut être considéré sous deux aspects: matériellement, comme état subjectif; formellement, selon son intentionnalité altruiste. (Cf., n. 38, une distinction analogue à propos du remords).

Or comme *sentiment subjectif*, il est de la même nature que les autres sentiments. En faire la norme du bien, mesurer la valeur des actes à la satisfaction qu'ils lui procurent ne nous sort pas d'un hédonisme, délicat sans doute, mais étranger de soi à la moralité.

Un sentiment, quel qu'il soit, ne revêt une valeur morale positive que s'il est réglé par la raison. Sinon, il se pervertit vite: songeons aux meurtres et aux suicides passionnels! — D'ailleurs le sentiment ne dépend pas, directement au moins, de la volonté, et la valeur morale suppose l'agir libre.

Considéré formellement comme *altruiste*, le sentiment dont nous parlons a certes une valeur propre, il est estimable, honorable etc., on s'en fait gloire volontiers, tandis qu'on dissimule aux autres et à soi-même les inclinations égoïstes... Mais cette valeur lui vient de l'objet qu'il vise intentionnellement. C'est donc plutôt de ce côté qu'il faudrait chercher la norme du bien, norme qu'il appartient à la raison de proposer et de contrôler.

Quel est cet objet? C'est, d'une part, le bien que l'on veut aux autres, qu'on *désire* pour eux, d'autre part et plus profondément, les autres « en personnes », *aimés* pour eux-mêmes, pour leur valeur propre. Si l'on s'arrête au premier aspect, le bien des autres devient la norme de l'action: c'est la thèse utilitariste que nous allons discuter. (Le bien des autres, selon cette vue superficielle, ne peut évidemment être qu'un bien « empirique », extérieur à la profondeur spirituelle et personnelle). Si l'on considère le deuxième aspect, le problème change: la norme du bien est mise dans la dignité de la personne, ou de la nature raisonnable, ce qui nous renvoie à la section suivante. (Il est clair, en effet, que l'autre, simplement en tant qu'autre, en tant que non-moi, n'a aucune dignité particulière; penser le contraire serait, selon Scheler, l'indice d'un « ressentiment ») [54]. Si l'on voit, avec Comte et les sociologues, la valeur du sentiment altruiste dans son utilité sociale, la norme sera le bien de la société, théorie qui fera bientôt, elle aussi, l'objet de notre examen (nn. 85-90).

De l'éthique sentimentale nous retiendrons pourtant ceci:
1. D'abord le grand rôle du sentiment dans la vie morale. L'homme, pour persévérer longtemps dans le bien, a besoin d'un soutien affectif. C'est pourquoi les sentiments élevés et, en particulier, les sentiments

---

[54] M. Scheler, *L'homme du ressentiment*, Paris, 1933, pp. 124-127.

« altruistes » doivent être cultivés avec soin, ce qui est de toute première importance dans l'éducation.

2. Ensuite la part de l'élément affectif dans la vertu. Les vertus morales, nous le verrons (nn. 270, 275, 276), consistent, la plupart, en une information de l'affectivité (de l'« appétit sensible ») par la raison pratique. Une vertu purement rationnelle ne serait pas une vertu humaine.

3. Le caractère intimement personnel et, en ce sens, subjectif, de la moralité. Mais l'éthique sentimentale confond la subjectivité spirituelle avec la subjectivité sensible; voulant dépasser l'impersonnalité de la raison pure, elle échoue à rejoindre l'authentique profondeur de la personne et s'arrête à une affectivité équivoque où la satisfaction propre trouve son compte.

82. - La valeur de l'action lui viendrait-elle de son aptitude à procurer la félicité des autres, à augmenter dans le monde la somme de bonheur?

Remarquons tout d'abord ceci. Vouloir le bonheur des autres n'est moral que si ce bonheur est lui-même moral. Je n'ai pas le droit de vouloir — et encore moins de faire — que les autres satisfassent n'importe comment n'importe quels désirs. Il faut donc un critère pour déterminer les désirs dignes de satisfaction, pour distinguer, si l'on préfère, le « vrai » bonheur des bonheurs faux (lesquels, pour le sujet, ressemblent étrangement au vrai). Mill le reconnaît, nous l'avons vu (n. 77). Mais dès lors, c'est ce critère qui sera la vraie norme de la moralité: *norma normae est norma normati* (n. 73). Non pas la félicité comme telle, mais ce qui la rend véritable et véritablement désirable. L'empirisme est dépassé et la norme morale cherchée dans la sphère de la raison [55].

Tout le raisonnement du n. 73 peut être transposé ici. C'est que, si l'hédonisme ou l'eudémonisme ne valent pas quand il s'agit de moi, ils ne valent pas davantage quand il s'agit des autres. C'est ce que Durkheim a fort bien vu (n. 78).

83. - Du reste, chercher « le plus grand bonheur du plus grand nombre » n'a pas de sens s'il n'y a une norme axiologique commune et comme une unité de bonheur. Or, on l'a montré (n. 73), cette norme ne peut être fournie par l'appréciation subjective car les goûts sont divers. Il faut donc une norme objective, mais alors, de nouveau, on fait appel à la raison, on sort du pur principe du bonheur. Ainsi le principe même qui,

---

[55] Cf. la définition du bien donné par H. Sidgwick: « What a man may reasonably desire », *The Methods of Ethics*[3], p. 401.

selon l'utilitarisme, mesure la valeur morale de nos actes, n'a de sens défini que par la médiation d'une norme rationnelle.

En l'absence d'une telle norme, « le plus grand bonheur du plus grand nombre » pourrait tout au plus signifier la plus grande somme d'avantages économiques, voire de commodités corporelles (plus ou moins mesurables) ou encore un état permettant à chacun le plus grand exercice de sa liberté, sous la seule réserve de ne pas entraver celle des autres. Mais, dans le premier cas, on retombe sous les critiques adressées à l'hédonisme : l'idéal d'une humanité gavée de jouissances — qui imbibe la civilisation contemporaine — ne peut rendre raison de la valeur morale, dont il signifie plutôt l'extinction, non par aspiration dans une valeur plus haute (comme il en est de la béatitude chrétienne), mais par enlisement. Dans le deuxième cas, la valeur morale se trouve rapportée à la valeur de la liberté et des sujets libres, ce qui relève d'une autre considération. (En réalité, dans la perspective utilitariste, la « liberté » ne serait pas tant la liberté spirituelle du sage ou le libre arbitre que le pouvoir de « faire ce qu'on veut », donc aussi de suivre ses caprices, de donner libre cours à ses instincts, ce qui nous renverrait encore à l'hédonisme).

84. - Enfin, Mill et les utilitaristes semblent tenir pour évident le devoir de chercher le plus grand bonheur du plus grand nombre. Mais de la sorte ils se donnent d'emblée ce qui est en question. Que signifie : *devoir* ?

Selon Mill, l'homme, remarquant que son propre bien est lié à celui des autres, en arrive peu à peu en vertu des lois de l'association à souhaiter et à vouloir le bonheur des autres aussi fortement ou même plus fortement que le sien propre. Ici joue en effet une loi psychologique, selon laquelle les moyens tendent à capter l'attention et l'intérêt d'abord dirigés vers la fin : ainsi chez l'avare l'argent, de soi moyen pour obtenir des jouissances, absorbe toutes les préoccupations [56].

Mais cette réponse relève de la psychologie génétique, non de la morale. Elle explique mal comment l'altruisme, issu de l'égoïsme, puisse parfois conduire au sacrifice suprême, à la négation du moi. (Mill pourrait, il est vrai, alléguer que l'avare sacrifie l'amour de la jouissance à l'amour de l'argent, qui en est issu... Mais l'amour de l'argent a d'autres sources : l'argent est puissance, il est surtout, pour l'avare, sécurité...). — Quoi qu'il en soit de ce point, ce qu'on ne voit absolument pas, c'est comment une inclination, si véhémente qu'on la suppose, peut donner naissance à un devoir. Il y a entre les deux l'intervalle infini de l'ordre physique à l'ordre moral.

En fait, Mill et les utilitaristes ne s'en tiennent pas là. Ils

---
[56] *Utilitarianism*, pp. 33-34.

exigent, nous l'avons vu, l'impartialité du sujet à l'égard de son propre bien. Mais c'est lui demander de dépasser sa subjectivité, de s'élever à l'universel. C'est lui demander de juger selon la raison. Et de nouveau, la vraie norme sera dans la raison.

Ainsi l'utilitarisme, lui non plus, ne peut se justifier ou plutôt essayer de se justifier, qu'en invoquant la raison. Il ne fournit donc point, par lui-même la norme morale.

Cette éthique reflète assez bien la mentalité de l'ère « bourgeoise », caractérisée par une valorisation inconnue jusqu'alors des commodités matérielles et des agréments de la vie. Là où règne une telle éthique, la vie sociale peut être pleine de charmes et la culture raffinée, mais l'existence demeure superficielle, sans tragédie ni héroïsme, et ignore les plus hautes valeurs et les plus profondes joies. La morale utilitariste méconnaît ces valeurs qui dépassent tout l'ordre de la félicité temporelle, qui méritent parfois qu'on lui sacrifie celle-ci et sans lesquelles il n'est point de bonheur authentique. Or, c'est en ces valeurs que consiste proprement notre dignité d'hommes. Caractéristique est le jugement de Mill sur le sacrifice: il ne sert de rien, s'il n'augmente dans le monde la somme de bonheur:

« Honneur à ceux qui savent renoncer pour eux mêmes à la jouissance personnelle, quand, par ce renoncement, ils contribuent à augmenter d'une manière qui en vaille la peine la somme de félicité dans le monde; mais celui qui le fait ou prétend le faire, pour quelque autre fin ne mérite pas plus l'admiration que l'ascète juché sur sa colonne ... La morale utilitariste reconnaît chez les êtres humains le pouvoir de sacrifier leur bien le plus grand pour le bien des autres. Elle refuse simplement d'admettre que le sacrifice est de soi un bien. Un sacrifice qui n'augmente pas ou ne tend pas à augmenter la somme de bonheur, est considéré par elle comme un gaspillage. Le seul renoncement auquel elle applaudisse est le dévouement au bonheur des autres ou à quelque moyen de le procurer » [57]. — Il s'agit, bien entendu, de la félicité temporelle, la seule que l'utilitarisme prenne en considération. D'ailleurs, le bonheur eschatologique lui-même ne devrait pas être cherché si, par impossible, il ne pouvait s'obtenir qu'au détriment de la valeur morale (cf. les « suppositions impossibles » des saints).

A ces objections on peut encore ajouter celle-ci: Une fois admis que l'accroissement du plaisir ou du bien-être dans le monde est la mesure de la valeur morale, il faudrait conclure que l'autorité a le devoir de livrer un innocent à une foule sadique, dès là que la somme des jouissances que cette foule éprouve à torturer, ou la somme des frustrations qui lui sont ainsi épargnées, excède les souffrances de la victime. Ainsi seraient justifiés les combats de gladiateurs, les mutilations des bouffons (comme dans *L'homme qui rit* de V. Hugo), ou d'autres du même genre etc. On répondra peut-être que le plaisir *motivé* par la souffrance d'autrui est un faux plaisir, dont l'utilitarisme n'a pas à tenir

---

[57] *Ib.*, pp. 15-16.
Voir, sur l'utilitarisme, les justes réflexions de J. Leclercq, *Les grandes lignes de la philosophie morale*, Louvain, 1947, pp. 109-110.

compte en vertu de son propre principe. Sans discuter cette réponse, observons simplement que le principe en question n'en légitime pas moins la pire exploitation de l'homme par l'homme, quand le bénéfice des profiteurs surpasse la misère des écrasés, sans qu'aucune considération de dignité humaine, aucune règle autre que l'arithmétique des peines et des plaisirs vienne fixer une limite à cet écrasement. — Que l'humanité, même « civilisée », ait trop souvent, en fait, appliqué ce principe, ne le rend pas plus acceptable pour la conscience et pour la raison.

85. - Que penser à présent de l'éthique sociologique ? Faut-il définir la valeur morale en fonction du bien de la société ou de l'humanité ?

Mettons-nous méthodiquement dans cette hypothèse : la société est le bien suprême et son intérêt mesure en toutes circonstances la valeur de nos actes.

Encore faut-il que ces actes soient des actes humains (n. 13). S'ils sont posés en vertu d'une impulsion irréfléchie — comme quand la main s'expose au danger pour la conservation de la tête [58] — ils restent au-dessous du seuil de la moralité. Le dévouement de la « partie » au bien du « tout » demeure un donné empirique, un fait ; pas plus que les autres faits, il ne peut fonder la valeur morale.

Celle-ci, dans l'hypothèse envisagée, n'apparaîtra que si l'acte utile au bien commun est le fruit d'un jugement par lequel ce bien est jugé *digne* par dessus tout d'être cherché [59]. Mais dès lors le constitutif formel de la valeur morale ne consiste pas dans le rapport de l'acte au bien commun matériellement pris, mais à ce qui fait ce bien suprêmement digne d'être voulu et qui le manifeste comme tel. Il ne suffit pas de me dire : cet acte est utile à la patrie ; il faut que la patrie m'apparaisse comme une valeur ; pas seulement que je me sente naturellement porté à souhaiter sa grandeur, sa prospérité etc., mais que je juge cette grandeur etc. digne d'être souhaitée... Et même si je dis « my country, right or wrong ! », je fais encore appel à une justification rationnelle.

Ainsi, tout comme l'utilitarisme, le sociologisme doit introduire la médiation de la raison. Le bien de la société doit être

---

[58] Saint Thomas, *Somme théol.*, I, 60, 5 etc.
[59] « Les valeurs et les idéaux que la collectivité propose ou impose à ses membres ne sont pour l'individu que des forces qui pèseront sur lui tant qu'il ne les agréera pas et qu'il n'aura pas vu en elles des valeurs de droit. Un jugement de ratification directe ou indirecte, implicite ou explicite, doit émaner de la conscience et ce jugement, qui aprécie l'ordre moral donné, ne peut pas en provenir », G. Madinier, *Conscience et signification*, Paris, 1953, p. 54.

voulu, parce que cela est juste, digne, *raisonnable*. La norme n'est pas le bien social purement et simplement, mais ce bien en tant et parce que la raison s'y reconnaît. N'est-ce pas dire qu'au fond la vraie norme est dans la convenance avec la raison?

86. - Mais, dès là que le bien de la société est confronté aux exigences de la raison, il cesse d'apparaître comme souverainement digne d'être cherché et notre hypothèse de départ se révèle erronée. Si éminent qu'il soit, dans l'ordre des valeurs empiriques, il est transcendé par le sujet spirituel.

Ce qui suit immédiatement (sous a) viendrait mieux, de soi, à propos de l'extrinsécisme moral (n. 52). Mais il a semblé préférable de traiter d'un seul tenant la question de l'éthique sociologique.

a) Avant tout, il est faux que la société soit la norme des vérités et des valeurs. Elle n'est pas la norme des vérités. $2 + 2 = 4$ est vrai, non parce que la société me l'enseigne mais parce que cela est ainsi et que je vois que cela est ainsi, bien que ce soit la société qui m'ait enseigné à voir ainsi (sans elle, je ne saurais pas le nom et la valeur des chiffres, je n'aurais peut-être pas l'idée d'additionner etc., mais, une fois instruit par elle, je *comprends,* dans un acte où je me suffis). — Et elle n'est pas la norme des valeurs. Sinon, il serait toujours mal de contredire son jugement. Or c'est là ce qu'ont fait la plupart de ceux grâce auxquels la conscience morale a progressé (Socrate etc.). Ont-ils donc mal agi?

Les sociologistes ont une réponse à cet argument. Socrate, disent-ils, a exprimé la conscience sociale authentique, celle qui répondait à l'état véritable de la société athénienne de son époque, profondément transformée après la guerre du Péloponnèse. La conscience sociale qu'il a critiquée — et qui l'a condamné — était une conscience arriérée, exprimant une situation dépassée, une conscience mal éclairée sur la situation présente et ses exigences [60]. — C'est dire que la véritable norme morale n'est pas la conscience sociale mais quelque chose à quoi cette conscience doit se conformer: l'état présent de la société et ses exigences objectives. La question est donc de savoir s'il y a là de quoi rendre raison de la valeur morale.

Distinguons ici, une fois de plus (n. 29), les *conditions historiques de la perception d'une valeur* et *cette perception même*.

---

[60] « Bulletin de la soc. fr. de phil. », 1906, p. 173 (réponse de Durkheim à une objection de Parodi, dans la discussion sur *La détermination du fait moral*).

Que l'homme ait commencé de calculer pour les besoins de l'échange ou pour tout autre motif n'influe en rien sur la validité de nos règles opératoires. Et de même pour les valeurs. Certaines conditions historiques, économiques sociologiques etc. étaient sans doute nécessaires pour qu'une valeur comme la justice et, plus particulièrement, telle ou telle de ses formes, fût nettement saisie, mais, en la saisissant, nous avons conscience d'atteindre un contenu axiologique qui transcende ces conditions.

b) Or la société elle-même — et partant ses exigences objectives — ne possède nullement ce caractère transcendant que les sociologues lui attribuent. Comment pourrait-elle tenir la place de l'Absolu, quand elle est conditionnée de toute part? Pour sa naissance, sa subsistance, son activité, elle dépend de multiples circonstances extérieures, comme les organismes individuels (sol, climat etc.). Bien mieux, à la différence de ceux-ci, elle dépend de la bonne volonté de ses membres, qui seuls existent et subsistent par soi, seuls sont des *personnes,* au sens vrai du mot. Contingente, dépendante, la société ne saurait donc rendre compte du caractère absolu de la valeur morale.

c) Du reste, si le bien de la société était la norme des valeurs, tout ce qui le favorise deviendrait bon moralement par le fait même. Et par là se trouveraient justifiées bien des choses que la conscience morale réprouve: tuer les bouches inutiles, éliminer les inaptes, les débiles mentaux, exterminer un peuple ou une race jugés dangereux pour le bien public etc. On répondra sans doute, comme on l'a fait souvent, que de tels actes, apparemment favorables à la société, finissent toujours, à la longue, par se retourner contre elle. C'est possible, mais d'abord ce n'est pas évident, loin de là [61], et, en tout cas, ce n'est pas pour cette raison que la conscience morale les réprouve, mais parce qu'elle y discerne une répugnance intrinsèque à la norme du bien.

d) Plus profondément enfin: en tant que le sujet spirituel est ouverture sur l'Absolu et l'Universel, il a valeur de tout et ne peut donc être considéré simplement comme partie de la société ni rapporté entièrement à elle. Il la transcende.

La thèse des sociologues méconnaît la vraie dignité de la personne et le vrai caractère de la subjectivité spirituelle [62].

---

[61] Cf. G. de Broglie, *Réponse à une attaque*, « Rech. de sc. rel. », 1932, pp. 129-150; *Malice intrinsèque du péché et péchés heureux par leurs conséquences, ib.*, 1934, pp. 302-343, 578-605; 1935, pp. 5-44. — En sens contraire, J. Vialatoux, *Morale et politique*, Paris, 1931.

[62] Voir sur ce sujet J. Maritain, *La personne et le bien commun*, Paris, 1947 et John H. Wright, *The Order of the Universe in the Theory of Saint Thomas Aquinas*, Rome, 1957.

Dans cette conception, la société ou l'humanité prend la place de Dieu. De même que Comte avait imaginé sa religion positive avec le culte du Grand Etre (n. 76), Durkheim, à la fin de son livre: *Les formes élémentaires de la vie religieuse,* souhaite l'institution d'une *religion laïque,* qui consisterait dans le culte de la société (laquelle est, selon lui, le véritable objet implicite de toute religion).

87. - Une autre objection à la théorie sociologique, c'est qu'elle n'offre rien qui permette de discriminer la valeur morale des diverses sociétés. Car le bien commun ne se présente pas en toutes sous le même visage. Devons-nous renoncer à un classement? Une société où règne l'esclavage proprement dit sera-t-elle, toutes choses égales d'ailleurs, aussi conforme à l'idéal moral qu'une société de personnes libres? Les principes de l'école sociologique ne semblent pas permettre de donner un sens à la question. La conscience morale non seulement donne un sens mais donne la réponse: sans hésiter, elle préfère la deuxième société. En vertu de quel principe? Le bien social, tel que l'entend l'école sociologique, ne paraît pas pouvoir jouer ce rôle.

88. - Enfin, la notion même de bien social ou de bien commun est ambiguë. Ou bien, en effet, on le conçoit simplement comme prospérité matérielle, puissance économique, politique, militaire etc. En faire alors la règle suprême de l'agir contredit la dignité de la personne, que ces valeurs affectent selon une zone relativement superficielle, extérieure au centre de la subjectivité (n. 24). Ou bien on l'entend d'une façon plus compréhensive, comme enveloppant la valeur morale: le bien commun sera l'ordre juste, les vertus civiques et en général l'ensemble des conditions qui permettent aux individus de mener une vie honnête, conforme à l'idéal moral. Mais alors le bien commun ne peut être pleinement compris si l'on ne sait déjà ce qu'est la valeur morale, qui est un de ses éléments ou qu'il a pour fonction de favoriser. Il tire de celle-ci sa principale dignité; il ne peut donc en rendre compte.

89. - Nous pouvons résumer ainsi notre critique de la thèse sociologiste: En tant que la valeur morale se présente comme la valeur propre du sujet spirituel, elle ne peut se rapporter intrinsèquement à ce qui est inférieur en dignité à celui-ci. En tant qu'elle implique une exigence absolue, elle ne peut se fonder sur ce qui est dépendant et relatif.

Or la société, et par conséquent son bien, nous apparaissent comme inférieurs en dignité au sujet spirituel, dépendants et conditionnés de toute part.

Partant, ni la société ni son bien ne peuvent fonder la valeur morale, rendre compte de son essence ou fournir la norme vraie du bien.

90. - La même critique vaut pour ce qui regarde l'éthique marxiste (excepté la critique du n. 87, car le marxisme peut fournir un principe de classement selon que les sociétés se rapprochent plus ou moins de l'idéal communiste). En tant d'ailleurs que cette éthique repose sur le matérialisme dialectique et ne se justifie que par lui, elle ne vaut pas mieux que son fondement. Mais, ce qu'il faut remarquer, c'est qu'elle ne cesse d'invoquer des valeurs que ce fondement est incapable de fonder. La liberté, la justice, que les marxistes ont toujours à la bouche, sont d'ordre spirituel. Quel sens ont-elles dans une vision du monde matérialiste? Ce sont là des idéologies, le fruit d'un certain état économique et social et en définitive d'un certain stade évolutif de la matière qui sera dépassé comme ceux qui l'ont précédé. Mais dès lors ces valeurs perdent leur prestige; le caractère hors pair de l'exigence morale s'évanouit. D'où la contradiction qui déchire le marxisme entre un sens de la dignité humaine, un « humanisme » dont il se targue et auquel il doit la faveur dont il jouit, en particulier auprès d'âmes nobles et généreuses, et une conception de l'homme — et du monde — qui en est la négation implicite. Car la dignité de l'homme, c'est avant tout son ouverture aux valeurs absolues et à travers elles à l'Absolu qui les fonde.

Les marxistes tiennent beaucoup à ne pas être pris pour des matérialistes grossiers, qui n'apprécieraient que les biens sensibles et ils font valoir pour leur programme non seulement qu'il apportera le bien-être, la prospérité etc., mais encore qu'il est conforme à la raison, qu'il assure à l'homme le respect de sa dignité humaine etc. Du reste, même en ce qui concerne la simple prospérité matérielle, pourquoi l'individu devrait-il se sacrifier pour la société ou la génération présente pour les générations futures, sinon en raison de quelque chose qui vaut mieux que l'ordre entier des avantages temporels? Et en effet, plus que ces avantages eux-mêmes — que le bénéficiaire en soit leur génération ou la génération future —, ce qui fait agir les marxistes sincères, c'est bien souvent une sorte de foi naïve, la conviction d'être, en agissant comme ils font, dans le sens de l'histoire, le sens de marche de l'univers, de représenter le parti de la raison. « La Raison tonne en son cratère! ». Le matérialisme dialectique se donne comme un rationalisme (la revue marxiste « La Pensée » porte en sous-titre: « Revue du rationalisme moderne »). Par là, qu'il le veuille ou non, il situe la valeur humaine, au-delà de l'avantage temporel, dans une vie conforme à la raison.

Un marxiste répondrait sans doute à tout ceci que c'est là enfoncer une porte ouverte. Le matérialisme dialectique, précisément parce que dialectique et non « métaphysique », n'oppose pas matériel et spirituel comme deux termes qui s'excluent (à l'instar des matérialistes du XVIIIe s.). Récemment, au Congrès international de philosophie de Mexico (1963), M. Mitin, de l'Université de Moscou, affirmait hautement les valeurs spirituelles: il leur donnait seulement un fondement et un conditionnement matériels. La dialectique permet en effet de reconnaître entre les divers niveaux évolutifs de la matière une différence qualitative, un changement d'ordre. Mais ce qui est alors en question, c'est toute la consistance interne du « diamat ». Ce qui déborde évidemment la problématique présente. Nous y reviendrons tout à l'heure, en traitant des éthiques évolutionnistes (n. 99).

Cette dernière étude va d'ailleurs s'imposer à nous de par le mouvement de notre enquête. La société, voire la société humaine tout entière, ne peut nous fournir la norme de la valeur morale, le principe qui en rendrait raison, car sa valeur est une valeur conditionnée. Du reste, elle n'existe pas seule, elle fait partie de l'univers; sa naissance et son histoire sont un moment de l'histoire du monde. N'est-ce donc pas dans l'univers ou dans le devenir évolutif qui paraît en être la loi essentielle, qu'il faut chercher le principe qui mesure la valeur de l'action humaine?

C. *Ethiques cosmiques et biologiques.*

91. - L'univers, l'ensemble des existants mondains, y compris l'homme, apparaît aujourd'hui à beaucoup comme la réalité totale: il contient tout, soutient tout, il est le lieu et comme la matrice où tous les êtres viennent à l'existence et les phénoménologues ont montré comment nos connaissances et nos projets ne sont possibles que sur le fond et l'horizon du « monde »[63]. Embrassant tout, l'univers, semble-t-il, doit embrasser aussi les valeurs, s'il est vrai que celles-ci ne sont pas rien et qu'en dehors du tout, il n'y a rien; il en sera le fondement, la condition et la mesure. Comme les êtres n'existent que par leur insertion dans le monde, ils ne valent que par et selon leur rapport à cette plénitude qui fonde tout. L'univers en arrive ainsi à revêtir un aspect quasi religieux, il devient objet de respect et de vénération et cela non seulement chez les anciens, plus ou moins teintés de panthéisme, mais chez bon nombre de modernes et de contemporains, mieux avertis de son immensité, de sa complexité et de son histoire[64]. On comprend alors

---

[63] Voir M. Merleau-Ponty, *Phénoménologie de la perception*, Paris, 1944.
[64] On trouve, plus près de nous, un exemple de ce sentiment religieux à l'égard de l'univers chez Fr. Schleiermacher, *Reden über die Religion*, 1799 (trad. fr. par I. J. Rouge, Paris, 1944). Mais Schleiermacher y voit l'origine de la religion, non de la morale, dont la source est, selon lui, entièrement

combien il peut être tentant de chercher en lui la norme du bien moral.

Un autre facteur joue dans le même sens : la tendance naturelle de l'esprit à l'unité, qui ne peut se satisfaire de la dualité irréductible nature-moralité. Certains seront portés, en vertu de leur tour d'esprit et surtout de leur spécialisation scientifique, à surmonter l'opposition en faisant de l'ordre moral une province de l'ordre physique. L'amour de la justice, par exemple, deviendra une forme supérieure de la tendance générale à l'équilibre. De là encore on passe facilement à voir dans l'ordre de l'univers la norme de la valeur morale.

Mais c'est surtout la vie, mot si riche et prégnant dans son imprécision et pour cela même souverainement exaltant, c'est la vie qui semble pouvoir nous livrer le vrai sens de la valeur morale, la vie que plusieurs, du reste, tiennent pour coextensive à l'univers. N'apparaît-elle pas, en effet, désirable par soi ? N'est-elle pas, purement et simplement, préférable à son contraire ? L'action bonne sera donc celle qui tend à l'expansion maxima de la vie, l'action mauvaise, celle qui y met obstacle.

Dans une conception évolutionniste, la vie se présente comme une promotion du monde matériel et l'humanité comme une promotion de la vie. L'homme est à l'extrême pointe du devenir universel dont il définit le sens. En son progrès, c'est l'univers entier qui progresse. Ce progrès, cette évolution ascendante de l'univers, n'est pas seulement, aux yeux de beaucoup aujourd'hui, la loi suprême de la réalité, le mouvement radical (comme, chez Aristote, celui du premier ciel), mais encore la norme suprême des valeurs. D'autant que l'évolution semble bien affecter les sujets dans leur être le plus intime, sans que rien puisse échapper à son flux. Dès lors, le critère du bien moral sera la conformité de l'acte avec ce sens de marche de la vie et du monde : est bon, tout acte qui le favorise, mauvais, tout acte qui l'entrave.

L'expression : éthique évolutionniste, est ambiguë. Tantôt, elle signifie : éthique où la valeur morale est fondée sur l'évolution ; tantôt, et plus fréquemment : éthique où l'apparition et le développement des idées et des sentiments moraux sont expliqués et interprétés selon les principes évolutionnistes.

---

distincte. Lire, en particulier, le deuxième discours : « Sur l'essence de la religion ». (Noter la vénération de l'auteur pour Spinoza : Rouge, pp. 153-154).

92. - Un type de morale cosmique nous est fourni dans l'antiquité par les stoïciens. On sait que leur maxime était semblable à celle des épicuriens : vivre selon la nature, mais ils l'entendaient de la nature universelle et non, comme ces derniers, de la nature individuelle. Le sage, l'homme parfait, dont le type traditionnel est « Hercule », ne vit pas seulement d'accord avec soi (*sibi concors*), dans une cohérence complète de pensée et d'action, mais d'accord avec l'univers, se conformant volontairement, joyeusement aux lois qui le régissent, « conduit » par les destins, auxquels il acquiesce librement, au lieu de se laisser tirer, traîner par eux, à contre-cœur (*volentem fata ducunt, nolentem trahunt*). Or, ces lois, ces destins, sont l'expression de la Raison suprême, du Logos ordonnateur et recteur, qui est, tout à la fois, Justice, Nécessité, Providence. Agir selon la nature, c'est donc s'accorder à cette Justice et Raison souveraine, c'est se rendre semblable à Zeus ...

Ajoutons que ce Logos est entièrement immanent au monde. La nature elle-même est divine (comme elle l'est plus ou moins chez tous les anciens, alors même qu'ils admettent une certaine transcendance de Dieu, comme Aristote). Il y a donc un lien entre l'éthique naturaliste et cosmique des stoïciens et leur panthéisme.

Le stoïcisme offre le double paradoxe d'une doctrine morale élevée greffée sur une ontologie matérialiste (le Logos est un feu subtil, tout ce qui existe est corps) et d'une affirmation énergique de la spontanéité individuelle dans un système du monde déterministe (c'est lui qui a développé l'idée de l'enchaînement universel et introduit la notion de libre arbitre — αὐτεξουσία, litt. maîtrise de soi). Ce dernier paradoxe s'est reproduit plusieurs fois dans l'histoire : dans le marxisme par exemple. Lénine parle quelque part de la « fable absurde » du libre arbitre : cela ne l'empêche pas d'insister très fort sur le rôle de l'initiative individuelle dans la révolution.

En règle générale ; là où la pensée spéculative incline au panthéisme, on constate la tendance à chercher la norme de la valeur dans une conformité avec la loi du tout ou dans un rapport téléologique au bien du tout. Citons, par exemple les idéalistes anglais F. H. Bradley, *Ethical Studies*, 1876 et B. Bosanquet, *The Principle of Individual and Value*, 1912.

Saint Thomas, lui aussi, donne parfois comme fin à l'activité des individus le bien commun de l'univers. Mais il s'agit en réalité du Bien commun transcendant, c'est-à-dire de Dieu [65].

93. - Chez les modernes et les contemporains en général, la nature n'est plus tenue, au sens propre du mot, pour sacrée.

---

[65] Saint Thomas, *Somme théol.*, I, 60, 5 ; I-II, 109, 3 ; II-II, 26, 3 etc.

(Sur le plan spéculatif, du moins, car, pour ce qui est de l'attitude affective et pratique, il en va parfois autrement; cf. n. 91). L'évolution est entendue çà et là — surtout de la part de certains philosophes — dans un sens plus ou moins panthéiste, mais la plupart, et avant tout les savants, la présentent d'une manière purement positive, voire positiviste. — Pourtant, si la nature n'est plus considérée comme divine, elle tient pour certains la place de Dieu. Elle est pour eux une sorte d'*Infini profane*; on lui demande la norme de l'action. C'est alors qu'apparaissent les morales évolutionnistes, l'évolution étant le visage que prend pour les contemporains la nature universelle.

Herbert Spencer est généralement considéré comme le grand représentant de l'éthique évolutionniste (*The Data of Ethics*, 1879 [66]). En réalité, ce qu'il expose dans cet ouvrage, c'est plutôt la genèse et le développement de la conscience morale. Il ne se préoccupe pas de déterminer l'essence et la norme de la valeur; avec les utilitaristes, il accepte, comme allant de soi, la réduction de la moralité à l'altruisme.

Trois choses, selon Spencer, expliquent la conscience morale actuelle.
1. La sélection naturelle, basée sur la lutte pour la vie et la survivance des plus aptes.
2. L'utilité de l'altruisme pour l'individu. Egoïsme et altruisme sont tous deux nécessaires; le premier est même plus fondamental, mais, s'il ne se développe en altruisme, il entraîne la ruine de l'individu et de l'espèce.
3. Enfin la loi psychologique, déjà rencontrée chez Stuart Mill (n. 84), selon laquelle l'intérêt tend à glisser de la fin sur les moyens.
D'où il résulte:
1. Que ceux dont le sens altruiste est plus développé ont plus de chances de survie.
2. Que le bien des autres, d'abord cherché par intérêt propre (égo-altruisme), finit par l'être directement (altruisme).
3. Que l'humanité, par une évolution naturelle, tend vers un état où chacun cherchera spontanément le bien des autres, c'est-à-dire à un état de moralité parfaite, où l'obligation n'aura plus de raison d'être. C'est cet idéal que l'éthique considère pour en tirer ses règles morales, car l'action parfaitement morale n'est possible que là, *The Data*..., p. 275.
On peut citer encore: S. Alexander, *Moral and Progress*, 1884; J. M. Baldwin, *Social and Ethical Interpretation*, 1897.

Un cas très net d'éthique cosmique, au plein sens du mot, est celle que propose P. Teilhard de Chardin, en particulier dans *Le milieu divin*. Mais elle y reçoit une interprétation chré-

---

[66] Première partie, publiée à part, des *Principles of Ethics*. — Tr. fr.: *Les bases de la morale évolutionniste*, Paris, 1881.

tienne, voire, pour employer un mot de l'auteur, « christique », qui la transforme profondément. — Du reste la problématique de Teilhard n'est pas la nôtre; on ne cherchera donc pas chez lui une réponse à une question qu'il ne s'est pas posée.

94. - On trouve un bon type d'éthique vitaliste chez J. M. Guyau, *Esquisse d'une morale sans obligation ni sanction*, Paris 1885. Pour cet esprit délicat et douloureux, influencé à la fois par Schelling et par Spencer et qui, dans le naufrage de sa foi chrétienne et de ses certitudes métaphysiques, avait conservé l'aspiration à l'idéal, la source de la moralité est la tendance de tout vivant vers « la vie la plus intensive et la plus extensive possible »[67]. D'où la nécessité de vivre pour les autres: la vie ne peut se refermer sur l'individu, elle exige même parfois que celui-ci se sacrifice: « le sacrifice de la vie peut devenir une expression de la vie »[68].

L'éthique de Guyau peut être appelée une éthique sentimentale, en ce qu'il insiste plus sur l'élan intérieur du sujet que sur la valeur de l'objet. C'est pourquoi à l'obligation, qui est objective, il substitue l'amour enthousiaste de la vie: le joie d'agir, le goût de la lutte, la « fusion des sensibilités » sont pour lui des « équivalents du devoir ». Mais cet amour de la vie est la vie elle-même consciente de soi. C'est donc bien, en définitive, la vie qui forme le contenu et la norme de la valeur morale.

95. - En un sens, nous l'avons vu, (n. 26), Fr. Nietzsche doit être regardé comme le négateur et le destructeur de la valeur morale. En un autre sens, cet immoraliste est un moraliste qui a proposé une morale de sa façon, une nouvelle « table des valeurs ». L'éthique nietzschéenne peut être appelée vitaliste et évolutionniste: en tant qu'elle exalte la « volonté de puissance », c'est-à-dire la vie s'affirmant elle-même triomphalement et en tant qu'elle assigne pour tâche à l'humanité de préparer la venue du Surhomme (Uebermensch) — même si ce dernier ne doit pas être nécessairement compris comme appartenant à une « espèce » supérieure. Les Maîtres (Herren), dont Nietzsche prêche la morale, sont précisément les individus chez qui la vie s'affirme pleinement: eux seuls possèdent les valeurs supérieures, eux seuls sont dignes de considération; le reste n'est qu'un troupeau misérable, méprisable et malodorant. Ici encore, par conséquent, c'est la vie qui est la valeur suprême.

---

[67] *Op. cit.*, pp. 242-243.
[68] *Ib.*, p. 250.

96. - Avec H. Bergson (*Les deux sources de la morale et de la religion*, 1932), nous respirons une tout autre atmosphère. Bergson distingue deux sortes de morales: la *morale close* (à laquelle correspond la *religion statique*) et la *morale ouverte* (à laquelle correspond la *religion dynamique*). La première est de caractère social et pour elle Bergson admet en gros l'interprétation sociologique; en particulier, l'obligation est ramenée à la poussée sociale. Mais la société est elle-même une réalité biologique: en elle, l'élan vital, décrit dans l'*Evolution créatrice*, arrive au terme de sa course et, comme à bout de souffle, ne peut que tournoyer sur lui-même pour conserver la même forme. La morale close, toute ordonnée au conservatisme social, est l'expression de cette stagnation. La morale ouverte, au contraire, est de nature *mystique*. Il n'y a plus ici obligation, poussée, mais appel d'en-haut, appel qui procède, non d'un idéal impersonnel, mais de quelques personnalités exceptionnelles: héros et saints. Est-ce à dire qu'une telle morale n'ait plus rien de biologique? Non: elle répond, au contraire, à un renouvellement de l'élan vital, qui, reprenant force, repart et dépasse les formes où il s'était d'abord fixé.

Le passage de la première éthique à la seconde apparaît avec toute sa force dans le Sermon sur la montagne: « Il a été dit. Et moi je vous dis ».

Ainsi, selon Bergson, l'obligation est tout entière d'essence sociologique. La morale ouverte, la véritable, ne connaît pas l'obligation, parce que sa loi est l'amour. Mais Bergson accorde que, dans la vie quotidienne, les deux sont presque toujours mêlées en proportions diverses.

Cette théorie, on le voit, diffère considérablement des autres doctrines vitalistes et évolutionnistes. La valeur suprême qui fonde tout l'ordre moral, n'est plus la vie, dans l'acception biologique du terme, mais plutôt l'amour spirituel, que l'évolution créatrice a préparé et qui lui donne son sens comme il donne son sens à la création. Cet amour découle à son tour de l'Amour créateur, du Dieu personnel (totalement différent, selon Bergson, du Dieu conceptuel des philosophes), que l'expérience mystique, singulièrement celle des grands mystiques chrétiens, prétend atteindre (et sans lequel elle est inintelligible), recoupant ainsi et vérifiant les conclusions de *L'Evolution créatrice*. Car le Dieu-Amour atteint par les mystiques est précisément ce foyer, ce centre de jaillissement de l'évolution dont il était question dans cet ouvrage et qui, en se communiquant à l'homme, dernier produit de l'élan vital, réactive pour ainsi dire celui-ci.

97. - Il n'entre pas dans notre propos de discuter chacune de ces théories sous la forme particulière qu'elles revêtent. Nous nous abstiendrons nommément d'examiner le bien-fondé et l'extension légitime de la théorie évolutionniste en général. Ceci est l'affaire de la philosophie de la nature, de l'anthropologie et, pour une part, de la métaphysique. Nous ne poserons donc pas d'entrée de jeu l'impossibilité d'une explication génétique de ce qu'il y a en nous de spirituel. Méthodologiquement, nous prendrons la théorie de l'évolution telle que ses défenseurs les plus radicaux la présentent : comme n'exceptant rien. La question est de savoir si, même en lui donnant toutes ses chances, on peut trouver en elle un principe suffisant pour déterminer la norme ou le constitutif formel de la valeur morale.

98. - Remarquons tout d'abord que les mots *univers, vie, évolution* peuvent être entendus de deux façons. Dans un premier sens, l'univers désignera l'ensemble des *objets* finis, laissant de côté la subjectivité spirituelle ; la vie sera la vie « biologique », la vie organique et animale, y compris le psychisme non spirituel ; l'évolution, enfin, scandera la montée des organismes, enchaînés en phylums, vers des formes d'organisation toujours plus complexes et « centrées », jusqu'à l'organisme humain inclus. — Dans un deuxième sens, l'univers embrassera non seulement les objets mais les sujets dans leur subjectivité ; la vie, entendue métaphysiquement, comme activité spontanée et immanente, trouvera sa plus haute expression dans l'activité intellectuelle et spirituelle ; et celle-ci sera prise dans le mouvement évolutif dont elle représentera pour nous la phase dernière.

Or, si l'on prend univers, vie et évolution dans le premier sens, il est clair qu'on ne peut y voir la norme de l'action humaine, le terme par rapport auquel la valeur morale se définit. Car la valeur morale affecte le sujet spirituel comme tel (n. 33, 1) ; elle ne peut donc lui venir de ce qui, essentiellement, vaut moins que lui. Mais, par définition, l'univers, la vie, l'évolution, entendus comme il a été dit, valent moins que le sujet, sont d'un ordre infiniment inférieur.

<small>En tant que spirituel, le sujet transcende tout l'ordre des objets, en tant qu'objets finis, ou si l'on veut, en tant qu'ils laissent en dehors d'eux la subjectivité spirituelle, ouverte à l'Absolu. Aux yeux de celle-ci, en effet, tout l'ordre des objets n'est qu'une valeur particulière qui</small>

ne peut égaler sa capacité et ses aspirations, encore moin s'imposer à elle et la mesurer. Et il en est de même de la vie ou de l'évolution comprises comme ci-dessus, c'est-à-dire confinées au monde des objets.

99. - Prenons maintenant l'univers, la vie, l'évolution dans le deuxième sens. Entendus comme embrassant la subjectivité, la vie de l'esprit, peuvent-ils rendre raison de la valeur morale ? Ici encore nous distinguerons deux sens de la question ou plutôt de l'hypothèse qui la sous-tend (en ayant plus spécialement en vue le cas de l'évolution) :

1. Ou bien l'on considère le sujet spirituel comme une chose parmi les choses et son activité comme un moment du devenir universel, destiné, comme les précédents, à être dépassé. Alors il n'y a plus de sujet, plus de raison et, par conséquent, plus de moralité. Car celle-ci n'est possible que là où l'absolu et la liberté ont un sens. Or, dans l'hypothèse envisagée, il n'y a plus d'absolu : mes jugements expriment simplement ma situation historique à cette phase de l'évolution. Il n'y a plus de liberté, car celle-ci suppose la vraie subjectivité spirituelle, la transcendance sur l'objet, l'ouverture à l'absolu ; elle meurt et avec elle la valeur morale, si le sujet perd sa profondeur et s'étale sur le plan des objets.

Et, de fait, on ne voit pas quelle place reste pour la moralité si, comme le veut Spencer, l'altruisme doit triompher inévitablement, par le seul jeu de la sélection naturelle.

2. Ou bien on affirme une certaine transcendance du sujet spirituel, de la raison, tout en les tenant, paradoxalement, comme produits de l'évolution. N'est-ce pas, en somme, ce qu'admet le matérialisme dialectique, quand l'accent est mis sur le côté dialectique du système ? Mais, dans ce cas, ce qui vraiment compte pour rendre raison de la valeur morale, ce n'est pas l'infrastructure conditionnant l'activité spirituelle, c'est cette activité elle-même. L'univers, la vie infra-spirituelle, l'évolution n'ont d'intérêt pour la moralité que dans la mesure où ils préparent l'esprit, l'accueillent, reçoivent de lui leur couronnement.

Dès là, en effet, que, avec la raison, la subjectivité spirituelle apparaît, elle se pose comme totalement transcendante à ses conditions historiques et empiriques : c'est elle qui les dignifie au lieu d'en recevoir sa dignité. Peu importe que la raison (comme le prétend notre hypothèse) surgisse par évolution de l'irrationnel ; du moment qu'elle est vraiment raison (ce que l'hypothèse accorde), elle se retourne sur sa racine obscure pour la juger et l'évaluer. C'est de son côté, non du côté de ses origines, que se trouve la norme de la valeur.

Mais cela même, empressons-nous de l'ajouter, détruit l'hypothèse: comment ce qui juge et transcende ainsi ses conditions, aurait-il en elles sa source *adéquate*? Il y a dans l'homme quelque chose dont ne rend pas compte l'évolution.

100. - Signalons enfin une confusion qui vicie la morale évolutionniste: celle de *l'ultérieur* et du *supérieur* [69]. Ne disons-nous pas couramment: plus évolué, dans le sens de: plus parfait? Or cette équation est injustifiée. Ce qui vient après n'est pas forcément d'un niveau plus élevé: l'évolution n'est pas nécessairement ascendante. Si elle l'est de fait, ce fait ne s'impose pas *a priori* et les deux notions de *l'après* et du *plus haut* restent distinctes. Ce n'est pas parce que l'homme vient après le pithécanthrope qu'il lui est supérieur. L'idée de progrès est d'ailleurs une idée récente et l'on a cru longtemps à une sorte d'évolution régressive de l'humanité (cf. le mythe de l'âge d'or). Si donc nous jugeons que l'évolution est ascendante et progressive, c'est que nous avons en nous une certaine dimension axiologique, grâce à laquelle nous mesurons pour ainsi dire la pente du temps.

Pour pouvoir dire que la valeur morale consiste dans la conformité de l'action humaine au sens de l'évolution, il faudrait donc montrer d'abord que celle-ci va vers une valeur digne de s'imposer au sujet spirituel. Mais alors, ce sera cette valeur-là qui sera la vraie norme morale. *Norma normae est norma normati* [70].

Cette dernière objection vaut évidemment aussi contre les éthiques « historicistes », qui mettent la valeur morale dans l'accord avec « le sens de l'histoire ». Car il n'est pas évident *a priori* que l'histoire aille toujours vers la réalisation de valeurs plus hautes. Et, accordé qu'il en soit ainsi, ces valeurs ne sont pas plus élevées parce que réalisées plus tard, mais pour une raison intrinsèque. L'histoire ne juge pas. Elle tombe sous le jugement.

---

[69] Cf. A. Lalande, *Evolution, Révolution, Involution*, « Atti del Congresso Internazionale di Filosofia » (Rome, 1946), vol. I, Rome, 1948, pp. 499-505.

[70] Contre l'éthique évolutionniste, voir Thomas H. Huxley, *Evolution and Ethics*, 1894 (dont les idées sont d'ailleurs aussi loin que possible des nôtres). Huxley oppose fortement l'ordre physique et l'ordre moral. « The cosmic process has no sort of relation to moral ends », p. 84. — Voir aussi R. Le Senne, *Traité de morale générale*, pp. 403-404.

L'éthique bergsonienne, on le pressent, échappe en grande partie à ces critiques, bien qu'on puisse lui reprocher un certain empirisme. Bergson ne reconnaît comme valable, même dans le domaine métaphysique, que l'expérience. Et sans doute l'expérience spirituelle, chez Bergson, est elle supra-rationnelle plutôt qu'irrationnelle; pourtant — s'il est permis d'employer ici le vocabulaire de l'Ecole — il semble bien qu'elle enveloppe l'intelligence « virtuellement » plutôt que « formellement », un peu à la manière dont la perfection divine enveloppe les perfections « mixtes ». Et il reste surtout que Bergson, à cause de sa défiance envers les concepts et la raison, a laissé complètement de côté le moment spécifique de la moralité, entre la pression sociale, infra-morale, et l'aspiration spirituelle, supra-morale.

Une simple question précisera le reproche. Si la moralité véritable se définit en fonction des valeurs révélées dans l'appel du héros ou du saint, y a-t-il *obligation* de répondre à cet appel? S'il n'y a pas obligation, la moralité perd une de ses caractéristiques essentielles et devient quelque chose comme une esthétique de la vie. S'il y a obligation, celle-ci est évidemment autre que la pression sociale, laquelle irait trop souvent en sens opposé. Or, on ne voit pas que Bergson reconnaisse une autre sorte d'obligation que celle dont il emprunte la théorie à l'école sociologique. Ou, en tout cas, s'il admet cette obligation supérieure, il n'en fait pas la théorie et nous laisse dans l'incertitude.

101. - Des doctrines examinées ci-dessus, nous pouvons retenir, comme butin positif de notre enquête, les points suivants:
1. Il est vrai que la valeur morale implique un rapport à « quelque chose » qui transcende et englobe l'existence individuelle et l'humanité tout entière. Mais ce « quelque chose » ne peut être identifié avec l'univers, ni avec l'ordre de la vie ou de l'évolution.
2. Il est vrai que l'être n'est pas neutre, indifférent, isotrope comme l'espace newtonien. Il a un sens, il est orienté, il présente une hiérarchie, des « degrés de perfection », qui ne dépendent pas de notre manière de voir, de nos préférences subjectives. Et la valeur morale comporte l'accord de l'action humaine avec cet ordre. Mais celui-ci ne se ramène pas à l'ordre de l'évolution, ou à l'ordre cosmique, ni ne s'exprime entièrement en eux.
3. Enfin il est vrai que l'ordre de la nature et celui de la moralité doivent être « coiffés » par une unité supérieure, mais cette unité ne doit pas s'entendre en un sens *univoque*, comme si l'ordre moral n'était qu'un compartiment de l'ordre naturel ou cosmique. C'est une unité d'*analogie*.

III. LA VALEUR MORALE CHERCHÉE DANS L'ACTIVITÉ SPIRITUELLE.

102. - Il ressort de ce qui précède que la valeur morale ne peut se définir par relation à aucune réalité ou valeur « mondaines ». Le bonheur du sujet ne fait pas exception, pour autant que le sujet est considéré selon sa réalité empirique et contingente, essentiellement inégale à l'ouverture infinie de l'activité spirituelle. Nous sommes ainsi conduits à chercher plutôt l'essence de la valeur morale dans un certain accord de l'action avec la loi interne, les conditions immanentes et, s'il y a lieu, transcendantes, de cette activité. Or celle-ci, pour recevoir une qualification morale, doit posséder un double caractère: 1. Elle doit être libre, c'est-à-dire tenir sa détermination dernière du sujet comme tel (n. 13). 2. Elle ne doit pas procéder d'un caprice aveugle, mais d'une décision éclairée par la raison. (n. 16). Liberté et raison: dans ces deux directions nous allons poursuivre notre recherche.

A. *Ethiques de la liberté.*

103. - La valeur morale affecte le sujet libre en tant qu'il agit librement et, plus immédiatement, l'acte en tant que librement posé. Un acte vraiment libre est toujours, selon l'opinion la plus commune, revêtu de quelque qualité morale et même, s'il faut prendre à la lettre Duns Scot, c'est la liberté qui constitue le caractère moral de l'acte humain (n. 233) [71].

La valeur morale est donc la détermination axiologique propre de la liberté. Mais comment celle-ci, qui dit essentiellement autodétermination, *causa sui,* pourrait-elle se laisser déterminer du dehors? Ce serait, pour elle, se renier. C'est sa prérogative (et celle du sujet spirituel) de pouvoir à son gré se refuser à n'importe quelle valeur objective. Nous l'éprouvons comme une puissance infinie de négation et de transcendance sur tout le monde des objets. La seule détermination qu'elle puisse accepter est celle qu'elle se donne elle-même. « Une liberté qui se borne à recevoir des valeurs pré-posées (en Dieu ou dans la nature, peu importe) est une esclave docile, empressée, ingénieuse, mais une esclave » [72].

---

[71] « Actus dicitur moralis, quia libere elicitus », *In II S.*, d. 40, q. un.
[72] H. Duméry, *Philosophie de la religion,* t. I, Paris, 1957, p. 287. — Nous

Aussi bien, si nous examinons les divers idéaux de moralité proposés aux hommes, nous n'en trouvons aucun qui enlève nécessairement notre approbation [73]. La liberté se donne ou se refuse et c'est elle, en dernière instance, qui fait valoir ces idéaux pour le sujet. Autant dire que c'est d'elle que la valeur reçoit sa dernière détermination.

En s'affirmant, en face des valeurs et des normes étrangères, dans sa force de dépassement et de refus, la liberté, considérée d'abord comme simple condition de la valeur morale, semble ainsi nous inviter à voir en elle la source et le contenu de celle-ci, soit qu'on fasse d'elle l'arbitre du bien et du mal, soit qu'on identifie la qualité morale de l'acte avec son degré d'autodétermination, l'acte ayant d'autant plus de valeur que le sujet comme tel s'y exprime davantage, en assume plus pleinement la responsabilité.

Dans une éthique qui fait dépendre les valeurs fondamentales du choix de la liberté, le rôle de la raison ne peut être que d'assurer la cohérence des décisions particulières avec le choix premier. Chez Aristote aussi, la raison intervient pour obtenir, par un choix judicieux, l'adéquation des moyens à la fin posée. Mais, pour le Stagirite, c'est l'appétit, expression de la nature, elle-même pénétrée de raison, qui pose la fin et non, comme ici, une décision arbitraire.

104. - Or tout cela paraît s'accorder assez bien avec le sens moral commun et la tradition spirituelle. Nous voyons en effet les hommes s'excuser de leurs mauvaises actions en alléguant *qu'ils ont été vaincus par leur passion, par leur tempérament, qu'ils n'ont pas pu résister, que quelque chose — ou quelqu'un — d'autre a agi en eux etc.* Mais, lorsqu'ils font le bien, ils se gardent, en général, de parler ainsi (sauf les âmes vraiment religieuses, qui attribuent tout à Dieu). Ils ont conscience alors d'être eux-mêmes, d'agir selon leur vrai moi etc. — Au reste, les moralistes ne décrivent-ils pas le progrès moral comme une libération? Et il en est de même des religions. Songeons à la *moksha* des hindous (libération de l'existence individuelle, de la douleur, de l'illusion); à la liberté rationnelle décrite par Spinoza dans la cinquième partie de l'*Ethique*: *De libertate humana* (libération des passions (affectus), de la connaissance inadéquate); songeons surtout à la liberté de l'esprit, chez saint Paul et dans toute la tradition chrétienne, chez saint Augustin

---

n'attribuons nullement à cet auteur les idées ici rapportées, mais cette formule aide à comprendre comment elles ont pu se former.

[73] Voir R. Polin, *La création des valeurs*, Paris, 1944.

par exemple ou saint Bernard : libération du péché, de la « loi » de la chair, de la loi purement extérieure ; libération qui est l'œuvre de l'Esprit Saint agissant en nous et répandant la charité en nos cœurs ... Agir bien, agir selon la raison, agir selon Dieu, c'est véritablement agir par un principe interne, sans contrainte, c'est être libre.

Mais ne peut-on pas retourner l'équation ? Ne peut-on pas dire, vice-versa, que l'homme agit bien quand il agit vraiment par lui-même, quand ses actes l'expriment authentiquement, quand il n'est déterminé par rien d'extérieur à son Je : loi, valeur objective, nature qui tracerait d'avance les chemins de sa liberté ?

Spinoza conclut son *Ethique* par cette proposition : « La béatitude n'est pas la récompense de la vertu : elle est la vertu même ». L'homme n'est pas heureux parce qu'il agit bien : il agit bien parce qu'il est heureux. Or la vraie béatitude est aussi la vraie liberté. Ne doit-on pas dire, dans le même esprit : « La liberté n'est pas le fruit de la valeur morale, elle est elle-même cette valeur » ?

Ainsi, des deux côtés, la liberté, d'abord distinguée de la valeur comme sa condition ou son résultat, finit, semble-t-il, pour une réflexion plus profonde, par la constituer et se confondre avec elle.

105. - Il n'est donc pas étonnant que plusieurs systèmes éthiques aient cherché dans cette direction la norme du bien, l'essence de la valeur morale.

Déjà, dans l'antiquité, les philosophes cyniques, à la suite d'Antisthène (444-365 av. J.-C.), situaient la vertu dans la fidélité de l'*individu* à son *essence propre* et dans l'indépendance à l'égard de tout l'extérieur. Ethique de caractère nettement ascétique, bien que pas toujours selon nos canons moraux [74].

Les stoïciens — dont les cyniques furent en quelque manière les précurseurs — attribuaient eux aussi une grande valeur morale à la maîtrise de soi (enkrateia) ; mais, chez eux, cette maîtrise est celle de la raison, parcelle du Logos universel (n. 92), sur la sensibilité et les passions, ce qui transforme complètement l'intention morale.

Rappelons-nous également ce qui a été dit, n. 70, au sujet des cyrénaïques, dont l'hédonisme était peut-être au fond une morale de l'indépendance.

---

[74] Diogène Laerce, *Vies des philosophes*, l. VI, c. 1. — Ritter-Preller, *Hist. phil. graec.*, n. 277.

106. — Chez beaucoup de modernes — notamment chez plusieurs auteurs anglo-saxons — l'éthique est orientée vers la pleine affirmation et réalisation de soi (self-realization). Si, dans le *soi*, l'accent est mis sur l'individualité en tant que telle, la distinction d'avec les autres, on dérivera facilement vers une éthique de la liberté. Car c'est par l'usage de leur liberté que les sujets achèvent de se distinguer, de se poser dans leur différence. La liberté, peut-on dire, superpose à la distinction naturelle une nouvelle distinction qui est l'œuvre des sujets comme tels.

Un exemple extrême, quasi pathologique d'une telle morale, sous la forme d'un individualisme anarchique, nous est offert par Max Stirner (de son vrai nom Johann Caspar Schmidt), d'abord hégélien de gauche, dans son livre *Der Einzige und sein Eigentum* (*L'Unique et sa propriété*, 1845). Il ne s'agit pas tant pour lui d'exposer un système, que de revendiquer, avec passion, les droits absolus de son Moi, dans sa différence et son unicité. « Je ne suis pas un Je à côté des autres Je, mais le seul Je; je suis unique »[75].

107. - Mais l'affirmation la plus explicite de la liberté comme origine des valeurs, nous la trouvons chez quelques existentialistes contemporains et en particulier chez Jean Paul Sartre (*L'Etre et le Néant*, Paris, 1943; *L'Existentialisme est un humanisme*, Paris, 1945; *Critique de la raison dialectique*: I: Théorie des ensembles pratiques, Paris, 1960).

Selon Sartre l'homme ou plutôt la réalité-humaine, est radicalement liberté, laquelle est identiquement conscience et existence. L'existence sartrienne n'a rien à voir avec l'existence des scolastiques et de la pensée commune; elle s'oppose à l'être inerte, sans valeur, sans raison, sans relations de l'en-soi (qui « est, tout bêtement »). Elle est la surrection de la conscience, du pour-soi dans l'opacité massive de l'être: Sartre décrit cet « événement absolu », comme une décompression, un décollement et, plus métaphysiquement, une « néantisation ». C'est en effet par la réalité humaine que le néant vient au monde, que s'introduit dans l'être (qui de soi est simplement être, entièrement positif) la négativité ou, comme Sartre aime à dire, les « négatités ». — Sartre prend pour définitivement acquise l'élimination de la notion de puissance: tout est acte. Il s'ensuit que la conscience seule peut expliquer des phénomènes comme la limite, l'absence, l'attente, où du négatif est enveloppé.

Mais, si tout est acte, la liberté ne peut être que dans son exercice, dans le choix. Elle n'est en aucune manière l'attribut d'une nature: il n'y a pas de nature, surtout pas de nature humaine. La liberté, et donc l'homme, est choix radical, c'est-à-dire pure contingence, choix « ab-

---

[75] « Ich bin aber nicht ein Ich neben andern Ichen, sondern der alleinige Ich; ich bin einzig », *Der Einzige* 2, Leipzig, 1882, p. 373.

surde », non pas en ce sens qu'il manquerait de raisons, mais en ce sens qu'il est en-deçà de tout l'ordre des raisons et des valeurs. Cet ordre, en effet, est constitué par la conscience : l'origine de la conscience, le choix radical lui échappe donc (à la différence des choix particuliers qui sont jugés en fonction du choix radical). Plus précisément encore, les valeurs disent toujours rapport à une totalité, d'ailleurs impossible et contradictoire : celle de l'en-soi et du pour-soi, totalité qui tout en conservant la transparence de celui-ci lui donnerait la solidité, l'être de celui-là. Cette identité définit Dieu et l'homme la poursuit à travers les démarches que *L'Etre et le Néant* décrit longuement. Mais cet effort est vain.

La liberté sartrienne n'est pas une liberté intemporelle comme chez Kant ; elle ne détermine pas une fois pour toutes, dans le monde intelligible, le cours de la vie temporelle. Elle déploie le temps, mais elle est toujours révocable. Et — du moins dans *L'Etre et le Néant* — elle est présentée comme absolue. L'homme, en se choisissant, choisit sa situation, ses conditions d'existence, son caractère, et, bien entendu, ses valeurs. L'affirmation est poussée jusqu'au paradoxe mais, en fait, ce qui est affirmé est moins paradoxal qu'il ne paraît : Sartre veut dire, en somme, que les choses et les événements ne se présentent jamais à nous dans leur pureté et leur nudité : ils portent toujours le reflet de nos propres dispositions, de l'accueil que nous leur faisons. Le même accident sera vécu par l'un comme absurde, injuste, révoltant, par l'autre comme une « croix », une épreuve venue de la main de Dieu...

Le choix radical s'exprime par des choix particuliers, dépendant de celui-là, mais avec un certain jeu. Et par là l'homme peu à peu constitue son essence. D'où le « dit » célèbre : chez l'homme, l'existence précède l'essence.

Puisque la synthèse en-soi-pour-soi est illusoire, c'est bien, en réalité, la liberté qui est la source unique et le vrai terme de référence de la valeur.

Bien que Sartre n'ait pas encore publié l'ouvrage de morale qu'il annonçait à la fin de *L'Etre et le Néant,* il semble que, pour lui, la valeur morale soit avant tout dans la lucidité et l'authenticité. L'homme doit s'efforcer de devenir de plus en plus conscient de sa liberté radicale et de l'assumer pleinement, sans chercher à se faire autre qu'il n'est. On évitera la réflexion « complice », qui produit le dédoublement, crée un « moi » artificiel, pour atteindre à la réflexion « pure », par laquelle la liberté se veut comme liberté, se prend elle-même comme valeur, refusant de se laisser absorber par aucune valeur objective ou transcendante. C'est ce que Sartre appelle aussi « renoncer à l'esprit de sérieux » (qui croit, justement, à des valeurs valant en soi). — Mais d'autre part — et ceci introduit une considération universaliste dont on ne voit pas trop bien la cohérence avec l'ensemble de la pensée sartrienne — on aidera les autres à s'affranchir, en combattant en particulier l'oppression capitaliste et colonialiste. Ce dernier aspect est surtout développé dans la *Critique de la raison dialectique*, où l'auteur, qui tient le marxisme pour actuellement indépassable, fait profession ouverte de matérialisme, tout en l'interprétant autrement que les marxistes [76].

On trouvera une éthique d'inspiration sartrienne, avec une touche plus humaniste, dans S. de Beauvoir, *Pour une morale de l'ambiguïté*, Paris, 1947.

On pourrait mentionner aussi l'ouvrage déjà cité de R. Polin, *La création des valeurs*. Polin fonde expressément toutes les valeurs sur la « transcendance » de l'homme, capable de nier tout le donné en « imaginant » l'idéal « contre » la réalité. La liberté est ce mouvement de transcendance. Aucune valeur ne s'impose donc à elle, comme plus vraie qu'une autre : il n'y a pas de vérité des valeurs, pas de jugement de valeur ; la conscience axiologique et morale n'est pas une fonction de connaissance, car la connaissance est immanence. *La valeur n'est pas perçue mais créée.* Elle n'*est* pas : elle *vaut*, et elle vaut parce que nous la faisons valoir. Il n'y a donc pas à se demander : que faire ?, comme s'il existait une norme morale indépendante de notre liberté. Choisissons nos valeurs et affirmons-les énergiquement. C'est l'attitude que Polin appelle « cynisme », mot qu'il faut dépouiller ici de toute connotation péjorative : Polin pense à Antisthène (n. 105).

108. - Enfin on peut signaler encore, non pas précisément une doctrine systématiquement élaborée, mais une tendance présente à l'état diffus dans le bergsonisme. De la notion de liberté exposée dans l'*Essai sur les données immédiates de la conscience*, on pourrait conclure, et peut-être certains concluent-ils, que l'acte bon est celui où le sujet agit vraiment par lui-même, selon son « moi » profond, l'acte mauvais celui où il se laisse aller à l'automatisme du « moi » superficiel. L'acte bon serait ainsi identifié à l'acte libre. Mais notons tout de suite que la liberté bergsonienne n'est pas une liberté formelle et vide : elle a un contenu, elle procède d'un « moi » qui porte, dans sa « durée pure », tout son passé. Il n'y a aucune assimilation possible de la liberté bergsonienne à la liberté sartrienne, ni, par conséquent, de l'éthique fondée sur l'une à l'éthique fondée sur l'autre.

109. - Avant de porter un jugement sur ces différentes doctrines, il est nécessaire de préciser la signification du mot : li-

---

[76] Dans cet ouvrage, Sartre insiste sur les nécessités qui oppriment l'homme, d'une manière qui contraste avec les paradoxes de *L'Etre et le Néant*. La nature et la portée du matérialisme sartrien restent d'ailleurs discutées : voir W. Desan, *The Marxism of Jean Paul Sartre*, Garden City, N. Y., 1964. — Sur l'éthique de Sartre, le seul livre existant, à notre connaissance, est celui de Fr. Jeanson, *Le problème moral et la pensée de Sartre* (avec une préface de Sartre lui-même), Paris, 1947.

berté. Car le terme est polyvalent: on y distingue au moins trois sens fondamentaux [77]: 1. Le pouvoir de faire ce que l'on veut » (*libertas a coactione*): de cette liberté, le prisonnier, l'esclave sont privés. S'y rattachent les libertés civile, politique etc. Dans sa forme supérieure et achevée, cette liberté coïncide avec la béatitude; elle est ce que Maritain appelle la « liberté d'exultation » et saint Bernard *libertas a miseria*. Comme l'observe Maritain, c'est cette liberté surtout qui intéresse les hommes; c'est pour elle qu'ils combattent et qu'ils meurent. — 2. La liberté-autodétermination, celle-là même que nous avons donnée comme propriété du sujet spirituel (n. 13). Non seulement on fait ce qu'on veut, mais l'acte du vouloir ne dépend que du Je; il n'est pas le fruit nécessaire de la nature, fût-elle spirituelle. C'est le libre-arbitre, la *libertas a necessitate*. — 3. La liberté du sage et du saint, de Spinoza et de saint Paul: domination de la raison ou de l'Esprit sur ce qu'il y a en l'homme d'extérieur et d'inférieur. Dans sa forme la plus haute, elle est, comme dit saint Bernard, *libertas a peccato* et se situe au terme de la vie morale.

La confusion entre ces divers sens a peut-être favorisé les éthiques de la liberté (n. 104). Il est clair pourtant qu'ils doivent être distingués. La liberté du sage n'est pas en question ici: y rapporter la valeur morale, ce serait rapporter celle-ci à la raison, réponse que nous n'examinons pas encore. Situer la norme dans la liberté entendue au premier sens serait revenir à l'eudémonisme (n. 83). Le vrai problème concerne la liberté d'autodétermination, *Faut-il voir en elle la source et le terme de référence de la valeur morale?*

110. - Ici, comme toujours, notre premier critère sera l'expérience morale. La théorie en question permet-elle de construire une valeur qui réponde à celle que nous éprouvons dans cette expérience?

Dans l'expérience morale, la valeur se présente comme un donné axiologique, que la liberté trouve devant soi. Elle peut le réaliser ou non, mais elle ne peut en changer l'ordre interne, en faisant que le bien soit mal et que le mal soit bien. Or ceci — sans quoi l'expérience morale n'a aucun sens — exclut que la valeur morale soit posée par la liberté. Dans cette hypothèse, en effet, *ou bien* le sujet a conscience de cette po-

---

[77] Sur les divers sens du mot: liberté, et les diverses façons de poser le problème, voir l'ouvrage monumental de Mortimer J. Adler, *The Idea of Freedom*, 2 vols., New York, 1958-1961.

sition libre, et alors la valeur morale, l'expérience morale s'évanouissent, car ce que la liberté a fait, elle peut le défaire; on ne s'explique plus le tragique et l'angoisse de la conscience [78]. *Ou bien* le sujet l'ignore, et alors il peut y avoir expérience morale, le sujet peut se sentir sous l'autorité de la valeur, mais cette expérience reposera sur une illusion qu'un moment de réflexion suffira pour dissiper. Curieuse valeur qui ne peut supporter la lumière!

Il ne sert de rien de dire, avec Polin, que les valeurs ne *sont* pas, mais *valent*. L'affirmation de l'être est à la base de toute notre activité spirituelle; elle pénètre toutes nos autres affirmations, y compris celle de l'idéal et de la valeur. Si la valeur n'*est* pas, si elle n'a pas une structure indépendante de moi, une objectivité, elle ne *vaut* rien: le scepticisme axiologique est inévitable. Il faudrait, pour l'éviter, que l'homme fût capable de ne jamais s'interroger sur son action, qu'il puisse aller toujours de l'avant, agir, s'affirmer, dans une confiance naïve en soi-même. Mais cette naïveté ne peut durer. La réflexion critique est un moment nécessaire de la vie humaine. L'homme ne peut pas ne pas se demander, un jour ou l'autre: *pourquoi est-ce que j'agis ainsi?* Le scepticisme éthique n'est évité que si la conscience morale perçoit des valeurs vraiment indépendantes du sujet.

111. - Du reste l'éthique de la liberté, telle que l'existentialisme la propose, s'appuie sur une notion absolument intenable de la liberté. Celle-ci « a sa racine dans la raison » [79]; elle ne s'exerce que dans la lumière; elle suppose une saisie des valeurs. Autrement, elle n'aurait rien d'humain; elle serait insignifiante, sans valeur, tout comme le *clinamen* des atomes chez Epicure ou l'indétermination que la physique contemporaine reconnaît dans les structures fines de la matière (si on lui donne une portée ontologique); elle relèverait de l'irrationnel, du hasard; on devrait l'attribuer à l'imperfection de l'être matériel. Comment, dans cette pure contingence, situer la source des valeurs?

Quant à faire de la liberté une négativité pure, un pur pouvoir de dire « non », cela n'a aucun sens. La négation présuppose une affirmation: non seulement celle de la chose qu'on nie, mais celle de ce *vers quoi, par rapport à quoi* on la nie. On refuse le donné, parce qu'on le juge insuffisant au regard

---

[78] R. Mehl, *De l'autorité des valeurs*, Paris, 1957, pp. 66-67, fait observer justement que l'angoisse suppose au contraire une fin qui s'impose à la liberté et que celle-ci peut manquer.

[79] « Totius libertatis radix est in ratione constituta », saint Thomas, *De Ver.*, 24, 2.

de la valeur vers laquelle on tend. C'est cette valeur qui, en définitive, mesure la valeur de la liberté.

On dira peut-être que celle-ci, à travers toutes ses négations, entend simplement s'affirmer elle-même. Mais qu'affirme-t-elle en s'affirmant? S'affirmer comme pure négativité, c'est, encore une fois, n'affirmer qu'une valeur négative. L'auto-affirmation de la liberté, dans laquelle Descartes voit un motif capable de mettre en échec tous les autres, n'a de sens et de prix que si la liberté s'affirme comme liberté pour la Valeur, liberté pour l'Absolu en vue duquel elle se réserve... La liberté est si peu la source des valeurs qu'elle ne vaut elle-même que dans la mesure où elle permet au sujet de s'approprier la valeur en y adhérant et en la réalisant. Ce qui requiert un ordre axiologique devant lequel la liberté doit prendre position en le posant pour elle-même, mais sans le constituer.

A moins, objectera-t-on, de rapporter la valeur de la liberté à celle du sujet qui s'exprime en elle. Mais le sujet n'a de valeur, son expression n'a de valeur — je parle de cette valeur éminente que nous reconnaissons à la personne et à la liberté —, que du fait de son ouverture, en tant que sujet spirituel et raisonnable, à l'Absolu, à l'Universel. Car c'est, nous le verrons bientôt, l'Absolu qui fait la valeur de la raison, laquelle à son tour conditionne la valeur de la liberté.

On peut remarquer ici que Sartre transfère à la liberté humaine ce que Descartes attribuait à la liberté divine: la création des vérités et des valeurs. Mais la thèse cartésienne, bien qu'erronée, avait au moins ceci pour elle, que la liberté, en Dieu, est réellement identique à l'essence: elle a donc, réellement, en soi la plénitude du bien, elle coïncide réellement avec sa norme et avec le fondement des valeurs (n. 157). Mais la liberté humaine est réellement *autre* que la plénitude de l'être et du bien: liberté formelle et nue, elle ne possède pas en soi sa norme et toute sa valeur lui vient de son aptitude à assumer les valeurs, à les exprimer, à les poser.

112. - Ajoutons enfin ceci. Là où la valeur morale est mise dans le caractère libre de l'acte, il semble impossible de maintenir une distinction entre les actes moralement bons et les actes moralement mauvais. Ce qui revient à détruire l'expérience morale. En effet, si l'acte est bon dans la mesure où il est libre, comme d'autre part seul l'acte libre tombe sous la qualification morale, il s'ensuit que la vie humaine ne connaîtra que des actes bons (plus ou moins, selon leur degré de liberté) et des actes non moraux, indifférents. Voilà donc le mal moral éliminé ... sur le papier du moins, car, hélas, la conscience qui a affaire à la réalité morale elle-même et non à son interprétation frelatée, en juge autrement.

Mais, dira-t-on, l'homme n'a pas le droit d'abdiquer sa liberté, le mal se commet quand il se laisse aller volontairement au déterminisme. Mais quoi? Si la valeur est dans la liberté, elle demeure, quelle que soit la direction que prenne celle-ci. Si l'homme renonce librement à sa liberté, cet acte, en tant que libre, est bon.

On se refuse à l'admettre : c'est qu'au lieu de considérer simplement, comme le voudrait, pensons-nous, l'existentialisme rigoureusement entendu, la liberté dans son exercice actuel, on la considère comme un possible, comme un idéal, comme un devoir-être, comme une valeur, non plus immanente à l'acte libre comme tel, mais *à réaliser* par l'acte libre. Mais alors ce n'est plus à la liberté *comme s'exerçant* que la valeur morale est rapportée, c'est à la liberté comme devoir-être, comme idéal — au fond, à la liberté comme essence, comme loi. Or, dès là que la liberté n'est pas tout entière dans l'acte, on sort de la position existentialiste pure, on admet une essence humaine.

Sartre lui-même ne peut s'empêcher de parler d'une « essence », d'une « nature » de la liberté. De son côté, Polin trouve un critère de l'action dans les « lois de la conscience axiologique », c'est-à-dire dans la structure du « mouvement de transcendance ». L'action est correcte ou absurde selon qu'elle s'accorde ou non avec ces lois et avec cette structure.

113. - On le voit donc, donner comme consigne à l'action humaine la conquête de la liberté, la maîtrise de soi etc., ne signifie rien, à moins qu'on n'entende par là la domination du moi supérieur, du « moi de valeur » (Le Senne), ouvert aux autres et à l'Absolu, sur le moi inférieur, le moi « privé », fermé et exclusif. C'est par cette domination de ce qu'il y a de meilleur en lui, que l'individu se personnalise selon son être second (l'être que son agir libre lui confère), sans d'ailleurs pour cela éliminer son individualité, mais, tout au contraire, en la parachevant.

A l'inverse, la maîtrise de soi, là où le « soi » n'est pas rapporté à une Valeur absolue, mais prétend illusoirement trouver la valeur dans sa différence, ne peut aboutir qu'au nihilisme moral.

Des doctrines que nous venons de rejeter nous retiendrons pourtant quelque chose. L'éthique ne peut faire abstraction de la valeur propre du sujet; le sujet ne peut être considéré comme un simple moyen, un simple instrument au service de valeurs objectives et la valeur morale est inséparable de sa libre réalisation (n. 32, 1). Tout ceci n'a rien de bien neuf mais la conscience moderne y est plus sensible et nous devons en tenir compte.

On peut aller plus loin. Il y a place, dans l'ordre moral mon moins que dans l'ordre esthétique, pour des inventions où se manifeste l'originalité des individus. Ce n'est pas nous qui faisons que la bienfaisance soit bonne, mais c'est nous qui faisons apparaître les valeurs propres aux diverses façons de l'exercer (n. 192). Les saints, en particulier les fondateurs d'ordre ou d'école spirituelle, sont des créateurs de valeur. Enfin, quelles que soient les déterminations axiologiques proposées à l'homme pour guider son action, celle-ci, dans son exercice concret, apporte une valeur propre et différente de la valeur visée. Il y ainsi une invention des valeurs dans l'usage de la liberté. De même que l'homme ne précise sa pensée qu'à travers sa parole et par le choc en retour de sa propre expression, de même il ne précise sa saisie des valeurs que par le choc en retour de son action.

B. *Ethiques de la raison.*

114. - La valeur morale n'a pas pour contenu la liberté du sujet, puisque celle-ci ne se pose qu'en face d'un ordre axiologique qui la mesure. Par ailleurs, la liberté a pour principe la raison. C'est donc de ce côté, semble-t-il, qu'il faut chercher sa norme. L'essence de la valeur morale est dans la rationalité.

N'est-ce pas là, du reste, une des affirmations les plus constantes de la tradition philosophique ? Les moralistes, depuis l'antiquité, ne s'accordent-ils pas, la plupart, pour définir la vie moralement bonne comme une vie « selon la raison » ? Même dans l'eudémonisme artistotélicien, l'action vertueuse est caractérisée intrinsèquement par sa conformité à la règle rationnelle (nn. 64; 73). En allant dans cette direction, nous suivons la route royale.

Pourtant, outre que cet accord n'est pas, par lui-même, une preuve, il faut bien voir sur quoi il porte. Car le mot: raison, peut s'entendre diversement.

Chez les scolastiques, il signifie le plus souvent: intellect discursif. En ce sens, la raison caractérise l'homme, non seulement par rapport aux animaux, mais encore par rapport aux intelligences intuitives. — Plus profondément, on appellera raison l'intellect considéré sous son aspect relationnel ou « relatant », l'intellect en tant qu'il saisit et pose des relations, passe de l'effet à la cause, du conditionné à la condition, par un mouvement auquel seule peut mettre un terme la Condition inconditionnée, la Totalité, l'Absolu en qui et par qui tout l'ordre des relations a consistance. Car le relatif, comme tel, ne peut se penser que rapporté à l'absolu. L'affirmation du relatif, par le fait même qu'elle le pose hors de soi, comme un objet, se situe elle-même sur un autre plan. Ainsi la raison, parce que faculté « relatante », est aussi faculté de l'absolu, mais de l'absolu en tant que terme de référence et condition de l'affirmation du relatif. — En ce sens, on l'attribuera à Dieu même. Dieu est Raison en tant qu'il connaît et pose — connaît en posant et pose en connaissant — les êtres comme rapportés à Lui, ordonnés entre eux, intérieurement structurés, en tant qu'il les constitue en eux-mêmes dans l'acte par lequel il les rapporte, les « convertit » à Lui.

On pourrait ainsi définir la raison : faculté qui juge des objets en les référant à l'absolu (au moins comme terme dernier, et le plus souvent implicite, de référence) et donc sous une certaine lumière émanée de l'absolu, c'est-à-dire selon des normes absolues, nécessaires et universelles.

C'est l'absolu, obscurément présent à l'esprit, qui confère à nos affirmations leur solidité, leur objectivité pleine, leur consistance d'être. Car tout jugement qui se donne comme vérité, qui pose son objet comme « en soi », enveloppe de l'absolu et ne tient que par là.

Juger selon l'absolu, selon l'universel, c'est, parmi les êtres de notre expérience, le propre de l'homme. Non que celui-ci se maintienne toujours et parfaitement à ce niveau ! Trop souvent ce qui motive ses choix, c'est le caprice, l'attrait, l'intérêt du moment, un point de vue partiel et partial. Pourtant, même alors, il ne laisse pas d'être homme, donc raisonnable ; il cherchera à se justifier devant la raison, mais, voulant donner un air de rationalité à l'irrationnel, il devra recourir à des « maximes » différentes, voire opposées, selon les cas ... La moralité véritable commence quand l'homme s'élève à des principes vraiment universels et se sert de normes qui dirigent vraiment son action au lieu d'être invoquées pour défendre une conduite intéressée et souvent indéfendable.

Nous sommes ainsi conduits à distinguer deux aspects dans la raison humaine.

a) On peut d'abord considérer ce que nous appellerons « la raison dans l'être », la raison fondée sur l'être et en manifestant les exigences à travers les siennes propres, ou, comme nous dirons aussi, « la raison ouverte ». Entendue de la sorte, l'éthique de la raison verra la règle immédiate de la moralité dans le jugement (ou *dictamen*) de la raison, mais, puisque celle-ci est le porte-parole de l'être, ce jugement exprimera une exigence ontologique. La raison (*logos*) dit (*legei*) la loi de l'être, nous en transmet, en les interprétant, les requêtes. La conformité à la raison ne fait alors que « médier » et exprimer la conformité avec une règle objective, dont la nature restera d'ailleurs à préciser. De toute manière, l'absolu qui investit la raison est ici un absolu d'être ou fondé sur l'être.

b) Mais on peut entendre cet absolu en un sens plus formel : en tant qu'il affecte la *forme* selon laquelle la raison énonce ses jugements, en tant que ceux-ci, du moment qu'ils sont vrais, le sont absolument, le sont *pour tous*. La raison est prise ici selon sa législation immanente et l'absolu s'y manifeste sous les espèces de l'universalité. Lorsqu'il s'agit de la raison pratique, de la raison édictant des impératifs, cette universalité est celle de la loi. Selon cette manière de voir, la valeur de l'acte bon lui viendra de sa conformité avec la raison, en tant que celle-ci pose des jugements moraux *universels,* édicte des lois *universelles;* en définitive, de sa conformité avec la forme *universelle* de la loi.

Nous avons vu, de fait, que l'universalité est un des caractères de la valeur morale (n. 33, 5). Pour éviter le plus possible l'empirisme, qui blesse la dignité du sujet moral, on peut être tenté de chercher de ce côté la norme de la moralité et le constitutif de la valeur. C'est en tout cas la voie qu'a suivie Kant. Nous mènera-t-elle au but ?

I. *L'éthique formelle de Kant.*

Grundlegung zur Metaphysik der Sitten, 1785 (GMS).
Kritik der praktischen Vernunft, 1788 (KpV).
Les citations sont faites d'après l'édition de l'Académie Royale de Prusse (Reimer), resp. t. IV et V.
Nous utilisons ici la traduction de Barni : *Critique de la raison pratique (précédée des Fondements de la métaphysique des mœurs),* Paris, 1848).

115. - Kant, en vertu, sans doute, de son éducation, a senti vivement l'excellence hors pair de la valeur morale : « De tout ce qu'il est possible de concevoir dans le monde, et même en général en dehors du monde, il n'y a qu'une seule chose qu'on puisse tenir bonne sans restriction, c'est une *bonne volonté* » (GMS, p. 393). Or la bonne volonté est celle qui agit non seulement d'*une manière conforme à la loi* (gesetzmässig), mais *par respect pour la loi*. C'est alors seulement qu'il peut être question de moralité. La majesté de la loi morale, le caractère absolu de l'obligation ou « impératif catégorique » inspirent à Kant des pages admirables (par exemple, la célèbre invocation au devoir: « Devoir! mot grand et sublime » etc., KpV, p. 86).

Mais la loi morale, en vertu de son caractère absolu, ne peut avoir un fondement empirique, pas plus que, selon la *Critique de la raison pure*, les principes nécessaires de la science ne peuvent se fonder sur l'expérience. C'est pourquoi Kant rejette toute forme d'eudémonisme. Le bonheur, en effet, se rapporte à la *faculté de désirer;* or celle-ci dépend de conditions (par exemple, la nature empirique de l'homme) qui ne peuvent être connues *a priori* et manquent ainsi de nécessité. (Remarquons ici que la morale, selon Kant, doit valoir *pour tout être raisonnable,* au lieu d'être, comme chez Aristote, à la mesure de l'homme; elle doit donc, comme telle, faire abstraction de l'anthropologie, qui ne trouvera place que dans la morale appliquée). — D'ailleurs, quand même il serait possible — ce qui n'est pas — de se faire une idée claire du bonheur et de ses conditions, et quand même cette idée serait identique pour tous les êtres raisonnables, on n'aurait encore ainsi qu'un *impératif hypothétique* ou plutôt *assertorique* (supra, n. 42), nullement un impératif *catégorique.* — Kant distingue fortement entre le bien moral (Gute) et le bien eudémonique (Wohl), par ex. KpV, pp. 59 et ss.

Avec l'eudémonisme, Kant repousse toute éthique fondée sur l'*ontologie,* telle l'éthique wolffienne de la perfection. En effet, selon lui, une telle éthique pose une *nature* qui prescrit sa loi à la raison. Mais, la nature de l'homme étant contingente, la loi est contingente aussi et la raison, soumise à une législation extérieure (hétéronomie) est blessée dans sa dignité (GMS, p. 443).

Enfin Kant exclut l'éthique théologique (qu'il entend comme fondant le devoir sur la volonté de Dieu). En effet, la volonté divine ne peut être conçue comme sainte et parfaite qu'à travers la notion de valeur morale: elle ne saurait donc fonder celle-ci (*ib.;* cf. nn. 58 et 163-164). Que si l'on ne pose pas en premier lieu la valeur morale et le devoir, le commandement divin ne pourra mouvoir la volonté humaine que par l'entremise de la *faculté de désirer,* au moyen de promesses ou de menaces, à l'aide donc d'un élément empirique, ce qui détruit la valeur morale.

116. - Ainsi la loi morale ne peut, en aucune manière, s'imposer du dehors à la volonté; il faut donc qu'elle procède de la volonté elle-même. Or la volonté, chez Kant, n'est pas un appétit rationnel, comme chez saint Thomas; elle est la *raison pratique* ou mieux, la *raison dans son usage pratique*. La loi morale doit donc être conçue comme le commandement de la raison pratique se prescrivant à soi-même sa détermination. C'est la thèse fameuse de l'« autonomie de la raison ».

La conscience de l'obligation morale apparaît à Kant comme un pur fait (Faktum) de la raison, qui manifeste la liberté comme autodétermination de la raison. On se souvient que la *Critique de la raison pure* avait laissé la question en suspens: on ne peut démontrer que la liberté existe, mais on ne peut pas non plus démontrer le contraire (3ᵉ antinomie). — Ces conclusions agnostiques demeurent: la certitude que la conscience du devoir apporte est purement pratique. Nous ne voyons pas mieux qu'avant comment la liberté est possible, quelle est sa nature; il y a seulement ceci, que nous ne pouvons agir qu'avec l'idée de la raison déterminant par elle-même ses jugements pratiques, c'est-à-dire avec l'idée de la liberté. Et du fait que nous agissons nécessairement avec l'idée de la liberté, tout se passe, pour la conscience morale, comme si nous étions réellement libres (GMS, pp. 447-448).

Mais que commande-t-elle, cette raison qui s'« autodétermine » ainsi? *L'impératif catégorique* ne peut avoir, comme tel, aucune matière, car celle-ci serait empirique. Par conséquent son contenu doit être sa forme même: obéir à la loi, parce que c'est la loi, par respect pour la loi... Mais, par essence, la loi est *universelle;* elle ne fait pas acception de personne, elle ne tient pas compte du sujet individuel, de ses goûts, de ses intérêts etc. Cette universalité est ce qui reste de la loi quand nous faisons abstraction de sa matière. Il s'ensuit que le contenu de l'impératif catégorique, c'est, en définitive, la seule *forme d'universalité*. Ce qu'il nous commande, c'est d'agir toujours en sorte que la « maxime » — le principe subjectif selon lequel la volonté se détermine — soit tel, que nous puissions vouloir en faire une loi universelle. (« Handle nur nach derjenigen Maxime, durch die du zugleich wollen kannst, dass sie ein allgemeines Gesetz werde », GMS, p. 421).

Seule peut être dite bonne, sans restriction, la volonté qui se détermine ainsi par le pur respect de la loi. Mais nous ne pouvons jamais savoir avec certitude si tel a bien été le motif de nos actes. Il se pourrait même que jamais aucun acte vraiment moral n'ait été posé. Cela n'enlèverait rien à la certitude et à l'autorité de la loi morale.

On remarquera que Kant parle constamment du *respect* et non de l'*amour* de la loi. L'amour, selon lui, est lié au plaisir, c'est un sentiment « intéressé ». Le respect, au contraire, modère, bride la sensibilité : Kant le décrit comme un sentiment d'essence singulière, une sorte d'impression de la raison dans l'affectivité sensible.

117. - Il pourrait sembler que la loi morale ainsi définie fût condamnée à rester toujours dans sa pureté formelle, sans pouvoir jamais rejoindre l'action concrète. Et pourtant, de même que les « catégories » de l'entendement (dans la première *Critique*) s'appliquent aux données des sens moyennant le « schématisme » de l'imagination transcendantale, ainsi (bien que d'une autre manière) la loi morale s'applique aux actions singulières moyennant les « maximes » qui les régissent. Or appliquer aux maximes la forme d'universalité, c'est les élever à la hauteur de normes universelles. Et l'on voit tout de suite que toutes les maximes ne souffrent pas cette universalisation. Dans bien des cas, le résultat serait contradiction ou désordre. S'il est permis à chacun, quand il y trouve son avantage, de promettre sans intention de tenir, personne ne croira plus aux promesses et l'avantage que l'on en escomptait disparaîtra : la maxime, universalisée, se détruit. D'autres fois, l'universalisation serait, à la rigueur, concevable, mais il est impossible de la vouloir sincèrement. Un monde régi par l'égoïsme n'est pas contradictoire, mais je ne puis vouloir l'égoïsme comme loi universelle, car je veux que les autres m'aident en cas de besoin. — D'où la formule, rapportée plus haut, de l'impératif catégorique, formule qui peut encore s'exprimer ainsi : « agis comme si la maxime de ton action devait être érigée par ta volonté en une loi universelle de la nature » (la nature signifiant ici « l'existence des choses en tant qu'elle est déterminée par des lois universelles »).

« La *moralité* est donc le rapport des actions à l'autonomie de la volonté, c'est-à-dire à la législation universelle que peuvent constituer ses maxime » (GMS, p. 439). En d'autres termes, la norme du bien moral est l'aptitude de la maxime régissant l'action à être universalisée et à être voulue en tant qu'universelle.

Comme être moral, capable d'obéir à la loi par respect pour la loi, l'homme possède une dignité incomparable, qui lui vaut d'être fin en soi et interdit de jamais le traiter comme un *pur* moyen. D'où une deuxième formule, moins abstraite, de l'impératif catégorique : « agis de telle sorte que tu traites toujours l'humanité, soit dans ta personne, soit dans la personne d'autrui, comme une fin et que tu ne t'en serves jamais comme d'un pur moyen » (GMS, p. 429). On pourrait croire, à première vue que Kant, à l'instar de maints scolastiques, fonde la valeur morale sur la valeur de la nature humaine : ne parle-t-il pas précisément du « fondement » (Grund) de l'impératif catégorique ? Seulement la valeur de la nature humaine, ou mieux de la nature raisonnable, s'explique chez lui, nous l'avons vu, en fonction de la loi : « La moralité est la condition nécessaire pour que l'être raisonnable puisse être fin en soi ... L'autonomie est le fondement de la dignité de la nature humaine et de toute nature raisonnable » (GMS, pp. 435-436). Aussi le respect envers les personnes est-il, en réalité, respect envers la loi (KpV, p. 78). Nos actions, se déroulant dans l'ordre empirique, n'atteignent que l'humanité empirique, phénoménale, jamais la nature raisonnable telle qu'elle existe dans le monde intelligible et mérite le respect, mais l'humanité intelligible nous est présentée. « exhibée », dans l'humanité empirique et nous marquons notre respect envers celle-là en agissant à l'égard de celle-ci *comme si* elle était fin en soi [80].

D'où enfin une troisième formule de l'impératif catégorique : « l'idée de la *volonté de tout être raisonnable comme législatrice universelle* (GMS, p. 432). Puisqu'en effet l'humanité — en moi et dans les autres — n'est jamais pur moyen, elle n'est pas simplement *sous* la loi, elle se donne la loi — une loi qu'elle sait valoir pour tout être raisonnable. On peut donc juger de la valeur morale des actes en voyant s'ils s'accordent avec cette idée d'une volonté qui légifère universellement. L'idéal de la raison serait un *règne des fins,* une société d'êtres

---

[80] Voir sur ce sujet Fr. Marty, *La typique du jugement pratique pur. La morale kantienne et son application aux cas particuliers*, « Arch. de phil. », 1955, pp. 56-57. — Sur l'éthique kantienne, on lira avec profit, outre bien entendu l'ouvrage classique de V. Delbos, *La philosophie pratique de Kant*, Paris, 1905 (résumée au début de la traduction, par le même, des *Fondements de la Métaphysique des Mœurs*, Paris, 1907), H. J. Paton, *The Categorical Imperative*, Londres, 1947 (explication de la *Grundlegung*), et L. H. Beck, *A Commentary of Kant's Critique of Practical Reason*, Chicago, 1960. Sans oublier le petit livre, fort suggestif, de J. Lacroix, *Kant et le kantisme*, Paris, 1966.

raisonnables dont chacun serait reconnu par tous comme fin en soi. C'est ce règne que réaliseraient les maximes dont l'impératif catégorique trace la règle, si elles étaient universellement suivies ...

118. - On sait que, de l'impératif catégorique, Kant conclut les trois *postulats de la raison pratique,* dont l'affirmation est requise pour que l'affirmation de la loi morale soit possible et cohérente, mais qui eux-mêmes ne tombent pas sous la loi. Ce sont:

1) La liberté, sans laquelle l'accomplissement du devoir serait impossible. (Problème classique chez les interprètes de Kant: cette liberté est-elle la même que celle qui a été posée au début, comme autodétermination de la raison pratique? Elle n'était pas alors un postulat mais un « fait de la raison ». Ne s'agit-il pas plutôt ici, comme le mouvement de la pensée invite à le croire, de la liberté en tant qu'elle dit possibilité de s'exprimer dans le cours des phénomènes?).

2) L'immortalité de l'âme. La loi morale commande de tendre vers la sainteté ou perfection morale, mais celle-ci ne peut être atteinte; il faut donc qu'en soit possible une approche indéfinie, ce qui suppose une durée indéfinie de l'existence.

3) L'existence de Dieu. Le principe déterminant de la raison pure pratique est sans doute la loi comme telle, mais la raison ne peut agir qu'en se proposant comme *objet* (non comme *motif!*) le *souverain bien,* c'est-à-dire l'harmonie de la perfection morale et du bonheur. Or, puisque ni la vertu ne dérive analytiquement du bonheur, ni le bonheur de la vertu, leur union ne peut être que synthétique et il faut, pour assurer cette synthèse, poser une Cause suprême de la nature qui soit en même temps souverainement morale.

Ces postulats n'augmentent en rien notre connaissance spéculative, mais ils procurent une certitude pratique que Kant appelle une *foi morale.*

119. - Bien des choses sont à louer dans la philosophie morale de Kant: sa magnifique description de la loi morale et du devoir, l'estime souveraine où il tient la bonne volonté et la personne, la distinction tranchée qu'il établit entre le bien moral et le bien utile ou agréable, avec sa réfutation de l'eudémonisme et de l'empirisme éthique. Déjà, nous l'avons dit, au XI° siècle, saint Anselme avait établi une distinction analogue entre la *rectitudo* et la *commoditas* [81], mais il faut avouer que l'invasion de l'éthique aristotélicienne avait contribué à estomper quelque peu cette distinction et à dériver la morale vers l'eudémonisme. Sous certains aspects la réaction kantienne était salutaire.

Kant n'a pas tort non plus en excluant une pure hétéronomie de la volonté humaine. Il n'y a pas de loi morale sans une certaine reconnaissance, un certain assentiment, voire consentement, de la part du sujet (n. 41).

Mais qu'en est-il de la thèse de Kant sur la valeur morale?

120. - Dans la discussion qui va suivre, bien des points de la morale kantienne seront laissés de côté. Nous ne dirons rien des limites entre lesquelles l'autonomie de la volonté peut et doit être admise (nous y reviendrons plus loin en traitant du fondement dernier de la moralité et du devoir, ch. IV et V). Rien non plus de ce rigorisme, dont on a fait si souvent grief à Kant: notons seulement que celui-ci admet fort bien qu'on puisse présenter la vertu d'une manière attrayante pour la sensibilité; ce qu'il exclut, c'est que ledit attrait soit le *motif* déterminant de la volonté; sa fonction doit être uniquement de rendre la vertu plus facile en compensant les séductions du vice. (Nous verrons, n. 124, en quoi Kant pèche sur ce point). Enfin, il ne sera pas question de la place que doit tenir dans l'éthique la considération de la nature humaine (l'« anthropologie ») et celle de la vie affective.

Notre examen portera uniquement sur ce qu'on appelle le *formalisme* kantien. Peut-on voir, dans la pure forme universelle de la loi, la norme ou le constitutif de la valeur morale?

121. - En traitant plus haut de l'« extrinsécisme moral » (nn. 56-57), nous faisions observer que la conformité à la loi tire toute sa valeur de la valeur de la loi et en définitive de la valeur du bien à laquelle la loi « ordonne » les sujets. Supprimons ce bien, excluons-le de notre considération: la loi n'est plus qu'une pure limitation de la liberté qui, comme telle, ne peut avoir aucune valeur positive [82].

Sans doute, l'universalité fournit souvent, comme dans les exemples apportés par Kant, un critère de l'action bonne. Mais

---

[81] *De concordia praescientiae Dei cum libero arbitrio*, c. 11; PL., t. 158, col. 556.
[82] Nous n'entendons nullement ici réhabiliter l'utilitarisme, mais simplement, par l'exemple de la loi positive, aider à comprendre que la loi morale, sans laquelle aucune autre loi n'aurait de force obligatoire, doit, elle aussi, se rapporter à un bien — mais à un bien d'un autre ordre.

d'abord, l'application en est délicate. Trop rigide, ne tenant aucun compte des conditions individuelles, elle exclut les vocations particulières, les « exceptions » prophétiques. Trop souple, elle risque de tout justifier, car chacun pourra se croire une exception : les circonstances ne sont jamais absolument les mêmes. — Quoi qu'il en soit, supposons le critère admis. Il n'est pas évident par lui-même ; il a besoin d'être justifié. Pourquoi, oui, pourquoi *devons-nous* agir selon une norme universelle ?

Serait-ce en tant que l'universel est la négation de l'individuel ? Mais pourquoi l'individualité devrait-elle être niée ? Ou bien on la tient pour mauvaise en soi, comme dans certaines doctrines d'inspiration panthéiste, mais ce pessimisme est sans fondement. Ou bien, tout en lui reconnaissant une valeur, on déclare qu'il faut la transcender vers une valeur supérieure. Mais alors c'est en fonction de cette dernière que se définira la moralité. La négation de l'individualité, si elle n'est pas la médiation d'une affirmation plus haute, n'a qu'une valeur négative.

Serait-ce parce qu'une maxime qui subit avec succès l'épreuve de l'universel, montre par là son accord avec la raison et la nature raisonnable ? Celles-ci, en effet, sont identiques en tous les hommes, voire en tous les êtres pensants. Dès lors, toutes choses égales d'ailleurs, ce qui leur convient en un sujet leur convient en tous. — Mais, dans ce cas, la valeur morale consiste formellement dans cette convenance. Et notons qu'ici la raison ne peut pas signifier la pure forme d'universalité : elle dit une certaine perfection, considérée dans sa « nature absolue », laquelle par elle-même ne se donne ni comme singulière ni comme universelle. Autrement on tourne en rond.

Serait-ce enfin parce qu'il y a, dans le fait d'agir selon une règle commune, une valeur qui naît de la cohésion sociale ainsi procurée, et parce que seules les maximes qui peuvent, sans contradiction, êtres voulues comme universelles, sont aptes à promouvoir le « règne des fins », la république des êtres libres etc. ? — Il est clair alors que la valeur morale se rapportera, en dernière analyse, à cette fin ou à cet idéal. Sa vraie norme, ce sera le bien de la société humaine ou plutôt de la société spirituelle.

Ainsi, de toute manière, il apparaît que la valeur de l'universalité, si elle n'est pas illusoire, s'appuie sur une autre valeur (celle de la raison, de la nature raisonnable, de la république des esprits etc.). La valeur morale ne peut donc consister dans la conformité à la loi comme forme universelle, mais plutôt dans un certain rapport à ce bien dont dépend la valeur de l'universalité et auquel la loi « ordonne » la volonté.

Ce n'est pas qu'on ne puisse trouver, dans l'universalité comme telle, une certaine valeur *générale* (n. 24). Mais l'unicité, l'exception a sa valeur aussi et, si nulle autre considération n'intervient, on ne voit pas pourquoi celle-là devrait être préférée à celle-ci. En fait on rencontre, par exemple dans les communautés, deux types d'hommes : ceux qui ne se sentent à l'aise, en sécurité, solidement existants, que s'ils font « comme les autres », s'ils observent fidèlement les usages, les coutumes, s'ils sont parfaitement « incorporés », et ceux qui, au contraire, semblent n'être assurés d'exister que s'ils se distinguent par quelque singularité : dignité, privilège, situation hors du commun ou, simplement, une plus grande liberté d'allure, sans autre motif bien souvent que l'affirmation de soi.

Quant à la raison apportée par Kant : s'il était permis de faire de fausses promesses, la confiance périrait et avec elle la possibilité des fausses promesses, elle prouve bien l'impossibilité de vouloir, sans incohérence, que la « maxime » de la fausse promesse devienne loi universelle. Mais l'incohérence n'est de soi qu'un *mal logique;* elle ne devient mal moral que si l'on pose la valeur morale de la cohérence et l'obligation de la respecter. Que si, faisant une fausse promesse, je ne veux pas cependant que les autres en fassent, parce que j'estime que c'est *mal,* je fais mal moi-même, non point parce que je fais ce que je ne veux pas que les autres fassent, mais simplement parce que je fais ce que je vois être mal. La valeur morale est présupposée.

122. - Dira-t-on que la valeur à laquelle la loi « ordonne » l'agent moral n'est autre que la bonne volonté ? Mais la bonne volonté est, selon Kant, celle qui obéit à la loi par respect pour la loi. On aura donc ceci : la loi « ordonne » l'agent moral à obéir à la loi par respect pour la loi. Ou encore : la bonne volonté est celle qui veut être bonne volonté. Or, avec cela, on n'explique aucunement ce qu'est la bonne volonté ni vers quelle valeur la loi oriente l'agent moral.

On peut bien dire que la bonne volonté est celle qui veut être bonne, mais seulement en ce sens que sa bonté se mesure en dernière instance à son intention, alors même qu'elle se trompe (invinciblement) sur les conditions de sa bonté objective (n. 245-247). Mais l'intention doit porter sur un objet différent d'elle, sinon, elle est vide. *Oportet quod primum volitum non sit ipsum velle*: le premier voulu ne peut être le vouloir lui-même [83]. Pour vouloir avoir bonne volonté, il faut que je mette quelque chose sous ce mot : bonne. Et il ne suffit pas d'une notion analogique de la bonté, formée par exemple à partir du bien agréable ou utile : la bonne volonté est bonne moralement. Je ne puis comprendre ce qu'est la bonne volonté si je n'ai dans l'esprit l'idée

---

[83] Saint Thomas, *Cont. gent.*, III, 26.

d'un type, d'un idéal, d'une valeur, que je suis peut-être incapable de préciser mais dont on ne peut certainement pas rendre compte au moyen de la forme universelle de la loi.

123. - Impossible, en effet, de définir la bonne volonté sinon à travers l'idée d'un ordre, d'une hiérarchie et, pour ainsi dire, d'une direction ascendante de l'être, direction à laquelle la bonne volonté, en tant que telle, veut se conformer (n. 101, 1). L'universalité, la forme de l'obligation indiquent à leur manière cette orientation de l'être, et c'est ce qu'on peut ici conserver de Kant. L'universalité répond à l'« ouverture » de l'existant spirituel, qui, en tant que spirituel, ne reste pas enfermé dans sa nature individuelle ou même spécifique, mais est capable « d'embrasser tout l'être »[84], a valeur de *tout*. La volonté est bonne — nous le verrons mieux bientôt — quand elle agit selon cette « ouverture », qui définit son statut spirituel et rationnel, quand donc elle « existe », se détermine, se déploie comme *rationnelle* et non pas simplement comme une activité naturelle. L'obligation, de son côté, manifeste cette dualité intrinsèque à tout être spirituel fini (et qui ne se réduit donc pas à la dualité du rationnel et du sensible): l'opposition entre la finitude subjective et l'infinité objective (« Borné dans sa nature, infini dans ses vœux ... »). Se sentir obligé, c'est éprouver la domination de l'ouverture sur la nature et, à travers l'ouverture, la domination de l'Etre auquel le sujet spirituel est radicalement ouvert.

Kant a fort bien montré que la valeur morale ne peut se tirer d'aucune valeur empirique et doit donc se fonder sur ce qui transcende de l'ordre empirique tout entier. Mais ce fondement ne peut être la pure forme d'universalité, qui est abstraite, ni se définir par rapport à un principe abstrait et formel (comme lorsque la valeur de l'homme est située dans son aptitude à se déterminer selon une forme universelle). La valeur ne peut se fonder que sur l'être.

124. - Une autre faiblesse du formalisme est à signaler ici, bien qu'elle n'intéresse qu'indirectement notre recherche: c'est l'exclusion de tout ce qui ne se fait pas par pur respect de la loi, et singulièrement de ce qui se fait par amour. Kant ne voit dans l'amour qu'une affection de la sensibilité, en liaison avec le plaisir. De cet amour sensible, infra-rationnel et

---

[84] *Ib.*, II, 89.

infra-moral, il ne distingue pas l'amour spirituel ou sensitivo-spirituel, qui, visant la personne même de l'aimé qu'il cherche à promouvoir vers des valeurs supérieures, est de soi honnête en tant que spirituel [85] et, sous certaines conditions (p. ex., dans le mariage), en tant que sensitivo-spirituel. L'élément sensible est moralisé, non seulement par l'intention d'obéir à la loi, mais, intrinsèquement, par l'élément spirituel dont il est l'expression. Les caresses d'une mère à son fils ont valeur morale, non seulement parce que la loi morale fait un devoir à la mère de donner à son enfant ces marques d'affection, mais parce que cette affection elle-même, si elle est ce qu'elle doit être, exprime, dans ses manifestations émotives, l'amour spirituel qui vise la valeur spirituelle présente dans l'enfant. (Cet élément spirituel fait défaut là où l'enfant est aimé d'une façon égoïste, sensuelle, comme un petit animal).

Kant, nous l'avons vu (n. 120), admet que l'on favorise les bonnes inclinations naturelles, mais le rapport de la valeur morale et du sentiment demeure chez lui extrinsèque, comme est extrinsèque dans son anthropologie le rapport de l'esprit au corps et dans sa métaphysique le rapport de l'intelligible et du sensible, du noumène et du phénomène.

125. - Et c'est peut-être cet extrinsécisme qui explique la doctrine même du formalisme. Comme la connaissance du monde intelligible reste, chez Kant, purement négative, sans aucun élément intuitif (il n'y a d'intuition que sensible), de même la valeur morale, chez lui, ne peut se définir que négativement, par l'élimination de l'individu. C'est pourquoi aussi la manière dont la loi morale s'applique à l'action empêche la valeur morale de pénétrer vraiment celle-ci.

La réduction de l'amour à un sentiment intéressé est un des plus grave défauts de l'éthique kantienne. Il s'explique en partie par l'horreur, justifiée, des confusions où il est si facile de tomber en cette matière. En réalité, l'amour spirituel inclut et requiert le respect, et l'exercice du respect épure et spiritualise l'amour. Mais, dans le respect, il y a déjà quelque chose qui annonce l'amour, qui y tend. On le voit dans la manière même dont Kant parle, avec une émotion contenue, de la beauté de la valeur morale et du devoir, et du contentement (Zufriedenheit) que la volonté y trouve (GMS, p. 396).

Au reste, la doctrine de Kant, comme toutes les grandes doctrines, a été diversement comprise, et certains interprètent moins strictement

---

[85] Autant, du moins, que l'aimé demeure capable de s'ouvrir à la valeur morale et ne s'est pas définitivement fermé à elle. Mais, dans ce cas, il ne pourrait être l'objet d'un amour spirituel authentique.

son formalisme. De notre point de vue, qui n'est pas celui de l'historien, cette question n'a qu'une importance secondaire. L'essentiel est que nous ayons progressé dans la détermination de la valeur morale. L'eussions-nous fait en combattant des moulins à vent, nous n'aurions pas perdu notre peine.

II. *L'éthique de la raison ouverte.*

126. - Si le constitutif formel de la valeur morale est à chercher — comme le mouvement de notre enquête nous y invite — dans une convenance de l'acte humain avec la raison, et si, d'autre part — comme notre critique de Kant l'a montré —, la raison considérée selon la forme d'universalité est, en elle-même, sans portée axiologique, il reste à voir si nous ne serons pas plus heureux en considérant la raison dans sa conformité à une règle objective (n. 114). Seulement, ceci peut se comprendre de deux façons.

On peut penser que la raison ne fait que manifester des exigences *morales* déjà données dans la nature des choses. Dans ce cas, évidemment, la convenance de l'acte avec la raison ne sera qu'une norme intermédiaire, la norme vraie étant formée par ces exigences elles-mêmes. On ne retombe pas, pour autant, dans l'empirisme, car ces exigences ne sont perceptibles qu'à la raison, qu'on les fasse dériver de l'ordre essentiel des choses ou des valeurs, de la nature humaine, de la nature raisonnable comme telle etc. Seule, en effet, la raison saisit les essences et les valeurs, seule elle connaît la nature humaine comme raisonnable, etc. D'autre part, la rectitude de la raison n'a pas, ici, à être vérifiée par comparaison avec une norme extérieure, puisque, du seul fait que la raison est fidèle à ses propres exigences, elle exprime fidèlement cette norme. Il est de la nature de la raison de se conformer à l'ordre objectif [86].
— Selon donc cette interprétation l'acte sera moralement bon si et dans la mesure où il s'accorde avec lesdites exigences; il sera mauvais moralement si et dans la mesure où il les contredit.

Mais on peut penser aussi que la raison, au lieu de transmettre simplement une exigence objective qui aurait déjà un caractère moral, lui confère elle-même ce caractère. Dans ce cas-là, son jugement (son *dictamen*) ne sera pas simplement déclaratif mais constitutif. L'ordre moral ne surgit que s'il y a une raison pour mesurer l'ordre objectif à ses propres exi-

---

[86] Saint Thomas, *De Ver.*, 1, 9.

gences. On ne tombe pas cependant dans les inconvénients du formalisme, car la raison dont il s'agit ici est une raison ouverte à l'Absolu, à l'Idéal, comme il sera expliqué bientôt (nn. 135-136 et ch. III).

Une double tâche nous attend donc à présent. *D'abord,* vérifier directement (et non plus simplement par l'exclusion des autres hypothèses), si la valeur morale, telle qu'elle se donne à la conscience, a bien pour norme propre, immédiate et essentielle, le jugement de la raison. *Ensuite,* ce point supposé acquis, préciser en quel sens, de quelle manière la raison exerce sa fonction normative, si son rôle est seulement déclaratif ou constitutif. Dans ce débat également, nous éviterons toute espèce de controverse, pour nous appliquer à « la chose même ».

Cette enquête se rattache encore d'une autre façon aux précédentes. En rejetant des notions erronées ou insuffisantes de la norme morale, nous avons montré que ces notions, la plupart du temps, faisaient tacitement appel à une norme, dont nous laissions la détermination en suspens : raison, nature raisonnable, ordre des choses... (ainsi nn. 67, 73, 84, 85, 90, 101). C'est cette indétermination que la présente recherche va nous permettre de lever.

127. - Les thomistes conçoivent généralement, semble-t-il, le rôle de la raison comme *constitutif*. La règle de la moralité est dans le jugement de la *raison droite.* Et la raison droite est la raison (pratique) informée par la loi divine ou par les principes de la « loi naturelle » habituellement présents dans la « syndérèse » (n. 240) et perfectionnée par la vertu de prudence (nn. 192, 272). La perception des principes pratiques — toujours selon les thomistes — est infaillible tout comme celle des principes spéculatifs. En effet, ces principes pratiques correspondent aux fins naturelles de l'action humaine, car, dans l'ordre de ce qui est à faire, c'est la fin qui est principe (*finis est ratio agendorum*). Or l'homme est naturellement incliné vers ces fins naturelles et naturellement y voit son bien (n. 21). Touchant donc ces fins et ces principes, la raison humaine est toujours droite.

La raison droite n'est pas à confondre avec la conscience individuelle, qui peut se tromper objectivement et dont nous parlerons plus tard (nn. 242-246). La conscience est une règle subjective; elle fait connaître ce qui est bon, moralement, pour le sujet tel qu'il se trouve *hic et nunc* (par exemple, avec telle connaissance de la norme objective et de la situation), bien que peut-être, en soi, cela ne soit pas bon. La raison droite est une règle *objective;* elle détermine ce qui, tout bien considéré, est bon en soi.

Parmi les auteurs qui tiennent cette position, citons en particulier: L. Lehu, *Philosophia moralis et socialis*, Rome, 1914, t. I, pp. 145 ss. Du même: *La raison règle de la moralité d'après saint Thomas*, Paris, 1930. C. Boyer, *Cursus philosophiae*, Paris, 1936, t. II, pp. 465 ss. Et encore S. Schiffini: *Disputationes philosophiae moralis*, Turin, 1891, t. I, pp. 99-102.

Telle paraît bien être, de fait, la pensée de saint Thomas, qui voit dans la raison humaine la « règle prochaine et homogène » de l'acte humain [87]. Règle prochaine parce qu'elle réside dans le même sujet que l'acte et son principe immédiat (la volonté) et que rien ne s'interpose entre elle et ce principe, qui dépend d'elle immédiatement dans l'ordre de la causalité formelle [88]. Règle homogène parce que, comme la volonté elle-même, à la fois créée et spirituelle, ce qui la distingue et de la Raison divine et des tendances infra-rationnelles.

En faisant de la raison la règle « prochaine » de la moralité, les auteurs dont nous parlons ne nient certes pas qu'elle s'appuie, en jugeant, sur un fondement objectif: la nature humaine, l'ordre essentiel des choses, le rapport à la fin dernière. Tout ce qu'on veut dire, c'est que la valeur morale n'est formellement constituée comme telle que par relation à un jugement, au moins éventuel, de la raison.

Pourtant, la raison humaine, à son tour, est « mesurée » par la Raison divine et c'est d'elle qu'elle tient son pouvoir normateur. La Raison divine est donc bien, en définitive, la norme suprême de la valeur morale, norme dont les choses, les natures portent pour nous les vestiges. Car c'est seulement parce que cette Raison, en les constituant, les « mesure », les « ordonne », leur donne une signification, un sens, une direction, c'est seulement en tant qu'ils sont objets et ouvrages de cette Raison et par là rangés sous sa loi éternelle, que la nature humaine et l'ordre des choses peuvent servir de fondement à la règle de la moralité [89]. Considérés indépendamment de ce rapport à la Raison ordonnatrice, ils n'ont par eux-mêmes aucun caractère moral. On ne saurait donc opposer à cette conception le principe *norma normae est vera norma normati*. Ce n'est pas la nature comme telle qui est norme de la raison droite: c'est la nature en tant soumise à la régulation de la Raison divine, la nature comme œuvre de raison. La règle morale reste donc entièrement intérieure à l'ordre rationnel.

---

[87] Saint Thomas, *Somme théol.*, I-II, 71, 6.
[88] Saint Thomas, *De Malo*, 6 (art. unic.).
[89] « Natura humana, considerata in momento anteriori ad legem aeternam et independenter ab ipsa, nullimode dici potest fundamentum moralitatis », L. Lehu, *op. cit.*, p. 119.

128. - Beaucoup de scolastiques pourtant et peut-être le plus grand nombre n'accordent à la raison qu'un rôle manifestatif: la règle morale, selon eux, est déjà donnée comme morale dans l'ordre objectif. Leur souci paraît être d'assurer au jugement de la raison un fondement solide, qui le sauve de l'arbitraire; à quoi s'ajoute, chez les plus récents, la crainte de verser dans le kantisme, l'idéalisme ou le subjectivisme. Attribuer un rôle constitutif à la raison, quand il s'agit de la règle morale, n'est-ce pas opérer, en éthique, la « révolution copernicienne »? Peut-être cette crainte tient-elle parfois à une certaine méconnaissance de ce qui distingue le bien moral comme tel, le sujet spirituel comme tel: en voulant échapper à l'idéalisme, on court le danger de rester prisonnier d'un naturalisme aristotélicien, insuffisamment ouvert à la dimension de l'intériorité et de la subjectivité.

Toutefois, chez les auteurs dont nous parlons, l'ordre objectif, source de la norme morale, est diversement conçu.

Certains l'identifient avec l'ordre essentiel des choses, la hiérarchie ontologique, le système des « rapports de perfection » etc. Ce sont des métaphysiciens. Ainsi M. Liberatore [90] et, hors de l'Ecole, Malebranche (interprétation ontologique) [91] et A. Rosmini [92].

D'autres préfèrent se placer dans une perspective téléologique. On apprécie l'activité d'un agent quelconque selon son aptitude à atteindre la fin propre de l'agent (ou, du moins, la fin pour laquelle on l'utilise). Un calorifère fonctionne bien, quand il répand dans la pièce une douce chaleur, ce qui est

---

[90] M. Liberatore, *Institutiones philosophicae*, vol. 3, Rome, 1871, p. 50.

[91] « La Raison qui éclaire l'homme est le Verbe ou la Sagesse de Dieu même ... En contemplant cette divine substance, ... je puis aussi découvrir quelque chose de ce que Dieu veut: car Dieu ne veut que selon l'Ordre et l'Ordre ne m'est pas entièrement inconnu ... En contemplant la substance intelligible du Verbe, qui seule me rend raisonnable et tout ce qu'il y a d'intelligences, je vois clairement les rapports de perfection, qui sont l'Ordre immuable que Dieu consulte quand il agit, Ordre qui doit aussi régler l'estime et l'amour de toutes les intelligences », Malebranche, *Traité de Morale*, Ie p., ch. 1. — Sur la morale de Malebranche, voir Leonardo Verga, *La Filosofia morale di Malebranche*, Milan, 1964.

[92] Après avoir formulé ainsi la « première loi morale »: « Segui nel tuo operare il lume della ragione », Rosmini l'expose comme suit: « Vuogli, ossia ama l'esse ovunque lo conosci, in quell'ordine ch'egli presenta alla tua intelligenza ». En effet, « non è la ragione che veramente costituisce la suprema legge morale, ma sì bene l'idea dell'essere, il lume di cui quella potenza fa uso, e col quale ove sta, va diritta, e dal qual ove s'allontana, erra », *Principi della scienza morale*, in « Opere edite ed inedite », vol. XII, pp. 7, 68, 8. — Sur l'éthique rosminienne, voir M. F. Sciacca, *La filosofia morale di Antonio Rosmini*,2 Rome, 1955.

sa fin. De même, l'homme agit bien en tant qu'homme — c'est-à-dire agit « honnêtement », réalise la valeur morale — quand il agit d'une manière qui s'accorde avec sa destination à la « fin dernière », destination qui constitue sa finalité propre. La valeur morale est donc ici définie par l'aptitude de l'acte à s'intégrer dans le processus qui mène à la fin ultime. Vont plus ou moins dans ce sens J. Gredt et J. Mausbach [93].

129. - D'autres enfin, et ce sont les plus nombreux, mettent la norme morale dans la *nature humaine* ou *la nature raisonnable comme telle*. Le bien moral, en effet, est le bien proprement humain, le bien de l'homme en tant que tel; mais ce qui est bon pour un être, c'est ce qui convient à sa nature. Telle est, en particulier, la position des suaréziens et, avant tout, de Suarez : « La bonté morale objective (entendons, celle que l'objet confère à l'acte, infra, n. 224) consiste en une convenance de l'objet bon par soi à la nature raisonnable comme telle » [94].

En effet, continue Suarez, « le bien honnête objectif, dont il s'agit ici, ne peut consister dans la simple perfection de la chose en elle-même, car la bonté de ce bien se dit par rapport à l'être auquel il se présente comme un objet à aimer ou à rechercher; il requiert donc une certaine convenance avec la nature de l'homme ... Ajoutons pourtant que cette convenance doit être avec la nature raisonnable en tant que raisonnable et susceptible d'être gouvernée par la raison droite (cum natura rationali ut rationalis est et recta ratione gubernari potest); en effet, cette bonté morale (honestas) est la plus haute valeur (bonitas) qui se peut trouver dans ce genre de convenance au regard de l'homme; elle doit donc concerner le degré le plus parfait et la perfection la plus haute qui soit dans l'homme; par conséquent, elle doit se prendre par rapport

---

[93] En fait, la position de ces auteurs est nuancée. J. Gredt (*Elementa philosophiae aristotelico-thomisticae*[6], Fribourg en Br., 1932, t. II), affirme que « la règle suprême de la moralité de l'acte humain est la fin dernière de l'homme », p. 349. Cette fin est Dieu; pourtant, la règle suprême n'est pas Dieu considéré dans son essence, mais Dieu comme Raison ordonnatrice, rapportant l'homme à sa fin. La règle morale prochaine est le *dictamen* de la raison (humaine), participation de la Loi éternelle, p. 350. — Pour J. Mausbach (*Katholische Moraltheologie*[8], Bd II, Münster Westf., 1954), la valeur absolue de l'acte moral ne peut lui venir que de son rapport au Souverain Bien, à la fin d'ensemble (Gesamtziel) de la création : « Das sittlich Gute ist die höchste Art und Stufe des Guten; es überragt alles Geschaffene an Wert, ist in gewissen Sinne absolut, verlangt eine unbedingte Hochschätzung. Da nun die sittliche Tat und Gesinnung des Menschen als solche endlich und beschränkt, ist, so kann ihr nur die Beziehung auf ein höchstes Gut, das Gesamtziel der Schöpfung, jenen unbedingten Wert geben », p. 67. La norme dernière de la moralité est l'essence et la sainteté de Dieu, p. 71. Mais la norme prochaine consiste dans l'ordre des essences saisi par la raison, p. 74, ordre dans lequel la nature humaine occupe une place centrale, pp. 75 ss.

[94] Suarez, *De bonitate et malitia objectiva actuum humanorum*, disp. IX, sect. 2, n. 10; éd. Vivès, t. IV, p. 294 b.

à la nature raisonnable en tant que raisonnable ». Mais, ajoute le même auteur, « cette convenance avec la nature raisonnable ne concerne pas le jugement (dictamen) de la raison, mais la nature considérée en elle-même (secundum se); la raison ne fait qu'appliquer et proposer (ratio autem solum est applicans et proponens) ce qui convient à la nature, et son jugement est droit quand la chose jugée convenir à la nature lui convient effectivement » [95].

Semblablement, à la suite de Suarez bien qu'avec des formules un peu différentes, V. Frins: « ... la nature humaine, considérée selon sa dignité propre et innée et ses relations essentielles ou accidentelles aux divers êtres, est règle objective et fondement de la moralité, ou, en d'autres mots, est ce que la raison doit avoir sous les yeux (intueri), pour pouvoir juger si les objets et les actions nous conviennent au sens vrai et plein du terme (ut de vera et simpliciter dicta convenientia objectorum et actionum pro nobis judicet) » [96]. — Dans le même sens, V. Cathrein [97], Ed. Elter [98] etc.

Parmi les thomistes proprement dits qui adoptent cette position, nous mentionnerons R. Jolivet: « Du point de vue moral, spécifié par la fin dernière, nous dirons donc qu'un objet est bon ou mauvais en lui-même selon qu'il est ou non proportionné à l'obtention de la fin dernière de l'homme ... Ce n'est cependant pas *immédiatement* par le rapport à la fin dernière que se déterminera le bien objectivement honnête, parce que la moralité de l'acte n'implique pas, de la part de la volonté, une référence formelle à la fin dernière. Nous savons en effet que le critère de cette relation de l'acte humain avec la fin dernière consiste dans la convenance ou la non-convenance de l'acte avec la nature rationnelle de l'homme, considérée avec ses tendances et ses aptitudes, selon leur valeur relative, ainsi qu'avec les relations générales et personnelles qui unissent l'homme à Dieu et aux autres créatures. *Ce sera donc cette convenance ou cette proportion qui définira proprement et immédiatement le bien honnête dans son essence objective* » [99]. (On peut voir, dans ce texte, la distinction entre la question de l'essence de la valeur et celle de la norme morale, supra, n. 47, 1).

La nature humaine dont il est ici question n'est donc pas la nature abstraite, mais la nature considérée « adéquatement », c'est-à-dire avec l'ensemble de ses relations. « Nous appelons bonne, dit Schiffini, l'action qui s'accorde avec toutes et chacune de ses relations, non pas considérées à part, mais selon la proportion que, de par leur nature, elles doivent avoir entre elles (cum debita proportione quam ex se habent ad invicem); mauvaise, au contraire, l'action qui contredit cet ordre en quelque façon (si fiat quidpiam huic ordini contrarium) » [100].

---

[95] *Ib.*, nn. 11, 13; p. 295 a.
[96] *De actibus humanis*, t. II, p. 58.
[97] *Philosophia moralis*[14], Fribourg en Br., 1927, pp. 80-81.
[98] *Compendium philosophiae moralis*, Thesis I.
[99] *Morale*[2], Lyon, 1945, p. 183.
[100] *Op. cit.*, n. 57, p. 94.

Bien entendu, on ne nie pas que la raison soit règle de la moralité, en tant qu'elle montre ce qui convient à la nature raisonnable, mais on veut que son rôle s'arrête là : elle ne doit pas intervenir dans la constitution de cette convenance, si ce n'est en tant qu'elle est elle-même un élément de la nature raisonnable, en tant donc qu'on la considère du côté de l'objet sur lequel elle-même se règle pour juger. (Cf. les paroles de Suarez citées plus haut). — Ce dernier point est formellement nié par Schiffini [101] et c'est pourquoi, bien que cet auteur paraisse adopter la thèse que nous venons d'exposer, en réalité il doit plutôt figurer parmi les tenants de la position contraire (n. 134).

130. - Essayons de voir clair dans ce débat.

Que le jugement de la raison droite soit la règle prochaine de la moralité, comme le veut saint Thomas, c'est ce qui ne semble pas niable et qui d'ailleurs, si l'on s'en tient à cette formule générale, n'est pas, d'ordinaire, nié. La valeur morale est celle qui rend l'acte humain bon en tant qu'acte humain. Or il est bien évident que l'acte humain est bon, purement et simplement, en tant qu'acte humain, dans la mesure où il répond aux exigences du principe qui le spécifie comme acte humain. « Le principe d'un genre est la mesure et la règle de ce genre » [102]. La valeur proprement artistique d'un tableau s'apprécie, non pas selon sa fidélité à reproduire le réel (une photographie ferait beaucoup mieux), non pas selon la richesse du cadre, la solidité du matériau etc., mais selon sa correspondance à l'intention artistique du peintre, à l'idée ou plutôt à la valeur qu'il a voulu exprimer et qui ne s'est précisée pour lui qu'en prenant corps. C'est cette intention, cette valeur visée qui est le principe de la création artistique.

Or, le principe de l'action humaine en tant qu'humaine, c'est la raison. L'acte humain est, essentiellement, volontaire et libre et la liberté a sa racine dans la raison (n. 111). La volonté n'est volonté, distincte de l'appétit naturel et animal, que par son caractère rationnel ; son exercice est inséparable de celui de l'intelligence qui lui donne sa forme en lui présentant son objet [103]. Et en effet, étant le mouvement par lequel l'idée se réalise à travers l'esprit ou, ce qui revient au même, le mou-

---

[101] *Ib.*, n. 62, pp. 101-102.
[102] « In unoquoque genere, id quod est principium est mensura et regula illius generis », saint Thomas, *Somme théol.*, I-II, 90, 1.
[103] *Ib.*, I-II, 13, 1.

vement « de l'âme aux choses » procédant de l'esprit en tant que l'objet est en lui, intentionnellement présent (*inclinatio consequens rem intellectam*) [104], la volonté n'a pas d'autre « forme », d'autre spécification que celle qui lui vient de l'intellect, ou, plus précisément, de la raison. Car l'objet ne déclenche le vouloir que s'il est perçu comme bien et le bien dit convenance, donc relation; or, nous l'avons vu, référer est le propre de la raison. C'est donc bien celle-ci qui spécifie l'acte humain comme tel et qui, par conséquent, en mesure la rectitude dans sa ligne d'acte humain, rectitude qui est précisément la valeur morale.

Tout cela trouvera confirmation et complément dans ce que nous dirons plus loin, nn. 134-136 et 139.

131. - Pourtant, nous ne pouvons nous en tenir là. S'il est vrai, comme l'enseigne la psychologie thomiste, que la décision volontaire correspond toujours et nécessairement au dernier jugement de la raison pratique, tout acte humain, dans la mesure où il est acte humain, est conforme à la raison. Aussi préciserons-nous : la règle morale n'est pas un jugement quelconque de la raison : c'est un jugement de la *raison droite*.

Seulement, qu'est-ce que la raison droite ? [105] Nous avons vu la définition des thomistes : « la raison informée par la loi divine et la loi naturelle » (n. 127). C'est parfait, s'il s'agit d'apprécier la rectitude de tel ou tel jugement moral particulier. Mais qui me garantit la valeur de la loi naturelle et de la loi divine ? Laissons, pour l'instant, celle-ci de côté. Les principes de la loi naturelle, nous dit-on, nous sont connus à travers les inclinations de la nature. Mais ces inclinations, par elles-mêmes, ne sont rien de plus qu'un fait : comment en ferai-je sortir un droit et un devoir ? Qui m'assure de leur rectitude ? Ou bien celle-ci est admise par une sorte de confiance ingénue et irrationnelle, et alors on se demande comment une moralité peut en sortir, ou bien il y a, si confus qu'on le suppose, un jugement par lequel la raison reconnaît l'accord de ces inclinations avec ses propres exigences. En d'autres termes, la loi naturelle ne vaut pour nous que par son accord avec la raison droite, la rectitude de la raison lui est donc présupposée et ne peut pas se définir à partir d'elle.

---

[104] *Ib.*, I, 87, 4.
[105] Voir *Essai*..., nn. 127, 128, pp. 306-309.

On ne sera pas plus heureux en définissant la raison droite (comme on le fait pour la prudence, n. 272) par sa conformité l'*appétit droit.* Car la volonté droite est celle qui veut le bien et par conséquent suit la raison droite...

La rectitude de la raison n'est pas définissable ou connaissable par comparaison avec une règle extérieure : sa règle est dans la raison même. La raison droite, c'est la raison fidèle à son essence et à ce que nous appellerons son *Idéal,* la raison s'exerçant *rationnellement,* selon sa propre loi, au lieu de se subordonner à une loi étrangère, de s'aliéner en suivant, par exemple, la loi des sens. Pour autant, l'éthique de la raison droite est une éthique de la liberté.

Celui qui emploie tout son talent à découvrir et mettre en œuvre les moyens de satisfaire son ambition, son envie, ses appétits charnels, ou qui machine un « crime parfait », use certes de sa raison et souvent dans une mesure peu commune, mais il ne s'en sert pas *raisonnablement,* parce qu'il ne le fait pas pour des fins où la raison puisse se reconnaître. Ce qui n'est pas moral, au sens de *moralement bon,* n'est pas pleinement rationnel. « La raison corrompue n'est pas (vraiment) raison, de même qu'à proprement parler un syllogisme faux n'est pas un syllogisme ; c'est pourquoi la règle des actes humains n'est pas une raison quelconque, mais la raison droite » [106].

La rationalité de l'acte moral n'est donc pas seulement une condition d'efficacité, comme lorsqu'il s'agit d'atteindre une fin posée par ailleurs (dans les activités techniques, par exemple). Après tout, j'aime mieux un médecin qui me guérit par un traitement absurde qu'un autre qui me laisse mourir « selon les règles », comme les médecins de Molière. Dans l'acte moral, il n'en va pas ainsi. La rationalité a valeur par elle-même. L'acte contraire à la raison est mauvais, quels que puissent être ses résultats sur le plan économique et eudémonique.

Ainsi, la valeur morale de l'acte humain s'apprécie selon sa correspondance au jugement de la raison droite, de la raison fonctionnant selon sa législation immanente et sa propre finalité. Voilà une première conclusion qui nous semble hors de conteste. Il s'ensuit immédiatement que l'objet, lui aussi, reçoit sa qualification morale de son rapport à la raison droite. Que veut-on dire, en effet, en parlant de la valeur morale d'un objet ? On veut dire — selon que cette valeur est positive ou négative — que la volonté peut ou ne peut pas vouloir cet objet tout en demeurant fidèle à sa norme. Or, cela suppose qu'il y a, dans l'objet lui-même, une certaine relation de convenance ou de non-convenance à cette norme et donc à la raison droite.

---

[106] Saint Thomas, *In II S,* d. 24, q. 2, a. 3.

La conformité avec la raison est dans l'objet avant d'être dans l'acte, mais la valeur morale se dit d'abord de l'acte, où elle réside formellement, et ne s'applique à l'objet qu'en vertu d'une analogie d'attribution. L'objet bon est celui qui peut rendre bonne la volonté qui le vise etc. Il en est ici comme de la vérité : la vérité de la chose (vérité ontologique) est cause de la vérité dans l'esprit (vérité logique) et pourtant la vérité se dit premièrement et formellement de l'esprit.

132. - D'autre part, cependant, il est indéniable que la nature raisonnable comme telle et l'ordre essentiel des choses sont impliqués par la règle morale et la fondent en quelque manière. Cela résulte, pour ce qui concerne la nature raisonnable, de la considération directe de la valeur morale, et pour ce qui concerne à la fois la nature raisonnable et l'ordre des choses, d'un examen plus poussé de ce que requiert la convenance avec la raison.

D'une part, en effet, la valeur morale nous est donnée, immédiatement, comme la valeur qui affecte l'acte humain en tant qu'humain et, à travers lui, l'homme en tant qu'homme (n. 26). Mais pour chaque type d'être, pour chaque espèce, la valeur de l'individu, sa réussite, sa perfection comme représentant de ce type, comme membre de cette espèce, consiste dans la correspondance de ses actes, de ses aptitudes, de ses habitudes et de ses *habitus,* aux exigences du principe qui en fait un représentant de ce type, un membre de cette espèce, c'est-à-dire aux exigences de sa nature spécifique. La valeur morale aura donc pour mesure la conformité de l'action humaine, en qui elle réside d'abord, avec le principe qui la fait humaine, c'est-à-dire avec la nature spécifique de l'homme, la *nature raisonnable.*

L'argument est à celui que nous avons employé tout à l'heure, n. 130. Rien d'étonnant : la raison appartient à la nature humaine et tout ce qui convient à celle-là convient à celle-ci : « La raison de l'homme est nature ; c'est pourquoi tout ce qui est contre la raison de l'homme est aussi contre la nature de l'homme » [107].

Il y a pourtant une différence entre les deux arguments. Tout à l'heure, il s'agissait de la structure interne de l'acte humain, en tant qu'il procède de la volonté dont la raison est la règle immanente. Le point de vue était psychologique ou phénoménologique. Ici, le point de vue est objectif, ontologique : l'acte humain est considéré comme l'opération d'une nature, aux exigences de laquelle il doit satisfaire pour être « comme il faut ».

---

[107] Saint Thomas, *De Malo,* 14, 2, ad 8um. — Cf. *In II Eth.,* 1. 2 ; éd. Pirotta, n. 257.

Mais, notons-le bien, la convenance impliquée dans la valeur morale doit s'entendre par rapport à la nature raisonnable *comme telle,* c'est-à-dire en tant qu'elle *n'est pas seulement nature.* La convenance avec la nature considérée simplement comme nature ne fonderait qu'une valeur naturelle; or, la valeur morale est d'un autre ordre. Formellement, elle se situe dans l'ordre de l'activité libre, laquelle, nous l'avons dit (n. 13), procède du sujet en tant qu'il n'est pas simplement nature, réalisant un « degré d'être », mais « en quelque manière tout ». La valeur morale dit donc un rapport à la nature raisonnable en tant que celle-ci transcende sa finitude, en d'autres termes, en tant qu'elle est raisonnable [108].

« La raison est à la fois nature et raison. En tant que raison, elle a une façon d'être cause qui s'ajoute à la façon dont une chose est naturellement causée par une autre. Et c'est de cette manière que la raison est le principe des vertus » [109].

133. - D'autre part, si le jugement de la raison est la règle morale immédiate, il faut bien, sous peine d'arbitraire, qu'il s'appuie sur une convenance objective. Il y a un ordre de l'être, une hiérarchie (n. 101, 2), des rapports essentiels qui portent l'empreinte de la Raison créatrice et s'imposent à la nôtre bien loin d'en dépendre. Si « droite », si ouverte que puisse être celle-ci, elle ne saurait, en l'absence d'un ordre objectif, « ordonner » ceci plutôt que cela.

Mais il est clair que cet ordre, pour pouvoir fonder le jugement moral, doit embrasser la nature raisonnable. D'abord, parce que celle-ci fait évidemment partie de l'être. Ensuite et d'une façon plus spéciale, parce que l'objet du jugement moral n'est pas, comme l'objet du jugement spéculatif, quelque chose où le sujet n'est pas nécessairement engagé : c'est un *acte* à poser ou à éviter; or l'acte est inséparable du sujet et partant de sa nature. L'ordre objectif contient donc celle-ci; il la contient précisément comme « ordonnée », reliée aux autres éléments qui le constituent; mieux encore, en tant que le sujet est au centre du jugement moral, c'est lui, d'une certaine manière, qui occupe le centre de cet ordre : il s'agit toujours de *mon* attitude à son égard. — Mais l'ordre de l'être avec, au cen-

---

[108] Transcender la finitude est le propre de la nature intellectuelle ou spirituelle. L'adjectif: raisonnable, peut être pris en deux sens. Au sens large, il a la même extension que: intellectuel (n. 114). Au sens restreint, il désigne le mode humain de l'« intellectuel ».

[109] Saint Thomas, *In III S,* d. 33, q. 1, a. 2, qa 1, ad 2um.

tre, le sujet spirituel ou la nature raisonnable, ce n'est pas autre chose que cette nature « adéquatement prise », avec toutes ses relations, car ces dernières sont coextensives à l'être. Précisément parce qu'elle est *quodammodo omnia,* sa compréhension, sa considération adéquate enveloppe celle du Tout. L'ordre de la raison, c'est identiquement celui de l'être. De ce chef encore, la nature raisonnable nous apparaît comme le fondement de la règle morale.

134. - Ainsi les thomistes voient juste en faisant du jugement de la raison droite la règle prochaine de la moralité; les suaréziens n'ont pas tort de fonder celle-ci sur la nature raisonnable. Est-ce à dire qu'il n'y ait entre eux qu'un malentendu? Sinon, sur quoi porte le litige?

Il porte, nous l'avons vu, sur le rôle de la raison. Ce rôle est-il purement *déclaratif,* comme le veut Suarez (n. 129), la raison se bornant à conférer à l'ordre objectif une existence dans la pensée, ou est-il *constitutif de la valeur morale en tant que telle*?

Notons bien qu'il ne s'agit pas de savoir si, avant que nous jugions, il y a, en soi, un ordre moral: la question est déjà tranchée. Il s'agit de savoir si cet ordre peut être défini comme moral et proposé comme tel à la raison sans que, dans la définition, entre, comme terme de rapport, le jugement de cette même raison pratique.

Remarquons d'abord, comme le note Schiffini [110] contre Suarez, que le jugement de la raison appartient à la nature raisonnable comme sa perfection, car les choses sont en vue de leurs actes. La nature raisonnable ne peut être comprise comme raisonnable que si on la considère comme ordonnée à juger raisonnablement. La convenance à la nature raisonnable adéquatement prise enveloppe ainsi, comme ce qui lui donne sa dernière signification, la convenance avec cette nature jugeant raisonnablement. On ne saurait donc dire qu'elle soit constituée indépendamment de toute référence au jugement de la raison. Il est faux, par conséquent — et c'est une incohérence — de dire que la raison droite, ici, a pour *unique* fonction d'appliquer et de proposer la règle [111].

En d'autres termes et plus brièvement: puisque l'activité de la raison intègre la nature raisonnable comme telle, la convenance avec cette activité intègre la convenance avec la na-

---

[110] *Op. cit.,* n. 62, pp. 101-102.
[111] *Ib.*

ture raisonnable. Si elle l'intègre, elle ne la trouve pas déjà entièrement constituée. Elle intervient donc dans sa constitution.

135. - Mais cela ne suffit pas. Non seulement la convenance avec la raison intègre la convenance avec la nature, mais elle la constitue formellement comme valeur morale.

Examinons d'abord la notion même de convenance avec la nature. Si l'on veut parler d'une convenance entièrement constituée avant tout rapport au jugement de la raison et que celui-ci n'aurait qu'à constater et à présenter au vouloir, il ne peut s'agir que d'une convenance « naturelle » : celle d'un objet qui répond à mes tendances, qui se propose comme apte à me procurer une certaine plénitude, un certain achèvement, ou encore qui présente avec ma nature une certaine affinité ou similitude ... Mais tout ceci ne peut fonder qu'un bien « naturel » non un bien moral. La pleine satisfaction des appétits, la pleine réalisation de la nature, la ressemblance, le fait que telle action exprime ce que je suis, tout cela nous laisse dans l'ordre « physique » ou, si l'on veut, ontologique et si le rôle de la raison se borne à manifester de telles « convenances », il n'y a pas encore pour nous de valeur morale.

Celle-ci ne se montre que là où il apparaît « absolument convenable » d'agir selon cette convenance naturelle. Car le caractère propre de la valeur morale, c'est l'absolu (nn. 33, 3; 41). Or, c'est à la raison qu'il appartient de proclamer cette convenance absolue; et elle la proclame en reconnaissant cette convenance comme lui convenant *en tant qu'elle est faculté de l'absolu*; et elle reconnaît cette deuxième convenance dans l'exercice même de son activité judicative, par laquelle et dans laquelle elle s'affirme comme faculté de l'absolu (n. 114).

Ainsi donc, sans référence à un jugement au moins éventuel, pas de valeur morale. La convenance avec la nature ne devient convenance morale qu'en se manifestant comme convenance avec la raison.

Quand la raison dit : « il est mal de mentir », elle n'exprime pas simplement une relation inscrite dans les faits ou conclue d'une réflexion objective sur les faits (comme lorsqu'elle dit : « le mensonge, en ruinant la confiance, est nuisible à la société », ou : « le mensonge porte tort au menteur, en lui faisant perdre son crédit et sa réputation »). Elle exprime, en outre, un rapport (ici négatif) de l'objet avec *elle-même* : elle reconnaît, dans le mensonge, quelque chose qui ne s'accorde pas avec ce qu'elle demande, en tant que raison, quelque chose qui va contre sa loi propre, loi d'ouverture et d'universalité.

La convenance avec l'ordre des choses appelle la même observation que la convenance avec la nature raisonnable (nous avons vu que les deux, en réalité, coïncident, n. 133). Ici encore, si l'on fait abstraction de la convenance avec la raison, il n'y a rien de plus qu'une convenance purement ontologique, sans formalité morale. Il est vrai que la raison est l'expression de l'être, que l'être est, d'une certaine manière, la norme de la raison, mais l'être n'est saisi dans sa fonction de norme qu'à travers l'activité même de la raison qui manifeste en lui l'absolu. Faute de quoi, l'ordre de l'être n'est rien de plus qu'un ordre empirique d'étants.

Il est vrai aussi que la nature raisonnable, de par son éminente dignité, semble, indépendamment de toute référence au jugement de la raison, porteuse d'une valeur absolue. Mais, encore une fois, cette dignité ne se révèle qu'à travers l'exercice de la raison et surtout de la raison morale. Nous ne jugeons « digne », au vrai sens du mot, que ce que la raison approuve, ce en quoi elle se reconnaît.

Mais enfin, n'y a-t-il pas, en dehors de toute convenance reconnue avec la raison, une finalité objective de la nature humaine? Sans doute, mais, ou bien cette finalité est considérée comme immanente au dynamisme de la nature et alors, on l'a dit, le bien qui lui répond est un bien naturel; ou on la regarde comme constituée par la Raison divine et en portant le vestige, mais alors elle ne fonde *pour nous* la valeur morale que si cette Raison est reconnue comme Valeur absolue et source des valeurs; or, faute d'intuition ontologique, la valeur de la Raison divine ne nous est connaissable qu'à travers notre raison, qui nous montre comme *souverainement raisonnable* la conformité à la Norme d'où la raison finie tire son pouvoir normatif (nn. 136 et 163).

Il est cependant un sens — nous l'avons vu (n. 134) — où l'on peut dire que la convenance avec la nature raisonnable constitue formellement la valeur morale : à savoir, si cette nature est comprise comme se déterminant raisonnablement. Il est clair, en effet, que ce vers quoi tend une telle nature sous une telle détermination, ce qui l'intègre, ce qui l'exprime etc. ne peut être que moralement bon. Et peut-être y a-t-il quelque pressentiment de cela chez Suarez, quand il souligne que la convenance de l'objet moral doit être une convenance à la nature raisonnable « en tant que susceptible d'être gouvernée par la raison » (supra, n. 129). Quoi qu'il en soit, si la convenance morale concerne la nature se déterminant raisonnablement, c'est-à-dire selon la raison droite, on voit assez qu'elle concerne, en premier lieu, la raison. C'est parce que l'objet convient à la raison qu'il convient à la nature se déterminant raisonnablement.

Il y a une sorte de réciprocité et de complémentarité entre la convenance avec la nature et la convenance avec la raison. L'objet ne convient à la nature raisonnable que s'il convient à la raison, mais la raison ne peut le juger comme lui convenant que si elle le voit convenir à la nature. Cette convenance naturelle, la raison, en la reconnaissant comme convenance avec soi, à la fois la parfait et la transforme en convenance morale. S'il s'agit de la convenance qui constitue la valeur morale, l'acte bon convient à la nature raisonnable parce qu'il convient à la raison et non vice-versa. La convenance purement *naturelle* est comme le présupposé matériel de la convenance avec la raison.

On se gardera d'entendre cela comme si la nature, étrangère de soi à la raison, recevait toute son intelligibilité de l'esprit humain! Tout au contraire, il y a déjà, dans la nature, en tant qu'elle procède de la Raison divine, un ordre rationnel (n. 133). Ce qu'on veut dire, c'est que cet ordre n'est saisi comme moral que moyennant une réflexion et une mise en rapport avec le jugement droit de la raison, en tant que celle-ci, dans l'exercice de son activité judicative, se rapporte elle-même, d'une façon singulière, à l'Absolu et, en dernière analyse, à la Raison divine, comme on va le voir.

136. - Mais ne peut-on pas dire que la nature raisonnable, par sa dignité intrinsèque, suffit à conférer une valeur absolue à la convenance qui la concerne, la constituant ainsi, en dehors de toute référence au jugement de la raison, en convenance proprement morale?

A cette objection il a été déjà répondu: la « dignité » n'est pas une donnée directement perceptible; elle n'est connaissable que moyennant une réflexion de la raison (n. 135). — Mais allons plus loin et demandons-nous d'où vient cette valeur éminente et, d'une certaine façon, absolue de la nature raisonnable.

Ce n'est certes pas en tant que cette nature est considérée purement en soi, comme une *nature* singulière, un objet parmi les autres objets. Pourquoi la valeur de la volonté, ouverte sur l'universel, dépendrait-elle de son attitude envers ce bien particulier? Nous voulons nécessairement être et mieux être, mais cette nécessité, tant qu'elle reste sur le plan du dynamisme commun à toute nature, n'a encore aucun caractère moral.

La nature raisonnable doit sa valeur éminente et absolue à cette ouverture sur l'Absolu qui la spécifie comme raisonnable. Absolu de vérité et de valeur: sous le premier aspect, il est l'Idéal et comme l'horizon de l'intelligence spéculative, sous le second aspect, il est l'Idéal et l'horizon de la raison pratique et de la liberté [112]. Comme tel, il communique sa dignité à la nature raisonnable; il élève la « convenance » avec celle-ci au plan de la moralité. Notons-le bien, en effet: la dignité supérieure de l'homme ne lui vient pas principalement de ce qu'il peut connaître le monde ou, comme le demande Marx, le trans-

---

[112] *Essai* ..., n. 130, pp. 312-315.

former: elle réside avant tout dans son aptitude à reconnaître et à réaliser la valeur. C'est par là seulement qu'il s'accomplit comme *homo sapiens*. Autrement dit — et Kant l'avait bien vu — la nature humaine ne pourrait fonder la moralité qu'à la condition d'être déjà considérée comme morale; ce qui revient à dire qu'elle ne peut pas véritablement la fonder mais seulement avoir son rôle dans cette fondation.

Ainsi la convenance à la nature raisonnable ne revêt une valeur absolue (et donc n'est capable de déterminer objectivement le jugement de la raison pratique) que parce qu'elle enveloppe une convenance (de l'acte et de l'objet) à l'Idéal de valeur vers lequel cette nature, en tant que raisonnable, est ouverte et orientée, vers lequel, pourrait-on dire, elle *existe*.

Or — c'est là le point délicat — *la convenance avec l'Idéal est, identiquement, convenance avec la raison visant cet Idéal, c'est-à-dire avec la raison droite, et elle est connue à travers cette dernière convenance, dans l'exercice même de l'activité jugeante (exercite).*

En effet, l'Idéal pratique ne nous est pas donné dans une intuition ou d'une autre façon objective. Impossible donc de lui comparer directement l'objet ou l'acte à poser pour en reconnaître la convenance ou la non-convenance. L'Idéal est visé dans et par l'activité de la raison et de la volonté, non comme un objet, mais comme l'horizon ou, mieux, le terme transcendant de cette activité. Le sujet, en jugeant et en se décidant à propos de tel objet déterminé, a conscience, dans la mesure de sa sincérité lucide, d'*exister-vers* ce dont dépend sa propre valeur. Si donc une relation de convenance entre l'acte (ou l'objet) et l'Idéal doit être perçue, elle ne peut l'être qu'à travers la convenance de l'acte (ou de l'objet) avec la raison ouverte à l'Idéal, autrement dit avec la raison droite.

C'est donc bien, directement et immédiatement, la convenance avec la raison droite qui confère son caractère absolu à la convenance avec la nature raisonnable. Et c'est elle aussi, par conséquent, qui constitue celle-ci, formellement, comme valeur morale.

En d'autres termes et plus brièvement: la valeur de la convenance à la nature raisonnable n'est valeur morale que si cette nature est considérée comme morale, capable d'agir selon la raison droite. La valeur morale doit donc formellement se prendre par rapport à la raison droite.

Il ne faut donc pas dire: c'est parce que notre nature est une nature raisonnable qu'il est bon d'agir selon la raison, mais au contraire: c'est parce que la raison nous commande de respecter les exigences de la nature, qu'il est bon *moralement* de suivre celle-ci Pourtant, c'est bien parce que la raison fait partie de notre nature, qu'agir selon la raison est bon *pour nous*.

137. - Nous pouvons, à présent, mettre le point final à notre longue recherche. Le constitutif formel de la valeur morale nous est maintenant connu. Il consiste dans la convenance de l'acte et de l'objet à la raison droite, à la raison fidèle à elle-même et ouverte sur l'Idéal. Cette convenance enveloppe une convenance à la nature raisonnable comme telle, mais c'est la convenance avec la raison qui donne à cette autre convenance un caractère moral.

Le rapport à l'Absolu et à l'Idéal précise pour nous le mode de rationalité propre à la valeur morale. Agir selon la raison droite, poser un acte rationnel de part en part, ce n'est pas simplement donner à notre action une cohérence, une élégance formelles: ceci définirait tout au plus une logique ou une esthétique de la vie, non une morale. Ce n'est pas non plus, nous l'avons vu, agir selon des normes universelles. C'est agir *dans l'ouverture à l'Absolu*. Nous serons bientôt en mesure d'apporter là-dessus une nouvelle précision.

Nous avons laissé de côté l'opinion qui met la norme de la moralité dans le rapport à la fin dernière (n. 128). Ou bien, en effet, il s'agit de la fin dernière *subjective*, de la béatitude, et notre examen de l'eudémonisme nous a dit ce qu'il faut en penser (nn. 71-73). Ou bien il s'agit de la fin dernière *objective*, la gloire de Dieu, mais celle-ci n'est valeur fondamentale qu'*en soi*, dans l'ordre déductif, et non *pour nous*, dans l'ordre inductif. La raison juge qu'il faut chercher la gloire de Dieu, parce qu'elle voit cette recherche conforme à son Idéal. D'ailleurs la gloire de Dieu n'est pas procurée par la seule valeur morale: la fin dernière objective ne saurait donc être le fondement propre de celle-ci. Ou bien enfin il s'agit de la pleine réalisation naturelle de l'homme par le moyen de son agir, mais alors on revient, avec d'autres formules, à la thèse qui situe la norme de la moralité dans la convenance à la nature humaine.

En quel sens, cependant, on peut faire intervenir le rapport à la fin dans la définition de la valeur morale, nous le dirons bientôt (n. 141).

CHAPITRE III

DEDUCTION DE LA VALEUR MORALE. ECLAIRCISSEMENTS SUR L'IDEAL DE LA RAISON PRATIQUE

I. Déduction de la valeur morale.

138. - Notre enquête, jusqu'ici, a conservé une allure dialectique et phénoménologique. L'issue en a été que la seule interprétation de la valeur morale entièrement fidèle aux données de la conscience, est celle qui en situe le constitutif formel dans l'accord avec la raison droite.
Durant toute cette enquête, l'autorité de la conscience n'était pas mise en doute. Pourtant, à la réflexion critique, cette confiance pouvait paraître naïve et arbitraire. Et s'il ne s'agissait que d'une illusion, noble tant qu'on voudra, mais une illusion tout de même?
Tout change, au contraire, dès là que la valeur morale est rapportée à la raison droite. Car la raison juge absolument. Rien de plus solidement certain — dans l'ordre du moins de la connaissance naturelle — que ce qu'elle approuve en le reconnaissant conforme à ses exigences. Ainsi, de la « foi » morale ou plutôt de la certitude non critique, notre démarche nous a menés à une certitude vraiment rationnelle. En détectant l'essence de la valeur morale, nous avons du coup justifié celle-ci. Nous sommes sortis — critiquement parlant — de l'ordre du phénomène.
Mais dès lors aussi une démarche inverse devient possible, par laquelle, à partir de la raison pratique, on posera la valeur morale. C'est celle que nous allons accomplir à présent.
Notons cependant tout de suite que la valeur morale ne saurait se déduire, par analyse formelle, d'une notion de la raison pratique étrangère à l'expérience morale (par exemple, de la raison technicienne). Il ne s'agit donc nullement de construire la valeur morale à partir du non-moral, mais de montrer comment, au sein de la conscience morale, cette valeur est né-

cessairement posée par l'activité de la raison pratique (qui, à son tour, ne révèle pleinement sa « praticité » qu'à travers cette valeur).

139. - Juger absolument, avons-nous dit, est le propre de la raison. En n'importe quel jugement, si particulier, si contingent qu'en soit l'objet, il y a du nécessaire et de l'universel. Et l'affirmation du relatif se pose elle-même dans l'absolu.

Cela ne vaut pas seulement de la raison spéculative (disons mieux: de la raison dans son usage spéculatif), mais encore de la raison axiologique et pratique (mieux: de la raison dans son usage axiologique et pratique). L'absolu est présent dans les jugements de valeurs. Mais il faut distinguer.

Observons d'abord que la raison juge toujours selon certaines normes. Dans les jugements spéculatifs, ces normes seront, d'une part les principes rationnels (identité, non-contradiction, raison suffisante etc.), d'autre part — s'il s'agit des vérités de fait —, l'expérience (ce que saint Thomas appelle le *judicium sensus,* ou encore la *resolutio in sensibilia*). — Lorsqu'il s'agit des jugements axiologiques et pratiques, la norme sera dans une certaine convenance de l'objet avec les tendances, les fins, l'orientation intrinsèque du sujet (n. 21). Seulement, cette convenance peut être considérée sous divers aspects.

1. On peut considérer la convenance de l'objet avec le sujet en tant que celui-ci est *une chose* (convenance avec le sujet empirique). Sous cet aspect, on jugera *bon* ce qui favorise l'intégrité de l'organisme, satisfait l'appétit sensuel, calme l'inquiétude, résout une excessive tension, équilibre le psychisme etc. Un tel bien, on le voit, est un bien naturel et relatif. Son affirmation n'est pas autrement absolue que l'affirmation de n'importe quel fait ou phénomène ou de n'importe quelle loi physique. Il est absolument vrai qu'à un homme dont l'organisme manque de lipides des aliments gras paraissent appétissants. Affirmation absolue d'une valeur relative. La raison juge axiologiquement à partir de fins qui ne sont pas les siennes (soit qu'elle les connaisse, soit, comme il arrive le plus souvent, qu'elle ne les connaisse pas).

2. Mais on peut considérer la convenance de l'objet avec le sujet en tant que celui-ci est raison. Cette dernière, alors, au lieu de juger sous la dictée d'inclinations étrangères, juge à travers son inclination propre. Elle ne rapporte plus l'objet à d'autres fins qu'aux siennes. Mais ici encore nous devons distinguer. Car la raison, à son tour, peut être considérée, soit com-

me *nature* (elle est une nature, en effet, et un élément de la nature humaine : cf. n. 132, fin), soit formellement, comme *raison,* faculté de l'Absolu.

En tant que nature, la raison tend à son propre bien, suivant la loi générale. La valeur qui répond à cette tendance est celle qui fait l'objet d'une *satisfaction rationnelle,* comme la joie de connaître, le plaisir esthétique, le contentement éprouvé dans l'affirmation de soi, le triomphe, la gloire ... Valeurs nobles et qui, dans leurs formes les plus élevées, confinent à la moralité, se colorent de moralité, mais qui ne sont pas, formellement, morales. On reste dans l'ordre du bien « délectable » ou mieux, pour parler comme saint Anselme, de la *commoditas,* dans l'ordre du désir naturel, dont l'horizon, pour la nature spirituelle, est le bonheur.

Ces valeurs correspondent à celles que nous avons situées, n. 23, 2, b, entre les valeurs économiques et eudémoniques et la valeur morale. On pourrait les appeler intermédiaires ou mixtes, parce qu'en elles à un élément naturel se mêle un élément quasi moral.

En tant que raison, la raison est spécifiée par l'Absolu sur lequel elle s'ouvre et dont elle imprime la marque sur ses jugements. Lors donc qu'en jugeant axiologiquement elle s'exerce vraiment comme raison, lorsqu'elle est *pleinement raisonnable* — lorsqu'elle est *droite* —, elle rapporte l'objet, dans l'exercice même de son activité jugeante, non point aux fins des autres tendances, ni même seulement aux fins qui sont les siennes en tant qu'elle est nature, mais à la fin ou plutôt à l'Idéal qui est le sien, en tant qu'elle est raison — Idéal pratique, horizon de la volonté en tant que puissance rationnelle, *Valeur qui vaut absolument.* Car l'Idéal vaut par lui-même, pour sa perfection intrinsèque et non par rapport à une autre fin. Si sa valeur était relative, il ne serait pas l'Idéal de la raison en tant que raison ou de la volonté en tant que rationnelle, mais de la raison ou de la volonté en tant qu'asservies à une fin particulière et donc ne fonctionnant plus purement comme raison.

La valeur ainsi constituée par rapport à la raison ouverte sur l'Absolu vaut elle-même, dans son ordre, absolument. Il y a de l'absolu dans son affirmation, non pas seulement comme il y en a dans une affirmation quelconque, mais en ce sens que l'*affirmé* lui-même — la valeur en question — l'enveloppe dans sa structure. Autre chose est de dire : cet aliment est bon ; autre chose de dire : la loyauté est bonne. Je n'éprouve pas simplement que la loyauté est désirable pour ma sensibilité ou pour ma raison considérée subjectivement: je juge, je saisis rationnellement qu'elle est désirable, en soi, qu'elle *doit* être voulue. Agir loyalement ne répond pas seulement pour moi à une exigence naturelle et subjective, mais à une exigence objective impossible à relativiser. La raison, si elle est droite, ne peut pas ne pas se préférer aux autres tendances, ne peut pas ne pas mettre sa vraie dignité dans son ouverture sur l'absolu plutôt que dans sa réalité de nature, ne peut pas ne pas voir que toute sa valeur lui vient de l'absolu. Et par conséquent, elle ne peut pas — toujours à condition qu'elle soit droite — ne pas juger que l'ordre de valeur constitué par rapport à elle-même, considérée comme raison, l'emporte inconditionnellement sur les autres.

Or cet ordre de valeur est celui de la valeur morale. Car dire: cet acte est moralement bon (ou mauvais), c'est dire: cet acte est en accord (ou en désaccord) avec une Valeur qui vaut absolument; partant, il doit être nécessairement approuvé (ou blâmé) par tout sujet raisonnable jugeant raisonnablement; par suite, en tant précisément que je le pose, je suis virtuellement objet d'estime et d'amour (ou d'horreur etc.) pour un tel sujet. Et nulle instance supérieure ne peut casser ce jugement...

140. - Nous voudrions, en terminant, répondre à quelques difficultés et prévenir quelques confusions.

Dire que la valeur morale est la valeur propre de l'homme, de la « nature raisonnable » en tant que telle, ne signifie pas la relativiser, comme si elle ne « valait » qu'en raison de cette nature, dont la dignité rejaillirait sur elle. Tout au contraire, nous l'avons vu (n. 146), c'est de son ouverture à la valeur morale que la nature raisonnable tire sa dignité et son droit au respect.

Il y aurait évidemment cercle vicieux, si nous prétendions *définir* la valeur morale par rapport à une nature humaine qui ne pourrait elle-même jouer ce rôle qu'en' étant caractérisée par son ouverture à la valeur! Mais ce n'est pas le cas. Encore une fois, il ne s'agit pas ici d'*expliquer* la valeur morale en la réduisant à quelque chose de plus simple. Comme le bien en général, le bien moral est une donnée première, que l'analyse conceptuelle ne saurait déduire [1]. Ce dont il s'agit,

---

[1] « Concluons qu'il n'y a pas à définir le bien moral autrement que par cette tautologie: le bien moral est ce que la conscience reconnaît pour le bien », Th. de Régnon, *Etudes de théologie positive sur la Sainte Trinité*, Paris, 1892-1898, t. III, 2ᵉ p., p. 336. — Au lieu de: conscience, nous préférerions dire: raison pratique.

c'est d'en élucider la notion, en interprétant correctement le donné de conscience; c'est d'en débrouiller les connexions avec les autres valeurs etc.; c'est enfin d'en détecter le fondement ontologique.

D'autre part, la Valeur absolue à laquelle l'activité de la raison rapporte, en jugeant, les actes et leurs objets, n'est pas, à proprement parler, la valeur morale, pour autant que celle-ci connote l'effort et la lutte: c'est l'*Idéal de la raison pratique*, dont la valeur morale est une participation et une approche. Cet Idéal est connu à travers l'activité de la raison comme sa perfection propre. Seulement, il faut bien comprendre que la valeur de cette perfection ne doit pas être rapportée au sujet qu'elle parfait; c'est au contraire ce sujet qui tire toute sa valeur de son rapport à cette perfection, qui est sa fin. Cf. n. 141.

L'Idéal de la raison pratique tient ainsi, dans notre conception éthique, la place que tient, dans l'éthique aristotélicienne, le bonheur, où le Philosophe voit quelque chose de plus excellent que la vertu, digne, non pas de louanges (comme la vertu), mais d'honneurs (comme les dieux) [2]. Mais l'Idéal est dans la ligne de l'activité morale, ce que n'est pas le bonheur comme tel.

141. - Et c'est en ce sens, et en ce sens seulement, qu'on peut mettre l'essence de la valeur morale dans une convenance de l'acte avec la fin. Nous avons rejeté cette interprétation quand la fin dernière était comprise comme « béatitude » (nn. 71-73 et 137, fin). Mais la fin dont il s'agit à présent n'est pas le bien eudémonique, le bien qui répond au désir naturel. C'est l'Idéal auquel la nature raisonnable doit se conformer, pour être « comme il faut » et mériter l'approbation de la raison.

En effet, la fin, tout comme la perfection, peut s'entendre de deux façons [3]. La fin, c'est, d'une part, ce dont la possession parachève le sujet, actue au maximum ses puissances, satisfait ses tendances etc. Considérée de la sorte, la fin répond au bien défini comme « désirable », parce que perfectif (n. 17), objet de l'*amour de convoitise* (*amor concupiscentiae*) ou encore de l'*amitié utile,* dont le fondement ontologique est le rapport de la puissance à l'acte [4]. — Et semblablement, la perfection peut être considérée comme centrée sur le « perfectible »,

---

[2] *Eth. nicom.*, I, 12, 1101 b 10 - 1102 a 4.
[3] *Essai*..., n. 31, pp. 71-73 (sur la fin); n. 47, pp. 88-89 (sur la perfection).
[4] Saint Thomas, *Somme théol.*, I-II, 27, 3. Cf. *Essai*..., nn. 31 et 133; pp. 71-73 et 319-320.

comme *sa* perfection, et participant de lui cette valeur unique d'être « sienne ».

En réalité, dans ce cas, la fin véritable (*finis cui*) est le sujet lui-même. Ne parlons pas d'égoïsme : il s'agit d'une structure naturelle, sous-jacente à tout l'ordre moral. La moralité apparaît dans le choix de l'objet où l'on met son bonheur (nn. 73 et 286).

Mais la fin, c'est aussi le terme auquel le sujet se rapporte, non pour y trouver sa plénitude, mais en raison de ce terme lui-même, de sa perfection, de son amabilité intrinsèque, de sa « valeur » *en soi*. Sous cet aspect, elle répond au bien défini comme « parfait », objet de l'*amour d'amitié*, dont le fondement ontologique est l'affinité de l'acte avec l'acte [5]. — Et la perfection, par un retournement de perspective, peut être regardée comme « valorisant » le perfectible, qui n'a de sens que par elle, n'existe que pour elle, de même que la puissance n'existe que par et pour l'acte. C'est dans ce sens que l'Idéal de la raison pratique peut être appelé la *fin* de l'homme. Il est souverainement estimable et aimable pour lui-même, sans aucun retour intéressé.

II. Elucidation de l'Idéal de la raison pratique.

142. - Il peut sembler que l'Idéal dont nous parlons reste purement formel et que notre position ne diffère guère de celle de Kant. D'où l'intérêt d'un examen plus poussé qui fasse mieux apparaître le caractère positif de l'Idéal. Il ne s'agit pas encore, notons-le bien, d'en rechercher le fondement dans l'être, mais simplement d'en mieux élucider la nature.

143. - Nous l'avons dit, l'Idéal de la raison pratique se présente à nous comme la perfection, la parfaite réalisation, de l'activité raisonnable (ou spirituelle). Pour en mieux entendre la nature, nous devons donc considérer d'abord en quoi consiste proprement cette activité, ce qui nous permettra de préciser où réside sa perfection [6].

Or, le propre du sujet spirituel, selon la doctrine thomiste, c'est de pouvoir accueillir en soi les autres êtres (et surtout, ajouterons-nous, les autres sujets), non comme la matière reçoit la forme ou comme, en général, la puissance reçoit l'acte,

---

[5] Saint Thomas, *ib.*
[6] Voir pour ce qui suit *Essai* ..., nn. 132-136; pp. 318-327.

mais comme une forme accueille une forme, un acte accueille un acte. C'est également qu'il existe « en soi », non pas seulement, comme toute « substance », par identité et présence physique, mais par la conscience, l'amour, la jouissance de soi, bref, que son « en soi » se vérifie sur le mode du « pour soi », qu'il se possède lui-même « immatériellement », c'est-à-dire d'une possession irréductible aux schèmes physiques. Et en effet, toutes les activités qui se déploient dans l'ordre de l'être « naturel » (non-cognitionnel), s'exercent selon le schème puissance-acte. Il s'agit toujours d'un acte qui se communique à une puissance, d'une puissance qui tend vers l'acte ... Mais l'ordre de la connaissance et surtout de la connaissance intellectuelle ne comporte, de soi, rien de semblable. La pensée, dans sa pure essence, est plénitude, perfection; le fait qu'elle soit chez nous en devenir tient à sa condition humaine, non à sa nature de pensée. Ni le sujet pensant ne reçoit de l'objet un accroissement ou un complément de son être de nature, ni l'objet n'est physiquement modifié du fait qu'il est connu. La connaissance est, de soi, gratuité pure, rapport d'acte à acte.

Or, cet ordre d'existence qu'elle constitue a son dynamisme propre: l'appétit rationnel, dont l'opération fondamentale est l'amour, sous ses deux formes: amour de désir et amour proprement dit (amour d'amitié), que nous avons vues respectivement fondées sur le rapport puissance-acte et sur le rapport acte-acte (nn. 17; 141). Il apparaît dès lors que le désir continue, sur le plan de l'activité spirituelle, le dynamisme de nature: il obéit au même schéma. Il exprime ainsi dans l'être spirituel ce par quoi il ne laisse pas d'être « chose », *res naturae*. Au contraire, l'amour d'amitié est spirituel, rationnel, de part en part. En lui le sujet spirituel se manifeste, non plus en tant que nature, mais en tant qu'ouverture, en tant que πάντα πως.

Et en effet, comme c'est le propre du sujet spirituel d'accueillir en soi l'autre, par la connaissance, en le « laissant être ce qu'il est », comme dit Heidegger, sans lui imposer une forme étrangère, sans le colorer de sa propre subjectivité, c'est aussi le propre du même sujet d'adhérer aux autres, d'accueillir les autres en soi par un amour authentique et pur, en voulant qu'ils soient eux-mêmes et pour eux-mêmes, sans les utiliser pour ses fins propres ou leur imposer son idéal particulier.

<small>La similitude, dit saint Thomas, est cause de l'amour [7]. Mais l'amour ne vise pas la similitude, il vise l'aimé. La similitude est la condition</small>

---

[7] Saint Thomas, *ib.*

ontologique de l'amour, elle n'en est pas le motif formel. Celui-ci est la valeur de l'aimé, valeur qui cependant ne se fait reconnaître qu'en raison de cette similitude.

144. - La perfection de l'activité spirituelle, Idéal de la raison pratique, nous était déjà apparue *digne d'être aimée et voulue pour elle-même,* comme le bien honnête, dont elle est le sommet (n. 11, 2). A présent, elle s'explicite en amour (incluant la justice comme sa préparation et sa condition).

Par la justice, nous acceptons que les autres soient au même titre que nous, nous les reconnaissons existant pleinement comme nous (nn. 195-198); nous les posons donc, par rapport à nous dans un rapport d'acte à acte, non d'acte à puissance comme celui de perfectif à perfectible ou de moyen à fin. Mais l'amour va plus loin: il veut que les autres soient en plénitude et ne se contente pas d'assumer négativement, en ne l'empêchant pas, leur vouloir-être-et-mieux-être: il le fait sien positivement.

Notons-le bien: les autres, comme tels, ne jouissent, aux yeux de la raison, d'aucun privilège (n. 81)[8]. L'amour dont nous parlons n'exclut donc nullement le sujet; il faut même dire qu'il s'adresse à lui à titre spécial. La raison veut, en effet, que chacun prenne un soin spécial de ce qui est le plus immédiatement sous sa gouverne et dont il doit répondre avant tout.

Pourtant, comme la présence de soi à soi par la conscience rationnelle diffère immensément du simple être en soi et même de la simple conscience immédiate et non thétique, bien qu'elle suppose l'un et l'autre, ainsi l'amour moral que le sujet a pour lui-même diffère immensément de la tendance à être, consubstantielle à tout existant, et de l'amour spontané de soi, qui en est l'expression dans la nature spirituelle, bien qu'il les suppose tous deux. L'Absolu, ici et là, est médiateur: Absolu de vérité dans le premier cas, Absolu de valeur dans le second — non point contemplé comme un objet mais visé comme terme de tendance et d'« intention » (n. 136). Nous aimer « moralement », c'est nous aimer selon la raison, pour cette valeur que nous percevons en nous et dans cet amour même. Cela ne veut pas dire que l'amour immédiat de soi doive être supprimé: chose d'ailleurs impossible. Cet amour est naturel, infra-moral, il échappe donc au blâme: ontologiquement, il est bon. Mais

---

[8] Selon Scheler, l'amour de l'autre en tant qu'autre, donc en tant que non-moi, implique un « ressentiment » à l'égard du moi, *L'homme du ressentiment,* pp. 124-127.

il demande à être informé, gouverné, transfiguré par la raison, à se subordonner de plus en plus à l'amour spirituel, dont il est pourtant la condition.

Si l'autre, comme tel, ne jouit d'aucun privilège, il reste que nous distinguons plus aisément à son égard l'amour spirituel d'amitié de l'amour simplement naturel. Il est plus facile d'aimer en lui la valeur qui fonde un tel amour. Mais comme l'amour naturel de soi conditionne l'amour de l'autre (aimer les autres comme soi-même n'a de sens que supposé l'amour de soi), ainsi l'amour de l'autre aide à spiritualiser et à purifier cet amour naturel, lequel, ainsi purifié communiquera à son tour une pureté nouvelle à l'amour de l'autre, de sorte qu'il y aura entre les deux amours un jeu réciproque d'action et de réaction [9].

145. - Voilà donc que s'éclaire notre concept de l'Idéal et avec lui celui de la valeur morale. Faut-il pour autant, avec pas mal de contemporains (n. 75, fin), la situer dans l'ordre des relations intersubjectives, en voir la norme dans la réciprocité des consciences, dans la communion des personnes etc. [10]? Reconnaissons qu'une telle position échappe à la plupart des objections que nous avons opposées à l'altruisme, à l'utilitarisme, au sociologisme etc. (nn. 81-90). Car le but ici proposé est homogène à la dignité du sujet spirituel. Seulement, sa valeur dérive de la valeur de celui-ci: il ne saurait donc la fonder. Le don de soi n'a de valeur que parce que c'est un sujet spirituel qui se donne (un chien se donne, lui aussi, tant qu'il peut, mais il ne peut donner qu'une existence de chien ...). La communion des personnes n'a de valeur que parce qu'elle est une communion de personnes et non une société de termites ... La personne, croyons-nous, se définit radicalement par son ouverture à l'Absolu, dont elle tient sa dignité, non par son rapport à un Toi fini [11].

D'ailleurs la communion des sujets n'est que la manière dont la nature spirituelle achève de réaliser son unité et donc

---

[9] E. Weil montre bien, quoique dans une perspective un peu différente et d'une façon peut-être plus absolue que nous ne ferions, le rôle de l'autre dans la rectification de l'amour de soi: (Kant n'a pas vu que le devoir envers soi-même) « ne devient saisissable, ne devient réel que par la médiation du devoir envers autrui: mon devoir envers moi-même, en vue de mon bonheur, est de faire mon devoir envers tous les hommes, car ce n'est qu'à leur contact que la question du devoir envers moi-même peut se poser pour moi, puisque ce n'est que dans ce contact que s'effectue la séparation première entre l'arbitraire et l'universel ». *La philosophie morale*, p. 115.

[10] « Le bien moral réside dans le rapport des volontés entre elles », L. Lavelle, *Traité des valeurs*, II, p. 29.

[11] *Essai...*, nn. 94 et 135; pp. 224-226 et 323-325.

son être comme nature spécifique ou générique, là où elle se trouve participée en plusieurs sujets (que ces derniers appartiennent à la même espèce, comme les hommes, ou à des espèces différentes, n'ayant entre elles qu'une communauté générique, comme les anges selon saint Thomas). L'humanité n'existera pleinement comme humanité que lorsque chacun sera pleinement reconnu par tous... La valeur d'une telle communion exprime donc la valeur de la nature spirituelle et dépend en dernière instance de la Valeur dont dépend cette valeur.

La communion des sujets ne peut donc définir l'Idéal de la raison pratique mais elle l'exprime, en tant que la raison la juge nécessairement conforme à son Idéal. On peut dire que celui-ci est *dans la direction* où s'oriente le sujet quand il s'ouvre aux autres par l'amour spirituel. L'Idéal est l'horizon de l'amour, comme la béatitude est l'horizon du désir.

146. - Résumons-nous. En tant que perfection de l'activité spirituelle ou rationnelle, l'Idéal de la raison pratique trouve sa plus haute expression et son index le plus sûr dans l'activité qui manifeste au plus haut point le caractère spirituel et raisonnable du sujet. Or ce caractère ne se manifeste nulle part mieux que dans l'ouverture aux autres par l'amour authentique. C'est donc aussi à travers l'amour authentique, l'amour d'amitié et de charité, le don désintéressé de soi, que s'exprime le mieux l'Idéal de la raison pratique; c'est dans l'ouverture aux autres par l'amour vrai, que l'Idéal se désigne au sujet comme son horizon.

147. - On voit assez combien la doctrine ici proposée diffère de celle de Kant. Pour le philosophe critique, la raison est source autonome des valeurs, elle n'a d'autre mesure que soi-même. Selon nous, au contraire, la raison, dans son jugement axiologique et moral, se reconnaît (athématiquement) mesurée, « normée », par un Idéal, une Valeur absolue, qu'elle ne perçoit pas à la façon d'un objet, mais à laquelle elle se rapporte implicitement, *exercite,* dans l'acte même de dépasser les valeurs relatives.

> L'autonomie totale de la raison ne peut recevoir un sens acceptable que si l'on prend le mot: raison, dans un sens absolu, à la fois en extension et en compréhension, incluant la Raison divine aussi bien que la raison humaine. Alors, en effet, il serait vrai que la raison ne peut recevoir sa loi que d'elle-même, ou que le principe de la loi ne peut être cherché hors de la sphère de la raison (tout comme il est vrai que l'être, pris dans sa totalité, n'a pas d'autre fondement que soi-même).

De plus, selon Kant, la raison juge l'acte d'après la norme formelle de l'universalité; selon nous, elle le juge d'après une norme qui fait connaître positivement et intrinsèquement l'essence de la valeur morale, qui donc, en ce sens-là du moins, n'est pas purement formelle: elle a un contenu de valeur. En effet, l'Idéal de la raison pratique n'est pas déterminé d'une façon simplement négative par l'exclusion de la subjectivité et de l'amour-propre, mais par un élément positif: l'ouverture du sujet spirituel, dont l'Idéal constitue l'horizon et qui se manifeste au maximum dans l'amour vrai. L'amour, comme l'être, est toute positivité et par conséquent l'Idéal est caractérisé positivement, bien que dans sa représentation intervienne forcément le négatif, comme c'est la règle quand l'objet à connaître est spirituel.

148. - Mais ne semble-t-il pas qu'en faisant dépendre d'une Valeur idéale la valeur des existants concrets, des personnes, nous encourions le reproche d'idéalisme? Nous disons que la Valeur ne se fonde pas sur la valeur des sujets, mais au contraire que ceux-ci, les personnes, n'ont de prix, ne sont dignes d'amour qu'en raison de la Valeur. Ainsi nous semblons superposer au monde solide des existants un monde idéal de Valeurs, la raison, implantée dans l'un mais ouverte sur l'autre, étant médiatrice entre les deux.

Nous reconnaissons franchement qu'il y a une certaine analogie entre notre position et celle de Platon, quand il traite de l'idée du Bien. N'est-ce pas d'ailleurs précisément à propos des réalités morales que la théorie des idées a d'abord été introduite? Mais si l'on appelle idéalisme toute affirmation d'une primauté, quelle qu'elle soit, de l'ordre idéal sur l'ordre des existants empiriques et contingents, on devra qualifier d'idéaliste toute philosophie qui veut dépasser l'empirisme. Ce n'est pas là l'usage ordinaire du mot. Il n'y a idéalisme proprement dit que lorsqu'on s'arrête à cette affirmation, au lieu de reconnaître que l'ordre idéal ne trouve pas en soi-même sa consistance et requiert un fondement réel, bien que d'une réalité transcendante par rapport aux réalités empiriques.

149. - Mais justement, il est impossible de s'en tenir au plan de l'Idéal. L'affirmation d'un ordre de vérités, d'essences, de lois etc., ne détruit pas l'affirmation radicale de l'existant qui seul *est* au sens plein, si bien que la vérité n'est rien et n'est donc pas vérité si elle ne s'appuie sur lui. Et de même, l'affirmation de la Valeur ne détruit pas l'évidence immédiate de l'éminente dignité de la personne. De là une antinomie — en apparence, du moins. D'un côté, la personne se présente comme la forme d'être la plus excellente qui soit [12]. D'autre part, sa valeur, sa dignité semblent lui venir de son rapport à un Idéal impersonnel. Une étude plus poussée s'impose, qui surmontera cette antinomie, en détectant le fondement ontologique de l'Idéal. Ce sera l'objet du livre suivant.

---

[12] « Persona significat id quod perfectissimum est in tota natura », saint Thomas, *Somme théol.*, I, 29, 3.

LIVRE II

FONDEMENT ONTOLOGIQUE DE L'ORDRE MORAL

CHAPITRE IV

FONDEMENT DERNIER ET NORME SUPREME DE LA VALEUR MORALE

150. - Notre enquête sur la norme morale, en situant celle-ci dans le jugement d'une raison fidèle à elle-même, c'est-à-dire ouverte à l'Idéal, a suscité pour nous un nouveau problème. Comment l'Idéal peut-il être la source et la mesure de la valeur des personnes, alors que celles-ci nous apparaissent comme le lieu des valeurs? L'Idéal ne tient pas en soi; poser au-dessus de l'être, comme sa condition, un monde d'idées ou de valeurs, c'est contredire l'affirmation radicale de l'*esse* et de sa primauté. Cette affirmation est vraiment l'acte *fondant* de toute l'activité spirituelle: sans l'*esse*, hors de l'*esse*, idées et valeurs ne *sont* rien et donc ne signifient rien, ne valent rien.

Pour sérieuse qu'elle soit, cette difficulté ne doit pourtant pas nous décourager, mais simplement nous inviter à reprendre notre marche en avant.

Nous entrevoyons la solution: l'affirmation d'un Etre, d'un Existant qui serait à la fois plénitude ontologique et valeur absolue, qui serait la Valeur même subsistante. Mais certains verront là une contradiction, un non-sens. N'est-ce pas le propre de la valeur de transcender l'existence, de se poser contre elle? Dire: valeur subsistante, c'est dire cercle carré ...

L'objection relève de la métaphysique. Supposons-la réfutée et l'existence de la Valeur subsistante — c'est-à-dire, pour parler clair, de Dieu — démontrée par ailleurs. Les difficultés ne sont pas éliminées pour autant. Quel rapport la valeur morale soutient-elle avec Dieu? En quel sens, comment dépend-elle de lui, a-t-elle en lui son fondement? — Nous avons exclu la doctrine d'une création arbitraire de l'ordre moral (n. 58). Soit, mais alors ne risque-t-on pas, comme le redoutait Descartes, de poser cet ordre comme un Absolu indépendant de Dieu et en quelque manière même supérieur à lui ? — D'un autre côté, si les arguments développés par nous au livre précédent sont efficaces, il semble que la valeur morale trouve une explication suffisante dans la raison et la nature raisonnable, et l'on ne voit pas qu'il soit nécessaire pour la comprendre de faire appel à Dieu. Sans doute, on pourra encore, une fois Dieu connu, voir en lui la cause de l'ordre moral, mais ni plus ni moins que de l'ordre géométrique, dont il pose dans l'être les sujets, c'est-à-dire les corps étendus, sans que la structure interne de cette ordre comporte la moindre référence à lui.

La question traitée dans ce chapitre et dans le suivant est liée à un problème très grave et très actuel: celui du rapport entre la religion et la morale et, plus particulièrement, de la possibilité, pour un athée, de réaliser dans son existence une valeur morale authentique. Un problème analogue s'était déjà posé pour les Pères de l'Eglise et les scolastiques à propos des « vertus des païens ». Le nôtre a fait l'objet de vives controverses aux XVIIe et XVIIIe siècles [1]. Il est devenu aujourd'hui d'autant plus brûlant que l'athéisme non seulement connaît à présent une diffusion massive, mais s'accompagne souvent de hautes qualités humaines et d'une tenue morale indiscutable.

151. - Répondre aux objections contre l'identité de l'être et du bien, contre l'idée d'une Valeur subsistante, est l'affaire de la métaphysique. La nôtre ici est de chercher comment la valeur morale se rapporte à Dieu, se fonde en Dieu.

Quatre types de solution se présentent à nous.

C'est d'abord la solution kantienne, exposée plus haut (n. 116): l'autonomie absolue de la raison. Pas d'autre fondement de la valeur morale que la dignité de la nature raisonnable, laquelle se fonde en définitive sur la capacité de cette nature à obéir à la loi par respect pour la loi. Dans cette perspective, Dieu ne peut être la source de la moralité, mais, en tant que volonté essentiellement sainte, toujours pleinement conforme à la loi, il est la tête de l'ordre moral, du « royaume des fins » : il est purement fin, tandis que les autres membres sont à la fois fins et moyens, ordonnés les uns aux autres.

Chez les déistes, en général, l'ordre moral est conçu comme totalement indépendant de Dieu. Si l'on admet un rapport de la religion à l'éthique, ce rapport est envisagé d'un point de vue tout subjectif: on accordera, par exemple, que l'idée d'un suprême spectateur et juge

---

[1] Voir là-dessus Cornelio Fabro, *Introduzione all'ateismo moderno*, Rome, 1965, surtout pp. 168-205 et 247-269.

peut avoir quelque influence heureuse sur la conduite [2]. Du reste la conception que ces auteurs se font du bien moral est le plus souvent de type eudémoniste ou utilitariste.

Il y a ensuite la solution de certains scolastiques, comme G. Vazquez [3], le Cardinal Mercier etc., qui voient en Dieu le fondement ontologique du monde moral, mais seulement dans l'ordre synthétique et déductif, une fois l'existence de Dieu établie par ailleurs. La moralité, comme telle, s'explique suffisamment par la nature humaine, la raison etc.: on ne peut donc en tirer aucun argument spécifique pour démontrer l'existence de Dieu. — Plus radicalement et d'une manière bien révélatrice de son rationalisme, Wolff va jusqu'à déclarer que l'ordre moral pourrait subsister sans Dieu [4].

Un troisième type de solution a la faveur d'un assez grand nombre de scolastiques contemporains. Ces auteurs admettent, comme les précédents, que l'ordre moral a son fondement immédiat dans la raison ou la nature raisonnable et peut donc être connu sans que Dieu le soit, mais ils pensent en même temps qu'il ne peut être pleinement compris, ne peut rendre entièrement compte de lui-même à son niveau propre, sans mener jusqu'à l'affirmation de Dieu. Dieu est, ici, le fondement ultime du monde moral non seulement dans l'ordre synthétique et déductif mais dans l'ordre analytique et inductif. Il est donc possible, en partant du fait moral, de s'élever à la connaissance de Dieu comme sa condition propre et suprême de possibilité et d'intelligibilité: il y a une « preuve de Dieu » par la conscience morale (n. 159).

Vient enfin l'opinion qui requiert, pour une conscience authentique de la valeur morale et, à plus forte raison, de l'obligation, la connaissance préalable et explicite de Dieu. Les auteurs qui la soutiennent ne reprennent pourtant pas la thèse de Pufendorf, car ils ne prétendent pas fonder l'ordre moral sur un décret arbitraire de Dieu. Leur argument essentiel est le suivant: la rectitude d'un acte ne peut être appréciée que

---

[2] Cf. la question posée par Shaftesbury au début de son *Inquiry*: « What honesty or Virtue is, considered by itself; and in what manner it is influenced by religion: How far religion necessarily implies virtue; and whether it be a true saying, That it is impossible for an Atheist to be virtuous, or share any real degree of honesty or Merit », *Characteristics of Men, Manners, Opinions, Times*, Bâle, 1790, vol. II, p. 2.
[3] *In Iam IIae*, disp. 97, c. 3; Lyon, 1620, t. I, pp. 454-455.
[4] *Philosophia practica universalis*, p. I, c. 2, nn. 245-248; Vérone, 1779, pp. 95-97.

si l'on connaît la finalité de cet acte; la rectitude de l'action humaine suppose donc connue la fin dernière de l'homme; or cette fin est Dieu. Par conséquent, tant que Dieu est ignoré, impossible de juger de la rectitude de l'acte humain, c'est-à-dire qu'il n'y a pas, pour l'homme, de valeur morale. — Le type le plus représentatif de cette tendance est le Cardinal Billot : « La simple notion du bien et du mal moral elle-même présuppose essentiellement la connaissance de l'existence de Dieu »[5]. — Pour ces auteurs, comme pour les auteurs du deuxième groupe, mais pour une raison diamétralement opposée, on ne peut conclure de l'ordre moral à Dieu : ce serait une pétition de principe.

Ajoutons que ceux qui voient en Dieu le fondement de la valeur morale ne s'accordent pas toujours quand il s'agit de déterminer l'aspect formel sous lequel, selon notre manière de concevoir, Dieu joue ce rôle. Les uns indiquent l'essence divine, cause exemplaire universelle et mesure de toute rectitude[6]. D'autres font observer que la moralité dit ordre, finalité, mise en rapport avec... et que tout cela est l'œuvre de la raison : c'est donc à la raison divine qu'on fera appel[7]. — On notera pourtant que ces derniers parlent plutôt de la « règle suprême » que du « fondement » de la moralité : il ne faut donc pas forcer l'opposition, qui est plutôt une différence de points de vue.

152. - Puisque la valeur morale et l'ordre moral tout entier se réfèrent, à travers le jugement de la raison droite, à ce que nous avons appelé l'Idéal de la raison pratique, tout le problème est de voir si cet Idéal se fonde à son tour en Dieu et comment.

Or, si l'on suppose l'existence de Dieu assurée par ailleurs, la réponse est facile, pour ceux-là du moins qui admettent, avec la métaphysique traditionnelle, que le vrai et le bien sont les attributs « transcendantaux » de l'être et fondés sur lui. Car il s'ensuit immédiatement que le principe premier de l'être est aussi le principe premier de la vérité et de la valeur. L'Etre absolu, *Ipsum Esse subsistens,* est aussi le Bien absolu, la source et le fondement de tout bien. La seule difficulté pourrait venir de ceux qui, tout en reconnaissant l'existence d'un Etre suprême, admettraient le divorce métaphysique de l'être et du bien. Mais

---

[5] *De Deo uno et trino*[7], Rome, 1926, p. 49.
[6] Ainsi V. Cathrein, *Philosophia moralis*[14], p. 86.
[7] Ainsi L. Lehu, *Philosophia moralis et socialis*, I, pp. 104-105.

une telle position est intenable, nous l'avons dit, puisque toute notre pensée n'est qu'une variation autour du thème de l'être. Et nous n'avons pas ici à revenir sur ces questions qui relèvent de l'ontologie et de l'axiologie fondamentale.

153. - Nous croyons cependant possible d'arriver à la même conclusion sans présupposer l'existence de Dieu, en l'établissant au contraire par cette démarche même.

Considérons de plus près l'Idéal de la raison pratique. Quel en est le statut? Une première disjonction s'impose. Ou bien cet Idéal est un pur concept, au sens le plus strict, fruit, résultat de l'activité intellectuelle et sans aucune priorité relativement à celle-ci, ou bien au contraire il jouit à son égard d'une certaine priorité (à déterminer plus tard).

Or, dans le premier cas, le jugement moral est impossible, puisqu'il a dans l'Idéal sa condition de possibilité. La valeur morale se rapportant à l'Idéal à travers l'activité de la raison, si l'Idéal est lui-même tout entier posé par la raison, celle-ci — et il s'agit, bien sûr, de la raison humaine — n'a pas d'autre règle qu'elle-même et, n'étant plus mesurée par l'Idéal, retombe sur soi, enfermée dans sa subjectivité ou dans la réalité mondaine. Subjective, relative, la valeur morale périt. Nier toute priorité de l'Idéal, c'est faire du sujet sa propre norme et détruire la moralité.

Considérons maintenant la seconde hypothèse. L'Idéal jouit d'une certaine priorité « en soi ». Cette priorité, à son tour, peut être conçue ou bien comme celle d'une Idée objective, d'une valeur qui, dans une sorte de monde intelligible, conditionnerait et dominerait l'existence; ou bien comme exprimant la priorité réelle d'un existant supérieur, en qui l'Idéal trouve sa consistance. Or, la première interprétation est exclue, s'il est vrai, comme nous le pensons, que rien n'est et ne vaut en dehors de l'être. L'idée, la valeur ne peuvent jouir d'aucune priorité relativement à l'ordre ontologique pris dans son ensemble puisqu'elles se fondent sur lui. On ne dépasse pas l'être, et, pour mettre les points sur les i, l'être dont l'acte est l'*esse* et qui n'est rien que par rapport à l'*esse*. — Reste donc que l'Idéal se fonde sur l'être, sur l'existant. Mais sur quel existant?

Une réponse vient tout de suite à l'esprit: cet existant ne serait autre que la personne (ou la nature) humaine, dont l'Idéal représenterait l'idéalisation. Mais cette réponse ne tient pas. D'abord, parce que la valeur de cette personne, de cette nature, leur vient tout entière, nous l'avons vu, de l'ouverture à l'Idéal

(nn. 136; 145) : elle ne peut donc le fonder. Ensuite, parce que l'idéalisation, si elle dit autre chose que la simple réduction appauvrissante du réel à ses éléments abstraits, n'est possible que grâce à l'Idéal, dont l'objet idéalisé apparaît participant [8].
— Pour la même raison, on ne peut voir le fondement ontologique de l'Idéal dans la communauté des personnes, proposée *a priori* comme fin et horizon de l'activité spirituelle. Car, on l'a montré (n. 145), la valeur de cette communauté dépend immédiatement de la valeur des personnes et médiatement de l'Idéal qu'elle devrait fonder.

Il faut donc, si le jugement moral est autre chose qu'une illusion subjective, que l'Idéal qui le rend possible se fonde sur un existant ou mieux un Surexistant, premier en soi, à tous égards, relativement à toute valeur comme à tout existant, qui donc ne soit lui-même aucun bien, aucun être particulier, mais l'Etre, le Bien absolu et inconditionné. C'est cette identité « surexistante » de l'Etre et de la Valeur que nous nommons Dieu.

Il ne servirait de rien de voir dans l'Idéal une *Idée régulatrice,* au sens kantien du mot, exprimant et projetant, pour ainsi dire, à une limite idéale l'élan en vertu duquel le sujet transcende et hiérarchise les valeurs sans se laisser arrêter par aucune. Car le dilemme demeure. Ou bien cette Idée n'est en aucune façon première par rapport à cet élan, et derechef l'Idéal se fonde dans l'immanence de l'homme, ce qui ruine la moralité; ou bien l'Idée est première, et l'on demande ce que cela signifie et à quelle condition cela est possible.

154. - Voyons à présent de quelle manière, sous quel aspect, on doit situer en Dieu le fondement ultime de la moralité.

En tant qu'Etre et Bien subsistant, Dieu, par son Essence qui est son Acte d'être (*esse*), est la source et l'exemplaire de toutes les perfections créées et créables. Pourtant, ce rapport est différent selon qu'il s'agit des perfections spirituelles, telles qu'elles se rencontrent dans l'activité proprement humaine, ou des perfections non spirituelles, comme celles de la rose ou du lion, ou même de l'homme en tant qu'animal. En tant qu'être

---

[8] L'idéalisation n'est possible que par l'attraction d'un Idéal déjà existant, de même que l'activité par laquelle le sujet vise sa pleine réalisation suppose, en dernière analyse, l'attraction d'une fin déjà réelle. Si en effet la fin ou l'Idéal n'existent que d'une existence « intentionnelle », dans l'élan du vouloir ou du désir, ils constituent bien un élément structurel de cet élan et donc l'expliquent à titre de cause formelle, mais ils ne rendent nullement raison de cet élan dans son exercice et donc dans la ligne de la causalité finale. L'idée même de valeur n'est explicable en fin de compte que par l'attraction d'une valeur existante.

spirituel (rationnel), l'homme, dans son agir, atteint ou du moins vise de l'absolu, ce qui lui donne une toute spéciale affinité avec l'Absolu. Il participe à une perfection qui se trouve en Dieu d'une manière éminente, mais formelle et non pas seulement virtuelle. Il jouit d'une infinité participée en tant qu'il est, par l'intelligence, « preneur de tout l'être » [9] C'est pourquoi « seule la nature raisonnable est immédiatement ordonnée à Dieu, car les autres créatures n'atteignent pas l'universel, mais seulement le particulier ... la nature raisonnable, au contraire connaissant la notion (*rationem*) universelle du bien et du mal, est immédiatement ordonnée au principe universel de l'être » [10] (nous préférons dire « absolu » plutôt qu'« universel »). C'est pourquoi aussi elle est seule capable d'être aimée vraiment de Dieu d'un amour d'amitié [11]. Seule, elle est vraiment *image de Dieu*.

155. - Mais il faut aller plus loin. Entre toutes les perfections spirituelles, Dieu est, à un titre privilégié l'exemplaire de la valeur morale. Et cela en raison du rapport tout spécial de celle-ci avec la liberté.

La valeur morale affecte le sujet en tant qu'il se détermine lui-même et se donne sa figure achevée et la signification définitive de son être. Or cette autodétermination confère au sujet spirituel une affinité toute particulière avec l'Etre absolu, si bien que plusieurs Pères de l'Eglise, saint Bernard et, parmi les philosophes, Descartes ont situé dans la liberté ce par quoi la nature humaine porte principalement l'image de Dieu [12].

Dire que Dieu se veut librement, et plus encore, qu'il existe librement, sont des formules choquantes si l'on entend liberté au sens commun du mot: il vaut donc mieux les éviter. Mais il reste que son agir

---

[9] « Ex hoc autem quod substantia aliqua est intellectualis, comprehensiva est totius entis », saint Thomas, *Cont. gen.*, II, 98; — « Omnis natura rationalis infinitatem habet vel actu vel potentia », Id., *Comp. theol.*, 103.
[10] Saint Thomas, *Somme théol.*, I-II, 2, 3.
[11] *Ib.*, I, 20, 2 ad 3um.
[12] « Habet siquidem (voluntas) duplex in se bonum ab initio sui: unum quidem generale, ex sola creatione ...; alterum speciale, ex libertate arbitrii, in qua ad imaginem utique ipsius qui creavit est condita », S. Bernard, *Tractatus de Gratia et Libero Arbitrio*, c. 6, n. 19; PL. t. 182, col. 1012 B. « Hinc est fortassis quod solum liberum arbitrium sui omnino defectum seu diminutionem non patitur, quod in ipso potissimum aeternae et incommutabilis divinitatis substantiva quaedam imago videatur », *ib.*, c. 9, n. 28; col. 1016 B. — Et Descartes: « Il n'y a que la seule volonté que j'expérimente en moi être si grande, que je ne conçois point l'idée d'aucune autre plus ample et plus étendue: en sorte que c'est elle principalement qui me fait connaître que je porte l'image et la ressemblance de Dieu », *Méditation quatrième*, Adam-Tann., t. IX, p. 45 (latin: t. VII, p. 57). La même idée se trouve reprise dans la Constitution pastorale « Gaudium et spes », du Deuxième Concile du Vatican, n. 17.

et son être ne dépendent d'aucun principe, nature ou forme, tant soit peu distincts (d'une distinction réelle): car l'essence, l'*esse*, l'opération coïncident parfaitement en lui. Et quand l'homme agit sans que son acte soit, en dernière instance, déterminé par un autre principe que le sujet lui-même, précisément en tant que sujet (n. 13), il participe en quelque mesure dans son agir cette condition de l'être divin, et cela en raison de son rapport immédiat à Dieu. La liberté, peut-on dire, est dans l'activité humaine, un reflet de l'aséité.

Ainsi donc, Dieu est l'exemplaire de la valeur morale, non seulement du point de vue objectif, comme source et archétype de l'ordre rationnel que nous devons réaliser, du bien auquel nous devons adhérer, mais en tant que l'inconditionalité, l'indépendance absolue de son être et de son vouloir est à la fois le principe et l'exemplaire (transcendant) de cette libre adhésion, sans laquelle il n'y a pas de moralité [13].

156. - D'une façon plus simple, plus synthétique, nous pouvons dire que la valeur morale, étant la valeur par excellence de la personne, a son fondement en Dieu considéré précisément sous l'angle de la personnalité suprême. Cette personnalité peut s'établir métaphysiquement: si la personne dit essentiellement sujet spirituel, « subsistant dans une nature intellectuelle » [14], où cette définition se trouve-t-elle mieux vérifiée qu'en Dieu, acte pur d'être, subsistence à l'état pur [15], et, identiquement, acte pur de pensée et de vouloir, conscience absolue de soi, possession absolue de soi enveloppant la conscience et la possession absolue de l'être, souveraine générosité? (Que la raison ne puisse, par elle-même, connaître le mode suivant lequel la personnalité se vérifie en Dieu, cela est normal, si l'on considère le caractère intime de la personnalité comme telle, qui échappe dans son fond à toute objectivation). — Mais nous pouvons aussi procéder — en supposant acquis le résultat de notre première recherche (nn. 152; 153) — à partir du caractère moral de la personne. Si la personne tient sa dignité de son rapport à l'Idéal, ce qui fonde cet Idéal ne peut être moins qu'une personne [16]. Ainsi du même coup se trouve établi et que Dieu

---

[13] « Angeli non sunt laudandi de justitia sua quia peccare potuerunt, sed quia per hoc quodammodo a se habent quod peccare nequeunt; in quo aliquatenus similes sunt Deo, qui a se habet quidquid habet », saint Anselme, *Cur Deus homo*, III, c. 10; PL., t. 158, col. 409 C.
[14] Saint Thomas, *Somme théol.*, I, 29, 3.
[15] « Subsistens subsistentiae perfectio », L. Billot, *op. cit.*, p. 464.
[16] « Il serait paradoxal d'accorder le caractère de la personne à l'individu, au moment même où il s'élève jusqu'à l'universel et de le refuser à l'universel qui précisément le lui donne », L. Lavelle, *De l'acte*, Paris, 1938, p. 142. —

est personnel et qu'il fonde la valeur morale en tant que personnel.

157. - Reste à voir, à présent, quel est, à parler en rigueur, *formalissime,* le rôle de l'essence, de la raison et de la volonté divines dans la fondation de la moralité,

Répétons d'abord, une fois de plus, qu'en vertu de l'identité réelle de leur signifié, ces trois concepts s'enveloppent réciproquement et ne peuvent s'entendre l'un sans les autres. Ceci dit :

L'essence ou l'*esse* divin — ici, il n'y a même pas de distinction de raison — doit être appelée fondement dernier de la valeur morale et de l'ordre moral.

La raison divine est l'archétype, l'analogué principal dans l'ordre rationnel, l'exemplaire de toute « raison droite » ; elle est donc aussi la norme suprême de la moralité.

Enfin la volonté divine, essentiellement droite parce que identique à sa norme, est l'exemplaire ou l'archétype de toute volonté moralement bonne.

Toute distinction réelle entre ces principes étant exclue, la volonté divine ne doit, en aucune manière, être pensée comme subordonnée à une valeur idéale et impersonnelle : la valeur qu'elle « a à aimer » est l'être divin lui-même, qui comprend en soi cette volonté, qui *est* cette volonté. Et l'essentielle rectitude de celle-ci n'est pas pour elle un donné qu'elle trouverait en soi : Dieu ne trouve rien, Dieu ne « se trouve » pas : il *est,* de toute la force, de toute la spontanéité et l'indépendance et l'inconditionalité de son acte pur d'être. Et la volonté divine est identique à cet acte pur. C'est pourquoi la sainteté divine est l'exemplaire transcendant de toute valeur morale ; elle est, par

---

Dans le même sens Ed. Le Roy : « Dieu se révèle dans l'expérience de la vie spirituelle comme le principe efficace de notre propre croissance dans la personnalité », *Le problème de Dieu,* « Bulletin de la société française de philosophie », 4 janvier 1930, p. 26). — En rigueur, cet argument, pour conclure, suppose accordé que la personnalité, est, comme disent les scolastiques, une « perfection simple », inconditionnellement meilleure que sa négation (*simpliciter melior quam non ipsa*) : autrement, on prouverait seulement que la personnalité doit se trouver en Dieu soit formellement soit virtuellement, c'est-à-dire dans une perfection transcendante qui ne serait pas elle-même personnalité. Et de fait, beaucoup voient dans la personnalité un caractère limitatif, antithétique de l'absolu (ainsi Brunschvicg). Pourtant, la valeur suprême de la personnalité comme telle paraît bien être une donnée de la conscience axiologique non falsifiée, comme la primauté de l'existant sur le possible ou le purement idéal.

rapport à notre moralité militante et méritante, ce que l'immobilité de l'Acte pur est à tout l'ordre du mouvement; elle en contient, sur un mode éminent, toute la valeur positive [17].

---

[17] La valeur morale se présente à nous immédiatement sous les aspects de la lutte, de l'effort, du choix du bien contre le mal. L'homme moralement droit, qui mérite notre éloge, c'est celui « qui a pu pécher et n'a pas péché, faire du mal et ne l'a pas fait » (*Eccli*, 31 10). Une volonté fixée par nature dans le bien nous semble étrangère à la moralité. « Le bien moral ne peut sans contradiction, être posé comme accompli en Dieu par avance, sans effort, sans conquête et sans mérite, puisque, à le prendre ainsi, il n'aurait plus rien de moral » (D. Parodi, *En quête d'une philosophie*, Paris, 1935, p. 145). Et c'est pourquoi les stoïciens déclaraient le sage supérieur aux dieux. Il est fils de ses œuvres ...

Il n'y a, en tout cela, qu'imagination anthropomorphique, exactement comme dans la critique de l'immobilité divine, au nom de la vie, qui est *in motu*. La possibilité de faillir ne peut, par elle-même, passer pour une perfection, elle est seulement le signe que notre acte est vraiment de nous. Mais cette spontanéité n'est qu'une ombre de la spontanéité radicale et originante de l'Acte pur. Cf. le texte de saint Anselme cité note 13.

CHAPITRE V

FONDEMENT DE L'OBLIGATION MORALE

158. - Le fondement de l'obligation morale ne semble pas, à première vue, devoir soulever un autre problème que le fondement de la valeur. Le caractère obligatoire, — la *nécessité objective* — nous est apparu comme une propriété de celle-ci ou, plus exactement, de l'ordre du bien pris dans son ensemble (nn. 34-44). Agir selon la raison droite n'est pas simplement une question d'élégance morale, c'est un devoir, une exigence à laquelle nous ne pouvons nous dérober, dont nous ne pouvons faire fi.

A la réflexion pourtant, la chose se complique. D'abord, tout ce qui est moralement bon n'est pas obligatoire; ce qui suffit à expliquer l'un n'explique donc pas nécessairement l'autre. L'obligation ajoute quelque chose à la valeur et ce quelque chose, interprété à travers notre expérience humaine, se conceptualise comme un commandement issu d'une autorité. Enfin — et ceci est très important — la conscience de l'obligation ou du devoir est d'ordinaire intimement liée à la conscience religieuse: chez la plupart des peuples, le code moral se présente revêtu de la sanction divine (les «commandements de Dieu»): la morale forme, avec les croyances et les rites, une des trois parties essentielles qu'on retrouve plus ou moins en toute religion.

On serait donc porté à croire que l'obligation requiert un fondement distinct du fondement de la valeur morale; plus précisément, qu'elle requiert Dieu, non seulement comme son fondement ontologique et médiat, mais comme son fondement immédiat dans l'ordre noétique. En d'autres termes, non seulement sans Dieu l'obligation serait, en soi, infondée, inexistante, mais sans la connaissance de Dieu, sans Dieu existant *pour nous* comme auteur de la « loi », il n'y aurait nulle obligation valable *pour nous*. En d'autres termes encore, l'obligation n'oblige que moyennant la connaissance (certaine) de Dieu obligeant.

Cette interprétation est-elle justifiée? Voilà ce que nous devons examiner à présent. Mais voyons d'abord les diverses positions sur ce point [1].

159. - Le classement est assez simple. Deux grands groupes: ceux qui dérivent immédiatement l'obligation de la norme de la moralité (et donc sans la médiation de la connaissance de Dieu), et ceux qui jugent nécessaire cette médiation.

Au premier groupe appartiennent, outre Kant (nn. 115, 116) et les moralistes rationalistes, dont nous n'avons plus à nous occuper, un certain nombre de scolastiques, parmi lesquels on cite généralement Gabriel Vazquez. Il est à noter que cet auteur considère comme l'opinion commune celle qui affirme la malice intrinsèque du péché, indépendamment de toute « loi »; mais de plus il rejette en la critiquant longuement la distinction établie par certains entre le « péché » (*peccatum*) et la « faute » (*culpa*); celle-ci supposant un précepte positif de Dieu, d'ailleurs nécessairement porté (à l'encontre de ce que dira Pufendorf, n. 54) [2].

Ce premier groupe se subdivise. Tandis que les uns, comme le Cardinal Mercier, conformément à leur théorie de la valeur morale (n. 151), rejettent toute démonstration de l'existence de Dieu à partir de l'obligation (suffisamment expliquée, selon eux, par la considération de la raison, de la nature etc.), les autres pensent qu'une explication complète du fait de l'obligation — dont la réalité est admise d'emblée — impose l'affirmation de Dieu. Ceux-ci admettent donc l'argument dit « déontologique » tout en l'interprétant diversement, soit qu'ils le ramènent à l'une des voies thomistes (de préférence la quatrième), soit qu'ils en fassent une preuve originale.

---

[1] Sur le problème lui-même et sur les diverses positions des scolastiques contemporains à son sujet, voir Cl. Desjardins, *Dieu et l'obligation morale*, Montréal, 1963.

[2] « Mihi semper placuit communis sententia, quae docet non omne peccatum eo esse peccatum, quia lege aliquave prohibitione imperante vetitum, sed quia suapte natura malum sit homini ... Verum recentiores alii vi argumenti (à savoir, de l'argument proposé par Vazquez) oppressi, dicunt omne peccatum, quod dicitur iure naturali esse peccatum, prius natura esse malum, quatenus contra naturam rationalem est, et hac ratione esse peccatum, sed non culpam; culpam autem esse ratione positivi praecepti Dei vetantis tale opus, ita tamen ut non possit non Deus vetare (sic; lire: ut non possit Deus non vetare) peccatum illud, ut sit culpa. ... Haec tamen sententia facile impugnari potest » etc., G. Vazquez, *op. cit.*, disp. 97, c. 3, nn. 6, 8, 9; pp. 454-455. Vazquez ajoute d'ailleurs « omnia (peccata) revera et contra Dei voluntatem esse et prohibita » (n. 10; p. 455); c'est pourquoi agir contre la loi naturelle, c'est vraiment offenser Dieu (disp. 96, c. 2, n. 6; p. 453).

On sait que ce point a d'abord été traité par les thomistes à l'occasion du fameux texte de saint Thomas sur le premier acte moral. Répondant à une question strictement théologique : le péché originel peut-il se trouver dans l'âme avec le seul péché véniel ?, saint Thomas répond : c'est impossible, car, parvenu à l'âge de raison, l'homme doit s'ordonner « ad debitum finem » — décider du sens de sa vie, pour ou contre Dieu. S'il choisit bien, il fait un acte de charité qui supprime le péché originel, s'il choisit mal, il pèche mortellement [3].

Mais qu'advient-il, se demandent les thomistes, dans le cas d'un « enfant sauvage » (*nutritus in sylvis*) ? Comment se tournera-t-il vers Dieu, s'il ne le connaît pas ? Bañez répond que la conscience est pour l'homme le porte-parole de Dieu et qu'il est possible, à partir d'elle de remonter jusqu'à Lui. L'homme a beau ignorer Dieu invinciblement, il ne s'ensuit pas qu'il ne soit pas obligé par la loi naturelle, qui vient de Lui. En fait, il éprouve cette obligation et, à partir de là, il pourra ensuite démontrer l'existence de Dieu comme juge suprême de l'homme. Prétendre qu'on ne peut se connaître obligé que si d'abord on connaît Dieu obligeant, c'est comme dire que, pour savoir qu'il y a une éclipse de lune, il faut d'abord savoir que la terre s'est mise entre la lune et le soleil ! [4] — La même doctrine, qui se trouvait déjà, pour le fond, chez Cajetan, a été reprise par Jean de Saint-Thomas et un grand nombre de thomistes. J. Maritain en a donné de nos jours une interprétation pénétrante [5].

Les uns et les autres se divisent encore d'une autre manière selon qu'ils mettent le fondement dernier de l'obligation dans l'essence divine [6], dans la raison divine (comme la plupart des thomistes, pour qui la loi relève proprement de la raison : nn. 176-177) [7], dans la volonté divine (comme beaucoup de sua-

---

[3] *Somme théol.*, I-II, 89, 6.
[4] « Quamvis tunc invincibiliter ignoret homo esse Deum explicite, non tamen inde sequitur quod non obligetur homo lege naturali Dei. Quia talis lex repraesentatur homini ab ipsa synderesi vices Dei gerente et obligante. Ex qua obligatione quam homo in se experitur, poterit postea demonstrari Deum esse supremum judicem ipsiusmet hominis. Et erit hujusmodi discursus : Ego me naturaliter obligari sentio, atque teneri ad faciendum hoc et evitandum illud, ergo superiorem habeo qui me obligat atque subjicit. Patet consequentia : alioquin ego essem supremus judex boni et mali, nec peccare possem, cum sim dominus ipsius legis, quam nullus me superior tulit, ut me sibi subjiceret ... Nusquam enim est in tota Dialectica talis regula, quod in bona consequentia, si antecedens est invincibiliter ignoratum, etiam consequens invincibiliter ignoretur. Ecce instantiam manifestam : Haec est bona consequentia : Terra interponitur inter solem et lunam, ergo luna eclypsatur. Sed antecedens omnino ignoratur a rustico, et tamen non ignoratur consequens, sed ipsa experientia manifestum est. Ita similiter in proposito experientia constat homini se ligari naturali dictamine synderesis, quamvis non statim sibi constet de legislatore Deo qui hanc obligationem intulit et induxit in mentes hominum », D. Bañez, *In IIam IIae*, q. 10, a. 1. Cf. Cajetan, *In Iam IIae*, q. 10, a. 4 ; Jean de Saint-Thomas, *In Iam*, q. 2, disp. 3, a. 1, n. 19.
[5] *La dialectique immanente du premier acte de liberté*, dans *Raison et raisons*, Paris, 1947, pp. 131-165.
[6] Ainsi Ed. Elter, *op. cit.*, p. 75.
[7] Par exemple, L. Lehu, *op. cit.*, pp. 250-256.

réziens [8] dont la théorie générale de la loi est plutôt volontariste : n. 177) [9].

160. - Parmi les auteurs du deuxième groupe, nous pouvons citer un certain nombre de scolastiques récents, comme V. Cathrein, I. González-Moral, O. Lottin etc. Beaucoup sont suaréziens et rapportent donc l'obligation à la volonté du Législateur souverain [10]. Mais on en trouve également parmi les thomistes : tel est, en particulier, le cas du Cardinal Billot : « La connaissance de l'obligation suppose évidemment déjà connu celui qui a le pouvoir d'obliger, surtout quand il s'agit de cette obligation absolue, imprescriptible, indépassable, contre laquelle rien au monde ne peut prévaloir, que l'on reconnaît appartenir en propre à la loi morale. Or il n'y a pas d'autre qui puisse ainsi obliger, sinon Dieu. Donc, avant que Dieu soit connu, il est absolument impossible de connaître l'existence de la loi et de l'obligation, mais la voix de la conscience, si par hasard il semble y en avoir une, devra être considérée comme une imagination vaine et vide » [11]. Bien plus, nous l'avons vu (n. 151), cet auteur requiert la connaissance explicite de Dieu comme condition de la connaissance de l'ordre moral (du bien et du mal), alors que les autres, moins logiques peut-être, trouvent pour celle-ci un fondement suffisant dans l'accord avec la nature raisonnable etc.

Chez plusieurs, cette position semble motivée par une sorte d'aversion contre toute apparence de kantisme et aussi par la crainte, en admettant une obligation valable sans connaissance de Dieu, de paraître donner des points à une morale « laïque ».

161. - Pas plus qu'à Vazquez, cette manière de voir ne nous semble juste. Nous ne pensons pas que l'obligation morale exige un autre fondement que celui de la valeur.

Analysons en effet la nature de l'obligation. Nous y trouvons ceci : tel acte doit être posé (ou évité) en raison d'une Valeur que nous affirmons implicitement et nécessairement, dans notre démarche morale, comme souverainement digne de

---

[8] Ainsi P. Descoqs, *Praelectiones theologiae naturalis*, t. I, Paris, 1932, p. 482.
[9] Cette opposition ne doit pas être exagérée. La différence est parfois plutôt dans la manière de poser la question. Ainsi Ed. Elter, tout en tenant l'essence divine pour fondement de l'obligation, en voit néanmoins dans l'intellect divin le « premier principe formel ».
[10] Par exemple V. Cathrein, *op. cit.*, p. 156 : « Obligatio legis naturalis .... immediate oritur ex voluntate Dei ».
[11] *Op. cit.*, p. 50.

respect et d'amour et dont notre propre valeur personnelle dépend (nn. 39-42). C'est ce que nous avons appelé l'Idéal de la raison pratique (n. 139). Autrement dit: il s'agit d'une nécessité à la fois conditionnée: tu dois agir ainsi, si tu veux être fidèle à l'Idéal, et catégorique ou inconditionnée: tu dois rester fidèle à l'Idéal.

Or une nécessité de ce genre se rencontre chaque fois que la téléologie, l'intentionnalité, la signification objectives de l'acte sont en liaison intrinsèque — positive ou négative — avec l'ouverture à l'Idéal, le respect et l'amour de la Valeur (exprimés par le respect et l'amour des autres sujets). Un acte dont le sens et la finalité propres enveloppent une négation, un refus pratique de la Valeur — un acte d'égoïsme ou d'orgueil, fermant le sujet sur lui-même, un acte de débauche, qui blesse la dignité spirituelle et bouleverse la hiérarchie interne du sujet etc. —, un acte, par conséquent, qui ne peut être vraiment voulu et posé par une volonté « ouverte », fidèle à l'Idéal, un tel acte est lié intrinsèquement et négativement à celui-ci; il participe de sa nécessité, sous forme inversée; il *doit* être évité. Un acte, au contraire, dont l'omission signifierait pratiquement la « fermeture », le refus ou le mépris de l'Idéal — comme secourir le prochain quand on le peut et que la nécessité est urgente —, un tel acte est lié intrinsèquement et positivement à l'Idéal, il participe positivement de sa nécessité; il doit être posé.

Mais cette liaison intrinsèque de l'acte et de l'Idéal est précisément celle qui fonde la valeur morale de l'acte en question. La nécessité de l'obligation naît donc de la même source que la valeur morale de l'acte obligatoire.

S'ensuit-il qu'il y ait coïncidence parfaite entre les domaines de l'une et de l'autre? Non: une connexion intrinsèque positive avec l'Idéal ne suffit pas pour rendre l'acte obligatoire: il faut que cette connexion soit telle que le sujet ne puisse à la fois viser l'Idéal (c'est-à-dire suivre la raison droite) et refuser de poser l'acte. Autrement dit la liaison doit être réciproque. L'acte est purement et simplement bon quand il implique la visée de l'Idéal. Il est obligatoire quand la visée de l'Idéal l'implique. Il est mauvais quand il exclut la visée de l'Idéal et l'exclusion est réciproque (conversion simple de l'universelle négative). Y a-t-il des actes qui, dans leur réalité concrète et singulière, n'impliquent ni n'excluent la visée de l'Idéal? Question à débattre plus tard (nn. 236-240).

162. - La même conclusion résulte d'une réflexion sur le premier principe de la raison pratique. Tout le monde s'accorde, du moins parmi les scolastiques, à le formuler ainsi: « Le bien est à faire; le mal à éviter » (n. 44). Il est, pour la raison pratique, ce qu'est, pour la raison spéculative le principe de non-contradiction. Et en effet, on ne voit pas quel principe plus primitif l'on pourrait trouver. Tous ceux qu'on imaginerait le présupposeraient. Soit, par exemple: celui-ci « il faut faire ce qui contribue au progrès de l'humanité, ce qui va dans le sens de l'histoire, de l'évolution etc.; il faut éviter ce qui y contredit ». Si l'on demande: « mais pourquoi? », l'unique réponse possible sera: « parce que ce qui contribue au progrès de l'humanité etc. est *bien* et ce qui s'y oppose est *mal* ». Ainsi, en admettant le principe susdit, nous ne suivons pas seulement une tradition vénérable, nous n'usons pas de l'argument d'autorité: nous nous appuyons sur une évidence interne.

Or si ce principe est premier, c'est que la connexion est immédiate entre le sujet: le bien, et le prédicat: à faire (ou entre le sujet: le mal, et le prédicat: à éviter). Si la connexion était médiate, c'est qu'il y aurait un moyen terme et le prétendu principe serait en réalité une conclusion. Soit x ce moyen terme, on aura le raisonnement suivant: x (par ex.: ce que Dieu ordonne) est à faire; or le bien est x; donc le bien est à faire. Mais alors le premier principe ne sera pas celui que nous avions admis.

Il y a donc quelque incohérence à admettre, d'une part, le principe en question comme « premier » et à vouloir, d'autre part, que l'obligation ne nous oblige effectivement que moyennant la connaissance d'un commandement divin. Car, dans ce cas, le premier principe devrait s'énoncer: « il faut obéir au commandement de Dieu ».

Concluons: la nécessité de faire le bien etc., dérive de l'essence du bien tout comme la nécessité d'éviter la contradiction découle de la nature de l'être. Cela ne veut pas dire que cette nécessité puisse être obtenue logiquement par simple analyse formelle de la notion de bien, qu'elle soit, au sens strict, analytique. Le bien, formellement, ne dit pas: « à faire »: il dit « désirable » « convenable » et le bien moral dit formellement « convenable pour la raison ». Mais cela veut dire que la valeur morale et l'obligation procèdent de la même source, de telle sorte que celle-là, dans les limites indiquées plus haut (n. 161), ne soit jamais donnée sans celle-ci. Or cette source prochaine, ce fondement immédiat, c'est la convenance de l'acte et de l'objet avec l'Idéal, car percevoir cette convenance, c'est l'exiger.

163. - On reprochera à l'argument ci-dessus de donner, dans le premier principe, un sens trop fort au prédicat: « à faire ». Ce dernier, dit-on, ne signifie pas une obligation stricte, il indique seulement une sollicitation de la raison. L'obligation stricte ne viendrait qu'une fois connue la loi de Dieu.

Mais si l'on ne met pas l'obligation dès le premier principe, on ne la trouvera jamais. Et, en particulier, on ne saurait la déduire originairement de l'idée de Dieu. Nous disons: originairement, car nous admettons, cela va sans dire, que Dieu puisse, par une disposition de sa liberté, constituer des obligations particulières (lois divines positives, vocations singulières etc.), mais il s'agit ici de l'obligation fondamentale de faire le bien et d'éviter le mal.

C'est qu'en effet, la connaissance du commandement divin présuppose, pour créer une obligation, l'obligation d'obéir à Dieu. Supprimons celle-ci: il ne nous reste plus qu'une connaissance spéculative sans prise sur notre liberté, comme le seraient les ordres d'un pouvoir sans autorité sur nous. Or, il est clair qu'une telle obligation ne peut se fonder sur la connaissance de Dieu. Car de cette simple connaissance, si l'on ne pose d'abord la nécessité objective de faire le bien, on ne la déduira jamais. Comme cette affirmation peut paraître choquante (ne semble-t-il pas que l'idée de Dieu, de par sa dignité incomparable, soit génératrice de nécessité objective?), il vaut la peine de nous y arrêter un instant.

Nous remarquerons, en premier lieu, que Dieu peut être considéré soit sous un aspect purement ontologique, non moral (comme Etre suprême, créateur, tout-puissant, de qui tout dépend, même notre liberté, et seul capable de faire notre bonheur etc.), soit sous un aspect proprement moral, comme Valeur et Sainteté absolues etc.

Or, de la première considération, on tirera seulement ceci: Dieu peut mouvoir notre volonté à sa guise, nous récompenser ou nous punir, être atteint (se laisser atteindre) par nous ou être manqué, se dérober à nous etc. Mais tout cela, nous l'avons vu (n. 39) n'offre de soi aucun caractère moral, à moins de supposer d'abord que la récompense ou la peine est méritée, qu'il est moralement mauvais et défendu de renoncer au vrai bonheur etc. On insistera: n'est-il pas *convenable,* aux yeux de la raison, que l'être créé se soumette au Créateur, à l'Etre « par soi » et donc lui conforme sa volonté? — Dans ce cas, répondrons-nous, ce qui fonde immédiatement pour nous l'obligation, c'est cette *convenance* rationnelle, laquelle, pour jouer ce rôle, doit s'entendre comme une convenance à l'Idéal de la raison (n. 135).

Que si l'on dit: « Dieu est souverainement *digne* d'être obéi; Dieu a un *droit* absolu à notre soumission » etc., on présuppose un ordre de devoirs et de droits: il y a cercle. Car s'il est vrai, comme on le verra (n. 203), que le droit est, en soi, premier par rapport au devoir corrélatif, il est vrai aussi que nous ne le pensons qu'à travers l'obligation de ne pas le léser ou la licéité d'en user, c'est-à-dire la non-obligation de ne pas en user ... Dire que Dieu *a des droits* sur nous, c'est dire d'abord que nous sommes *obligés* à lui obéir. On ne peut donc prouver ceci à partir de cela. On ne peut pas tirer la notion d'obligation morale de la notion des « droits de Dieu ».

Considérerons-nous, alors, Dieu sous son aspect moral, comme Valeur suprême qui « mesure » la rectitude de notre volonté? Mais — outre que, comme nous allons le dire, je ne puis comprendre ce que signifie la rectitude de la volonté sans une conscience actuelle et fondamentale de l'obligation —, ce qui, dans une telle perspective, fonderait immédiatement celle-ci pour nous, ce ne serait pas l'*être* de Dieu, mais sa *valeur*, connue de nous à travers l'Idéal de la raison. La conscience de l'obligation requiert que l'acte soit perçu comme lié à la Valeur absolue, ce qui implique bien que cette Valeur soit saisie comme « valant en acte », à titre d'Idéal, mais pas nécessairement comme « existant en acte ».

Certes, la valeur suppose l'être, hors duquel il n'y a rien (n. 150). Il ne s'ensuit pas que percevoir une valeur soit la connaître comme existante; nous savons au contraire, que la valeur, au premier abord, semble s'opposer à la réalité. Le vrai, lui aussi, s'appuie sur l'être et pourtant tout ce qui est vrai n'existe pas (les « êtres » mathématiques, par exemples, qui ne sont pas vraiment des êtres). Je peux donc avoir une idée de la valeur et de l'Idéal qui suffise à me faire reconnaître l'obligation, sans que je sache encore clairement que cet Idéal se fonde en Dieu.

On pourrait dire encore: l'obligation se déduit de l'idée de Dieu connu comme fin dernière, « centre » vers lequel l'esprit « gravite » de tout le poids de son amour « naturel »; et cette connaissance peut être acquise par une réflexion sur l'activité spirituelle, ce qui lui enlève toute apparence d'extrinsécisme. Dieu n'est pas seulement le créateur qui me fait pour lui etc.; il est celui vers lequel j'existe, hors duquel je n'ai pas de sens. Mais si la nécessité de ma tendance vers Dieu est une simple nécessité de fait, si Dieu est simplement pour moi celui hors duquel je ne puis m'accomplir, nous sommes encore en deçà de l'obligation morale (n. 42): agir contre ma fin sera une sottise, une misère, non proprement une faute. Il n'y a possibilité de déduire une obligation que si Dieu est connu comme la fin vers laquelle je *dois* tendre, de telle sorte que m'y refuser serait purement et simplement détestable. Qui ne voit qu'ici encore le moment, l'aspect logique auquel l'obligation s'accroche immédiatement est celui de la Valeur suprême ? Dieu n'est pour nous principe immédiat d'obligation que sous la formalité de Valeur absolue, d'Idéal de la raison pratique [12].

Mais ne peut-on pas dire : sans obligation, la liberté est sans norme, rien ne permet de « mesurer » sa rectitude, elle crée elle-même ses valeurs ? Or ceci répugne à la condition d'un être créé et dépendant. Dès là donc que je sais qu'il y a un Dieu de qui je dépends par le plus profond de moi-même, je sais aussi que ma liberté n'est pas la norme de sa propre rectitude, que cette norme est en Lui.

La difficulté, ici, est de donner un sens au mot « rectitude » avant toute conscience de l'obligation. Sans doute on peut dire que la volonté est droite quand elle va sans détour vers sa fin, mais cette rectitude-là n'est morale que si la fin a elle-même un caractère moral et on retrouve ici l'ambiguïté signalée tout à l'heure à ce propos. La fin, pour fonder l'obligation, doit se présenter elle-même comme obligatoire, ou, si l'on aime mieux, « objectivement nécessaire ». Il n'est d'ailleurs pas requis de faire intervenir l'idée de fin. Ce que nous signifions immédiatement en disant d'une volonté qu'elle est « droite », c'est qu'elle est « comme il faut », qu'elle veut ce qu'elle doit vouloir, qu'elle est fidèle à la Valeur. La conscience de la valeur et de l'obligation est donc présupposée au concept de volonté droite. Sans cette conscience et cette expérience, impossible de comprendre vraiment ce qu'on veut dire en parlant de la rectitude du vouloir et de sa norme. Ainsi le raisonnement qui devrait déduire l'obligation en présuppose l'expérience. Il peut aider à interpréter celle-ci mais il ne saurait la remplacer.

Et notons-le bien. Il ne suffirait pas d'accorder qu'avant la connaissance de Dieu nous pouvons avoir l'idée de l'obligation, en formuler l'hypothèse, tout en maintenant que seule la con-

---

[12] J. Maritain observe avec raison que l'obligation se fonde immédiatement dans le bien considéré comme valeur plutôt que dans le bien considéré comme fin, *Neuf leçons ...*, pp. 83-84.

naissance de la loi divine transforme cette hypothèse en thèse, en nous manifestant l'obligation comme actuelle. Car la notion même d'obligation n'a de sens que moyennant la conscience actuelle d'une obligation radicale, tout comme la notion d'être n'a de sens que par l'expérience actuelle de l'existant et celles d'amour ou de désir par l'expérience actuelle de notre appétit foncier. Et en effet, « être obligé à ceci », signifie : « si je ne fais pas ceci, j'agirai contre la Valeur qui justifie mon existence, je perdrai mes « raisons de vivre » etc. Mais cela n'aurait aucun sens, cela ne me donnerait nullement l'idée d'une obligation même simplement possible, si je ne comprenais en même temps qu'*il ne faut pas* agir contre la Valeur, perdre mes « raisons de vivre » etc. Ainsi l'obligation ne se définit qu'en se présupposant. Elle est un donné irréductible (n. 42).

En résumé, donc, *ou bien* Dieu est connu sous l'aspect non-moral et nulle obligation ne peut naître pour nous de son commandement ; *ou bien* il est connu sous un aspect moral, sous un aspect fondant en lui le droit de se faire obéir, mais alors l'obligation est logiquement présupposée. D'aucune manière, par conséquent, Dieu, ou le commandement de Dieu, ne peut être pour nous le principe immédiat de l'obligation morale comme telle (de l'obligation de faire le bien) ; sa connaissance n'est donc pas requise pour une obligation authentique.

164. - Du reste, la thèse que nous critiquons aurait cette conséquence singulière d'exclure de la moralité une grande partie et peut-être la majorité du genre humain !

Nombreux, en effet, sont aujourd'hui les hommes qui ignorent Dieu ou du moins doutent de son existence. Si l'opinion susdite était vraie, on devrait dire qu'il n'y a pas pour eux de loi morale comportant obligation au sens strict. Et, notons-le bien, s'ils sont logiques avec eux-mêmes, les auteurs auxquels nous pensons ne sauraient se contenter, pour fonder l'obligation, d'une connaissance quelconque de Dieu : il faut que Dieu soit connu *explicitement* comme fondement de l'ordre moral et donc comme Etre suprême et Créateur, mais aussi et surtout comme suprême perfection morale, ce qui requiert, on l'avouera, une conscience religieuse assez évoluée. Admettre comme suffisante une connaissance implicite de Dieu, ce serait, pour ces auteurs, renoncer à ce qui fait l'originalité de leur position (car cette connaissance implicite, nous l'admettons nous aussi, comme on verra).

A cela, on répond d'ordinaire qu'une ignorance non coupable de Dieu est impossible, si ce n'est en des cas exceptionnels. Mais cette réponse, outre qu'elle témoigne d'un profond irréalisme, d'une méconnaissance évidente de la situation actuelle, se contredit manifestement. Comme peut-il y avoir faute, là où il n'y a pas d'obligation ? Et d'où viendrait, pour qui ignore Dieu, le devoir de s'enquérir à son sujet ou de résister aux passions qui risquent d'aveugler l'esprit ?

A notre avis, donc, l'opinion que nous avons en vue conduit logiquement :

Ou bien, à admettre, non seulement à titre d'exception, mais comme un fait très fréquent, ce que les théologiens appellent le « péché philosophique », c'est-à-dire un acte qui, tout en étant moralement mauvais en tant que contraire à la raison, ne serait pourtant pas un « péché théologique », autrement dit une « offense de Dieu ». Mais cette théorie, défendue par quelques auteurs du XVIIe siècle, est rejetée aujourd'hui par l'ensemble des théologiens : tout au plus certains accordent-ils qu'une telle hypothèse ne répugne pas en soi et se vérifie peut-être en quelques cas très rares. Du reste, les partisans de l'opinion ici critiquée reconnaissent, avec Cathrein, que « le péché philosophique n'est pas possible, moralement parlant tout au moins »[13], si ce n'est d'une façon très exceptionnelle. Mais cette position, chez eux, ne paraît pas très cohérente[14].

Ou bien, si l'on rejette le péché philosophique, à la solution — qu'on peut appeler « héroïque » — du Cardinal Billot, solution, elle, parfaitement cohérente, et qui consiste, on le sait, à regarder une portion considérable du genre humain, fût-elle culturellement fort développée en d'autres domaines, comme « infantile » dans l'ordre moral et par conséquent à assimiler le sort de ces sous-développés moraux au sort des petits enfants[15]. Mais cette théorie, malgré sa cohérence, n'a pas reçu un accueil favorable. Il semble bien difficile de soustraire pu-

---

[13] *Op. cit.*, p. 200.
[14] Nous ne disons rien de la proposition condamnée par Alexandre VIII : « Peccatum philosophicum seu morale est actus humanus disconveniens naturae rationali et rectae rationi ; theologicum vero et mortale est transgressio libera divinae legis. Philosophicum, quantumvis grave, in illo, qui Deum ignorat vel de Deo actu non cogitat, est grave peccatum, sed non est offensa, neque peccatum mortale dissolvens amicitiam Dei, neque aeterna paena dignum » (Denzinger-Schönmetzer, *Enchiridion symbolorum* [32], n. 2291 ; dans les anciennes éditions, n. 1290), les théologiens n'étant pas d'accord sur son exacte portée.
[15] *La Providence de Dieu et le nombre infini d'hommes en dehors de la voie normale du salut*, « Etudes », 20 août 1920, pp. 385-404 ; 5 déc. 1920, pp. 515-535 ; 5 mai 1921, pp. 257-279 ; 20 nov. 1921, pp. 385-407 ; 5 sept. 1922, pp. 513-535.

rement et simplement à la moralité tant d'adultes d'ailleurs normaux et responsables.

Beaucoup d'auteurs distinguent entre une obligation *imparfaite* qui ne supposerait pas la connaissance de Dieu et une obligation *parfaite*, qui la supposerait. Cette distinction peut avoir plusieurs sens qu'il faut préciser: 1. Obligation pourvue ou non d'une sanction parfaite. 2. Obligation plus ou moins efficace. 3. Obligation plus ou moins grave. 4. Obligation déduite raisonnablement ou admise irrationnellement. 5. Obligation adéquatement ou inadéquatement expliquée. 6. Obligation important une nécessité de droit ou simplement de fait. 7. Obligation absolue ou conditionnelle. 8. Obligation fondée sur une exigence absolue ou sur une exigence relative. 9. Obligation couvrant tout l'ordre moral ou seulement un secteur de celui-ci. 10. Obligation dont la violation a une malice objective « infinie » (comme « offense de Dieu ») ou simplement « finie » (comme offensant la raison, l'ordre des choses etc.).

Selon nous, chez l'athée, l'obligation n'est imparfaite qu'aux sens 2, 3 et 5. Quant au sens 10, nous en reparlerons tout à l'heure (n. 169).

165. - Mais, si nous refusons de voir en Dieu le fondement immédiat *pour nous* de l'obligation, nous n'en maintenons pas moins qu'il en est le fondement ontologique dernier et l'ultime raison suffisante, et cela non pas au sens banal que tout ce qui est se fonde en Dieu, ou que Dieu, posant dans l'être les sujets de l'obligation, fait du même coup que l'obligation existe etc., mais en ce sens que l'obligation morale, de par son caractère propre, sa structure intentionnelle, requiert Dieu à titre spécial, de telle sorte que son affirmation n'est pleinement cohérente avec les exigences de la raison spéculative que moyennant l'affirmation de Dieu, et que, par conséquent, faute de cette affirmation, elle-même risque, malgré les protestations de la conscience, d'être rejetée par l'esprit désireux d'établir en soi l'unité. Car raison spéculative et raison pratique ne sont qu'une seule et même raison.

Si, en effet, l'obligation dérive immédiatement de la liaison entre l'acte à poser ou à éviter et l'Idéal de la raison pratique (nn. 161-163), son fondement ontologique dernier ne peut être que le fondement de cet Idéal. Or, nous l'avons vu (nn. 152-153), l'Idéal, pour être autre chose qu'une fiction creuse, requiert un Surexistant, qui transcende tout l'ordre des étants et dont l'être soit nécessaire de la nécessité même de la Valeur ou plutôt fonde, par sa nécessité originaire, la nécessité de la Valeur. En d'autres mots, il requiert Dieu. Dieu est donc le fondement dernier de l'obligation morale, comme il est (et parce qu'il est) le fondement dernier de la Valeur.

La même conclusion peut s'établir d'une manière plus topique à partir du caractère absolu de l'obligation.

L'être étant premier par rapport à ses propriétés et à ses déterminations, toute ce qui se présente comme nécessaire et absolu en quelque ligne de perfection que ce soit, doit avoir pour fondement le nécessaire et l'absolu dans l'ordre de l'être. Or, dans l'obligation, nous est donnée une nécessité absolue dans l'ordre de la valeur (n. 139). A ce titre, qui lui est propre, l'obligation doit donc avoir pour fondement le nécessaire et l'absolu dans l'ordre de l'être, c'est-à-dire un être qui existe d'une absolue nécessité. Mais une existence absolument nécessaire est le propre de Dieu. Par conséquent, l'obligation morale, requiert Dieu, à titre propre, comme son fondement. Sa nécessité se fonde sur la nécessité de l'être divin et l'exprime dans l'ordre de la valeur comme le fait, dans son ordre, la nécessité non moins absolue de la vérité.

Ce point appelle quelque éclaircissement.

L'être divin, l'*Ipsum esse subsistens,* exclut, pour ainsi parler, par la plénitude de son acte, l'ombre même du non-être et donc toute possibilité de pas être, toute contingence. Il est, par une nécessité absolue et intrinsèque, qui ne diffère de lui en aucune manière et par suite ne le conditionne aucunement, qui transcende et fonde à la fois toute nécessité de droit ou de fait, naturelle, logique ou morale.

Considérons, par exemple, la nécessité logique. Nous connaissons Dieu en nous appuyant sur les principes de la raison; l'affirmation de Dieu est requise pour que notre affirmation des choses et des nous-mêmes soit pleinement cohérente etc. Pourtant, sitôt que nous affirmons Dieu (si c'est bien lui que nous affirmons), nous comprenons qu'il n'est pas un être parmi les êtres, mais la source de l'être universel; qu'il ne tombe pas, à proprement parler, *sous* la notion de l'être, comme un de ses « inférieurs », ni sous la juridiction des principes rationnels, mais qu'il en est le fondement et la condition suprême et que, par conséquent, cette notion, ces principes, valent de lui, sans doute, mais *tout autrement* que des autres êtres. La nécessité de l'être (de l'*esse*) divin, bien que saisie à travers les principes nécessaires de la raison, n'en dépend pourtant pas, en soi, pas plus qu'elle ne dépend d'une quelconque « loi de l'être » : tout au contraire, c'est la nécessité des principes de la raison, la nécessité des lois de l'être qui dérive de la nécessité divine et l'exprime pour nous. C'est parce que Dieu *est* absolument, nécessairement, immuablement, que la vérité est absolue, nécessaire et immuable.

Or, il n'en va pas autrement dans l'ordre de la valeur. Que ce soit un devoir, une « nécessité objective », d'aimer Dieu, de le respecter, de lui obéir, nous le connaissons à travers les principes de la moralité. Notre volonté ne peut être pleinement droite, fidèle à soi-même et à l'Idéal de la raison, si elle refuse à Dieu le respect, l'amour, la soumission. Mais, en même temps, nous comprenons que Dieu n'est pas un bien entre les biens, qu'à proprement parler il ne tombe pas lui-même sous la Valeur, qu'il ne dépend pas axiologiquement de l'Idéal: tout au contraire, c'est lui qui le fonde et tout l'ordre de la valeur. Il *est* lui-même, dans son *Esse,* Valeur absolue, inconditionnée et transcendante, qui exclut toute ombre de non-valeur et inclut éminemment tout ce qui vaut en quelque valeur que ce soit. Il *doit donc être aimé* nécessairement et bien que nous connaissions cette nécessité à partir de la nécessité de l'Idéal, nous comprenons qu'elle est, en soi, première et que la nécessité de l'Idéal en est seulement l'expression. C'est la nécessité même de l'*Esse* divin, considérée dans la ligne de la valeur. Et parce que cette nécessité, nous l'avons dit, transcende le fait et le droit, le logique et le moral, l'amour de Dieu pour lui-même ne doit pas être considéré simplement comme nécessaire physiquement ou logiquement (vu l'identité en Dieu du sujet et de l'objet, le caractère parfaitement rassasiant de l'objet parfaitement connu, l'impossibilité pour l'Un de ne pas adhérer totalement à soi-même etc.): il est nécessaire *axiologiquement.* Dieu est en soi et pour soi, non seulement comme *necessario amatus,* mais comme *necessario amandus*: il est souverainement digne d'être aimé et son amour pour lui-même enveloppe une convenance infinie. Cet être-pour-soi de Dieu comme *necessario amandus,* voilà, selon nous, le moment où s'origine l'ordre tout entier de la valeur et du devoir; voilà l'archétype transcendant de toute obligation (mais qui n'est pas lui-même, évidemment, une obligation).

166. - Jusqu'ici nous avons considéré Dieu sous l'aspect d'Etre absolu et de Raison souveraine. Il semble cependant qu'une intelligence adéquate de l'obligation requière aussi que nous envisagions Dieu comme Volonté. Non pas au sens de Descartes, comme si l'ordre des essences et des valeurs, en soi contingent, avait besoin d'être posé par un acte créateur (n. 54), pas davantage au sens où certains voient dans l'obligation un caractère surajouté du dehors et plus ou moins arbitrairement à la valeur morale, mais à cause de ce qu'il y a d'*existentiel* dans l'obligation.

Ce caractère existentiel apparaît tant du côté de l'objet que du côté du sujet moral.

Du côté de l'objet. L'obligation manifeste, en celui-ci, une exigence de position, un devoir-être. Mais ce devoir-être n'affecte pas l'objet considéré abstraitement comme possible en soi : il l'affecte dans son rapport à un sujet existant. Le devoir-être s'exprime dans un devoir-faire. *Fiat justitia,* oui. Et pourtant les sujets et les objets qui composent l'ordre « juste » auraient pu ne pas exister et cela n'aurait pas été « injuste ». L'exigence de justice suppose déjà donnés, déjà existants sujets et objets. — De même, la nature raisonnable exige d'être réalisée. Et cependant, aucune loi transcendante n'imposait que l'homme existât. La nature humaine doit être réalisée pour autant qu'elle existe déjà.

Du côté du sujet. Non seulement il faut exister pour être obligé — cette vérité banale n'intéresse guère notre propos —, mais l'obligation a toujours un caractère intrinsèquement personnel, donc existentiel au sens le plus fort (n. 33). Le sujet n'est pas seulement un existant mais *cet* existant. L'objet ne se donne pas simplement comme « à faire », mais comme « à faire pour moi, par moi ». Je suis concerné dans mon existence actuelle. J'ai à faire ce qui, sans moi, ne sera jamais. Une valeur m'appelle qui ne se réalisera pas sans moi. D'autres pourront en réaliser de plus hautes ou d'équivalentes, mais non pas celle-là. Il y a un point où nul ne peut tenir ma place ... C'est que la valeur morale et l'obligation affectent le sujet comme tel. Malgré l'universel qu'elle inclut aussi, l'obligation se présente toujours à la conscience comme une vocation strictement personnelle.

Etant d'ordre existentiel, l'obligation n'est pleinement intelligible que rapportée au fondement de l'existence des existants. Or ce fondement est Dieu comme Volonté libre. La considération de la volonté divine est donc requise pour la parfaite intelligence de l'obligation.

167. - En posant les êtres dans l'existence, cette volonté les « meut » vers leur pleine réalisation. La tendance naturelle des choses à se conserver et à s'accomplir dans l'action est en elle, selon saint Thomas, comme une « impression » du commandement divin (à la fois volonté et raison) [16]. Mais cette pleine réalisation de soi, quand il s'agit de la nature spirituelle, de la personne, est aussi, pour elle, l'impératif de la raison droite, et elle n'est possible que par la pleine fidélité à la Valeur. Il s'ensuit que l'inclination naturelle du sujet spirituel se présente, objectivement, comme une exigence en lui de la Valeur (et, implicitement, de Dieu). Ainsi il y a, à la fois, proposition objective du bien à faire, de l'ordre rationnel à réaliser, et motion subjective vers cette réalisation : le bien moral se présente en même temps comme un bien naturel [17]. Cette motion subjective, sans laquelle la proposition objective resterait inefficace et ne pourrait même pas avoir lieu, est l'« impression » dans notre nature spirituelle et l'expression dans notre conscience de la Volonté divine qui, en nous posant dans l'être, nous impose de nous y réaliser dans la fidélité à notre essence. — Nous verrons mieux plus tard l'importance de cette remarque (nn. 190 et 286-287).

168. - On voit, par là, combien est fausse la doctrine kantienne de l'autonomie, pour autant qu'elle met dans la volonté de l'homme le fondement de l'obligation. Non qu'il faille nier toute autonomie de la raison pratique : une pure hétéronomie est impensable, car il n'y a obligation que dans la mesure où la raison pratique la reconnaît, fût-ce malgré elle, alors même que la volonté se dérobe ou s'efforce de la nier. Il ne s'agit pas d'une simple connaissance spéculative : la connaissance que requiert l'obligation est une connaissance « valorisante » : il faut que la loi soit reconnue comme « bonne » et obligatoire. En ce sens, tout homme est à soi-même sa loi [18]. Mais ce n'est là qu'une autonomie relative. Une autonomie absolue est un non-sens. On ne s'oblige soi-même qu'en présupposant une obligation fondamentale. Celui qui fait un vœu ou une promesse ne crée pas l'obligation d'y être fidèle : il fait seulement que cette obligation

---

[16] « Sicut autem homo imprimit denuntiando quoddam interius principium actuum homini sibi subjecto, ita etiam Deus imprimit toti naturae principia propriorum actuum », *Somme théol.*, I-II, 93, 5.

[17] « Ratio potest aliquid intimare vel denuntiare dupliciter. Uno modo absolute; quae quidem intimatio exprimitur per verbum indicativi modi; sicut si aliquis alicui dicat: Hoc est tibi faciendum. Aliquando autem ratio intimat aliquid alicui movendo ipsum ad hoc; et talis intimatio exprimitur per verbum imperativi modi, puta cum alicui dicitur: Fac hoc », *ib.*, 17, 1.

(Dans ce texte, saint Thomas ne parle pas de la motion par la tendance naturelle, mais on a vu (cf. note précéd.) que celle-ci est par lui regardée comme l'impression d'un commandement divin). Cf. également, chez J. Maritain, la distinction entre « norme-pilote » et « norme-précepte », *Neuf leçons ...*, pp. 130-140.

[18] Saint Paul, *Rom.*, 2, 14.

vaille actuellement pour lui : il entre dans une sphère de valeur et de devoir déjà constituée « en soi » (« il faut tenir sa promesse » etc.); il ne constitue pas cette sphère (il ne crée pas la valeur de la fidélité). Inutile d'alléguer ici la distinction entre le moi nouménal et la moi empirique, comme si l'obligation venait à celui-ci de celui-là. Car il n'y a obligation que là où il y a liberté et, selon Kant, le moi nouménal seul est libre. C'est donc lui-même qui devrait s'obliger et cela n'a aucun sens.

Tout ce qu'on peut retenir ici de la doctrine kantienne, c'est ce que nous avons dit au n. 147 : à savoir, que l'obligation a son principe dans la Raison prise dans sa totalité (en extension et en compréhension), c'est-à-dire à l'intérieur de l'ordre entier de la raison et dans son sommet, la Raison absolue. Mais nous ne sommes pas la Raison absolue, nous sommes des sujets participant de la raison et c'est pour cela que notre autonomie est une autonomie participée, dépendante, mélangée d'hétéronomie. La raison qui nous intime de faire le bien est nôtre, sans doute, mais elle n'est pas de nous, non plus que notre être : elle est en nous l'impression du principe suprême de tout l'ordre rationnel.

169. - Une autre conclusion, c'est *qu'il n'y a pas de péché philosophique*. Agir sciemment contre l'Idéal de la raison pratique, c'est identiquement offenser Dieu, que cet Idéal représente pratiquement pour la raison.

Seulement, il faut bien comprendre ceci. Il ne suffit pas de dire : la valeur morale étant fondée en Dieu, la léser, c'est léser Dieu lui-même; ou encore : notre nature, notre raison venant de Dieu, agir à leur encontre, c'est s'opposer à Dieu. Pour qu'il y ait « offense de Dieu », il faut que la valeur lésée (ou la nature, ou la raison) ait en soi un caractère qui lui permette d'être *à nos yeux* représentative de Dieu. Mais comment cela est-il possible, là où Dieu n'est pas explicitement connu? Outrager la statue de l'empereur était considéré comme un crime de lèse-majesté : encore fallait-il que la statue fût connue du coupable comme statue de l'empereur.

Cela est possible, si la valeur morale, sans être encore formellement rapportée à Dieu connu comme Existant, présente cependant un caractère qui ne convienne proprement qu'à Dieu, mieux encore, si ce caractère est précisément celui qui fonde, dans l'Existant suprême, le droit à notre obéissance inconditionnée. Or, il en est ainsi, nous l'avons vu. L'Idéal de la raison pratique, l'Absolu axiologique, centre de référence de la valeur morale, est l'aspect sous lequel la raison pratique, comme telle, atteint Dieu, non pas, encore une fois, comme objet d'intuition mais comme terme d'intention.

C'est pourquoi on peut dire que celui qui, sans reconnaître explicitement l'existence de Dieu, en la niant même, reconnaît cependant un Idéal de valeur, ne doit pas être tenu pour un athée au sens plein du mot. De là vient que certains auteurs, en apparence opposés à notre opinion, l'admettent en fait, quand ils entendent d'une connaissance implicite de Dieu ce que l'opinion par nous critiquée affirme d'une connaissance explicite [19].

Or, si l'Idéal de la raison est capable de représenter pratiquement Dieu, c'est que la raison humaine ne se ferme pas sur soi mais, par son intentionnalité la plus profonde, vise le Transcendant. Cette intentionnalité affecte l'ordre idéal tout entier. Il ne se propose pas à nous comme un terme où la pensée se fixerait, mais comme une médiation vers l'affirmation du Transcendant. La raison joue ainsi en quelque sorte le rôle que certains philosophes attribuaient à l'idée innée de Dieu. Il n'y a pas, en vérité, d'idée innée de Dieu pas plus que de quelque autre objet, mais dans l'activité même de la raison est donnée cette intentionnalité, cet être-vers..., que l'idée en question devrait exercer. Il est donc faux que l'homme en agissant contre les injonctions de sa raison pratique n'offense qu'un ordre immanent. Cette immanence (de la raison ou de la nature raisonnable) est essentiellement « ouverte » au Transcendant, est, par le plus profond d'elle-même, visée du Transcendant.

C'est pourquoi je puis bien, par ignorance, agir à l'encontre de ce que Dieu veut sans pour autant l'offenser, mais je ne puis agir sciemment contre l'Idéal moral sans que, du même coup, malgré ma prétendue ignorance, Dieu soit offensé.

170. - Enfin — troisième conclusion — notre opinion n'apporte pas d'eau au moulin du laïcisme [20]. Bien loin de minimi-

---

[19] Par exemple P. Claeys-Boúúaert, *Tous les athées sont-ils coupables?*, « Nouv. rev. théol. », 1924, pp. 172 ss.

[20] Du reste, ou peut répondre *ad hominem* que mieux vaut encore une morale laïque que pas de morale du tout. De l'opinion que nous critiquons, un athée pourrait logiquement conclure qu'il n'y a pas pour lui d'obligation et donc que « tout est permis », comme dit Sartre en reprenant le mot d'un personnage de Dostoievski. Tirant les conséquences pratiques de ce principe si commode, notre athée se rendrait ainsi de plus en plus incapable de recevoir la lumière. Cet obscurcissement ne serait pas à proprement parler une sanction, puisque, par hypothèse, il n'y aurait pas eu de faute, mais une conséquence naturelle, l'effet d'une sorte de connaturalité négative, d'anti-connaturalité au

ser le rôle de Dieu dans la vie morale, nous le remettons à sa vraie place, à son véritable moment logique et ontologique et il nous semble que la transcendance divine resplendit mieux ainsi.

Gardons-nous, en effet, de concevoir Dieu sur le type d'un législateur humain, dont les ordres, pour être efficaces, supposent déjà constituée la sphère de la moralité. La thèse que nous avons contestée reste encore, malgré qu'elle en ait, liée à cette représentation. La réalité est bien différente, l'intervention de Dieu autrement profonde. Dieu nous donne sa loi en suscitant en nous l'activité qui constitue la sphère morale, c'est-à-dire la raison pratique, laquelle, procédant de Dieu, ne peut être purement et simplement autonome, mais promulgue en nous, en s'exerçant selon sa loi propre, la loi du suprême Législateur.

Cette dépendance radicale à l'égard de Dieu, la conscience morale, qui l'entrevoit confusément, tend d'elle-même à se la représenter sous les espèces d'une législation positive. Les préceptes moraux sont rapportés à une loi donnée par Dieu aux hommes en des circonstances déterminées, comme on peut le voir dans les traditions religieuses de la plupart des peuples (n. 36).

On se tromperait pourtant grandement en concluant aussitôt de là au caractère mythique de toute « révélation » de la loi morale. Ces interprétations réductrices relèvent d'un pur préjugé. Car on pourrait aussi bien conclure à une attente, inscrite dans la conscience humaine, d'une « révélation » véritable, « vérifiant » le mythe, comme ces dessins en pointillé qui attendent qu'une main vienne leur donner un trait ferme et les colorier. Entre les deux interprétations, c'est à une enquête impartiale de décider. — En fait — pour rester sur notre terrain — une telle « révélation » apparaît, pour l'homme, souverainement convenable et désirable. Sans parler de sa nécessité stricte (bien que conditionnelle) quand il s'agit des vérités relatives à l'ordre surnaturel, c'est à elle « que tous les hommes doivent de pouvoir, dans la condition présente du genre humain, connaître facilement, avec une ferme certitude et sans aucun mélange d'erreur, ce qui, dans les choses divines, n'est pas de soi

---

spirituel, développée dans un esprit devenu charnel. — Au contraire, selon nous, l'athée vit en régime moral; il peut entendre et il entend en fait l'appel du devoir; s'il y répond fidèlement, il se met dans les meilleures conditions pour acquérir la finesse spirituelle qui lui permettra peut-être un jour de déchirer le rideau des préjugés et de percevoir la pleine lumière.

inaccessible à la raison »[21]. Ainsi Dieu est clairement connu comme fondement et source de l'ordre moral et la loi naturelle apparaît clairement comme venant de lui. Or, ceci est de grande importance. Non seulement parce qu'il convient que l'homme ne reste pas dans l'ignorance au sujet d'une vérité si haute et qui le concerne si intimement, mais encore parce que, si la raison n'arrive pas à repérer le véritable et dernier fondement de l'Idéal pratique, elle risque de déclarer celui-ci infondé ou, ce qui revient au même, fondé uniquement sur l'homme (n. 46). C'est ce que l'histoire de la morale « laïque » ne démontre que trop ! Et notons en passant que si une vie morale est possible avant la connaissance de Dieu, il est bien difficile de la maintenir quand Dieu, après avoir été *vraiment* connu, est explicitement rejeté. Ce qui vaut des formes culturelles aussi bien que des individus. Un siècle, un pays déchristianisés sont dans une condition tout autre qu'un siècle, un pays pas encore chrétiens. Une philosophie constituée en négation (ou en perversion) du christianisme ne saurait être assimilée à une philosophie encore ignorante du Christ.

---

[21] « Huic divinae revelationi tribuendum quidem est, ut ea, quae in rebus divinis, humanae rationi per se impervia non sunt, in praesenti quoque generis humani conditione ab omnibus expedite, firma certitudine et nullo admixto errore cognosci possint », *Conc. Vat. I*, Constitutio dogmatica « Dei Filius », cap. 2, dans Denzinger-Schönmetzer, *Enchiridion* ..., n. 3005 (anciennes éditions : 1786). — Trad. de G. Dumeige, *La Foi catholique*, Paris, 1961, n. 88, p. 70. Cf. saint Thomas, *Cont. gent.*, I, 4.

CHAPITRE VI

EXPOSE SYNTHETIQUE

171. - Notre méthode a été, jusqu'ici, analytique et inductive; de la conscience morale, nous sommes remontés jusqu'à la raison et à la volonté divines dont cette conscience est en nous l'écho et comme l'impression. Mais, de même que, ayant repéré dans la raison droite la norme de la moralité, nous avons, à partir d'elle déduit la valeur morale, ainsi maintenant, à partir de la raison et de la volonté divines, nous pouvons, par un processus synthétique et déductif, acquérir du donné moral — valeur et devoir — une intelligence supérieure. Il va de soi que, notre connaissance de Dieu étant tout entière *a posteriori,* cet exposé n'apportera rien de substantiellement nouveau, mais simplement une autre ordonnance et par là une meilleure compréhension des résultats déjà acquis. Il ne s'agit donc nullement de revenir sur ce qui a été dit (n. 163), en cherchant à déduire la moralité d'une idée de Dieu non morale : notre déduction se meut à l'intérieur de la conscience morale qu'elle veut éclairer du dedans.

Voici donc les étapes de cette déduction :

1) Come le démontre la théologie naturelle, Dieu aime et veut les autres êtres *en raison de lui-même,* en ce sens que la souveraine Indépendance ne peut être, dans son agir, rapportée à aucune autre Fin; en ce sens également que les êtres sont aimés et voulus de Dieu dans la mesure où ils participent de sa perfection. Car l'absolue Vérité n'aime les choses que selon qu'elles sont vraiment aimables et elles ne le sont que par une participation de son amabilité infinie, comme elles n'existent que par une participation de son être. Dieu s'aime dans ses créatures en les aimant.

N'en concluons pas que Dieu n'aime pas les êtres en eux-mêmes, mais seulement pour un caractère en quelque sorte surimprimé. La participation, la ressemblance divine les constituent dans tout ce qu'ils sont, jusque dans leur subjectivité la plus profonde, dans leur « ipséité ». Il faut même dire qu'en nous aimant « en raison de lui-même », comme à travers lui-même, Dieu nous aime plus véritablement et mieux que nous ne nous aimons, tout comme en nous connaissant dans l'éminence de son être archétype, il nous connaît mieux que nous ne le faisons par une conscience qui ne coïncide jamais parfaitement avec ce qu'elle est. C'est pourquoi l'homme est plus assuré entre les mains de Dieu qu'entre les siennes propres.

Il ne faut pas non plus imaginer que l'amour de Dieu répond à l'appel d'une valeur qui serait d'abord en nous. Il en est ainsi normalement de l'amour humain. Mais l'amour divin ne présuppose pas la valeur de l'aimé : il la pose. Dieu ne nous aime pas parce que nous sommes bons, mais pour que nous le soyons. — Toutefois, revêtus de cette bonté que son amour prévenant nous confère, nous sommes vraiment aimables à ses yeux.

Mais surtout gardons-nous de parler, comme on l'a fait parfois, d'un *égoïsme divin*. Il n'y a égoïsme que là où le sujet préfère son bien particulier au bien universel, se faisant indûment le centre de tout. Mais Dieu est lui-même, « en personne », le Bien universel subsistant. Il ne se distingue pas des autres êtres comme un étant d'un autre étant. Son « individualité », si l'on peut ainsi parler, est radicalement autre que la nôtre. Il ne manque pas de nos perfections, c'est nous qui manquons des siennes. Etant l'acte absolu d'être — *ipsum Esse* —, il ne s'oppose à rien, il n'exclut rien, sinon le rien.

2) L'amour donc par lequel Dieu aime et veut les autres êtres dérive de l'amour par lequel il se veut et s'aime lui-même, ou plutôt c'est le même amour étendu aux autres êtres selon qu'ils participent et afin qu'ils participent de l'être et de la valeur. Il n'y a qu'un seul acte; la structure est tout entière du côté de l'objet.

3) Cet amour, cette volonté expriment sur le plan de l'agir l'unité sans faille de l'Etre absolu, sa parfaite « cohésion » ou mieux son identité totale avec soi: Dieu est Dieu « de part en part »; tout est Dieu en lui, etc. Mieux encore: la volonté, l'amour sont en Dieu cette unité même puisqu'il n'y a en lui aucune distinction véritable entre l'être et l'agir. — De cette unité supérieure, la conscience de soi, la lucide maîtrise de soi, sont en nous un reflet et une participation.

172. - 4) L'acte par lequel Dieu pose les créatures dans l'être est celui-là même par lequel il les veut, car le vouloir divin, identique à la plénitude de l'être, possède par lui-même cette efficace qui chez nous est simplement visée (n. 14, 2). L'acte créateur est donc celui-là même par lequel Dieu s'aime et se veut — par lequel il *est*. Dès lors, l'être (l'*esse*) créé, considéré comme terme de cet acte, en participe l'ordonnance interne, il est orienté théocentriquement. La créature « existe vers » Dieu. — Il ne s'agit pas ici d'une dénomination extrinsèque : l'acte divin, donnant aux choses leur acte d'être, les constitue dans leur intimité et leur « ipséité » [1]. Comme la loi naturelle, selon saint Thomas, est en nous l'impression de la raison divine (nn. 167, 188) [2], ainsi, en tant qu'elle nous meut à l'action, elle est, peut-on dire, une impression en nous du vouloir divin.

5) Dans l'homme, créature raisonnable, ouverte à l'Absolu, cet exister-vers-Dieu reçoit la forme de l'intériorité, du pour-soi. L'homme en a une conscience implicite, en tant qu'il ne peut pas, dans son for intérieur, ne pas « consentir » à la Valeur, ne pas voir qu'elle mérite d'être préférée à tout. En d'autres mots, la conscience morale est pour nous l'expression immédiate de notre orientation théocentrique, de notre être-vers-l'Etre, même si le terme de cette orientation reste encore anonyme, connu seulement comme l'Idéal de la raison [3].

6) De cet Idéal, la raison trouve nécessairement l'image, le reflet, l'incarnation dans la nature raisonnable — concrètement la nature humaine — : celle du sujet et celle des « autres ». Cette nature, et l'existant qui la porte, la *personne humaine*, en vertu de son ouverture à l'Absolu, de sa « parenté » avec lui, est justement appelée *image de Dieu*. Etre « ordonné à Dieu », « ordonné à la Valeur », c'est, pour l'homme, être ordonné à vivre comme il convient à l'image de Dieu, à exprimer, dans son existence concrète, dans son agir, cette image qu'il possède dans sa nature « en acte premier ».

En ce sens, si toute la création peut être appelée une « théophanie » (car « ce qu'il y a d'invisible en Dieu, depuis la création du monde, se laisse voir à l'intelligence à travers ses œuvres » [4]), l'homme juste, l'homme fidèle à l'Idéal pratique est, en quelque sorte, une « théophanie » d'ordre supérieur.

---

[1] « Esse autem est illud quod est magis intimum cuilibet et quod profundius omnibus inest », saint Thomas, *Somme théol.*, I, 8, 1.

[2] *Ib.*, I-II, 91, 2.

[3] C'est en ce sens que nous interprétons certains auteurs qui parlent d'une connaissance quasi immédiate de Dieu à travers l'obligation et la valeur morale, un peu à la façon dont une chose est perçue et reconnue à travers les phénomènes qui la manifestent. Voir, par exemple J. H. Newman, *An Essay of a Grammar of Assent*, Londres, réimp. 1903, pp. 101-121 (trad. fr. par Mme G. Paris, Paris, 1907, pp. 85-100); Schiffini, *Disputationes metaphysicae specialis*, Turin, 1894, pp. 56-58 et 61-63; M. Scheler, *Repentir et renaissance*, dans *Le sens de la souffrance*, p. 75.

[4] *Rom.*, 1, 19 (trad. Bible de Jérusalem).

Image de Dieu, l'homme l'est donc déjà de par sa nature raisonnable, mais, selon la foi chrétienne, il le devient, d'une manière incomparablement plus expresse et plus expressive par la grâce qui le rend « participant de la divine nature » [5]. L'image divine en nous, au sens plein, c'est à la fois et inséparablement l'image de nature et l'image de grâce. Or, si, par sa fidélité à la valeur morale, l'homme exprime, dans son existence vécue, cette image de Dieu, il l'obscurcit, au contraire, et la défigure quand il est infidèle à l'Idéal pratique. Perdue par cette infidélité l'image de grâce, l'homme n'est même plus capable d'exprimer convenablement dans sa vie l'image naturelle. Le désastre ne peut être réparé, la ressemblance divine restaurée que par le Christ, parfaite « image du Dieu invisible » [6].

7) Il y a ainsi dans la moralité une participation spéciale au vouloir par lequel Dieu, en se voulant, oriente les êtres vers soi. Car, d'abord, la tâche objective qui incombe au sujet spirituel — la réalisation de l'ordre rationnel — participe à titre singulier de l'objet propre du vouloir divin et, d'autre part, la façon dont le sujet doit réaliser cet ordre : par l'exercice de sa liberté, en s'« ordonnant » soi-même à l'Idéal au lieu d'être passivement « ordonné », comporte, à son tour, une participation originale de ce vouloir subjectivement considéré.

173. - 8) Or, dire que les êtres spirituels « existent vers Dieu » pour manifester son image, c'est dire qu'ils existent « pour la gloire de Dieu ». En effet, la gloire (extrinsèque) de Dieu n'est rien d'autre que la manifestation de sa perfection infinie à travers les perfections, subjectivement finies, des créatures et surtout des créatures spirituelles (infinies, d'une certaine manière, objectivement).

Les théologiens ont coutume de distinguer une gloire de Dieu *objective*, qui consiste dans la communication de la perfection divine et une gloire de Dieu *formelle*, qui comporte, de la part de la créature raisonnable, reconnaissance, louange, adoration etc. Mais, à bien y regarder, celle-ci n'est qu'une forme plus haute de celle-là. Car la connaissance et l'amour de Dieu constituent, de soi, et manifestent une participation supérieure de la perfection divine.

Du point de vue philosophique, nous pouvons distinguer trois et même quatre sens de la formule classique : « le monde a été créé pour la gloire de Dieu » [7].

1. Un sens négatif : le monde n'est pas pour Dieu un moyen de se réaliser, Dieu n'attend des créatures aucun avantage ; la création est un geste de pure gratuité. Déjà sur le plan humain, être mû par le désir

---

[5] 2 *Pi.*, 1, 4.
[6] *Col.*, 1, 15.
[7] Voir *Existence et Liberté*, pp. 228-234. Du point de vue théologique, cf. Z. Alszeghy - M. Flick, *Gloria Dei*, « Gregorianum », 1955, pp. 361-390.

de la gloire représente un degré supérieur d'élévation spirituelle, par rapport à la recherche des avantages matériels. Il y a là une purification commencée, qui nous indique dans quelle direction penser l'absolue pureté de l'intention divine [8].

2. Un sens pragmatique, qui se dédouble: glorifier Dieu, en nous et hors de nous, est notre devoir, notre tâche objective, et c'est en accomplissant celle-ci que nous trouverons notre pleine réalisation, la « béatitude ».

3. Enfin, un sens métaphysique: « être créé pour la gloire de Dieu » signifie que notre être jaillit de l'amour que Dieu porte à sa perfection infinie et qu'il nous invite, par la création, à partager. On peut dire que la créature naît de la joie infinie que Dieu trouve en lui-même ou plutôt qu'il *est*. Rien d'expansif, de généreux comme la joie et l'admiration. La création est l'expression « au dehors » de cette joie et de cette « gloire interne » qui est en Dieu la transparence parfaite de la Valeur absolue. — Voilà ce que nous pouvons dire, avec nos pauvres mots, de ce qui est au-delà de tout mot.

9) Si la gloire de Dieu est la fin de la créature et surtout de la créature spirituelle, gardons-nous de penser que la créature, sa perfection et singulièrement la valeur morale sont pour Dieu des *moyens* de se glorifier. Non: la gloire de Dieu est, de soi, une même chose avec le bien et la perfection des créatures. *Gloria Dei, vivens homo* [9]: la gloire de Dieu, c'est que l'homme vive, qu'il se développe, s'épanouisse, se réalise en plénitude. Plus particulièrement, la gloire de Dieu est une même chose avec la valeur morale. Elle exprime le « moment » théocentrique intrinsèque à la perfection et à la béatitude du sujet spirituel fini.

174. - Il s'ensuit que tendre véritablement, authentiquement vers la valeur morale — sans y chercher délibérément son avantage, sa « commoditas », sans s'y complaire pharisaïquement, sans la considérer comme un instrument de sa propre exaltation etc. —, c'est tendre *en vérité* vers la gloire de Dieu.

Il s'ensuit encore que, si la religion ne se réduit pas à la morale comme le veut Kant dans *La religion dans les limites de la simple raison*, elle n'est cependant authentique que si elle s'accorde avec celle-ci. « La religion pure et sans tache devant Dieu notre Père consiste en ceci: visiter les orphelins et les veuves dans leurs épreuves, se garder de toute souillure du

---

[8] Cf. Ps. 49 (Vulg. 50), vv. 8-15.
[9] Saint Irénée, *Adversus haereses*, IV, 20, 7; PG, t. 7, col. 1037.

monde »[10]. Le vrai Dieu est le Dieu *saint* et la sainteté divine contient éminemment et formellement la valeur morale.

Il s'ensuit enfin que, de deux hommes dont l'un méconnaît l'Absolu de la valeur, l'Idéal pratique, tout en affirmant ou en concédant l'existence d'un Etre suprême, tandis que l'autre reconnaît l'Absolu de la valeur, mais ne voit pas la nécessité de le poser comme subsistant et personnel, c'est le premier qui est, au fond, le plus véritablement athée.

---

[10] *Jac.*, 1, 27. (Nous avons, dans la version de la Bible de Jérusalem, remplacé: dévotion, par la traduction plus usuelle: religion).

DEUXIEME PARTIE
L'ORDRE MORAL

LIVRE III

L'ORDRE MORAL OBJECTIF

175. L'ordre moral objectif comprend tout ce que prescrirait une raison parfaitement droite et parfaitement éclairée, c'est-à-dire la totalité des valeurs morales objectives, ou plutôt (n. 24, 3) la totalité des formes de la valeur morale objective. Si nous considérons celles-ci en tant qu'elles comportent une obligation, l'ordre moral objectif nous apparaît comme un ensemble de lois, ou mieux comme une même loi morale fondamentale, qui se détermine, selon la matière à laquelle elle s'applique, en lois particulières. Remarquons toutefois que l'ordre entier de la valeur morale objective ne peut pas s'exprimer sous forme de lois, puisque toutes les formes de la valeur morale ne comportent pas une obligation stricte et universelle.

Décrire l'ordre moral objectif, ce devrait donc être décrire toutes les formes de la valeur morale objective — et c'est, en somme, ce qui se fait dans le traité des vertus, lorsque l'on s'attache à décrire l'objet de celles-ci : la méthode phénoménologique trouve ici une application tout indiquée; elle peut aider grandement à élucider l'intention et la signification propre de chacune d'elles: nous citerons, comme un effort dans ce sens le *Traité des vertus*, de Vl. Jankélévitch, Paris, 1949. — Néanmoins, principalement pour des raisons d'ordre pratique, nous nous en tiendrons à la description de la loi morale. De celle-ci même nous ne considérerons pas les déterminations particulières — étude qui relève de l'éthique spéciale —, mais le caractère général et les principes communs ou du moins plus universels, ainsi que la méthode qui permet de descendre aux déterminations. Nous nous arrêterons plus particulièrement sur la notion de *droit,* qui spécifie une province importante de l'ordre moral objectif.

En guise d'introduction à notre étude de la loi morale, il nous paraît utile d'élucider la notion générale de loi, dont nous avons d'ailleurs déjà fait souvent usage. Cette considération profitera de nos connaissances déjà acquises, tout en leur apportant un éclairage rétrospectif.

CHAPITRE VII

LA LOI

176. - Saint Thomas, dans la question qui ouvre son traité des lois, définit la loi en général: « une règle et mesure des actes, selon laquelle on est incité à agir ou détourné d'agir »[1]. Le mot loi, *lex*, dériverait de *ligare*, lier, parce que la loi « oblige à agir ». Cette étymologie est aujourd'hui abandonnée; on rattache plutôt *lex* à *legere* — ramasser, choisir, lire —, mais cela même n'est pas certain. Quoi qu'il en soit, la définition proposée manque de rigueur: elle convient à toute règle pratique, comme celles des arts, des techniques, des jeux, voire à un simple conseil. Elle convient même aux lois physiques, au prix d'une légère correction grammaticale (en remplaçant *aliquis*: quelqu'un, on, par *aliquid*: quelque chose).

Mais saint Thomas, à la fin de la même question, propose une autre définition, qui est restée classique dans l'Ecole: « ordonnance — *ordinatio* — de la raison, en vue du bien commun, promulguée par celui qui a la charge de la communauté »[2]. Expliquons-en brièvement les éléments:

1) La loi est une ordonnance de la raison. « En effet, dit saint Thomas, il appartient à la raison d'ordonner (les actes humains) par rapport à la fin, qui est le premier principe pratique... Or, en tout genre, le principe est mesure et règle de ce genre..., d'où il résulte que la loi relève de la raison »[3]. Il s'agit évidemment de la raison droite: autrement, la loi se-

---

[1] « Lex quaedam regula est et mensura actuum, secundum quam inducitur aliquis ad agendum, vel ab agendo retrahitur: dicitur enim lex a ligando, quia obligat ad agendum », saint Thomas, *Somme théol.*, I-II, 90, 1.

[2] « ... quaedam rationis ordinatio ad bonum commune, ab eo qui curam communitatis habet, promulgata », *ib.*, I-II, 90, 4 fin. — Sur l'origine de cette définition voir O. Lottin, *Psychologie et morale aux XIIe et XIIIe siècles*, II, I[e] p., pp. 11-47; du même: *La valeur des formules de saint Thomas d'Aquin concernant la loi naturelle*, « Mélanges Joseph Maréchal », II, pp. 345-377.

[3] « rationis enim est ordinare in finem, qui est primum principium in agendis ...: in unoquoque autem genere id quod est principium est mensura et regula huius generis ... unde relinquitur quod lex sit aliquid pertinens ad rationem », *ib.*, I-II, 90, 1.

rait sans force obligatoire; elle serait « injustice, plutôt que loi »[4].

2) L'ordonnance dont il s'agit doit être comprise au sens actif: *l'établissement d'un ordre* (entre le sujet de la loi et la fin qu'il doit atteindre par le moyen de l'action ordonnée). Ainsi la loi du service militaire « ordonne » les citoyens à la défense de la patrie. En tant qu'active, cette ordonnance procède de la volonté de celui qui ordonne, car c'est d'elle que la raison tient son efficace. « Commander est un acte de la raison, mais qui présuppose un acte de la volonté »[5]. « Dès là en effet que l'on veut la fin, la raison commande au sujet des moyens, mais la volonté concernant les choses ainsi commandées n'a le caractère de loi que si elle est réglée par quelque raison »[6]. — Mais, précisément parce qu'elle procède du législateur comme effet de sa décision raisonnée, cette ordonnance qui tient de lui son pouvoir actif, apparaît, par rapport à lui, comme passive: l'ordonnance active sera alors l'acte de la raison ordonnatrice. La loi occupe ainsi un poste intermédiaire entre le législateur et les sujets.

3) Cette ordonnance est en vue du bien commun, ce qui distingue la loi du commandement particulier fait à un individu. La loi est de soi universelle et s'adresse à la communauté[7]. Nous avons vu quel relief prend pour Kant ce caractère (n. 116). Voici comment saint Thomas l'expose: « La loi est un élément du principe des actes humains ... or le premier principe, quand il s'agit des opérations, domaine propre de la raison pratique, c'est la fin dernière (la félicité) ... Davantage, la partie étant ordonnée au tout ..., il faut que la loi regarde, à proprement parler, l'ordre (des actions) à la félicité commune ... Or, en tout genre, celui qui en vérifie au maximum la notion est le principe de tout le reste et les autres choses sont dites (appartenir à ce genre) selon leur rapport à ce maximum[8]...

---

[4] « Ratio habet vim movendi a voluntate ...: ex hoc enim quod aliquis vult finem, ratio imperat de his quae sunt ad finem; sed voluntas de his quae imperantur, ad hoc quod legis rationem habeat, oportet quod sit aliqua ratione regulata, et hoc modo intellegitur quod voluntas principis habet vigorem legis: alioquin voluntas principis magis esset iniquitas quam lex », *ib.*, ad 3um. (Saint Thomas répond ici à une objection tirée du droit romain: « quod placuit principi, legis habet vigorem », ce qui semblait attribuer la loi plutôt à la volonté qu'à la raison).

[5] « Imperare est actus rationis, praesupposito tamen actu voluntatis », *ib.*, I-II, 17, 1.

[6] *Ib.*, I-II, 90, 1, ad 3um. (Cf. note 4).

[7] *Ib.*, I-II, 90, 2.

[8] Cf. *ib.*, I, 2, 3: « quatrième voie ».

Il faut donc, puisque la loi est appelée loi avant tout en raison de son rapport au bien commun, que tout autre précepte au sujet de quelque action particulière n'ait valeur de loi que dans la mesure de son rapport au bien commun » [9].

4) Cette ordonnance doit émaner de celui qui a la charge de la communauté. « En tout domaine, en effet, ordonner à la fin appartient à celui dont cette fin est la fin propre » [10]. Du reste, une personne privée, faute de force coercitive, est incapable de promouvoir efficacement à la vertu [11]. Précisons que la communauté dont il s'agit doit être une communauté « parfaite » : la « cité », l'état, l'Eglise, non une communauté « imparfaite » comme la famille [12].

5) Enfin cette ordonnance doit être promulguée : en effet, « la règle et la mesure ne sont effectives qu'en s'appliquant à ce qu'elles doivent régler et mesurer. C'est pourquoi, afin que la loi oblige efficacement, ce qui est son caractère propre, il faut qu'elle s'applique aux hommes dont elle doit régler les actes : cette application a lieu par la connaissance que les hommes acquièrent de la loi, du fait de sa promulgation » [13].

Les effets de la loi sont, d'après saint Thomas « commander, prohiber, permettre, punir » [14] et par là rendre les hommes bons [15]. « Bonté » qui doit s'entendre par rapport au bien de la communauté en question : ainsi, les lois de la cité visent à former

---

[9] « Lex pertinet ad id quod est principium humanorum actuum ... primum autem principium in operativis, quorum est ratio practica, est finis ultimus (c'est-à-dire le bonheur)... Rursus, cum omnis pars ordinetur ad totum... necesse est quod lex proprie respiciat ordinem ad felicitatem communem... In quolibet autem genere, id quod maxime dicitur est principium aliorum et alia dicuntur secundum ordinem ad ipsum... unde oportet, cum lex maxime dicatur secundum ordinem ad bonum commune, quod quodcumque aliud praeceptum de particulari opere non habeat rationem legis, nisi secundum ordinem ad bonum commune », ib., I-II, 90, 2.

[10] « ... quia, et in omnibus aliis, ordinare in finem est eius cuius est proprius ille finis », ib., I-II, 90, 3.

[11] « Persona privata non potest inducere efficaciter ad virtutem : potest enim solum monere ; sed si sua monitio non recipiatur, non habet vim coactivam, quam debet habere lex ad hoc quod efficaciter inducat ad virtutem ...; hanc autem virtutem coactivam habet multitudo, vel persona publica, ad quam pertinet paenas infligere... et ideo solius eius est leges facere », ib., ad 2um.

[12] Ib., ad 3um.

[13] « Regula ... et mensura imponitur per hoc quod applicatur iis quae regulantur et mensurantur ; unde ad hoc quod lex virtutem obligandi obtineat, quod est proprium legis, oportet quod applicetur hominibus qui secundum eam regulari debent ; talis autem applicatio fit per hoc quod in notitiam eorum deducitur ex ipsa promulgatione », ib., I-II, 90, 4.

[14] Ib., I-II, 90, 2.

[15] Ib., I-II, 90, 1.

de bons citoyens [16]. Mais il s'agit là d'effets médiats. L'effet immédiat et formel de la loi est proprement l'obligation qu'elle crée pour les sujets [17].

177. - A la notion thomiste de la loi on oppose souvent le « volontarisme » de Suarez. Ce dernier définit la loi : « un précepte commun, juste, stable et suffisamment promulgué » [18], définition, on le voit, assez semblable à la définition thomiste, avec en plus, toutefois, la condition de stabilité. Mais quand il s'agit de déterminer si la loi relève, à proprement parler, de l'intelligence ou de la volonté [19], la réponse de l'auteur est sinueuse. Suarez montre d'abord que la loi requiert l'intervention des deux facultés « de telle sorte que, à supposer qu'elle relève proprement d'une seule d'entre elles, elle n'en dépend pas moins de l'autre intrinsèquement » [20]. Mais c'est pour conclure finelement : « on comprend mieux et l'on défend plus facilement (la thèse qui regarde) la loi mentale (c'est-à-dire la loi dans la pensée du législateur) comme un acte de la volonté juste et droite, acte par lequel le supérieur veut obliger l'inférieur à faire ceci ou cela » [21]. On le voit : la volonté qui pose la loi n'est nullement pour Suarez une volonté arbitraire et irrationnelle : c'est une volonté « juste et droite », donc raisonnable : aussi bien il n'est de vraie loi que conforme à la raison [22].

Il ne faut pas exagérer la différence entre les notions thomiste et suarézienne de la loi. Car les thomistes aussi reconnaissent dans l'établissement de la loi le rôle de la volonté et ce rôle est double. D'une part, la volonté de la fin à atteindre — le bien commun — est sous-jacente à l'activité rationnelle qui élabore la loi; d'autre part, la volonté doit souvent intervenir dans la détermination même de l'ordre à établir. Il s'en faut, en effet, que cet ordre s'impose toujours, du moins avec évidence et dans les détails, de par la seule « nature des choses » ou la situation. Tel est le cas de la plupart des « lois positives ». Il n'y a pas toujours des raisons objectives qui exigent

---

[16] *Ib.*, ad 3um.
[17] Suarez, *De legibus*, I, c. 14.
[18] « Commune praeceptum, justum ac stabile, sufficienter promulgatum », *ib.*, c. 12.
[19] *Ib.*, c. 5.
[20] « Ita ut si est alter illorum tantum, ab altero nihilominus intrinsece pendeat », *ib.*, n. 22.
[21] « Melius intelligi et facilius defendi ... legem mentalem ... in ipso legislatore esse actum voluntatis justae et rectae, quo superior vult inferiorem obligare ad hoc vel illud faciendum », *ib.*, n. 24.
[22] « Lex debet esse consentanea rationi », *ib.*, c. 9, n. 7.

impérieusement, nécessairement, l'adoption de telle ordonnance plutôt que de telle autre, et cette indétermination ne tient pas simplement à l'impossibilité de connaître exhaustivement la situation concrète : elle vient de ce qu'une même situation offre divers aspects, diverses significations, diverses valeurs entre lesquels il est loisible de choisir. Ainsi l'adoption d'un plan de développement économique, d'un programme d'études etc. implique une option entre des possibilités, des intérêts, des valeurs pour lesquels il n'y aurait souvent aucun sens à parler d'une hiérarchie objective, même compte tenu de toutes les circonstances. Légiférer n'est donc pas simplement formuler les exigences de la situation.

Malgré tout, on peut dire que les notions thomiste et suarézienne de la loi répondent à deux façons différentes et typiques de considérer celle-ci. Selon saint Thomas, l'intelligence vient informer et spécifier le mouvement de la volonté qui tend, et meut les autres, vers la fin. Selon Suarez, c'est, au contraire, la volonté qui, entre les divers ordres possibles que lui présente l'intellect, en choisit un qu'elle détermine à exister. Là on s'attache davantage aux requêtes objectives de la situation ; ici, à l'intention subjective du législateur. Ces deux considérations sont complémentaires plutôt qu'opposées. Retenir exclusivement l'une ou l'autre n'irait pas sans sérieux inconvénients.

178. - On distingue traditionnellement dans l'Ecole la loi éternelle et les lois temporelles. La première, archétype de toute loi, était déjà définie par saint Augustin : « la raison ou la volonté divine, prescrivant de garder et interdisant de troubler l'ordre naturel »[23]. Augustin dépend en cela de Cicéron, lequel, s'inspirant de la tradition stoïcienne, affirme : « la loi véritable et première, à laquelle il appartient de commander et de défendre, c'est la raison droite du souverain Jupiter »[24]. — Selon saint Thomas, la loi éternelle est « le plan selon lequel sont gouvernées les choses, plan existant en Dieu comme dans le principe suprême de l'Univers »[25]. Ou encore : « le contenu idéal (ratio) de la sagesse divine, en tant qu'elle dirige tous les actes et tous les mouvements » des créatures[26].

---

[23] « Ratio divina vel voluntas Dei ordinem naturalem conservari jubens, perturbari vetans », saint Augustin, *Contra Faustum Manichaeum*, c. 22, n. 27 ; PL. 42, col. 418.
[24] « Lex vera atque princeps, apta ad jubendum et ad vetandum, ratio est recta summi Jovis », Cicéron, *De legibus*, II, c. 4.
[25] « Ipsa ratio gubernationis rerum in Deo, sicut in principe universitatis existens », saint Thomas, *Somme théol.*, I-II, 91, 1.
[26] « Ratio divinae sapientiae, secundum quod est directiva omnium actuum et motionum », *ib.*, I-II, 93, 1.

Nous savons en effet par la théologie naturelle que Dieu gouverne toutes choses et les dirige à leur fin. On a vu d'autre part (nn. 157; 165) que l'ordre moral tout entier procède de la raison divine. Or, la raison divine ne se borne pas à constituer un ordre objectif des valeurs auquel nous aurions à nous conformer, sans que Dieu s'intéresse à notre comportement. Car la valeur morale inclut celui-ci comme son élément principal et formel (n. 33, 1). Ce que Dieu ordonne — nous pourrions dire « programme » — par sa raison et meut à l'existence par sa volonté, ce ne sont pas seulement des valeurs objectives proposées à notre amour et à notre vouloir : c'est cet amour et ce vouloir mêmes. En tant donc qu'il est source de l'ordre moral, il y a bien en lui ce qui répond à la notion classique de loi éternelle.

On a cependant discuté dans l'Ecole pour savoir si le mot *loi* est ici le mot propre. La difficulté principale regarde la promulgation, dont les scolastiques, nous l'avons vu, font un caractère de la loi comme telle. Comment la loi peut-elle être éternelle quand les sujets qu'elle concerne et auxquels elle devrait être promulgués ne le sont pas? Saint Thomas répond que la promulgation est éternelle de la part de Dieu mais non de la part de la créature, ce qui ne semble pas lever la difficulté [27].

179. - Les lois « temporelles » se divisent à leur tour en « loi naturelle » et « lois positives ».

La loi naturelle n'est autre que le jugement pratique de la raison droite, en tant qu'il exprime, dans l'ordre moral, la tendance de la nature raisonnable à sa fin véritable. Saint Thomas la décrit comme une participation de la loi éternelle en nous, vu que la lumière de la raison pratique est en nous une « impression » de la lumière divine [28]. Elle est « promulguée » du fait même que la raison morale nous est donnée. Il va de soi que la diversité des opinions au sujet de la norme du bien a son écho ici. Les uns verront avant tout dans la loi naturelle l'expression des exigences de la nature raisonnable; les autres, l'expression des exigences de la raison [29].

---

[27] *Ib.*, I-II, 91, 1, ad 2um.

[28] « ... quasi lumen rationis naturalis, quo discernimus quid sit bonum et quid sit malum, quod pertinet ad naturalem legem, nihil aliud sit quam impressio divini luminis in nobis: unde patet quod lex naturalis nihil aliud est quam participatio legis aeternae in rationali creatura », *ib.*, I-II, 91, 2 (à propos de ces paroles du Ps. 4, selon la Vulgate: « Multi dicunt: Quis ostendit nobis bona? Signatum est super nos lumen vultus tui, Domine »).

[29] Sur la loi naturelle chez saint Thomas voir en outre, *Somme théol.*, I-II, 94, question entièrement consacrée à ce sujet.

Las lois positives, issues de la raison et de la volonté (supposées droites) du législateur, ont pour rôle de déterminer ce que la loi naturelle laisse dans l'indétermination, ou de procurer l'obtention d'une fin pour laquelle la loi naturelle ne suffit pas. Ici encore les scolastiques distinguent la loi positive divine, subdivisée à son tour en loi divine ancienne (la loi mosaïque) et loi divine nouvelle (la loi évangélique ou « loi de grâce »), lois révélées par Dieu et qu'il appartient à la théologie de traiter, — et les lois positives humaines, lesquelles peuvent être, de leur côté, lois ecclésiastiques ou lois civiles [30].

La loi positive divine et les lois ecclésiastiques nous offrent des exemples particulièrement nets de lois portées en vue d'une fin dépassant la compétence de la loi naturelle.

180. - Nous venons d'exposer brièvement la conception scolastique, et plus particulièrement la conception thomiste, de la loi [31]. Il est facile de voir qu'elle ne convient parfaitement qu'à la loi positive humaine, à partir de laquelle elle a été élaborée. La définition thomiste de la loi (et cela est plus vrai encore de la définition suarézienne) a un caractère nettement juridique, comme il appert d'ailleurs des sources utilisées par saint Thomas.

Il s'ensuit que l'application de cette définition à la loi naturelle et à la loi éternelle ne va pas sans quelque difficulté et sans quelque artifice. Nous l'avons vu pour la « promulgation » de la loi éternelle. Et il en est de même pour le rapport au bien commun. Son introduction dans l'essence de la loi naturelle (et de la loi éternelle) soulève de sérieuses objections. D'abord, en effet, la différence entre le précepte particulier et la loi universelle paraît bien accidentelle pour la conscience morale. Que mon devoir soit ou ne soit pas le tien, qu'il émane d'une loi stable ou d'un commandement occasionnel, je n'en suis ni plus ni moins obligé : pour mon intériorité morale, c'est exactement la même chose. (Par contre, si l'on se place, non

---

[30] Sur la loi humaine, voir *ib.*, I-II, 91, 3 et 95-97.
[31] Parmi les autres, rappelons en particulier la célèbre définition de Montesquieu : « Les lois ... sont des rapports nécessaires qui dérivent de la nature des choses », *Esprit des Lois*, I[e] p., ch. 1, début. Définition trop large, convenant aussi bien aux lois physiques qu'aux lois morales et qu'il est difficile d'appliquer rigoureusement aux lois positives, dont on ne peut dire en général qu'elles soient nécessaires. Une autre définition, donnée un peu plus loin, se rapproche davantage de notre notion de la loi naturelle : « La loi, en général, est la raison humaine en tant qu'elle gouverne tous les peuples de la terre ; et les lois politiques et civiles de chaque nation ne doivent être que les cas particuliers où s'applique cette raison humaine », *ib.*, ch. 3.

plus au point de vue subjectif de la conscience, mais au point de vue objectif du philosophe, on a profit à introduire dans la notion de loi morale ce caractère d'universalité. Demander s'il y a une loi morale naturelle revient alors à demander si la moralité, le devoir valent pour tout homme et jusqu'à quel point leurs exigences sont les mêmes pour tous, ce que nous ferons au chapitre suivant).

D'autre part, s'il est vrai que le citoyen *comme tel,* et donc comme sujet de la loi humaine positive, peut être considéré à bon droit comme partie de la cité et son bien individuel comme « ordonné » au bien de celle-ci, il n'en va pas de même pour le sujet de la loi naturelle qui est l'homme lui-même en tant qu'homme, l'homme à la fois dans son universalité et son ipséité — en tant que personne. Or la personne, comme telle, ne peut pas être considérée simplement comme une partie de la communauté: elle a valeur de tout, parce qu'elle est ouverture au Tout. Dès lors, son bien non plus ne peut pas être, purement et simplement, subordonné au bien de la cité. Elle est *fin en soi,* elle ne peut pas — Kant l'a bien vu (n. 116) — être considérée uniquement, ni même principalement, comme moyen. Ainsi, le rapport au bien commun ne semble pas entrer dans l'essence de la loi naturelle. Celle-ci me parle directement d'un ordre rationnel à observer, d'une valeur à réaliser, mais non d'un bien commun à procurer [32].

On peut cependant, si l'on veut, entendre ce rapport d'un rapport à Dieu, fin dernière de l'homme et bien commun de l'univers. Ce rapport est, en effet, à la racine de la loi naturelle. « Rien ne tient solidement pour la raison pratique, sinon en vertu d'un rapport à la fin dernière, qui est le bien commun. Ce qui tient de la sorte pour la raison, a valeur de loi » [33]. Et bien sûr, Dieu mérite d'être aimé pour sa perfection infinie — parce qu'il est Dieu — et non pas seulement ou principalement parce qu'il est « le bien de l'univers ». Mais il est vrai

---

[32] Sur la relation de la personne au bien commun, voir J. Maritain, *La personne et le Bien commun,* Paris, 1947 et J. H. Wright, *The Order of the Universe in the Theology of St. Thomas Aquinas,* Rome, 1957. — Sur la controverse provoquée en Amérique par les idées de J. Maritain, cf. Ch. De Koninck, *De la Primauté du Bien Commun contre les Personnalistes,* Québec, 1943, avec la réponse de I. Th. Eschmann, *In Defence of Jacques Maritain,* « The Modern Schoolman », 1945, pp. 183-208, et la réplique de Ch. De Koninck, *In Defence of St. Thomas,* « Laval théologique et philosophique », 1945, pp. 9-109.

[33] « Firmiter nihil constat per rationem practicam nisi per ordinationem ad ultimum finem qui est bonum commune; quod autem hoc modo ratione constat, legis rationem habet », saint Thomas, *Somme théol.,* I-II, 90, 2, ad 3um. Cf. *Cont. gent.,* III, 17.

pourtant que nous ne connaissons naturellement la perfection et la bonté divines que comme la source de toute perfection, de toute bonté participées. — D'autre part, lors même que l'acte moral demeure enfoui dans le secret de la conscience, je ne suis pas seul en cause. Je perçois confusément que cet acte engage un univers de valeurs, qu'il atteint la Valeur universelle, englobant et fondant toutes les valeurs particulières et la valeur même de l'univers. — Enfin, nous l'avons vu (n. 34, 4), il y a dans la valeur et l'obligation morales un élément d'universalité. Le précepte le plus singulier doit sa force obligatoire à la loi la plus universelle de toute : « Il faut faire le bien ... » [34].

C'est exact. Reste pourtant que la notion commune de loi ne s'applique à la loi naturelle et à la loi éternelle que d'une façon analogique. La loi naturelle — et plus encore la loi éternelle — est la racine d'où toute loi positive tire sa vigueur : elle en est, pourrions-nous dire, la condition transcendantale. Notre connaissance distincte commençant par les objets extérieurs, c'est la loi positive qui est d'abord élaborée thématiquement. En réfléchissant sur elle, nous parvenons à la notion de loi naturelle et de loi divine. Mais la démarche n'est pas la même dans les deux cas. Nous connaissons la loi naturelle ou plutôt nous la reconnaissons comme une structure de notre conscience : la réflexion rejoint le vécu et lui donne une expression thématique. La loi éternelle, par définition, est hors de nous : elle ne peut être qu'induite et exprimée très analogiquement à partir de la loi naturelle, dont elle éclaire en retour la connaissance, comme celle-ci permet de mieux comprendre la loi positive, en lui donnant son vrai sens.

Il est donc assez vain de s'acharner à montrer comment la loi naturelle ou la loi éternelle vérifient la notion générale de loi. On connaît mieux et plus profondément l'essence de la loi comme telle en partant de la loi naturelle, saisie dans la conscience de l'obligation, qu'on ne connaît la loi naturelle en partant de l'idée abstraite de loi [35].

181. - Après ces considérations sur la loi naturelle, forme, pour ainsi dire, de l'ordre moral objectif (du moins dans les limites de notre propos), c'est la structure de cet ordre que nous devons examiner. Le dessiner, en déterminant ce qui est à faire ou à éviter, est la tâche de l'éthique spéciale. La nôtre sera de chercher la réponse à une question préalable, concer-

---

[34] Cf. *Somme théol.*, I-II, 90, 2, ad 1um.
[35] Cf. O. Lottin, « Mélanges Joseph Maréchal », *art. cit.*, surtout pp. 366 et ss.

nant la possibilité même d'une telle éthique. Y a-t-il, et jusqu'à quel point, une structure ferme et stable du monde moral? Ou, ce qui revient au même : l'ordre moral objectif comporte-t-il des règles fixes et universelles? N'est-il pas plutôt fait de cas singuliers, dont la solution doit être inventée chaque fois, sans qu'on puisse donner aucune norme, aucun principe valides sans exception?

En effet, de ce qu'il faut *faire le bien et éviter le mal, agir selon la raison droite, être fidèle à l'Idéal* etc., il ne suit pas immédiatement qu'on puisse décider, d'une façon absolue, quelles actions sont de soi bonnes ou mauvaises, conformes ou contraires à la raison droite, compatibles ou non avec la fidélité à l'Idéal etc. Il se pourrait que ces caractères soient entièrement conditionnés par les circonstances concrètes, de telle sorte que, pour chaque cas, la raison pratique, armée de la vertu de prudence, doive chercher une solution singulière. Posons, par exemple, que tout sujet doive agir selon la ligne de plus grande personnalisation. Peut-être est-ce à la raison prudente d'un chacun qu'il appartient de déterminer si tel acte contribue ou non, contribue plus ou moins, à sa personnalisation, au lieu d'édicter à ce sujet des normes abstraites et générales, inévitablement inadéquates à la réalité concrète et toujours unique.

C'est cette question que nous nous proposons d'examiner dans le chapitre suivant.

CHAPITRE VIII

UNIVERSALITE ET IMMUTABILITE DES REGLES MORALES

182. - L'affirmation de lois morales immuables et universelles se heurte aujourd'hui à de graves difficultés.

D'une part, en effet, les situations concrètes dans lesquelles se trouvent les sujets moraux sont différentes, au point qu'il ne semble pas possible d'indiquer une norme valable pour tous. La chose est plus manifeste encore si l'on considère non seulement les circonstances extérieures de l'acte mais aussi et surtout les dispositions intérieures des sujets. Ce qui est bon pour l'un ne l'est pas nécessairement pour l'autre. Aristote, et saint Thomas après lui, n'enseignent-ils pas justement que la notion de bien est analogique, c'est-à-dire proportionnelle aux divers sujets, de telle sorte que pour chacun le bien concret doit être défini « sur mesure »[1]?

De fait, d'ailleurs, nous constatons que les règles morales ne sont pas également reconnues de tous. Cette diversité est le cheval de bataille des sceptiques, des positivistes, des sociologistes (n. 6). Autres temps, autres mœurs. Vérité ici, erreur là. Bien des choses qui répugnent à la conscience moderne sont ou furent considérées, chez d'autres peuples, en d'autres époques, comme licites, voire louables. Ainsi le meurtre des parents, des prisonniers de guerre, les abandons d'enfants, les sacrifices humains, les prostitutions sacrées, si fréquentes dans les anciens cultes orientaux, les vols, encouragés à Sparte comme exercice de force et d'adresse etc. Même aujourd'hui, chez les peuples dits civilisés, combien ne semblent pas percevoir le désordre de certains actes que d'autres jugent avec évidence immoraux : vols aux dépens de l'état ou des grandes organisations, fraudes fiscales ou autres, pratiques contraceptives, avortement, suppression d'enfants mal formés etc.! — C'est pour-

---

[1] Aristote, *Eth. nicom.*, I 6 1096 b 26-31; saint Thomas, *Somme théol.*, I-II, 64, 2.

quoi, on l'a vu (nn. 52; 8), les sociologues soutiennent que la détermination des règles morales est fonction du caractère propre de chaque société, ce qui enlève à ces règles toute prétention à la stabilité et à l'universalité.

Les existentialistes, d'autre part — et nous pensons ici particulièrement à Sartre et à ses disciples — ne peuvent pas, du moins s'ils sont fidèles à leur système, reconnaître une « loi naturelle » universelle, pour la raison bien simple qu'ils ne reconnaissent pas une « nature humaine » (n. 107). Chez l'homme, nous le savons, « l'existence précède l'essence » : par son libre choix, l'homme se fait tel ou tel et détermine ses propres valeurs. — Et alors même qu'on lui assigne la tâche de se rendre toujours plus libre, impossible de déterminer universellement quels sont « les chemins de la liberté ».

Ajoutons que certains théologiens protestants, en Allemagne notamment, sous l'influence de Sören Kierkegaard, rejettent, pour une autre raison, les normes universelles et objectives ou du moins ne leur attribuent qu'une valeur conditionnelle. Il n'y a que des situations concrètes, singulières, irréductibles et irrépétables, où retentit chaque fois un appel nouveau et personnel de Dieu. La morale, du moins en son sommet, concerne la personne comme telle, qui est toujours singulière; elle ne peut donc se formuler vraiment en termes de nature, en termes universels. — Telle est l'éthique de situation, fort à la mode aujourd'hui, qui entend substituer à la considération classique de l'homme comme homme — *homo ut sic* —, l'homme comme cet-homme-ci, en ce moment-ci: *homo ut hic*.

> On connaît la théorie kierkegaardienne de la « suspension de l'éthique », exposée dans *Crainte et Tremblement*. La relation de l'homme à Dieu est une relation existentielle, non objective, la relation d'un existant humain à l'Existant absolu, du sujet humain au Sujet absolu. Or le sujet est toujours « unique ». La relation à Dieu, qui constitue la sphère de la religion, transcende donc la sphère éthique, objective et régie par des normes universelles. (Assez curieusement, cette sphère paraît se résumer, pour Kierkegaard, dans l'état de mariage). Dieu peut ainsi exiger de l'homme ce que l'éthique interdit, comme on le voit par l'exemple d'Abraham, requis par Dieu d'immoler Isaac (exemple qui fournit le thème de *Crainte et Tremblement*). — Il faut reconnaître que l'Ecriture présente quelques cas de ce genre (la spoliation des Egyptiens par les Hébreux, le mariage d'Osée) qui, si on les prend à la lettre, semblent, du moins au premier abord, indiquer une « suspension » de la loi morale.
>   On peut dire du reste que la théologie luthérienne, dans la mesure où elle tient la nature humaine totalement corrompue par le péché originel et la raison humaine entièrement incapable de saisir les vérités

morales et religieuses, doit nécessairement rejeter la notion de loi naturelle. Seule la Révélation donne à l'homme la connaissance des vérités morales et l'on en arrivera peu à peu à identifier cette révélation avec le témoignage actuel de la conscience « en situation ».

Nous savons d'ailleurs que, bien avant la Réforme, les nominalistes faisaient dériver l'ordre des valeurs tout entier d'un libre vouloir divin (n. 54), ce qui implique la contingence radicale des lois morales. Scot admettait aussi cette contingence, mais seulement pour les préceptes « de la deuxième table », c'est-à-dire ceux qui ne concernent pas les « devoirs envers Dieu » (les sept derniers « commandements » du Décalogue) [2].

183. - Que la loi morale, prise dans son contenu matériel, soit dans une certaine mesure, sujette à la diversité et au changement, la chose n'est pas niable et n'est pas niée, même par les auteurs les plus traditionalistes. C'est ainsi que, jusqu'au début du siècle dernier, le prêt à intérêt fut considéré par les moralistes catholiques comme foncièrement illicite; on ne le tolérait, en certains cas, qu'en invoquant des titres extrinsèques (*lucrum cessans, damnum emergens, periculum sortis* etc.). Aujourd'hui personne ne songerait à maintenir cette condamnation. Inversement, les auteurs anciens admettaient comme légitime, ou du moins ne condamnaient pas comme absolument illégitime, l'esclavage, la *servitus proprie dicta*[3]; des théologiens, aux XVI° et XVII° siècles, ont écrit des traités pour le justifier: Bossuet soutient cette thèse contre le ministre protestant Pierre Jurieu et des manuels scolastiques plus récents l'enseignent encore, quoique avec plus de ménagement[4]; au contraire, la Constitution pastorale *Gaudium et spes*, du II°

---

[2] Au sujet de Scot, voir Et. Gilson, *Jean Duns Scot,* Paris, 1952, pp. 603-624, surtout pp. 615 ss. « Contrairement à ce qu'avait enseigné Thomas d'Aquin, Duns Scot soutient qu'à plusieurs reprises Dieu a dispensé de certains commandements du *Décalogue;* donc, conclut-il, ces commandements ne peuvent pas être strictement de loi naturelle. Les deux Docteurs accordent donc que Dieu lui-même ne pourrait jamais dispenser de la loi naturelle, mais Thomas d'Aquin conclut de là qu'en dépit des apparences Dieu n'en a jamais dispensé aucun homme, au lieu que Duns Scot en conclut que certains commandements du Décalogue ne sont pas de loi naturelle, puisque des hommes en ont été dispensés par Dieu », pp. 612-613.

[3] Ainsi saint Thomas, *Somme théol.*, I-II, 94, 5, ad 3um; II-II, 57, 3, ad 2um.

[4] Voir, par exemple Schiffini, *Disputationes philosophiae moralis,* t. II, p. 302: « Servitus perfecta iuri naturali non adversatur, modo salva maneant essentialia hominum inter se officia ». Semblablement V. Cathrein, *Philosophia moralis*[14], p. 374: « Quaelibet servitus proprie dicta dignitati humanae minus conformis et variis periculis obnoxia est; non tamen per se stricte iuri naturae repugnat, quamdiu per eam inalienabilia et essentialia cuiuslibet hominis iura non tolluntur ». Mais il s'agit plutôt du servage que de l'esclavage: celui-ci, pour autant qu'il nie tout droit à l'esclave, « iuri naturali repugnat », p. 375. Saint Thomas ne fait pas cette distinction.

Concile du Vatican, condamne purement et simplement la *servitus*, comme contraire à la dignité humaine, au même titre que la prostitution, le proxénétisme, les conditions dégradantes du travail etc. [5].

Mais il s'agit de savoir si toutes les règles morales sont de ce type, s'il n'y en a pas qui demeurent fixes en dépit de tous les changements, et si, sous cette variété et cette mobilité évidentes, on ne retrouve pas une structure morale universelle et permanente.

On se demandera aussi — c'est une autre question — si ces règles universelles, supposé qu'il y en ait, sont réellement connues de tous et jusqu'à quel point. Les deux problèmes ne sont pas toujours suffisamment distingués par les auteurs quand ils traitent de l'universalité de la loi morale. Peut-être cela vient-il de la manière dont ils définissent la loi en général, à partir de la loi positive, en y incluant la promulgation (n. 176). Dès lors, en effet, la loi naturelle ne peut être dite universelle que si elle est réellement connue de tous, du moins quand à ses préceptes les plus généraux.

La distinction dont nous parlons est pourtant assez nette chez saint Thomas, quand il se demande si la loi naturelle est la même pour tous *secundum rectitudinem* et *secundum notitiam* [6]. L'universalité *secundum rectitudinem*, c'est l'universalité de la loi morale « en soi », comme exprimant pour tous le jugement pratique de la raison droite; l'universalité *secundum notitiam*, c'est l'universalité de la loi dans la conscience, en tant qu'elle est effectivement connue par tous (n. 188).

184. - Le premier problème — universalité de la loi morale en soi — se présente différemment selon qu'il s'agit du principe de la moralité ou de ses déterminations et conclusions plus ou moins prochaines.

Pour ce qui est du premier principe: « Faire le bien et éviter le mal », son immutabilité et son universalité ont à peine besoin de preuve. Elles vont de soi, dans la mesure où l'homme est partout et toujours un être moral. Que signifierait, en effet, dans une telle supposition, un changement ou une exception à ce principe? Si, pour quelques-uns, le bien n'est pas à faire, cela veut dire: *ou bien* que, pour ceux-là, il n'y a pas de bien ou de mal moral (que ces mots n'ont pas de sens pour

---

[5] Const. past. *Gaudium et spes*, n. 27.
[6] *Somme théol.*, I-II, 94, 4. Sur la question traitée dans ce chapitre, on lira utilement: *La nature fondement de la moralité*, « Supplément de la Vie Spirituelle », n. 81, mai 1967.

eux), mais alors, contre notre hypothèse, ces hommes seraient exclus de la sphère morale ; — *ou bien* que le bien, tout en étant « bien » pour eux, ne se présente pas à eux comme à faire, ni le mal, tout en étant « mal », comme à éviter, ce qui est impossible nous l'avons vu (nn. 161-162) : « à faire » est, sous certaines conditions, une propriété essentielle du bien, « à éviter » est toujours et inconditionnellement une propriété essentielle du mal. — D'autre part, que le principe en question puisse changer, cela signifierait *ou bien* qu'il peut être supprimé, ce qui supprimerait du même coup — toujours contre notre hypothèse — la moralité de l'homme, *ou bien* — et ce serait le comble de l'absurde — qu'il peut être inversé, le mal devenant à faire (tout en restant mal) et le bien à éviter (tout en restant bien) !

Seulement, que vaut notre hypothèse ? L'homme est-il toujours et partout un être moral ? On pourrait en douter. Sans doute l'ethnologie nous a montré à l'œuvre, chez tous les peuples et groupes humains, les catégories du bien et du mal (nn. 27-28). Mais d'autre part on rencontre — et pas uniquement dans les hôpitaux psychiatriques — des sujets entièrement dépourvus, semble-t-il, de sensibilité et d'intelligence morales et pour qui ces mêmes notions paraissent vides de signification.

Et cependant la raison reste un attribut essentiel de l'homme, même si l'usage s'en trouve parfois empêché, comme chez les petits enfants, les fous ou durant le sommeil. Or, la moralité est liée, de soi, à l'exercice de la raison (n. 139). L'homme est donc toujours, de soi et radicalement, un être moral et, par conséquent, le premier principe de la moralité est, de soi, universel et immuable.

La diversité des mœurs et des jugements moraux, quelque ampleur qu'on veuille lui attribuer, ne saurait ici faire difficulté, car elle concerne l'application du principe, non le principe lui-même (n. 6) : elle porte sur la détermination du bien et du mal, non sur le devoir de faire l'un et d'éviter l'autre. — Par contre, l'objection tirée de l'existence de sujets apparemment non moraux garde sa force. Ces sujets, en effet, ne sont pas seulement des individus en qui la raison est liée dans son exercice : ce sont parfois des hommes intelligents, habiles en d'autres domaines, cultivés, délicats même — mais totalement aveugles à l'égard des valeurs morales. Comment cela, si la constitution de ces valeurs est liée à l'exercice de la raison (n. 139) ?

Cela prouve simplement que l'homme, en certaines circonstances, souvent pathologiques, sous l'effet de certaines pressions psychiques ou sociales, etc., peut être empêché de saisir réflexivement les exigences de la raison pratique ou, plus exactement peut-être, de les thématiser. Cela ne prouve nullement que les autres aient tort quand ils disent les percevoir! Nous voyons clairement que la raison demande une vie en accord avec son Idéal, que tel est le *sens* (à la fois direction et signification) de notre existence: cela suffit. Que d'autres ne le voient pas ne doit pas plus entamer cette certitude que le fait que certains ne distinguent pas entre la *Neuvième Symphonie* et un concert de casseroles n'entame notre admiration pour Beethoven.

Du reste, ce qui manque à ces pauvres sourds et aveugles moraux, ce n'est pas précisément le principe: « Il faut faire le bien et éviter le mal » (comme s'ils avaient la notion du bien et ne voyaient pas que le bien est « à faire »); c'est plutôt la notion même du bien et du mal, la perception de la valeur morale. Et bien souvent, il s'agit surtout d'une carence affective. Nous savons en effet que la perception des valeurs a lieu à travers l'inclination, l'appétit (n. 21) et que le jugement moral est normalement entouré d'une certaine *aura* affective (admiration, horreur, désir, regret, joie, tristesse, fierté, dégoût etc.) qui en est à la fois la résonance et le milieu vital. Comme l'intellect ne peut s'acquitter de sa tâche quand l'imagination est entravée ou troublée, ainsi la raison pratique et la volonté ne peuvent s'exercer convenablement quand, à l'étage de la sensibilité, font défaut inclinations et sentiments appropriés. Tant l'activité spirituelle est en nous dépendante de l'organisme: dépendance extrinsèque, sans doute, mais combien réelle et profonde! Mais la condition ne doit pas être confondue avec la cause.

Et n'y a-t-il pas enfin, bien souvent, même chez les plus pervertis, un reste de moralité qui s'égare? Les voleurs, les bandits ont leur code d'honneur, de solidarité, d'entraide. Sous des formes rudimentaires et aberrantes, les catégories morales sont là et il est parfois possible de les rectifier.

185. - La vraie question, dans notre présente recherche, concerne les déterminations du premier principe pratique. Oui ou non, peut-on dire: telle conduite est toujours moralement mauvaise et donc absolument à exclure; telle autre, en telles circonstances, sera toujours obligatoire? En d'autres termes: est-il possible de déduire du premier principe des normes participant à son universalité, ou faut-il dire que le principe s'applique immédiatement aux cas singuliers, suscitant chaque fois une solution unique? Ou encore, comme nous disions (n. 181): y a-t-il une structure du monde éthique, de l'ordre moral objectif?

La valeur morale a pour élément formel la conformité à la raison droite, pour élément matériel, la convenance avec la nature humaine et l'ordre objectif. S'il y a une structure du monde éthique, elle se prend de ce second élément, seul capable, par la diversité de ses aspects, de fonder une pluralité de rapports à la raison droite. La raison, comme telle, dit simplement ouverture à l'Absolu; elle n'offre pas de prise, en tant que raison, à une multiplicité intrinsèque. La nature humaine, au contraire, est composée, structurée de rapports internes et externes, insérée de diverses façons en diverses sphères de la réalité etc.

Si donc il y a une nature humaine, une nature raisonnable, la même toujours et partout en tous les individus humains, une nature présentant chez tous les mêmes exigences fondamentales et structurée par les mêmes relations typiques, internes et externes, cette nature fondera en tous les individus un même ordre de relations de convenance ou d'opposition à la raison droite, partant un même ordre moral objectif. Ce qui s'accordera avec ces exigences et ces relations, s'accordera aussi avec la raison droite et sera, de soi, « bon » (permis, voire en certains cas obligatoire); ce qui les contredira, contredira aussi la raison droite et sera, de soi, partout et toujours « mauvais » et défendu. Il y aura donc des normes valables pour tous, des normes universelles.

Toute la question est donc de savoir s'il y a une nature humaine. Nous avons dit combien la chose est contestée aujourd'hui. En traiter *ex professo* est la tâche de l'anthropologie rationnelle. Nous nous contenterons de dire ceci: Si, avec beaucoup de contemporains et déjà, parfois, Aristote, on prend nature dans un sens univoque — la nature d'une pierre ou d'un animal —, comme un donné immodifiable, dont l'individu se contente de subir les lois, sans jamais pouvoir les transcender, il faut dire, comme déjà Aristote le disait de l'âme, que l'homme n'a pas de nature. Il est transcendance. Il est dépassement, mise en question du donné. Il est « toutes choses ». Pourtant, en même temps, il est « ce qu'il est ». Il est toutes choses, mais pas n'importe comment: précisément à la façon d'un homme. Il est fini et il a un corps. Sa liberté est toujours « en situation ». Faut-il ne voir là qu'une limite, un obstacle que la liberté aurait le devoir de nier et de surmonter? Non: ces limites sont la condition d'exercice de la liberté, la condition d'existence du sujet. L'homme ne peut vouloir être une pure conscience sans organisme et pas davantage un organisme sans conscience. Ni ange ni bête. Prétendre dépasser ses limites, affecter d'être ce qu'il n'est pas, ce serait pour lui renier sa nature, renier la raison.

Il y a plus. Cette nature qui, à travers son ouverture sur le monde, conditionne son ouverture sur l'être, n'est pas pour lui un instrument, une chose extérieure dont il pourrait user à son gré et qui ne recevrait que de lui seul sa signification dernière, comme le sont les autres natures de notre expérience. Nature et sujet sont un seul et même existant (n. 13). La dignité éminente par laquelle le sujet a conscience de valoir mieux que tout le monde des objets, elle lui vient de cette nature même, en qui il reconnaît l'image de son Idéal (n. 172, 6). Il n'est donc pas, à son égard, moralement libre. Il doit en satisfaire les exigences essentielles, en respecter la hiérarchie interne, ne pas assujettir la raison au désir, l'esprit à la chair. Ce qui ne signifie point un angélisme dédaigneux des réalités charnelles et par là vite suspect. Car la nature humaine comporte aussi le corps. Dans sa corporéité même, elle partage la dignité du sujet. Si, en effet, on peut voir, dans le corps, une possession originelle, il faut bien reconnaître que sa relation au sujet n'est pas purement exprimable en termes d'*avoir*: c'est une relation d'*être*. « Mon corps est moi-même » et il faut savoir gré à la phénoménologie contemporaine, et notamment à Merleau-Ponty, d'avoir mis en valeur la notion du « corps-sujet ». Dès lors, les exigences de la nature humaine, même corporelle, sont, jusqu'à un certain point, les exigences de la raison.

C'est donc un devoir, pour le sujet, de respecter la tendance essentielle de sa nature à être et à plus-être: la conservation de la vie, de l'intégrité physique, de la liberté en tant que condition de l'action vraiment humaine, la recherche d'un certain développement culturel et en général des conditions de vie hors desquelles l'homme se dégrade, constituent ainsi des obligations inévitables et universelles, bien que, sur certains points, comme le dernier mentionné, les modalités d'application puissent varier considérablement.

Bref, il y a un certain devoir de rechercher les valeurs que nous avons appelées infra-morales, en tant qu'elles conviennent à certains aspects de l'homme et d'autant plus que cette convenance est plus proprement humaine.

Mais l'homme n'est pas un individu isolé: il vit en relation avec d'autres hommes, porteurs, eux aussi, d'une nature raisonnable, « existant-vers » le même Idéal de la raison, capables au même titre, de l'Absolu. Comme moi, ni plus ni moins, les autres sont des personnes. Ils exigent donc — l'Idéal exige en eux — amour et respect. Et cela partout et toujours. Partout et toujours la haine proprement dite, sera un mal: il répugne à la raison que nous voulions le malheur absolu et définitif à celui qui peut encore — fût-il à présent le plus misérable des hommes — incarner la valeur morale, refléter l'Idéal de la raison; il répugne que nous considérions comme non-existant celui qui est notre compagnon dans la vocation à l'Idéal etc. — De la même manière, la raison commande la justice: pourquoi voudrions-nous, toutes choses égales d'ailleurs, être préférés aux autres, alors que la raison trouve en eux la même valeur absolue, la même image de son Idéal (nn. 144 et 195-198)? C'est le propre de la nature raisonnable, de vouloir, en s'ouvrant aux autres, qu'ils soient ce qu'ils sont et se développent librement.

Notons encore une fois ici que l'amour du prochain, pour être authentique, doit comprendre, en la dépassant, la justice et respecter dans l'objet aimé les mêmes exigences dont la raison exige le respect dans celui qui aime. Amour menteur, celui qui dégrade ou déséquilibre l'aimé et prétend s'exprimer par des actes dont l'intentionnalité objective contredit celle de l'amour vrai. Parce que, chez l'homme, le sujet spirituel et l'organisme ne font qu'un, les activités même animales ont une téléologie qui dépasse l'ordre purement biologique et animal et participe déjà en quelque manière de la spiritualité. (Ceci apparaît en particulier dans le cas de la fonction génératrice, en tant que la vie qu'elle est appelée à susciter est une vie humaine — et aussi en tant que son activité est, de par soi, expressive d'amour généreux et donnant). — Et d'autre part, l'amour authentique requiert que l'amant respecte en soi-même cette nature raisonnable qui est aussi celle de l'aimé, qu'il se respecte lui-même par respect et par amour pour l'aimé. — On voit par là à quel point le rapport aux autres influe sur la signification et la valeur de nos démarches en apparence les plus privées. L'éthique de l'individu ne peut négliger ce rapport, bien qu'elle ne se comprenne pas adéquatement par lui. (On ne peut expliquer le devoir de tempérance uniquement par le souci de respecter en moi la nature de l'autre etc.).

Enfin, et surtout, l'homme a une relation radicale — plus radicale encore que la précédente, parce que liée à son état de créature et pas seulement de créature humaine — à Dieu, comme source de son être, Fin dernière et Idéal subsistant. Cette dépendance totale (avec l'infinie distance des natures) est évidemment une condition absolument universelle et immuable. On peut concevoir à la rigueur une conscience isolée dans le monde; on ne peut penser une conscience finie qui ne serait pas rapportée à Dieu. D'où la nécessité imprescriptible et sans exception de l'amour, du respect, de l'obéissance envers Dieu. C'est le point où la morale enveloppe la religion (le chapitre des « devoirs envers Dieu »), comme la religion enveloppe la morale, en tant que l'amour de Dieu, le respect de Dieu, l'obéissance à Dieu impliquent l'accomplissement de tous nos autres devoirs (n. 174). — Mais cette classe de devoirs, quiconque admet l'existence d'un Dieu créateur ne peut manquer de la reconnaître et ce n'est pas ici que se situe notre débat [7].

Ainsi, par sa structure interne, par ses relations avec les autres sujets en qui elle subsiste, par sa relation foncière avec Dieu, la nature humaine nous fournit le cadre général de l'éthique spéciale, qui revient à la distinction traditionnelle du catéchisme : devoirs envers soi-même, envers les autres, envers Dieu. Morale personnelle, morale sociale (interindividuelle, familiale, sociale au sens propre, avec ses sous-groupes : morale professionnelle, politique etc.), morale religieuse ... Pour autant que les règles édictées par ces diverses « morales » se rattachent directement aux relations essentielles dont nous parlons, elles ont valeur universelle et permanente.

Ces trois groupes de devoirs s'impliquent réciproquement. En un sens, tous nos devoirs, comme le dit M. Eric Weil, sont des devoirs envers nous-mêmes, car, en étant injustes ou impies, nous nous dégradons. Mais, en un autre sens, tous nos devoirs sont des devoirs envers les autres, puisque le plus secret de nos actes n'est pas sans quelque

---

[7] A en croire pourtant certains contemporains comme Sartre, Jeanson etc., même si Dieu existait, l'homme devrait, à peine créé, se révolter contre lui, ne pouvant s'affirmer qu'à cette condition. Cf. la fameuse déclaration de Jaurès à la Chambre des Députés, le 12 février 1895 : « ... si l'idée de Dieu prenait une forme palpable, si Dieu lui-même se dressait visible sur les multitudes, le premier devoir de l'homme serait de lui refuser l'obéissance (applaudissements) et de le traiter comme l'égal avec lequel on discute, mais non comme le maître que l'on subit » (cité par Lecanuet, *La vie de l'Eglise sous Léon XIII*, Paris, 1930, p. 416, n.). — Nous n'avons pas à tenir compte de ces déclamations. Si Dieu n'existe pas, il est impossible et dès lors des hypothèses comme celles qu'imaginent ces auteurs ne peuvent avoir pour eux aucun sens. Quant au problème que pose la conciliation de la dignité humaine avec la reconnaissance d'un Dieu Créateur, « Souverain Maître » et Sauveur, ce problème, qui est à la racine de l'athéisme postulatoire, suppose, pour être résolu, l'approfondissement métaphysique du rapport de création-participation et le nettoyage des représentations anthropomorphiques qui figurent Dieu comme un Maître purement extérieur, une Liberté étrangère à la nôtre et envers laquelle la soumission inconditionnée serait en effet une aliénation. Mais cette étude n'est pas de notre ressort.

résonance sociale; puisqu'en me respectant moi-même, je respecte en moi les autres dont je partage la nature; puisqu'enfin il n'est pas d'amour authentique de l'autre sinon par la communion dans l'Idéal et donc, au moins implicitement, dans l'ouverture à Dieu. Et parce que Dieu est le fondement de l'ordre moral tout entier, tous nos devoirs sont, en quelque manière des devoirs envers Lui.

On n'en a pas moins raison, malgré leur enveloppement mutuel, de maintenir distinctes ces trois classes de devoirs. Ne considérer dans l'amour des autres et le service de Dieu que le respect de ma dignité propre, c'est faire graviter les autres et Dieu autour de ma personne, ce qui, pris à la lettre, serait la plus monstrueuse des perversions et, en tout cas, même s'il s'agit d'une simple attitude non érigée en système, entraîne un dépérissement moral certain. Ramener tout à l'amour et au service des autres, c'est m'exposer, d'une part, à sous-estimer la morale individuelle, par exemple les devoirs de tempérance, d'harmonie et d'équilibre intérieurs, dont les exigences ne présenteraient pas le même caractère d'urgence si elles venaient uniquement de cette source; d'autre part, à ne voir en Dieu qu'un moyen d'assurer la cohésion sociale, le plus grand bonheur de tous etc. Enfin, identifier simplement tous les devoirs aux devoirs envers Dieu, risque de conduire au fanatisme et au durcissement. Seule la vision intuitive de l'Etre dans sa communication aux êtres peut nous montrer concrètement le Bien de Dieu et le bien de l'homme comme « ne faisant pas nombre » et faire qu'en aimant les autres « purement en Dieu » nous les aimions vraiment en eux-mêmes et pour eux-mêmes, selon toute leur amabilité (n. 171, 1). Faute de cette vision, ramener sans plus l'amour des autres à l'amour de Dieu, le service des autres au service de Dieu, serait méconnaître leur valeur, leur amabilité intrinsèque, ne voir en eux qu'un moyen ou une occasion de servir Dieu etc. Le second commandement est semblable au premier, mais, pour nous, il en demeure distinct.

186. Nous pouvons ajouter quelques considérations secondaires, qui nous aideront à mieux comprendre la nécessité de règles universelles et immuables.

1) Comme Platon l'avait déjà vu [8], l'unification du divers n'est possible que moyennant des « universaux », intermédiaires entre la diversité pure et la pure unité. Et cela aussi bien dans l'ordre pratique que dans l'ordre spéculatif. Comme la pensée se défait, devient vague, inconsistante, faute de solides formes logiques, ainsi la vie morale se dissout là où manquent les principes absolus. Les hommes que nous estimons, en qui nous avons confiance, sont ceux qui « ont des principes » et qui s'y tiennent; nous les respectons, même si leur intransigeance est parfois accompagnée de raideur [9].

2) Nous n'atteignons pas directement l'Absolu. La fidélité à son

---

[8] *Philèbe*, 16 d.

[9] A ceux qui, comme A. Bayet, dans *Le suicide et la loi morale*, voudraient substituer à « la morale simple », aux lois bien définies, une « morale nuancée » moulée sur la singularité des cas, R. Le Senne objecte avec raison: « Si l'on articule la morale nuancée en un système d'impératifs devant être appliqués dans des conditions données, on revient, pour chacun d'eux, dans ces conditions, à une morale sévère, catégorique et simple; si on la laisse en fusion, on livre tout au bon plaisir des individus et la morale nuancée équivaut alors à la dissolution de la morale », *Traité de Morale générale*, p. 485.

endroit est signifiée pour nous par la fidélité aux règles morales universelles. C'est par là que l'homme apprend à préférer à tout avantage matériel ou personnel la rectitude morale, le dévouement à l'Idéal, qui est implicitement un dévouement à Dieu. Il ne faut pas opposer le *formalisme* à l'*humanisme*. L'homme n'affirme jamais mieux sa dignité que lorsqu'il se sacrifie, dans sa réalité empirique, pour l'Idéal.

3) **Enfin**, la nature sociale de l'homme fait qu'il a besoin des autres pour s'élever à la connaissance des valeurs morales, pour apprendre à bien agir. Or ceci n'est possible que moyennant des normes universelles. D'ailleurs, l'homme ne peut se juger et se contrôler lui-même qu'en s'objectivant, c'est-à-dire en se projetant devant soi sous une forme d'universalité. L'objet, en effet, est de droit un objet pour tous. Connaître ce que je suis réellement, c'est me connaître comme je puis être affirmé par tous. Une telle connaissance suppose du reste le langage qui, de soi, est ordonné à la communication. Il faut donc que le jugement moral jouisse d'une certaine universalité. Il ne saurait être quelque chose de purement individuel et subjectif. — On notera toutefois que cet argument ne prouve pas autre chose qu'une certaine universalité des règles morales; il ne suffirait pas à établir l'universalité absolue que nous revendiquons.

187. - Mais, s'il en est ainsi, d'où vient donc l'évidente variété des prescriptions morales que l'histoire et l'ethnologie nous présentent?

De deux causes: l'une objective, l'autre subjective; et ces causes opèrent tantôt ensemble, tantôt séparément.

La cause objective est dans la diversité des circonstances qui, sans changer proprement la loi, en modifie la matière et, par conséquent, les modalités concrètes d'application. Et cette modification peut aller assez loin, jusqu'à rendre la loi méconnaissable pour un regard superficiel. Le cas est particulièrement clair dans les questions de droit, dont il sera parlé plus tard. — Notons tout de suite que, parmi les circonstances qui modifient ainsi la matière de la loi, il faut ranger la manière de sentir et de juger propre à chaque société.

Veut-on des exemples? Nous avons aujourd'hui une notion de la propriété littéraire inconnue au moyen-âge, où chacun pouvait à sa guise faire reproduire et circuler les manuscrits. De même, dans un régime de stricte hiérarchie sociale (« ordres » de l'ancienne France, « castes » de l'Inde etc.), certains usages, certaines prescriptions sont considérés comme justes, qui, dans une société démocratique, offenseraient le sens de la justice (ainsi les privilèges, sous l'ancien régime). Des conduites, des situations — de soi inconciliables avec les exigences d'une nature humaine évoluée et consciente de sa dignité — peuvent représenter — quand cette même nature en est encore à un stade rudimentaire — la solution pour lors la moins mauvaise de certains problèmes pratiques (ainsi, jadis, l'esclavage, sans lequel, vraisemblablement, l'homme n'aurait jamais réalisé les premiers grand travaux collectifs et d'intérêt public). — En tout cela, la loi, à proprement parler, reste immuable. Il est toujours vrai qu'on ne doit pas prendre le bien d'autrui : seulement, aujourd'hui, en raison des changements économiques et sociaux, et notamment de l'invention de l'imprimerie, qui permet la multiplication, la diffusion et la vente des écrits sur une grande échelle, nous incluons dans « le bien d'autrui », le fait d'être-l'auteur-d'un-tel-livre, avec les droits et les avantages qui en découlent. Il est toujours vrai qu'il faut rendre à chacun ce qu'on lui doit et procurer le bien commun, mais les droits de chacun et la nature du bien commun sont conçus différemment dans une société démocratique et une société féodale et hiérarchique. Il fut et il sera toujours vrai que la dignité humaine requiert la liberté et que les hommes doivent s'efforcer de procurer à tous ce bienfait, mais un tel idéal a paru longtemps tellement chimérique qu'on ne s'y arrêtait pas, et aujourd'hui encore on en est bien loin.

Autre exemple au sujet du devoir de respecter la vie du prochain. On objecte que ce devoir n'existe plus en temps de guerre. Mais, comme on le montre en éthique spéciale, ce qui est prohibé, c'est le « meurtre », la mise à mort d'un homme par un autre agissant de sa propre autorité. Or, dans une guerre, supposée juste — à quelles conditions une guerre, aujourd'hui, peut-elle encore être juste, est une tout autre question —, le combattant n'agit pas de sa propre autorité. Par contre, la guerre fût-elle parfaitement juste, l'ennemi d'une injustice et d'une cruauté sans précédent, la haine, au sens propre du mot, demeure toujours un mal pur et simple, que nul intérêt supérieur ne permet de favoriser directement.

D'une façon générale, nous pouvons dire : les lois morales naturelles — disons plutôt : les déterminations de la loi morale naturelle — « valent » toujours, si on les prend avec toutes leurs conditions d'application. Si la loi naturelle réclame, dans tel cas singulier, telle conduite, il sera toujours vrai que la même conduite sera requise chaque fois que le même cas surviendra avec les mêmes circonstances ... (Que les mêmes circonstances puissent ou non revenir, cela ne nous intéresse pas ici).

188. - Quant à la cause subjective de la variété des prescriptions morales, elle est tout uniment dans la connaissance imparfaite de la loi morale ou dans les erreurs à son sujet.

Les scolastiques n'ont pas ignoré ce point. Saint Thomas, après avoir distingué entre les « premiers principes communs », qui suivent immédiatement de l'axiome « Il faut faire le bien » et répondent aux exigences maîtresses de la nature raisonnable (n. 190), et les conclusions plus ou moins éloignées qu'on en tire, conclut ainsi, traitant à la fois la question de l'immutabilité et de la connaissance universelle de la loi morale :

> « Il faut donc dire que la loi naturelle, quant aux premiers principes communs, est la même chez tous, tant pour ce qui concerne sa validité objective (*secundum rectitudinem*) que pour ce qui concerne sa connaissance (*secundum notitiam*; cf. n. 183). Mais, quant à certaines prescriptions particulières, qui sont comme les conclusions des principes communs, elle est la même chez tous dans la plupart des cas (*ut in pluribus*) et selon la validité objective et selon la connaissance, mais chez un petit nombre (*ut in paucioribus*) elle peut défaillir, et quant à la validité objective, en raison de certains empêchements spéciaux ... et même quant à la connaissance, et cela parce que certains ont la raison corrompue par la passion, soit à cause de mauvaises habitudes (*ex mala consuetudine*, ce qui peut s'entendre aussi bien de la coutume), soit par suite d'une disposition défectueuse (*ex mala habitudine*) de leur nature ... »[10]. — Quand le saint Docteur dit que les conclusions de la loi naturelle peuvent « défaillir » en quelques cas « selon la validité objective », c'est-à-dire ne pas énoncer, pour ces cas, le jugement de la raison droite, il faut entendre cela des conclusions considérées « inadéquatement », abstraction faite de leurs conditions d'application. Et c'est bien ainsi qu'elles sont prises dans le texte. L'exemple classique est celui du dépôt. On m'a confié un poignard ou un revolver. Le propriétaire vient me le réclamer. En principe je dois le rendre. Mais je sais que le propriétaire est fou et veut se suicider, ou qu'il a décidé de tuer son rival.. La raison exige alors que je ne rende pas le dépôt. La loi morale paraît en échec simplement parce que, dans sa formulation courante, elle est incomplète : elle devrait s'énoncer ainsi : « il faut rendre les dépôts, à moins que la réclamation soit si directement liée à un usage criminel que la restitution équivaille à une complicité ». Mais, ordinairement, on n'a pas besoin d'ajouter cette clause.

C'est pourquoi saint Thomas dit encore que la loi naturelle, « quant aux principes communs, ne peut absolument pas

---

[10] « Sic igitur dicendum est quod lex naturae, quantum ad prima principia communia, est eadem apud omnes et secundum rectitudinem et secundum notitiam. Sed quantum ad quaedam propria, quae sunt quasi conclusiones principiorum communium, est eadem apud omnes ut in pluribus et secundum rectitudinem et secundum notitiam; sed ut in paucioribus potest deficere et quantum ad rectitudinem, propter aliqua particularia impedimenta ..., et etiam quantum ad notitiam, et hoc propter hoc quod aliqui habent depravatam rationem ex passione, seu ex mala consuetudine, seu ex mala habitudine naturae », saint Thomas, *Somme théol.*, I-II, 94,4.

être effacée du cœur humain, s'il s'agit d'une connaissance universelle, mais qu'elle peut l'être, dans l'action concrète et particulière, quand la raison se trouve empêchée, par la convoitise sensible ou quelque autre passion, d'appliquer le principe commun à l'action »[11]. Autrement dit, ces principes ne peuvent pas être ignorés invinciblement. — Quant aux préceptes secondaires, ils peuvent être « effacés du cœur humain » « soit par suite d'opinion erronées, dont les hommes se sont laissé persuader (*propter malas persuasiones*) ..., soit par suite de coutumes perverses et d'habitudes corrompues »[12].

189. - Peut-être parlerions-nous aujourd'hui d'une façon plus nuancée: nous savons tellement mieux à quel point les passions, la mauvaise éducation, l'influence du milieu etc., peuvent troubler et fausser la perception des valeurs. Estimer évident pour tous ce qui l'est pour nous, c'est le principe de l'intolérance.

Nous pouvons dire cependant que les grands principes de la loi naturelle sont à ce point liés aux exigences foncières de la nature humaine qu'ils ne peuvent pas, en général, rester ignorés de ceux qui ont l'usage de la raison.

Et d'abord, c'est un fait, qu'en général, ils ne le sont pas. Les objections sceptiques et positivistes ne prouvent rien, non seulement contre l'universalité du fait moral (n. 184), mais même contre l'universalité des déterminations générales de la loi naturelle. Car elles concernent des déterminations dérivées, où il faut tenir compte de diverses conditions: et plus il y a de conditions, plus il devient difficile de trouver la conclusion juste, et donc plus il devient facile, pour la raison pratique, de se tromper. Il n'est même pas nécessaire d'invoquer, comme saint Thomas, les mauvaises mœurs ou l'influence d'un milieu corrompu: il suffit de l'infirmité congénitale de l'esprit humain, incapable bien souvent de l'effort soutenu d'attention et de réflexion qui seul lui permettrait d'éviter l'erreur.

Chez certains peuples, il est permis, dit-on, de tuer les étrangers. Faut-il en conclure que la conscience universelle ne condamne pas

---

[11] « Quantum ergo ad illa principia communia, lex naturalis nullo modo potest a cordibus hominum deleri in universali; deletur tamen in particulari operabili, secundum quod ratio impeditur applicare commune principium ad particulare operabile, propter concupiscentiam vel aliquam passionem », *ib.*, I-II, 94, 6.

[12] « Quantum vero ad alia praecepta, potest lex naturalis deleri de cordibus hominum, vel propter malas persuasiones (eo modo quo etiam in speculativis errores contingunt circa conclusiones necessarias), vel etiam propter pravas consuetudines et habitus corruptos ... », *ib.*

l'homicide? Nullement. Chez aucun peuple nous ne voyons qu'il soit permis de tuer un autre homme pour son plaisir. Mais ou bien l'étranger n'est pas considéré comme un homme, ou bien il est tenu *a priori* pour un ennemi ou pour un impie, qui ne reconnaît pas les dieux de la tribu et donc mérite la mort etc. L'exception provient d'une fausse mineure: elle laisse intact le principe.

190. - Cette universalité s'explique facilement, si nous considérons la manière dont l'homme parvient à la connaissance morale.

Remarquons d'abord que la raison, ainsi qu'on l'a vu, se trouve avec la nature humaine, dans un rapport tout particulier. Parce qu'elle est raison *humaine*, parce qu'elle fait un avec la nature de l'homme (n. 185), elle est déjà, en elle-même, dynamiquement structurée, disposée à valoriser positivement ce qui favorise les fins de cette nature, négativement ce qui les contredit. Cette structure dynamique, au contact de l'expérience, se développera en une connaissance proprement dite des principes moraux. De là vient que les anciens auteurs parlent parfois comme si la loi morale était innée en nous. Elle ne l'est pas, non plus que les principes de la raison théorique: l'innéisme est insoutenable. Pourtant, ce n'est pas assez de dire que le fondement de la loi morale est inné en nous, en entendant par là simplement que la raison et la nature humaine sont pour nous un donné originaire. Non: la raison n'est pas indifférente devant un objet dont elle attendrait le choc. Il y a dans la nature des inclinations essentielles qui, déjà avant toute mise en acte, orientent le jugement de la raison, en tant que celle-ci est un élément de la nature. Ce sont les inclinations par lesquelles l'homme se porte spontanément vers son bien propre et celui des siens, ainsi que les inclinations, plus proprement humaines, vers la vie sociale, la connaissance de la vérité etc. [13].

---

[13] « Quia vero bonum habet rationem finis, malum autem rationem contrarii, inde est quod omnia illa ad quae homo habet naturalem inclinationem, ratio naturaliter apprehendit ut bona, et per consequens ut opere prosequenda, et contraria eorum ut mala et vitanda; secundum igitur ordinem inclinationum naturalium est ordo praeceptorum legis naturae. Inest enim primo inclinatio homini ad bonum secundum naturam, in qua communicat cum omnibus substantiis ... et secundum hanc inclinationem pertinent ad legem naturalem ea per quae vita hominis conservatur et contrarium impeditur. Secundo, inest homini inclinatio ad aliqua magis specialia secundum naturam, in qua communicat cum ceteris animalibus: et secundum hoc dicuntur ea esse de lege naturali, quae natura omnia animalia docuit, ut est commixtio maris et foeminae et educatio liberorum et similia. Tertio modo inest homini inclinatio ad bonum secundum naturam rationis quae est sibi propria: sicut homo habet naturalem inclinationem ad hoc quod veritatem cognoscat de Deo et ad hoc quod in societate vivat; et secundum hoc ad legem naturalem pertinent ea quae

Mais, ce qu'il faut bien remarquer, c'est que lesdites inclinations, alors mêmes qu'elles concernent ce que l'homme a en commun avec les animaux, comme la procréation, sont dès le principe des activités humaines et c'est comme telles qu'elles déterminent le jugement axiologique et pratique. Car notre être sensible lui-même subit, dans ses profondeurs, l'influence régulatrice de la raison. Il ne s'agit pas, bien entendu, d'une régulation consciente et réfléchie, puisque nous sommes au stade des conditions du dictamen moral. Mais la raison a deux manières de diriger l'activité humaine: une manière formelle, thématique, — celle que nous venons d'exclure —, par concepts universels et jugement, et une manière que nous pouvons appeler « naturelle », « vitale », où la raison se comporte à l'instar d'une « forme » dirigeant d'une façon immanente les énergies et les tendances du sujet. En dehors du domaine moral, nous trouvons un exemple remarquable de cette régulation rationnelle *per modum naturae* dans la constitution et l'évolution du langage. Le langage est certes une activité rationnelle: seul l'animal raisonnable « parle » au sens propre du mot; les autres ne font que crier, gémir, hurler etc. La structure du langage, même chez des peuples dits primitifs, est telle que sa création réfléchie eût demandé un effort considérable de pensée et de raisonnement, bien au delà des possibilités de ces peuples. C'est un fait d'ailleurs que les langues sont parlées bien avant que leur grammaire soit élaborée: les « parties du discours » n'ont été classifiées, en grec, qu'après Aristote. Nous saisissons là sur le fait une activité d'essence rationnelle qui se développe d'une façon « naturelle », la raison se comportant comme une « forme », selon qu'elle est en effet, en tant que détermination ontologique de la « forme » humaine, une *res na-*

---

ad hujusmodi inclinationem spectant; utpote quod homo ignorantiam vitet; quod alios non offendat, cum quibus debet conversari; et cetera hujusmodi quae ad hoc spectant », *ib.*, I-II, 92, 2. Il est clair que, chez l'homme, les inclinations du premier et du deuxième genre sont reprises et remodelées par celles du troisième genre. Dans ses inclinations animales, l'homme n'est jamais un pur animal. La fonction génératrice, par exemple, déborde dans l'homme le plan simplement biologique: en tant qu'elle vise l'existence d'une personne humaine, elle revêt une dignité dont elle est dépourvue chez les autres animaux (n. 185). Le naturalisme apparent de cet article de la *Somme* doit être bien compris.

Une division quelque peu différente est proposée par Vl. Soloviev. La morale se fonderait sur trois sentiments primordiaux: la pudeur, la pitié et la piété. — Ces trois sentiments concernent notre rapport avec nous-mêmes (conscience de notre supériorité sur l'animalité), avec nos semblables, avec les êtres supérieurs et Dieu (cf. n. 185), *La justification du bien*, 1897-1898, trad. fr., Paris, 1939.

turae. — C'est à ce type d'activité de la raison que se rattachent, nous l'avons dit, les valeurs spirituelles infra-morales (n. 139).

Il s'ensuit que lorsqu'un objet se présente, lorsqu'un événement survient qui favorise ou contredit ces tendances ainsi humanisées *ab intra*, l'homme en éprouve une satisfaction ou une contrariété qui ne sont pas purement d'ordre sensible et constituent comme la première ébauche du « sens moral ». Il perçoit confusément une valeur qu'il est encore incapable de considérer thématiquement dans sa pureté [14].

Mais si la raison peut descendre ainsi dans les tendances naturelles de l'homme, c'est qu'elle n'est pas raison pure mais *raison humaine*, subsistant non en soi, mais dans l'homme, comme un élément de sa nature. Comme telle, de par sa continuité avec lesdites tendances, elle a en soi, d'entrée de jeu, ce qui, avant toute considération réfléchie et scientifique, orientera son jugement de valeur et sa décision pratique [15].

Par la suite, l'intelligence, explicitant, thématisant, ces valeurs confusément saisies, formulera des jugements, les enchaînera, acquérant ainsi une connaissance rationnelle de la valeur morale. Ces actes qu'elle « sentait » comme « à poser » ou « à éviter », elle « sait » à présent pourquoi ils sont tels. Ces jugements, à leur tour, réagiront sur la vie affective, permettant ainsi une nouvelle perception des valeurs, plus riche et plus fine et ainsi de suite. — On notera cependant que les inclinations naturelles, pour autant qu'elles s'enracinent dans la sensibilité, sont susceptibles de perversion, comme il arrive du reste chez les animaux. (Ce n'est pas seulement dans le genre humain que l'on trouve des « mères dénaturées »). C'est qu'elles subissent en nous bien d'autres influences que celle de la raison : influence des conditions extérieures, du milieu, de l'organisme, lui-même entraîné, comme partie de l'univers, dans le jeu des interactions cosmiques etc. Dans l'état présent de l'humanité, il s'en faut bien que la raison exerce sans concurrence son rôle régulateur et directeur.

On voit, par tout ce qui précède, en quel sens et dans quelle mesure on peut dire que les vertus nous sont données par la

---

[14] Cf. la doctrine parallèle de la « cogitative », chez saint Thomas. (Bonne étude chez G. P. Klubertanz, *The Discursive Power*, Saint Louis, 1952).

[15] Voir J. Maritain, *Neuf leçons* ..., pp. 45-57. — Sur la connaissance morale, on consultera J. E. Naus, *The Nature of the Practical Intellect according to Saint Thomas Aquinas*, pp. 46-68 et Y. Simon, *Critique de la connaissance morale*, Paris, 1934.

nature à l'état de « germes » (*seminaria*), de « commencements » (*inchoationes*), qu'il appartient à la raison de développer [16].

191. - Une autre conclusion, fort importante, c'est qu'il n'y a et ne peut y avoir aucune « dispense » proprement dite de la loi naturelle. Ce qui dérive nécessairement de la nature ne peut changer que si cette nature elle-même change. Mais qu'un être puisse changer de nature (ou d'essence), cela ne signifie rigoureusement rien.

On pourrait objecter, cependant, que ce qui est essentiellement requis par la nature humaine, c'est de tendre vers Dieu et de lui obéir, et qu'il est donc impossible, en effet, que Dieu puisse jamais vouloir la désobéissance de l'homme ou lui commander un acte de haine à Son égard. Mais Dieu ne pourrait-il pas vouloir que l'homme, parfois, manifeste son obéissance et son amour par des actes qui, selon les lois communes, apparaissent impropres à cette expression et sont, par là même, interdits (n. 161)? Et cette « dispense », cette « exception », ne pourrait-elle pas se conclure du caractère absolument exceptionnel de certaines circonstances, pour lesquelles la loi semble ne pas avoir été prévue?

La difficulté est sérieuse et les cas auxquels elle fait allusion sont souvent tragiques. Il reste pourtant que, là où l'acte, par son intention et sa téléologie intrinsèques, contredit essentiellement la dignité de la nature humaine, il est radicalement inapte à exprimer l'amour et le respect dus à Dieu. Car cette nature qu'il outrage, dont il nie implicitement la dignité, est en nous le sceau et l'image de Dieu (n. 172, 6). — Tels sont les actes par lesquels l'équilibre essentiel de l'homme est renversé, la raison étant assujettie aux fins de la sensualité (n. 68), et ceux par lesquels les autres sont considérés comme pures choses ou instruments (nn. 185; 213).

Ce qui est vrai, c'est qu'il est souvent malaisé de déterminer si tel type d'acte est mauvais intrinsèquement et aussi, question trop négligée, quelle est *l'unité morale* — nous voulons dire: ce qui constitue un acte *moralement un*. Il peut parfois rester incertain si telle action forme vraiment une unité éthique complète, ayant en soi sa parfaite détermination morale ou n'est qu'un moment d'une action structurée, d'une unité de vie dont la moralité doit s'apprécier globalement. Ces structures pratiques ne sont d'ailleurs pas réductibles au type fin-moyens, si la fin est entendue comme fin subjective. Elles ont une organisation propre, une téléologie immanente et objective. Il y a là un champ important de recherches dont l'étude doit compléter et, au besoin, corriger la considération de l'acte singulier.

---

[16] Saint Thomas, *Somme théol.*, I-II, 63, 1; *Virt. in comm.*, 9.

Ajoutons enfin que certaines actions ne sont dites bonnes ou mauvaises que supposé certaines conditions, toujours données dans le cours ordinaire des choses et qui, pour cela, n'ont pas besoin d'être mentionnées. Une disposition divine exceptionnelle pourrait alors constituer une circonstance qui, sans toucher à la loi elle-même, en changerait la matière, de telle sorte qu'un acte qui, autrement, serait contre la droite raison, cesserait de l'être dans le cas donné. C'est ainsi que les théologiens scolastiques expliquent généralement le cas d'Abraham et quelques autres dont parle l'Ecriture [17]. — Toute question d'exégèse mise à part, cette « dispense improprement dite », comme l'appellent les théologiens, ne pourrait avoir lieu que là où n'est pas en cause la « nature raisonnable » en elle-même avec ses exigences essentielles et son rapport à la Fin dernière, mais une relation ou condition non absolument essentielle et donc, absolument parlant, modifiable ... De toute manière, il est clair qu'une semblable modification ne doit jamais être supposée. Le cas d'Abraham est à la fois un cas-type et un cas-limite.

192. - Nous ne saurions, par conséquent, accepter une « éthique de situation » qui nierait l'existence de lois morales universelles, parce que fondées sur les relations et exigences essentielles de la nature humaine, lois dont aucune « situation », aussi singulière qu'on la suppose, ne dispense jamais.

Il faut reconnaître pourtant que les règles universelles ne suffisent pas toujours pour déterminer *parfaitement* ce qu'il faut faire dans un cas donné. Certes, nous l'avons dit, un acte dont la structure, l'intentionnalité, la téléologie immanente contredisent la raison droite, et les exigences de la nature humaine, ne saurait être excusé par quelque situation que ce soit. *Il ne faut pas le faire. Jamais.* Mais la morale n'a pas seulement une fonction négative [18]. Elle doit indiquer aussi la conduite à suivre pour que l'action ait tout le « fini » désirable. Et là, les règles universelles, même indéfiniment multipliées, restent inadéquates aux questions posées par le cas concret.

On peut évoquer ici la doctrine bien connue de saint Thomas sur l'impossibilité de connaître parfaitement le singulier à travers des formes universelles [19]. Cela ne signifie point que ces formes ne nous fassent pas connaître *vraiment* le singulier. Quand je dis: Pierre est un homme blanc, musicien, irascible, philosophe etc., je dis des vérités, dont je puis tirer validement des conclusions spéculatives et pratiques. Je n'ai pas à imaginer, dans l'« heccéité » de Pierre, la présence d'un x mystérieux qui pourrait les invalider (comme si Pierre, que j'appelle un

---

[17] Cf. *ib.*, I-II, 100, 8, ad 3um.
[18] Quoi qu'en pense M. E. Weil, *Philosophie morale*, p. 58: La morale « ne sait que dire non ». Les déterminations positives sont empruntées à la « morale concrète »: celle de la société, de la tradition, mais qui n'est pas elle-même œuvre de la raison.
[19] Saint Thomas, *Somme théol.*, I, 14, 11.

homme, avait en soi un principe occulte en vertu duquel les propositions universelles dont « homme » est le sujet ne vaudraient plus pour lui !). Les déterminations que j'affirme sont vraies, ce qu'elles excluent reste exclu, mais tout n'est pas dit par là : il y a *plus* à dire en Pierre et plus que ce qui peut en être dit. — Or il en va de même dans l'ordre pratique. Nulle « situation » ne fera jamais qu'un acte, mauvais en soi, devienne bon (bien qu'un acte, bon en soi, puisse devenir mauvais par suite des circonstances, comme on le dira bientôt). Mais la « situation » peut exiger ou conseiller telle ou telle manière d'observer la loi, dont la loi elle-même ne dit rien. Certes, en combinant des lois universelles, on arrive souvent à une détermination assez poussée : c'est ainsi, justement, que procède la casuistique. Pourtant, la parfaite adaptation de l'acte à la situation requiert quelque chose de plus : un *habitus* spécialisé à cet effet et faisant la médiation entre la loi générale et la singularité du cas. Tel est le rôle de la prudence, qui ne se borne pas à discerner quelles règles doivent jouer *hic et nunc*, mais indique comment elles doivent être interprétées et appliquées pour répondre pleinement aux exigences de la situation.

Plus on considère, dans l'action, le mode subjectif de sa position (au lieu de regarder simplement sa structure objective — sa « substance » —, plus l'éthique est envisagée comme science de la valeur morale, dont l'objet est de rendre meilleure l'action humaine (au lieu de se réduire à une science du permis et du défendu [20], traitée selon des catégories plus juridiques que proprement morales), plus aussi prend de l'importance la situation — sans préjudice, encore une fois, des normes objectives et universelles. Ceci est évident, reçu de tous et n'a rien à voir avec l'éthique « situationniste », telle qu'on l'entend ordinairement.

Il arrive même souvent qu'au cours de l'action — par exemple, dans l'acte de rendre service, de porter secours à un blessé etc. — le sujet perçoive une valeur qui ne s'était jamais jusqu'alors présentée à lui : la valeur inhérente à la manière d'accomplir cette action. (Cf. le proverbe : « la façon de donner vaut mieux que ce qu'on donne »). Le regard d'un pauvre à qui l'on fait l'aumône est une leçon : regard d'un homme humilié, blessé dans sa dignité, regard mendiant, plus encore que le secours matériel, un peu de sympathie humaine, regard reconnaissant de ce que nous ayons su le « reconnaître » pour notre égal... Il est impossible qu'à la prochaine rencontre notre geste, s'il est vraiment un geste humain, n'en soit pas modifié. Ainsi s'enrichira notre expérience morale. Les valeurs ne nous sont pas données toutes faites : ce que la conscience trouve devant soi ne sont que des cadres. Il y a une invention des valeurs dans l'exercice même de la liberté. De même que l'homme ne précise sa pensée qu'à travers sa parole et par le choc en retour de sa propre expression, de même il ne précise sa saisie des valeurs que par le choc en retour de son action. Par définition, ces valeurs ainsi créées ou inventées ne peuvent servir de normes pour l'acte qui les invente : elles surgissent après coup, « sur le dos de l'action », comme dit M. Scheler de la valeur de l'acte : les

---

[20] J'ai connu jadis un professeur, d'ailleurs fort estimable et d'un grand bon sens, qui définissait la théologie morale : « la science du péché et, plus particulièrement, du péché mortel ».

règles objectives gardent donc toute leur urgence: simplement, elles ne permettent pas de sonder le secret des cœurs [21]. — Nous reviendrons là-dessus plus loin.

Il y a ainsi dans l'ordre moral un processus d'invention. Les nouvelles situations, sans changer les lois essentielles et universelles, suscitent de nouvelles modalités d'application, dont on pourra par la suite tirer des lois universelles plus restreintes et plus précises. De la sorte, peu à peu, la connaissance de l'ordre moral se développe et la conscience morale de l'humanité se forme. (Voir, par exemple, la conscience plus aiguë, plus exigeante, de nos jours, de la justice sociale: nous considérons aujourd'hui comme devoirs de justice des choses qui, au siècle dernier et même au début du siècle, étaient considérée plutôt comme des suggestions de charité ou d'équité [22]). On peut donc parler d'une dialectique de l'universel et du singulier. L'effort même pour appliquer les lois universelles aux cas particuliers oblige la conscience morale à inventer des déterminations morales concrètes à partir desquelles la raison élaborera des règles universelles plus nuancées.

193. - Quelques remarques, pour conclure.

1) L'exigence de la situation, bien loin de pouvoir jamais suspendre une loi vraiment universelle (parce que fondée sur la nature véritable et immuable de l'homme), enveloppe au contraire cette loi. La nature, en effet, est un élément, et un élément essentiel, de la « situation ». Pensée, « inventée » par la Raison divine, posée dans l'existence par la Volonté divine, ayant, comme nature raisonnable, une spéciale relation d'affinité et de « ressemblance » avec cette Raison et cette Volonté (nn. 154-156), elle nous transmet, à travers ses exigences, une parole, un appel de Dieu [23]. C'est pourquoi l'effort pour adap-

---

[21] « ... plerumque ex bonis operibus discimus, quantam vitae munditiam in cogitationes construamus. Pene cuncta namque bona opera ex cogitatione prodeunt: sed sunt nonnulla cogitationis acumina, quae ex operatione nascuntur. Nam sicut ab animo opus sumitur, ita rursus ab opere animus eruditur. Mens quippe divini amoris exordia capiens, imperat bona quae fiant; sed post quam fieri imperata coeperint, ipsis suis exercitata actionibus, discit, cum imperare bona inchoaverat, quantum minus videbat », Saint Grégoire le Grand, *Moralia*, PL., t. 75, col. 935-936.

[22] Parfois aussi l'obligation n'est pas perçue parce qu'on n'entrevoit pas la possibilité d'y satisfaire. Il y a du vrai dans la parole de Marx: « L'humanité ne se pose jamais que les problèmes qu'elle peut résoudre ». C'est sans doute en partie ce qui a empêché les anciens de mettre l'esclavage en question: ils ne voyaient pas comment remplacer le travail servile.

[23] Voir J. Fuchs, *Le Droit naturel*, pp. 57-80 et 117-137; *Morale théologique et morale de situation*, « Nouv. rev. théol. », 1954, pp. 1073-1085. On sait que l'éthique de situation, telle qu'on l'entend ici, a été condamnée par le Saint-Office, le 2 février 1956. Sur cette condamnation, voir J. Fuchs, *Ethique objective et éthique de situation*, « Nouv. rev. théol. », 1956, pp. 798-818 et F. X. Hürt, *Annotationes in instructionem SS. C. S. O.*, « Periodica », 1956, pp. 140-204.

On trouvera une critique fort judicieuse de l'éthique de situation chez Dietrich et Alice von Hildebrand, *Morality and Situation Ethics*, Chicago, 1966.

ter l'acte à la situation est perverti dès le principe, si l'on met de côté l'universel qui est au cœur de celle-ci.

2) L'exception, un changement modifiant la « matière » de la loi, un appel spécial de Dieu etc., ne doivent jamais être directement recherchés, encore moins supposés gratuitement. Et plus l'action, sans être mauvaise intrinsèquement et absolument (car alors la question ne se poserait même pas), s'écarte des normes communes, plus il faut être circonspect avant de reconnaître un cas de ce genre. D'une façon générale, la personnalité authentique, l'originalité véritable sont d'autant mieux et plus sûrement obtenues qu'on y tend moins directement, le sujet cherchant simplement la fidélité à l'Idéal [24].

3) La déduction scientifique des lois morales peut s'avérer parfois fort difficile. Là même où un acte répugne évidemment à la conscience, il est souvent malaisé ou impossible de démontrer rigoureusement pourquoi et comment cet acte contredit la raison droite au point de ne pouvoir, en aucune circonstance, être approuvé par elle. On pourra apporter des raisons sérieuses, dignes d'être considérées avec attention, mais pas toujours des raisons décisives et évidentes. Songeons, par exemple, à certains points de morale sexuelle.

La pire des méthodes, ici, serait de tenir pour douteuses et pratiquement nulles toutes les normes éthiques dont une déduction stricte n'a pu encore être fournie. La droiture morale requiert, au contraire, de suivre, jusqu'à plus ample informé, les règles reconnues par la conscience commune et spontanée et approuvées généralement par les hommes sérieux et raisonnables (les « prudents », dont l'autorité est si grande dans l'éthique aristotélicienne, n. 269). Il est à croire, en effet, que ces règles contiennent un élément de raison.

---

[24] Les maîtres spirituels nous avertissent de préférer, en règle générale, les observances communes aux dévotions individuelles. « Cavendum ne piger sis ad communia et ad singularia promptior », *Imitatio Christi*, l. I, c. 19.
  Sur la recherche de l'originalité, il y a profit à relire ces lignes d'André Gide, pour une fois bien inspiré. « Un grand artiste n'a qu'un souci: devenir le plus humain possible, — disons mieux: devenir banal. Et, chose admirable, c'est ainsi qu'il devient le plus personnel. Tandis que celui qui fuit l'humanité pour lui-même, n'arrive qu'à devenir particulier, bizarre, défectueux », *De l'influence en littérature*, conférence donnée à Bruxelles le 29 mars 1900 (passage reproduit dans *Incidences*, p. 38).
  Et Maritain écrit de son côté: « ... saint Thomas a fait *du nouveau* par accident, ne voulant faire que du *vrai*, au lieu qu'aujourd'hui on fait du nouveau en voulant le nouveau comme tel, et c'est le vrai qui n'est plus qu'un accident », *Le Docteur angélique*, Paris, 1930, pp. 107-108. — Il y a parallélisme entre la recherche spéculative du nouveau, la recherche artistique de l'originalité à tout prix et la recherche éthique de l'exception.

Ce qui n'empêche pas, bien entendu, — ce qui demande plutôt — que ces règles soient soumises à un examen critique, au sens propre du mot, c'est-à-dire visant à discerner en elles ce qui est vraiment fondé en raison et ce qui est le résidu de coutumes, de croyances, de « tabous » irrationnels. Mais cet examen doit être prudent, car le danger est grand de rejeter comme irrationnelles des prescriptions renfermant une raison cachée et dont la méconnaissance peut avoir des conséquences fort graves.

On le voit: la détermination plus précise des normes éthiques est l'œuvre, à la fois, de la raison et de l'expérience: de la raison s'exerçant sur le donné historique et social. Telle fut, de fait, la méthode d'Aristote et de tous les grands moralistes. Et par là s'explique comment les divers systèmes moraux, si différents qu'ils soient dans leurs principes, s'accordent le plus souvent quant à leurs conclusions pratiques et justifient tous, en général, les normes communément reçues dans la société (n. 6). Pas plus ici qu'ailleurs, l'homme ne constitue *a priori* la nature des choses: il existe dans un monde éthique déjà donné, dont il déchiffre peu à peu la raison immanente, tout en s'efforçant de l'y mieux conformer.

Parmi les normes de la loi naturelle, occupent une place particulière celles qui concernent ce qu'on appelle « le droit naturel ». C'est pourquoi nous devons consacrer une étude spéciale à cet important secteur de l'ordre moral objectif. Nous allons donc parler du droit naturel et tout d'abord, en guise d'introduction, du droit en général. Cette étude, toutefois, se déroulera entièrement dans la perspective propre de l'éthique: il ne s'agit nullement de développer une « philosophie du droit ». Du reste, impossible d'avoir une idée complète du droit sans une étude sérieuse de la société et de l'être social de l'homme — étude qui est mieux placée en éthique spéciale. Nous n'en dirons ici que le strict nécessaire pour notre propos.

CHAPITRE IX

LE DROIT

I. Du droit en général.

194. - Le mot droit, comme ses équivalents dans les langues modernes de l'Occident (diritto, derecho, direito, Recht, right), évoque l'idée de rectitude, de conformité à la règle (*regula* et *directum* ont même racine), à ce qui doit être et, comme nous le dirons, à l'ordre *juste*. — Ce dernier adjectif se rattache linguistiquement au mot qui, en latin, signifie « le droit »: *jus*. De celui-ci, l'étymologie reste incertaine. Mis à part les hypothèses fantaisistes (comme celle qui fait dériver « ius » de « uis », force, par anagramme!), on a proposé tantôt *jussum* (Forcellini), tantôt *justum* (saint Thomas [1], à la suite d'Isidore), tantôt une racine indo-européenne *Yug*, comme dans *jungere*, *yoga* etc. (Jhering). D'autres, et non des moindres, préfèrent s'abstenir de prendre parti: ainsi A. Ernout et A. Meillet [2]. Il semble — selon ces deux auteurs — que le mot *jus* — dont la forme primitive était *ious* — ait d'abord signifié: « une formule religieuse ayant force de loi ».

Le mot latin *jus*, le mot français *droit* et ses équivalents, ont reçu des significations multiples. Trois d'entre elles se détachent particulièrement:

1) Le droit *objectif*: l'ordre « juste », objet de la « justice » [3] (nn. 195-196), c'est-à-dire une certaine « égalité » dans les rapports réciproques des hommes (individus et sociétés). C'est en ce sens que saint Thomas écrit: « Ce mot *jus* a d'abord servi à désigner la chose même qui est juste » [4].

2) Le droit *préceptif* ou prescriptif, appelé aussi parfois, surtout chez les contemporains, droit *objectif*, ce qui ne favo-

---

[1] *Somme théol.*, II-II, 57, 1. — Etymologie insoutenable: c'est bien plutôt *justum* qui dérive de *jus*.
[2] *Dictionnaire étymologique de la langue latine*, Paris, 1951, au mot *Jus*.
[3] « Jus est objectum justitiae », saint Thomas, *ib*.
[4] « Hoc nomen jus primo impositum est ad significandam ipsam rem justam », *ib.*, ad 1um.

rise pas la clarté : ensemble de normes, de règles, de lois qui définissent et prescrivent l'ordre objectif de la justice. Ce nom s'étend aussi à la science qui étudie cet ordre et cherche à déterminer « ce qui est juste » [5], notamment en interprétant les lois. C'est en ce sens qu'on parle du Droit civil, du Droit canon ; d'un étudiant en Droit, d'une licence en Droit etc. (Les anglais, ici, emploient plutôt le mot Law, loi : Canon Law, Common Law, to study Law etc.).

3) Le droit *subjectif* : faculté ou pouvoir *moral* de posséder, de faire, d'exiger quelque chose (soit une *chose,* au sens propre : une maison, un champ, une somme etc., soit une *action,* de la part d'un autre : un service, etc.), qu'il est *juste,* selon l'ordre, que je possède, fasse, exige ou tout au moins puisse posséder, faire, exiger, sans en être empêché par les autres. On parle ici d'une faculté ou d'un pouvoir, parce que le droit, comme les facultés physiques (la vue, l'ouïe, l'intelligence etc.), persiste alors même qu'il n'est pas exercé. Nous ne perdons pas nos sens et notre intellect quand nous dormons. Et de même, si quelque empêchement extérieur ou mon propre caprice m'empêche de voter, je ne perds pas pour cela mon droit de vote (à moins que la loi n'en dispose autrement), tout comme je l'avais avant de déposer mon bulletin dans l'urne et le conserverai après. Mais cette faculté est *morale* et cela signifie, non seulement qu'elle n'est pas physique, mais encore qu'elle produit des effets dans l'ordre moral. Si j'ai le droit de voter, les autres sont tenus de respecter ce droit et feraient mal s'ils m'empêchaient de prendre part au vote. De mon côté, puisque j'ai le droit de voter, je suis d'accord avec la raison droite, j'agis « honnêtement » en votant, si du moins toutes les autres conditions de l'action bonne sont remplies.

On le voit : au droit subjectif en moi correspond chez les autres le devoir de ne pas en entraver l'exercice (nn. 199, 201). Ce point est essentiel à la pleine intelligence de la notion de droit, en tant que celle-ci dit autre chose que la simple « licéité » ou « honnêteté ». Il est permis moralement de faire tout ce qui n'est pas mal, et ceci, de soi, ne pose rien de plus qu'un rapport à la raison droite. Mais parler de droit, à cette occasion, n'irait pas sans quelque impropriété, à moins qu'on ne veuille simplement signifier que le Suprême Législateur n'exige pas que nous nous abstenions de tels actes. — C'est qu'en effet, le droit, comme la justice dont nous allons parler, ne dit pas

---

[5] *Ib.,* ad 2um.

seulement rapport à la raison droite, mais rapport à autrui (n. 197). Il n'y a de droit que « en face de », « relativement à » quelqu'un. Et là même où il semble concerner directement une chose (comme le droit de propriété), il regarde, en réalité, à propos de cette chose, les *autres,* auxquels il interdit de me l'enlever, de m'en empêcher la jouissance etc. Et voilà pourquoi le droit *subjectif* est étudié ici comme un élément de l'ordre moral *objectif* : d'une part, il définit pour le sujet, une portion du champ objectif pratique où la liberté peut s'exercer sans que, du moins, la justice soit lésée, d'autre part, il fonde pour autrui un devoir, une détermination de la loi morale.

Ce troisième sens du mot : droit, est aujourd'hui le plus familier. Nous disons tous couramment : j'ai le droit d'agir ainsi; nous parlons des droits de l'homme et du citoyen, du droit des peuples etc. L'esprit contemporain est certes beaucoup plus porté à revendiquer des droits qu'à promouvoir l'ordre juste, le droit objectif.

Il faut noter pourtant que cette signification du mot : droit, est moderne. On ne la trouve pas parmi les divers sens que saint Thomas reconnaît au mot *jus* (Guillaume d'Ockham est sans doute le premier à en avoir donné la théorie). Aussi certains thomistes la rejettent [6]. Elle est du reste fortement discutée par les juristes contemporains [7]. — Pourtant elle nous semble devoir être retenue, car elle garde une signification propre. Dans le droit subjectif l'ordre juste, le droit objectif est considéré à partir des fins, des intérêts du sujet, dans son accord avec eux. Certes, pour être un droit véritable, le droit subjectif doit être conforme à l'ordre juste : si j'ai droit à cet héritage, c'est qu'il est juste qu'il me revienne; mais cet ordre juste est ici rapporté au sujet comme définissant sa sphère d'expansion et le champ d'exercice de sa liberté.

---

[6] Par exemple, L. Lachance : *Le concept de droit selon Aristote et saint Thomas,* Paris, 1933; *Le droit et les droits de l'homme,* Paris, 1960.

[7] Parmi ses adversaires, citons L. Duguit, H. Kelsen, M. Villey. Voir sur ce thème : « Archives de philosophie du Droit », t. IX : *Le droit subjectif en question,* Paris, 1964; on lira en particulier l'étude de M. Villey sur *La genèse du droit subjectif chez Guillaume d'Occam,* pp. 97-127. — Les auteurs ne s'entendent pas, du reste, sur la définition exacte du droit subjectif et M. Villey, entre autres, le prend dans un sens un peu plus restreint que nous. — Ce qu'on reproche surtout à cette notion, c'est son caractère individualiste, égocentrique où l'on voit une atteinte au primat du bien commun et de la justice impartiale. Mais il y a une façon légitime de faire de l'individu un centre de perspective dès là qu'on ne donne pas ce point de vue comme le point de vue dernier et que le centre individuel, dans un second moment, se reconnaît centre subordonné. Il se peut fort bien que cette manière de voir n'intéresse pas les juristes, que cette notion ne leur soit d'aucun secours : de cela ils sont juges. Mais elle offre un intérêt pour le philosophe.

On notera que l'expression « droit subjectif » n'apparaît qu'au XIXe siècle. La définition du droit comme pouvoir moral ou faculté morale semble être de Grotius.

195. - On le voit, la notion de droit, *jus,* dans toutes ses acceptions, est étroitement liée à celle de justice. Selon saint Thomas, le propre de cette vertu est d'établir l'ordre dans les relations humaines: elle dit, en effet, égalité, comme son nom même l'indique: ne disons-nous pas couramment de choses bien « égalisées » (ou adaptées), qu'elles « s'ajustent »? Or l'égalité suppose un *autre,* implique un rapport à l'*autre* ... Au contraire les autres vertus perfectionnent le sujet seulement quant à ce qui le concerne, lui [8].

Que faut-il entendre par cette « égalité »? Ici, il est utile de rapprocher la définition ci-dessus d'une autre, empruntée au droit romain, et que saint Thomas rapporte dans la question suivante: « une volonté perpétuelle et constante de rendre à chacun son droit » [9]. Au premier abord, cette définition ne nous semble d'aucun secours pour élucider la notion de droit, puisqu'elle la contient. Seulement il se trouve que la formule garde tout son sens et toute sa valeur si nous supprimons le mot « droit ». On aboutit alors à la définition suivante (que saint Thomas donne effectivement un peu plus loin): la justice est la vertu qui nous incline à rendre à chacun ce qui lui revient, ce qui est « sien » [10].

196. - Mais que signifie au juste *sien*? Morphologiquement, ce mot présente deux caractères. C'est un adjectif ou un pronom *possessif.* Mais en même temps, il est apparenté au réfléchi *soi,* héritier d'une forme qui, à l'origine, comme encore aujourd'hui en russe, a servi de réfléchi pour les trois personnes. Considérons successivement ces deux aspects.

L'aspect possessif d'abord. L'*avoir* est souvent opposé à l'*être*: en réalité, il en est plutôt le complément. Il dit une certaine unité du possédé et du possédant, mais une unité dans la distinction. Unité qui implique subordination, finalité, intégration. Le possédé est rapporté au possédant comme la partie au tout, l'organe au vivant, l'instrument à l'agent (avec lequel il forme une totalité dynamique) etc. En ce sens on dira que tout

---

[8] « Justitiae proprium est inter alias virtutes, ut ordinet hominem in his quae sunt ad alterum: importat enim aequalitatem quamdam, ut ipsum nomen demonstrat: dicuntur enim vulgariter ea quae adaequantur *justari,* aequalitas autem ad alterum est; aliae autem virtutes perficiunt hominem solum in his quae ei conveniunt secundum seipsum », saint Thomas, *Somme théol.,* II-II, 57, 1. — Sur l'égalité impliquée dans la notion de justice, voir Aristote, *Eth. nicom.,* V, 6, 1131 a 9 - b 23.
[9] « Perpetua et constans voluntas jus suum cuique tribuendi », *ib.,* 58, 1.
[10] « Proprius actus justitiae nihil aliud est quam reddere unicuique quod suum est », *ib.,* 58, 11.

existant « possède » ses principes intrinsèques et ses accidents propres (ses « propriétés ») : ils sont « siens », parce que reliés davantage à son être, beaucoup plus véritablement que les déterminations purement subies du dehors. De la même manière, tout ce sans quoi une chose ne pourrait pas existter, ne serait pas ce qu'elle est, peut être appelé « son dû », ce qui permet à saint Thomas de découvrir, dans la production et la constitution des choses une certaine « dette de justice » (*debitum justitiae*) : si Dieu veut créer l'homme, il se doit de lui donner une âme raisonnable et un corps composé des « quatre éléments »[11].

Dans tous ces emplois, pourtant, et dans d'autres du même genre (comme quand on parle du « domaine » des animaux), les mots *avoir, sien* etc., sont pris dans un sens largement analogique. A parler strictement, ils ne se disent que des personnes, seules capables de disposer d'elles-mêmes et de leur bien grâce à leur libre arbitre[12]. On n'*a* vraiment que ce dont on est capable d'user pour des fins qu'on a posées soi-même. Et c'est ici que nous rejoignons l'autre aspect du mot *sien* : son rapport au réfléchi *soi*. Le *sien* est une extension, un complément du *soi* et seule la personne a un *soi* car seule elle est capable de *réflexion*. Le *sien*, au sens propre, ce n'est pas simplement ce qui est uni au sujet par une relation objective du type décrit ci-dessus : il faut encore que cette unité, cette relation soient ou puissent être *réfléchies* ; il faut que le lien entre possédé et possédant s'établisse à l'intérieur de la conscience maîtresse de ses déterminations ; autrement dit, il faut que le possédé soit rapporté au possédant en tant que celui-ci est intérieur à lui-même et dispose de soi — en tant, précisément, qu'il est pour soi, qu'il est *soi*. Si la personne peut posséder les choses, c'est que d'abord elle se possède par la conscience de soi et la liberté. La racine, la condition de possibilité de tout avoir proprement dit est ce pré-avoir, qui est la forme même de notre être. Avant même de posséder son corps (où G. Marcel voit notre avoir originel), le sujet spirituel est « maître de soi », en tant que son infinité objective enveloppe sa finitude subjective : il se domine et se détermine (ce qu'on ne pourrait pas dire de Dieu). - Quelles sont maintenant les choses qui parti-

---

[11] *Cont. gent.*, II, 29.
[12] « Non est (creaturae irrationalis) proprie habere bonum, sed solum creaturae rationalis, quae est domina utendi bono quod habet, per liberum arbitrium », saint Thomas, *Somme théol.*, II-II, 25, 3.

cipent ainsi du « soi », et à quelles conditions ou à quels titres, c'est à l'éthique spéciale de l'étudier [13].

« Vouloir rendre à chacun ce qui est sien », c'est donc, au fond, vouloir que chacun soit lui-même. Or, comme on l'a montré (n. 143), c'est le propre du sujet spirituel ou rationnel d'accueillir les autres en soi, de s'ouvrir à eux, en les laissant être ce qu'ils sont. Dans l'ordre noétique, ce « laisser-être » prend la forme de la *vérité*, par laquelle nous connaissons et affirmons les choses pour ce qu'elles sont. Dans l'ordre pratique, il prend la forme de la *justice*. Alors que l'appétit sensible vise ses objets par rapport aux fins propres du sujet, l'appétit rationnel est capable de se limiter pour respecter les fins posées par autrui, et c'est dans cette auto-limitation qu'il se manifeste au suprême degré rationnel.

Cependant, à ne considérer que les relations interindividuelles, sans lien social proprement dit, la détermination du *sien* demeure extrêmement vague. Cette détermination ne se précise que grâce à une organisation sociale au moins embryonnaire; elle s'exprime en général par la coutume et la loi.

197. - On voit par ce qui précède que la justice a une façon à elle de « mesurer » la rectitude des actes humains. Dans le cas des autres vertus, cette rectitude se mesure par rapport à l'agent (à sa nature, à ses dispositions etc.). Dans le cas de la justice, ce rapport à l'agent se retrouve, évidemment, puisque la valeur morale dit convenance au jugement de la raison, mais il y a en outre un rapport à autrui. Il est donc possible de considérer l'objet de cette vertu selon ce dernier rapport, sans tenir compte du rapport à l'agent (sans considérer, par exemple, la manière dont l'acte est posé). Cet aspect de l'objet ainsi isolé est le juste, le *droit objectif* (*justum, jus*) [14]. — Tel est le *juste milieu réel* (*medium rei*), dont saint Thomas fait une caractéristique de la justice [15], par opposition aux autres vertus, pour lesquelles le « juste milieu » est déterminé par la raison selon la condition de l'agent (*medium rationis*; cf. n. 269).

Dès là, en effet, que l'autre, comme sujet, entre dans la

---

[13] Cela ne signifie pas, bien entendu, que le sujet puisse licitement disposer de soi à sa fantaisie. Car le sujet (fini), à son tour, selon tout ce qu'il est, est à une Autre et pour un Autre: à Dieu et pour Dieu. Mais cette appartenance et cette « ordination » n'ont rien à voir avec celles de la chose et de l'instrument. La personne n'est jamais dans les mains de Dieu un pur moyen. Surtout pas un moyen dont Dieu se servirait pour se procurer quelque avantage!
[14] Saint Thomas, *Somme théol.*, II-II, 57, 1.
[15] *Ib.*, I-II, 64, 2.

structure objective de l'acte, il ne suffit plus de considérer le rapport de celui-ci à l'agent : il faut aussi tenir compte de son rapport à l'autre et à la communauté. Or ce rapport ne dépend pas de la condition de l'agent. Si Pierre, milliardaire, a fait à Paul un tort de vingt mille francs, le fait qu'il soit milliardaire ne l'oblige pas à en verser à Paul vingt-cinq mille ! Il est vrai que, dans le cas contraire, la pauvreté peut excuser du paiement d'une dette, mais en réalité le devoir est seulement suspendu : si le débiteur se relève économiquement, il sera tenu en principe de s'acquitter. Et de même l'intention subjective de l'agent ne fait, de soi, rien à l'affaire. Si mon acte lèse le prochain, le privant, sans raison objectivement valable, de ce qui lui revient, peu importe que j'aie agi pour un bon motif ou sans me rendre compte du tort que je causais. Subjectivement, je puis être sans faute ; je n'en ai pas moins constitué une situation objectivement injuste, que j'ai le devoir de réparer, à partir du moment où je m'en aperçois.

198. - On voit aussi par là quel est, dans l'ordre moral, le rôle de la justice et du droit : à savoir, de maintenir chacun dans sa propre sphère, où leur individualité peut s'affirmer et s'épanouir, tout en les reliant entre eux de manière à constituer un corps social. Sans doute, ce n'est pas à la justice qu'il appartient d'unir intimement les sujets par l'accueil et le don réciproques : ceci est la fonction propre de l'amour. La justice n'est pas l'amour ; l'unité qu'elle établit reste extérieure, mais elle pose les conditions requises pour qu'une véritable communauté d'amour ou tout au moins d'amitié civique soit possible. Car tout amour authentique présuppose la « reconnaissance » de l'autre comme personne, le « respect » mutuel (n. 44). Il ne saurait consister en une fusion des individualités, qui abolirait du même coup les personnes : il affirme au contraire cette distinction (je veux que tu sois Toi pleinement), mais il la dépasse et c'est justement en la dépassant dans le Nous qu'il la maintient et la parfait.

199. - On distingue, depuis Aristote, diverses espèces de justice.
1) La justice *commutative* est celle qui vise l'ordre juste entre des personnes privées [16]. L'égalité que sa notion comporte est une égalité, en quelque sorte, *arithmétique*. A doit à B l'équivalent de ce qu'il a reçu de lui (ainsi dans le contrat achat-

---

[16] *Ib.*, I-II, 61, 1.

vente ou encore lorsqu'il s'agit de la restitution, du paiement d'une dette etc.). Evidemment, dans la détermination de cette égalité divers éléments doivent entrer en ligne de compte, par exemple, le facteur temps, comme dans le cas du prêt à l'intérêt.

Il faut remarquer ici que la justice commutative règle également les rapports entre la société (p. ex. l'état) et les personnes privées, ou entre les sociétés elles-mêmes, lorsque celles-ci agissent non formellement comme sociétés mais comme personnes privées. C'est ainsi que l'état, comme un simple particulier, est tenu, en vertu de la justice commutative, de payer ses dettes, comme aussi bien c'est violer la justice commutative que de s'approprier illicitement ce qui appartient à l'état. Beaucoup de braves gens ont aujourd'hui la conscience étrangement déformée sur ce point.

2) La justice *distributive*, elle, vise l'ordre juste dans les rapports de la communauté *comme telle* à l'égard de ses membres. Sa fonction est proprement de « distribuer proportionnellement » aux mérites, aux droits etc. de chacun « les biens de la communauté »[17] : de là son nom. Ici en effet il ne s'agit plus d'une égalité stricte à établir, mais d'une égalité *proportionnelle*. Les généraux, qui ont plus d'importance pour le salut de la patrie et plus de responsabilités que tel ou tel simple soldat, ont droit aussi à une solde plus élevée. Le principe serait donc : à chacun selon son utilité pour le bien commun. On voit par là même combien est injuste un ordre ou plutôt un désordre où les biens acquis pour la communauté par les ressources, le savoir-faire, le travail conjugués de tous, ne profitent pour la plus grande part qu'à un petit nombre, au lieu de se reverser sur tous selon la contribution de chacun.

3) Outre ces deux formes de justice *particulière* — ainsi appelée parce que s'exerçant à l'égard d'une « personne particulière » —, les scolastiques reconnaissent une justice *générale* qui règle les rapports des *personnes privées à l'égard de la communauté comme telle*. Selon saint Thomas, on l'appelle *générale* parce qu'elle ordonne les actes de toutes les vertus au bien commun[18] et le Docteur Angélique de la comparer avec la charité qui « ordonne les actes de toutes les vertus au bien divin ». Elle porte également le nom de justice *légale*, parce que, comme dit encore saint Thomas, « par elle l'homme agit conformément à la loi qui ordonne les actes de toutes les vertus au bien commun »[19]. S'ils ont cette vertu, le chef et les sujets

---

[17] *Ib.*
[18] *Ib.*, II-II, 58, 6.
[19] *Ib.*, 58, 5.

feront, chacun de son côté, ce que demande le bien de la communauté.

La justice générale influe sur la justice commutative elle-même. L'objet de cette dernière, en effet, n'est pleinement déterminé que par l'intervention de la société, compte tenu des exigences du bien commun (cf. n. 196). S'il est vrai, donc, que la justice commutative ne se réduise pas à la justice générale, il reste que cette dernière la parachève du double point de vue de la détermination et de l'urgence.

4) Enfin, l'on parle beaucoup, aujourd'hui, d'une *justice sociale*, bien qu'il y ait un certain flottement quand il s'agit de la définir. Les uns y voient une synthèse de la justice distributive et de la justice légale, voire de toutes les formes susdites de justice; d'autres l'identifient à la *justice légale naturelle* (celle qui naît des exigences mêmes du bien commun, indépendamment de toute loi positive); pour d'autres son objet est d'orienter d'une manière spéciale les actes vers le bien commun; pour d'autres encore, il s'agit de la justice qui met en ordre les relations mutuelles des divers groupes sociaux (classes etc.); pour d'autres enfin, la justice sociale vise à régler selon la raison droite l'ordre économique et, en particulier, ordonne les activités de la société et de ses membres de telle sorte que tous, pour ce qui est des biens temporels, puissent mener une vie vraiment humaine (les critères d'une telle vie étant d'ailleurs variables selon les temps et les lieux). D'autres définitions encore ont été proposées. Nous nous abstiendrons de choisir, et même de décider s'il y a vraiment lieu de considérer la justice sociale comme une forme particulière de justice, ces problèmes relevant en propre de l'éthique sociale, donc de l'éthique spéciale.

200. - Le droit objectif (au premier sens: le « juste ») se présente chaque fois sous la forme d'une *relation mutuelle dissymétrique* entre deux ou plusieurs personnes, relation dans laquelle sont enveloppées les relations de celles-ci à un même objet, qui est la *matière* du droit. Ainsi dans le contrat de prêt-emprunt, la somme prêtée et empruntée; dans le contrat vente-achat, à la fois la chose achetée et vendue, et le prix à payer.

Dans l'un des termes la relation juridique se présente comme *droit subjectif*: à savoir chez celui à qui l'objet en question est « dû », parce qu'il est « sien » à quelque titre, est requis pour son achèvement etc. Ce terme sera le *sujet* du droit. Si Caïus vend un champ à Titius, il a droit à en recevoir le prix. Si Titius a payé, il a droit à entrer en possession du champ.

Dans l'autre terme, la relation se présente comme un *devoir*. Le devoir, tel qu'on l'entend ici, diffère de la simple obligation morale en ce qu'il est toujours *envers* quelqu'un. Il y a, peut-on dire, entre l'obligation morale et le devoir la même nuance qu'entre la simple licéité et le droit subjectif : dans les deux cas, la différence est due à l'élément relationnel, *ad alium*, social au sens large, qui caractérise l'ordre juridique (n. 194). Le sujet du devoir doit procurer au sujet du droit — tout au moins d'une façon négative, en s'abstenant de le lui enlever — ce qui est « dû » à celui-ci, ce qui constitue précisément son « droit ». Titius doit payer à Caïus le prix du champ, Caïus ne pas empêcher Titius d'en prendre possession. Et, d'une manière générale, du fait qu'un tel a droit à quelque chose (p. ex. à la liberté, à l'intégrité physique etc.), les autres ont le devoir de respecter ce droit.

La dissymétrie propre à la relation juridique affecte aussi les relations des deux termes à la matière du droit. Pour Titius, le prix du champ est « à donner », pour Caïus, il est « à recevoir ». Et vice versa pour le champ. — On le voit, la structure d'un contrat comme le contrat vente-achat est assez compliquée : c'est qu'il y a là, en réalité, deux relations juridiques complémentaires.

Toute relation s'appuie sur un *fondement*. Pour ce qui est du droit subjectif, on peut en voir le fondement éloigné dans la capacité propre au sujet spirituel (à la personne) de posséder, de faire « siennes » les autres choses (n. 196). Et plus une chose, de par sa nature, est requise pour l'intégration de la personne, plus ce fondement ou titre se rapproche du droit proprement dit [20]. Celui-ci, le plus souvent requiert, pour être pleinement valide, un fait contingent (action, situation etc.), qui établit une relation déterminée entre tel sujet et tel objet, de telle sorte que celui-là puisse, licitement et validement, considérer celui-ci comme sien, même s'il ne le possède pas encore

---

[20] On parle quelquefois à ce propos de « titre moral ». Nous préférons éviter cette expression, dans la mesure où elle tendrait à suggérer qu'il puisse être licite, moralement, de disposer d'une chose sur laquelle on n'a pas de droit, pour la simple raison qu'elle nous conviendrait merveilleusement. Le cas d'extrême nécessité, où, selon saint Thomas, il est permis de s'approprier ce qu'il faut du bien d'autrui (*Somme théol.*, II-II, 66, 7), ne fait pas difficulté, car il confère vraiment un droit (naturel, s'entend) : « per talem necessitatem, efficitur suum id quod quis accipit ad sustentandam propriam vitam », *ib.*, ad 2um. Les choses, pour un moment et dans la mesure répondant strictement au besoin, redeviennent communes : leur finalité radicale (le bien de tous) fait, sur un point, craquer le cadre de la propriété individuelle, qui n'est que le moyen normalement le mieux adapté à cette fin. — Voir G. Couvreur, *Les pauvres ont-ils des droits?*, Rome, 1961.

en réalité. Ce fait sera, par exemple, l'achat, la vente, l'héritage, l'accomplissement d'une fonction rétribuée etc.

Rappelons, encore une fois, que le droit, au sens propre, n'a de sens que par rapport à la vie sociale. Quelque utiles ou nécessaires que soient pour moi certaines choses, tant que n'est pas pris en considération le rapport à autrui, je ne puis pas revendiquer un droit sur elles; simplement, il est pour moi licite, parce que conforme à la raison droite, de m'en servir (n. 196).

Quant au fondement de la relation opposée, qui, dans l'autre terme, constitue le *devoir*, il se trouve évidemment, d'abord dans la nature raisonnable, qui fait du sujet un sujet moral, ensuite et plus déterminément, dans le droit existant chez l'autre sujet.

201. — L'*objet* du droit peut être de nature fort diverse et pareillement le rapport qui le relie au sujet. On distinguera ainsi plusieurs espèces de droit : droit de juridiction et droit de domination; droit *sur la chose* (*in re*) et droit *à la chose* (*in rem*), droits personnel et droits réels etc.

Le droit de juridiction, propre aux supérieurs, aux chefs, à tous ceux qui détiennent quelque autorité, a pour objet les actions des subordonnés, dans leur rapport, soit au bien des subordonnés eux-mêmes, soit au bien de la communauté. Le droit de domination, au contraire, a pour objet, soit des actions, soit des choses (voir cependant n. 194, 3), mais dans leur rapport au bien du sujet lui-même : directement et immédiatement, le droit que Pierre a sur sa maison, son champ, sa voiture etc., se réfère à son intégration personnelle, à l'accomplissement de ses projets etc. Ceci ne doit pas être entendu dans un sens individualiste, car, d'une part, les exigences du bien commun limitent et orientent le droit de domination et son exercice, d'autre part, le véritable achèvement personnel ne s'obtient que dans la communauté. Dans le despotisme et la tyrannie, il y a confusion des deux droits.

Le droit sur la chose suppose celle-ci déjà existante et déterminée avec, chez le sujet, une raison, un « titre » légitime, qui lui permette de la considérer comme « sienne ». J'ai droit sur cette voiture que j'ai choisie, payée et qu'il ne me reste plus qu'à venir prendre. Le droit à la chose, suppose que celle-ci *est due* au sujet, qu'elle sera sienne — mais sans l'être encore. Il peut donc exister sans que la chose en question existe encore ou soit déterminée. Ainsi quand je souscris pour avoir un exemplaire d'un livre à paraître. En réalité un tel droit s'adresse directement à la personne ou aux personnes de qui le sujet peut exiger la chose due.

La distinction entre les droits personnels et les droits réels repose sur la diversité des titres. Les premiers se fondent sur une propriété, un caractère inhérents à la personne du sujet (ainsi, dans le droit d'héritage, sur cette propriété d'être le fils du *De cujus*). Les seconds se fondent sur une chose possédée, une charge exercée par le sujet (ainsi, dans le cas d'une profession organisée, la possession d'un fonds agricole, artisanal etc., donne au propriétaire le droit de participer aux assemblées, comices, congrès etc. professionnels). Il s'agit donc ici d'un droit indirect.

On distingue également des droits innés et adventices, des droits aliénables et inaliénables : ces termes n'ont pas besoin d'explication du moins pour notre propos. Pour les droits dits parfaits ou imparfaits (selon qu'ils comportent ou non coaction), voir nn. 204-206.

202. - Il résulte de ce qui précède que le droit (subjectif) a toujours pour corrélatif un devoir chez l'autre sujet. Le droit de propriété chez Pierre fait à tous les autres un devoir de ne pas s'approprier ce qui est à Pierre, de ne pas en user sans sa permission etc.

Mais cette liaison est-elle réciproque ? Tout devoir comporte-t-il un droit corrélatif ? Il semble qu'il faille répondre négativement. Les devoirs de pure charité, contrairement à ce que beaucoup s'imaginent, ne sont pas moins pressants que les autres : cependant on ne saurait dire qu'ils créent, par exemple, chez tel pauvre déterminé, un droit strict à recevoir l'aumône. — Il est vrai qu'avec la notion de « justice sociale » (n. 199, 4) la distinction entre justice et charité tend à s'estomper et nous considérons aujourd'hui comme relevant de la justice certaines choses qui naguère apparaissaient tout au plus comme équitables (p. ex. le salaire familial). On pourrait peut-être dire que si tel pauvre n'a pas un droit proprement dit à recevoir du secours de tel bienfaiteur, la classe des « pauvres », des « économiquement faibles » a un vrai droit à être aidée par les « économiquement forts ». Il n'est donc pas tellement sûr que le cas des devoirs de charité soit absolument probant. Il semble bien pourtant, quand on a fait aussi large que possible le domaine de la justice, qu'il y ait une exigence de la raison droite — dont l'amour est la forme parfaite (n. 143) — à aller au-delà du devoir juridique : une exigence de gratuité.

Un autre exemple, plus clair peut-être, nous est fourni par les « devoirs envers soi-même » (n. 190). Sans doute, ces devoirs comportent un certain caractère social (n. 75) : la société est intéressée à ce que ses membres ne se rendent pas inutiles ou moins efficients, elle a donc le droit de veiller sur leur santé, leur hygiène etc.; elle peut légitimement interdire l'excès d'alcool, l'usage des stupéfiants etc. Et pourtant, il est clair qu'on ne rend pas entièrement raison desdits devoirs par cette considération d'utilité sociale (n. 85). — Dira-t-on que ces devoirs répondent au « droit » de Dieu sur nous, ses créatures et ses images (n. 172, 6) ? L'expression « droits de Dieu » est déplaisante, car elle semble introduire Dieu dans un système juridique dont il est au contraire la condition et le fondement. En tout cas, il s'agit d'un droit absolument transcendant et d'un autre ordre, sur un autre plan que le devoir auquel il est censé correspondre, inhérent à un sujet qui n'est pas celui auquel s'adresse le devoir en question. Car on ne peut pas objecter que les devoirs dont nous parlons sont en réalité des devoirs « relatifs à nous-mêmes » et non, à proprement parler, des devoirs « envers nous-mêmes » (de même que, comme on le dit d'ordinaire, il y a des devoirs *à propos des* animaux, mais non pas *envers* les animaux). Parce que l'homme est sujet moral, parce qu'il reflète, en sa nature et sa personne, l'Idéal de la raison, parce qu'il est image de Dieu, il a le devoir de s'aimer droitement en respectant sa dignité personnelle et pas seulement d'« user bien » de soi [21]. — De la même manière, nos devoirs de charité visent la personne des autres; ceux-ci ne sont pas simplement la matière et l'occasion, pour le sujet, d'un perfectionnement moral (n. 248).

Dans tous ces cas, celui envers qui l'on est obligé — que ce soit le sujet lui-même ou les autres — ne se comporte pas, à l'égard du devoir, d'une manière en quelque sorte passive : il suscite pour ainsi dire ce devoir dans le sujet en raison de sa propre valeur, participée de l'Idéal de la raison, valeur qui ne constitue pas cependant un *droit* au sens propre.

Ces devoirs auxquels nul droit strict ne correspond, peuvent être appelés devoirs non juridiques. Le droit objectif n'a pas à s'en occuper. Par définition, donc, les devoirs proprement juridiques supposent toujours un droit chez le terme corrélatif.

203. - Du droit et du devoir, lequel est premier ? Il faut distinguer.

Si l'on considère le rapport entre un devoir particulier à l'égard d'une personne déterminée et le droit correspondant chez celle-ci, c'est le droit qui est d'abord et le devoir en question lui doit sa détermination. C'est parce que Pierre possède cette voiture, que Paul, André etc., ont le devoir de ne pas l'utiliser sans sa permission.

Si au contraire — en restant toujours sur le plan des re-

---

[21] J. Maritain (*Neuf leçons* ..., pp. 143-154) présente la chose d'une manière un peu différente et admet des devoirs proprement dits *envers* les animaux, voire, en un certain sens, à l'égard de tous les êtres naturels, en tant qu'ils portent quelques vestiges de Dieu, sans pour cela leur reconnaître le moindre droit.

lations humaines — nous parlons du droit et du devoir *en général*, la question est plus complexe. Il semble d'abord qu'ici le devoir prime le droit. En effet, d'une part, nous l'avons vu, le domaine du premier déborde celui du second, puisqu'il y a des devoirs non juridiques (n. 202). D'autre part, indépendamment de toute relation à autrui, il y a, pour le sujet, l'obligation d'agir selon la raison droite, et cette obligation crée en lui le droit d'exiger ce qui est requis pour la remplir. Mais cette obligation fondamentale n'est pas un « devoir » au sens juridique du mot, et ainsi l'argument est hors de propos. Et d'ailleurs, n'y a-t-il pas, chez le sujet spirituel, une « dignité » plus fondamentale que l'obligation et qui exige immédiatement le respect? Ne constitue-t-elle pas un « droit » radical et inné? Ne peut-on pas dire même qu'elle est, pour ce qui regarde les « devoirs non juridiques », comme ceux de la charité, exactement dans le même rapport au droit proprement dit que ces devoirs le sont aux devoirs stricts? Cependant la parité n'est peut-être pas complète, car les devoirs de charité sont de vrais devoirs, tandis qu'on ne peut parler d'un « droit » à l'amour, qui enlèverait à celui-ci sa gratuité. Ajoutons que la dignité humaine, à son tour n'est intelligible en dernière analyse que par la relation, constitutive de l'être spirituel, à l'Absolu, d'où dérive l'obligation morale, qui n'en est au fond qu'un aspect. En tant que l'homme participe *vraiment* de la Valeur, il possède une dignité qui fonde tous ses droits. En tant qu'il ne fait que *participer* de la Valeur, à laquelle, par tout son être, il se réfère, il est lié par une obligation fondamentale, racine de tous ses devoirs. Plutôt donc que de chercher, dans cet ordre, une antériorité du devoir sur le droit ou du droit sur le devoir, mieux vaut dire qu'ils naissent ensemble de notre condition participante. A la rigueur pourtant, pour autant que « être » dit quelque chose de plus foncier que « être participé », on pourra maintenir, ici encore, une priorité du droit.

Que si nous dépassons le plan humain, pour considérer le Sujet divin, qui jouit d'un « droit » absolu et premier sur tous les êtres ou plutôt est lui-même la source et l'exemplaire éminent du droit, alors la primauté du droit est évidente. Mais, encore une fois, évitons l'anthropomorphisme et n'ayons pas l'air de parler de Dieu et de l'homme comme de deux sujets soumis à une règle supérieure. Dieu ne fait partie d'aucun ordre: logique, axiologique, juridique etc.: il les fonde et conditionne tous.

204. - On distingue ordinairement trois propriétés principales du droit:

1) *L'inviolabilité.* Il arrive certes que le droit souffre violence, que la force le mette en échec: il n'en persiste pas moins dans son exigence. Piétiné, bafoué, il reste le *droit.* Ni la force ne le crée, ni elle ne le détruit. Il est « d'un autre ordre ».

<blockquote>Il faut remarquer, toutefois, qu'une action, en elle-même injuste, peut modifier à ce point l'état des choses, que le fondement même du droit ainsi lésé en soit profondément altéré, voire aboli. Un pouvoir légitime, injustement renversé, perd sa légitimité quand il devient clair que l'autorité usurpatrice est, en fait, seule capable de procurer efficacement le bien commun, qui est la raison d'être du pouvoir [22].</blockquote>

2) *La limitabilité.* Non seulement un droit déterminé reste circonscrit par sa matière même — avoir droit à ceci n'implique pas avoir droit à cela —, mais, à l'intérieur de son propre domaine, il peut être limité de diverses façons: soit par les droits égaux ou supérieurs des autres (ainsi le droit de bâtir est limité, dans les villes, par les droits des voisins à ne pas avoir la vue bouchée; le droit d'une communauté à sonner la cloche, par le droit des habitants du quartier à ne pas être réveillés trop matin etc.); soit par les exigences du bien commun (comme dans les expropriations pour raison d'utilité publiques: routes, barrages, aéroports etc.); soit enfin par la loi elle-même, qui détermine l'étendue et les conditions des droits qu'elle concède ou reconnaît, en vue du bien commun (par ex., les modalités de l'héritage).

Il n'y a donc pas, à l'encontre de ce qu'on dit parfois, de véritables *collisions* de droits. Ces chocs ne sont jamais qu'apparents (mais l'apparence peut n'être pas moins douloureuse que la réalité). Ce qui se présente comme un droit chez l'un des contendants en serait un, en effet, si les circonstances étaient différentes, mais, les choses étant ce qu'elles sont, il est actuellement *suspendu* (quoique non pas aboli) par la présence d'un droit supérieur.

3) *La coactivité.* Le droit peut être exigé par force. Autrement dit: celui qui a un droit (subjectif) peut licitement user de la contrainte physique pour en obtenir la satisfaction, c'est-

---

[22] Ce principe a reçu en France une application fameuse quand Léon XIII, en 1892, par l'encyclique « Notre consolation », recommanda aux catholiques le « Ralliement » à une forme de régime dont beaucoup contestaient l'origine. Le Concordat conclu par Pie VII s'était déjà inspiré de la même doctrine.

à-dire pour maintenir ou restaurer l'ordre juste, le droit objectif.

Il est clair, en effet, étant donné la condition humaine, que si le droit ne pouvait être exigé de la sorte, s'il fallait attendre la seule efficacité des motifs moraux de persuasion ou de dissuasion, il serait par trop impuissant et menacé: son prestige serait nul. Les hommes, tels qu'ils sont, ne respectent pas ce qu'ils savent pouvoir violer impunément. Du reste, le droit est objet de la justice, nous l'avons vu (n. 195); or il appartient à celle-ci, non seulement de vouloir l'ordre juste, mais d'y travailler efficacement. Et c'est ici qu'intervient la contrainte, qui se présente ainsi comme un instrument de la justice. La volonté de qui la subit n'en devient pas, automatiquement, une volonté juste, mais l'ordre juste est instauré, ce qui est à la fois une victoire de la raison, et une condition favorable pour la vertu.

205. - La coactivité appartient-elle à l'*essence* du droit? La question est disputée.

Kant répond affirmativement. « Avec le droit est lié, selon le principe de contradiction, une capacité de contraindre celui qui le viole »[23]. Avoir droit à quelque chose, c'est, identiquement, avoir droit d'employer la contrainte pour obtenir cette chose[24]. Dès lors, « droit et coactivité sont synonymes »[25].

Cette opinion est également celle de nombreux juristes et philosophes du droit, plus ou moins dépendants de Kant: ainsi Jhering, Jellinek etc. Bien entendu, elle ne se présente pas d'une manière uniforme. La plupart d'ailleurs ne reconnaissent de droit que le droit positif (n. 210), ce en quoi ils diffèrent de Kant (n. 211). Beaucoup, en outre, s'attachent plutôt à considérer l'origine historique du droit que son essence: le droit leur apparaît avant tout comme la réglementation de la force par la raison, et moins comme un ordre rationnel qui met la

---

[23] « ... ist mit dem Recht zugleich eine Befugnis, den, der ihn Abbruch tut, zu zwingen, nach dem Satze des Widerspruchs verknüpft », *Metaphysik der Sitten*, Einleitung in die Rechtslehre, D; éd. Reimer, t. VI, p. 231.

[24] « Dire: le créancier a le droit d'exiger du débiteur l'acquittement de sa dette, ne signifie pas: il peut le persuader que sa raison (du débiteur) l'oblige à s'acquitter, mais bien: la contrainte exercée sur quelqu'un à cette fin peut parfaitement s'accorder, selon une loi générale, et extérieure, avec la liberté de tout homme, et donc même avec la liberté de cet homme-là », *ib.*, E; p. 232. En d'autres termes et plus simplement: cette contrainte est *juste*, le premier et plus général principe du droit étant, selon Kant, celui-ci: « Une action est juste si, selon sa maxime, la liberté d'un chacun peut s'accorder avec la liberté de tous, selon une loi universelle », *ib.*, C; p. 230. Voir plus loin, n. 211.

[25] « Recht und Befugnis zu zwingen bedeuten also einerlei », *ib.*, E; p. 232.

force à son service. Il est clair enfin que toute cette question est étroitement liée à celle que nous examinerons bientôt des rapports entre la morale et le droit (nn. 218-219).

206. - Il ne semble pas cependant que la coactivité appartienne à l'essence du droit: elle en est une propriété et même, jusqu'à un certain point, une propriété séparable.

Remarquons, tout d'abord, que la coactivité peut être envisagée sous deux aspects. D'abord, comme le pouvoir moral d'employer la force pour assurer le droit (coactivité *en acte premier*). Ensuite, comme pouvoir effectif, physique, d'employer actuellement cette force (coactivité *en acte second*). Or, il est clair que cette dernière forme de coactivité n'appartient nullement à l'essence du droit. Sinon, il n'y a plus de droit! Les forts, ceux sur qui la contrainte serait impuissante, se trouveraient par le fait même justifiés: la force, la violence créeraient le droit! L'oppression, la tyrannie recevraient leur légitimation de la puissance qu'elles auraient su développer, de la terreur qu'elles auraient su entretenir. Achab ne serait plus le spoliateur injuste de Naboth, puisque celui-ci n'aurait contre le prince aucun recours. Le voleur ne serait pas tenu à restitution tant qu'on n'aurait pas mis la main sur lui ... En fait, situer l'essence du droit dans le pouvoir effectif de coaction, c'est nier le droit comme pouvoir moral, c'est le réduire à la force, à l'efficacité naturelle, ou du moins l'en faire totalement dépendre et n'y voir en somme qu'un reflet de celle-ci.

Mais l'essence du droit ne consiste pas davantage dans la coactivité « en acte premier ». Car celle-ci se présente elle-même comme un droit: le droit à l'emploi de la force, et ce droit se fonde à son tour sur le droit que la force doit assurer. C'est parce que Pierre a droit sur sa voiture, qu'il a droit de faire appel à la force pour en obtenir éventuellement la restitution. La coactivité suppose le droit; elle ne le constitue donc pas.

Et l'on ne peut même pas dire qu'elle l'accompagne toujours. Il y a des droits qui ne l'admettent pas, soit parce que sa mise en œuvre serait impossible, soit parce qu'elle causerait un mal plus grand que celui qu'elle devrait prévenir ou réparer. J'ai droit à ne pas être condamné témérairement, même par un jugement purement interne: le jugement téméraire n'est pas seulement une faute contre la charité, mais contre la justice. Comment cependant contraindre l'autre à rétracter intérieurement sa condamnation? On m'a dérobé un objet de peu de valeur, on a dit à mon sujet une calomnie légère : vais-je remuer ciel et terre pour obtenir réparation ou restitution ? On peut appeler droits imparfaits ces droits qui ne comportent pas de coaction : imparfaits, en ce sens qu'ils manquent de cette perfection dernière, de cette énergie que confère le pouvoir de contraindre : ils n'en sont pas moins, en eux-mêmes, de vrais droits ; ceux qui les violent sont injustes et ont le devoir de réparer, s'il se peut.

Ce qui reste vrai, c'est que le droit, de soi, tend à employer la force pour se faire respecter ; si la coactivité parfois lui fait défaut, c'est, peut-on dire, « par accident », pour des raisons étrangères à son essence de droit.

207. - Comme il appert de ce qui précède, la coactivité, même là où il serait possible de la mettre en œuvre, est subordonnée à la condition d'éviter un mal plus grand que la violation du droit en question.

L'autorité publique a le pouvoir et le droit de contraindre ses sujets à remplir leur devoir envers la société. Et elle le doit ; autrement les lois seraient vite bafouées, au grand dam de l'ordre public et du bien commun. On suppose bien sûr que les lois ne sont pas injustes ou évidemment inadaptées à la situation présente.

Les droits relevant de la justice commutative comportent en général la coactivité. Celle-ci toutefois ne doit pas être exercée par les particuliers, trop portés à surestimer leur dû, trop exposés à se laisser emporter par la passion ou l'intérêt, mais par l'autorité publique (le « prince »). Il y a cependant des exceptions : en cas d'urgence, quand le recours au « prince » est impossible. J'ai le droit de courir après le voleur qui m'a emporté mon portefeuille et, si je suis assez heureux pour l'atteindre, de l'obliger physiquement à restitution, en proportionnant, il va de soi, les moyens employés à l'importance du but.

Au contraire, les droits qui relèvent de la justice distributive passent généralement pour ne point comporter la coactivité. La raison en est claire. Reconnaître à un chacun la faculté d'exiger par la force son droit de l'autorité comme telle, ce serait instituer une anarchie légale, chacun, encore une fois, étant porté à surestimer, plutôt qu'à sous-estimer, son droit, et à juger qu'il n'a pas reçu une part suffisante du gâteau.

Aujourd'hui, cependant, on peut bien dire que les grèves constituent, dans ce domaine, une sorte de coercition, d'autant que, bien souvent, elles sont moins motivées par des nécessités vitales (comme au siècle dernier ou encore aujourd'hui dans certains pays) que par le désir d'une répartition plus équitable des fruits du travail. Nous laissons à l'éthique spéciale de décider si et dans quelle mesure la grève relève du droit naturel, surtout quant elle concerne ceux qui sont au service de l'état.

Ajoutons enfin que, si le droit ne naît pas de la force, il faut pourtant prendre garde — qu'il s'agisse des individus ou des sociétés — que la conscience d'« être dans son droit » ne devienne un prétexte à la lâcheté ou à la paresse. Si ma cause est celle de la justice, je suis coupable de ne pas me mettre en mesure de la défendre ou de me décharger, sans motif, sur les autres de ce devoir.

II. Du droit naturel dans son rapport à la morale.

208. - Nous avons indiqué plus haut (nn. 194; 201) diverses divisions du droit. Mais la plus importante, de beaucoup, est la distinction du droit *naturel* et du droit *positif*.

Cette distinction se lit clairement chez Aristote, qui lui-même continue et parachève la réflexion de Socrate et de Platon sur la notion de justice: « Le juste politique (c'est-à-dire le droit proprement dit) peut être ou naturel (φυσικόν) ou conventionnel (νομικόν, légal; cf. n. 52). Est naturelle une détermination qui possède en tout lieu même valeur et qui ne dépend en rien du fait que l'opinion publique lui accorde ou lui refuse cette valeur. Appartient au contraire au juste conventionnel ce qui, à l'origine, peut être indifféremment fait de telle ou telle façon, mais qui ne le peut plus être une fois que l'on a posé qu'il faut agir de telle façon déterminée » [26]. — Le juste conventionnel ou légal n'est donc juste qu'en vertu d'une position: loi, pacte, décret, coutume etc.: d'où son nom de droit positif.. Au contraire le droit naturel est juste avant toute intervention de la volonté humaine, parce qu'il découle des exigences objectives de la nature humaine, qui fondent le jugement de la raison droite. « Le juste naturel est ce à quoi la nature incline l'homme » [27]. — Saint Thomas expose également la distinction des deux droits dans la *Somme théologique* [28]. Elle se ramène, comme on le voit, à la distinction de la loi naturelle et de la loi positive (n. 179). Le droit naturel est défini par la loi naturelle; le droit positif par la loi positive.

209. - A côté de cette division bipartie, on en trouve, chez les scolastiques, un autre, tripartie, qui ne va pas sans quelque difficulté. Aux deux membres déjà indiqués — *droit naturel* et *droit positif* — elle en ajoute un troisième, intermédiaire: le *droit des gens*.

Cette notion vient des juristes romains. Dans le *Digeste* de Justinien, à propos de la définition du droit, on lit ce fragment d'Ulpien: « Le

---

[26] *Eth. nicom.*, V, 7, 1134 b 18 (trad. Gauthier-Jolif).
[27] Saint Thomas, *In V Eth.*, 1. 12; éd. Pirotta, n. 1019.
[28] II-II, 57, 2.

droit privé est de trois sortes: il est composé, en effet, de préceptes venant soit de la nature, soit des peuples (*gentium*) soit des sociétés organisées (*civilibus*). Le droit naturel est celui que la nature a enseigné à tous les animaux. Car il n'est pas particulier au genre humain, mais commun à tous les animaux terrestres ou marins, et même aux oiseaux. C'est de là que vient l'union des sexes, que nous appelons, nous, mariage, de là, la procréation des enfants, de là l'éducation. Car nous voyons que les autres animaux, jusqu'aux bêtes féroces, ont la connaissance de ce droit. — Le droit des gens est celui dont usent les peuples (*gentes humanae*): on voit sans peine en quoi il diffère du droit naturel: celui-ci est commun à tous les animaux, celui-là seulement aux hommes, dans leurs rapports réciproques » [29]. Suivent divers exemples du droit des gens: le culte de Dieu, l'obéissance à l'égard des parents et de la patrie, « les guerres, les divisions des nations, la fondation des royaumes, la distinction des propriétés, les bornes des champs etc. », en un mot, tout ce qui concerne la vie sociale.

Cette doctrine se retrouve chez saint Thomas, qui considère le droit des gens et le droit naturel comme deux espèces du droit naturel entendu plus largement, selon que la nature humaine est considérée en ce qu'elle a de propre (droit des gens) ou en ce qu'elle a de commun avec les autres animaux (droit naturel au sens strict) [30]. Mais comment l'entendre? Les animaux n'ont pas de droits: seul l'être raisonnable peut en être le sujet (n. 196). La formule d'Ulpien est indéfendable. Et s'il est vrai que l'ordre juridique informe aussi bien les activités humaines génériques (communes avec les animaux) que les activités humaines spécifiques (propres à l'homme), c'est là une division purement matérielle et sans grand intérêt.

Il est donc préférable, pensons-nous, d'abandonner la définition susdite du droit naturel. Bien meilleure nous semble celle de Gaius, rapportée dans les *Institutes*: « Les droits naturels, qui, chez tous les peuples (*gentes*) sont uniformément maintenus, (ces droits) établis par une providence divine, demeurent toujours fermes et immuables » [31]. Or cette définition du droit naturel est toute semblable à celle que le même Gaius donne ailleurs du droit des gens: « Ce que chaque peuple a établi pour soi ... s'appelle droit civil, comme qui dirait: droit particulier de la cité. Mais ce que la raison naturelle a établi entre tous les hommes, cela est uniformément gardé chez tous, et on l'appelle droit des gens, comme qui dirait: droit en usage chez toutes les nations (*gentes*) » [32].

Cela ne supprime pourtant pas toute différence entre le droit naturel et le droit des gens. Celui-ci n'est pas coextensif à celui-là. Il exprime ce que, en tout lieu et en tout temps (moralement parlant), la conscience, la raison humaine a reconnu et sanctionné par des lois ou des coutumes, parmi les exigences du droit naturel. Matériellement, donc, le droit des gens relève de celui-ci, mais formellement, en tant qu'il implique lois ou coutumes, il se rapproche du droit positif. Il est l'expression du droit naturel dans le droit positif (au sens large), et, par conséquent, ce qu'il y a de commun dans les divers droits positifs.

[29] *Digeste*, Tit. I: De Justitia et Jure, 1.
[30] *Somme théol.*, II-II, 57, 3. *In V Eth.*, ib.
[31] *Institutes*, tit. 2, fin.
[32] *Digeste*, tit. I, n. 9.

Il y a en effet deux manières, explique saint Thomas, dont une prescription peut dériver de la loi naturelle : par voie de déduction et par voie de détermination. Ce double caractère apparaît dans la loi humaine positive ; seulement les conclusions déduites de la loi naturelle tirent de cette dérivation une force obligatoire indépendante de la législation humaine, tandis que les déterminations, comme telles, n'ont de vigueur que par celle-ci [33] (immédiatement, s'entend, puisque c'est, en définitive, la loi naturelle qui nous enjoint d'obéir à une loi positive non évidemment injuste et que d'ailleurs ce sont ses exigences qui justifient les déterminations comme *déterminations en général* : ce qui n'a d'urgence que par l'autorité, c'est *cette* détermination en tant que *cette* détermination). — Or, enseigne d'autre part le Docteur Angélique, les conclusions de la loi naturelle appartiennent proprement au droit des gens : par exemple, ce qui concerne la justice dans les ventes, les achats et autres choses de ce genre sans lesquelles les hommes ne peuvent vivre en société : or ceci relève de la loi naturelle, car l'homme est par nature un animal social ; ce qui, au contraire, dérive de la loi naturelle par voie de détermination, relève du droit civil (positif), par lequel chaque cité, c'est-à-dire chaque société organisée, détermine ce qui lui convient [34].

Cependant toutes les déductions légitimes du droit naturel n'entrent pas dans le droit des gens, mais celles-là seules qui restent assez proches des principes pour être reconnues et sanctionnées chez tous les peuples. C'est pourquoi, dit encore saint Thomas, « le droit des gens est, d'une certaine façon, naturel pour l'homme, en tant que celui-ci est doué de raison ; puisqu'il dérive de la loi naturelle à la manière d'une conclusion pas trop éloignée des principes » [35]. Pour autant, au contraire, qu'il suppose un travail de la raison, manifesté à travers les lois et les coutumes, on peut le classer avec le droit positif. Mais il faut absolument maintenir sa distinction d'avec le droit purement positif, qui ajoute à la loi naturelle une détermination [36].

Les scolastiques postérieurs (à la suite, semble-t-il, de Suarez) conçoivent la chose autrement. Pour eux, le *droit naturel* inclut toutes les conclusions nécessaires de la loi naturelle : ce qu'il exige est strictement requis par la nature ; ce qu'il défend, toujours intrinsèquement mauvais. Le *droit des gens*, lui, comprend ce qui, sans être absolument requis par la nature, présente cependant pour elle tant d'utilité et

---

[33] Saint Thomas, *Somme théol.*, I-II, 95, 2.
[34] *Ib.*, 95, 4.
[35] *Ib.*, ad 1um.
[36] Voir sur tout ceci les pages excellentes de Schiffini, *Disp. Phil. mor.*, I, pp. 380-405, dont la solution nous paraît la plus satisfaisante. J. Maritain entend la chose un peu différemment : « Le droit des gens ou la loi commune de la civilisation concerne le droit naturel, les droits et les devoirs qui suivent du premier principe d'une manière *nécessaire*, mais, cette fois, *à supposer* certaines conditions de fait, comme par exemple l'état de la société civile ou les relations entre les peuples. Il est donc universel, lui aussi, du moins pour autant que ces conditions de fait sont des données universelles de la vie civilisée », *Les droits de l'homme et la loi naturelle*, Paris, 1945, pp. 72-73. Reste la question : pourquoi saint Thomas n'a-t-il pas suivi dans la *Secunda Secundae* la ligne de la *Prima Secundae*? Peut-être parce que, traitant explicitement du Droit, il a cru devoir accepter comme *auctoritates* les textes des juristes romains.

de convenance, que la coutume commune l'a partout (moralement parlant) reconnu et sanctionné. Ce qui s'y oppose n'est pas de soi intrinsèquement mauvais. Un tel droit est donc en réalité positif et humain : il ne répugne pas qu'il puisse être modifié [37].

Les juristes non scolastiques de l'époque moderne font subir à la notion de droit des gens une nouvelle et considérable mutation en identifiant ce droit avec ce que nous appelons aujourd'hui le droit international : le droit qui régit les relations mutuelles des nations ou des hommes appartenant à diverses nations [38]. Le changement est grand. D'une part, le droit des gens, selon son acception ancienne, ne se réduit nullement, on l'a vu, au droit international et, d'autre part, celui-ci comporte des éléments de droit purement positif, comme sont les pactes ou conventions entre les nations.

210. - Comme on l'a vu, c'était, dans l'antiquité, au moyen-âge et même encore aux XVIIe et XVIIIe siècles, une doctrine commune que l'existence d'un droit naturel, indépendant du droit positif et contre lequel aucune législation humaine ne pouvait prévaloir. Cependant les esprits n'on jamais manqué — et ils se sont multipliés depuis deux siècles jusqu'à couvrir parfois la voix des autres — pour s'inscrire en faux contre cette opinion, ne reconnaissant d'autre droit que le droit positif — soit le droit édicté par le « prince », soit celui qui s'exprime dans les « coutumes » des peuples. Tels étaient déjà dans l'antiquité les sophistes, avec leur opposition de la nature à la loi (n. 52), les sceptiques, comme Carnéade (ib.) etc. Tels encore, à l'époque moderne, les tenants du positivisme moral, comme Hobbes (n. 62), qui dérivaient de la loi humaine, non seulement le droit, mais l'ordre moral tout entier. Ces doctrines ont déjà été examinées. Mais d'autres se présentent avec une allure plus spécieuse. C'est le cas surtout de l'école historique du droit (« historische Rechtsschule »), de Savigny et Stahl, qui fait dériver

---

[37] Suarez, *De Legibus*, l. II, en particulier ch. 17-20.

[38] Ainsi Rachel : « Pactis itaque Gentium jus Gentium est constitutum », *De Jure Naturae et Gentium* », Kiel, 1676 ; p. 233. — Wolff : « Per Jus Gentium intelligimus scientiam Juris quo Gentes sive populi sive se utuntur et obligationum eidem respondentium », *Jus Gentium*, Francfort et Leipzig, 1764, Proleg., n. 1. — Vattel : « Le droit des Gens est la science du Droit qui a lieu entre les Nations ou Etats et des Obligations qui répondent à ce Droit », *Le Droit des Gens*, Londres, 1758, prélim., n. 3. — Heineccius : « Jus Gentium est ipsum Jus naturale vitae hominis socialis negotiisque Societatum atque integrarum gentium adplicatum », *Elementa Juris Naturae et Gentium*, Gênes, 1744, l. 1, c. 1, par. XXXI ; p. 44. — Burlamaqui : « Le droit des gens ... n'est autre que le droit naturel lui-même appliqué ... aux peuples, aux nations, aux Etats ou à leurs chefs, dans les relations qu'ils ont ensemble et dans les intérêts qu'ils ont à ménager entre eux », *Principes de droit naturel*, Paris, 1791, p. 224. — On voit que le droit des gens ainsi entendu tantôt, comme chez Rachel, est rapporté au droit positif, tantôt, comme chez Burlamaqui, au droit naturel.

tout droit proprement dit de l'« esprit du peuple » (« Volksgeist »), lequel se manifeste avant tout dans les coutumes spontanées de chaque nation. C'est le cas encore de l'école sociologique de Durkheim, selon qui le droit, comme les autres « faits sociaux », est une création de la conscience collective (n. 78); le cas également du marxisme, qui ne voit dans le droit, comme en général dans l'éthique, l'art, la religion, qu'une « idéologie », conditionnée par une certaine structure économico-sociale et l'exprimant en fonction de la situation historique (n. 79). — Ajoutons enfin que nombre de juristes, soit en raison d'une mentalité positiviste et agnostique, soit par habitude professionnelle, ne veulent reconnaître, comme droit proprement dit, que le droit *positif,* au point de réduire parfois la science du droit à l'« exégèse » du code.

L'aversion persistante de beaucoup d'esprit à l'égard de la doctrine du droit naturel (du « jusnaturalisme »), s'explique en partie par les exagérations des partisans de cette doctrine à l'époque moderne et principalement au « siècle des lumières » (Aufklärung). La nature humaine était le plus souvent considérée à part de ses conditions concrètes d'existence (famille, société, nation, histoire) et l'on cherchait à déduire de cette abstraction une législation idéale, censée valable pour le genre humain tout entier. Ou bien l'on imaginait, comme Rousseau, un « état de nature » dans lequel les hommes auraient vécu avant de se constituer en société, et c'est à un tel état que l'on rapportait le droit naturel. Ces « idéologies » devaient inspirer les législateurs de la Révolution française et les rédacteurs du Code civil. — C'est justement contre ce rationalisme individualiste et anti-historique, que l'école historique du droit entendait réagir, comme ailleurs et en d'autres domaines (p. ex., la théorie de la connaissance), réagissait l'école traditionnaliste.

Les maîtres de cette école furent, comme on l'a dit, Friedrich von Savigny (*Vom Beruf unserer Zeit zur Gesetzgebung und Rechtswissenschaft,* 1814) et Friedrich Julius Stahl (*Philosophie des Rechts,* 1830-1837), lequel donna à la doctrine une expression philosophique, plus ou moins inspirée de Schelling. Ces auteurs insistent beaucoup sur le caractère historique et social de l'homme. La société qu'ils considèrent et qui doit rendre compte du droit, n'est pas la société en général, mais, dans chaque cas, une société déterminée, ayant son esprit particulier qui se développe au cours de l'histoire et s'exprime en coutumes populaires et spontanées. La coutume apparaît en effet ici comme la source unique du droit et le droit positif ne vaut que s'il s'accorde avec elle. Le siège propre du droit est la conscience commune du peuple.

L'école historique du droit ne nie pas qu'il y ait, dans la nature humaine, certaines exigences, préalables au droit, mais ces exigences ont un caractère moral, non juridique. Il n'y a pas de droit avant la coutume. Il reste que ces auteurs reconnaissent un ordre moral distinct du juridique et en cela ils diffèrent des sociologistes, dont ils se rapprochent par d'autres côtés. (On sait du reste que l'école sociologique, à travers Comte, n'est pas sans quelque rapport avec le traditionnalisme, dont Comte, par l'intermédiaire de Saint-Simon, a partiellement recueilli l'héritage — moins, bien sûr, l'élément religieux —, et dont nous avons déjà signalé l'affinité avec l'école historique du droit). De plus, ces auteurs, d'inspiration chrétienne, reconnaissaient en Dieu le fondement dernier de la règle juridique. C'est la Providence divine qui dirige le développement historique du Volksgeist.

Tandis que l'école susdite exaltait la coutume au point d'y voir la source unique du droit, d'autres, à la même époque (Jhering, Jellinek), également soucieux de combattre l'individualisme anarchique, mais dans la ligne rationaliste, relançaient un positivisme plus ou moins inspiré de Hobbes : l'ordre juridique est un ordre de raison, qu'il appartient à l'Etat seul de constituer. Hegel, dans ses *Grundlinien der Philosophie des Rechts*, 1821, a donné de cette doctrine une interprétation spéculative. L'Etat est la suprême expression de l'*esprit objectif*, « la réalité en acte de l'idée morale objective »[39] et jouit pour cela d'une autorité absolue. Le droit répond donc à un moment de l'évolution de l'Idée aliénée dans la Nature et revenant soi dans l'Esprit.

Il est superflu de rappeler la filiation Hegel-Marx. Chez celui-ci, on le sait, le développement dialectique de l'idée est remplacé par le développement dialectique (et conçu d'une façon matérialiste) de l'homme concret, d'abord aliéné de lui-même par la division du travail, la constitution des classes et l'exploitation capitaliste, puis récupérant progressivement sa nature, jusqu'à sa réalisation intégrale, bien que toujours progressive, dans la société sans classe. Le droit exprime un des moments de cette évolution : il est donc variable. Sa détermination appartient à la société.

Il ne manque pas cependant, aujourd'hui, de juristes qui reconnaissent expressément un droit naturel. Bien mieux, depuis le début du siècle, cette vieille notion a trouvé, même en dehors des milieux scolastiques ou néo-scolastiques, de nouveaux défenseurs. Ainsi, en Italie, Giorgio Del Vecchio, en France Louis Le Fur, François Gény, Georges Renard, Paul Ripert, Michel Villey etc. Il est vrai que ces auteurs n'entendent pas tous comme nous le droit naturel. Certains y voient plutôt un idéal, une norme, dépourvue en soi de vrai caractère juridique, mais à laquelle le droit proprement dit (positif) doit se conformer et se conforme en effet peu à peu.

Ajoutons que bien souvent ceux qui refusent le *mot* de droit naturel (parce qu'ils imaginent celui-ci comme un système achevé de législation intemporelle ou qu'ils l'entendent en fonction de la théorie rousseauiste et « illuministe » de

---

[39] « Der Staat ist die Wirklichkeit der sittlichen Idee », Hegel, *Grundlinien der Philosophie des Rechtes*, n. 257; ed. Lasson, VI, p. 191 (trad. A. Kaan, Paris, 1963, p. 270).

l'« état de nature »), admettent cependant la *chose,* dans une certaine mesure tout au moins, sous le nom, par exemple, de droit objectif, de norme universelle etc.[40].

211. - La question de l'existence du droit naturel est inséparable de la question des rapports entre droit naturel et droit positif. Et elle appelle tout naturellement la question des rapports entre droit naturel et morale.

Pour les scolastiques et la plupart des modernes, jusqu'au XVIIIe siècle, le droit naturel était simplement une des parties de la morale : celle qui considère les relations des hommes entre eux et avec la société. Aujourd'hui encore, il n'est pas impossible de trouver des traités de « Droit naturel », qui ne sont rien d'autre que des traités de morale. Le mot « droit » perd ici toute signification particulière, le juste s'y confond avec l'honnête[41].

Déjà pourtant au XVIIe siècle, Grotius avait distingué nettement les deux notions, rapportant l'honnête aux activités individuelles, le juste aux activités sociales et amorcé ainsi la séparation de la morale et du droit. La séparation est plus nette encore chez Thomasius, qui fait des deux disciplines deux parties de la philosophie pratique. Le droit n'est donc plus un chapitre de la morale ; il lui est simplement coordonné.

C'est toutefois à Kant que l'on attribue d'ordinaire d'avoir parachevé cette séparation, en assignant comme fonction au droit de régler l'activité extérieure et de protéger la liberté externe des individus, tandis que la morale a pour objet de rectifier l'activité interne et avant tout l'intention du vouloir — distinction qui, pourtant, n'empêche pas Kant de reconnaître une certaine subordination du droit par rapport à la morale.

Evitons, comme toujours, les interprétations simplistes. Kant admet parfaitement l'existence du droit naturel, de lois réglant les rapports

---

[40] Sur ce renouveau du droit naturel, on peut lire H. Rommen, *Die ewige Wiederkehr des Naturrechts,* Munich, 1936 (trad. fr.: *L'éternel retour du Droit Naturel,* Paris, 1945). Voir aussi l'excellent article de M. Villey: *Abrégé du droit naturel classique,* « Archives de philosophie du droit », n° 6, 1961, pp. 25-72 (le droit naturel « classique » est ici celui d'Aristote et de saint Thomas). — Un symptôme récent de la renaissance du droit naturel a été le XIIIe Congrès International de Philosophie (Mexico, 1963), où tout un Symposium fut consacré à discuter cette notion. Sur le droit naturel, voir aussi « Supplément de la Vie spirituelle », mai 1967, en particulier : Ch. Robert : *Un renflouage du droit naturel,* pp. 187-207, et J. M. Aubert: *Le droit naturel, ses avatars historiques et son avenir,* pp. 282-323. — Il s'agit d'ailleurs la plutôt de la « loi naturelle ».

[41] Cf. le titre de la traduction française du livre de J. Fuchs *Lex Naturae* : « *Le Droit Naturel* ».

extérieurs et obligeant indépendamment de toute législation positive. Et il ne prétend nullement que la morale n'ait à s'occuper que des activités internes. La loi morale s'étend à l'activité tout entière, intérieure et extérieure, de l'être raisonnable. Seulement les devoirs juridiques sont *purement externes*: on s'en acquitte par une conformité toute matérielle avec la loi (Legalität). Il n'est aucunement requis, pour être en règle avec le droit, d'observer la loi par respect pour la loi. Ce qui est au contraire, nous l'avons vu (n. 115), requis pour la moralité véritable (Moralität).

C'est que le droit concerne proprement les rapports extérieurs pratiques entre les personnes ou, plus précisément, entre les libertés (Willkür). Et dans ces rapports, c'est la *forme* seulement qui est prise en considération. Se demander si une action est conforme au droit, c'est se demander si, par cette action, la liberté de l'un peut s'accorder avec la liberté de l'autre *selon une loi universelle*. C'est-à-dire: à supposer que tout le monde adopte la « maxime » répondant à cette action, les libertés pourraient-elles s'accorder? Le droit apparaît donc comme « la totalité des conditions sous lesquelles la liberté (Willkür) de l'un peut s'accorder avec la liberté (Willkür) de l'autre, selon une loi universelle de la liberté (Freiheit) »[42].

La liberté (Freiheit) dont il s'agit ici n'est pas celle qui consiste dans l'indépendance de la volonté à l'égard de toute motivation sensible, dans l'aptitude du sujet à recevoir sa détermination de la seule raison : elle dit simplement indépendance à l'égard de la volonté nécessitante de l'autre[43]: *liberté externe*, qui est l'unique *droit inné* de l'homme. Or nos libertés peuvent s'accorder ensemble sans que nous agissions formellement en vue de cet accord. Le droit ne requiert donc pas l'intention du droit. Sa motivation propre (Triebfeder) ne consiste pas dans la représentation de la loi: elle est, dit Kant, d'ordre *pathologique* (c'est-à-dire en rapport avec les passions (pathos) — au sens ancien — de la sensibilité) et puise sa force principale dans des inclinations négatives (Abneigungen), telles que la crainte du châtiment[44].

Tout lien cependant n'est pas rompu entre le droit et l'éthique. Celle-ci fait siens les préceptes de celui-là (vg. la fidélité aux pactes), et enseigne à les observer même en l'absence de coercition. De soi « la fidélité aux promesses n'est pas un devoir de vertu (comme la bienfaisance); c'est un devoir juridique, dont l'accomplissement peut être exigé par contrainte. Il est néanmoins vertueux de l'observer quand la contrainte fait défaut »[45]. Ainsi l'éthique reçoit du droit la matière de sa législation et lui imprime sa propre forme. De même que, selon la *Critique de la raison pure*, les phénomènes donnés au sens externe sous la forme de l'espace le sont également au sens interne sous la forme du temps — car la perception de l'espace a lieu dans le temps —, mais non vice versa, de même les obligations juridiques deviennent toutes obligations éthiques, sans que toutes les obligations éthiques soient

---

[42] « Das Recht ist also der Inbegriff der Bedingungen, unter denen die Willkür des einen mit der Willkür des andern, nach einem allgemeinen Gesetze der Freiheit zusammen vereinigt werden kann », *Metaphysik der Sitten*, Einleitung in die Rechtslehre, B; p. 230.
[43] *Ib.*, p. 237.
[44] *Ib.*, Einleitung, III; p. 219.
[45] *Ib.*, p. 220.

juridiques. Et les obligations juridiques, comme telles, ne sont pas éthiques ni les obligations éthiques, comme telles, juridiques, de même que l'espace, bien que dans le temps, n'est pas une partie du temps [46].

Assumés par la législation interne, les devoirs juridiques deviennent indirectement éthiques [47]. La différence entre le droit et la morale ne concerne donc pas tant la *matière* que la *modalité* de l'obligation — encore que la morale ait des devoirs qui lui sont propres, comme les devoirs envers soi-même [48].

212. - Trois questions se présentent donc à nous: 1. Y a-t-il un droit naturel? 2. S'il y a un droit naturel, quel rapport le droit positif soutient-il avec lui? 3. Quel rapport y a-t-il entre la morale et le droit?

Bien que la première question soit, on l'a vu, fort disputée, elle ne devrait pas faire de difficulté, une fois admise l'existence d'une « loi naturelle » (n. 185). Le même raisonnement qui nous a permis d'établir celle-ci vaut pour établir celui-là. Avant toute loi positive, certaines relations humaines sont objectivement conformes au jugement de la raison droite; d'autres sont en contradiction avec lui. De là l'obligation de ne poser que les premières etc. Or dire cela, c'est dire qu'avant toute loi positive il y a un ordre du juste et de l'injuste, qui s'impose catégoriquement à la liberté. Mais un ordre du juste et de l'injuste, c'est précisément ce que nous appelons le droit objectif (n. 194). Il y a donc, avant toute loi positive, un droit objectif. Mais un droit antérieur à toute loi positive est, per définition, un *droit naturel*. Il y a donc un droit naturel.

213. - Voyons la chose de plus près.

En tant que la personne humaine est capable de connaître et d'aimer la Valeur absolue, elle participe en quelque manière de sa dignité et de son caractère absolu et final (n. 136). C'est pourquoi elle ne peut être considérée comme une « chose », un pur moyen ni être totalement rapportée à ce qui n'est pas la Valeur absolue elle-même (n. 18).

Tout acte donc par lequel on dispose d'une personne comme si elle n'était qu'une chose, un pur moyen ou instrument, est contraire à la droite raison et doit être considéré comme objectivement mauvais et injuste. Or c'est traiter la personne en « chose », en simple moyen ou instrument, que de violer sa liberté, en faisant en sorte que son acte ne soit pas vraiment *sien*, mais procède d'un principe extérieur à sa subjectivité,

---

[46] *Ib.*, Einl. I; p. 214.
[47] « zu indirect ethischen », *ib.*, Einl., III; p. 221.
[48] *Ib.*, p. 220.

à son Je: ce qui est la définition même de la contrainte. Il en va de même, la dignité de la personne est pareillement offensée, lorsque quelqu'un dispose de ce qui appartient aux autres et intègre en quelque manière leur personnalité (n. 196), comme si tout cela n'existait que pour son avantage à lui. Car cela équivaut à refuser aux autres le caractère de fin, essentiel à la personne.

La personne, en effet, en raison de sa dignité, non seulement ne peut être regardée comme pur moyen, mais ordonne et finalise vers soi toutes les autres choses. Or, si j'étais seul au monde, le monde tout entier regarderait vers moi comme vers son centre et sa fin. Mais, dès là que dans mon univers apparaissent d'autres sujets, d'autres « centres » personnels, les choses cessent de regarder uniquement vers moi, comme instruments de ma réalisation: elles regardent aussi vers ces autres centres. Par conséquent, vouloir me comporter comme si les choses étaient toutes « ordonnées » à moi seul, c'est aller contre la vérité, contre la raison, contre la *justice*.

En d'autres termes et plus simplement: la raison droite exige que les autres soient reconnus comme personnes, comme sujets, au même titre que nous. C'est là le premier principe de la justice; en cela réside l'*égalité* radicale que nous avons vue impliquée dans sa notion (n. 195). Et en effet, reconnaître pratiquement les autres, c'est rendre à chacun ce qui lui revient, ce qui est « sien ». Nier d'un sujet un prédicat qui lui appartient (qui est sa « propriété »), c'est une non-reconnaissance théorique qui a nom *fausseté*. Semblablement, enlever à une personne ce qui l'intègre physiquement ou moralement (et, avant tout, l'usage de sa liberté), c'est une sorte de non-reconnaissance pratique, dont le nom est *injustice*.

On le voit donc: avant toute loi positive, la raison prescrit un ordre de justice, qui n'est autre que le droit objectif naturel. Le jugement de la raison prescrivant cet ordre est le droit naturel préceptif.

On ne conclura pas de ce qui a été dit tout à l'heure que nul homme n'a le droit de limiter la liberté des autres: ce serait détruire le principe même de l'autorité et rendre la société impossible. Ce qui est vrai, c'est que personne ne peut imposer à la liberté d'autrui une limite en tant qu'il est lui-même un simple individu, une liberté pareille aux autres libertés. Il ne le peut que dans la mesure où il représente, d'une manière ou d'une autre, l'ordre de la raison sur lequel toute liberté doit se régler. C'est ainsi que le commandement du « prince » est considéré, jusqu'à preuve du contraire, comme le commandement de la raison même, laquelle, du reste, enjoint, en vue du bien commun, d'obéir au « prince » là même où le caractère rationnel de ses ordres n'est pas évident. Et ceci vaut de toutes les formes d'autorité, à tous les échelons de la hiérarchie.

Du reste, même un simple particulier a le droit d'empêcher autrui de mal user de sa liberté, toutes les fois que ce mauvais usage constituerait une injustice à l'égard de la personne en question ou de quelque autre, en les privant de ce qui leur revient, en limitant leur liberté dans sa sphère propre. Pourquoi en effet devrais-je laisser la liberté d'autrui s'exercer au détriment de la mienne, qui est d'égale valeur? Ce serait contraire à la raison [49]. Ainsi, il est permis, non seulement, comme le sens commun l'a toujours reconnu, de limiter la liberté du voleur ou de l'assassin, mais encore d'interdire l'abus de l'alcool ou l'usage des stupéfiants, à cause des dangers qu'ils entraînent pour la société. La société peut même pourvoir à ce que l'homme ne se rende pas, en détruisant sa santé physique ou psychique, inutile pour le bien commun. En tout ceci du reste, et en d'autres cas analogues, il s'agit moins de limiter la liberté de l'individu que de l'aider et de la défendre contre sa propre faiblesse, en lui fournissant des secours pour ne pas succomber au déterminisme des passions et des instincts.

D'autre part cependant l'homme doit rester maître de ses propres actes et, par eux, choisir sa voie sous sa propre responsabilité. Nul ne doit en cela prendre sa place. Or ceci comporte, l'homme étant ce qu'il est, la possibilité et le péril d'un choix contraire à la raison. Il ne faut donc pas prétendre empêcher tout mal (comment, du reste, le pourrait-on?). Chacun a le droit, non pas de mal choisir, non pas « d'avoir tort », comme on l'a dit parfois, avec plus d'humour que de justesse, mais de conserver la possibilité de déterminer soi-même par soi-même la direction de son existence, possibilité qui entraîne, dans les conditions présentes, celle de l'erreur et du péché [50].

Enfin, il faut remarquer ceci. Lorsqu'un homme s'est mis, à l'égard d'autrui, dans un rapport « injuste », c'est-à-dire contraire à la droite raison, non seulement il a, objectivement, « mal agi », mais encore il a constitué une situation objective, un « état de choses » objectif contraire à la droite raison. L'acte passé, la malice subjective de l'agent demeure, si — et tant que — cet état de choses n'est pas rectifié alors qu'il pourrait l'être (par exemple, par la restitution du bien injustement détenu) ou du moins tant que l'agent n'est pas résolu à le rectifier en temps opportun. — Et cela, quand bien même la relation

---

[49] Le conseil évangélique de non-résistance au mal vise le renoncement volontaire à l'exercice d'un droit: il le suppose donc, et, s'il est universalisable dans son esprit, il ne l'est pas quant à sa pratique effective. Ou plutôt, disons que son universalisation absolue — le règne universel de l'amour humble et doux —, en supprimant la violence et l'injustice, lui enlèverait toute occasion d'être observé quant à la lettre. En attendant, sa mise en pratique, quand elle est possible sans compromettre le bien commun, aura une valeur prophétique.

[50] Cf. II⁰ Concile du Vatican, *Déclaration sur la liberté religieuse*, en part. nn. 2 et 3.

injuste aurait été posée innocemment (par ignorance, inadvertance, contrainte etc.), dès là que son injustice est connue et que la réparation devient possible.

214. - Avouons-le pourtant : à ne considérer que les rapports interindividuels, la notion de droit (comme celle de justice) resterait singulièrement pauvre et vague (n. 196). Pour donner au droit naturel son sens plein, il faut prendre en considération la nature sociale de l'homme. La société est naturelle pour l'homme à un double titre. D'un côté, en tant qu'individu ne réalisant que partiellement les virtualités de l'espèce, il demande à être complété par les autres : il n'est pleinement homme que par eux et avec eux. Aide mutuelle qui enveloppe non seulement la sphère des relations économiques (cf. le sonnet de Sully-Prudhomme : « Le laboureur m'a dit en songe : fais ton pain... »), mais aussi dans une large mesure celle des relations culturelles et proprement humaines : nous ne pouvons vivre que soutenus par la présence, l'intérêt, l'affection des autres. — D'un autre côté, en tant que personne, sujet spirituel, l'homme est essentiellement apte à la communication. La vie en commun, le *Mitsein*, n'est pas seulement pour lui un remède à sa finitude, mais l'occasion d'exercer sa générosité spirituelle, de manifester sa surabondance d'être, en s'ouvrant aux autres par l'accueil et le don. Et nous avons vu (nn. 143-144) comment l'Idéal de la raison pratique se propose à nous, en tant qu'objet de réalisation, sous la forme d'une communauté d'amour spirituel.

Sous le premier aspect, la société a pour principe l'intérêt et l'*amitié utilitaire* (*amicitia utilis*), comme dit Aristote ; sous le second, l'amitié proprement dite. Il y a compénétration et la première amitié prélude souvent à la deuxième : des peuples que le commerce rapprochent apprennent à se connaître, à s'estimer et à s'aimer. (Pas toujours cependant, comme en témoigne l'histoire de la colonisation).

Dès lors les exigences de la vie sociale sont autant d'exigences de la nature humaine et donc de la droite raison : elles appartiennent au droit naturel. Non seulement, en tant qu'individu, l'homme a droit à conserver son intégrité physique, à ne pas être entravé dans l'usage de sa liberté, à ne pas être privé sans juste raison de ce qui intègre au dehors sa personnalité etc., mais, en tant que social, il a droit à ne pas être exclu de la société. Un état de choses où une partie de la nation se trouve pratiquement rejetée en dehors de la communauté na-

tionale est un état de choses injuste, contraire au droit naturel.
— Il appartient à l'éthique spéciale de détailler ces exigences de la vie en commun.

Ce droit radical à la société implique tout l'ordre juridique. Car la communauté spirituelle, fin de la vie sociale, exige d'abord que les personnes soient reconnues dans leur existence individuelle et leur distinction (n. 198). Or l'ordre juridique, le système des droits et des devoirs, exprime et sanctionne cette distinction sur le plan des choses et des activités externes. Il est donc requis naturellement, comme condition de base de cette communauté d'amitié, où la raison pratique voit l'expression de son Idéal (nn. 143-144).

Et l'on comprend mieux aussi le caractère coercitif du droit. Sans lui, en effet, l'homme étant ce qu'il est, la société serait bien vite bouleversée par le déchaînement des appétits individuels. Pourtant, cette nécessité ne tient pas à la nature humaine considérée absolument, mais à la nature humaine telle qu'elle existe en fait, historiquement et concrètement (n. 7) [51].

215. - Ajoutons enfin que, si l'on reconnaît au droit positif une vraie force obligatoire, on ne peut, sans contradiction, refuser d'admettre le droit naturel. En effet, la loi positive ne peut obliger si l'on ne suppose déjà chez les sujets l'obligation d'obéir à l'autorité légitime. Et cette obligation ne peut être une obligation de droit positif. Elle est donc de droit naturel. La critique faite plus haut (nn. 56-57) du positivisme moral vaut également du positivisme juridique [52].

En particulier, si le droit naturel ne conférait à la société en général le droit de punir d'une manière convenable (et à déterminer) les violateurs de l'ordre public ou des droits individuels, aucune société ne pourrait jamais, sans injustice, contraindre les récalcitrants, punir les coupables ni, par conséquent, établir des sanctions.

Mais c'est surtout l'existence du droit international qui manifeste avec évidence la réalité du droit naturel. Supposons en effet que ce droit soit purement positif. Il faut dire alors, ou qu'il est imposé par quelque autorité internationale ou qu'il résulte de pactes, d'accords bilatéraux ou multilatéraux entre

---

[51] Voir J. Fuchs, *Le Droit Naturel*, pp. 90-94.
[52] Ce point est expressément affirmé par Kant : « Es kann also eine äussere Gesetzgebung gedacht werden, die lauter positive Gesetze enthielte; alsdann aber müsste doch ein natürliches Gesetz vorausgehen, welches die Authorität des Gesetzgebers (d. h. die Befugnis, durch seine blosse Willkür andere zu verbinden) begründete », *Metaphysik der Silten*, Einl., IV; p. 225.

les états. Mais, quoi qu'il en soit aujourd'hui de certaines instances internationales comme l'ONU ou l'Exécutif du Marché Commun, la réalité du droit international (du « droit des gens », n. 209) était reconnue à l'époque moderne, alors que de telles instances n'existaient aucunement. Restent donc les pactes. Mais l'obligation d'observer les pactes ne peut évidemment venir elle-même d'un pacte. Et si l'on dit que les états s'imposent eux-mêmes cette obligation, il s'ensuit qu'ils peuvent tout aussi aisément s'en dispenser, ce qui ôte au droit toute vigueur.

Du reste, le droit naturel est implicitement reconnu là où certains actes sont condamnés comme « crimes contre l'humanité », en l'absence de toute loi ou pacte les condamnant. De ce point de vue, le procès de Nuremberg, avec toutes les réserves qu'il appelle, peut être considéré comme un témoignage involontaire rendu au droit naturel.

216. - Venons maintenant à la deuxième question : quel rapport y a-t-il entre le droit naturel et le droit positif ?

Nous y avons déjà partiellement répondu. Le droit naturel est la condition de possibilité du droit positif.

Mais de plus, celui-ci se présente soit comme l'*expression* soit comme la *détermination* du droit naturel et tire de là toute sa force.

Car la loi positive (qui institue le droit positif) vise ou bien à déclarer et confirmer des droits et des devoirs déjà existants (en les sanctionnant d'une manière convenable) ou bien à définir la manière dont les devoirs généraux dérivant du droit naturel (devoirs envers les autres, envers la société, devoirs de celle-ci envers ses membres etc.) doivent être compris et remplis dans une société donnée, douée de telle structure, en telle situation historique, avec un tel héritage de traditions et de coutumes etc. Ce qui implique évidemment la détermination des droits qui reviennent à chacun, dans ces conditions, et de la manière dont les droits naturels eux-mêmes (comme le droit de propriété) peuvent s'exercer conformément au bien commun.

Le droit naturel peut s'entendre de deux manières. Ou bien la nature considérée est la « nature absolue » de l'homme ou même, si l'on veut, la nature de l'homme dans les conditions universelles de son existence historique : on obtient de la sorte quelques principes très généraux. Ou bien il s'agit de la nature humaine et de la société telles qu'elles existent en fait en telles ou telles circonstances concrètes (à telle époque, en tel pays) : apparaissent alors quantité de relations qui constituent, pour lesdites circonstances, un ordre prescrit par la droite raison et par conséquent un droit naturel objectif.

Il appartient au droit positif de découvrir, d'exprimer et de sanctionner par des lois cet ordre de la raison, fondé sur la situation concrète et historique de la nature. Là pourtant ne s'arrête pas la tâche du droit positif. Bien souvent en effet l'étude la plus minutieuse de la nature et de la situation laissera subsister une marge d'indétermination, que la loi positive devra lever. Parfois on restera indécis devant le choix de certaines valeurs ou de certaines fins qui commandent les décisions de détail. C'est le cas, par exemple, dans l'économie planifiée. Convient-il de donner la priorité à la fabrication de tracteurs agricoles, d'instruments ménagers ou de calculateurs électroniques? Faut-il s'orienter vers une civilisation de confort ou de culture? Répondre aux besoins immédiats et urgents ou préparer un avenir meilleur? Quelque désir qu'on ait de ne rien sacrifier, des options s'imposent. — Et ajoutons ceci: de ce que certaines décisions répondent moins que d'autres — également possibles *hic et nunc* — aux exigences de la raison, il ne s'ensuit pas qu'elles soient injustes. C'est assez qu'elles ne contredisent pas ces exigences. Sinon, il n'y a plus de droit positif, car l'on peut presque toujours concevoir une disposition meilleure ou jugée telle que la disposition de la loi.

217. - Il n'y a donc jamais, si l'on s'entend bien, de collision véritable entre le droit naturel et le droit positif. Celui-ci, en cas de conflit, est abrogé ou du moins suspendu. Une loi humaine qui imposerait ce que la loi naturelle condamne (par exemple, la mise à mort d'innocents, l'avortement etc.) est nulle de plein droit.

Ceci peut n'apparaître pas immédiatement évident. Ne pourrait-on pas dire: le droit naturel exige l'obéissance à la société, là même où celle-ci commande ce qui contredit certaines conclusions du droit naturel moins fondamentales que le principe même de l'obéissance à la société et de la sauvegarde du bien commun? Le salut public vaut bien le sacrifice de quelques déterminations dérivées du droit naturel. *Salus populi suprema lex esto!*

Mais ce salut lui-même n'a de sens que dans la mesure où est respecté le sens de la société, sa finalité essentielle, qui est de procurer à l'homme la possibilité d'un vie pleinement humaine. Or une vie n'est pas vraiment humaine qui contredit les exigences du droit naturel et donc la nature de l'homme. Dès lors, lorsque le droit positif entre en conflit avec le droit naturel, il renie en quelque sorte sa raison d'être; devenu intrinsèquement incohérent, il cesse de s'imposer à la raison pratique et ne peut plus, sans équivoque, être appelé *droit*.

Un cas tout autre est celui où la loi, pour éviter un plus grand dommage, tolère ou reconnaît, sans les imposer, des situations contraires au droit naturel (par exemple, le divorce). Une telle tolérance n'est pas en elle-même contraire au droit naturel, car si l'on ne doit jamais faire le mal, on n'est pas toujours tenu de l'empêcher, surtout s'il doit en résulter un désordre pire. Le fait qu'une situation en elle-même injuste soit reconnue par la loi comme valide en vue de certains effets juridiques et protégée contre ceux qui voudraient s'y opposer par la force etc., ne change rien à la chose. En tout ceci, l'état ne crée pas lui-même un ordre injuste et si la protection qu'il lui accorde est pour certains un encouragement à l'injustice, ce n'est là qu'un effet latéral, indirect, qui peut être permis pour de justes raisons (n. 230) [53].

218. - Reste la troisième et dernière question : celle des rapports entre l'ordre juridique et l'ordre moral.

Qu'ils ne se distinguent pas adéquatement, cela résulte de tout ce qui précède. Puisque le droit objectif est l'objet de la justice (nn. 194-195), l'ordre juridique fait partie de l'ordre moral, en tant que définissant la rectitude objective, matérielle, d'un certain genre d'actions. Et ceci vaut, remarquons-le, du droit positif aussi bien que du droit naturel. Car les lois humaines, on l'oublie trop souvent, obligent normalement « en conscience » [54]. Ainsi le droit fournit à l'éthique une partie de sa matière mais en revanche il reçoit d'elle un caractère obligatoire.

Cependant l'ordre juridique ne coïncide pas purement et simplement avec l'ordre moral. Et ceci vaut de l'ordre juridique naturel aussi bien que de l'ordre juridique positif. D'une part, en effet, le domaine du droit ne couvre pas tout le domaine de la morale : il y a quantité d'obligations non juridiques, de devoirs auxquels aucun droit proprement dit ne correspond (nn. 194 ; 202). L'ordre juridique est restreint à la sphère de la justice, là où la mesure, le « juste milieu » ne se prend pas par rapport au seul agent, mais renvoie à un « état des choses » (*medium rei*, n. 197). D'autre part, dans la sphère même de la justice, des relations interindividuelles et sociales, l'ordre juridique concerne *plutôt* l'aspect objectif, matériel, de l'action ou de la situation. Qu'un homme paie ses dettes, s'acquitte de ses obligations civiques etc., pour l'amour de la justice, par crainte d'un procès, ou peut-être avec quelque arrière-pensée perverse, n'a aucune importance — Kant l'a bien vu (n. 211) — du point de vue du droit : il ne doit plus rien à son créancier, on ne peut exiger de lui rien de plus. De même, si César, voulant par vengeance tuer la vache de Marius, fait feu, par erreur, sur la sienne, son action est sans doute condamnable du point de vue moral, à cause de l'intention qui la dicta, mais,

---

[53] Cf. J. Fuchs, *Le Droit Naturel*, pp. 96-98.
[54] Saint Thomas, *Somme théol.*, I-II, 96, 4.

en droit, il ne doit pas un centime à Marius. Or, nous le soupçonnons déjà mais nous le verrons mieux tout à l'heure (nn. 226-229), l'ordre éthique considère également et même *principalement* l'intention et la fin de l'agent (*finem operantis*).

Il s'ensuit que là même où il y a coïncidence matérielle des deux domaines, le droit et la morale considèrent la chose de deux points de vue différents. Ce qui intéresse la morale, c'est le rapport de l'acte à la liberté de l'agent et à l'attitude de celui-ci envers l'Idéal de la raison pratique. Ce qui intéresse le droit, c'est le rapport de la même action à la vie sociale, à l'ordre social etc.

A dessein nous avons dit: *plutôt, principalement...* En effet, il serait inexact de prétendre, soit que l'objet ou l'acte matériel n'intéresse pas l'éthique, qui n'aurait affaire qu'à la seule intention (nn. 224-229), soit que le droit exclut entièrement la considération des actes internes. Car — sans parler des droits « imparfaits », comme celui de n'être pas mal jugé *intérieurement* sans motif sérieux — le droit positif lui-même exige souvent, par exemple dans les causes criminelles, que l'intention de l'agent soit prise en considération.

A la vérité cependant, le droit a une autre façon que la morale de considérer l'intention. Ce qui intéresse le droit, c'est de savoir si l'accusé a violé la loi en connaissance de cause et délibérément, et non pas s'il l'a fait par idéalisme, en croyant servir par là des valeurs supérieures, chose capitale, au contraire, du point de vue de la morale. Dieu seul connaît les secrets des cœurs.

Mais qu'arriverait-il, si le juge avait la certitude morale que l'accusé, bien que coupable aux yeux de la loi, est cependant innocent au for de la conscience, en raison des valeurs et des fins qui lui ont paru justifier son acte— situation nullement invraisemblable et même assez fréquente dans les temps troublés? Un tribunal militaire n'hésiterait pas sans doute à condamner à mort le soldat déserteur en temps de guerre, même s'il était avéré que ce soldat a déserté parce qu'il estimait la guerre injuste. Mais que penser d'une telle sentence? Le bien commun ne suffirait pas à l'autoriser, car le bien commun ne saurait justifier une injustice et punir un innocent n'est-il pas injuste? Distinguera-t-on une justice selon le droit et une justice selon la morale? Un droit qui contredit la morale n'est pas un droit (n. 217). On voit combien est délicate et complexe cette question des confins et des rapports de la morale et du droit, tant naturel que positif. Ajoutons que la législation contemporaine, avec l'introduction du statut des objecteurs de conscience, marque un progrès vers une adéquation plus complète du jugement juridique au jugement moral.

On dit parfois que l'homme ne doit pas se substituer à Dieu, qui seul connaît le fond des cœurs. Mais ce principe, appliqué jusqu'au bout, conduirait à des conséquences inhumaines. Nous pensons plutôt que la justice a le devoir de se conformer autant que possible à la réalité morale, encore que cette adéquation doive rester toujours imparfaite.

219. - Droit et morale sont donc inséparables, mais gardent chacun leur caractère propre. On peut dire qu'ils répondent à deux directions ou dimensions de l'acte humain. La morale, sans négliger le « dehors », s'attache plutôt au « dedans » : elle regarde l'acte selon qu'il procède du sujet spirituel, et donc met l'accent sur l'intention et la fin (n. 228). Le droit s'attache plutôt au « dehors » : il regarde l'acte selon qu'il s'inscrit dans l'univers, la société, l'histoire et qu'il constitue une situation objective.

On voit par là en quoi notre position diffère de celle de Kant. Le lien que nous mettons entre le droit et la morale est intrinsèque : le droit — comme l'objet moral, en général — participe vraiment de la moralité. Chez Kant, au contraire, ce lien, nous l'avons vu (n. 211), reste extrinsèque. Différence qui se rattache, sans doute, à la façon diverse dont le rapport entre l'ordre interne de l'intention et l'ordre externe de l'action, le monde intelligible et le monde sensible, la réalité en soi et le phénomène est conçu par Kant et par nous.

> Ajoutons que l'acte moral comme tel présente à son tour un aspect juridique ou quasi juridique, lorsque l'homme est considéré dans sa relation à Dieu ou même, en restant sur le plan humain, du fait que notre agir, si individuel qu'on l'imagine, n'est jamais sans quelque retentissement sur les autres et comporte donc une dimension sociale (n. 75). Ce qui se vérifie d'une manière éminente dans l'ordre surnaturel, en vertu de notre commune incorporation au Christ. — De là, par exemple, l'aspect juridique du sacrement de pénitence, qui a influé, à son tour, nous le dirons, sur la théologie morale, et ce « juridisme » dont beaucoup d'orientaux font un grief au catholicisme, mais qui exprime, à sa manière, ce caractère relationnel et social de toute l'activité humaine.

220. - Une dernière mais très importante question : le droit naturel est-il immuable ?

La réponse a déjà été donnée à propos de la loi naturelle (nn. 187-190). Il y a des principes très généraux auxquels l'humanité ne pourrait renoncer sans renier à la fois la raison et ses propres conditions d'existence. Tels la défense de léser autrui, l'obligation de tenir ses promesses, d'observer les pactes, d'obéir aux ordres légitimes de l'autorité légitime et en général de respecter en tous les hommes la dignité humaine et de ne pas rendre la vie sociale impossible.

D'autre part, les conditions historiques et sociales requièrent ou suggèrent fréquemment des applications diverses de ces principes. Dans la mesure où ces applications résultent comme une conclusion nécessaire des exigences combinées des principes et de la « situation », elles font encore partie du droit naturel (n. 216). Il s'ensuit que ce dernier peut, tout en restant le même, demander en certaines circonstances ce qu'il défendrait en d'autres. C'est ainsi que l'esclavage a pu, dans l'antiquité, se concilier avec le droit naturel, dans la mesure où les conditions de l'époque ne permettaient pas d'autre solution vraiment pratique. (L'homme n'aurait peut-être jamais appris à travailler s'il n'y avait d'abord été contraint du dehors, ou du moins il se serait arrêté, une fois satisfaits les besoins les plus immédiats). Aujourd'hui, les conditions étant changées, l'esclavage, même sous des formes larvées, est certainement une atteinte au droit naturel. — Par là se trouve résolue la difficulté soulevée au n. 183.

C'est en ce sens que l'on peut parler d'un changement ou d'un progrès du droit naturel ou encore, comme on dit parfois, d'un « droit naturel à contenu variable ». Par ailleurs, comme on l'a vu (n. 187) à propos de la loi naturelle, on dira également bien que le droit naturel, considéré non seulement dans ses principes les plus universels, mais avec toutes ses déterminations, même les plus contingentes, reste parfaitement immuable, en tant que la proposition : « les circonstances a, b, c, d etc... étant données, le droit naturel requiert p », est vraie d'une vérité éternelle... Mais cette vérité n'apparaît à l'homme que progressivement au cours de l'histoire ; l'homme n'est pas en possession d'un code intemporel ; il ne le déchiffre que peu à peu, en découvrant, à mesure qu'il expérimente les nouvelles circonstances, les nouvelles solutions qui s'imposent. On peut même dire qu'il concourt à le composer, en ce sens que les déterminations de ce code dépendent en partie de celles que l'homme introduit dans la réalité (par exemple, des structures économiques et sociales).

On ne conclura pourtant pas que ces variations sont, pour le droit naturel, indifférentes. Certaines conditions et les déterminations du droit qu'elles appellent répondent mieux que d'autres aux exigences de la dignité humaine et de la raison droite. Un état de l'humanité où toute justification de l'esclavage a disparu est certainement supérieur à un état où l'esclavage apparaît comme un moindre mal. Et de même, le jour où pour de bon, grâce, par exemple à une plus solide organisation internationale, toute possibilité de justifier la guerre, en n'importe quelle circonstance, se sera évanouie, l'humanité aura certainement réalisé non progrès notable dans le domaine du droit naturel. — On voit par là avec quelles nuances et quelles distinctions il convient d'entendre la doctrine commune des scolastiques, que ni l'esclavage, ni la guerre ne répugnent absolument au droit naturel. Ce qu'il faut reprocher à cette réponse, ce n'est pas, à proprement parler, d'être fausse, mais d'être incomplète : elle considère le droit naturel dans son essence abstraite, statique et minimale, au lieu de l'envisager dans le dynamisme de ses exigences, qui manifestent leur urgence selon que les conditions concrètes de l'humanité leur permettent de se faire percevoir et d'obtenir satisfaction.

Enfin, comme nous l'avons fait à propos de la loi naturelle (nn. 187-188), on distinguera la progrès *objectif* du droit naturel, lié à l'apparition de nouvelles conditions objectives, et le progrès *subjectif,* résultant d'une connaissance plus précise d'exigences déjà présentes mais demeurées jusqu'alors inaperçues ou insuffisamment élucidées.

LIVRE IV

L'ORDRE MORAL SUBJECTIF

221. — De l'ordre moral *objectif*, c'est-à-dire de ce qui se présente au sujet moral comme « à faire », nous passons maintenant à l'ordre moral *subjectif*, à l'acte ou à l'ensemble d'actes par lesquels le sujet humain prend position en face de cet ordre objectif et qui sont le lieu propre et immédiat de la valeur morale formelle (n. 33, 1). L'acte humain a déjà été décrit dans sa structure psychologique (nn. 13-16), mais nous cherchons à présent comment la valeur morale s'y insère et, pour ainsi dire, s'y incarne.

Nous aurons d'abord à déterminer quels sont les facteurs qui conditionnent son caractère, son type moral. L'acte humain présente bien des aspects. D'une part, on l'a vu (n. 13), il faut distinguer la volition proprement dite (l'acte *élicite* de la volonté), siège absolument propre de la valeur morale, et les actes des autres facultés posés sous le commandement et la « motion » du vouloir (actes impérés). Ces actes peuvent être, tout comme le vouloir, des actes spirituels et internes (quand, par exemple, l'élève studieux concentre son attention sur le cours ou que le gangster médite un crime « parfait »), mais d'ordinaire ils ne vont pas sans quelque exercice des « puissances » exécutives, sans quelque geste ou démarche extérieure; c'est pourquoi on les désigne assez généralement sous le nom d'actes « externes », la dénomination d'acte « interne » se trouvant ainsi réservée à la volition. Cette manière de parler n'est d'ailleurs pas sans justification intrinsèque: l'activité intellectuelle, comme telle, est, en quelque façon, extérieure par rapport à l'acte du vouloir, en ce qu'elle concerne moins directement le noyau personnel (n. 24, 2).

D'autre part, l'acte humain complet (intention et geste) comporte toujours un objet déterminé qui lui donne sa structure typique et qu'on peut définir en général comme un nouvel état de chose, un nouvel arrangement de la réalité physique ou sociale: par exemple, le transfert d'une certaine somme d'argent de mon portefeuille à celui d'un autre — ou vice-versa. Mais l'objet ne se présente et n'est atteint par le sujet que dans un contexte de *circonstances* qui complètent sa détermination morale: celui à qui je transfère l'argent en question est pauvre ou non, l'argent m'appartient ou est seulement en dépôt chez moi etc. — Par dessus tout, à travers l'objet, est visée une certaine *fin* (n. 14, 3) qui donne à l'acte humain son orientation profonde: je puis faire don de mon argent pour honorer Dieu, soulager le prochain, satisfaire ma sensibilité, en finir avec des sollicitations importunes, passer aux yeux des autres pour charitable etc. Il s'agit donc de savoir lesquels de ces éléments déterminent le caractère moral et la valeur morale de l'acte, et comment.

De la réponse à cette question dépendra la réponse à cette autre, moins importante, il est vrai : le domaine de la moralité est-il coextensif à celui de l'acte humain, ou bien y a-t-il place, dans ce dernier, pour un secteur moralement neutre : celui des actes (humains) *indifférents*?

Revenant ensuite aux conditions subjectives de l'acte, nous nous demanderons comment la loi morale ou, si l'on veut, la valeur morale objective, l'atteint concrètement, le pénètre, s'intériorise en lui et devient sa règle immanente, déterminant ainsi sa moralité formelle. C'est le problème de la *conscience morale*. Deux cas nous retiendront particulièrement : celui où la conscience se trompe sur la valeur objective de l'acte à poser, celui où elle hésite et reste dans le doute. Comment se détermine alors la moralité formelle de l'action? Quelle ligne de conduite adopter?

Enfin, de la considération de l'*acte* moral, nous passerons à celle de l'*activité*, de la *vie* morale, dont l'acte isolé n'est qu'un moment. Ce sera le lieu de parler des *vertus*, dont le rôle est précisément d'orienter, comme principe subjectif, l'activité humaine dans le sens de la raison droite. Toutefois cette étude — dont l'importance est si grande dans l'éthique aristotélico-thomiste — n'occupera ici qu'une place restreinte, la théologie (dogmatique et morale) devant reprendre la question et la traiter tout du long, sous un éclairage meilleur.

CHAPITRE X

LES FACTEURS DE LA MORALITE

222. - L'action humaine, nous venons de le rappeler, présente une diversité d'aspects sur laquelle il nous faut revenir. Elle concerne un objet, qui est comme son thème pratique et le terme qu'elle vise intentionnellement de par sa structure propre (*finis operationis,* comme on dit en métaphysique, et, au-delà, *finis operis*). Soit, par exemple, l'acte de lire. Il s'exerce à propos d'un texte écrit et ce qu'il vise immédiatement, de par sa nature spécifique, c'est l'intelligence de ce texte, c'est-à-dire la formation, dans l'esprit du lecteur, d'images et de concepts correspondant, autant que possible, à ceux que l'auteur avait dans l'esprit en écrivant et entendait communiquer. Il peut arriver que le terme immédiat de l'action soit lui-même essentiellement ordonné à un certain effet: la montre est faite pour « montrer » l'heure, le réfrigérateur pour tenir au froid. Or ce *finis operis* pose parfois des problèmes moraux qui mettront en cause la moralité de l'opération fabricatrice: dans le cas, par exemple, des bombes thermo-nucléaires. — On voit que cette notion d'objet est assez élastique: elle ne désigne pas simplement une réalité extérieure déjà donnée (le livre à lire), mais un certain résultat à produire, un nouvel ordre de choses à constituer; dans un certain sens même, bien que moins exact, l'élément « externe » de l'acte est objet par rapport à l'élément « interne ». — La relation acte-objet ayant quelque analogie avec la relation forme-matière, l'objet est également appelé matière de l'acte (plus précisément: matière sur quoi ou à propos de quoi s'exerce l'acte, *materia circa quam*). Il vaut mieux n'employer cette dénomination qu'à propos d'une réalité externe déjà donnée.

Mais l'action ne se déroule pas dans le ciel majestueux des essences: elle s'insère dans la réalité concrète, spatiale et temporelle, dans un contexte d'antécédents et de conséquents, d'événements concomitants etc., qui lui composent une couronne de déterminations adjacentes, de « circonstances » (*circumstan-*

tiae, de *circum-stare*, « se tenir debout tout autour »). Reprenons l'exemple de la lecture. Le livre est un livre déterminé : mettons un roman, tel roman ; le lecteur n'est pas l'homme en général, mais une personne déterminée : mettons un adolescent, tel adolescent, de tel milieu, avec telle éducation, tel tempérament, tel caractère etc. Il lit en un temps, en un lieu déterminés : mettons que ce soit en classe, durant le cours. Il peut se faire que ceux dont il dépend, ses parents par exemple, lui aient interdit de lire ce livre. Enfin, sa lecture est motivée par un certain désir, vise, au-delà de son but immédiat et spécifique, une certaine fin subjective : notre adolescent lira pour satisfaire sa curiosité, pour éprouver des émotions troubles, ou bien par snobisme, pour ne pas « perdre la face » devant ses camarades etc. — Ces « circonstances » et quelques autres encore sont résumées dans le vers connu : *Quis, quid, ubi, quibus auxiliis, cur, quomodo, quando* ?

On voit tout de suite qu'elles se distribuent en deux catégories. Les unes sont *objectives* : elles composent, avec l'objet proprement dit, une constellation dont les éléments sont reliés entre eux *objectivement*, bien qu'elle ne soit posée dans l'être que moyennant un acte du sujet. C'est volontairement que notre adolescent lit son roman pendant le cours : cependant, le fait qu'il lise un tel livre, en tel endroit, en tel moment est un fait objectif, constatable par n'importe qui, sans qu'il soit le moins du monde nécessaire de connaître la pensée et les intentions du lecteur. D'autres circonstances, au contraires, sont *subjectives* et ne se relient à l'objet que par l'intermédiaire du sujet, si bien que celui-ci est seul en mesure de connaître ce lien. C'est, par exemple, le cas pour l'intensité et la durée de l'acte « interne ». Que notre adolescent veuille avec ardeur sa lecture et s'attarde à la goûter intérieurement sont des « circonstances » qui affectent directement l'acte « interne » et ne rejoignent qu'à travers lui l'acte « externe » et l'objet. Mais c'est surtout le cas quand il s'agit de la *fin subjectivement visée par l'agent* (*finis operantis*), qui répond à la question *cur* ? et que, dans notre exemple, nous avons posée en dernier lieu. La lecture du livre et le petit succès de prestige que notre garçon en attend ne forment pas un bloc phénoménal et objectif, déjà pour cette simple raison que ce succès n'est pas donné *hic et nunc* et ne le sera peut-être pas : la fin (le succès) n'est présente qu'en *intention,* dans la pensée et le vouloir. C'est le sujet seul qui fait le lien [1].

Ceci posé, la question est de savoir comment et dans quelle mesure ces divers facteurs influent sur la moralité concrète de l'acte. D'entrée de jeu, en effet, il est clair que l'objet, la fin et les autres circonstances sont susceptibles de rapports divers à la règle de la raison.

Le point capital est celui-ci: la moralité de l'acte est-elle principalement fonction de la fin ou de l'objet? Ce qui est en cause, ici, ce n'est pas tellement le trop célèbre dicton: « La fin justifie les moyens », mais bien plutôt la manière même de considérer la réalité morale, comme on le verra mieux par la suite (nn. 224; 227; 270). Et l'intérêt de la question n'est pas simplement spéculatif. En matière d'éducation, par exemple, la prépondérance donnée à l'objet fera qu'on s'attachera surtout à la correction des actes, ce qui ne va pas sans quelque péril de formalisme; au contraire, la prépondérance reconnue à la fin amènera à considérer avant tout les dispositions intérieures, mais en faisant parfois trop bon marché des actes...

La recherche présente touche encore deux points qui intéressent l'usage et l'administration du sacrement de pénitence: 1° Les actes (et par conséquent les *habitus,* nn. 272 et 274), bons ou mauvais, sont-ils spécifiquement divers en raison de la diversité de leurs objets, ou, au contraire, doit-on dire que tous les actes (et *habitus*) vertueux sont de même espèce et pareillement tous les actes (et *habitus*) vicieux? — 2° Est-il possible, et à quelles conditions, qu'un même acte relève de deux espèces morales différentes?

223. - 1) Le rôle de l'objet dans la spécification de l'acte moral est nié *implicitement* par tous ceux qui ne reconnaissent qu'un seul type d'acte bon (ou qu'une seule vertu) et qu'un seul type d'acte mauvais (ou qu'un seul vice). Puisqu'en effet les objets, comme on le montrera bientôt, diffèrent spécifique-

---

[1] Au sujet de l'intensité et de la durée (de l'acte « interne »), notons ceci: bien que toutes deux puissent être l'objet d'une visée volontaire, autres cependant sont l'intensité et la durée visées, autres l'intensité et la durée effectives de l'acte du vouloir. De ce que quelqu'un veut aimer Dieu autant que sainte Thérèse, il ne s'ensuit pas qu'il l'aime autant en réalité. Que d'illusions souvent à ce sujet! Cf. saint Thomas, *Somme théol.,* I-II, 19, 8: « Utrum quantitas bonitatis vel malitiae in voluntate sequatur quantitatem boni vel mali in intentione ». Comparer avec la distinction hartmannienne entre *Intentionswert* et *Wertintention,* N. Hartmann, *Ethik*[2], pp. 347-349.

Du reste, pour viser adéquatement une intensité de vouloir, il faudrait, semble-t-il, en avoir une représentation précise. Or, quand je dis: « aimer Dieu comme sainte Thérèse », mon intention cognitive n'est pas remplie. Et elle ne pourrait l'être que si j'avais en moi l'intensité d'amour que je vise.

ment, la spécification de l'acte par l'objet entraîne la diversité spécifique des actes et partant des *habitus* (vertus et vices).

Il faut citer ici, avant tout, les stoïciens; plus précisément Zénon et Cléanthe pour lesquels n'existe qu'une seule vertu : la sagesse, φρόνησις selon le premier, la « tension » du vouloir, τόνος, selon le deuxième. On connaît le paradoxe stoïcien posant l'égalité de tous les manquements à la loi morale et l'absence de moyen terme entre la vertu consommée et le vice.

De son côté Descartes — qui sous certains aspects (mais sous certains seulement!) a tant d'affinité avec les stoïciens — semble bien lui aussi ne reconnaître qu'une vertu, consistant « en la résolution et la vigueur avec laquelle on se porte à faire les choses qu'on croit être bonnes » [2], tout comme il ne connaît qu'une seule science, usant d'une seule méthode (la méthode mathématique). Pourtant, ici comme ailleurs, gardons-nous de forcer ses expressions et de lui imputer une réponse à une question qu'il ne s'est pas expressément posée.

Il s'ensuit, *logiquement,* que la spécification morale de l'acte humain lui vient tout entière de son rapport (positif ou négatif) à l'Idéal de la raison pratique, ce qui revient à situer dans la fin seule le moment spécificateur de l'acte, pour autant que l'Idéal peut être appelé fin (n. 141). En effet, l'objet une fois exclu, on ne voit rien d'autre qui puisse déterminer et mesurer la rectitude, c'est-à-dire la valeur morale, de la volonté.

La « tension » de Cléanthe, la « vigueur et résolution » de Descartes, doivent s'entendre soit comme qualifiant l'adhésion au bien et recevant de lui leur spécification morale, soit comme simples qualités physiques, en-deçà de la moralité (n. 24, 2).

2) On en dira autant de la *morale de la pure intention,* car l'intention est spécifiée par la fin.

Abélard passe pour un représentant de cette morale. De fait, dans le *Scito teipsum,* il insiste à ce point sur le rôle de l'intention et sur le fait que la valeur morale réside proprement dans le seul acte du vouloir, qu'il semble n'attribuer aucune importance, de ce point de vue, à l'objet et à l'acte extérieur. L'intention est bonne, droite, en elle-même; l'opération (l'acte extérieur) est appelée bonne, non pour sa valeur propre, mais simplement parce qu'elle procède d'une bonne intention, donc par attribution extrinsèque [3]. Que l'intention soit

---

[2] *Lettre à Christine de Suède,* 20 nov. 1647; éd. Adam-Tannery, t. V, p. 83.

[3] « Bonam quippe intentionem, hoc est rectam, in se dicimus; operationem vero, non quod boni aliquid in se suscipiat, sed quod ex bona intentione procedat », *op. cit.,* c. 11; PL. t. 178, col. 652.

droite, et par le fait même l'« œuvre » dont elle est l'âme sera bonne [4]. Cependant, ajoute Abélard, il ne suffit pas que l'intention paraisse droite au sujet: il faut qu'elle le soit en elle-même et aux yeux de Dieu [5]. — Ne nous pressons donc pas de ranger Abélard parmi ceux pour qui la fin justifie les moyens: ce serait l'interpréter selon une problématique différente de la sienne. Ce qu'il veut avant tout, c'est réagir contre cet objectivisme primitif qui ne juge de l'acte que par son accomplissement au-dehors.

A plus juste titre, on verra une morale de l'intention dans l'éthique kantienne. Kant, en effet, nous le savons (nn. 115, 116), fait consister toute la valeur morale de l'acte dans l'attitude intérieure de la volonté, obéissant à la loi par pur respect de la loi. Mais nous avons vu aussi comment, à partir de là, il s'efforce de restaurer un ordre moral objectif. Tout vient bien de l'intention, seulement il est des objets qu'une intention droite ne saurait viser.

3) Les scolastiques admettent en général que l'objet, la fin et les diverses circonstances concourent à déterminer la *valeur* proprement *morale* de l'acte (à en faire un acte bon ou mauvais). Quant à la *spécification morale* (s'agit-il d'un vol, d'un acte d'intempérance etc.?), elle provient avant tout, selon eux, de l'objet, bien que les autres facteurs y jouent aussi un rôle. — Sur la part respective de ces divers éléments dans la détermination morale de l'acte, on relève, entre les scolastiques, quelques divergences, souvent peut-être plus verbales que réelles.

Selon certains — par exemple Schiffini et Lehu —, les circonstances peuvent ajouter à l'acte une spécification morale supplémentaire: il arrivera donc parfois que le même acte appartienne simultanément à plusieurs « espèces morales » (mais non pas de « signe » contraire: un même acte ne peut jamais être à la fois bon et mauvais!) [6]. D'autres — Frins, Cathrein etc. —, à la suite de Suarez, admettent la chose dans le cas des actes mauvais (on peut commettre plusieurs péchés d'un seul coup), mais non dans le cas des actes bons (impossible d'exercer à la fois plusieurs vertus). C'est que le bien est plus exigeant que le mal, car le bien dit perfection, achèvement: *bonum ex integra causa, malum ex quocumque defectu* [7]. Les circonstances ne pourraient ajouter à l'acte vertueux qu'une bonté accidentelle, sans le spécifier vraiment.

---

[4] « Si intentio recta fuerit, tota massa operum inde provenientium ... erit ... bona », *ib.*, c. 12; col. 653.
[5] *Ib.*
[6] Schiffini, *Disp. phil. mor.*, I, pp. 121-122. — Lehu, *Phil. mor. et soc.*, pp. 136-138.
[7] V. Frins, *De act. hum.*, t. I, pp. 47-53; t. I, pp. 24-25; V. Cathrein,

De même, selon Lehu et les thomistes en général, la fin détermine *intrinsèquement* la valeur morale de l'acte [8], tandis que pour Frins et Cathrein elle n'apporte qu'une détermination extrinsèque [9].

Enfin, toujours selon Lehu et la plupart des thomistes, l'acte externe participe vraiment, intrinsèquement, quoique d'une manière analogique, à la moralité de l'acte interne [10]. Au contraire, selon Frins et Cathrein, l'acte externe n'est dit formellement moral que par dénomination extrinsèque. La valeur morale formelle ne réside vraiment que dans l'acte du vouloir; on ne l'attribue à l'acte extérieur que par manière de dire [11].

224. - Avant de traiter le problème, insistons sur cette vérité trop souvent méconnue: l'unité de l'acte humain. L'acte « interne » et l'acte « externe » ne doivent absolument pas être regardés comme des actes en eux-mêmes complets et reliés simplement du dehors. De même que l'âme et le corps ne sont pas deux « substances », mais deux principes imbriqués de l'homme, de même les deux « actes » en question ne sont que deux éléments d'un même agir humain. La relation du vouloir aux « puissances » exécutives est d'un type particulier, intermédiaire entre la pure causalité motrice et la pure causalité formelle, de telle sorte que l'acte « interne » joue à l'égard de l'acte « externe » un rôle à la fois moteur et informateur. Il ne faut donc pas imaginer l'acte « externe » comme un activité de la machine-corps, que l'esprit dirigerait du dehors, à la façon dont l'ouvrier manœuvre le tour ou la fraiseuse. C'est la même action humaine qui naît de la décision intime du vouloir et s'exprime à travers les gestes du corps [12]. Mais cette action peut être considérée de préférence soit dans sa racine spirituelle, soit dans son accomplissement extérieur, dans le milieu cosmique, historique et social. Nous l'envisagerons successivement sous ces deux aspects.

Nous suivons en cela l'exemple de saint Thomas, qui, dans la *Prima Secundae* traite successivement de la bonté et de la malice de l'acte humain en général (q. 18) de la bonté et de la malice de l'acte interne (q. 19), enfin de la bonté et de la malice de l'acte externe (q. 20).

On notera, en outre, que tout le monde, du moins à l'intérieur de l'Ecole, s'accorde sur ce principe général: à tout

---

Phil. mor.[14], pp. 106, 115 s. — Suarez, *De bonitate et malitia actuum humanorum*, d. IV, sect. 3, nn. 12-13; t. V, pp. 332 b - 333; d. V, sect. 2, n. 19, p. 342.

[8] Lehu, *ib.*, 141.
[9] V. Frins, *ib.*, t. II, pp. 277 ss. V. Cathrein, *ib.*, p. 122.
[10] *Ib.*, pp. 154-156.
[11] V. Frins, *ib.*, p. 256. V. Cathrein, *ib.*
[12] *Essai...*, nn. 156-158; pp. 382-389.

rapport spécifique (de convenance ou d'opposition) à la règle morale correspond une détermination morale spécifique (un mode particulier de bonté ou de malice morale). Si, en effet, la valeur morale de l'acte consiste dans sa conformité (ou son opposition) à la norme éthique (qui est pour nous le jugement de la raison droite), il va de soi que les différences affectant intrinsèquement ce rapport (différences *per se*), affecteront intrinsèquement la valeur morale de l'acte ou, plus précisément, la manière dont cette valeur se trouve « incarnée » en celui-ci, déterminant ainsi des « espèces » différentes de moralité.

225. - Ceci posé, si nous considérons l'acte du côté où il s'inscrit dans le monde, l'histoire, la société — considération objective et juridique (nn. 217-218) —, nous devons reconnaître que sa spécification première et essentielle lui vient de son *objet* et que c'est donc ainsi qu'il faut en premier lieu le comparer à la règle de la raison et le qualifier moralement. Supposons qu'une homme s'approprie indûment l'argent d'autrui à seule fin de se payer de copieuses libations et qu'il soit pris sur le fait. Il n'avait jamais volé jusqu'alors et n'a accompli son geste qu'à regret, mais on le connaissait comme un pilier de cabaret. Peu importe : personne ne songera à le poursuivre pour délit d'ivrognerie, mais bien comme coupable de vol.

Pourtant il y a lieu ici d'introduire une distinction importante. La spécification de l'acte est différente selon qu'on la considère dans l'ordre *physique* ou dans l'ordre *moral*. Dans l'ordre physique, le simple transfert d'une somme d'argent de ma main dans celle d'un autre est déjà un acte déterminé dont la nature « physique » ne change pas selon la condition des personnages en question ou la provenance de l'argent etc. Considéré, au contraire, dans l'ordre moral, l'acte ainsi décrit reste encore indéterminé, car il ne dit, par lui-même, aucun rapport spécial de convenance ou d'opposition à la raison droite. Pour que ce rapport apparaisse, des précisions sont indispensables : l'argent que je donne est mien, celui à qui je le donne se trouve dans un certain état d'indigence, enfin il ne lui est pas dû à quelque titre (fût-ce celui d'extrême nécessité). Moyennant quoi, l'acte acquiert sa spécification morale complète : ici celle d'un acte de bienfaisance gratuite.

Il appert de là que l'acte, envisagé du point de vue moral suppose d'ordinaire dans son objet un élément qui, du point de vue purement physique, serait une simple circonstance. Autrement dit : ce qui serait, pour l'objet considéré dans l'ordre physique un accompagnement accidentel est, au contraire, souvent un constitutif essentiel de l'objet considéré dans l'ordre moral [13]. Ou, comme dit encore saint Thomas: « les fins morales sont comme des accidents au regard de la réalité physique » [14]. — Il y a alors, pour parler comme les scolastiques, passage et en quelque sorte glissement de la circonstance dans la « condition » de l'objet (*circumstantia transit in conditionem objecti*), dont elle intègre la première spécification morale.

226. - Mais il peut arriver aussi que, cette première spécification étant supposée, quelque autre circonstance vienne introduire un nouveau rapport de convenance ou d'opposition à la raison droite. Haïr, tuer (de sa propre autorité) contredisent certainement la règle morale. Mais haïr son père, le tuer la contredisent à un titre nouveau: il y a, de fils à père, une relation d'un type à part, fondant une exigence nouvelle de la raison pratique, à tel point que si, par impossible, il était permis de haïr les autres hommes, le devoir resterait d'aimer son père. — Ici encore, la circonstance « passe dans la condition de l'objet ».

Saint Thomas distingue ici deux cas [15], que nous pouvons exemplifier comme suit. Supposons que notre voleur de tout à l'heure ait volé des objets sacrés. Cette circonstance est une circonstance objective: elle modifie la détermination morale de l'acte en modifiant l'objet. Le vol n'est plus simplement un vol: c'est un vol sacrilège. Cette nouvelle détermination est, par rapport à celle qui convient à l'acte de par l'objet considéré sans la circonstance en question (ici, la détermination: vol), *comme l'espèce au genre*. Le vol sacrilège est une espèce du genre vol. — Mais, d'autre part, notre homme a volé *pour s'enivrer*. Cette circonstance influe évidemment elle aussi sur la moralité de l'acte total. Le sujet s'est rendu coupable d'un acte intérieur d'intempérance. Mais l'intempérance n'est pas une espèce du genre vol. Nous avons donc ici deux déterminations morales qui ne rentrent pas l'une dans l'autre: deux espèces morales *disparates*. Saint Thomas semble même concevoir, dans ce cas, la fin comme l'objet d'un acte annexe (*actus circumstantis*): on aurait en réalité deux actes: un vol réalisé et un projet de beuverie. (Mais voir n. 228).

La situation serait différente si l'intention de notre voleur eût été, avant tout, de profaner des choses sacrées. Alors le vol sacrilège devrait être subsumé sous la catégorie de sacrilège plutôt que sous celle de vol. On voit que l'intention ici a son rôle à jouer dès la première spécification de l'acte. C'est que, dans l'exemple choisi, cette spécification résulte — comme pour l'« animal raisonnable », qui est aussi « esprit incarné » — de l'intersection de deux genres.

---

[13] Saint Thomas, *Somme théol.*, I-II, 18, 10.
[14] *Ib.*, 1, 3, ad 3um.
[15] *Ib.*, 18, 10. *Ma.*, II, 6.

Il n'y a donc pas lieu, semble-t-il, de nier qu'un même acte « physique » puisse relever de deux espèces morales pour le meilleur comme pour le pire [16]. « La multiplicité des circonstances n'implique point qu'un même acte appartienne à plusieurs espèces (morales). Pourtant, il n'y a aucun inconvénient à ce qu'un même acte moral relève de plusieurs espèces morales, même disparates » [17].

D'autres fois, et plus souvent, les circonstances ne fondent pas un nouveau rapport spécifique à la raison droite, mais simplement intensifient ou atténuent la conformité ou l'opposition de l'acte à sa norme et, par conséquent, sa valeur morale. Toutes choses égales d'ailleurs, voler cent mille francs est plus grave que voler vingt mille francs : les exigences de la raison pratique, telles qu'elles se déterminent dans la règle de justice, en sont davantage contredites.

D'autre fois enfin, et c'est peut-être le cas le plus fréquent, les circonstances n'offrent aucune base pour un rapport quelconque à la raison droite : elles ne fondent ni ne modifient la convenance ou l'opposition que l'acte tient de son objet, de sa fin, ou des autres circonstances et, par suite, n'intéressent pas la moralité. Il n'importe en rien, au point de vue moral, que l'assassin tue sa victime avec une arme de telle marque et de tel calibre.

227. - Si maintenant nous considérons l'acte humain dans sa genèse intime — point de vue de l'acte « interne », plus proprement moral (nn. 218-219) — nous voyons l'objet changer de caractère et son domaine s'élargir considérablement. Par rapport à la pure subjectivité du vouloir, tout le reste — non seulement l'objet de l'acte « externe » avec son cortège de circonstances objectives, mais l'acte « externe » lui-même — constitue une sorte d'objet global. C'est tout cet ensemble, en effet, qui est présenté au vouloir et, directement ou indirectement, visé par lui. Mais l'objet global comprend en outre, et principalement, la *fin*, car c'est elle qui est visée en premier lieu

---

[16] « Actus, qui secundum substantiam suam est in una specie naturae, secundum condiciones morales supervenientes ad duas species referri potest », saint Thomas, *Somme théol.*, I-II, 18, 7, ad 1um.

[17] « Non oportet, licet sint multae circumstantiae unius actus, quod unus actus sit in pluribus speciebus. Licet etiam non sit inconveniens quod unus actus moralis sit in pluribus speciebus moris, etiam disparatis », *ib.*, 10, ad 3um. Cf. *Ma.*, *ib.*, ad 3um : dans ce dernier texte, saint Thomas, vu la problématique de la question, ne traite expressément que des péchés, mais la raison qu'il apporte — à savoir, que l'être moral est, par rapport à la nature de l'acte, comme la qualité par rapport à la substance — vaut aussi bien pour les actes vertueux.

et pour elle-même. Par rapport à l'acte « interne » ou mieux à l'acte humain considéré dans sa racine subjective, la fin se comporte comme un élément objectif et joue donc un rôle spécificateur : c'est même elle qui, par excellence, spécifie. Elle remplit, en quelque sorte, à l'égard de l'acte « interne », la fonction que l'objet proprement dit exerce à l'égard de l'acte « externe »[18].

On dira donc, en ce sens, que la valeur morale de l'acte « interne » lui vient tout entière de son objet[19]. Dès lors, si la volonté veut le bien, aucune circonstance ne peut jamais la rendre mauvaise[20]. En effet, pour qu'une circonstance de l'acte « interne » pût affecter sa moralité, elle devrait être connue et visée, mais alors elle deviendrait un aspect de l'objet total[21].

Or, l'acte « interne », nous le savons, est, pour ainsi dire, la « forme » de l'acte « externe » (n. 224), qu'il élève à l'ordre moral. C'est pourquoi, à travers celui-là, la fin spécifie également celui-ci. D'où une certaine ambiguïté dans son rapport à l'acte « externe ». Si l'on considère ce dernier comme informé par l'acte « interne », c'est-à-dire dans l'unité concrète de l'acte humain, la fin est spécification. Si l'acte « externe » est considéré à part, ou mieux si l'acte humain est envisagé du côté de son inscription dans le monde, la fin devra plutôt être dite une circonstance[22].

228. - L'acte humain nous apparaît ainsi comme doublement spécifié : par l'objet proprement dit et par la fin. Comment se comportent entre elles ces deux spécifications ? Laquelle détermine principalement la nature et la valeur morale de l'acte ?

---

[18] « Sicut igitur actus exterior accipit speciem ab objecto circa quod est, ita actus interior voluntatis accipit speciem a fine, sicut a proprio objecto », saint Thomas, *Somme théol.*, I-II, 18, 6.
[19] *Ib.*, 19, 2.
[20] « Supposito quod voluntas sit boni, nulla circumstantia potest eam facere malam », *ib.*, ad 2um.
[21] Font exception les circonstances de durée et d'intensité, qui influent sur la valeur morale de l'acte, sans être proprement visées (cf. ci-dessus, note 1). Elles ne sauraient pourtant rendre mauvais un acte bon de par son objet. — Quant à la circonstance de temps (*quando*), saint Thomas observe que, si on la rapporte à l'acte même du vouloir, elle ne peut, de soi, le rendre mauvais, « si ce n'est peut-être de façon accidentelle, pour autant que quelqu'un, en voulant ce bien-ci, est empêché de vouloir au même moment un bien qu'il devrait vouloir », *ib.* — Mais, même alors, cette omission ne peut être coupable, formellement mauvaise, que dans la mesure où elle est, en quelque façon, connue et acceptée, ce qui transfère ladite circonstances dans le champ de l'objet.
[22] Voir Cajetan, *In Iam IIae*, 18, 4.

Saint Thomas distingue ici deux cas, qui correspondent à la distinction donnée plus haut (n. 226):

Premier cas: l'objet porte en lui-même une orientation interne vers la fin en question, a en elle son sens: autrement dit, la fin de l'agent est dans la ligne de celle de l'objet et de l'action (de l'acte « externe ») [23]. C'est le cas, par exemple, lorsque le voleur, en volant, ne poursuit d'autre but que d'accroître son pouvoir économique...; ou encore lorsque celui qui paie ses dettes n'a en vue que de satisfaire à la justice. — Alors, dit saint Thomas, la différence spécifique provenant de la fin est plus générale; celle qui vient de l'objet la détermine comme l'espèce détermine le genre. Car la volonté, dont l'objet propre est la fin, est le moteur universel des « puissances » de l'âme, dont les objets propres sont ceux que visent les actes particuliers [24]. A la hiérarchie objective de l'universel et du particulier répond la hiérarchie subjective du mouvant et du mû... Lors donc que la volonté ne vise rien d'autre que ce que l'acte « extérieur » vise de par sa structure spécifique, toute la spécification de l'acte humain lui vient de l'objet. Le voleur qui vole pour s'enrichir est un voleur, tout simplement.

Deuxième cas. L'objet n'est pas, par lui-même, orienté vers la fin de l'agent. (Cas de notre voleur-pour-boire, ou de celui qui veut tenir parole, non seulement par amour de la fidélité, mais pour mieux gagner la confiance de l'autre et être en mesure de mieux l'aider). — Ici, les deux spécifications, au lieu de rentrer l'une dans l'autre, sont indépendantes et l'acte appartient à deux espèces en quelque sorte disparates [25]. — Mais ces deux espèces sont elles *ex aequo* ou bien y a-t-il entre elles un ordre et laquelle tient le premier rang?

Les auteurs thomistes, même ici, donnent en général la

---

[23] *Essai...*, n. 26; pp. 62-63.

[24] « Differentia specifica quae est ex fine est magis generalis; et differentia quae est ex obiecto per se ad talem finem ordinato est specifica respectu ejus. Voluntas enim, cujus proprium objectum est finis, est universale motivum respectu omnium potentiarum animae, quarum propria objecta sunt objecta particularium actuum », saint Thomas, *ib.*, 18, 7.

[25] « Quando objectum non est per se ordinatum ad finem, differentia specifica quae est ex objecto non est per se determinativa ejus quae est ex fine, nec e converso: unde una istarum specierum non est sub alia, sed tunc actus moralis est sub duabus speciebus, quasi disparatis », *ib.* — On notera la différence entre cette doctrine et celle du *De Malo*, II, 6, ad 2um, où la circonstance — et donc la fin — était considérée comme l'objet d'un acte annexe (supra, n. 226). Si, comme le pense Dom Lottin, le *De Malo* est antérieur à la *Prima Secundae*, on pourrait dire que saint Thomas a mieux reconnu, d'un texte à l'autre, l'unité de l'acte humain. Mais peut-être a-t-on là simplement un indice de la difficulté qu'on rencontre à appliquer aux réalités psychologiques et morales les catégories d'unité et de pluralité.

priorité à la détermination par l'objet: c'est de lui que la moralité de l'acte dépend essentiellement, comme de son principe immédiat [26].

Ceci paraît s'accorder assez mal avec ce que nous venons de voir. Si l'acte « interne », spécifié par la fin, est comme la forme de l'acte humain complet, n'est-ce pas de la fin que celui-ci doit recevoir sa qualification morale la plus profonde? Et c'est ainsi, du reste, que le Docteur angélique conclut: « Considéré formellement, l'acte humain est spécifié par sa fin; considéré matériellement, par l'objet de l'acte extérieur. C'est pourquoi le Philosophe dit, au livre V de l'*Ethique*: 'celui qui vole pour commettre un adultère est, à proprement parler, plutôt adultère que voleur' » [27].

On pourrait dire, pour tout concilier, que l'*acte* est davantage marqué par l'*objet*, comme le veulent les auteurs auxquels nous venons de faire allusion, tandis que le *sujet* l'est davantage par la *fin*: le texte d'Aristote ne semble affirmer rien de plus. Pourtant, la difficulté n'est pas levée par là, puisque le sujet ne reçoit sa qualification morale qu'en raison de ses actes (n. 33, 1).

La réponse est à chercher dans la distinction ci-dessus. Considéré dans sa genèse intime, l'acte dépend davantage de la fin, qui met en branle le vouloir, mais, en même temps, il exprime et qualifie davantage le sujet. La visée de la fin est révélatrice des dispositions profondes, des *habitus,* du caractère, de l'attitude foncière du sujet envers les valeurs et la Valeur. *Qualis est unusquisque, talis finis videtur ei.* — Ainsi le rôle de la fin concerne moins la spécification de l'acte que sa valeur morale et par suite celle du sujet; et cela surtout lorsqu'il s'agit de la fin dernière, de la valeur fondamentale dont le choix par le sujet conditionne l'attraction des fins particulières. En définitive, il n'y a pour l'homme que deux attitudes en face de l'Idéal: l'ouverture et la fermeture [28]. Et c'est de

---

[26] Ainsi L. Lehu, *op. cit.*, p. 141 : « moralitas ex parte objecti procedit ex principio immediato actus et moralitas ex parte finis ex principio remoto ».

[27] « Et ideo actus humani species formaliter consideratur secundum finem, materialiter autem secundum objectum exterioris actus. Unde Philosophus dicit in V Eth. quod ille qui furatur ut committat adulterium est, per se loquendo, magis adulter quam fur », *Somme théol.*, I-II, 18, 5. — En fait, Aristote dit: « un tel homme (qui commet un adultère par amour du gain) est injuste, sans doute, mais non point intempérant » (*Eth. nicom.*, V, 4, 1130 a 24; trad. Gauthier-Jolif, p. 126). Sous un contresens matériel, la pensée est exactement rendue. Il s'agit d'un simple lapsus de mémoire: dans son commentaire, saint Thomas donne une interprétation correcte: *In V Eth.*, l. 3; éd. Pirotta, n. 916.

[28] Voir *Essai...*, nn. 119, 120, 129; pp. 287-292, 309-312.

ce choix radical, plus ou moins présent en tout choix particulier [29], que dépend essentiellement la valeur morale du sujet.
— La détermination venue de l'objet, elle, concerne davantage la spécification de l'acte, le mode typique de sa conformité ou de son opposition à la raison droite [30].

La disposition intime du sujet, dont l'acte est le fruit, est sa réponse à l'appel de la fin. Il ne s'agit pas nécessairement d'un acte exprès et distinct: depuis longtemps, et bien avant la « psychologie des profondeurs », les moralistes et les spirituels ont signalé l'importance de ces attitudes et de ces options radicales et secrètes, qui commandent en grande partie, du moins tant qu'elles ne sont pas révoquées, nos choix particuliers [31]. Si le jeune homme de l'Evangile n'a pas suivi le Christ, c'est que, dans la table des valeurs qui réglait pratiquement ses préférences, ses « grands biens » passaient avant la « vie parfaite ». C'est cette table qu'il aurait dû changer pour répondre à l'appel du Christ.

On se rappellera ici que, selon l'analyse thomiste de l'acte humain, la *volonté* (qui en est comme la racine, n. 15) regarde proprement la *fin,* tandis que le *choix* regarde plutôt les *moyens.*

A ces options fondamentales individuelles, il faut ajouter les choix de valeurs que la société, le milieu etc. opèrent pour nous et qui structurent *a priori* le champ ouvert à notre liberté. Qu'on songe, par exemple, à la surévaluation de la sexualité dans le monde occidental moderne. Ces options préalables, que bien souvent une personnalité d'exception est seule capable de dépasser, peuvent rendre pratiquement impossible la solution correcte de certains problèmes moraux. — On pourrait croire que ceci ne concerne pas notre propos: la rectitude foncière de l'individu n'est-elle pas indépendante de ces choix opérés sans lui, hors de lui? La question pourtant est de savoir si et jusqu'à quel point il est possible, là où le sens des valeurs est faussé, de conserver une volonté vraiment droite et ouverte et disponible à la Valeur.

229. - Ce rôle éminent de la fin dans la détermination de la valeur morale de l'acte n'est pourtant pas exclusif: l'objet et donc les moyens ont aussi leur mot à dire. Si la volonté vise d'abord la fin, elle embrasse également, nous l'avons vu, l'objet et les circonstances dans son champ intentionnel. Bien des voleurs d'occasion préféreraient acquérir par des voies honnêtes l'argent dont ils ont besoin, mais, en fait, ils consentent à un geste qu'il était en leur pouvoir d'éviter. Si donc les moyens sont, de par leur nature, contraires à la raison droite, la vo-

---

[29] *Ib.*, n. 131; pp. 315-317. — Sur la notion de choix fondamental, voir H. Reiners, *Grundintention und sittliches Tun,* Fribourg en Br., 1966, surtout pp. 15-46.
[30] Cf. S. Pinckaers, *Le rôle de la fin dans l'action humaine selon saint Thomas,* « Rev. des sc. phil. et théol. », 1961, pp. 393-421.
[31] D. von Hildebrand appelle ces dispositions « superactual attitudes », *Christian Ethics,* pp. 241-243.

lonté qui accepte de les employer devient infidèle à la raison et à son Idéal, quelque légitime et sainte que puisse être en elle-même la fin. Celle-ci est bien la forme du « voulu » total, mais elle n'est pas tout ce « voulu ».

Nous dirons plus. Une fin visée à travers des moyens déshonnêtes et connus comme tels, ne peut être vraiment visée *en tant que fin honnête*. Ce sera, si l'on veut, une fin honnête matériellement, mais non formellement. En effet, vouloir une fin honnête en tant qu'honnête — condition nécessaire pour la bonté morale de l'acte (nn. 238-239) — suppose une volonté ouverte à la Valeur et cette ouverture est impossible là où le sujet, librement et consciemment, applique sa volonté à des moyens pervers. Celui qui, par amour, viole la justice ou la pudeur, ne peut prétendre aimer vraiment, à savoir comme une personne exige d'être aimée.

A plus forte raison (mais ceci n'est contesté par personne) une fin perverse suffit-elle à pervertir un acte qui, considéré en lui-même, serait licite, voire louable : ainsi, faire l'aumône à un mendiant pour l'induire à blasphémer, comme le Don Juan de Molière, dans la scène du pauvre. Ici, en effet, le principe vaut à plein : *bonum ex integra causa, malum vero ex quocumque defectu*. Le bien est perfection et requiert la totalité de ses conditions ; le mal est privation et se vérifie dès là qu'une seule fait défaut.

Par contre (et ceci non plus n'est pas contesté) un acte dont l'objet serait en soi indifférent, moralement neutre, se charge d'une valeur morale positive s'il est commandé par une fin que la raison approuve (n. 238).

230. — Il ne faut pas confondre avec l'emploi d'un moyen intrinsèquement pervers celui d'un moyen, en lui-même honnête ou indifférent, mais qui, à côté de l'effet moralement tolérable ou désirable qui est visé, en comporte un autre dont la recherche est moralement condamnable. Dans ce cas, et pour des raisons proportionnées à la fois au bien poursuivi et à la gravité du mal prévu, il est permis d'employer un tel moyen. A deux conditions toutefois : la première, que l'effet mauvais ne soit en aucune manière visé ; la deuxième, qu'il ne dérive pas du moyen employé plus immédiatement que l'effet bon et donc ne s'intercale pas entre eux comme un chaînon causal (ce qui serait vouloir le mal pour qu'arrive le bien). Personne n'incriminera le chef qui, en temps de guerre, quand l'ennemi est là, fait sauter d'urgence les ponts, même si cela doit entraîner la mort de quelque promeneur attardé. De même est-il permis de prendre un remède, de subir une opération qui, tout en sauvant la vie ou rendant la santé, comportent, même nécessairement, des suites qu'on n'a pas le droit de vouloir et de chercher : telle l'ablation de l'utérus gravide atteint de tumeur (ablation qui provoque inévitablement la mort du fœtus). Cette ablation est licite, dans la mesure où la guérison ne dépend pas de l'effet prohibé (la mort du fœtus) et où l'intervention s'impose vraiment.

Pourquoi cela est-il permis? Par hypothèse, le moyen employé n'est pas défini dans son sens par l'effet prohibé (sinon il serait intrinsèquement pervers, ce que l'hypothèse exclut). D'autre part, ledit effet n'est pas un moyen pour obtenir le résultat visé. Dès lors, la volonté peut, sans contradiction, à la fois viser ce résultat comme une fin honnête et voulue comme telle (n. 238) et le moyen en question; autrement dit, elle peut vouloir celui-ci sans se départir de sa rectitude. Il n'y a rien dans l'objet, tel qu'il se propose à elle, qui contredise son ouverture à la Valeur.

Certes, répétons-le, la permission de l'effet mauvais requiert une raison proportionnée. Trop de facilité en cette matière témoignerait d'une insouciance coupable à l'égard de l'ordre objectif, d'un égoïsme oublieux du prochain et, pour tout dire, d'une insuffisante ouverture à la Valeur. C'est le cas, bien souvent, dans la guerre, où la proportion susdite est rarement respectée (et il faut reconnaître qu'elle n'est pas facile à déterminer). — Mais, d'autre part, si l'effet mauvais ne pouvait jamais, en aucune circonstance, être permis, la vie humaine et surtout le progrès deviendraient impossibles. Toute conquête de l'homme entraîne des inconvénients et des périls parfois mortels. Va-t-on proscrire les automobiles à cause des accidents de la route ou parce que les exhalaisons, dans les villes, risquent de favoriser le cancer? Renoncera-t-on aux avions supersoniques parce que les « bangs » sont funestes aux cardiaques? Ce n'est pas le rôle de la raison droite d'entraver la marche en avant de l'humanité [32].

231. - En résumé:

1°. La spécification morale de l'acte dépend de tous les éléments qui, dans cette acte, peuvent fonder un rapport spécial de conformité ou d'opposition à la raison droite. Or, soit l'objet proprement dit, soit la fin visée par l'agent, soit, dans certains cas, les autres circonstances, peuvent fonder un tel rapport. La spécification morale de l'acte dépendra donc de tout cela.

2°. La valeur morale du sujet dépend principalement de ce qui spécifie l'acte considéré dans sa genèse subjective, en tant qu'il exprime les dispositions profondes de l'agent. Or, sous

---

[32] Pour une interprétation différente du principe, voir P. Knauer, *La détermination du bien et du mal moral par le principe du double effet*, « Nouvelle revue théologique », 1965, pp. 356-376. Selon cet auteur, « un effet mauvais sera indirect ou direct suivant la présence ou l'absence de raison proportionnée », p. 365. Or, « il y aura raison proportionnée, si l'on aspire vraiment à la réalisation maximale de la valeur (poursuivie par l'acte) au niveau de sa réalité totale », p. 370. Ainsi, « l'on doit admettre un mal, si c'est la seule manière de ne pas contredire directement le maximum de la valeur qui s'y oppose », p. 371. Les arguments apportés par l'auteur ne nous semblent pas rendre nécessaire l'abandon de la présentation courante.

cet aspect (celui de l'acte « interne », de l'intention), c'est la fin qui joue le rôle spécificateur. C'est donc aussi de la fin que dépend surtout la valeur morale du sujet.

3°. Une fin honnête et voulue comme telle ne peut justifier un moyen dont la visée est incompatible avec la visée de cette fin. Or il est impossible de viser à la fois une fin honnête comme telle et un moyen qui ne l'est pas. Il est donc impossible qu'une fin, si louable qu'on la suppose, justifie un moyen en soi déshonnête.

232. - Appendice I. *L'acte externe ajoute-t-il quelque chose à la valeur morale de l'acte interne?*[33].

On distinguera avec saint Thomas deux qualifications morales de l'acte « externe »: l'une qui lui vient de la fin, l'autre qui lui vient de l'objet et des circonstances objectives.

La première est tout entière l'œuvre du vouloir. Seule, en effet, la volonté établit un lien entre la fin en question et l'acte « externe », et c'est en cela, nous l'avons vu, que la fin se distingue des autres circonstances, qui, à part l'intensité et la durée (de l'acte intérieur) se situent sur le plan de l'objet (n. 222). Sous ce rapport, donc, l'acte « externe » n'ajoute rien à la valeur ou à l'antivaleur de l'acte « interne », sinon dans la mesure où il donne à la volonté l'occasion de modifier sa propre attitude et, partant, sa propre valeur. Trois cas peuvent se présenter ici. Ou bien l'acte « externe » requiert, pour être posé, une nouvelle volition (cas d'exécution différée; c'est le sort des bonnes résolutions prises le matin pour la journée: quand l'occasion est là, il faut un nouvel acte pour les tenir). Ou bien la durée de l'exécution entretient la volonté dans une ferveur qui se serait éteinte sans cela (deux étudiants se rendent à la Faculté, bien décidés à suivre attentivement les cours, mais l'un, constatant que le professeur est indisposé ce jour-là, s'en va et profite de son loisir pour quelque rendez-vous, tandis que l'autre écoute avec une application méritoire un exposé austère). Ou bien enfin le plaisir ou la peine que l'on trouve dans l'exécution fait que la volonté s'y engage plus ou moins totalement (on regardera un spectacle, une scène de rue etc., « du coin de l'œil », « rien qu'en passant », et puis on se laissera prendre, absorber, fasciner, emporter par la curiosité ou la passion, comme Alypius dans le célèbre récit de saint Augus-

---

[33] Saint Thomas, *Somme théol.*, I-II, 20, 4. Voir aussi II S., d. 40, 1, 3; *Ma.*, II, 2, ad 8um.

tin) [34]. Notons d'ailleurs ici que le plaisir n'est pas seul à intensifier l'élan du vouloir : la difficulté a souvent le même effet, en stimulant ce que les scolastiques appelaient l'« appétit irascible » — nous dirions les instincts d'agressivité et le désir de « triomphe » : songeons simplement aux alpinistes.

La valeur morale qui dérive de l'objet et des circonstances objectives ne procède pas, elle, de la volonté. En soi, indépendamment du choix subjectif, l'acte, de par sa structure, a déjà un rapport de conformité ou d'opposition à la raison droite. Le rôle de la volonté est simplement ici de réaliser cette valeur objective [35]. — Bien plus, il faut dire que la valeur morale de la volonté dépend, sous cet aspect, de cette réalisation, en qui l'acte « interne » trouve sa fin et son achèvement. Car « la perfection de toute tendance, de tout mouvement, c'est de parvenir à sa fin, d'atteindre son terme. Et c'est pourquoi la volonté n'est parfaite que si elle est prête, le moment venu, de passer à l'action » [36].

En d'autres mots, le vouloir, de par son dynamisme propre, tend à s'exprimer dans l'acte « externe » et le signe le plus certain de sa sincérité, de son « authenticité » sera toujours l'exécution effective. Il faut même dire que, sauf empêchement ou raison conseillant le délai, la volonté, dès là qu'elle est parfaite, commence à exécuter, de sorte que sa perfection coïncide avec l'agir. D'où le proverbe : « l'enfer est pavé de bonnes intentions » — entendons : d'intentions stériles. Une volonté qui s'enferme dans la pure intériorité, qui ne se manifeste pas en réalisant, alors qu'elle le pourrait, témoigne par là de son irréalité.

Noter la différence entre les deux cas. Dans le premier, l'acte « externe » était simplement l'occasion, pour la volonté, de devenir meilleure ou pire. Dans le second, l'acte « externe » manifeste que la volonté est, en fait, meilleure ou pire (que si elle n'exécutait pas son projet).

---

[34] *Confessions*, VI, 8 ; PL. t. 32, col. 726.
[35] Saint Thomas, *Somme théol.*, I-II, 20, 1.
[36] « Omnis inclinatio vel motus perficitur in hoc quod consequitur finem vel attingit terminum. Unde non est perfecta voluntas, nisi sit talis quae, opportunitate data, operetur », *Ib.*, 20, 4. — Là en effet où le vouloir est authentique, l'exécution de l'acte se présente intentionnellement au sujet comme la suite nécessaire de son « projet », à la condition que celui-ci se maintienne, que les moyens d'exécution ne fassent pas défaut et qu'aucun obstacle ne s'interpose. Voir l'analyse du vouloir, ci-dessus n. 14, 2 et *Essai*, n. 14, pp. 39-42. — Que si l'exécution est impossible, son « défaut » est purement involontaire et n'enlève rien à la valeur de l'acte interne, saint Thomas, *ib.*

233. - Appendice II. *De l'être moral.*

Les scolastiques se sont demandé en quoi consiste l'être moral (*esse morale*) de l'acte humain et ce qu'il ajoute à l'être physique ou naturel de ce dernier. Leurs opinions peuvent se ramener à trois principales [37].

Selon la première, le caractère moral ne requiert rien d'autre, dans l'acte, que la liberté. On attribue cette position à Scot. Celui-ci dit en effet: « Un acte est appelé moral, parce qu'il est posé librement » [38].

Mais, si l'on veut voir là une définition et une réponse à notre question, cette réponse est inadmissible. La liberté est la condition de la moralité, elle n'est pas la moralité. Sans doute, tout acte libre est un acte moral (ci-dessous, n. 238); pourtant, la maîtrise de soi, le pouvoir, pour le sujet, de disposer de son acte, disent autre chose, formellement, que l'attitude envers la Valeur. La moralité ajoute à la liberté une qualification.

Une autre opinion est celle de Suarez. Selon le *Doctor Eximius*, « l'être moral n'ajoute rien à l'entité et à la substance de l'acte du vouloir, sinon un certain mode d'émanation, une certaine dépendance morale de l'acte par rapport à la raison avertie (*a ratione advertente*) et à la volonté agissant librement ». Ce mode, du reste, « n'est pas quelque chose qui inhérerait physiquement et intrinsèquement à l'acte moral: dans l'acte extérieur, il dit une dénomination tirée de l'acte libre du vouloir; dans l'acte interne de la volonté, il dit, outre le fait d'émaner physiquement de celle-ci, une dénomination tirée de la raison dirigeant l'acte et de la volonté opérant en pleine maîtrise (*ex plena potestate*), de telle sorte qu'elle puisse aussi bien ne pas opérer » [39]. Cette « dénomination », notons-le, n'est extrinsèque que par rapport à l'acte lui-même, non par rapport au sujet, puisqu'elle est tirée de puissances ou d'actes qui sont intrinsèques à celui-ci [40]. Ce n'est pas non plus un pur être de raison, une pure fiction de l'esprit: elle a un fondement réel [41].

---

[37] Pour une exposition plus complète, on peut voir V. Frins, *De actibus humanis*, II, pp. 9-53 et I. González Moral, *Philosophia moralis*, Santander, 1945, pp. 87-88.

[38] « Actus dicitur moralis, quia libere elicitus », *Opus Oxoniense*, II, d. 40, quaest. unica, n. 3; ed. Wadding, Lugduni, 1639, t. VI, 2, p., p. 1028.

[39] *De bonitate et malitia actuum humanorum*, Disp. I, sect. 2, nn. 15, 16; és. Vivès, t. IV, p. 284 a.

[40] *Ib.*, n. 19; p. 285 a.

[41] *Ib.*

Une troisième opinion, enfin, est celle des thomistes, en particulier de Billuart. Ici, la moralité ajoute à l'être naturel de l'acte une relation transcendantale à la règle des mœurs, ou, plus précisément, à l'objet en tant que régi par la règle des mœurs [42].

Nos préférences vont à cette dernière opinion. En effet, la volonté reçoit sa spécification par l'intermédiaire de l'intelligence, qui lui présente son objet. Or, dans l'acte moral, l'objet est présenté en rapport de convenance ou d'opposition à la règle de la raison. Celle-ci est donc intellectuellement visée dans et à travers l'objet, et cette visée affecte nécessairement et intrinsèquement l'acte de la volonté qui, par la médiation de l'objet, se trouve ainsi transcendantalement référée à la règle.

234. - Appendice III. *Du mal moral.*

Une autre question agitée entre scolastiques concerne la nature propre du mal moral. Celui-ci consiste-t-il, comme on le dit du mal en général, en une simple « privation », ou contient-il un élément positif? Quand il s'agit des « péchés d'omission », il n'y a, par définition, rien de plus qu'un manque (on *n'a pas fait* ce qu'on devait faire), mais qu'en est-il dans les autres cas, quand on *a fait* ce qu'on ne devait pas faire (*peccata commissionis*)? Notons, pour préciser, que nous parlons ici du mal moral au sens formel, de la *malice morale*. Dans sa réalité concrète, c'est trop clair, l'acte coupable — un mensonge, un meurtre — est « quelque chose », pose de l'être. Mais le pose-t-il *en tant même que mauvais*?

1) Le mal moral, comme tel, implique évidemment quelque privation, puisque celle-ci est essentielle au mal comme tel, comme on le démontre en métaphysique. Dans le cas du mal moral, ce qui fait défaut, c'est la « rectitude », pour parler comme saint Anselme, la conformité à la raison droite et à l'Idéal pratique. Ceci ne fait pas difficulté, mais l'accord cesse quand il s'agit d'indiquer le *sujet* de ladite privation. A qui, à quoi manque la « rectitude »? A l'acte? A la volonté? A l'homme? — A l'acte, semble-t-il, puisque c'est lui que la valeur morale affecte immédiatement (n. 31, 1). Seulement, on ne voit pas bien comment un acte intrinsèquement mauvais, comme la haine de Dieu, pourrait être dit manquer d'une perfection (morale, s'en-

---

[42] « Moralitas in communi consistit formaliter in tendentia seu relatione reali transcendentali ad obiectum subditum regulis morum », *De actibus humanis*, diss. IV, art. I (*Cursus theologicus*, t. II, Brescia, 1837, p. 77 a).

tend) qu'il devrait avoir [43]. Un tel acte n'est susceptible d'aucune perfection. — On répond que la privation n'affecte pas l'acte pris dans sa particularité, mais en tant qu'acte humain en général [44]. Il y a, en effet, en tous nos vouloirs, un élément commun : le dynamisme du sujet en quête de sa pleine réalisation.

2) A côté de cet élément négatif, les thomistes, pour la plupart, voient dans la malice morale un autre élément, celui-là positif : la « conversion » de la volonté vers une fin indue (par exemple, la satisfaction d'un désir de vengeance). En raison de cet élément, l'opposition du mal moral au bien moral n'est pas seulement de privation mais de contrariété. Bien plus, c'est cet élément positif qui constituerait formellement la malice morale comme telle, la privation de « rectitude » en étant simplement la conséquence. Ces auteurs vont même parfois jusqu'à déclarer *équivoque* l'emploi du terme *mal* pour désigner le mal dont traite la métaphysique (privation pure) et le mal moral [45].

D'autres, au contraire, ne voient pas la nécessité de faire au mal moral un sort à part et le ramènent à la formule commune de la privation [46].

235. - Voici comment, nous semble-t-il, on pourrait tenter une réponse :

1) L'acte moralement mauvais n'est pas tel en raison de quelque défaut dans la *nature* du sujet (comme une vision défectueuse est la suite d'un défaut de conformation de l'œil), ou en raison de quelque empêchement externe (comme une chute due à la rencontre d'un obstacle) : il est mauvais par lui-même; c'est en lui que la malice, l'antivaleur, réside en premier lieu (n. 33, 1).

2) Chez les agents naturels et chez les agents spirituels eux-mêmes, en tant qu'ils sont nature, l'action est toujours ce qu'elle doit être, en ce sens qu'elle répond toujours à ce qu'on

---

[43] Ainsi Vazquez, *In Iam IIae*, disp. 95, cap. 6, 7, 8; Lyon, 1620, t. I, pp. 444-447. Suarez, *De bonitate et malitia*..., disp. VII, sect. 5, surtout nn. 3 et 13; Vivès, t. IV, pp. 397, 390 b - 391 a.

[44] Billuart, *De peccatis*, diss. I, art. III, III (*Cursus theol.*, t. II, pp. 165-166. — Lehu, *Philosophia moralis*, p. 93. — Selon Frins, il ne s'agit pas d'une privation proprement dite, mais d'une privation « morale et légale », *De act. hum.*, t. II, pp. 366-374.

[45] Cajetan, *In Iam IIae*, q. 18, a. 5, n. 2; q. 71, a. 6, nn. 3 et ss. — Billuart (*op. cit.*, art. III; pp. 157-165) expose et discute longuement les deux opinions. Bon exposé également chez Deman, art. *Péché*, dans le *Dict. de Théol. Cath.*, col. 149-153. Frins s'accorde sur ce point avec les thomistes.

[46] Ainsi Suarez, *op. cit.*, disp. VII, sect. 3; pp. 379-384. Et avant lui, Scot, *Ox.*, II, d. 37, q. 1, n. 6; Wadding, t. VI, 2 p., p. 981.

peut appeler sa « règle », à savoir la nature de l'agent, telle qu'elle se trouve réalisée concrètement avec le bloc de circonstances qui la situe et la détermine *hic et nunc*. Partant, cette action peut bien, en raison des circonstances, ne pas répondre à ce que requerrait la nature de l'agent, considérée « en soi »; elle ne peut pas, à proprement parler, contredire, de par son orientation interne, l'« intention » de cette nature. Autrement dit, l'élan naturel de l'être vers son bien peut se trouver entravé, dévié, mais la raison de cette déviation lui reste extérieure. — Au contraire, l'agent moral, du fait de sa liberté, est capable de poser un acte dont l'orientation interne, l'intention, non seulement reste en dessous des exigences de la raison — sa règle propre —, mais les contredise.

3) Il s'ensuit que le mal moral ne dit pas simplement privation, manque de bonté morale, mais une opposition en quelque sorte polaire. L'homme vicieux n'est pas seulement un homme qui n'a pas encore atteint le seuil de la vertu. La haine est autre chose qu'un manque d'amour.

4) Cependant cet élément positif suppose lui-même, à un niveau plus profond, quelque négativité. En tout acte, si « déréglé » qu'on l'imagine, un bien est voulu, qui ne devient moralement mauvais que parce qu'il est voulu en dehors de l'ordre. La haine des autres, de Dieu même est comme l'envers d'un amour de soi, d'une recherche de sa propre excellence, d'une affirmation de sa liberté etc., amour, recherche, affirmation visant, de soi, des valeurs authentiques, mais auxquels manque la règle de la raison. Le sujet s'aime comme s'il était le bien suprême, il veut sa liberté comme s'il n'était pas essentiellement dépendant : selon le mot profond de l'Evangile, il « ne se tient pas dans la vérité ». De ce point de vue faussé, Dieu, les autres ne peuvent lui apparaître que comme des rivaux et des menaces. Il y a donc bien à l'origine, un manque, une absence : l'absence, dans la vision que le sujet a des choses, d'un facteur essentiel pour l'intelligence pratique du cas. C'est en ce sens que le péché comporte à sa racine une ignorance : cela Socrate l'avait compris; seulement — ce que Socrate n'avait pas vu —, cette ignorance est volontaire; elle est le fruit du sujet lui-même qui détourne son attention de la règle morale ou du moins lui refuse l'attention valorisante pour laisser le champ libre aux motifs inférieurs.

On rejoint là la doctrine classique des thomistes sur la non-considération de la règle, comme racine négative du péché ⁴⁷. Cependant, si cette non-considération est en elle-même innocente, comme on dit, (car on n'est pas obligé de penser toujours à la règle), on voit mal comment le désordre dont l'acte posé dans ces conditions est inévitablement affecté pourrait être coupable. Ou bien je sais que ne pas considérer la règle entraîne un dérèglement, et alors je suis coupable de ne pas la considérer et le problème reste entier; ou bien je ne le sais pas, et alors le dérèglement ne peut pas m'être imputé (nn. 16 et 245-246). Nous pensons donc — et ceci est pleinement conforme à la doctrine thomiste de la causalité réciproque de l'intelligence et du vouloir dans l'acte libre — que la non-considération est déjà une défaillance de la liberté qui se ferme à la lumière pour mieux pécher: *noluit intellegere ut bene ageret* ⁴⁸. De cette fermeture naît l'illusion qui absolutise pratiquement le relatif. Et de cette illusion en naît une autre: celle d'une expérience positive et enrichissante du mal. Et en effet, de même que, selon la profonde remarque de saint Thomas, à la différence de Dieu, qui ne connaît la puissance qu'à travers l'acte, nous connaissons la puissance à travers la puissance (par exemple, la potentialité de notre conscience désirante) ⁴⁹, de même nous connaissons le mal à travers celui qui est en nous, à tout le moins à travers notre propre possibilité de pécher, et il arrive que nous lui trouvions une saveur spéciale — plus qu'à la vertu (« On ne fait pas de bonne littérature avec de bons sentiments... »). Pourtant, plus l'âme se spiritualise, plus elle connaît le mal à travers le bien — à la façon de Dieu et des saints — et plus aussi elle en a horreur. Songeons à la connaissance du mal que pouvait avoir un Curé d'Ars, si différente de celle — souvent accompagnée d'une complicité secrète — qu'en a d'ordinaire un romancier ...

Pour conclure, nous pouvons dire que la positivité qui apparaît dans le mal moral comme tel n'est rien d'autre, en définitive, qu'un *être de raison pervertie*. Elle n'a de consistance que celle que lui prête notre fermeture.

On voit par ce qui précède comment répondre à la question, posée par certains penseurs contemporains, s'il est possible à l'homme de vouloir le mal pour le mal ⁵⁰. On veut toujours un certain bien onto-

---

⁴⁷ Sur cette doctrine, outre les textes classiques de saint Thomas: *Cont. Gent.*, III, 10; *Ma.*, 1, 3, voir J. Maritain, *De Bergson à Thomas d'Aquin*, Paris, 1947, pp. 283-287; *Court traité de l'existence et de l'existant*, Paris, 1947, pp. 148-153 et, plus récemment, *Dieu et la permission du mal*, Paris, 1963, pp. 37-60.
⁴⁸ Ps. 35, 4 (Vulg.).
⁴⁹ *Cont. gent.*, I, 71.
⁵⁰ Ainsi, selon N. Hartmann (*Ethik*², pp. 343-345), s'il est vrai que l'homme

logique, mais ce bien, l'homme peut le chercher dans le mépris formel des règles morales et de l'Idéal, s'il estime par là affirmer son indépendance et sa suffisance. On pourrait, il est vrai, se demander si même alors l'homme ne se donne pas à lui-même l'illusion de remplir un obscur devoir envers sa propre dignité. Il est difficile, quand l'acte est vraiment humain, de ne pas chercher à le motiver moralement (n. 36, fin).

Avec tout cela, il reste que le mal moral pose à la raison philosophique un problème considérable, non seulement pour ce qui concerne sa possibilité (dont s'occupent la métaphysique et la psychologie), mais plus encore en raison de son extension et des formes souvent monstrueuses qu'il revêt. Comment de tels excès sont-ils possibles? Comment se fait-il que l'animal raisonnable se comporte d'ordinaire si peu raisonnablement? Pourquoi l'homme, à ce qu'il paraît, dévie-t-il de sa règle propre beaucoup plus que les autres vivants? — Devant ces énigmes, la raison naturelle éprouve ses limites et reçoit, pour ainsi dire, des faits une invitation à accueillir, éventuellement, une vérité plus profonde qui lui viendrait d'ailleurs.

Une éthique qui entend être complète et « coller » pleinement à la réalité humaine telle qu'elle existe en fait, ne peut laisser de côté la condition de l'homme pécheur: celle-ci, en effet, commande pour une grande part, notre perception de la valeur morale (n. 31). Malgré tout, cette condition n'est pas essentielle à l'homme comme tel. Nous avons donc pu, étant donné notre propos, ne pas lui accorder, dans nos recherches, une attention particulière, ce qui, dans une étude pratico-pratique, eût été un défaut capital [51].

---

veut toujours le bien et que le mal moral (das Böse) consiste dans le choix des valeurs inférieures, le choix du mal pour le mal, « une téléologie absolue de la non-valeur » (« eine absolute Teleologie des Unwertes ») n'est, en soi, nullement contradictoire, bien qu'impossible pour l'homme: c'est cette « téléologie » qu'exprime l'idée de « Satan ». H. Reiner va plus loin et pense que le choix du mal pour le mal se vérifie parfois chez l'homme (*Das Prinzip von Gut und Böse*, pp. 14-15). — Voir sur la question J. L. L. Aranguren, *Etica*, pp. 369-373. Egalement J. Nabert, *Essai sur le mal*, Paris, 1955, pp. 67-69. Sur le mal moral et le mal en général, voir encore, en plus des auteurs précités: L. Lavelle, *Le mal et la souffrance*, Paris, 1940 et Et. Borne, *Le problème du mal*, Paris, 1958. Pour l'aspect historique, en particulier: A.-D. Sertillanges, *Le problème du mal*, I. *L'histoire*, Paris, 1939; II. *La solution*, Paris, 1951 (posthume).

[51] Sur la légitimité de cette abstraction, voir P. Ricœur, *Philosophie de la volonté*, I, pp. 23-31: L'abstraction de la Faute.

CHAPITRE XI

LE PROBLEME DES ACTES INDIFFERENTS

236. - En étudiant la moralité de l'acte humain, nous avons jusqu'ici paru supposer implicitement que tout acte humain est, par le fait même, un acte moral, affecté d'une valeur positive ou négative. Mais il n'est pas immédiatement évident qu'il en soit ainsi. Ne pourrait-il pas y avoir des actes qui, tout en étant vraiment humains, c'est-à-dire délibérés, resteraient pourtant, du point de vue moral, neutres ou, comme on dit, indifférents?

Il s'agit, bien entendu, d'actes humains considérés dans leur individualité concrète, avec l'ensemble de circonstances qui complète leur détermination. Car, envisagés dans l'abstrait, indépendamment de leurs circonstances, sans autre spécification que celles qui leur vient de leur objet, il est clair qu'un grand nombre n'offrent aucune prise à une qualification morale. Marcher, s'asseoir, jouer au football ou aux échecs, ouvrir ou fermer la fenêtre etc.: qui pourra discerner, dans ces actes pris en eux-mêmes, selon leur pureté formelle, le moindre rapport de convenance ou d'opposition à la raison droite? Tout dépend de la manière, du temps, du lieu, de l'intention etc. Faire des mots croisés peut être louable quand l'esprit a besoin de quelque relâche — il exerce alors la vertu d'*eutrapélie* —, mais c'est un désordre quand le devoir présent requiert notre attention.

Or, il semble que l'adjonction des circonstances ne suffise pas toujours à conférer une qualification morale aux actes humains. Quand je me promène, un soir d'été, simplement parce qu'il fait beau et que l'air pur des bois m'invite, quelle valeur morale peut bien présenter mon acte? Négative: sûrement pas: aucune intention perverse ne me guide et je ne manque à aucun devoir: c'est le temps des vacances. Positive? Pas davantage, semble-t-il. Je suis simplement ma pente, je choisis ce qui me plaît. Je n'ai pas eu conscience de viser le « bien honnête », l'accord avec la raison ou quoi que ce soit de ce genre.

Mon acte ne me fait ni monter ni descendre dans l'échelle des valeurs (n. 42). Il paraît donc, dans sa réalité concrète, moralement neutre.

Cette neutralité peut être comprise de deux manières. Ou bien on regardera les actes de ce genre étrangers au domaine moral, qui, dès lors, ne recouvre pas celui des actes humains. Ou bien ou y verra comme un *degré zéro* de la moralité, les deux domaines restant coextensifs.

237. - Il n'est donc pas étonnant que certains scolastiques aient cru pouvoir admettre la possibilité et la réalité d'actes moralement indifférents. Citons, en particulier, saint Bonaventure [1], Duns Scot [2] et Vazquez [3].

Selon le Docteur Séraphique, l'opinion contraire élargit ou rétrécit à l'excès la voie du salut [4]. Elle l'élargit trop, si l'on prétend qu'une intention *habituellement* orientée vers Dieu suffit à rendre bonne l'action. Elle la rétrécit trop, si l'on exige, pour éviter le péché, une intention *actuelle*. Dira-t-on: dans les actions qui concernent directement la volonté (les « actes élicites »), il n'y a pas de place pour l'indifférence, mais il en va autrement pour les actes qui ne concernent la volonté qu'indirectement (les « actes commandés »)? Réponse insuffisante: « vouloir réfléchir sur la vérité est un acte de la volonté en tant qu'elle est mue selon la raison; et néanmoins il arrive souvent qu'un homme réfléchisse sur la vérité, sans rapporter (son acte) à Dieu: il est bien dur pourtant de dire alors qu'il pèche! » [5]. Il doit donc y avoir un moyen terme entre la bonté et la malice morales dans les actes délibérés. Et en effet toute action humaine ou bien est *ordonnée* à Dieu ou bien ne l'est pas. Mais une action *non ordonnée* à Dieu n'est pas, par le fait même, mauvaise. Car la non-ordination peut provenir: 1) d'une conversion désordonnée vers la créature: il y a alors péché positif, péché par « commission »; 2) d'une négligence: il y a péché par « omission »; 3) « de la faiblesse et de la misère de l'agent » (*propter operantis infirmitatem et miseriam*): l'acte est alors indifférent. C'est le cas, par exemple, « quand on agit sans affection désordonnée envers la créature, sans cependant rapporter son acte à Dieu, mais simplement pour une fin qui concerne un besoin de la nature, comme lorsqu'on se promène pour se reposer ou qu'on mange pour se restaurer » [6]. — Saint Bona-

---

[1] *In II Sent.*, d. 41, a. 1, q. 3; éd. Quaracchi, t. II, pp. 942-946, stt. 943-944. — Sur la question au moyen-âge, voir O. Lottin, *Psychologie et morale aux XIIe et XIIIe siècles*, t. II, 1re p., pp. 469-489: L'indifférence des actes humains chez saint Thomas d'Aquin et ses prédécesseurs.

[2] *Ox.*, II, d. 41, q. unica, éd. Wadding, t. VI, 2. p., 1034-1035; *Reportata parisiensia*, II, d. 41, Wadding, t. XI, 1 p., pp. 408 b - 409 a.

[3] *In Iam IIae*, disp. 52, Lyon, 1620, t. I, pp. 256 b - 264 a, stt 260 a - 261.

[4] *Op. cit.*, p. 944 a.

[5] « Nam velle cogitare de veritate est actus voluntatis secundum quod movetur rationaliter et tamen frequenter homo cogitat de veritate ita quod non refert ad Deum et tamen durum est dicere quod peccat », *ib.* p. 944.

[6] « Quando quis facit aliquam operationem ita quod circa creaturam non

venture, on le voit, ne fait ici aucune distinction entre la valeur morale de l'acte et son « ordination » à Dieu par la charité surnaturelle, qui lui confère un caractère méritoire.

Selon Duns Scot, « il y a beaucoup d'actes indifférents, non seulement selon leur être naturel, mais encore selon leur être moral.. Oui, même beaucoup d'actes élicites, considérés dans leur singularité, sont indifférents; pas seulement les actes non humains, dont il n'est pas question ici, mais des volitions libres (*de actibus libere elicitis*) »[7]. « Il est possible à l'homme de poser un acte humain, qui n'ait pas toutes les circonstances requises à un acte vraiment moral (*ad actum moralem simpliciter*), bien qu'il ne soit pas immoral. Par exemple, quelqu'un fait l'aumône sans former une intention délibérée, mais spontanément : il voit un pauvre, il lui donne : cet acte n'est pas immoral et pourtant il n'est pas moral purement et simplement, puisqu'il n'a pas toutes les circonstances voulues »[8]. — Ici, nous sommes sur le plan de l'éthique, non de la théologie. — Il y a cependant, semble-t-il, une certaine différence entre les deux textes. Le premier parle d'un acte *moral indifférent;* le second, d'un acte *humain non moral*, ce qui semble peu conforme avec la position de Scot au sujet de l'être moral (n. 233). A moins qu'ici « moral » ait le sens, fréquent chez les modernes, de « moralement bon ».

Cependant la grande majorité des auteurs exclut la possibilité d'actes humains indifférents dans leur singularité concrète. Telle est en particulier — pour ne parler que des chefs de file — la pensée de saint Thomas[9] et de Suarez[10]. Leurs positions présentent pourtant une différence assez notable, que nous signalerons en son lieu.

238. - Reconnaissons-le : la difficulté est réelle et la solution de saint Bonaventure — exprimée d'une manière si touchante et si humaine — peut sembler, à première vue, la plus équilibrée. Elle mérite, en tout cas, l'attention.

Toutefois, nous avons vu (n. 222), que l'acte humain, si « neutre » qu'il puisse être, du point de vue moral, dans sa struc-

---

afficitur inordinate, nec tamen illam operationem comparata ad Deum, sed facit propter aliquem finem qui respicit indigentiam naturae, ut cum aliquis ambulat ut recreetur vel comedit ut reficiatur », *ib*. p. 944 b.

[7] « Sunt ... multi actus indifferentes, non tantum secundum esse quod habent in specie naturae, sed etiam secundum esse quod habent in esse morali ... Multi etiam singulares actus eliciti sunt indifferentes ... et non solum actus non humani, de quibus non est sermo ... sed etiam de actibus libere elicitis », *Ox.*, loc. cit., p. 1035.

[8] « Possibile est hominem elicere actum humanum, etsi non cum omnibus circumstantiis quae requiruntur ad actum moralem simpliciter, etsi non sit contra mores. Quia, si aliquis det eleemosynam pauperi nec deliberet propter quem finem, sed statim cum videt dat sibi, ille actus non est contra mores, nec est moralis simpliciter, cum non habeat omnes circumstantias », *Rep. par.*, loc. cit.

[9] *In II S.*, d. 40, a. 5. *Somme théol.*, I-II, 18, 9. *Ma.*, II, 4, 5.
[10] *De bonitate et malitia act. hum.*, d. IX, sect. 3, n. 10; p.

ture formelle, s'exerce toujours dans un ensemble de circonstances, et notamment en vue d'une certaine fin subjective. Ou bien donc, remarque saint Thomas, les circonstances, la fin sont ce qu'elles doivent être : l'acte est posé quand il faut, où il faut, comme il faut, pour une fin conforme à la raison, et sa valeur morale est positive; ou bien les circonstances, la fin ne sont pas celles que la raison peut approuver, et la valeur morale de l'acte est négative. Il n'y a donc pas de place pour un acte humain moralement neutre.

Mais ce raisonnement, dont l'inspiration aristotélicienne est manifeste, laisse l'esprit insatisfait. Il n'est pas évident que les circonstances ne puissent pas, elles aussi, être indifférentes. Et quelle est la fin dont on semble nous dire qu'elle est toujours ou conforme ou contraire à la raison? La fin dernière? Mais il n'est ni nécessaire, ni même possible en général, de la viser expressément en chaque action. Une fin intermédiaire « honnête »? Alors la question se repose: suffit-il, pour que l'action soit moralement bonne, que la fin visée soit *matériellement,* conforme à la raison, ou faut-il encore qu'elle soit visée *formellement* comme telle? Un homme mange, et sans excès, simplement parce qu'il a faim. Dirons-nous que son acte a une valeur morale, positive, en ferons-nous un acte vertueux? L'acte est matériellement honnête, soit: il est raisonnable de manger quand l'organisme a besoin de calories, besoin dont la faim est l'expression. Mais est-il honnête formellement? Ne faut-il pas, pour cela, que sa valeur morale objective soit en quelque manière visée, entre en quelque manière dans la motivation de l'agir [11]? Si cette motivation s'épuisait tout entière dans l'appétit naturel, la recherche du plaisir ou simplement le désir d'apaiser la faim, sans que le caractère raisonnable, « honnête » de l'acte n'y figurât en aucune façon, on ne voit pas comment cet acte, à supposer qu'il fût encore un acte humain, pourrait conserver quelque valeur morale. Lui en reconnaître une, ce serait professer l'opinion que le Docteur Séraphique juge, à bon droit, trop large.

Un tel acte doit-il donc être classé comme indifférent? Nous pensons qu'il serait de valeur morale négative, car agir, sans prêter aucunement attention à la règle de la raison, c'est manquer à sa dignité d'homme, c'est être infidèle à l'Idéal. La raison pratique n'a jamais le droit d'abdiquer. — Mais dire cela,

---

[11] Cf. Suarez, *op. cit.,* disp. V, sect. 2, nn. 6-7; pp. 338 b - 339 b.

n'est-ce pas adopter la solution que le même Docteur rejette, tout aussi justement, comme trop étroite?

Non, car l'intention morale que nous demandons n'exige rien de plus, selon nous, qu'un propos général d'agir selon la raison, toujours présent, sous une forme implicite, dans une volonté habituellement droite. Un homme ainsi disposé peut bien, dans un acte particulier, ne pas penser expressément à la règle de la raison, à l'aspect raisonnable de l'acte etc.; il semblera suivre tout simplement son inclination naturelle: il boira parce qu'il a soif et c'est tout. En réalité pourtant, il n'obéit à son désir que dans la mesure où il n'y découvre pas d'opposition à la raison. Notre homme boira son verre « parce qu'il n'y voit pas de mal »: ainsi répondrait-il à qui lui en ferait un reproche. Pour informulée qu'elle reste, la motivation est bien là: si l'acte a été posé spontanément, sans réflexion, c'est précisément qu'il s'accordait de lui-même à l'intention habituelle de la volonté droite; un acte déshonnête ou douteux aurait provoqué en elle une gêne, un trouble, une hésitation, signaux avertisseurs du danger moral. Dans un choix de ce genre, la conformité à la raison intervient donc, sous une forme négative, comme absence d'opposition perçue; l'acte particulier a un lien, si ténu soit-il, avec le propos radical de vie vertueuse; c'est assez pour lui conférer une valeur morale positive.

Mais qu'en est-il là où ce propos radical fait défaut? Le cas est plus difficile. D'un côté, on ne peut pas dire que les actions d'un homme vicieux soient nécessairement vicieuses: un tel homme est capable de reprises, de bons mouvements occasionnels. Ces bons mouvements peuvent commander des secteurs entiers de la vie morale qui échappent ainsi au désordre général. L'acte sans motivation morale apparente peut s'y rattacher. Mais il y a bien des chances, aussi, que la non-attention à la moralité de l'acte trahisse simplement une insouciance habituelle à l'égard de l'Idéal. L'acte aura alors valeur morale négative.

239. - Une telle interprétation nous semble à la fois répondre aux difficultés de saint Bonaventure et concilier les opinions de saint Thomas et de Suarez qui, d'accord pour exclure les actes indifférents, divergent quant aux conditions requises pour la bonté morale subjective de l'acte humain.

Selon Suarez, « l'homme a deux façons de se comporter pour ce qui regarde l'entretien de son existence physique et la recherche du bien-être corporel. Ou bien il considère la nature humaine simplement comme animale; ou bien il la considère aussi comme raisonnable, ce qui a lieu chaque fois que, en recherchant son bien-être, il applique la règle de la raison et juge que ce bien-être, ainsi réglé, lui convient. Le premier comportement ne suffit pas pour assurer la bonté morale de l'acte et n'excuse pas le sujet de toute faute (*malitia*) et de toute négligence, car l'homme doit toujours agir en homme et appliquer la règle de la raison » [12].

Pour saint Thomas, au contraire, semble-t-il, l'acte est honnête dès là que la fin visée est en soi, objectivement, conforme à ce que requiert la raison, alors même que le sujet ne se propose rien d'autre que ce à quoi son acte tend, de par sa nature : par exemple, en mangeant, d'apaiser sa faim [13].

Mais, dirons-nous, du seul fait que l'acte tend par lui-même à une fin conforme à la raison, il s'accorde avec le propos général de vie honnête dont nous parlions tout à l'heure. Le sujet a beau ne pas viser expressément la valeur morale de l'acte, en fait son intention consciente subit la régulation de ce projet global. Du reste, à celui qui « mange pour se rassasier », l'action même de « manger pour se rassasier » ne peut pas ne pas apparaître, au moins confusément, comme raisonnable. Sans viser expressément aucune autre fin, il a cependant en quelque manière conscience d'agir selon la raison, selon la Valeur, en raison de son propos général de vivre comme il convient à l'homme.

Et telle est, croyons-nous, la pensée de saint Thomas. « Toute fin délibérément visée, écrit en effet le saint Docteur, relève du bien qui est l'objet d'une vertu ou du mal qui est l'objet d'un vice. Car le fait même d'agir, selon l'ordre, pour l'entretien ou le repos de son corps est ordonné au bien de la vertu (est donc vertueux) chez celui qui ordonne son corps à la vertu, et ainsi du reste » [14]. Ordonner son corps — et son existen-

---

[12] « Attendendum ergo est duobus modis posse hominem operari propter sublevandam necessitatem naturae vel aliam corporis commoditatem, primo considerando solum humanam naturam ut animalem, alio modo considerando illam etiam ut rationalem, quod fit quando ad operandum propter commoditatem naturae adhibet homo rationis regulam et judicat illam commoditatem sibi esse convenientem etiam ut ratione regulatam: prior ergo modus operandi non sufficit ad honestatem actus, neque excusat hominem ab omni malitia et negligentia, quia tenetur semper operari ut homo et consequenter regulam rationis adhibere », *op. cit.*, disp. IX, sect. 3, n. 9; p. 423 b. — Cf. V. Frins, *De act. hum.*, t. II, pp. 522, 543.

[13] Cf. Schiffini, *Disp. phil. mor.*, I, n. 78.

[14] « Omnis finis a ratione deliberativa intentus pertinet ad bonum alicujus

ce — à la vertu : c'est là précisément ce que nous entendons par le « propos général d'agir selon la raison ».

Il va de soi que l'acte, toutes choses égales d'ailleurs, aura d'autant plus de valeur (ou d'antivaleur) morale que sa conformité (ou son opposition) à la règle du bien aura été l'objet d'une attention et d'une intention plus explicites. D'où l'utilité de renouveler fréquemment les « bons propos » ; autrement une foule d'actes n'auront qu'un degré infime de valeur morale et seront, pratiquement, indifférents. Car, dit encore saint Thomas, « on peut aussi appeler indifférents les actes faiblement bons ou mauvais »[15]. Indifférents, ils ne le sont pas au sens strict, mais leur valeur morale les situe à peine au-dessus ou au-dessous du zéro axiologique ; pour la vie morale concrète, ils sont comme zéro.

N. B. On distinguera soigneusement la présente question de cette autre, débattue par les théologiens, s'il peut y avoir, chez l'homme justifié, des actes qui ne soient ni péchés ni actes méritoires (ce qui est, nous l'avons vu, la problématique de saint Bonaventure). Car tous n'admettent pas que tout acte moralement bon posé par le juste lui mérite immédiatement une augmentation de grâce.

Quant à cette autre question, si le choix d'un acte, bon en lui-même, mais de moindre valeur qu'un autre acte, concrètement possible *hic et nunc*, est par le fait même affecté d'une valeur morale négative, nous préférons également la renvoyer à la théologie morale, vu ses incidences sur l'interprétation de la doctrine évangélique des « conseils »[16].

---

virtutis vel ad malum alicujus vitii. Nam hoc ipsum quod aliquis agit ordinate ad sustentationem vel quietem sui corporis ad bonum virtutis ordinatur in eo qui corpus suum ordinat ad virtutem », *Somme théol.*, I-II, 18, 9, ad 3um.

On peut lire une solution très semblable à la nôtre chez W. G. Maclagan, *The Theological Frontiers of Ethics*, pp. 98-100.

[15] « Possunt etiam indifferentes dici omnes illi actus qui sunt vel parum boni vel parum mali », *ib.*, 92, 2.

[16] Parmi ceux qui tiennent pour l'affirmative (« perfectionistes »), citons Et. Hugueny, art. *Imperfection*, « Dictionnaire de Théol. Cath. », col. 1286-1298 ; O. Lottin, *Morale fondamentale*, Tournai, 1954, pp. 498-505 (abondante bibliographie) ; E. Ranwez, *Morale et perfection*, Tournai, 1959 ; J. Fuchs, *Theologia moralis generalis*, pp. 204-213. Cette opinion semble aujourd'hui gagner du terrain.

En sens contraire, voir, par exemple, T. Richard, *Etudes de théologie morale*, Paris, 1933, pp. 1-176 ; M. Zalba, *Theologiae moralis summa*^{3}, nn. 994-999.

Tous ces auteurs sont des théologiens. Les philosophes, eux, inclinent plutôt au perfectiorisme, Scheler notamment, pour qui le mal moral consiste essentiellement dans la préférence donnée à une valeur inférieure. Signalons pourtant la vigoureuse prise de position, dans la sens opposé, de D. von Hildebrand, *Christian Ethics*, pp. 379-392 : Moral rigorism.

Nous avons touché la question dans notre *Essai...*, n. 124 ; pp. 299-303.

CHAPITRE XII

LA CONSCIENCE MORALE

240. - Nous avons jusqu'ici considéré l'acte humain dans sa structure intentionnelle, en tant que celle-ci est commandée par l'objet (« objet » proprement dit, avec son cortège de circonstances, et fin de l'agent). Etudions à présent ses conditions subjectives.

L'acte humain, nous le savons, est posé par la volonté sous l'éclairage de l'intelligence. Plus précisément, en tant qu'acte moral, il suppose une certaine attention ou « advertance » à la valeur morale de l'acte, une connaissance, au moins confuse, de sa conformité ou de son opposition à la raison droite. Cette connaissance constitue la *conscience morale,* au sens propre et précis du mot. Tandis que la conscience psychologique saisit immédiatement la réalité de l'acte dans son exercice actuel, la conscience morale en saisit le rapport à la règle du bien. On peut y distinguer trois moments:

Avant l'action, la conscience joue un rôle avertisseur; elle renseigne sur la qualité morale de l'acte dont la possibilité s'est offerte au sujet: elle commande, permet, interdit etc. (conscience antécédente).

Dans le cours même de l'action, elle atteste que le sujet agit bien ou mal: on peut alors la regarder comme un aspect de la conscience psychologique, saisissant l'acte sous son aspect de valeur (conscience concomitante).

Après l'action, la conscience certifie que le sujet a bien ou mal agi: elle approuve, condamne etc. (conscience consécutive).

On le voit, la conscience morale concerne, à proprement parler, la seule *application* de la règle morale à l'acte particulier; il ne faut pas la confondre, comme on le fait souvent, avec la connaissance habituelle de la loi morale ou de ses principes les plus généraux (nn. 188-190), connaissance que saint Thomas, dans ce dernier cas, appelle *syndérèse*.

Ce vocable (*synderesis* ou *synteresis*), usuel chez les scolastiques à partir du XII° siècle, était lu par eux dans le *Commentaire* de saint Jérôme sur Ezéchiel, là où le saint Docteur traite du symbolisme des quatre animaux. Parmi les interprétations rapportées, vient celle de certains grecs, qui voient dans les susdits animaux les quatre parties ou puissances de l'âme. L'homme figure naturellement le λογικόν, la partie rationnelle, le lion le θυμικόν ou l'appétit irascible, le bœuf l'ἐπιθυμητικόν ou l'appétit concupiscible. Reste l'aigle. Il représenterait, nous dit saint Jérôme — tel du moins que les scolastiques le lisaient — « une quatrième faculté, en dehors et au-dessus des trois précédentes, faculté que les grecs nomment συντήρησιν (litt. « conservation »): c'est l'étincelle de la conscience, qui ne s'est pas éteinte même dans le cœur de Caïn après qu'il eut été chassé du paradis (!), et grâce à laquelle, vaincus par le plaisir ou la colère, parfois même trompés par un semblant de raison, nous sentons pourtant que nous faisons mal »[1]. Le sens de ce mot pourrait être, à la rigueur: tendance à conserver sa nature, donc fidélité à son égard, à l'égard de la raison — cela même où nous avons vu la racine de la moralité. De fait, cette notion est assez fréquente chez les stoïciens, et le mot lui-même, sous sa forme latine *conservatio*, se rencontre chez Cicéron, Sénèque etc. — Mais il n'y a pas à chercher si loin, s'il est vrai, comme il semble établi, que saint Jérôme a écrit συνείδησιν (c'est-à-dire conscience)[2].

Les scolastiques ne s'accordent d'ailleurs pas tous dans la manière d'entendre la « syndérèse » et son rapport à la conscience. Certains l'identifient à la volonté ou à quelque habitus de cette puissance: ainsi saint Bonaventure et Henri de Gand; d'autres, comme saint Albert le Grand, à la raison pratique[3].

241. - Nous nous sommes placés jusqu'ici dans l'hypothèse où les exigences de la raison droite se manifestent clairement au sujet: il n'y a ni erreur, ni obscurité, ni ignorance et le désordre de l'action est uniquement imputable au dérèglement de la volonté. Sans doute, tout choix désordonné s'accompagne nécessairement chez nous d'une certaine altération de la vérité: nous ne pouvons rien choisir que nous ne le jugions digne, *hic et nunc*, d'être choisi: la volonté épouse toujours le dernier jugement pratique[4]. Mais cette altération est, dans sa racine, volontaire; elle procède de l'appétit dépravé qui motive son choix mauvais par de mauvaises raisons: c'est la volonté elle-même (ou mieux, le sujet voulant) qui rend tel jugement effectivement « pratique », en le laissant maître du

---

[1] « Quartamque ponunt quae super haec et extra haec tria est, quam Graeci vocant συντήρησιν, quae scintilla conscientiae in Cain quoque pectore postquam ejectus est de paradiso non extinguitur, et qua victi voluptatibus vel furore, ipsaque interdum rationis decepti similitudine, nos peccare sentimus », *Op. cit.*, I, c. 1; PL. t. 25, col. 22.

[2] Telle est la leçon retenue par l'édition critique de Fr. Glorie, « Corpus Christianorum », series latina, t. LXXV, Turnhout, 1964, p. 12. Aucun des manuscrits de saint Jérôme n'a συντήρησιν Tous portent συνείδησιν ou des graphies explicables à partir de ce mot par des erreurs de copistes ignorant le grec. Voir sur ce sujet R. Leiber, *Name und Begriff der Synteresis in der mittelalterlichen Scholastik*, « Philosophisches Jahrbuch », 1912, pp. 372-382 et, plus récemment, J. de Blic, *Syndérèse ou conscience?*, « Rev. d'ascét. et de myst. », 1949 (« Mélanges Villers »), pp. 46-57, où sont examinés 22 manuscrits (en plus des quatre étudiés par Leiber). A l'origine de la graphie συντήρησιν semble être Raban Maur (IXᵉ s.), qui reprend la glose de saint Jérôme (*Comm. in Ezechielem*, I, PL., t. 110, col. 508). Elle réapparaît au XIIᵉ siècle chez un certain *magister Udo*, le premier commentateur connu de Pierre Lombard. La tradition scolastique n'en soupçonne pas d'autre. C'est sous l'influence de celle-ci qu'elle est passée dans les éditions imprimées. — Voir O. Lottin, *Psychologie et morale aux XIIᵉ et XIIIᵉ siècles*, t. II, 1ʳᵉ p.: Syndérèse et conscience, pp. 103-108.

[3] Voir là-dessus O. Lottin, *ib.*, pp. 103-349.

[4] Saint Thomas, *Ma.*, q. 6. Cf. *Essai* ..., nn. 91-92, pp. 210-218.

champ de la conscience par le coup de frein donné à la délibération. — Mais, dans son désordre, le sujet conserve par devers soi la connaissance de l'ordre, de la loi universelle que contredit son choix particulier, et c'est précisément dans cette contradiction *connue et acceptée* que réside formellement l'antivaleur morale. On n'en rendrait pas compte en disant que le sujet, dans un premier moment A, connaît la loi (par exemple, qu'il ne faut pas voler), et que dans un second moment B, sans plus aucunement penser à la loi, il se détermine à voler. Non : il faut que, dans l'acte même où il se détermine en jugeant que voler est meilleur *pour lui* (c'est-à-dire pour cet aspect de lui-même avec lequel librement il s'identifie), il faut que dans cet acte il sache et prononce intérieurement que voler est un mal *pour la raison*. S'il y a aveuglement, il est donc volontaire et se situe au niveau même de la décision.

Mais il arrive aussi et souvent que le désordre affecte, avant toute intervention du vouloir, la première présentation de l'ordre rationnel. En d'autres termes, la conscience peut se tromper, dans sa fonction de promulguer intérieurement et d'appliquer aux cas particuliers la loi morale. Sans doute, nous l'avons vu, l'erreur est impossible quand on s'en tient au principe universalissime, mais sans contenu : le bien est à faire, le mal est à éviter (n. 184), ou même quand il s'agit de ses déterminations les plus générales (nn. 188-190), mais elle est, hélas, fréquente lorsqu'on en vient à déterminer, dans le concret : *ceci est bien, cela est mal.* Comment juger alors de la moralité de l'acte? Par comparaison avec la loi prise en elle-même et donc avec les exigences de la raison droite? Par comparaison avec la loi telle qu'elle est connue du sujet, c'est-à-dire, par hypothèse, avec une raison faussée? La réponse peut nous paraître aller de soi, parce que nous nous trouvons au terme d'un long procès, dont nous parlerons bientôt, qui a clarifié pour nous les choses, mais faut reconnaître que le problème est réel. Car, dans le premier cas, il arrivera qu'on fasse mal en croyant bien faire, qu'on fasse bien en croyant mal faire; dans le deuxième cas, on fera le mal vertueusement et l'on péchera en faisant le bien! Des deux côtés, on se heurte au paradoxe. Si nous sommes moins sensibles aujourd'hui, au second inconvénient, c'est peut-être que nous saisissons moins fortement les exigences de l'ordre objectif. La mise en valeur du sujet, dont nous parlerons bientôt, risque parfois de nous faire oublier que cet ordre est un reflet de la Raison divine.

Souvent aussi, il y a doute : on ne perçoit pas clairement l'exigence de la raison. Ou bien, c'est la loi elle-même qui reste incertaine, là surtout où il s'agit de règles particulières dont le rattachement aux normes générales n'est pas évident; ou bien, c'est son application au cas singulier qui apparaît problématique. Peut-on tenter cette opération au cerveau qui risque de laisser le patient gravement affecté dans son psychisme? Il y a le pour et le contre; plusieurs principes sont en jeu. Le cas le plus aigu et le plus typique est celui du conflit (apparent) de devoirs: il fournit une matière de choix à la tragédie:

« Faut-il laisser un affront impuni?
Faut-il punir le père de Chimène? »

Encore ici, l'un des devoirs au moins n'est-il qu'imaginaire, mais la vie offre des cas plus douloureux: conflit, par exemple, entre la fidélité à l'idéal personnel (vocation religieuse, scientifique, artistique) et les obligations familiales ou civiques...

Que faire en de tels cas? Comment rester fidèle à une Valeur dont on n'arrive pas à discerner les exigences? Comment marcher droit quand la route à suivre reste dans l'obscurité?

Deux problèmes vont donc faire l'objet des deux sections de ce chapitre: celui de la *conscience erronée* et celui de la *conscience douteuse*. — Il n'y a pas lieu d'adjoindre un problème de la conscience ignorante. Car, du point de vue pratique, l'ignorance s'accompagne toujours d'une erreur. Ce qui n'est pas défendu est permis: ignorer que A est interdit ou B obligatoire, c'est croire, erronément, qu'il est licite de faire A ou d'omettre B.

I. LA CONSCIENCE ERRONÉE.

242. - Le problème de la conscience erronée se dédouble à son tour, car on peut se demander: 1. si une telle conscience oblige, c'est-à-dire si, en lui désobéissant, on fait mal; 2. si elle excuse, de sorte qu'en la suivant (et pour autant qu'on la suit) on ne fasse pas mal. Comme le montre l'histoire de la question, les deux problèmes ne sont pas identiques; répondre à l'un n'est pas, par le fait même, répondre à l'autre.

Tous les deux ont donné du tracas aux scolastiques. La mentalité très « objectiviste » de ces derniers faisait paraître à beaucoup intolérable qu'un acte intrinsèquement désordonné pût ne pas rendre désordonnée la volonté. Mais, d'autre part, ils voyaient bien qu'agir contre sa conscience, accepter donc d'offenser Dieu, c'est évidemment l'offenser... Comment échapper au dilemme? Certains imaginèrent des distinctions. Quand la conscience enjoint d'omettre une chose essentiellement bonne (et obligatoire) ou de faire une chose essentiellement mauvaise, elle n'oblige pas, mais il y a, pour le sujet, obligation de corriger l'erreur (comme si c'était facile!). Dans les autres cas, la conscience erronée oblige, mais là aussi on doit la corriger [5]. En conséquence, ces mêmes auteurs n'admettent pas l'excuse de l'erreur, quand l'acte est mauvais essentiellement. « Si l'homme fait ce que lui enjoint sa conscience et que cela soit contre la loi de Dieu, il est hors de doute — puisque agir contre la loi de Dieu est un péché mortel — que cet homme pèche mortellement » [6]. Tous cependant sont d'accord pour exclure une vraie nécessité de pécher, ce qui porte à penser, bien qu'ils n'en disent rien, que l'ignorance dont ils parlent est regardée par eux comme « vincible » [7].

C'est ce point que mettra en lumière saint Thomas. En apparence, sa position semble peu différente de celle de ses contemporains [7bis]. La conscience oblige toujours, en ce sens qu'il est toujours mal d'agir contre elle. Mais il n'est pas toujours innocent de la suivre; en d'autres termes, la conscience erronée n'excuse pas toujours. Elle n'excuse que si l'erreur est invincible et non coupable; or l'erreur est coupable quand elle porte sur ce qu'on est tenu de savoir ou qu'elle procède de quelque négligence. Dans le cas d'une erreur vincible et coupable, l'homme pèche, soit qu'il suive sa conscience, soit qu'il lui désobéisse. « Et cependant il n'est pas perplexe (comme empêtré dans la nécessité de pécher), puisqu'il peut sortir de l'erreur, son ignorance étant vincible et volontaire » [8]. Mais une analyse plus exacte de l'acte moral (inspirée d'Aristote) offre à saint Thomas le principe d'une solution plus humaine. Ce qui spécifie l'acte, du point de vue moral, c'est l'objet *secundum rationem objecti*, c'est-à-dire l'acte à poser tel qu'il se présente à la conscience, non seulement quant à sa nature et aux circonstances, mais aussi quant à son rapport à la raison et donc

---

[5] Ainsi la *Summa theologica*, dite d'Alexandre de Halès, L. II, p. 2, inq. 3, tr. 3, s. 1, q. 3, a. 1; Quaracchi, 1930, t. III, p. 388. Saint Bonaventure, *In II Sent.*, d. 39, a. 1, q. 3; Quar., t. II, pp. 906-907. Le Docteur Séraphique précise qu'il y a péché à ne pas suivre l'injonction de la conscience même erronée, car c'est là mépriser la loi divine.

[6] « Si enim (homo) facit quod conscientia dictat et illud est contra legem Dei, et facere contra legem Dei sit mortale peccatum, absque dubio mortaliter peccat », saint Bonaventure, *ib.*, p. 907.

[7] De fait, le problème de l'ignorance, de sa culpabilité, des conditions dans lesquelles elle excuse, est traité par ces auteurs, avec beaucoup de finesse parfois. Cf., par ex., saint Bonaventure, *In II Sent.*, d. 22, a. 1, q. 2; pp. 524-525 (Utrum ignorantia in aliquo homine possit esse culpa) et, *ib.*, q. 3; pp. 526-527 (Utrum ignorantia sit culpae excusatio).

[7bis] Non sans quelque flottement toutefois. Ainsi, dans le *Comm. des Sent.*, II d. 39, 3, 3, s'il admet que la conscience erronée oblige toujours, il n'admet pas qu'elle excuse. Pas de nécessité de pécher, cependant, puisqu'on peut toujours laisser là son erreur. Ce qui suppose la culpabilité de l'erreur. Mais si l'erreur (ou l'ignorance) est innocente? Dans le texte, le cas n'est pas envisagé.

[8] *Somme théol.*, I-II, 19, 5 et 6. — « Nec tamen est homo perplexus, quia potest ab errore recedere, cum ignorantia sit vincibilis et voluntaria », 6, ad 3um.

quant à sa valeur morale [9]. Par conséquent, si l'acte est représenté comme bon, il faut conclure — pourvu, bien sûr, que l'erreur soit involontaire et innocente — que le sujet *agit bien* en le posant. Cela pourtant saint Thomas ne le dit pas, du moins dans ses œuvres théologiques (est-ce par crainte de choquer?). *On ne pèche pas* en suivant une conscience qui se trompe, invinciblement et sans faute de sa part: voilà tout. Mais, outre le principe dont nous venons de parler, la doctrine de saint Thomas sur les actes indifférents (n. 237) appelait une réponse plus hardie [9bis].

Les auteurs plus récents, comme Suarez, la formuleront nettement. L'acte dont l'objet est, en soi, mauvais, mais que le sujet croit bon, par suite d'une erreur involontaire et invincible, est, formellement et subjectivement un acte bon [10].

Il y a eu, on le voit, un progrès très net de la réflexion morale vers une valorisation croissante du rôle du sujet.

Reste le fait que saint Thomas semble regarder certaines ignorances énormes, portant sur ce que « chacun est tenu de savoir » (par ex., « que la fornication est un péché »), comme toujours vincibles et coupables. Aujourd'hui nous serions moins affirmatifs (n. 189).

Nous laissons évidemment de côté, dans la question présente, tous ceux qui situent la valeur de l'action humaine dans ses résultats effectifs, comme les marxistes et l'école hégélienne en général. Car ceux-là restent en deçà de la problèmatique morale.

243. - Avant d'examiner la question, nous devons préciser ce qu'on entend par ignorance (ou erreur) vincible et invincible, coupable et non coupable. L'erreur est vincible quand il serait possible au sujet, *tel qu'il est hic et nunc*, de s'en défaire, ce qui suppose au moins en lui un certain soupçon que les choses ne sont pas comme il le pense, que certaines données du problème lui font défaut et qu'il y aurait lieu, qu'il y aurait devoir pour lui de mieux s'informer... Si cette possibilité n'existe pas, si le sujet n'a aucun soupçon, si, tout en reconnaissant son ignorance, il ne voit pas qu'elle intéresse la moralité de son acte, l'erreur est invincible.

La précédente distinction regarde l'erreur du côté de l'avenir, de ce qu'il y a à faire. La distinction entre erreur coupable

---

[9] Cf., par ex., *Quodl.*, 3, 27; *Somme théol.*, I-II, 19, 5.
[9bis] Elle est insinuée, semble-t-il, *In VII Eth.*, l. 9 (éd. Pirotta, nn. 1437-1438), où saint Thomas n'apporte aucune restriction au principe susdit. Celui qui suit une raison faussée mais qu'il croit « vraie », entend suivre la raison vraie et ne s'attache à la fausse que « par accident ».
Sur l'histoire de la question au moyen-âge, voir O. Lottin, *op. cit.*, pp. 354-406: La valeur obligatoire de la conscience.
[10] Suarez, *De bonitate et malitia act. hum.*, disp. XII, sect. 4, n. 8; n. 445.

et non coupable, elle, regarde du côté du passé, de la cause. L'erreur coupable est celle qui procède d'un mauvais usage de la liberté (n. 46). Une erreur vincible n'est pas nécessairement coupable : elle ne le devient que dans la mesure où l'on y persévère. Et d'autre part, une erreur, coupable dans sa cause (n. 16), n'est pas toujours actuellement vincible.

Cela dit, voyons si et dans quelle mesure la conscience erronée crée une obligation ou apporte une excuse.

244. - Il y a obligation de faire une chose, lorsqu'on agirait mal en l'omettant (nn. 41; 161). Voyons donc si celui qui agit contre sa conscience, par le fait même, agit mal, si sa volonté devient mauvaise volonté, nonobstant la rectitude objective de son action.

Or la volonté devient mauvaise volonté dès là qu'elle se porte vers un objet saisi comme mauvais, contraire à la raison droite. C'est qu'en effet elle reçoit immédiatement sa spécification, non pas de l'objet tel qu'il est en lui-même, mais tel que l'intelligence le saisit et le lui propose. Ce qui meut l'appétit, ce n'est pas la chose présentée simplement comme chose : c'est la chose présentée comme un bien. Ce qui qualifie moralement la volonté, c'est la valeur morale de l'objet, telle qu'elle se présente à la conscience. — Ce principe, qui découle immédiatement de l'analyse de l'acte humain, est la clé de toute la question présente.

En effet, la volonté qui se refuse à suivre une conscience invinciblement erronée, se porte vers un objet saisi comme moralement mauvais. Il s'ensuit, par le principe susdit, qu'elle agit mal, qu'elle est mauvaise volonté. On doit donc conclure que la conscience, invinciblement erronée, oblige toujours.

Qu'en est-il lorsque l'erreur est vincible ? La conscience, dans ce cas, au moment d'agir, n'est pas sûre (si elle l'était, son erreur serait invincible, n. 243). Le sujet soupçonne qu'il devrait mieux s'éclairer... Ce à quoi la conscience oblige alors, c'est, avant tout, à « vaincre » l'ignorance. Si le sujet, ainsi alerté, néglige de s'informer, et fait ce qu'il ne devrait pas faire ou omet ce qu'il devrait faire, il agit mal (nn. 249-250).

245. - Le même principe permet de répondre facilement à la seconde question. Si la conscience ne saisit pas le dérèglement objectif de l'acte que le sujet s'apprête à poser, la volonté qui le pose ne saurait être qualifiée par ce dérèglement : elle est « excusée » — à condition toutefois que l'erreur soit involontaire et invincible.

Pourquoi cette restriction ? Le principe allégué semble valoir pour tous les cas. Un désordre non perçu ne peut en aucune manière atteindre la volonté, puisque l'objet n'affecte celle-ci que par la médiation de la connaissance.

Accordons, avec saint Thomas, que même l'ignorance coupable dans sa cause diminue le caractère volontaire et partant aussi le caractère peccamineux de l'acte qui en résulte [11]. D'une part, sans doute en tant que coupable, elle infecte la volonté ; mais d'autre part, elle empêche que celle-ci, en posant l'acte déréglé, se déprave autant que si elle agissait à bon escient. — Ce dernier point, cependant, ne vaut pas pour toute espèce d'ignorance coupable.

246. - Il faut, en effet distinguer trois cas. Le premier, et le pire, est celui de l'ignorance *affectée,* quand le sujet *ne veut pas savoir* si l'acte qu'il entend poser est moralement bon ou mauvais, etc., de peur d'être détourné de son projet, si l'acte s'avérait comme illicite. Par exemple, je soupçonne que ces livres, dans ma bibliothèque, ne sont pas à moi ; il me serait facile de le vérifier, mais je me garde bien de le faire, car, me connaissant, je sais que je ne pourrais conserver en paix le bien d'autrui, et je tiens à ces livres... Cette ignorance recherchée, bien loin d'excuser, aggrave plutôt la faute ; plus précisément, elle manifeste à quel point la volonté y est engagée. Car, remarque saint Thomas en une formule où se trahit son intellectualisme, « vouloir se priver de connaître afin de pécher librement, voilà qui témoigne d'un grand amour pour le péché ! » [12]. — Un autre cas, moins grave, est celui où l'erreur procède d'une certaine négligence à s'informer. Cette négligence, à son tour, peut porter soit sur la connaissance de la loi (un médecin qui néglige de s'instruire sur la déontologie médicale), soit sur la connaissance des circonstances intéressant la moralité de l'acte (un médecin qui, devant opérer une transfusion sanguine, omet de vérifier si le sang du donneur et celui du patient appartiennent au même groupe). On peut faire venir ici toutes les fautes professionnelles imputables à la paresse, au manque de sérieux etc., durant les années d'études. — Un troisième cas, enfin, est celui où l'agent, « directement ou indirectement, veut quelque chose d'où résulte son ignorance. Di-

---

[11] « Etiam ignorantia quae est peccatum in quantum est voluntaria, diminuit voluntarium sequentis actus et ex hoc peccatum sequens diminuit », *Ma.,* 3, 8, ad 4um.

[12] « Ex magno enim amore peccandi videtur contingere quod aliquis detrimentum scientiae pati velit ad hoc quod libere peccato inhaereat », *ib.,* in corp.

rectement: c'est le cas de l'ivrogne, qui veut boire plus qu'il ne faut et par là perd l'usage de sa raison. Indirectement: quand, par exemple, on néglige de réprimer les premiers mouvements d'une passion: en s'intensifiant, ceux-ci finissent par entraver la raison dans l'acte du choix »[13]. — Dans les deux derniers cas, l'ignorance reste plus ou moins coupable, mais, à la différence du premier, elle atténue la culpabilité de l'acte qui s'ensuit[14].

Cette culpabilité, d'ailleurs, suppose que le sujet demeure, en quelque manière, au moment d'agir, dans sa volonté directe ou indirecte d'ignorer ce qu'il devrait savoir. Si cette volonté a complètement disparu, l'acte posé par ignorance ne saurait, quel que soit son dérèglement matériel, être affecté d'une antivaleur formelle. En effet, par rapport à la conscience volontairement ignorante, peu importe que l'acte soit en lui-même bon ou mauvais. En négligeant de s'instruire, ou, pis, en faisant exprès d'ignorer, elle s'est déjà rendue coupable, elle a manifesté sa volonté de pécher ou tout au moins son peu d'intérêt pour la valeur morale. L'acte qu'elle pose ensuite aura beau être, en lui-même, innocent: cela ne change rien à son désordre intérieur. Le médecin qui, par une distraction coupable, prescrit un remède capable de tuer son client n'est pas justifié si ce dernier en réchappe, comme il ne deviendrait pas plus criminel si le patient en mourait. Le présent laisse le passé tel qu'il fut. Mais réciproquement, le passé, si coupable qu'il ait pu être, ne saurait rendre coupable une volonté déjà convertie et tout appliquée à bien faire.

Il y a une certaine analogie entre cette doctrine et ce que nous avons dit, n. 232, mais une analogie seulement: là il s'agissait de l'acte *externe,* ici, au contraire, d'un choix, donc d'un acte *interne,* mais influencé par un choix antérieur.

Dans toute cette question, d'ailleurs, il importe de distinguer la culpabilité *morale* de la responsabilité *juridique.* Pour celle-ci, les conséquences importent: notre médecin de tout à l'heure n'a rien à craindre, en général, si son malade guérit malgré le traitement; il risque de gros ennuis si le malade en meurt. Or nos notions morales sont pour la plupart fortement contaminées de notions juridiques, d'autant que la théologie morale catholique est en grande partie ordonnée à l'usage et à l'administration du sacrement de pénitence, qui s'exerce par voie de jugement, et, par son aspect ecclésial, comporte inévitablement une part de « juridisme », au bon sens du mot (n. 219, fin).

---

[13] *Ib*.
[14] « Minus enim est voluntarius actus qui ex tali ignorantia procedit, quam si scienter talem actum aliquis eligeret, absque omni ignorantia; et ideo talis ignorantia non excusat actum sequentem a toto, sed a tanto », *ib.*

D'autre part, il ne faudrait pas donner dans l'erreur cartésienne d'un temps morcelé en moment indépendants. Nos actes ne se détachent pas, isolés, sur un fond inerte: en réalité, entre les actes pleinement lucides et l'état purement « habituel », il y a toute une gradation. Nous avons parlé plus haut (n. 228) de ces dispositions profondes et durables, de ces « attitudes suractuelles », comme les appelle D. von Hildebrand, qui commandent et animent des secteurs entiers de notre vie durant des périodes plus ou moins longues. Ce sont elles surtout — nous le verrons bientôt en traitant des vertus — qui assurent l'unité, la continuité de l'existence morale et rendent solidaires le passé et le présent. De même que l'acte interne et l'acte externe ne font qu'un seul acte humain, de même l'acte passé et l'acte présent, reliés par cette disposition de base, sont pris dans une unité supérieure: de ce point de vue, l'acte désordonné, actuellement posé par suite d'une négligence à s'instruire jamais réparée ni regrettée, est la fructification et en même temps la sanction immanente de ce désordre antérieur mais persistant.

Ajoutons, pour terminer, que l'ignorance affectée elle-même, tout en témoignant d'un grand attachement au mal, atteste aussi cependant le désir de ne pas pécher en pleine lumière, *ex certa malitia*, désir qui est comme un reste de respect envers la valeur morale. (Cf. La Rochefoucauld: « L'hypocrisie est un hommage que le vice rend à la vertu »).

247. - Si donc l'ignorance invincible et non coupable excuse, la volonté peut être droite et vertueuse alors même que l'acte est objectivement désordonné. Cela résulte, non seulement du fait qu'il n'y a pas d'acte indifférent, mais, directement, de notre principe-clé (n. 244). Puisque la valeur formelle de l'acte subjectif dépend immédiatement, non pas de la valeur morale intrinsèque de l'objet ou de l'acte externe, mais de celle qu'ils manifestent à la conscience du sujet, la volonté est bonne lorsqu'elle se porte vers un objet qui se présente comme moralement bon.

Il n'y a aucun rapport entre ce cas et le cas d'une fin bonne poursuivie par des moyens mauvais. Là, en effet, l'immoralité des moyens est connue et acceptée, et la volonté se déprave. Ici, au contraire, le sujet ignore (sans faute de sa part, par hypothèse), l'incompatibilité objective de son acte avec son propos général, de bien agir (nn. 230, 238).

On n'en conclura pas pour autant que la valeur objective de l'acte est sans importance, que ce qui compte, c'est uniquement d'agir selon sa conscience. L'indifférence à la valeur objective est une infidélité envers l'Idéal. Une volonté fidèle, une volonté droite implique le projet de se conformer à la règle objective de la raison, et pas seulement celui de conserver sa rectitude formelle et subjective. Car le sujet n'est pas le fondement dernier de la valeur: il est « mesuré », « jaugé » moralement par l'ordre objectif de la raison droite et, radicalement, par la raison divine, en qui se fonde et s'exprime l'ordre de l'être. On comprend dès lors en quel sens on peut dire, avec M. Scheler et N. Hartmann, que la valeur morale s'acquiert dans la mesure où on ne la vise pas, comment elle apparaît, pour ainsi dire, sur le dos de l'acte qui vise les valeurs objectives [15]. La volonté, pour être bonne, ne doit pas se centrer sur sa propre valeur — ce serait moralisme et pharisaïsme —, mais s'attacher au bien objectif, à ce qui, « en soi », « convient » à la raison droite, encore qu'elle ne le puisse que dans le mesure où ce bien lui apparaît. Car c'est en visant l'ordre objectif de la raison qu'elle se conforme à la norme suprême de sa valeur subjective. Celui donc qui néglige d'examiner ce que la droite raison exige objectivement de lui *hic et nunc*, montre par là son peu d'intérêt pour l'accord de son acte avec l'ordre objectif (et avec la raison divine); il ne se soucie guère de cet ordre et c'est là un commencement de trahison.

> Le cas est particulièrement clair quand l'intérêt du prochain est en jeu. Une mère agirait fort mal qui, en soignant son fils malade, se préoccuperait uniquement de *faire son devoir, d'obéir à sa conscience* etc., et non pas plutôt de *choisir le médecin le plus compétent, d'employer les remèdes les plus efficaces* ... La raison droite exige que la mère veuille directement et de toutes ses forces la guérison de son fils. Il y a, une certaine forme d'« indifférence » à l'égard du succès qu'il faut dénoncer, comme la caricature de celle que recommandent les saints et les maîtres spirituels. Cette dernière se situe sur un plan supérieur: elle suppose que l'on veuille, sérieusement, fermement, en s'engageant à fond, en employant tous les moyens convenables, que notre action produise le résultat auquel, de par sa nature, elle est ordonnée et que Dieu — par le truchement de notre devoir d'état — *veut que nous voulions* (dans l'exemple ci-dessus, la guérison de l'enfant). Et elle *transcende* cette volonté, en acceptant, d'avance, éventuellement, la frustration. Mais la frustration ne peut être acceptée comme telle, s'il n'y a pas d'abord une volonté qui puisse être frustrée. — On comparera avec la doctrine de saint Thomas sur la conformité de notre volonté avec la volonté divine quant à l'objet voulu [16].

Ainsi se complète notre réponse à la difficulté soulevée plus haut (n. 33, 2). La valeur morale subjective ne peut pas, ne doit pas être visée indépendamment de la valeur morale objective, et toutes deux, pour être correctement visées, requièrent l'ouverture à l'Idéal de la raison pratique. Viser la valeur morale subjective pour elle-même, exclusivement, c'est la man-

---

[15] Voir plus haut, n. 33, 2.
[16] *Ve.*, 23, 8; *Somme théol.*, I-II, 19, 10.

quer. Viser l'ordre moral objectif en dehors de l'ouverture à l'Idéal, c'est n'en atteindre qu'un simulacre (ce qu'on pourrait appeler, en s'inspirant de Kant, un ordre purement légal). Il n'y a de moralité vraie que là où le sujet s'ouvre, si implicitement que ce soit, dans une attitude qui se concrétise en une disposition d'accueil et de don, un effort pour comprendre l'autre et le reconnaître pratiquement. Ni le point de vue subjectif, ni le point de vue objectif ne sont à négliger, mais les deux ensemble ne s'équilibrent et chacun ne se consolide que dans leur commun rapport à l'Idéal. (Pareillement, la saisie authentique de l'être n'est ni purement objective ni purement subjective, mais suppose la saisie à la fois du sujet et de l'objet dans ce qui les enveloppe et les unit du dedans, tout en fondant ce par quoi ils s'opposent.)

Ajoutons encore ceci : des actes, posés en suite d'une erreur ou d'une ignorance aussi innocentes qu'on voudra, n'en sont pas moins, bien souvent, l'origine d'habitudes et de tendances objectivement perverses, par lesquelles l'affectivité se dégrade, la raison pratique s'obscurcit, la conscience s'émousse, et le sujet, jusque-là *matériellement* vicieux, court le risque de le devenir *formellement* le jour où il connaîtra le dérèglement de ces actes, devenus pour lui coutumiers.

II. La conscience douteuse.

248. - A parler en rigueur, il n'y a pas de *consciénce douteuse,* car là où il y a doute, il n'y a pas science, et là où il n'y a pas science, il n'y a pas « conscience ». Laissant là ces subtilités linguistiques, nous entendons par cette expression l'état du sujet moral à qui la certitude fait défaut quant à la valeur morale de l'action à poser. (Le doute peut porter aussi sur la valeur de l'acte déjà posé, mais ce cas est sans intérêt ici). Plus précisément, la conscience « doute », lorsque le sujet hésite entre deux réponses opposées, sans donner son assentiment à l'une ou à l'autre. Lorsque le sujet se décide, mais sans pleine conviction et donc en redoutant l'erreur, qu'il sait possible, la conscience devrait plutôt être dite « opinante ». Mais cette distinction intéresse l'épistémologie plus que la morale : pour le moraliste, la conscience, dans les deux cas, est « douteuse ». (L'expression « conscience probable » est à éviter : la probabilité concerne l'énoncé lui-même qui se propose à l'assentiment opinatif).

On distingue également la conscience « droite », la conscience « relâchée », la conscience « scrupuleuse ». La première discerne habituellement, d'une façon correcte, la valeur morale de l'acte [17]; la deuxième manque de finesse pour percevoir le désordre moral: elle n'est sensible qu'aux gros écarts; la troisième au contraire est hypersensible et voit le mal même là où il n'est pas. Ces distinctions, très importantes pour une considération pratico-pratique (dans la pastorale, la direction spirituelle etc.), ne concernent pas notre recherche.

Que faire donc lorsqu'il n'est pas possible de savoir avec exactitude ce que vaut moralement un acte dont l'occasion se présente *hic et nunc,* s'il est licite ou non, obligatoire ou non?

A. *Le jugement de conscience.*

249. - Remarquons tout d'abord ceci: le jugement sur la moralité objective de l'acte à poser (ou à omettre) n'est pas encore un jugement sur la moralité de cette position (ou de cette omission). La distinction peut paraître un raffinement logique et, de fait, lorsque la conscience est « certaine », les deux jugements se recouvrent au point d'être pratiquement indiscernables. Si l'acte est connu avec certitude comme mauvais, sa position ne peut être que mauvaise. Mais quand la certitude fait défaut au premier jugement, la distinction est manifeste, comme on va le voir.

Cela dit, tout le monde admet, et avec raison, qu'il n'est jamais permis d'agir avec une conscience douteuse, *quand le doute concerne la valeur morale de la position de l'acte.* Dire: je ne sais pas si je fais bien ou mal, mais tant pis!, c'est accepter d'avance la possibilité d'un désordre moral formel, d'une infidélité volontaire à la Valeur, c'est donc déjà commettre cette infidélité. Car il n'est pas permis de mettre en question la fidélité à la Valeur (n. 45).

Du reste, à mieux y regarder, nous voyons qu'en réalité nous n'agissons *jamais* avec une conscience douteuse (au sens indiqué plus haut). Agir quand on ne sait pas si on fait bien

---

[17] Plus précisément, la conscience droite est celle qui applique correctement les principes aux cas particuliers, tels qu'elle les connaît. Une conscience droite peut donc se tromper, lorsque, sans faute de sa part, sa connaissance du cas est insuffisante. Celui qui, par une erreur pratiquement inévitable, tient pour légitime une autorité qui ne l'est pas, pourra être d'une parfaite rectitude de conscience quant à ses devoirs envers cette autorité.

d'agir, c'est agir avec une conscience — plus secrète, mais certaine — de mal agir [18].

250. - Il faut donc, pour agir bien, être certain qu'on fait bien d'agir, que la position de l'acte est conforme à la raison droite. Il ne s'agit pas, bien entendu, d'une certitude métaphysique, excluant toute possibilité de la contradictoire, mais d'une certitude dite morale, enlevant à la contradictoire toute probabilité sérieuse. (Dans la pratique, cette certitude ne diffère guère d'une très grande probabilité). On ne peut, en effet, exiger, pour la rectitude de l'action humaine, ce qui risquerait, dans la plupart des cas, de rendre impossible celle-ci. Or c'est ce qui arriverait, si, avant d'agir, nous devions toujours avoir la certitude absolue que nous faisons bien d'agir [19].

Notons-le bien: agir avec la certitude simplement morale qu'on fait bien d'agir n'est nullement, comme tout à l'heure, accepter la possibilité d'un désordre formel. Car la possibilité d'erreur qui n'est pas exclue reste purement spéculative et abstraite; pour la conscience pratique, elle est nulle. C'est pourquoi, au cœur de cette certitude morale, habite une certitude plus profonde, absolue celle-là. Car il est absolument certain que j'agis bien si je suis moralement certain de bien agir.

Quand on a cette certitude, la position effective de l'acte — si nul autre facteur n'intervient, par exemple une fin subjective déshonnête — revêtira évidemment une valeur morale formelle positive. En effet, puisque, par hypothèse, le sujet se l'est d'abord réflexivement représentée, elle est devenue objet pour lui et elle détermine la valeur morale de l'acte subjectif — c'est-à-dire sa propre valeur, en tant que réalisée concrètement — tout comme n'importe quel objet (n. 226). Le sujet, en la voulant, n'en change point le caractère mais en assume la qualité morale, telle qu'il la connaît.

Il reste que nous pouvons bien difficilement être tout à fait certains de la moralité subjective de nos actes, puisque notre conscience profonde, nos motivations véritables nous échappent souvent. La certitude absolue dont nous parlons est donc toujours liée à cette condition : « si, du moins, je ne m'il-

---

[18] En ce sens, on peut dire que le « dictamen » de la conscience touchant la position de l'acte est toujours absolument certain. Cf. J. Fuchs, *Theologia moralis fundamentalis*, p. 176. Mais ce jugement n'est pas toujours explicite et formel. La conscience a plus d'ampleur (n. 16 et ci-dessous, n. 252).

[19] Sur les divers genres de certitude et les notions connexes, cf. F. Morandini, *Critica*5, Rome, 1963, pp. 267-308. La division classique est critiquée par J. Lebacqz, *Certitude et volonté*, (1963), pp. 46-47.

lusionne pas sur moi-même (sur mes intentions, mes motivations etc.). C'est pourquoi saint Paul peut dire (et ceci vaut même sur le plan simplement éthique): « Ma conscience, il est vrai, ne me reproche rien, mais je n'en suis pas justifié pour autant » [20].

251. — Ne pourrait-on pas dire la même chose de l'acte posé avec une conscience apparemment mauvaise? Est-il certain que cet acte soit toujours aussi mauvais que le sujet le juge au niveau de la pensée discursive? Sans doute, ce qui vaut dans le cas de l'acte bon ne vaut pas nécessairement dans celui de l'acte mauvais, en vertu du principe: *bonum ex integra causa*. Un facteur additionnel peut rendre mauvais ce qui se présentait comme bon; aucun facteur nouveau ne peut rendre bon ce qui est mauvais de soi. Mais regardons mieux.

Laissons de côté le cas où le sujet s'illusionne sur le caractère libre de son acte, comme il arrive souvent aux habitudinaires et aux scrupuleux [21]. Supposons que l'acte soit réellement un *acte humain*. Nous ferons deux remarques.

1. Connaître qu'un objet est bon ou mauvais n'est pas seulement savoir qu'il passe pour tel dans certain milieu. On n'aura là qu'une dénomination extrinsèque, un pur *flatus vocis*, si l'on n'est pas capable de mettre sous ces mots un contenu *moral*. Pour que le jugement antécédent puisse qualifier la valeur morale de l'acte, il faut donc une saisie réelle, pas seulement verbale, de sa valeur, et donc une certaine ouverture à la valeur ...

Pour la même raison, il ne suffit pas de savoir verbalement que l'acte déplaît à Dieu, est défendu par Dieu etc.: il faut mettre sous ces expressions un contenu de valeur, il faut percevoir concrètement qu'il est bien d'obéir à Dieu etc. (cf. n. 163). Dans une société où les valeurs religieuses, où le sens du sacré sont vivants dans la conscience collective, on peut admettre que la connaissance abstraite et verbale de l'acte comme défendu par Dieu s'accompagne en général d'une perception concrète de sa valeur négative. Mais dans une société où le sens religieux s'est affaibli, cette connaissance ne se ramène-t-elle pas, bien souvent, au souvenir d'une formule de catéchisme, qu'il a fallu apprendre jadis pour la première communion, sans jamais dépasser l'enveloppe des mots? Ne peut-il donc pas arriver qu'on pose un acte avec la vue lucide, mais purement notionnelle, qu'on va contre la volonté de Dieu, sans que cependant la volonté contracte la malice formelle d'une offense de Dieu? Et cela, alors même qu'on serait capable de former, à propos de Dieu, un certain nombre de propositions, toutes purement verbales ou simplement notionnelles. Ce cas pourrait bien être celui de beaucoup d'hommes, soit complètement éloignés de la religion, soit même encore plus ou moins vaguement « pratiquants ». — Ce n'est pas à dire qu'on doive être sans inquiétude à leur sujet. La non-perception de la valeur peut tenir à une « fermeture », dont l'origine est volontaire: inattention habituelle, manque d'intérêt, manque d'amour. Sous la conscience superficielle, qui ne perçoit pas concrètement la valeur réelle de l'acte commandé ou défendu par la volonté de Dieu ou les normes morales traditionnelles,

---

[20] 2. *Cor.*, 4, 4.
[21] *Essai* ..., n. 112 (pp. 269-273). Voir aussi *Existence et liberté*, pp. 20-26.

habite peut-être une conscience plus profonde, qui s'est détournée de Dieu, de la norme du bien, qui fuit la lumière pour ne pas être troublée dans sa quiétude (n. 246). — Nous aurions ainsi trois couches de la conscience : 1. Une couche superficielle de pensée notionnelle et verbale : « je sais que cet acte (p. ex. manquer la messe) est un péché », c'est-à-dire : est considéré par l'Eglise et le milieu chrétien comme un péché. 2. Une zone plus profonde où se fait la perception concrète de la valeur morale : « mais je ne saisis pas réellement la valeur négative attachée à ce qu'on appelle un péché ». 3. Une zone tout à fait centrale où s'accomplit l'option qui commande notre perception de la valeur : « et je ne la saisis pas (cette valeur), parce que, dans le fond de mon être spirituel, je m'y ferme ».

252. — 2. Mais supposons que notre homme perçoive concrètement la valeur morale négative de son acte et le pose cependant. Est-il absolument certain qu'il ait péché ?

Nous pensons que, bien des fois, entre le jugement thématique : ceci est mal, et l'acte de volonté (ou le dernier jugement pratique), se glisse un jugement athématique, une conviction informulée, enfouie dans les profondeurs et qu'on pourrait exposer à peu près ainsi : « Non ! il n'est pas possible que ce soit réellement mal ! Tout le monde le fait ! Dieu ne peut pas exiger cela ! Il doit y avoir une issue que j'ignore ! ». Ici encore, un homme pourrait pécher au jugement de sa conscience claire tout en ne péchant pas réellement. On n'a aucune peine à l'admettre dans le cas des scrupuleux, chez qui la conscience profonde, réelle, juge raisonnablement, tandis que la conscience notionnelle s'embrouille.

De nouveau la question se complique. On peut assimiler le cas dont nous parlons à celui de la conscience erronée, avec cette différence qu'ici l'erreur se situe, non au plan de la raison, de la conscience claire, mais dans la zone profonde. (Et c'est aussi ce qui distingue ce cas du cas du scrupuleux). — Dès lors, il faut introduire ici les distinctions que nous avons vues (nn. 242-246). L'erreur n'excuse qu'invincible et innocente. L'est-elle ici ? Ce doute qui sape dans la conscience profonde les assertions de la conscience claire, ce jugement informulé qui neutralise, juste avant la décision, le jugement formulé, ne sont-ils pas coupables dans leurs causes ? Ne procèdent-il pas d'un esprit d'insubordination, d'orgueil, d'un désir dépravé etc. ? — Souvent, sans doute, mais toujours ? La pression du milieu, des préjugés etc. peut être si forte qu'il ne sera plus au pouvoir du sujet de s'en affranchir. La responsabilité, si elle demeure, peut en être notablement atténuée.

On pourrait dire que le sujet applique alors spontanément une sorte d'éthique de situation. Mais son jugement — d'ailleurs erroné — reste entièrement subjectif et ce serait une grave méprise de transformer en énoncé objectif, visant à déterminer ce qu'il faut faire, une décision que le sujet prononce quand toutes les considérations objectives ont été épuisées. Si ce que nous disons est vrai, on n'en saurait tirer aucune conclusion normative. La ligne à suivre est tracée par les déterminations de la loi morale, interprétées et appliquées au cas particulier par la vertu de prudence. Il n'y a rien à y changer. Nous ne dirons donc pas à notre homme : la loi morale te prescrit ceci, mais tiens compte de ta situation : peut-être seras-tu amené à faire, comme plus indiqué dans ton cas, ce que la loi défend. Nous lui dirons au contraire : observe la loi, toute la loi et du mieux que tu peux. Le point d'application de notre théorie n'est pas *avant* l'acte, pour le guider, mais *après,* pour en apprécier la qualité morale. Il est illégitime d'ériger en règle ce qui ne vaut que comme réflexion sur l'agir.

B. *Comment former le dernier jugement de conscience.*

253. - La distinction des deux jugements ne suffit pas à résoudre le problème de la conscience douteuse. Si le deuxième jugement est calqué sur le premier, si le doute sur la valeur morale de l'acte entraîne nécessairement le doute sur la valeur morale de la position de l'acte, nous ne sommes pas plus avancés. La seule solution serait alors l'abstention (« dans le doute, abstiens-toi »), ou, si le doute concerne le caractère obligatoire de l'acte, l'accomplissement de celui-ci. On sera sûr, au moins, d'éviter le mal. C'est la solution *tutioriste* : le doute est tranché en faveur du parti le plus sûr (*tutior*).

Il pourra être préférable, bien souvent, d'agir de la sorte. Mais y est-on vraiment obligé? Le tutiorisme, pris comme règle de conduite, ne rendrait-il pas la vie impossible, à moins que le sujet, exaspéré par ces contraintes, ne cherche à s'en libérer en faisant fi de sa conscience et en acceptant le mal?

Notons, en passant, que le parti le plus sûr ne présente pas forcément la valeur morale la plus haute. Soit un promeneur, nageur médiocre, qui voit un homme tomber à l'eau. A-t-il le droit de s'y jeter à son tour? Il est père de famille; le risque est grand; la probabilité de sauver l'autre, minime. Rien ne l'oblige à cet héroïsme — ou à cette folie. Il est plus *sûr*, à tout point de vue, de rester sur la berge et d'encourager, de la voix et du geste, les sauveteurs ... Et peut-être, dans le secret de son cœur, notre homme souhaiterait-il de *n'avoir pas le droit* de risquer sa vie. Son moi inférieur, attaché à l'existence empirique, désirerait que le devoir le défendît contre le moi supérieur, qui l'invite au sacrifice ...

Ces inconvénients nous suggèrent de chercher une autre solution. Il y aurait une issue si l'on avait sous la main un principe qui permît, là où la valeur morale de l'*acte* demeure désespérément douteuse, de déterminer, d'une façon moins uniformément négative, la valeur morale de sa *position*.

C'est pour découvrir et exploiter un tel principe qu'ont été élaborés, à partir du XVIe siècle, divers *systèmes moraux* dont nous allons nous occuper à présent.

254. - Les scolastiques médiévaux, en vertu de leur objectivisme, sont plutôt portés à une sorte de tutiorisme, bien que, à vrai dire, ils ne traitent guère notre problème. Leur mentalité se devine à la manière dont ils résolvent des cas particuliers. Saint Thomas, par exemple, déclare, à propos d'un ecclésiastique qui doute s'il peut accepter simultanément plusieurs prébendes, alors qu'en fait il en a fort bien le droit: « si, le doute persistant, il détient plusieurs prébendes, il s'expose au danger de péché, et par là pèche certainement » [21]. A parler strictement, il n'y a là rien de plus que la doctrine commune exposé ci-dessus (n. 249): on ne doit pas agir quand on doute s'il est bien d'agir, mais on voit, à la manière dont saint Thomas s'exprime, qu'il n'envisage pas la possibilité de sortir du doute concernant la valeur de la position de l'acte, tant que demeure le doute sur la valeur de l'acte lui-même, de sorte que cette position puisse, sous certaines conditions, être considérée comme licite. En d'autres mots, il n'a pas l'idée de ce qu'on appellera plus tard les *principes réflexes* [23].

Lorsque, au début de l'époque moderne, les moralistes commencèrent à s'occuper, *ex professo,* de la conscience douteuse — étude rendue plus nécessaire par les nombreux et nouveaux problèmes issus, en particulier, des nouvelles conditions économiques et sociales —, certains rigoristes défendirent, systématiquement cette fois, le tutiorisme. Il fallait, pour agir licitement, avoir la certitude (tutiorisme absolu) ou du moins la très haute probabilité (tutiorisme mitigé) que l'acte fût en lui-même licite. — Notons en passant que le tutiorisme absolu a été condamné par l'Eglise [24].

255. - Sans aller si loin, d'autres auteurs, assez nombreux, ne permettaient (ou ne permettent, car cette opinion a encore des partisans) de suivre le parti le moins sûr, c'est-à-dire de poser l'acte dont la valeur morale reste douteuse, que si sa valeur positive est plus probable (*probabilior*) que sa valeur négative, d'où le nom de *probabilioristes.*

Moins rigides encore, d'autres se contentent d'exiger que les deux probabilités s'équilibrent ou du moins soient à peu près équivalentes (*équiprobabilistes*). Le système se complique de

---

[22] « Si, manente tali dubitatione plures praebendas habet, periculo se committit et sic procul dubio peccat », *Quodl.* 8 13. — Sur la mentalité des auteurs médiévaux, voir Lottin, *op. cit.,* pp. 407-417: La solution des doutes de conscience.

[23] Ces principes, destinés à lever le doute sur la position de l'acte quand la moralité de celui-ci reste incertaine, sont dits *réflexes* parce qu'ils ne sortent pas d'une considération indirecte des conditions objectives de cette moralité, mais concernent la moralité du *sujet,* qui s'atteint par voie de réflexion.

[24] Denzinger-Schönmetzer, *Enchiridion*[32]..., n. 2303 (anc. éd. 1293) « Non licet sequi opinionem (probabilem) vel inter probabiles probabilissimam », proposition condamnée le 7 décembre 1690.

distinctions, selon que la « liberté » ou la « loi » « possède », c'est-à-dire selon que le doute concerne l'existence ou la cessation de la loi. — C'est la solution de saint Alphonse de Liguori, du moins dans la dernière période de sa vie, et de toute son école.

256. - Ces deux derniers systèmes, à la différence du tutiorisme, supposent une comparaison des probabilités. Le *probabilisme*, lui, ressemble au tutiorisme en ce qu'il considère en elle-même, absolument, la probabilité en faveur de la licéité de l'acte, mais, tandis que le tutiorisme refusait de s'en contenter ou exigeait qu'elle fût presque équivalente à une certitude, le probabilisme la déclare suffisante pour justifier la position de l'acte, dès lors qu'il s'agit d'une « vraie et solide » probabilité. Qu'elle soit moindre que la probabilité contraire n'y fait rien. Cette probabilité peut être soit intrinsèque, fondée sur l'examen du cas, des principes en jeu, de la situation etc., soit extrinsèque, basée sur l'autorité des « hommes prudents », c'est-à-dire en fait des moralistes. — Le principe sur lequel s'appuient les probabilistes se formule ordinairement ainsi : *une loi douteuse n'oblige pas*, ou, mieux, *une obligation douteuse est une obligation nulle*. — Ce système semble avoir été enseigné expressément pour la première fois au XVIe siècle par le dominicain Barthélemy de Medina ; il a aujourd'hui de très nombreux défenseurs [25].

Par la suite, les probabilistes ont été amenés à introduire certaines distinctions. Selon beaucoup, le probabilisme ne vaut que pour les doutes *de droit*, lorsqu'est en question l'existence ou la cessation de la loi. Pour les doutes *de fait*, quand on n'est pas sûr d'avoir posé tel acte ou que tel événement ait eu lieu (ai-je payé mes dettes ? cet homme, étendu dans le fossé, est-il malade, mort ou endormi ?), il ne vaut que dans la mesure où ce doute être changé en un doute de droit, quand, par exemple, il n'est pas évident que le législateur entende obliger en pareil cas [26]. Mais, ajoute-t-on, un doute de ce genre peut la plupart du temps être résolu au moyen des principes communs du droit (par exemple : un fait doit être prouvé, on ne le présume pas ; dans le doute, la condition de celui qui possède est meilleure ; dans le doute, on juge selon ce qui arrive ordinairement etc.). — Mais surtout les probabilistes distinguent les cas où est en question la seule *licéité* de l'acte et ceux où il s'agit d'assurer sa *validité objective* (par ex., à propos des sacrements),

---

[25] Sur l'histoire du probabilisme, voir Th. Deman, art. *Probabilisme*, « Dict. de théol. cath. », col. 418-602 et L. Rodrigo, *Tractatus de conscientia morali*, t. II, Santander, 1956, pp. 120-218. Cet énorme ouvrage (près de 900 pages) est presque entièrement consacré au probabilisme, dont il fait une étude pénétrante et exhaustive.

[26] Cependant tous les probabilistes n'admettent pas cette limitation du principe. Ainsi L. Rodrigo, *op. cit.*, pp. 443-446.

d'obtenir à tout prix un certain effet, d'éviter un tort grave au prochain etc. Dans ces derniers cas, disent-ils, le probabilisme n'a pas d'emploi. Il n'est pas permis de baptiser avec une eau *probablement* naturelle (à moins qu'il n'y en ait pas d'autre et que le temps presse). Il n'est pas permis de mettre en circulation un médicament *probablement* inoffensif (cf. en France, il y a quelques années, le cas du Stalinon) ou d'embarquer les voyageurs sur un avion dont la sécurité est seulement *probable*. Lorsque l'acte peut avoir des suites qu'il n'est aucunement permis d'accepter — ce qui a lieu notamment quand un intérêt grave du prochain est en jeu —, la solution tutioriste s'impose.

N. B. Le laxisme, condamné par l'Eglise [27], n'a jamais formé un système distinct : ce n'est qu'une extension démesurée du probabilisme. Les laxistes se contentaient de la plus minime probabilité, en négligeant souvent de faire les distinctions dont nous venons de parler.

257. - Un autre système compte aujourd'hui des partisans : le *système de compensation ou système de la prudence chrétienne* (Prümmer), selon lequel il est permis d'embrasser le parti « moins sûr » alors même que la probabilité de sa valeur morale positive est moindre que la probabilité contraire, toutes les fois qu'il y a pour cela une raison proportionnée au risque de violer l'ordre moral objectif. Plus la violation redoutée est sérieuse, plus sa probabilité est grande, plus fortes aussi doivent être ces raisons. Le cas, disent ces auteurs, est analogue à celui du volontaire indirect (nn. 13 ; 230). Un effet mauvais peut être toléré s'il y a des raisons proportionnellement graves de le permettre, si, par exemple, vouloir l'éviter à tout prix devait entraîner un plus grand mal. Pareillement ici, l'obtention d'un certain bien, la crainte d'un dommage pire pourront compenser le risque d'un désordre objectif. — On notera que ces auteurs, comme beaucoup de théologiens moralistes, se placent avant tout au point de vue du confesseur. Il serait imprudent, pour celui-ci, d'imposer ou de révéler au pénitent des exigences auxquelles il ne serait pas psychologiquement en mesure de répondre et qui, en lui faisant perdre sa « bonne foi », transformeraient son « péché matériel » en un « péché formel ». L'angle sous lequel nous envisageons ici la chose est différent. Notre point de vue est celui de l'agent moral lui-même.

258. - Dans tous ces systèmes, le tutiorisme excepté, un principe « réflexe » vient s'insérer entre les deux jugements de conscience. Ce principe n'apporte aucune lumière sur la valeur

---

[27] « Generatim, dum probabilitate sive intrinseca sive extrinseca quantumvis tenui, modo a probabilitatis finibus non exeatur, confisi aliquid agimus, semper prudenter agimus », prop. condamnée le 2 mars 1679, Denzinger-Schönmetzer, *Enchiridion*[32], n. 2103 (anc. éd., 1153).

objective de l'acte, mais il lève le doute sur la valeur de sa position. Explicitée, la démarche de la conscience se formulerait ainsi: La probabilité que cet acte soit conforme à la règle du bien est plus grande (a), ou aussi grande, presque aussi grande (b) que la probabilité contraire; c'est, en tout cas, une vraie et solide probabilité (c); ou encore: cet acte est probablement conforme à la règle du bien et, de plus, il y a, pour le poser, des motifs qui compensent le risque de violer éventuellement l'ordre objectif (d). Or, il est certainement licite de poser un acte qui répond à la condition a (ou b, ou c, ou d: c'est ici que diffèrent les systèmes). Donc il est certainement licite de poser cet acte *hic et nunc*.

Il est intéressant de noter que la légitimité des systèmes moraux et des principes réflexes est aujourd'hui mise en question par certains auteurs, qui prônent un retour à la position des auteurs médiévaux, de saint Thomas en particulier. La doctrine thomiste de la prudence, mieux exploitée, devrait, selon eux, suffire à résoudre les cas concrets [28].

259. - Avant de formuler notre propre solution, nous voulons attirer l'attention du lecteur sur quelques points importants.

1. La question présente concerne seulement un cas particulier de la vie morale et ne doit pas être placée au centre ou au principe de la réflexion éthique. Le cas est celui d'un homme qui, après avoir cherché, sérieusement, sincèrement, dans la mesure de ses moyens, à s'éclairer sur son devoir, n'est pas arrivé, quand vient l'occasion d'agir, à sortir de son doute. On suppose donc une volonté droite, un « propos général » de vivre selon la norme du bien. De cette rectitude fondamentale aucun système, aucun principe réflexe ne peut dispenser.

2. Avant de recourir à un principe réflexe *éloigné* et *universel*, il faut d'abord voir si l'on ne peut pas résoudre le cas au moyen de principes réflexes *prochains*, tirés, non pas d'une réflexion sur les conditions de l'acte moral en général, mais d'une réflexion sur quelque aspect moins universel de l'acte en question. Tel est, par exemple, le principe: quand la fin doit être atteinte à tout prix, il faut choisir le moyen le plus sûr, ou encore les divers principes concernant le doute de fait (n. 256), ou le principe qu'il faut interpréter la loi positive selon l'esprit du législateur etc. [29]. Si ces principes suffisent, il n'y a pas à chercher plus loin.

---

[28] Voir en ce sens Th. Deman, *art. cit.*, surtout col. 612 et 615.
[29] Au sujet des principes réflexes, voir J. Fuchs, *op. laud.*, pp. 197-200, dont nous nous inspirons ici.

3. Les systèmes ne doivent pas être regardés comme des *succédanés* de la vertu de prudence, dont le propre est de régler l'application de la loi aux cas particuliers et dont nous connaissons le rôle hors pair dans l'éthique aristotélico-thomiste (nn. 192, 272). Ils en sont, au contraire, les auxiliaires et les instruments.

4. Il ne faut surtout pas dissocier la présente question de l'ensemble de la vie morale. C'est la marque d'une âme basse que de s'enquérir uniquement si l'on est *tenu* d'agir de telle ou telle manière, sans jamais entendre l'appel libérateur du *mieux*. Il faut aussi considérer les motifs ou mobiles *subjectifs* qui poussent, en fait, l'agent moral à poser (ou à omettre) l'acte dont la licéité (ou le caractère obligatoire) reste pour lui problématique.

5. Enfin, évitons d'opposer la « loi » et la « liberté », comme si cette dernière était, de soi, sans règle ni mesure. Laissons cette fiction aux existentialistes. La loi naturelle, loin de limiter la liberté, énonce les conditions de sa pleine réalisation, de son expansion harmonieuse et heureuse. C'est pourquoi sa connaissance, la connaissance du devoir concret, de ce qu'il faut faire *hic et nunc* est, pour la liberté, un secours d'un grand prix, dont il serait contre nature de se défendre.

260. - Notre enquête aura pour centre de perspective le probabilisme, car c'est, en fait, par rapport à lui que, le plus souvent, les autres systèmes se définissent et s'affirment.

Nous avons dit que le principe du probabilisme est: « une loi douteuse n'oblige pas », ou, sous une forme moins juridique: « obligation douteuse, obligation nulle ». Ce principe, on a quelquefois pensé le retrouver chez saint Thomas. Le Docteur Angélique dit bien en effet: « nul n'est lié par un commandement, à moins qu'il ne connaisse ce commandement »[30]. Mais, comme nous l'avons vu, saint Thomas ne traite nulle part notre problème et, dans le texte allégué, « connaître » s'oppose simplement à « ignorer »; or, on ne peut dire purement et simplement, de celui qui doute, qu'il « ignore ». (Sur ce que saint Thomas pense de la conscience douteuse, voir plus haut, n. 253).

Quoi qu'il en soit, le principe en question fait quelque difficulté, surtout lorsqu'on l'applique à la loi naturelle. (Il est remarquable d'ailleurs que la plupart des exemples apportés par les probabilistes concernent des obligations positives, principa-

---

[30] « Nullus ligatur per praeceptum aliquod, nisi mediante scientia illius praecepti », *Ve.*, 17, 3.

lement ecclésiastiques: jeûne, abstinence, messe ...). N'est-il pas contre la raison droite de s'exposer à violer l'ordre objectif qu'elle prescrit?

Sans doute, si la loi morale dépendait tout entière de l'arbitraire divin, si elle n'était pour l'homme qu'une occasion de rendre hommage à l'autorité du Créateur, on pourrait admettre que l'homme a satisfait à ses obligations quand il a cherché de son mieux à connaître la volonté divine et que Dieu n'exige de lui rien de plus. Dans la mesure, au contraire, où la loi a son fondement dans la nature objective des choses, où la valeur est immanente à la structure objective de l'acte, se fait pressante, semble-t-il, pour l'homme l'exigence de ne pas s'exposer témérairement au danger de violer l'ordre objectif. Pour tout dire, tel qu'il est souvent proposé, le probabilisme paraît solidaire d'une conception purement volontariste de la loi.

Il est très vrai que la loi douteuse, en tant que douteuse n'oblige pas. S'il n'est pas clair que telle façon d'agir est déshonnête, je ne suis certainement pas lié par la détermination éventuelle de la loi morale qui interdirait d'agir ainsi. Mais il y a une loi générale de la prudence qui, elle, n'est pas douteuse, et qui nous demande d'éviter le péril d'un désordre objectif, avec une insistance proportionnée à la gravité du mal. Et ce serait la marque d'une volonté mal disposée que de prendre trop facilement son parti d'un tel désordre (n. 247).

261. - Par ailleurs, il serait contraire à la prudence d'ériger en règle absolue le principe tutioriste ou probabilioriste. Non seulement une telle règle empêcherait parfois des actes de haute valeur morale (n. 52), mais encore la liberté serait indûment limitée. Si, en effet, la loi authentique, exprimant les vraies exigences de la raison, aide la liberté à se trouver et à s'accomplir, la pseudo-obligation née de l'ignorance est vraiment pour elle une entrave. En ce sens, oui, on peut parler des « droits de la liberté », droits à sauvegarder, non pas contre la loi, mais contre son simulacre. Enfin, la rectitude du jugement moral, bien auquel il n'est pas permis de renoncer, est menacée, dès là qu'on admet trop facilement des devoirs ou des interdits non fondés. Imprudente et condamnable serait donc la maxime qui érigerait en lois des semblants de lois [31].

---

[31] Bien entendu, nous ne taxons pas d'imprudence celui qui fait ce à quoi il n'est pas strictement obligé; nous appelons imprudente — parce que nuisible au progrès moral — cette disposition intérieure qui amènerait à poser par crainte du mal des actes qui devraient être posés plutôt par libre amour du bien.

262. - Il faut donc éviter à la fois et le danger d'un désordre objectif et le danger des obligations gratuites. Or nous évitons l'un et l'autre si nous disons qu'il est licite de poser un acte dont la valeur objective reste douteuse, quand il y a pour cela des raisons proportionnées à la gravité du désordre redouté et au risque de le provoquer. Le mal du désordre éventuel est compensé par le bien qui fonde lesdites raisons.

Certes, s'il y avait, à accepter le *risque du désordre,* le même déréglement du vouloir que dans l'acceptation directe du *désordre,* il ne pourrait jamais y avoir pour cela de bonnes raisons. Mais il n'en est rien. Il est évidemment contradictoire, nous l'avons vu (n. 229) de prétendre à la fois poser un acte dont le désordre objectif est clairement connu et conserver la rectitude de la volonté. Mais il n'est nullement contradictoire de vouloir à la fois conserver cette rectitude et poser un acte dont la valeur objective est douteuse. Car, dans ce cas, la volonté vise l'acte selon qu'il s'accorde (probablement) avec la raison droite; elle s'en détournerait, s'il s'avérait contraire à celle-ci. Puisque donc, sous l'aspect où l'acte est envisagé, aucune opposition n'apparaît entre son « intention » objective et l'« intention » de la raison droite, la volonté peut, tout en visant l'Idéal de la raison, assumer cette intention objective. A supposer qu'en réalité celle-ci soit contraire à la raison, ce désordre, ne tombant pas sous la visée actuelle de la volonté, lui demeurera extrinsèque et ne saurait l'affecter [32].

En somme: à moins que le sujet ne fasse complètement fi de l'ordre objectif, admettre le danger de violer celui-ci ne mérite pas le même jugement moral que la violation directement acceptée. Et c'est pourquoi la nécessité morale d'éviter ce danger est moins impérieuse que celle d'éviter la violation clairement connue comme telle [33].

Jusqu'ici, notre réflexion nous a menés à une solution qui est celle des compensationistes. Est-elle définitive? Tout est-il dit? Non, car une question surgit aussitôt, grosse de toute la difficulté pratique: à quel signe reconnaître la présence de raisons proportionnées au danger de désordre objectif?

263. - Ici encore intervient une considération prudentielle. Si, dans le cas de doute, il fallait avant d'agir examiner minutieusement, en pesant le pour et le contre, dans quelle mesure les raisons en faveur du parti « le moins sûr » équilibrent vrai-

---

[32] On pèche en agissant dans le doute, non seulement parce qu'on s'expose au danger de violer l'ordre objectif, mais surtout parce que, faute de distinguer entre la moralité de l'acte et celle de sa position, on s'expose au danger de *mal agir;* on accepte donc, éventuellement, d'être infidèle à la Valeur; or, accepter cette éventualité, c'est être déjà infidèle.

[33] Voir ce qui a été dit, n. 230, au sujet du principe du « double effet ». S'il est parfois permis, pour de justes motifs, d'accepter la *réalité* d'un effet mauvais, à plus forte raison sera-t-il permis — toujours pour des motifs proportionnés —, d'accepter la simple *probabilité* d'un désordre objectif.

ment le danger de désordre objectif, le sujet resterait le plus souvent empêtré dans son doute, la vitalité de l'action serait étouffée, la loi, au lieu de guider et d'aider la liberté, la paralyserait. Avec, encore une fois, le danger, pour celle-ci, de rompre ses entraves en enfreignant délibérément la règle prétendue.

C'est pourquoi la prudence elle-même dicte cette ligne de conduite: là où n'apparaît pas, entre le bien qu'on attend de l'action, et le danger d'un désordre objectif, une *disproportion manifeste* (qui « saute aux yeux »), il est licite de poser un acte dont la valeur morale objective reste en elle-même douteuse. Cela, bien entendu, aux conditions indiquées au n. 259.

La disproportion dont nous parlons doit s'apprécier, non seulement en fonction de la probabilité du désordre objectif, mais encore en fonction de sa gravité.

Remarquons qu'en cette matière la probabilité ne peut pas être calculée comme lorsqu'il s'agit de la probabilité d'un événement etc. Une opinion probable est celle qu'un « homme prudent » peut approuver, c'est-à-dire tenir pour vraie, mais à titre d'opinion, donc avec réserve, crainte de l'erreur possible. Je ne puis à la fois tenir pour vraie une opinion à titre d'opinion et la juger cependant « moins probable »: sur ce point, les probabiliaristes et les équiprobabilistes ont raison. Mais je puis me sentir incliné à « opiner » en tel sens, et cependant comprendre parfaitement qu'un autre, non moins prudent, non moins sincère, non moins désireux de bien agir, puisse tenir pour vraie une opinion différente. Le fait même que dans les deux cas il s'agit d'opinions, montre assez que nos jugements n'ont pas une source purement rationnelle. La raison dirait simplement: ceci est vrai ou ceci est faux. L'opinion suppose des éléments extra-rationnels, subjectifs, contingents, dont le sujet, en réfléchissant, peut reconnaître le caractère relatif [34].

Ceci concerne la probabilité *intrinsèque*. Quant à la probabilité *extrinsèque*, elle est comme la preuve *ab esse ad posse* d'une probabilité intrinsèque qui peut, en elle-même, *nous* rester cachée mais qui a dû se manifester à ceux dont on allègue l'opinion. C'est pourquoi elle s'évanouit quant on peut montrer que des auteurs, aussi « graves » qu'on voudra, tiennent une doctrine pour « probable », simplement parce qu'ils croient la lire chez un autre auteur « grave », chez qui en fait elle ne se trouve pas, ou lorsque les raisons qu'ils avancent s'avèrent par la suite sans valeur [35].

264. - Cependant, il faut ajouter encore une précision importante. Nos actes n'ont pas tous le même type de rapport (positif ou négatif) à la valeur morale. On peut, de ce point de vue, les distribuer en deux classes: Certains ont un caractère

---

[34] Voir P. Rousselot, *Quaestiones de conscientia* (écrit vers 1912), Paris, 1937, pp. 50 ss., surtout 76-77.
[35] Exemple chez E. Hamel, *L'erreur sur la personne dans la damnification*, « Sciences Ecclésiastiques », 1956, pp. 335-384.

plus subjectif; leur valeur morale consiste principalement dans l'accord de leur signification, de leur « intention », de leur téléologie objective avec l'« intention » de la raison et de la volonté droites: elle est surtout l'expression de la rectitude interne du sujet. Inversement, l'antivaleur, pour les actes de cette catégorie, s'épuisera presque entièrement dans le contraste entre leur intention objective et l'intention de la raison et de la volonté droites: elle exprime le désordre moral du sujet.

D'autres actes, au contraire, ont *en plus* un rapport à un bien objectif qui ne dépend en rien de la rectitude de notre agir. Leur bonté ne dit pas seulement conformité de leur « intention » avec celle de la raison, mais, considérée objectivement, elle implique aussi la réalisation ou l'obtention de ce bien. Tels sont les actes où sont en jeu les intérêts des autres personnes (ceux qui relèvent de la justice et du droit, où il y a un *medium rei,* nn. 197; 269). Tels aussi les actes qui concernent le bien du sujet, quand il s'agit d'un bien auquel on n'a pas le droit de renoncer, comme la vie, la foi etc.

Il apparaît immédiatement que notre solution ne peut pas s'appliquer de la même manière à ces deux types d'actes. Pour le premier seul vaut pleinement ce que nous avons dit au n. 262. La volonté peut, sans renoncer à sa rectitude, assumer leur intention objective, selon qu'elle apparaît probablement conforme à la raison. En effet, la raison d'éviter le désordre objectif serait que ce désordre, assumé par la volonté, en compromettrait la rectitude, mais ici, précisément, la volonté ne l'assume pas, parce qu'il ne se présente pas comme lié nécessairement au choix de l'objet. Il n'est donc pas contraire à la raison droite, dans les cas de ce genre, d'en courir le risque, pour de justes motifs.

Dans la pratique, ces justes motifs se rencontrent presque toujours. Ce sera l'inconvénient, déjà signalé, d'une action humaine entravée et ligotée, ce pourra être une fin honnête et raisonnable, ce sera aussi, surtout pour les consciences délicates, le danger des pseudo-obligations. En somme, celui dont la volonté est ordinairement bonne, dont les motivations sont habituellement droites, n'a pas en général (toujours dans les cas de cette espèce) à faire entrer dans ses calculs la nécessité d'éviter un désordre objectif simplement probable.

Nous rejoignons ainsi, en gros, mais par un chemin assez différent, les conclusions du probabilisme. Pourtant nous n'oserions pas les faire nôtres sans réserve. Les motifs indiqués ci-dessus sont-ils *toujours* suffisants? L'action humaine serait-elle intolérablement gênée, le danger des obligations imaginaires tellement menaçant, si la prudence demandait de s'abstenir là où le bien attendu de l'action est minime et le danger de désordre objectif sérieux? Encore une fois, les systèmes, les principes réflexes doivent être au service de la prudence; ils n'ont pas à la remplacer. Et il ne s'agit surtout pas de décharger l'homme de la responsabilité de ses choix.

Quant aux actes de la seconde catégorie, de ceux surtout où il s'agit d'un bien qui doit être obtenu à tout prix, il est clair qu'il appellent un traitement différent. La volonté ne peut conserver sa rectitude si elle accepte de mettre en péril des intérêts qu'elle doit respecter et que cette rectitude ne suffirait pas à préserver. Le probabilisme, ici, est donc inapplicable.

Nous renvoyons à la théologie morale une étude plus approfondie de cette difficile question.

En fait, la conscience semble, assez spontanément, probabiliste. Combien de fois des âmes délicates s'imaginent avoir agi dans le doute, et donc mal agi, alors qu'elle n'ont fait qu'appliquer, confusément, les principes ici énoncés. (Sur ces jugements confus, cf. n. 252).

265. - Le cas de la conscience hésitante entre deux obligations apparentes n'offre pas de difficulté particulière. D'une part, pas plus qu'il n'y a jamais vraiment conflit de droits (n. 204, 2), il n'y a conflit véritable de devoirs: l'un des deux ou bien n'est qu'un faux devoir (venger son père, défendre son honneur par un duel etc.), ou bien perd son urgence, dans le cas présent, en face d'un devoir plus pressant, plus fondamental. D'autre part, puisque, par hypothèse, il n'est pas possible au sujet de reconnaître où est le devoir authentique, nous sommes ramenés au cas ordinaire de la conscience douteuse. Le sujet demeure libre de suivre le parti qu'il veut ou de n'en suivre aucun.

266. - N.B. Il faut bien distinguer le jugement qui décide si la position de l'acte est licite ou non et le jugement qui décide s'il est expédient pour le sujet d'agir. Lorsque, par exemple, j'ai reconnu qu'il n'y a rien de mal à voir tel spectacle, je puis cependant juger préférable de m'en abstenir pour d'autres raisons: occupations plus utiles, désir de recueillement ou de renoncement etc. On ne dira donc pas, comme certains que dans la pratique il est généralement mieux de ne pas user du probabilisme. Non: si le probabilisme est vrai, et dans la mesure où il est vrai, on doit s'en servir, mais selon sa finalité propre, qui est la formation du jugement moral concernant la licéité de la position de l'acte. Quant à l'autre jugement, il relève de la vertu de prudence, mais non du probabilisme. L'intérêt moral de celui-ci est précisément de faire que l'acte meilleur soit posé par amour du bien plutôt que par crainte du mal.

267. - On voit enfin, par tout ce qui précède, l'importance capitale, pour les jeunes surtout, d'une sérieuse formation de la conscience. Cette formation se fait de deux manières, indispensables l'une et l'autre : par voie d'instruction (enseignement de la morale, dans ses principes généraux et ses prescriptions particulières) et par voie d'exercice. La connaissance spéculative sert de peu s'il ne s'y joint l'effort assidu de mettre en pratique les leçons. Au contraire, celui qui s'exerce et s'affectionne à la vertu devient de plus en plus apte à en reconnaître les plus délicates exigences : c'est là la connaissance *par connaturalité*, dont parle saint Thomas dans un texte célèbre :

> « Il y a deux manières d'avoir un jugement moral droit. L'une, selon l'usage parfait de la raison, l'autre en vertu d'une certaine connaturalité avec ce dont on a à juger. Ainsi, au sujet de ce qui touche la chasteté, celui qui est versé dans la science morale juge correctement par enquête rationnelle, mais celui qui a l'*habitus* de chasteté en juge correctement par une certaine connaturalité avec cette vertu » [36].

---

[36] « Rectitudo judicii potest contingere dupliciter: uno modo secundum perfectum usum rationis; alio modo propter connaturalitatem quamdam ad ea de quibus jam et judicandum: sicut de his quae ad castitatem pertinent per rationis inquisitionem recte judicat ille qui didicit scientiam moralem, sed per quamdam connaturalitatem ad ipsam recte judicat de eis ille qui habet habitum castitatis », *Somme théol.*, II-II, 45, 2.

CHAPITRE XIII

LA VIE MORALE

268. - La vie morale ne consiste pas en une succession d'actes singuliers et discontinus, par lesquels raison et volonté, en effort perpétuellement repris, imposeraient leur régulation aux tendances naturelles. Elle requiert la création d'habitudes ou mieux d'*habitus,* qui rectifient, d'une manière stable, le psychisme sous l'influence et la conduite de la raison et donnent à la volonté de se porter sans hésitation vers le bien. Ces habitudes ou *habitus* sont les *vertus morales.*

On sait que, pour les scolastiques, la vertu en général — *virtus* — signifie « une certaine perfection de la puissance (active) »[1]. On la définit : un *habitus* opératif, perfectionnant une puissance dont l'activité reste, par quelque endroit, indéterminée, en vue du bien de cette puissance. C'est par ce dernier trait qu'elle se distingue de l'*habitus* en général, qui n'est pas nécessairement perfectif (la maladie, le vice). En ce sens, l'*art* (au sens ancien, plus voisin de technique artisanale) est considéré par les scolastiques comme une « vertu »; ils parleront aussi, comme déjà Aristote (n. 64), de « vertus intellectuelles ». Les théologiens distingueront les vertus *infuses,* surnaturellement conférées par Dieu, et les *vertus acquises* par répétition des actes vertueux. C'est évidemment de ces dernières seules que le philosophe a à s'occuper.

Dans un sens plus restreint et, aujourd'hui, de beaucoup le plus usuel, on appelle « vertus » les *habitus* qui perfectionnent la volonté et les autres puissances sujettes à sa motion, *par rapport au bien propre de la volonté,* qui est aussi celui du sujet raisonnable comme tel. *Vertu* est alors synonyme de *vertu morale.*

La définition de la vertu, par Aristote, est justement célèbre : « un *habitus électif* (ἕξις προαιρετική), qui se tient dans un certain milieu

---

[1] « Quamdam potentiae perfectionem », saint Thomas, *Somme théol.*, I-II, 55, 1; *Virt. in comm.*, 1.

(μεσότητι), par rapport à nous, milieu déterminé par la raison et tel que le déterminerait un homme prudent (ὁ φρόνιμος) » [2].

Il y a, dans cette définition, cinq éléments à considérer :

a) La vertu est un *habitus électif* : non seulement, comme tous les *habitus*, elle incline le sujet à *agir* d'une certaine manière, mais encore, ce sujet étant capable d'autodétermination, elle l'incline à bien *choisir*.

b) Cet *habitus* se tient « dans un milieu ». Ce « juste milieu » est l'élément le plus caractéristique, en tout cas le plus populaire, de la définition aristotélicienne. La vertu fuit l'excès et le défaut. Non pas toujours également : il y a des vertus plus proches de l'un ou de l'autre extrême. Le courage est plus proche de la témérité que de la lâcheté. Et surtout, ce milieu de doit pas être considéré comme un point neutre : la vertu aristotélicienne n'a rien à voir avec une certaine sagesse petite-bourgeoise. A vrai dire, ce qui est « moyen », ni trop ni trop peu, c'est plutôt l'élément matériel, objectif de la vertu : ce qui peut être empiriquement constaté, mesuré, décrit comme dans une enquête psychologique ou sociologique. D'un autre point de vue, selon une autre dimension, qui est proprement la dimension axiologique, la vertu est un sommet (ἀκρότης).

c) Ce « milieu » est « milieu » *par rapport à nous*. Aristote veut dire par là que les exigences objectives de la vertu doivent s'apprécier en fonction du sujet et ne peuvent être définies dans l'absolu, indépendamment de lui. La vertu est le bien de l'homme ; elle dit donc convenance à l'homme ; le « juste milieu » est le point précis où, dans l'objet variant idéalement entre deux extrêmes, s'établit ce rapport de convenance au sujet. D'où une certaine flexibilité. Un régime trop copieux pour un gringalet serait insuffisant pour un athlète.

d) Toutefois, ce « milieu » doit être déterminé par la raison (ou, comme veulent certains, selon la règle) : il n'est pas laissé à l'arbitraire des instincts, des passions, des mouvements irrationnels. Aucun subjectivisme donc : c'est la raison qui fixe la juste mesure selon la condition du sujet.

e) Enfin, cette détermination est celle que prescrirait un *homme prudent*. L'« homme prudent » est un personnage important de l'éthique aristotélicienne et de la morale scolastique en général. C'est qu'en effet il n'est pas toujours possible de donner, en matière de mœurs, des démonstrations rigoureuses. A ce défaut de la raison raisonnante on suppléera en recourant aux conseils des sages, des hommes experts, éprouvés, reconnus : en eux, c'est bien encore la raison qu'on entend, mais la raison incarnée en quelque sorte dans la vie et rendant ses sentences à travers leurs réactions et leurs jugements spontanés (cf. la dotrine thomiste de la connaissance par connaturalité, n. 267).

Les scolastiques adoptent la définition aristotélicienne, mais refusent de l'appliquer telle quelle aux vertus théologales : pourrait-il y avoir un excès dans l'adhésion à Dieu, le désir de Dieu, la confiance en Dieu, l'amour de Dieu ? La notion de juste milieu ne convient ici — quand elle convient — que d'une façon tout accidentelle, par rapport à quelque chose d'autre que l'objet de ces vertus : en ce sens, la **foi**,

---

[2] *Eth. nicom.*, II, 6, 1106 b 36. — Au lieu de « par la raison » R. Gauthier et Y. Jolif traduisent : « selon la règle ». (*Ethique à Nicomaque. Commentaire*, Louvain-Paris, 1959, pp. 147-148 : justification de cette traduction).

par exemple, peut être dite un « milieu » entre deux hérésies [3]. — Quant aux vertus morales, les scolastiques, saint Thomas en particulier, distinguent celles dont le « milieu » est un « milieu selon la raison », un milieu déterminé par la raison compte tenu de la condition du sujet (le « milieu par rapport à nous » de la définition aristotélicienne), et celles, comme la justice, où le « milieu » est aussi un « milieu réel », objectif (*medium rei*). « En effet, la justice a pour matière les actions qui concernent les choses extérieures, où la rectitude qu'il s'agit d'instituer est définie tout simplement selon ce qui est droit en soi. Les autres vertus morales, au contraire, regardent les affections (*passiones*) internes du sujet, où la rectitude ne peut être la même pour tous, les dispositions des hommes étant différentes en ce domaine; c'est pourquoi la rectitude rationnelle, quand il s'agit des passions, doit se définir par rapport à nous, les sujets des passions » [4]. — En parlant ainsi, saint Thomas n'entend évidemment pas enseigner le relativisme moral. Car dans ce « rapport à nous » est inclus un rapport à la nature humaine universelle et immuable (n. 185) et nous avons vu, du reste, qu'en toute activité morale on trouve un aspect qui relève de la justice et du droit (n. 219, fin).

269. - L'effet de la vertu est d'assurer une exécution prompte, sans hésitation, joyeuse même (« délectable ») et suffisamment régulière de son acte. Comme l'*habitus* en général, la vertu introduit dans l'existence humaine l'unité. Elle est victoire sur la versatilité. Les choses en dessous de l'homme ont, de par leur nature, l'uniformité dans l'agir. L'homme, qui

---

[3] Saint Thomas, *Somme théol.*, I-II, 64, 4; *Virt.*, 13.
[4] « Cujus ratio est quia justitia est circa operationes quae consistunt in rebus exterioribus, in quibus rectum institui debet simpliciter et secundum se ... Aliae vero virtutes morales consistunt circa passione interiores, in quibus non potest rectum constitui eodem modo, propter hoc quod homines diversimode se habent ad passiones; ideo oportet quod rectitudo rationis in passionibus instituatur per respectum ad nos qui afficimur secundum passiones », *Somme théol.*, I-II, 64, 2. — Les scolastiques fondaient cette doctrine sur un texte d'Aristote: « la justice, de plus, est un milieu, non pas à la façon des autres vertus, mais parce qu'elle est de ce qui est du milieu » (en latin: « justitia autem medietas est, non secundum eumdem modum praedictis virtutibus, sed medii est »), *Eth. nicom.*, V, 9, 1133 b 32-33. Ils entendaient ce « milieu » propre à la justice d'un *medium rei,* distinct du *medium quod ad nos*, dont parle ailleurs le Philosophe, *ib.*, II, 5, 1106 a 29 ss.
Cette interprétation est aujourd'hui contestée par beaucoup (voir Gauthier-Jolif, *op. cit.*, pp. 406-408). Le sens de la remarque d'Aristote, comme il apparaît des mots immédiatement suivants: « l'injustice, au contraire, est le fait des extrêmes » (« injustitia vero extremorum »), semble bien être que la justice, à la différence des autres vertus, ne se tient pas entre deux vices opposés, mais qu'elle a un seul opposé, dans lequel les extrêmes se rencontrent. Obliger l'acheteur à payer plus qu'il ne doit est aussi injuste qu'obliger le vendeur à demander moins qu'il n'a droit. On manque à la justice distributive aussi bien en privilégiant indûment un particulier qu'en diminuant indûment sa quote-part etc. — En outre le Philosophe n'entend nullement réduire le rôle des autres vertus à la modération des passions, tandis qu'à la justice serait réservé de rectifier les actes extérieurs.

transcende les déterminations particulières, en tant que sujet spirituel, mais existe dans le temps, ne possède pas cette uniformité. La liberté met en lui un principe nouveau de changement: elle dissocie le présent du passé et l'avenir du présent. Spirituel, il n'est pas déterminé par sa nature; temporel, il n'est pas fixé dans son choix. Mais il lui appartient de se donner à lui-même, par la création d'habitudes et d'*habitus,* une disposition dynamique relativement stable qui, sans le nécessiter au bien, l'y incline puissamment et l'aide à maintenir droite la ligne de la vie morale. Une telle disposition étant l'œuvre de la raison, l'inclination qui en résulte est une inclination rationnelle, de sorte que par elle c'est l'existence tout entière qui peu à peu se pénètre de rationalité, se spiritualise.

Mais si la vertu ne supprime pas la liberté, puisque l'*habitus* vertueux n'est pas nécessitant, ne la diminue-t-elle pas, diminuant, du même coup, la valeur et le mérite de l'acte? Il ne suffit pas de répondre que l'acquisition de la vertu fut volontaire et libre. Il reste, semble-t-il, qu'une fois acquise, elle rend l'acte moins humain. L'homme pleinement vertueux, tel que le dépeint Aristote, ne serait-il pas celui pour lequel l'action bonne ne poserait plus de problème, qui réagirait vertueusement d'une manière quasi automatique, sans réfléchir, sans délibérer, comme un robot moral? Seulement, un tel homme serait-il encore humain?

Nous répondons, tout d'abord, que le mérite et la valeur morale d'un acte ne se mesurent pas essentiellement par la difficulté et les répugnances que le sujet éprouve en soi lorsqu'il pose cet acte. Bien plutôt ces répugnances sont-elles le signe que le sujet est encore imparfaitement intégré, qu'il ne tend pas encore au bien « avec toute son âme ». Or, toutes choses égales d'ailleurs, l'acte est d'autant plus parfait qu'il procède d'un sujet plus parfaitement unifié. Un homme déchiré par ses passions peut certes avoir quelque bonne volonté, mais cette volonté ne se possède pas encore pleinement elle-même, elle n'a pas toute sa perfection de volonté parce qu'elle ne réussit pas encore à dominer et à unifier les tendances et appétits particuliers. La volonté exprime le dynamisme du sujet et de même que l'intellect ne peut se recueillir pleinement, être pleinement pour soi, lorsqu'il est pour ainsi dire tiré hors de soi par les images, ainsi la volonté, lorsqu'elle est tirée hors de soi par des tendances encore insoumises et incontrôlées. Evitons cet « angélisme » qui tient pour peu de choses, du point de vue moral, la rectitude du psychisme, la liberté divine restant évidemment maîtresse de ses dons (cf. n. 276).

Dans les âmes hautement spiritualisées, où le noyau personnel a pris vivement conscience de soi et de sa distinction d'avec les zones plus périphériques — étape sans doute nécessaire avant le retour illuminant et transfigurant au sensible —, le désordre du psychisme peut rester extérieur et ne rien enlever à la vigueur de la volonté droite, qu'il provoque plutôt à se surpasser. Là au contraire où l'esprit ne s'est pas « discerné », pour parler comme saint Augustin, le désordre du psychisme n'est jamais sans quelque retentissement spirituel.

Enfin, ne confondons pas avec la difficulté née de la division intérieure, la difficulté objective qui tient à l'excellence de l'œuvre — ce que les scolastiques expriment par le mot *arduum*. Cette difficulté augmente la valeur morale de l'acte dans la mesure où celle-ci dépend de la valeur de l'objet; elle est en outre l'indice d'une volonté puissamment tendue vers le bien. On *peut* avoir beaucoup d'amour pour le prochain en lui rendant des services faciles, mais il *faut* beaucoup d'amour pour lui sacrifier son repos, sa santé et sa vie.

270. - En outre, on doit, dans la vertu, distinguer un élément en quelque sorte *matériel* et un autre en quelque sorte *formel*. Le premier est cela même qu'on appelle souvent « bonne habitude »: une heureuse et stable disposition des « puissances » que la volonté gouverne et dont elle se sert pour atteindre sa fin. Cette disposition, qui atteint le substrat organique, développe non seulement une aisance à poser certains actes, mais une tendance à les renouveler, impérieuse parfois comme un besoin. La même chose vaut évidemment des habitudes « négatives », qui freinent les appétits, les passions etc. Telle, chez un homme tempérant, l'habitude de manger frugalement: cette habitude pourra devenir une exigence, au point que notre homme se sente mal s'il doit un jour faire un repas plus copieux ou plus soigné. Cette disposition, de soi, n'a rien de vertueux, elle peut même à l'occasion empêcher un plus grand bien — il y a des circonstances où il faut savoir apprécier les plus humbles valeurs —, mais ordinairement elle favorise la vertu. Malgré tout, la facilité, l'agrément même qu'elle procure restent en-deçà de l'ordre moral. — L'élément formel, ou quasi formel, de la vertu est la rectitude de la volonté, qui se sert de cette disposition pour « rectifier » la puissance en qui elle réside. Cette rectitude habituelle du vouloir ne doit pas être comprise comme un facteur extrinsèque qui en limiterait la liberté: elle fait que la volonté soit davantage elle-même parce que fidèle à sa règle propre: c'est pour la volonté une certaine aisance à se déterminer selon des motifs homogènes, c'est-à-dire rationnels, et non selon des motifs étrangers (n. 139). Et le plaisir attaché à la vertu comme telle naît avant tout de la conscience de cette liberté interne, qui est fidélité à la Valeur [5].

Aussi bien, la notion d'*habitus*, chez Aristote et les scolastiques, dit-elle beaucoup plus qu'une simple disposition ou même qu'une tendance à poser un certain type d'actes. Le nom même l'indique: *habitus*, plutôt qu'à *habere* se rattache à *se habere*: se trouver, être en tel ou tel état, comme le grec ἕξις à ἔχειν employé avec l'adverbe, qui a le même sens. Il s'agit donc, on le voit, non pas tant d'un *avoir* que d'une *manière d'être* du sujet, d'une structure de la subjectivité. L'*habitus* est de l'ordre de l'intériorité, non du mécanisme. Son rôle n'est pas simplement celui que nous signalions tout à l'heure: introduire la continuité dans l'activité libre, mais, plus encore, de rendre nos actes plus pleinement nôtres, de faire qu'ils expriment mieux notre essence et notre « ipséité ». L'*habitus*, en effet, ne relie pas les actes comme du dehors: il les pénètre et les perfectionne. L'acte posé par l'effet d'un *habitus* vraiment spirituel ou, mieux, pleinement humain est meilleur, s'accomplit mieux, non seulement sous le rapport de la facilité, du plaisir, de l'efficacité etc., mais encore et surtout parce qu'il vise plus parfaitement la fin, d'où dépend principalement sa valeur morale et que nous avons vue particulièrement liée aux dispositions subjectives (n. 228). Et il y a des *habitus* plus profonds qui, lorsqu'ils atteignent une certaine plénitude, colorent pour ainsi dire, toute l'activité humaine et constituent comme un horizon présent à tous nos choix [6]. La rectitude fondamen-

---

[5] En rigueur thomiste, on dirait mieux que l'élément formel de la vertu est, dans la puissance même dont celle-ci est l'*habitus,* une certaine participation à la rectitude du vouloir. On sait, en effet, que, selon saint Thomas, les vertus morales, la justice mise à part, ne résident pas dans la volonté, mais ou bien dans l'intellect pratique (prudence), ou bien dans l'appétit concupiscible (tempérance), ou enfin dans l'appétit irascible (force), en tant que ces puissances sont susceptibles d'être gouvernées par la volonté. La raison en est que la volonté n'a pas besoin d'un *habitus* spécial pour rechercher le bien du sujet, tandis qu'elle n'est pas si naturellement inclinée à respecter les intérêts du prochain ... Quoi qu'il en soit de ce point, qui appellerait des remarques, il nous semble que la vertu, prise en son sens plénier, comporte, et en premier lieu, la droite disposition du vouloir. On pourrait distinguer ainsi un double principe formel: l'un dans la volonté, l'autre dans la puissance qui reçoit, à travers la volonté, la régulation de la raison. Nous préférons ne pas employer ici les mots extrinsèque et intrinsèque, car, vu l'unité du sujet, ce n'est que d'une façon très imparfaite, que la volonté peut être dite extrinsèque par rapport aux autres puissances.

[6] Cf. D. von Hildebrand, *Christian Ethics*, pp. 241-243.

tale de la volonté, principe formel et racine de toutes les vertus, fait que l'action humaine s'exerce normalement à l'intérieur du projet global de bien agir et ne s'en écarte pas sans conflit et, pour ainsi dire, sans grincement (n. 238).

Et nous voyons reparaître ici, d'une certain façon, la distinction entre les deux manières de considérer l'acte humain (nn. 224; 228). Quand on s'attache davantage à l'aspect objectif de l'action et que l'on traite les choses avec une mentalité plutôt juridique, on s'arrêtera volontiers à considérer l'acte isolément, sans beaucoup tenir compte des dispositions intimes du sujet. La valeur morale de l'homme aura pour mesure la conformité de ses actes à la loi, aux « commandements ». Si, au contraire, on regarde davantage l'acte du côté où il naît des profondeurs subjectives, on s'arrêtera de préférence à ces dispositions; à une « éthique des actes » on préférera une « éthique des vertus ».

Ces deux éthiques sont l'une et l'autre légitimes et nécessaires. Plus haut, en reconnaissant à la fin le premier rôle dans la qualification morale du sujet, nous n'entendions en rien diminuer l'importance de l'objet. De même ici, en disant que la valeur morale du sujet dépend surtout de ses *habitus,* nous ne prétendons nullement que les actes aient peu d'importance et que l'homme doive être jugé uniquement d'après ses dispositions habituelles. L'*habitus* est pour l'acte et demeure inutile s'il n'y aboutit pas.

Dans quelle mesure la connaissances des dispositions habituelles: tendances, vertus ou vices, doit-elle influer sur l'appréciation de la valeur de l'acte? Si, par exemple, un homme habituellement vertueux commet une faute, doit-on juger celle-ci plus sévèrement qu'on ne ferait, toutes choses égales d'ailleurs, s'il s'agissait d'un vicieux (parce qu'une telle faute contraste avec le « fond » moral sur lequel elle se détache)? Ou faut-il dire, au contraire, que cette faute est moins grave, parce que périphérique et engageant moins le sujet?
Une réponse simple n'est pas possible, croyons-nous. Distinguons plusieurs cas et plusieurs points de vue.
1. Du point de vue de l'observateur (et du sujet, en tant qu'il s'observe lui-même), la deuxième interprétation est *a priori* plus vraisemblable. Une faute isolée, dans une vie ordinairement vertueuse est en général un accroc sans profondeur et bien souvent plus apparent que réel. Les dispositions habituelles créent une probabilité contre l'hypothèse d'un fléchissement délibéré et engageant pleinement le sujet.
2. Deux actes, en apparence également superficiels, peuvent avoir une signification et une valeur morales fort différentes, si l'un répond à une disposition habituelle du sujet, tandis que l'autre est une exception, un simple « accident ». L'acte habituel, du fait qu'il ne suscite chez l'agent aucune réaction, aucun trouble, qu'il est souvent à peine

remarqué et tombe vite dans l'oubli, exprime et confirme à la fois la disposition vicieuse de l'agent ou du moins sa négligence installée et acceptée à l'égard de la valeur morale. Il fait partie d'un ensemble dont il tire sa complète signification. Au contraire, l'acte superficiel inhabituel — le fléchissement momentané d'une vie ordinairement droite ou, chez le non-vertueux, un bon mouvement —, s'il n'inaugure pas un processus de déchéance ou de relèvement, reste, du point de vue moral, insignifiant. Il n'exprime pas le sujet; il est véritablement, et pas seulement en apparence, périphérique, même si le sujet est persuadé du contraire, confondant, comme il arrive souvent, l'acuité de l'émotion avec la profondeur spirituelle ou la représentation du vouloir avec le vouloir réel. Car l'homme n'est pas toujours si bon ni si méchant qu'il croit l'être ou qu'il croit vouloir l'être (n. 251).

3. Dans la mesure enfin où il y a parfaite délibération, « présence d'esprit », décision pleinement résolue, c'est, au contraire, la première interprétation qui prévaut. Un acte « inhabituel » posé dans ces conditions est — pour le meilleur et pour le pire — un « saut qualitatif », un choix orientant le sujet sur une voie nouvelle. Et plus tranchée est l'opposition de l'acte au fond sur lequel il s'enlève, plus profond, plus radical apparaît l'engagement du sujet.

On voit par là qu'il y a deux manières, pour celui-ci, de s'engager dans son acte: en s'identifiant de plus en plus avec son *habitus* ou, au contraire, en s'y opposant par un choix profond qui remet en cause les fins et les valeurs.

271. - Mais, même par son élément matériel, la vertu vient en aide à la liberté, en déchargeant la volonté d'occupations inférieures qui l'absorberaient au risque de l'étouffer. Imaginons que, n'ayant pas l'habitude de marcher, nous devions faire attention, réfléchir, calculer, choisir à chaque pas! Ou bien que, faute de nous être fait de solides habitudes de tempérance, nous devions livrer des combats héroïques chaque fois que nous nous mettons à table! Ces actes seraient, admettons-le, plus conscients, plus pleinement nôtres, mais ils rempliraient notre vie et ne nous laisseraient ni le temps ni les forces de viser de plus hautes valeurs. Grâce aux bonnes habitudes, l'esprit peut librement faire de son activité un meilleur emploi et découvrir des valeurs auxquelles il serait autrement fermé. C'est ainsi que le musicien, libéré par l'automatisme de ses doigts, peut s'appliquer tout entier à l'expression, comme le savant, libéré par les ordinateurs, peut se consacrer à ce qui est plus proprement du ressort de la pensée: l'invention, la position des problèmes, la recherche des fins.

Et de la sorte, par l'acquisition des vertus, la volonté tend vers une adhésion toujours plus totale au bien, réduisant toujours davantage la probabilité du choix contraire. Loin de détruire la liberté, cette fermeté dans le bien la perfectionne.

Ou plutôt, par l'usage correct du libre arbitre, l'homme s'achemine peu à peu vers la vraie liberté.

272. - Comme les puissances, les actes et les *habitus* opératifs en général, les vertus se divisent selon leur objet formel. Une vertu est distincte des autres en tant qu'elle incline le sujet à agir selon un spécial rapport de conformité à la raison droite.

Telle est du moins la position des scolastiques. Certains, nous l'avons vu (n. 222), ne reconnaissent qu'une seule vertu : les stoïciens Zénon et Cléanthe, Kant etc. D'autres stoïciens, en particulier Chrysippe, admettent la pluralité des vertus mais en insistant sur leur connexion (n. 273).

On a coutume, depuis Platon [7], de distinguer quatre vertus *cardinales*: la prudence, la justice, la force, la tempérance. On les appelle *cardinales* parce qu'elles sont comme les gonds (*cardines*), nous dirions mieux l'axe, autour desquels tourne toute la vie morale. Saint Thomas les expose longuement avec leurs diverses subdivisions à travers toute la II^a II^{ae} [8]. Le premier rang, selon lui, appartient à la prudence, qui assure la rectitude du choix. C'est une vertu à la fois intellectuelle et morale. Directement, elle perfectionne l'intellect, mais l'intellect

---

[7] Platon, *République*, IV, 427 e; Lois, XII, 464 b - 965 d. — Aristote traite bien lui aussi de ces vertus (*Eth. nicom.*, VI, 5 ss.), mais sans les distinguer des autres comme un « quaternaire » particulièrement notable.

[8] Saint Thomas distingue, pour chaque vertu, des parties *intégrales*, *subjectives* et *potentielles*. Les premières sont nécessaires pour que l'acte de la vertu en question soit parfait : ce seront, par exemple, pour la prudence : la mémoire ou connaissance du passé, l'intelligence, au sens de connaissance du présent, la docilité, ou facilité à se laisser instruire, l'art de bien inventer (*eustochia*), en particulier de découvrir vite le moyen terme (*solertia*), la raison, facilité à déduire correctement, la « providence », qui fait prescrire ce qui est utile à la fin visée, la circonspection, qui fait tenir compte des circonstances, le sens des obstacles (*cautio*), qui les fait éviter. — Les secondes sont à la vertu dont il s'agit comme les espèces au genre : ainsi, toujours pour la prudence, la prudence qui règle le comportement de l'individu et celle qui règle le gouvernement de la multitude, laquelle se subdivise en prudence économique (famille), militaire et politique. — Les parties potentielles, enfin, sont des vertus adjointes, en rapport avec certains actes ou objets secondaires, et n'ayant pas toute la puissance de la vertu principale (« virtutes adjunctae, quae ordinantur ad aliquos secundarios actus vel materias, quasi non habentes totam potentiam principalis virtutis »): ainsi, l'art de bien délibérer (*eubulia*), la *synesis*, jugement droit sur ce qui arrive selon les lois communes et la *gnome*, esprit de finesse qui fait bien juger des ca où il faut s'écarter de la loi, *Somme théol.*, II-II, 48, art. un. — Malgré ce qu'il y a d'artificiel parfois dans ces distinctions, où saint Thomas, comme à son ordinaire (cf. la structure de l'acte humain, n. 15), s'efforce de recueillir et d'ordonner des éléments traditionnels de sources différentes (ici, par exemple, Aristote, Cicéron, Andronicos, Macrobe), on aurait tort de les négliger : elles donnent lieu souvent à des analyses d'une rare finesse.

en tant que pratique, en vue d'un choix honnête, et elle est elle-même conditionnée par une certaine rectitude générale de la volonté (l'« appétit droit ») [9].

Une autre division — peut-être préférable — classera les vertus en *générales* et en *particulières*. Les premières s'exercent en tout acte moralement bon; les autres rectifient moralement l'activité humain en un secteur déterminé. La prudence, la force de caractère, la sincérité, le désintéressement etc., sont requis, plus ou moins, pour toute activité vraiment vertueuse. Au contraire, la « magnificence », qui fait dépenser largement quand cela convient, l'« eutrapélie », qui règle le bon usage des divertissements etc., n'ont d'emploi qu'en certaines occasions et il est parfaitement possible d'avoir une très haute valeur morale en manquant de l'une ou de l'autre. Un pauvre ne saurait être « magnifique ». — Les vertus cardinales sont parfois considérées comme des vertus générales [10].

Une bonne part de l'éducation morale consiste à cultiver ces dispositions vertueuses à portée universelle. Et les divers « types » moraux se distinguent surtout par l'accent qu'ils mettent sur l'une ou sur l'autre [11].

273. - Les vertus sont-elles connexes et dans quelle mesure ? Les stoïciens — lorsqu'ils ne nient pas purement et simplement leur distinction — tiennent pour une connexion stricte (n. 272). En violer une, c'est les perdre toutes : pas de milieu entre le vice et la perfection. — Les scolastiques traitent le plus souvent le problème du point de vue théologique : les ver-

---

[9] Voir *ib.*, 47-56. Et aussi J. E. Naus, *The Nature of the Practical Intellect* ..., pp. 112-140.

[10] Saint Thomas connaît cette opinion, mais la rejette, *In II Eth.*, 1. 8; éd. Pirotta, nn. 337-338. Il est plus accueillant dans *Virt. card.*, 1, ad 1um et ad 5um; 2 (cf. n. 273).

[11] Ainsi le bouddhisme exalte la pitié, tandis que l'éthique chrétienne met au premier rang la charité (ἀγάπη). Descartes, bien qu'il paraisse ramener toutes les vertus à la volonté droite (n. 223), parle a ec prédilection de la « générosité », par laquelle l'homme estime au plus haut prix sa dignité et s'efforce d'agir conformément à ses exigences. Malebranche fait le plus grand cas de l'attention ou « force de l'esprit » et de la « liberté », qui suspend le jugement quand l'évidence manque. Pour les positivistes et les empiristes, la moralité subjective semble souvent consister essentiellement en dispositions et *habitus* altruistes : sympathie, bienveillance etc. — On trouvera la description des grands types moraux, centrés autour de figures historiques (penseurs et génies religieux), dans le *Traité de morale générale* de R. Le Senne (surtout pp. 105-304) qui lui-même exalte principalement le « courage ».

Remarquons en terminant qu'une vertu peut être préférée à une autre de deux points de vue : 1º En soi, objectivement : la préférence dépend alors en général de la manière de concevoir l'essence et la norme de la valeur morale. 2º Subjectivement et pratiquement : et cela dépend des dispositions individuelles.

tus infuses sont liées entre elles par la charité. Pour les vertus simplement humaines (*perfectae respectu boni humani*), la connexion, au dire de saint Thomas, se fait par la prudence: sans prudence, en effet, pas de vertu morale et, réciproquement, pas de vertu morale sans prudence [12]. En cela, nul cercle vicieux, car l'homme peut poser un acte bon, avant de posséder la vertu correspondante; par l'exercice, la vertu s'acquerra et la raison pratique deviendra prudente. — Que si, continue saint Thomas, on regarde les quatre vertus cardinales comme des vertus générales, elles sont connexes en ce sens que toutes doivent être là pour que l'acte soit bon [13]. Connexes encore, dirons-nous, en ce que le sujet ne peut exceller en l'une d'elles sans posséder les autres dans un degré élevé. Au contraire, quand il s'agit des vertus particulières, la perfection de l'une n'entraîne pas nécessairement et aussitôt la perfection des autres. Un homme de condition modeste, soudain promu aux honneurs et au pouvoir, n'acquerra pas du premier coup la vertu de « magnificence » et les autres que requiert son nouvel état. Pourtant, s'il est vraiment vertueux, il saura, à l'occasion, sans difficulté excessive, en exercer les *actes* d'une façon assez satisfaisante.

274. - Les vices sont les *habitus* opposés aux vertus. Comme en celles-ci, on peut y distinguer un élément quasi matériel et un élément quasi formel. Le premier est une propension des tendances à dépasser la mesure (ou à rester en-deçà), avec comme conséquence la répétition fréquente des actes désordonnés (la « mauvaise habitude »); par cette répétition les tendances se confirment dans leur désordre, canalisant dans une direction déterminée et irrationnelle l'activité du sujet, et deviennent souvent tyranniques à l'instar d'un besoin, jusqu'à éclipser, dans certains cas, la raison et enlever à l'acte son caractère humain. — Le second élément est, dans la volonté, le défaut de rectitude. Il va de soi que le premier élément influe sur le second. Les dispositions psychiques et physiologiques modifient la perception des valeurs et sollicitent dans un sens ou dans un autre le jugement de la raison, qui s'emploie trop souvent à justifier l'injustifiable. Néanmoins, il n'y a pas tou-

---

[12] « Quia sine prudentia nulla virtus moralis esse potest, nec prudentia haberi potest si cui deficiat virtus moralis », *Virt. card.*, 2.
[13] « Si tamen accipiamus quatuor cardinales virtutes secundum quod important quasdam generales condiciones virtutum, secundum hoc quod habent connexionem, ex hoc quod non sufficit ad aliquem actum virtutis, quod adsit una harum condicionum nisi omnes adsint », *ib.*

jours stricte correspondance entre le degré de rectitude du vouloir et le degré de rectitude du psychisme, le mouvement par lequel l'un et l'autre se redressent ou se dépravent ne suit pas ici et là le même rythme et ces changements comportent une infinité de degrés. C'est pourquoi, entre la vertu parfaite, qui établit en l'homme le règne pacifique de la raison droite, et le vice consommé, qui lâche toute bride aux instincts pervers, s'intercalent une infinité d'états intermédiaires. Ainsi, selon Aristote, entre le *tempérant*, vainqueur de ses passions, et l'*intempérant*, qui s'y abandonne, on rencontre, d'une part, le *continent*, qui a bonne volonté, mais ne domine pas encore tout à fait ses passions et ne peut donc pas accomplir vertueusement les actes des vertus et, de l'autre côté, l'*incontinent*, qui cède à ses passions, mais perçoit les reproches de la raison [14].

La vertu étant un « milieu », les vices s'opposent à chacune des vertus soit par excès soit par défaut. Il y a donc plus de vices que de vertus. Mais ils ne forment pas un système: la connexion, ici, n'existe pas, au moins d'une façon universelle, par le fait même que l'excès et le défaut sont des contraires. L'avarice s'oppose à la prodigalité, la témérité à la timidité etc. Parce que l'un et le bien sont « convertibles », le monde du mal ne saurait être un monde unifié [15].

275. - Le progrès de la vie morale consiste essentiellement dans une information toujours plus poussée de la vie humaine par la valeur morale, d'une conformité toujours plus étroite de tout l'homme à la règle de la raison, de telle sorte que le sujet, dans son « existence », exprime toujours mieux son « ouverture » spirituelle, selon sa situation individuelle, sociale, historique etc. — On peut dire, en ce sens, en développant un mot célèbre de Pindare [16], que la personne doit s'efforcer de

---

[14] *Eth. nicom.*, VII, 1-10. — Cf. saint Thomas, *Somme théol.*, II-II, 155, 4; 156, 3.

[15] A moins qu'on ne préfère dire, avec N. Hartmann interprétant Aristote (*Ethik*2, pp. 517-520), que le « milieu » de la vertu résulte d'une synthèse de deux vertus partielles, ordinairement innommées, dont les « extrêmes », où consiste le vice, seraient des formes dégénérées. Ainsi le courage authentique comprendrait à la fois l'audace et la prudence (au sens usuel du mot), dont les formes dégénérées seraient respectivement la témérité et la couardise. Cependant Hartmann refuse d'appliquer cette théories aux valeurs morales supérieures: elles ne sont pas susceptibles d'être synthétisées; leur synthèse (p. ex. de la justice et de l'amour, de la pureté et de la plénitude) demeure une exigence irréalisable: d'où nécessité du conflit ... (pp. 520-523). Le monde du bien n'est donc pas unifié chez Hartmann.

[16] Γένοι' οἷος ἐσσὶ μαθών. *Pyth.*, 2,72. La formule est souvent citée comme étant de Nietzsche, qui l'a employée et rendue célèbre, mais n'en est pas

devenir, par son libre choix et sa libre action, ce qu'elle est déjà en vertu de sa vocation spirituelle et de son idéal particulier (lequel n'est autre que l'Idéal de la raison, mais « approprié » à la condition et à la situation du sujet).

Il ne s'agit nullement d'une « spiritualisation » qui renierait ou mépriserait le corps et la sensibilité. La vie humaine n'est pas, ne peut pas être et donc ne doit pas chercher à être une vie angélique. La spiritualisation qui convient à l'homme consiste dans un jeu ordonné et harmonique du sensible et du spirituel, celui-ci trouvant en celui-là son expression et son instrument.

En outre, s'il est vrai que le progrès moral comporte la visée de valeurs toujours plus hautes, il serait désastreux de prétendre, avant l'heure, orienter un sujet vers des valeurs pour lesquelles il n'est pas encore préparé. On risquerait ainsi de créer en lui un vide que l'amour de valeurs inférieures viendrait bientôt remplir. C'est pourquoi la critique de certaines valeurs médianes (comme l'honneur, par exemple) doit être discrète, si elle ne veut pas priver le sujet de ce qui maintenait jusqu'alors sa vie morale au-dessus du médiocre. Il faut que la nouvelle valeur, à laquelle on veut le « convertir », se soit déjà d'une certaine façon manifestée à lui « en personne », autrement qu'à travers un mot ou une notion abstraite. Sinon, on n'obtient tout au plus que des vertus artificielles, forcées, inauthentiques.

Par ailleurs, un trop grand attachement à une valeur empêche souvent de percevoir l'appel d'une valeur supérieure. La prudence enseignera à dépasser au moment opportun la valeur inférieure, lorsque les conditions sont réunies qui favorisent la saisie d'une valeur plus haute [17].

276. - Parmi les facteurs de la vie morale, il faut faire une place spéciale aux passions.

Les philosophes sont divisés sur leur importance et leur valeur. Les stoïciens, par exemple, les condamnent comme des maladies de l'âme: mouvements irrationnels, fruits d'une jugement erroné. Aussi le « sage », l'homme parfait, doit-il être sans passion. Il pourra parfois en avoir l'apparence, en faire les gestes, mais tout cela lui restera extérieur; l'âme ne sera pas touchée. Le sage fera du bien à ceux qui souffrent, mais

---

l'auteur. Chez Pindare, d'ailleurs, il s'agit de la formation de soi par la connaissance (μαθών) plutôt que par l'action morale.

[17] Voir *Essai*..., n. 149; pp. 366-370.

ne connaîtra pas la moindre émotion de pitié [18]. De même Kant laisse en dehors de la moralité tout le domaine des passions et de la vie affective. L'acte bon est celui que l'on pose par seul égard pour la loi. Cependant Kant admet un sentiment: le respect; mais il s'agit là d'un sentiment à part, dont l'origine n'est pas de ce monde (empirique): une impression de la raison dans la sensibilité (n. 116). — D'autres, au contraire, exaltent les passions comme voix de la nature, voix de Dieu: ainsi Fourier et beaucoup de romantiques (George Sand...).

> Notons ici que le mot *passion*, dans son acception actuelle, ne répond pas entièrement aux *passiones* des anciens et des scolastiques: celles-ci comprennent aussi ce que les modernes appellent des *émotions*. La joie, la tristesse sont, pour les anciens, et encore pour Descartes, des *passions*: nul n'aurait l'idée aujourd'hui de s'exprimer ainsi.

En réalité les passions n'ont pas, par elles-mêmes, de valeur morale, puisqu'elles relèvent de la sensibilité, non de la liberté. Elles se rattachent pourtant à l'ordre moral en tant qu'elles subissent l'influence de la volonté et par elle, de la raison. Leur cas est semblable à celui des actes externes, avec cette différence qu'elles sont, par nature, beaucoup plus proches du vouloir: elles font, en quelque manière, la médiation entre celui-ci et les actes extérieurs. Si donc ces derniers méritent une qualification morale pour autant qu'ils sont volontaires, cela vaut, à plus forte raison, des passions. Or les passions sont volontaires de deux façons: soit parce que la volonté les excite ou du moins les met en œuvre, soit parce qu'elle ne leur résiste pas [19]. — Il faut avouer pourtant que les passions échappent au contrôle de la volonté plus facilement que les actes externes et se laissent donc plus malaisément régler par la raison. Il est plus facile de s'abstenir de frapper que de maîtriser intérieurement sa colère. Ajoutons que la « passion » peut intervenir soit avant l'acte du vouloir (à titre de « mobile »), soit ensuite, comme un effet. Dans le premier cas elle diminue la li-

---

[18] Au lieu de passions, les stoïciens attribuaient au sage des sentiments rationnels (εὐπαθείαι): la joie, au lieu du plaisir; la circonspection au lieu de la crainte; la volonté droite à la place du désir. Seule la tristesse n'avait chez le sage aucun analogue.

[19] « Unde multo magis et ipsae passiones, secundum quod sunt voluntariae, possunt dici bonae vel malae moraliter. Dicuntur autem voluntariae vel ex eo quod a voluntate imperantur, vel ex eo quod a voluntate non prohibentur », saint Thomas, *Somme théol.*, I-II, 24, 1.

Sur les passions, on peut voir A. Ponceau, *Initiation philosophique*[4], t. II, pp. 19-32. Sur la vie morale en général, *ib.*, pp. 196-248.

berté du vouloir et par conséquent le caractère moral de l'acte (n. 16, 4), car elle trouble l'exercice de la raison [20]. Elle n'est plus alors, à proprement parler, médiatrice entre le vouloir et l'acte extérieur; c'est au contraire la volonté qui fait la médiation. — Dans le deuxième cas, ou bien il y a « redondance » du spirituel sur le sensible, qui exprime à sa manière ce qui se passe dans les zones supérieures de la conscience (une décision résolue, énergique, entraîne normalement une ardeur à surmonter les obstacles, une impatience des contradictions, un certain sentiment de fierté etc.), ou elle est excitée délibérément par la volonté, qui s'en sert pour mieux atteindre sa fin (ainsi un homme doux et timide, qui doit faire des reproches ou avancer des revendications, s'excite-t-il délibérément à la colère, pour avoir bonne contenance). Dans le cas de simple « redondance », la volonté influe d'une façon indirecte, non thématique, non formelle, par exemple en maintenant, sans le viser de propos délibéré, l'attention sur l'objet excitant, ou même simplement en tant que forme supérieure coiffant les formes inférieures de l'appétit: on pourrait dire qu'elle agit par sa réalité subjective, son énergie quasi physique, en vertu de l'identité du sujet. Il est clair, dans ces conditions, que la passion n'ajoute rien à la moralité de l'acte: elle est seulement le signe, en celui-ci, d'une certaine intensité et par conséquent d'une degré assez élevé de valeur ou d'antivaleur morale. Quand la passion est excitée volontairement, la volition agit en vertu de sa structure intentionnelle; la passion est visée comme un objet et influe, à la manière d'un objet, sur la moralité de l'acte (nn. 227; 232). L'acte, en effet, sera d'autant meilleur ou d'autant plus mauvais qu'il visera — et réussira — à orienter plus pleinement le sujet *tout entier* vers un fin bonne ou mauvaise. « Il est mieux que l'homme non seulement veuille le bien mais le réalise extérieurement. Et de même est-il moralement plus parfait que l'homme se porte au bien, non seulement avec la volonté, mais encore avec l'affectivité sensible, selon ce qui est dit au Psaume 83: « *mon cœur et ma chair ont bondi vers le Dieu vivant* », en entendant par *cœur* l'appétit rationnel, et par *chair*, l'appétit sensitif » [21].

---

[20] Saint Thomas, *ib.*, I-II, 24, 3, ad 1um.
[21] « Sicut igitur melius est quod homo et velit bonum et faciat exteriori actu, ita etiam ad perfectionem boni moralis pertinet quod homo ad bonum moveatur, non solum secundum voluntatem, sed etiam secundum appetitum sensitivum, secundum illud quod in Psalm. 83 dicitur: *Cor meum et caro mea exsultaverunt in Deum vivum*, ut *cor* accipiamus pro appetitu intellectivo, *carnem* autem pro appetitu sensitivo », *ib.*, c.

Enfin, rappelons-nous que la volonté, pour les scolastiques, comprend aussi l'affectivité spirituelle (n. 16, fin). Or celle-ci rejoint déjà la sphère de la moralité, car elle peut viser de vraies ou de fausses valeurs, bien qu'en dehors de tout acte libre et délibéré. Par suite, les états affectifs sensibles, qui accompagnent toujours, comme sur un registre inférieur, les états affectifs spirituels, participent de leur caractère moral. C'est pourquoi il n'est nullement indifférent d'être naturellement porté aux choses nobles, pures, belles et généreuses, ou, au contraire, vers ce qui est bas, vil, mesquin etc., bien qu'il n'y ait encore là ni mérite ni faute. Non seulement, en effet, ces dispositions favorisent ou entravent la rectitude du vouloir et la réalisation du bien, mais, *en elles-mêmes* elles constituent des réponses, positives ou négatives, à l'appel de la Valeur [22]. Elles méritent donc, déjà à ce seul titre, d'être cultivées ou combattues. Et l'éducation morale consiste, pour une grande part, à susciter et à développer, chez l'enfant et l'adolescent, une affectivité saine, délicate et généreuse (n. 81, fin). — On voit, encore une fois, combien l'idéal moral de l'homme est loin d'un idéal spirituel « désincarné ».

Tout ceci appelle un double complément: l'un, qui sera donné en théologie morale; l'autre, que le lecteur, par son expérience personnelle, est déjà en mesure d'y ajouter.

---

[22] Cf. Dietrich von Hildebrand, *Christian Ethics*, pp. 191-243: Value Response, et antérieurement, *Die Idee der sittlichen Handlung*, « Jahrbuch für Philosophie und phänomenologische Forschung », III (1916), pp. 126-252, surtout pp. 162 ss.

TROISIEME PARTIE

BONHEUR ET MORALITÉ

LIVRE V

BONHEUR ET MORALITE

CHAPITRE XIV

LE DESIR DU BONHEUR ET SON ROLE DANS LA VIE MORALE

277. - Notre réflexion s'est développée jusqu'ici à partir de la valeur morale, du « bien honnête », qui mérite, qui exige d'être voulu et accompli « pour lui-même ». En cherchant à déterminer l'essence de la valeur morale, nous avons insisté sur la nécessité de dépasser toute espèce de considération intéressée, utilitariste, eudémoniste (nn. 71-74). C'est à ce prix seulement que nous avons pu saisir cette valeur dans sa pureté formelle.

Pourtant la valeur morale n'est pas l'unique valeur qui vaille pour l'homme, et celui-ci, tout en reconnaissant, dans l'expérience d'une vie droite, que seule la fidélité à l'Idéal de la raison donne un sens et une justification à son existence, expérimente, en même temps, l'irrésistible élan qui l'emporte à la recherche du bonheur, au sein même de ses activités les plus désintéressées. Valeur morale et félicité se présentent ainsi comme deux termes, deux horizons, pareillement irrécusables, du projet existentiel humain. Toutes deux, nous l'avons déjà remarqué (nn. 14, 3; 60; 66; 73), possèdent en commun, quoique sur des modes bien différents, un certain caractère *final*. — Mais dès lors, la question se pose, inévitable : quel est le rapport de ces deux fins? Comment s'ordonnent et se combinent ces deux directions de notre existence? L'abstraction que notre méthode nous a imposée ne saurait être définitive. Entre la nécessité *physique* d'aspirer au bonheur et la nécessité *morale* de viser la valeur, il doit y avoir quelque lien.

Une éthique vraiment complète se devrait de considérer le rapport entre la valeur morale et toutes les autres valeurs humaines, question que l'éthique spéciale ne traite, le plus souvent, que d'une manière fort inadéquate. Il faudrait, par exemple, examiner le rapport de la valeur morale à la valeur esthétique. Est-ce qu'une œuvre d'art est morale dès là qu'elle est vraiment belle, sans viser nécessairement à « édifier » ? Est-ce qu'un goût plus délicat s'accompagne d'une conscience morale plus exigeante ou, du moins, peut en favoriser la formation etc. ? (Pensons à l'éthique esthétique d'un John Ruskin). De même au sujet des valeurs « vitales » : quel est, par exemple, le rapport de l'hygiène à la morale ? Y a-t-il une valeur morale dans la culture physique, le sport, le soin de la propreté, à laquelle notre époque attache beaucoup plus d'importance que, par exemple, le XVII⁰ siècle, y voyant obscurément une forme de respect envers la dignité humaine, etc. ? De même enfin au sujet du progrès culturel, scientifique, technique et de la maîtrise croissante de l'homme sur la nature : sont-ce là des valeurs purement et simplement *indifférentes* du point de vue éthique — le progrès technique, par exemple, pouvant être indifféremment utilisé pour le bien ou pour le mal, pour la paix ou pour la guerre, pour la réalisation de la valeur morale ou pour la recherche du plaisir —, ou doit-on leur reconnaître déjà un caractère *semi-moral*, en tant qu'elles se situent, de soi, sur la ligne de développement normal de la nature raisonnable ? La deuxième réponse nous paraît s'imposer et mériterait d'être traitée avec ampleur, mais nous ne pouvons y songer. Il est clair qu'une telle recherche serait des plus utiles, non seulement pour mieux déterminer, comme en éthique spéciale, les diverses catégories de devoirs, mais encore pour mieux insérer l'activité morale dans la totalité de la vie humaine.

278. - Le bonheur, ou, pour lui conserver son nom traditionnel, la *béatitude,* est défini, par Boèce, « un état parfait, résultant de l'ensemble de tous les biens »[1]. On dirait mieux et plus précisément : « la parfaite réalisation du sujet humain », ou du sujet spirituel en général[2], ou encore, avec saint Thomas : « le bien parfait de la nature intellectuelle »[3]. Une actuation si totale de la nature que nulle place ne soit laissée au désir, du moins à cette forme de désir qui comporte l'inquiétude et le sentiment de frustration.

Nous avons dit : actuation de la *nature*. La béatitude en effet ne comble le sujet qu'à travers celle-ci. La perfection

---

[1] « Id autem est bonum, quo quis adepto nihil ulterius desiderare queat. Quod quidem est omnium summum bonorum cunctaque intra se bona continens, cui si quid aboret, summum esse non posset, quoniam relinqueretur extrinsecus, quod possit optari. Liquet igitur esse beatitudinem *statum bonorum omnium congregatione perfectum* », Boèce, *De consolatione philosophiae*, III, prosa 2. — Avant Boèce, Cicéron définit la béatitude : « secretis malis omnibus, cumulata bonorum omnium conexio », *Tusc.*, V, 10.

[2] « La félicité est aux personnes ce que la perfection est aux êtres », Leibniz, *Discours de Métaphysique*, n. 36 ; éd. Gerhardt, t. IV, p. 462.

[3] « Bonum perfectum intellectualis naturae », *Somme théol.*, I, 26, 1.

qu'elle signifie ne consiste pas dans la seule droiture de la liberté; pas davantage ne suffit-il, pour être heureux, de vouloir l'être ou de décréter qu'on l'est et qu'on ne désire rien de plus! Il faut que l'appétit *naturel* soit comblé réellement. D'autre part, ce n'est pas assez que le sujet soit « parfait » en soi, objectivement: il faut qu'il ait conscience, qu'il jouisse de sa perfection. Cette jouissance, pourtant, ne doit pas être conçue comme un élément additionnel: elle intègre la perfection de l'existant spirituel. En effet, l'être adéquat d'un tel existant n'est pas seulement un être-en-soi, mais encore un être-pour-soi; dès lors son bien-être adéquat, comporte aussi, essentiellement, le bien-être pour soi, qui est précisément le bonheur.

Mais celui-ci peut s'entendre en deux sens. Ou bien on le considère selon sa formalité abstraite — celle-là même que nous venons d'exposer —, sans déterminer la nature et les conditions de sa réalisation concrète. Ou bien, au contraire, on précise en quoi consiste l'actuation parfaite de la nature raisonnable, quel objet est capable de la procurer etc. Dans la question présente, c'est le premier sens qui nous retiendra. Ce désir d'être heureux, pleinement heureux — quelle que soit la manière dont doive se réaliser pour nous le bonheur —, ce désir que nul ne peut sincèrement renier, quel rapport soutient-il avec notre destination morale?

279. - A cette question, on peut s'y attendre, les réponses ont été diverses. Nous avons déjà rapporté et rejeté (nn. 71-74) celles qui ou bien ramènent la valeur morale au bonheur ou du moins la définissent formellement par rapport à lui (eudémonisme, utilitarisme etc.).

A l'extrême opposé, les stoïciens ne veulent reconnaître d'autre bien pour l'homme que la vertu. Elle seule suffit du bonheur. Le sage serait heureux même dans le taureau de Phalaris! A les en croire, « la vertu, forte de cette valeur (qui est la sienne) n'a besoin d'aucun plaisir et trouve en elle-même ce qu'il lui faut pour vivre heureuse »[4]. Ainsi « la vie heureuse se résume dans la vertu »[5] et « le bien honnête doit être regardé comme le seul bien »[6]. Il va de soi qu'inversement le

---

[4] « ... virtutem ... nixam hoc honesto nullam requirere voluptatem atque ad beate vivendum seipsa esse contentam », Cicéron, *De finibus bonorum et malorum*, I, 61.
[5] « Beata vita in virtute conficitur », Id., *Tusc.*, V, 48.
[6] « Quod honestum est, id bonum solum habendum est », Id., *De finibus*, III, 28. (C'est le « μόνον τὸ καλὸν ἀγαθόν » des stoïciens).

mal moral est l'unique mal [7]. En dehors de la vertu et du vice, tout est axiologiquement indifférent, ἀδιάφορον [8].

Pour les uns et les autres, la question du rapport entre l'amour de la vertu et le désir du bonheur ou bien n'a aucun sens ou bien est réglée d'avance.

La plupart des penseurs, cependant, estiment que la question se pose vraiment et qu'il y a quelque lien entre la béatitude et la valeur morale, mais ils ne s'accordent pas sur la nature de ce lien.

Pour certains, il s'agit d'un lien *extrinsèque*. La tendance au bonheur n'a, de soi, rien à voir avec la moralité. Cependant la raison pratique se propose nécessairement pour objet l'harmonie de la vertu et du bonheur, et postule ainsi l'existence de Dieu comme auteur « moral » de l'ordre naturel, et capable par là d'adapter celui-ci aux fins de la moralité. On reconnaît la position de Kant (n. 118). — Mais auparavant et d'une manière beaucoup plus radicale, les nominalistes attribuaient le lien en question à la seule volonté arbitraire de Dieu, qui pourrait aussi bien, *de potentia absoluta*, sauver le coupable impénitent et damner l'innocent!

A propos de Kant, on remarquera qu'il attribue la tendance au bonheur uniquement à la faculté de désirer (Begehrungsvermögen), qui est une faculté *sensible*.

Pour d'autres, par contre, le lien de la vertu et du bonheur est *intrinsèque*. L'actuation plénière de la nature raisonnable comporte essentiellement une vie selon la raison. La moralité, sans doute, ne suffit pas à rendre heureux, pourtant elle est plus qu'une condition du bonheur: elle en participe déjà (cf. n. 71). Ainsi pensent la plupart des scolastiques — les nominalistes exceptés — et, en dehors de l'Ecole, beaucoup de philosophes, souvent d'inspiration chrétienne, comme Leibniz.

La foi chrétienne ne reconnaît d'autre béatitude authentique, dans l'ordre historiquement existant, que la béatitude *surnaturelle*, dont l'obtention dépasse absolument les énergies humaines. Mais l'activité de l'homme existant, et surtout de l'homme justifié, n'est jamais purement humaine, purement naturelle; il s'y mêle toujours, dans une mesure

---

[7] « Nihil esse malum quod turpe non sit », *ib.*, III, 29.
[8] Cependant, entre les choses indifférentes, les stoïciens en distinguaient des convenables, καθήκοντα, ou préférables, προηγμένα.. Mais cette distinction ne concernait que la matière de nos choix et ne présentait aucun caractère éthique, puisque toute la valeur morale — c'est-à-dire, pour les stoïciens, la valeur tout court — consistait uniquement dans l'intention du vouloir.

indiscernable, des facteurs d'un autre ordre; par là se trouve restaurée en quelque manière la proportion entre l'activité morale *concrète* de l'homme et la béatitude à laquelle il est ordonné.

280. - Avant de proposer notre propre réponse, voyons d'abord en quel sens on peut parler d'une tendance naturelle, non seulement à un quelconque bonheur, mais à la béatitude, au bonheur accompli et rassasiant. A vrai dire, cette question relève plutôt de la psychologie rationnelle, et il eût été plus logique, sans doute, pour nous d'en parler à propos de l'action humaine (n. 14, 4). Seules des raisons d'ordre pratique nous ont amené à la réserver pour ce moment.

Est-il vrai que l'homme, avant toute décision libre et en toute décision libre cherche nécessairement le bonheur total? Y a-t-il chez l'homme, en tant qu'il est nature et suit dans son agir la loi de toute nature, un déterminisme, antérieur et intérieur à la liberté, qui oriente inévitablement son vouloir vers la pleine félicité? L'affirmation traditionnelle semble se heurter au fait que nous nous proposons rarement d'une façon expresse, *thématique*, le bonheur comme but de nos démarches. On veut ceci ou cela: une situation, une voiture, une femme, la richesse, la paix, la réalisation d'un idéal culturel, moral ou religieux etc.; on ne dit guère: je veux le bonheur.

A mieux y regarder pourtant, on s'aperçoit que c'est précisément parce que le bonheur est toujours voulu qu'on n'éprouve pas le besoin de le viser par un acte exprès. On ne *choisit* pas d'être heureux — Aristote en faisait déjà la remarque —, mais on ne peut s'empêcher de le *désirer*[9]. L'expérience montre assez — et cette expérience, chacun peut la faire sur soi-même — que les hommes, s'ils ne le proclament pas à tout bout de champ, n'en recherchent pas moins, d'un effort tenace, opiniâtre, à travers toutes les désillusions et les contradictions, la pleine félicité. On peut, on doit souvent renoncer à telle ou telle forme particulière de bonheur: on ne renonce jamais qu'en parole au bonheur lui-même. Pas un de nos vouloirs qui ne soit hanté, obscurément, et malgré les démentis apparents de la conscience superficielle, par ce désir. Nous pouvons ne pas y penser, mais, interrogés, nous ne pouvons jamais répondre, *sincèrement*: je ne veux pas être heureux, ou: je me désintéresse de mon bonheur. Les intentions volitives qu'on formerait en ce sens sont condamnées à rester vides. — En fait, sans ce

---

[9] *Eth. nicom.*, I, 12, 1101 b 10 ss.

désir constant et profond, le développement culturel de l'humanité et tout particulièrement le progrès technique des derniers siècles ne s'expliqueraient pas. Les hommes — il n'y a aucun cynisme à le constater — ne s'imposent de grands efforts que si, d'une manière ou d'une autre, ils les trouvent payants.

281. - Ce témoignage de l'expérience, nous pouvons en donner une justification rationnelle à partir d'une analyse métaphysique de l'action humaine, qui en recherche les conditions de possibilité.

Tout d'abord, contre beaucoup d'auteurs contemporains, comme Simone de Beauvoir (*Pyrrhus et Cinéas*), nous affirmons l'existence d'une fin dernière subjective, implicitement visée en tous nos vouloirs, qui s'expliquent en dernière analyse par son « attraction ». Sinon, en effet, ou bien il y aurait une régression à l'infini dans l'ordre des fins (on voudrait ceci à cause de cela, cela à cause de cette autre chose etc., indéfiniment); ou bien il y aurait plusieurs fins indépendantes, dont chacune terminerait définitivement une chaîne de volitions. Or ces deux hypothèses sont intenables.

La régression infinie répugne dans l'ordre des fins. Là où une chose est voulue en vue d'une autre, si aucune n'est voulue en vue d'elle-même, il n'y aura aucune raison de vouloir quoi que ce soit et ainsi rien ne sera voulu. (Remarquons, en passant, que la fin, en tant qu'elle fonde la valeur des moyens, ne peut être voulue simplement dans un acte préalable au vouloir de ceux-ci. L'intention de la fin est intérieure à ce vouloir et c'est d'elle, comme de sa racine toujours présente, qu'il tire sa force). Mais la pluralité des fins dernières n'est pas moins impossible. Le mouvement reçoit son unité et sa spécification de son terme. Si la volonté est une, elle doit avoir un terme unique de son « mouvement », c'est-à-dire de son inclination radicale. Autrement, en tant qu'orientée vers A — mettons, le plaisir —, elle ne serait pas la même qu'en tant qu'orientée vers B — mettons, le bien « honnête ». Or c'est bien le même vouloir qui peut se faire tour à tour vouloir de plaisir et vouloir de vertu. — Dira-t-on que la volonté peut en effet se porter également vers A et B, mais que ceux-ci ont un aspect commun, ce qui permet de sauver son unité? Attention! Pour sauver vraiment l'unité du vouloir, cet aspect doit être commun aux diverses « fins dernières » *en tant même que fins dernières*. Bien plus, il doit être *à la racine* de leur caractère finalisant. Sinon, il vient trop tard; il n'apporte auxdites fins qu'une unité extérieure et la volonté reste un faisceau de tendances indépendantes reliées après coup et du dehors. Mais dire cela, c'est dire que la fin véritable, le vrai terme du mouvement du vouloir, spécifiant et définissant la volonté en tant que puissance une, c'est précisément cet aspect commun, qui fonde, pour le sujet, la valeur de A et B. Et ceci contredit l'hypothèse selon laquelle A et B sont voulus pour eux-mêmes.

Il faut donc poser une fin dernière désirable par soi et en vue de laquelle tout le reste est désiré.

282. - Cette fin dernière, c'est justement ce que nous appelons la *béatitude*. En effet, par définition, une fin dernière ne laisse place à aucune tendance, aucun mouvement ultérieur dans la même direction. La fin absolument dernière de la volonté exclut donc tout désir d'un plus, d'un au-delà. Sinon elle ne serait pour nous que l'anticipation et la participation d'un bien plus ample, vers lequel le sujet la dépasserait et en vue duquel il la désirerait. Elle ne serait donc pas vraiment finale. Or, ce au-delà de quoi il n'y a rien à désirer, c'est ce qui comble le désir, c'est la béatitude. L'analyse réflexive du vouloir met donc en évidence, en toutes nos démarches volontaires, une aspiration foncière à la béatitude comme à notre fin dernière subjective. (Subjective en ce double sens, qu'elle est visée par le sujet, n. 48, 3, et qu'elle est son acte propre — la fin dernière objective étant, comme le montre la théologie naturelle, Dieu lui-même ou, s'il s'agit d'une fin à réaliser, la gloire de Dieu, n. 173).

283. - Nous arrivons à la même conclusion en considérant le dynamisme propre de l'être spirituel. Nous savons que la volonté exprime, dans l'ordre de l'activité spirituelle, de l'intériorité, le dynamisme total du sujet (et donc, chez l'homme, pas seulement celui de l'esprit). Ceci est assez généralement admis des psychologues même non scolastiques, qui voient volontiers dans ce caractère « synthétique », total, de la volonté ce qui la distingue des tendances particulières.

Or l'être aspire à être pleinement. Toute nature tend à se réaliser, à s'actuer au maximum. L'homme, en tant que nature — et il est nature même dans son être spirituel —, ne fait pas exception. La volonté, exprimant ce dynamisme foncier, tendra donc à son tour, naturellement, vers la pleine actuation de la nature humaine. Mais celle-ci comporte évidemment la pleine conscience de soi, car cette conscience est essentielle à la perfection de l'homme. Or la perfection, la pleine actuation consciente de soi, c'est la béatitude (n. 278).

De tout ce qui précède on conclura : *la volonté, ou plutôt l'homme par sa volonté, tend naturellement à la béatitude comme à sa fin dernière subjective.*

La raison dernière est à chercher dans la générosité de Dieu, qui a créé les êtres « pour qu'ils soient », pour qu'ils s'affirment et s'accomplissent, de telle sorte pourtant que l'accomplissement de la nature irrationnelle est subordonné à celui de la nature raisonnable et ne se parachève même que par là. C'est en effet l'homme qui, en contemplant et transformant le monde, lui donne une nouvelle valeur, un nouveau mode d'être et le conduit ainsi véritablement à sa fin.

284. - Abordons maintenant la question initiale : y a-t-il un lien entre la béatitude et la valeur morale, l'appétit du bonheur et la recherche du bien, et, s'il y en a un, est-il simplement extrinsèque ?

En tant que la béatitude dit la pleine actuation de la nature raisonnable, elle inclut nécessairement une vie conforme à la raison. Elle implique, en effet, la parfaite actuation de l'intellect, qui requiert la pleine connaissance du vrai, donc aussi du vrai bien, de l'ordre vrai des valeurs, de la règle de la raison, et la parfaite actuation de la volonté, qui suppose l'amour du bien connu et la ferme décision de s'y conformer. Or c'est en cette conformité, fruit d'une reconnaissance et d'une adhésion désintéressées, que consiste, nous l'avons vu (nn. 135-137), l'essence de la valeur morale.

La valeur morale est donc contenue dans la béatitude authentique, contenue, entendons-nous, *éminemment*, sans ces efforts, ces conflits, ces répugnances et autres choses de ce genre qui l'accompagnent ordinairement dans notre expérience (n. 139, 2). C'est en ce sens et en ce sens seulement qu'on peut dire, avec Aristote, que le bonheur est quelque chose de plus grand que la vertu.

Et notons-le bien : l'actuation de la volonté ne saurait être parfaite tant que la valeur morale objective — le bien « honnête » — n'est pas aimée pour elle-même. C'est en cela en effet que le vouloir ou plutôt le sujet se manifeste comme spirituel, ouvert aux autres dans une relation d'acte à acte (n. 143).

Il apparaît donc que le lien entre la béatitude et la valeur morale ne saurait se ramener à une liaison extrinsèque.

On peut exposer la chose autrement. La plus haute actuation de la nature raisonnable suppose que cette nature agisse au maximum en tant que raisonnable ou spirituelle, c'est-à-dire en tant qu'ouverte à tout et à tous et, en dernière analyse, à l'Idéal de la raison (nn. 143-145). Or c'est justement cette ouverture qui est, dans le sujet, la condition et la racine de la valeur morale. Le sujet ne reconnaît et ne réalise la valeur que dans la mesure où, dans son jugement pratique et sa décision, il s'ouvre à l'universel en s'ouvrant aux autres. La béatitude authentique implique donc bien la valeur morale, en tant que celle-ci dit radicalement ouverture et consentement à l'Idéal de la raison pour l'amour de cet Idéal. (Mais non pas, bien entendu, en tant qu'elle s'accompagne inévitablement pour nous de la possibilité du mal).

Mais alors, pourquoi avons-nous refusé de définir la valeur morale à partir de la béatitude (nn. 71-73)? C'est que, si la valeur morale n'est pas d'abord saisie en sa propre essence, une notion véritable de la béatitude est impossible, car on ne sait pas même vraiment ce qu'est un esprit [10].

285. - Voyons à présent comment, dans l'unité de l'acte humain, le désir nécessaire de la béatitude se compose avec l'intention morale. Nous savons déjà qu'il n'est pas question de réduire celle-ci à celui-là ni inversement.

Le désir de la béatitude, du bonheur en général, précisément parce qu'universel, reste indéterminé. Il sous-tend tous nos vouloirs particuliers, il appartient à la structure dynamique de la *nature* spirituelle; il exprime au niveau de l'être pensant la tendance de tout être vers sa perfection et son affirmation.

L'intention morale, la visée de la valeur dit d'abord une certaine détermination de ce désir général. L'homme vertueux ne veut être heureux que selon la raison, selon la norme du bien. Il ne se contenterait pas de n'importe quel bonheur; il lui faut un bonheur digne d'être voulu. Certes, la béatitude, pour lui, ne se confond pas avec la moralité: quoi qu'en disent les stoïciens, la vertu toute seule ne suffit pas à combler le désir du sage. Mais il ne voudrait pas d'une béatitude qui ne

---

[10] L'homme ne peut trouver la béatitude qu'en la transcendant par l'amour du bien. D'où la contradiction interne de l'égoïsme. Si l'égoïste veut être vraiment heureux, il doit vouloir la valeur morale. Mais, tant qu'il demeure prisonnier de son égoïsme, il ne peut la vouloir qu'en la rapportant à soi, ce qui est la manquer. La vérité de l'action requiert que l'homme au lieu de vouloir la valeur simplement pour soi-même, se veuille au contraire pour la valeur.
L'apparition de la valeur morale à la conscience est, dans le procès de celle-ci, comme un point singulier où s'opère la conversion de l'égoïsme à l'amour désintéressé du bien. Mais par là même aussi devient possible une perversion plus raffinée: celle qui consiste à vouloir la vertu simplement pour son propre avantage ou ornement — lorsque, par exemple, dans la vie spirituelle, l'amour de Dieu est totalement subordonné à la recherche de la perfection propre. Cet égoïsme est bien plus redoutable que l'égoïsme spontané et innocent qui précède la révélation de la valeur.

pourrait s'obtenir qu'au prix d'une infidélité à l'Idéal. Et déjà, parce qu'une vie vertueuse, conforme aux exigences de la raison et de la nature raisonnable, représente pour celle-ci une perfection, il y trouve comme les arrhes de la pleine félicité. Il y a de la joie à sacrifier la joie.

Le désir du bonheur et l'intention morale soutiennent ainsi entre eux le rapport d'un déterminable à sa détermination. Or un tel rapport est analogue à la relation matière-forme. On peut donc dire que le désir de la béatitude joue, à l'égard de la visée morale, un rôle *quasi matériel*.

286. - Mais une nouvelle précision s'impose. Viser la valeur morale, c'est vouloir être heureux selon ses exigences et y trouver déjà sa joie. C'est vouloir la béatitude *véritable*. Pourtant dans cette visée on peut reconnaître deux aspects formellement distincts et comme deux directions du vouloir: l'*amour* de la valeur morale *pour elle-même*, c'est-à-dire pour sa consonance à l'Idéal de la raison pratique, et le *désir* de cette valeur, en tant qu'elle est perfection du sujet et participation de la vraie béatitude. Sous le premier aspect, le vouloir vise la valeur selon qu'elle *vaut en soi,* sans la rapporter au bien propre du sujet mais, au contraire, en lui rapportant ce dernier: l'acte se présente comme « convenant » à la nature raisonnable précisément en tant qu'elle est *raison,* au sujet en tant qu'il est *esprit,* accueillant l'*autre* en soi-même, non pour y trouver sa perfection en se l'assimilant, mais pour le « laisser être » et le promouvoir. Sous le deuxième aspect, le vouloir vise la valeur comme *perfection du sujet,* satisfaction de son appétit naturel: l'acte se présente comme convenant à la nature raisonnable en tant qu'elle est *nature*. Le même acte revêt ainsi deux formalités, deux « intentions », suivant qu'on l'envisage comme procédant de la nature raisonnable en tant qu'elle est *nature* ou en tant qu'elle est *raisonnable*. Or, ici encore, le premier aspect est en quelque manière *matériel* par rapport au second.

Il apparaît donc bien, par tout ce qui précède, que le désir de la béatitude est présupposé, à la façon d'une principe matériel, à la visée morale.

<blockquote>Puisque le sujet, considéré dans son ouverture spirituelle, est une *personne,* on peut dire que l'amour de la valeur morale l'exprime en tant que personne, tandis que le désir du bonheur, de soi, l'exprime simplement comme nature.</blockquote>

287. - Gardons-nous bien, toutefois, de ne voir dans la visée morale qu'un épiphénomène, une intention imaginaire et inefficace, comme si le seul mouvement réel de l'âme était le désir du bonheur et que le bien ne fût cherché qu'en vue de ce dernier [11]. Interprétation pessimiste, aussi indigente, aussi injurieuse pour l'homme que celles qui font de l'activité morale une simple « superstructure » dont la vérité, la réalité solide, résiderait dans l'« infrastructure » économique, biologique etc., ou bien un inconscient camouflage de la libido... Tout au contraire, parce que l'intention morale joue un rôle formel, c'est elle qui anime la matière psychique du désir et lui confère sa signification, tout comme, selon la phénoménologie husserlienne, l'intention noétique, animant la *hylè* psychique, en fait une *noèse*.

Reste que la forme a besoin de la matière pour être et pour agir. Le désir du bonheur est nécessaire pour que l'intention morale soit efficace: il est le mobile subjectif — le *Triebfeder*, dirait Kant —, sans lequel le vouloir ne se déclencherait pas. Je ne puis rien vouloir qui ne m'apparaisse comme *mon bien*. Mais il dépend de moi, de mon amour de la valeur, que ce bien soit pour moi une vie d'égoïsme ou de générosité, une vie selon les sens ou selon la raison etc. C'est moi qui, librement, par une option radicale, me situe et situe mon bien à tel ou tel niveau, me choisis tel ou tel personnage.

Ajoutons enfin que, si le désir du bonheur est, de soi, en deçà de l'ordre moral, puisqu'il relève de la volonté considérée comme *nature*, il est pourtant nécessairement reconnu et approuvé par la raison. Car celle-ci, nous l'avons vu (n. 172, 6), ne peut manquer de reconnaître dans la nature raisonnable l'image de son Idéal et, partant, d'en approuver les tendances essentielles. — Que s'il s'agit de la béatitude *authentique comme telle*, la désirer est évidemment un acte de valeur morale positive, puisqu'elle comporte la vie selon la raison (n. 284), et qu'il est moralement bon de vouloir vivre selon la raison.

288. - Il ne faut donc pas se représenter l'acte moral comme écartelé entre deux finalités disparates. L'intention de la valeur et le désir du bonheur s'enveloppent réciproquement. La valeur morale est déjà désirable du seul fait qu'elle conduit à la vrai félicité et en contient un avant-goût; elle est vrai-

---

[11] Ainsi chez La Rochefoucauld: « Les vertus se perdent dans l'intérêt, comme les fleuves dans la mer », *Réflexions morales*, n. 208. — Voir sur cette question *Essai...*, n. 145; pp. 350-354.

ment un moyen d'être heureux, bien qu'elle ne doive pas être aimée et voulue seulement comme moyen. Et la béatitude, on l'a vu, en tant qu'achèvement de la nature raisonnable, apparaît à la raison comme consonante à son Idéal, bien que cette consonance ne soit pas l'unique raison ni la plus efficace qui nous la fait désirer.

Avec tout cela, on ne nie pas qu'une certaine dualité persiste. Mais elle n'est autre que la « différence ontologique » intérieure à tout être qui n'est pas l'Etre et pour lequel, par conséquent, la recherche de son bien propre ne saurait coïncider formellement avec l'amour du bien.

CHAPITRE XV

L'HARMONIE FINALE DE LA VALEUR ET DU BONHEUR OU LE PROBLEME DE LA SANCTION

289. - La béatitude authentique inclut en soi la vie selon la raison : elle est donc dans la direction de la valeur morale ou, si l'on préfère, la valeur morale indique dans quelle direction on doit la chercher. Et la valeur morale participe de la béatitude. Toutefois ce mutuel enveloppement ne semble pas complètement définir leur rapport. Pour la conscience morale commune, le bonheur se présente aussi et surtout comme un fruit de l'activité vertueuse, tandis qu'une activité contraire à la norme morale est généralement tenue pour funeste, en définitive, à l'agent. Cette persuasion, qui se manifeste déjà au niveau des réactions et jugements spontanés (cf. n. 28), trouve une expression réfléchie dans les doctrines religieuses, sous des formes très diverses, il est vrai. Ainsi, pour la pensée indienne, le *karma*, l'action une fois posée par l'homme et dotée d'une sorte d'existence indépendante sur laquelle il ne peut plus rien, fructifie pour lui en bien ou en mal, déterminant par là d'une manière inévitable la qualité de sa réincarnation. — Le fruit de l'action est parfois attendu pour cette vie (par exemple, dans le judaïsme primitif), parfois surtout après la mort, mais toujours la conscience religieuse reconnaît un lien entre ce que l'homme a fait et ce qu'il recueille. Voilà pourquoi, devant la misère, elle soupçonne facilement la faute (« Qui a péché, lui ou ses parents, pour qu'il soit devenu aveugle? », demandent les disciples à propos de l'aveugle-né, *Jn*, 9, 2); voilà pourquoi aussi les souffrances de l'innocent (Job), la prospérité des méchants (*Ps.* 73, Vulg., 72), ont toujours été pour elle un problème et souvent un scandale.

La présence de cette persuasion, non seulement dans le judéo-christianisme, mais aussi dans les religions d'origine simplement humaine, semble indiquer que l'homme perçoit spontanément une certaine consonance de l'action droite à la félicité, une certaine exigence *a priori* que ceux-là soient heureux qui auront « bien fait ». Si cela n'était pas « dans l'ordre », s'il n'y avait pas une valeur dans cette équation finale du bonheur à la valeur, pourquoi attribuerait-on à la divinité, comme une prérogative souveraine, le soin d'instituer cette équation ? A plus forte raison là où cet ordre est conçu comme une loi suprême à laquelle la divinité même doit se conformer.

Sans doute, la manière dont la félicité ou la misère résultent, respectivement, des actions bonnes ou mauvaises, n'est pas toujours, par la conscience commune, distinguée avec précision de la simple conséquence naturelle. L'homme naturalise et matérialise facilement les réalités morales. Mais à mesure qu'il en perçoit mieux le caractère propre, il comprend que la liaison entre l'acte bon et le bonheur, l'acte mauvais et le malheur, n'est pas une liaison physique ou du moins ne s'y réduit pas : c'est un lien *moral* qui a nom *mérite*. Le bonheur n'est pas seulement l'effet *naturel* de la vertu, comme la santé l'est de la sobriété : il en est la *récompense*. La misère n'est pas simplement l'effet *naturel* de la faute, comme la cirrhose du foie l'est de l'alcoolisme : elle en est le *châtiment*. Le bonheur comme récompense, la misère comme châtiment viennent *sanctionner* l'observance ou la violation de la loi morale.

Or tout ceci pose quelques problèmes à la réflexion philosophique. D'abord, en effet, puisque la valeur et le bonheur appartiennent à deux ordres distincts et incommensurables, on ne voit pas pourquoi celle-là exigerait celui-ci. Cette exigence lui fait injure. La valeur peut ne pas suffire au sujet, mais elle suffit à la raison et se suffit. L'aimer, la vouloir en vue d'autre chose, c'est la détruire. Et, d'un autre côté, comment la peine, qui atteint directement la nature, en mortifiant ses tendances, pourrait-elle compenser la faute, qui est l'œuvre de la liberté ? La nature comme telle est innocente : pourquoi la châtier ? — Ensuite, à supposer qu'une telle exigence existe, on se demande comment, à quelles conditions elle peut être satisfaite. Car, nous l'avons dit et l'expérience le montre assez, ce ne peut être par voie de simple causalité physique. — Enfin, s'il y a, entre valeur et bonheur, un lien rationnel et nécessaire, pourquoi apparaît-il si peu dans les faits ?

290. - Ici encore, avant d'aborder le problème, nous devons préciser les notions de mérite et de sanction, qui en sont inséparables mais dont l'origine sociologique risque de le faire glisser hors de son plan, celui de la philosophie morale et de la métaphysique.

D'après ce que nous venons de dire, le mérite peut se définir : une propriété de l'acte humain, en vertu de laquelle est due à celui-ci une certaine rétribution, c'est-à-dire un certain bien ou un certain mal *naturel,* selon que l'acte est *moralement* bon ou mauvais (dans ce dernier cas, on parlera plutôt de démérite). — Mais cette notion *morale* ne s'est dégagée pour la conscience qu'à partir d'une notion empirique liée à la vie sociale. Un homme mérite d'un autre ou de la société quand il leur procure un avantage ; il démérite quand il leur cause un détriment [1]. Celui qui m'a rendu service ou qui a rendu service à la communauté, à l'état, etc. a, selon la conscience commune, un certain droit à la récompense. Droit imparfait, cependant, précise-t-on, à moins que cette récompense n'ait fait antérieurement l'objet d'une promesse. Faute de celle-ci, la récompense n'est pas due en justice, mais seulement en équité. A celui qui, avant que j'aie pu promettre quoi que ce soit, me rapporte mon portefeuille, oublié sur un banc du jardin public, rien, en rigueur, ne m'oblige à donner une gratification, sinon, éventuellement, pour le dédommager des frais de transport. Et pourtant il convient — *decet* — que, d'une manière ou d'une autre, je le gratifie.

Le mérite en stricte justice est appelé par les théologiens mérite *de condigno;* le mérite en simple équité, mérite *de congruo.* La justice dit, en effet, une certaine égalité (n. 195). Là où cette égalité n'existe pas dans la réalité — soit parce que le bienfait et la récompense sont incomparables, soit parce que font défaut les conditions d'une relation juridique proprement dite, etc. —, elle est instituée par la promesse ; en vertu de celle-ci, le bienfait devient digne d'être récompensé.

Analysons ce « il convient » [2]. Puisque, par hypothèse, il n'y a pas eu de promesse, la fidélité est hors de cause. Il ne s'agit pas davantage d'une réaction spontanée de contentement, comme il arrive en ces moments d'euphorie où l'on se sent le cœur

---

[1] Saint Thomas, *Somme théol.,* I-II, 21, 3 et 4.
[2] Les scolastiques, pour élucider la notion de mérite, partent en général du mérite social *de condigno.* Nous croyons préférable de partir du mérite *de congruo.* En effet, là où la promesse intervient, elle ne constitue pas l'essence du mérite mais lui confère simplement une plus grande force d'exigence. La preuve c'est que, là où elle est seule à fonder le droit, on ne parle plus de mérite. Celui qui tire un bon numéro à la Loterie nationale a *droit* au gros lot, mais qu'il le *mérite,* personne ne le dira. Au contraire, même en l'absence de promesse, le mérite est déjà là, dans cette convenance, ce *decet,* que nous avons reconnu dans le mérite *de congruo.*
Il en serait autrement si nous parlions en théologien. Seule une initiative de l'amour divin, s'exprimant dans une promesse, rend nos actes bons méritoires de la vie éternelle. Mais nous parlons ici en philosophe.

débordant de générosité. Non: je comprends qu'il convient de donner, parce que je vois dans l'autre une raison *objective* qui, de soi, appelle la récompense, abstraction faite de mon état subjectif. (De fait, il peut arriver que je ne sois pas tellement content de récupérer l'objet perdu: il est des distractions providentielles qui dispensent de certaines corvées ...; et nous connaissons tous ces bonnes volontés empressées et touchantes, dont on se passerait si volontiers et envers qui cependant nous nous sentons obligés ...). Dira-t-on qu'en récompensant mon bienfaiteur, je l'encourage et je stimule les autres à bien faire? Mais comment expliquer alors que, moins il semble avoir besoin d'encouragement, plus je me sens tenu de le récompenser, et cela dussent les autres n'en rien savoir? Est-ce parce que la stimulation au bien exige, pour être pleinement efficace, que la conscience lie inconditionnellement l'acte à la sanction? Mais, dans ce cas, il s'agirait d'une sorte de mythe, que la conscience adulte serait capable de réduire. Or l'expérience morale semble bien présenter ici une donnée irréductible. Les motivations utilitaires et sociologiques dont nous venons de parler ont certes leur importance et peuvent sembler parfois les plus apparentes. Mais à s'y tenir on laisserait échapper l'essentiel. Ce que la conscience discerne dans l'acte de récompenser, ce n'est pas seulement un geste utile au bien commun, voire au progrès moral de l'humanité, c'est avant tout un geste juste [3]. Or qui dit justice, dit égalité. L'acte de récompenser vise donc une certaine égalité, mais laquelle?

Une égalité objective, entre le bienfait et la récompense, annulerait le bienfait, rendrait impossible le don gratuit, ramènerait les relations humaines au type commercial. Aussi bien, proposer la récompense comme une compensation objective, une sorte de paiement, ce serait, dans la plupart des cas, faire injure au bienfaiteur. L'égalité que nous cherchons à définir met en équation la valeur morale (objective) manifestée, « incarnée » dans le bienfait et un certain bien « naturel », un certain quantum de félicité chez le bienfaiteur. Valeur morale d'un côté, valeur eudémonique de l'autre. C'est si vrai que nous ne dirons pas, en général, de quelqu'un qui nous a rendu service par un passe-droit, en trahissant les devoirs de sa charge ou dans une intention perverse, qu'il *mérite* notre reconnaissance. Un homme du « milieu » qui accomplit de basses besognes, qui fournit des indications utiles à la police par amour du gain

---

[3] Saint Thomas, *Somme théol.*, II-II, 80, art. un.; 106, 1.

ou pour se défaire d'un rival, a droit, si l'on veut, à toucher sa paye, mais ne *mérite* strictement rien. Ainsi, là même où son aspect sociologique est le plus évident, le mérite ne se comprend qu'au moyen de la valeur morale. Ce n'est pas seulement parce qu'il m'a *fait du bien* que le bienfaiteur mérite ma reconnaissance, c'est parce qu'il a *bien fait* de me faire du bien. La notion morale de mérite ne peut naître de l'analyse des relations humaines que parce qu'elle est présupposée par les jugements qui nous servent à les formuler. Ou mieux peut-être, formée à partir des idées de mérite interpersonnel et social, elle réagit sur elles et en contrôle l'emploi.

Ainsi, dans la notion de mérite, nous découvrons au-delà de toutes les considérations pragmatiques, sociologiques et juridiques, l'idée d'une proportion qui *doit être* entre la valeur morale et le bonheur. Il s'agit d'autre chose que d'un simple faisceau d'idées générales. Je ne saisis pas simplement l'idée d'une proportion bonheur-valeur: je la saisis comme *devant être*. Les idées de bonheur et de valeur ne sont pas simplement reliées du dehors: en jugeant que l'homme de bien mérite une récompense, je saisis leur liaison du dedans.

Ce devoir-être, le bienfait, la réaction de gratitude, éventuellement la promesse, le transforment pour moi en devoir-faire. L'accord de la vertu et du bonheur, qu'il ne m'appartient pas de réaliser universellement, j'ai maintenant à l'actualiser sur un point précis. Mais l'appel qui vient du bienfait emprunte sa force à un appel plus profond qui vient de la valeur. C'est la valeur manifestée dans le bienfait qui fonde pour la raison l'exigence du bonheur.

A ce niveau de réflexion la notion de mérite apparaît totalement indépendante de celle de bienfait. Dépouillée de son caractère interpersonnel et social, elle participe à l'impersonnalité de la raison. L'homme vertueux mérite une récompense du seul fait de sa fidélité à la norme du bien. Et l'on en vient à concevoir un ordre où la proportion de la valeur et du bonheur serait réalisée parfaitement et partout.

Il ne s'agit encore que d'un ordre idéal. Mais le monde des idées ne subsiste pas en soi. En tant que Dieu est le fondement ultime de l'ordre des essences et des valeurs, tout ce qui se fait pour ou contre cet ordre se fait en réalité pour ou contre Dieu (n. 169). Car, si, Dieu ne reçoit de nos actes ni avantage ni dommage, il reste qu'en voulant le bien l'homme accorde son vouloir au vouloir éternel par lequel Dieu, en aimant et voulant cette Valeur absolue qui est lui-même, aime et veut tout l'ordre des valeurs. Et cet amour de Dieu pour lui-même n'est qu'un aspect de cet acte infini par lequel, transcendant l'opposition du statique et du dynamique, il *est*. Vouloir le bien, c'est donc, pour ainsi dire, aller dans le sens même de l'être de Dieu, communier intentionnellement et analogiquement, à l'acte par lequel Dieu est, Or qu'est-ce que faire du bien à quelqu'un sinon, radicalement, aller dans le sens même de son dynamisme ? Un être n'est un bien pour un autre que par cet accord. Et quand ces êtres sont des personnes, cet accord s'appelle amour. Si donc l'acte bon ne fait pas de bien à Dieu, il implique pourtant ce qui est la racine et la signification de tout amour véritable. — Inversement, l'acte mauvais met le pécheur en contradiction avec le sens de l'être et donc, en quelque façon, avec l'être même de Dieu ; il renferme cette opposition radicale, dont l'extériorisation normale, quand l'être ainsi contredit est un être passible et corruptible, est la frustration, la souffrance et la mort.

Ainsi la réflexion philosophique, s'approfondissant en réflexion religieuse, retrouve à sa façon — d'une façon très analogique — la liaison du mérite au bienfait et donc le caractère *ad alterum* présents dans la définition initiale (sociologique) du mérite, mais que nous avions ensuite éliminés. Et, ici comme ailleurs, la médiation philosophique est indispensable, pour passer sans danger du plan empirique, scientifique ou sociologique au plan religieux.

291. - La sanction est le corrélatif du mérite (ou du démérite et, dans le langage ordinaire, surtout de ce dernier). On peut la définir : un certain bien ou un certain mal « naturel » (une certaine valeur eudémonique positive ou négative), dépendant, comme de sa condition propre, de l'observance ou de la violation de la loi.

Elle présente trois aspects : un aspect *préventif*, un aspect *rétributif* et un aspect *médicinal*.

La sanction est *préventive* en tant que sa prévision (par promesses ou menaces) fournit à l'agent un motif subjectif de bien agir et rend ainsi la loi efficace, en liant l'ordre moral à l'ordre eudémonique (n. 302). C'est pourquoi la loi humaine reste imparfaite tant que la sanction lui fait défaut.

La sanction est *rétributive* en tant que, l'acte posé, la récompense ou le châtiment vient de fait *sanctionner* le mérite ou le démérite.

Enfin la sanction est *médicinale* dans la mesure où la peine aide le coupable à se corriger, dans la mesure aussi où la récompense reçue encourage celui qui a bien agi et l'invite, à l'occasion, à se surpasser.

Or, dans la vie humaine, où demeure toujours la possibilité d'une conversion, où l'appréciation des responsabilités est si difficile et si incertaine, l'aspect médicinal, pour ce qui regarde la peine, prend une grande importance et l'évolution du droit tend à le faire passer au premier plan. Les prisons deviennent et deviendront de plus en plus des centres de rééducation. Et pourtant, en rigueur, cet aspect n'est pas essentiel à l'idée de sanction. — L'aspect préventif non plus. S'il n'y avait déjà, dans le désordre moral, quelque chose qui justifie le châtiment, l'infliger serait injuste et, pareillement, le décréter. Car, ou bien on a réellement l'intention d'infliger la sanction, le cas échéant, et c'est là accepter d'avance l'injustice, ou bien on ne l'a pas, et l'on ment [4]. (Sans compter que, dans ce cas, l'expérience aura vite fait de rendre l'épouvantail inopérant).

L'aspect essentiel, dans la sanction, est donc l'aspect rétributif. La sanction, comme on l'a dit (n. 290), apparaît à la conscience morale comme l'établissement d'une certaine proportion ou harmonie entre le bien naturel, eudémonique, de l'agent et la valeur morale qu'il a manifestée dans son action.

Mais le problème demeure: sur quoi peut bien se fonder l'exigence d'une semblable proportion entre des ordres si hétérogènes?

292. - La difficulté est telle que certains n'ont cru pouvoir la résoudre qu'en renonçant à l'idée de sanction. Tel J. M. Guyau, qui rejette d'ailleurs également l'idée d'obligation (n. 94); tels les stoïciens qui voient dans la vertu sa propre récompense, ce qui est une autre façon de supprimer le problème (n. 279). Ou, si l'on admet encore une sanction, ce sera une sanction purement intérieure: joie de la bonne conscience, satisfaction du devoir accompli ou, à l'opposé, la honte, le remords etc.

---

[4] On objectera peut-être que la loi positive prévoit des peines pour des actes de soi indifférents. Le bien commun peut exiger, dans certains cas, des compensations pour des torts involontairement causés ou dont on n'a pas la responsabilité morale et le sujet concerné ne peut raisonnablement s'en plaindre. Il ne s'agit pas alors de *peine*, à proprement parler. — Mais, dans le cas d'une violation délibérée de la loi, la situation est différente. Par le fait même que ces actes sont prohibés, ils cessent d'être indifférents: ils deviennent axiologiquement négatifs et méritent une peine, que la loi détermine.

D'autres, cependant, reconnaissent une sanction qui n'est pas la simple conscience d'une valeur acquise ou perdue; mais ils la conçoivent comme une conséquence naturelle de l'acte bon ou mauvais. On aura ainsi une sanction biologique (santé ou maladie, bien-être ou malaise); une sanction sociale (estime ou mépris) etc. A ces sanctions *immanentes,* dues au seul jeu des lois physiques et donc entièrement comprises dans la sphère de la nature, vient s'adjoindre la sanction de la loi positive. Ici, on le voit, les notions de mérite et de sanction tendent à se confondre avec celle de causalité. Il est juste que celui qui a lésé la société soit rejeté et puni par elle, comme il est juste, conforme à l'ordre, que celui qui touche une ligne électrique à haute tension soit foudroyé. Ce qui reste, c'est l'idée d'une certaine rationalité, d'un ordre, qui ne semble pas exiger Dieu à titre spécial.

Toutes ces sanctions prennent place évidemnent dans la vie présente. — L'éthique d'Aristote est ici un assez bon exemple.

La notion de *karma* a quelque rapport avec l'idée d'une fructification naturelle des actes, mais d'une fructification dont l'effet se fait sentir dans une vie ultérieure.

Kant ne nie pas l'existence d'une sanction; il reconnaît que le bonheur n'est pas lié analytiquement à la valeur morale; il affirme que la volonté se propose nécessairement comme objet (non comme fin) la réalisation du « souverain bien », l'harmonie de la valeur morale et de la félicité, et qu'il faut croire, de « foi morale » que cette réalisation est possible, ce qui « postule » l'existence de Dieu, comme auteur moral de l'ordre naturel (n. 118). — Mais il exclut absolument de la motivation morale toute considération de récompense et de châtiment (n. 115) et s'il permet de lier l'idée de bonheur à celle de vertu, c'est à seule fin de compenser les séductions du vice.

Les scolastiques admettent en général, même sur le terrain de la simple raison, une sanction proprement dite de la loi morale. Cette sanction reste imparfaite en cette vie, mais doit trouver sa perfection dans une vie future, que garantit la doctrine de l'immortalité de l'âme. Cette sanction parfaite consiste dans l'obtention ou la non-obtention de la béatitude, laquelle, dans l'ordre présent, est une béatitude surnaturelle (n. 303). — Là-dessus s'accordent également un certain nombre de philosophes plus ou moins inspirés du christianisme, comme Leibniz.

On peut distinguer ici deux tendances. Les uns regardent plutôt la sanction comme attachée à la loi par la volonté du législateur; parlant du mérite, ils souligneront le rôle de la promesse pour en faire un droit strict. D'autres, au contraire, sont plus attentifs à la liaison intrinsèque de la sanction et de l'acte moral, au point parfois de ne sembler voir en celle-là qu'un fruit naturel de celui-ci.
Venons maintenant à l'examen de la question.

293. - On allègue souvent, pour démontrer la nécessité de la sanction, que sans elle la loi resterait lettre morte. Cet argument n'est pas sans poids (cf. n. 302), mais il ne faudrait pas en conclure que dans ce cas la fidélité à l'Idéal moral ne se justifierait plus. L'harmonie finale de la vertu et du bonheur n'est pas requise pour qu'on « ait raison » de bien agir. Car l'action bonne a déjà sa raison, pleinement suffisante en soi, dans sa propre valeur. Celle-ci ne dit-elle pas consonance à l'ordre de la raison? Or ce qui « consone » à la raison n'a pas besoin d'autre « raison » pour mériter d'être voulu. Les « raisons » sont requises pour que l'acte soit raisonnable, mais l'acte qui, de soi, s'accorde à la raison, est raisonnable par lui-même; il n'y a pas à lui chercher d'autre justification.

Nous nous garderons donc de parler des peines, des récompenses et de leur efficacité pour incliner la volonté vers le bien, comme s'il dût être absurde, au cas où nul avantage ne nous en reviendrait, de sacrifier son bien-être et sa vie même à l'Idéal moral. Contre cette manière de parler, la conscience contemporaine se révolte justement non sans quelque hypocrisie parfois. « Le bien honnête est (digne d'être) voulu pour lui-même » [5] (cf. nn. 71-73).

D'un autre côté, ne voir dans la récompense qu'un stimulant, c'est faire du bonheur un simple moyen pour la vertu, de la nature un simple instrument de la moralité; c'est oublier le sujet, dont le bien total se réalise selon les deux axes de l'acte libre: l'élan vers le bonheur et la visée de la Valeur.

294. - Cette justification extrinsèque étant écartée comme insuffisante, revenons à cette évidence spontanée de la conscience morale, dont nous sommes partis (nn. 289-290), évidence qui nous fait dire, devant l'homme de bien souffrant et le coupable prospère: c'est injuste, cela ne devrait pas être..., et cherchons à l'élucider philosophiquement pour en discerner la

---

[5] Saint Thomas, *Somme théol.*, I, 5, 6.

vérité. Nous nous aiderons de trois considérations : la première tirée du fondement commun de la nature et de la moralité; la seconde, de la valeur morale; la troisième, des exigences d'un bonheur authentiquement humain.

1. La première considération relève plutôt de la métaphysique. Si distincts qu'ils soient, l'ordre de la nature et celui de la moralité ne sont pas absolument hétérogènes. Ils restent compris dans l'unité supérieure de l'être; ils ont leur fondement commun dans la raison et l'essence divines et la volonté divine veut également, bien que diversement, que leurs lois propres soient observées. — Chez l'existant spirituel, le désir de la béatitude et la visée de la valeur morale ne s'opposent pas radicalement : tous deux expriment et continuent dans la créature l'élan par lequel le Créateur, en la posant dans l'être et en la promouvant vers le plus-être, la « convertit » vers Lui (nn. 171-172). En vertu de cette impulsion créatrice, les êtres, d'un même élan, adhèrent à leur être et tendent vers l'Etre, cherchent à s'unifier en eux-mêmes et à s'unir à l'Un, poursuivent leur bien propre et se portent vers le Bien. Le vouloir-de-soi de la créature, qui s'exprime dans la quête du bonheur, et l'amour de Dieu, impliqué dans la visée morale, sont les deux formes sous lesquelles la créature participe au Vouloir-de-soi divin. — A cette communauté d'origine doit répondre, quant au terme final, une convergence et une harmonie, dont le mérite, du côté de la valeur morale, est l'attente et l'exigence. Et ainsi, comme les relations de causalité, qui nouent les existants les uns aux autres et en font un univers, expriment, sur le plan de leur multiplicité épanouie, leur commun enracinement dans l'être, le commun fondement de leurs *esse* dans l'*Ipsum Esse subsistens,* le mérite, qui relie l'ordre physique et l'ordre moral, exprime, sur le plan même de leur distinction, leur commun fondement dans l'Absolu.

Du reste, nous l'avons vu (nn. 284-285), agir moralement, agir selon la raison, c'est agir dans la direction du parfait épanouissement de la nature raisonnable, dans le sens donc de la béatitude. Vertu et bonheur s'accordent dans un commun accord avec l'inclination naturelle. Leur harmonie n'a donc rien d'anormal. L'étrange, c'est plutôt qu'elle ne soit pas toujours donnée.

Elle n'est pas toujours donnée, d'abord parce que notre nature n'est pas purement raisonnable et par suite n'est pas orientée vers le seul bien rationnel. Dès lors la rectitude de la volonté par rapport à sa fin n'assure pas automatiquement la rectitude des autres activités par rapport à leurs fins particulières. Celle-ci dépend de conditions qui n'ont rien à voir avec l'attitude de la liberté. La droiture morale ne peut rien contre un mal de dents. L'état du corps, dans la vie présente, n'est pas seulement déterminé du dedans par l'âme, mais aussi, et dans une très large mesure, par le dehors.

D'ailleurs, indépendamment de la douleur corporelle et d'autres inconvénients de ce genre, le caractère mixte de notre nature suffit à expliquer pourquoi le sujet ne cueille pas aussitôt la récompense de sa rectitude morale. L'écran interne de la matière l'empêche de jouir pleinement de la conscience de sa valeur. Les nécessités de la vie pratique l'arrachent perpétuellement à lui-même, le jettent vers le dehors, lui proposent sans cesse de nouvelles tâches qui ne lui laissent point le temps de se reposer dans le spectacle de sa perfection. Le pourrait-il, du reste, ce spectacle risquerait de lui être fatal : la vertu, transformée en objet dont on jouit en la rapportant à soi-même, se corrompt.

Enfin, et plus profondément, l'esprit humain, parce que fini, n'a pas en lui-même son objet adéquat et n'acquiert que peu à peu sa pleine actuation naturelle. C'est pourquoi, si la droiture de la volonté est en effet un bien pour la *nature* elle-même et la source d'une joie très pure et délicate, elle ne suffit pourtant pas à combler le désir naturel de l'esprit et partant à lui procurer la pleine félicité.

Mais, tout comme il y a pour nous une exigence rationnelle de travailler sans cesse à soumettre nos inclinations naturelles à la raison — d'adapter la nature à la raison —, il y a aussi, semble-t-il, une exigence rationnelle que la nature se trouve finalement par rapport à sa fin propre dans la même disposition que la liberté par rapport à son Idéal, c'est-à-dire qu'elle participe de la béatitude dans la mesure où la liberté, à travers la valeur morale, participe de l'Idéal.

Le divorce entre l'ordre moral et l'ordre physique ne peut donc être que provisoire. Il ne manque pas de finalité. Grâce à lui l'amour du bien s'épure. Il serait trop facile d'être vertueux si la vertu était toujours payée comptant (cf. le prologue de *Job*). — D'un autre côté, pour le philosophe, ce divorce préserve les traits caractéristiques de la valeur morale. Une constante coïncidence de l'honnête et de l'avantageux risquerait de faire croire à une identité formelle.

295. - 2. Nous l'avons vu (nn. 22; 40; 44), la valeur morale exige d'être reconnue et approuvée. Le bien honnête est aimable, demande à être aimé pour lui-même. Or, dans la mesure où le sujet, en agissant selon la valeur, devient porteur de valeur, il participe à ce caractère. De lui émane vers tous les êtres raisonnables une invitation au respect et à l'amour. Mais aimer, c'est vouloir, c'est promouvoir le bien de l'aimé. De soi, la valeur morale rend son sujet digne d'être, par tous les autres, « promu » vers le bonheur. A travers sa nature, la valeur, incarnée en elle, réclame l'hommage universel. En aimant le juste, en lui « faisant du bien », nous manifestons notre estime et notre amour pour la justice. Son bonheur n'est plus seulement le terme de son appétit subjectif; il devient pour tous une exigence objective qui est précisément le *mérite*.

Sans doute, dans l'ordre présent, où la vraie valeur morale des êtres nous échappe d'ordinaire, où nos possibilités de leur procurer le bonheur sont si limitées, cet appel de la valeur en eux ne peut être entendu que faiblement. Du reste, ce n'est pas la seule valeur morale qui règle en nous l'ordre de l'amour: d'autres facteurs, plus mesurables, interviennent: proximité, urgence etc. [6]. Pourtant nous concevons un ordre idéal où un amour souverainement efficace se proportionnerait exactement à la valeur morale de l'aimé. Et nous reconnaissons là une exigence de la raison pratique. Car l'exigence de la valeur est l'exigence de la raison. — Or nous savons que l'ordre idéal, tout comme celui des existants, se fonde sur l'Etre absolu. En réalité, à travers l'exigence de la valeur et de la raison, c'est Dieu lui-même qui exige en nous et de nous (nn. 165; 172). C'est Dieu, amour et sagesse souveraine, qui connaît et aime les hommes selon leur vraie valeur, et puisque son amour est efficace par lui-même, l'homme — et la créature raisonnable en général — ne manquera pas de s'accomplir à proportion de sa qualité morale. Que si, infidèle à l'Idéal, l'homme se charge d'antivaleur et si cette antivaleur se fixe définivement en lui par un choix irrévocable, il participera de son caractère odieux et devra s'attendre à l'aversion universelle.

Le mérite peut donc, de ce point de vue, être défini comme cette exigence d'estime et d'amour, que la valeur morale communique à son sujet et qui s'adresse, de soi, à toutes les personnes, mais que Dieu seul est en mesure de satisfaire pleinement.

Sous cet aspect la « béatification » de l'homme apparaît comme un hommage rendu à la valeur morale, à travers la nature du sujet spirituel

---

[6] Saint Thomas, *Somme théol.*, II-II, 26, 7; *Car.*, 9, ad 12um.

devenu porteur de cette valeur. Elle exprime donc la subordination de la nature à la valeur, et en cela, cet argument rejoint le précédent.

296. - 3. Le bonheur auquel l'homme tend naturellement ne peut consister en une satisfaction quelconque de ses tendances et de ses désirs. Puisque la nature que ce bonheur doit combler est celle d'une personne, il faut qu'il ait un caractère personnel. Or l'acte caractéristique de la personne est l'acte libre, par lequel le sujet devient, sous un certain rapport, *cause de soi*, l'auteur responsable de sa propre ligne d'existence. Dès lors le bonheur vrai ne saurait être simplement reçu; il faut que d'une certaine manière il soit *aussi* l'œuvre du sujet, qu'il dépende de lui, c'est-à-dire de sa liberté.

En effet, si le bonheur, au sens plein, la béatitude, était chez l'homme le fruit de ses qualités naturelles (puissance, habileté, génie etc.), s'il résultait de son activité par voie de causalité physique (à la façon dont le travail crée la richesse), il serait l'œuvre de la nature en lui, il ne serait pas *son* œuvre, l'œuvre propre du sujet spirituel en tant que tel, du sujet en tant qu'il transcende sa nature. L'obtention de la béatitude, pour être vraiment humaine, pour répondre vraiment à la condition du sujet spirituel, doit dépendre non pas de l'activité humaine considérée sous son aspect physique, mais de cette activité en tant qu'elle procède du Je, c'est-à-dire en tant que libre et, par conséquent, morale. Mais obtenir la béatitude comme conséquence de l'activité libre et morale, c'est l'obtenir par voie de *mérite*. — Si la béatitude s'obtient ainsi, et seulement ainsi, il s'ensuit qu'elle échappe à ceux qui ne l'ont pas méritée par une vie bonne. L'obtention ou la non-obtention de la béatitude est donc bien la sanction de la loi morale.

Pour bien comprendre ceci, il faut remarquer que l'acte libre dont la béatitude dépend ne peut pas être un acte visant la béatitude en général, puisque celle-ci est voulue nécessairement, ni même un acte dont l'objet se présenterait comme immédiatement béatifiant, car cet objet, lui aussi, serait nécessairement voulu. L'acte libre dont il s'agit doit donc viser un objet qui, sans se présenter lui-même comme immédiatement béatifiant, est cependant intrinsèquement lié à la béatitude.

Maintenant, cette liaison ne peut être simplement du type moyen-fin, comme si l'acte libre en question consistait dans le choix judicieux des moyens aptes à conduire au bonheur. Car sur ce plan — qui est celui de la προαίρεσις aristotélicienne [7] — le vrai principe moteur reste l'élan de la nature; la liberté ne s'exerce que d'une façon superficielle, sans engager vraiment le sujet. La liberté pleine ne se découvre que

---

[7] *Eth. nicom.*, III, 4, 1111 b 26-30. — Cf. *Essai...*, n. 117; pp. 282-285.

si l'on envisage l'autre dimension, la dimension « verticale » de l'acte humain: la prise de position devant la Fin dernière ou l'Idéal. C'est à cette prise de position, essentielle à tout acte moral, qu'il faut rattacher la condition subjective de la béatitude; c'est en optant pour le bien, dans un choix où il s'engage et s'exprime *lui-même*, en son *soi* le plus profond, que le sujet fait que son bonheur soit vraiment *sien*. — Par ailleurs, on l'a montré, le lien de l'acte moral et de la béatitude n'est ni extrinsèque ni arbitraire, puisque bonheur et valeur disent, chacun à sa manière, la perfection propre de l'homme et se présentent comme fin (n. 276).

Il peut pourtant sembler paradoxal qu'une béatitude simplement méritée, mais dont la réalisation effective dépend d'une liberté étrangère, puisse être dite plus nôtre qu'un bonheur acquis par la mise en œuvre de nos propres énergies. Le lien purement moral du mérite ne saurait, semble-t-il, avoir la même sécurité, la même solidité, la même intimité que l'identité physique du sujet et de ses moyens d'action. Mais ce qui nous intéresse ici, ce n'est pas la manière dont la béatitude se réalise pour ainsi dire physiquement, c'est plutôt ce qui, dans le sujet même, en justifie rationnellement l'obtention. Or la béatitude devant avoir, pour combler la personne, un caractère personnel, doit trouver son point d'attache subjectif dans une activité où la personne comme telle s'engage: l'activité libre et morale. — Du reste, comme le dit Aristote: « ce que nous pouvons par nos amis, nous le pouvons en quelque sorte par nous-mêmes »[8]. L'union que l'amour établit entre les sujets est plus intime, en quelque sorte, que l'union physique de la volonté et des membres, tout comme, selon les scolastiques, l'union du sujet et de l'objet dans la connaissance est plus étroite que celle de la matière et de la forme. Dès lors, un bonheur dont la réalisation dépend immédiatement d'un amour infiniment efficace et fidèle, est plus assuré, plus nôtre, qu'un bonheur obtenu par l'exercice de puissances naturelles dont le lien avec la liberté reste malgré tout extérieur (par rapport à l'intériorité spirituelle). — D'autant que, lorsqu'il s'agit de Dieu, cette intimité prend un caractère tout spécial. Dieu nous est plus intérieur que nous-mêmes; il est à la racine de notre être, au cœur de notre subjectivité, au point de jaillissement de notre acte libre. Le bien que nous opérons fut son œuvre avant d'être la nôtre. Attendre notre bonheur de lui, ce n'est pas l'attendre du dehors: c'est l'attendre de celui en qui nous sommes spirituellement, non pas selon une représentation plus ou moins fi-

---

[8] *Eth. nicom.*, III, 5, 1112 b 27-28.

dèle, mais selon notre vérité originelle, de celui dont la présence conditionne toute intériorité. — Réciproquement, exiger que le bonheur soit, en quelque manière notre œuvre, n'implique pas la moindre trace de pélagianisme, puisque c'est Dieu lui-même qui nous donne, et pas seulement d'une façon initiale et générale, de poser les conditions de notre achèvement et que, en couronnant nos mérites, il couronne ses propres dons. Loin de se substituer à notre liberté, sa grâce nous rend plus libres et nous fait devenir ce que nous sommes par le plus profond de notre être personnel.

Qu'on n'objecte pas le cas des petits enfants morts après le baptême. Nous parlons ici de ce qui convient à l'homme *normalement évolué*, capable d'agir humainement. Le cas de ces petits enfants, quelque fréquent qu'il soit, reste *anormal*. — Est-ce à dire que leur béatitude soit incomplète? Dans la mesure où elle n'est conditionnée par aucun acte personnel, elle est simplement moins humaine. Il n'y a là rien de scandaleux. Une âme jouissant de la vision béatifique est certes dans un état bien supérieur à celui de l'*homo viator;* pourtant cet état est moins humain, car une âme n'est pas un homme et, selon les scolastiques, n'est pas, au sens strict, une personne.

Du reste, ne convient-il pas que le caractère personnel de notre béatitude ait son corrélatif du côté de l'objet? Un bonheur qui se donnerait d'une façon impersonnelle et automatique en réponse à nos efforts ne pourrait nous satisfaire pleinement. Il faut qu'à la liberté réponde le don d'une Liberté. Ainsi la dépendance à l'égard du bon vouloir de l'Autre, loin de compromettre l'aspect personnel de la béatitude, en est, au contraire, un élément. — Et par là nous voyons se réintroduire, d'une façon imprévue, ce facteur que notre analyse avait cru d'abord devoir laisser de côté: l'idée d'une *promesse*. Ce n'est pas une loi impersonnelle qui lie le bonheur à la valeur; c'est l'acte, souverainement personnel, par lequel Dieu, en posant les êtres dans l'existence, les fait doublement participer au vouloir dont il se veut en voulant qu'ils se veuillent eux-mêmes et qu'ils le veuillent, Lui, fût-ce sous l'anonymat provisoire de la valeur. — Nous revenons ainsi à la première considération.

Remarquons les limites de cet argument. D'abord, parce qu'il ne procède pas à partir de la valeur morale, il ne saurait la révéler à qui n'en aurait pas la notion. Le caractère moral de l'acte qui conditionne la béatitude est seulement défini du dehors. — Ensuite, ce qu'il prouve, c'est que la béatitude dépend de quelque acte moral, non que tout acte moral mérite une sanction.

297. - La sanction, l'harmonie de la valeur et du bonheur se présente ainsi comme une exigence rationnelle, dont il est donc raisonnable d'attendre la réalisation. Mais qu'en est-il en fait? Que voyons-nous? L'expérience nous montre-t-elle cette harmonie réalisée?

Dans une certaine mesure, oui. La vertu apporte avec elle bien des avantages: la paix du cœur, souvent la santé, la bonne réputation, la confiance des autres, les joies très douces de la famille etc. Elle épargne à l'homme bien des misères. Le vice, au contraire, est cause de troubles, de conflits internes, de maladies physiques et psychiques; il fomente la discorde, la haine, couvre souvent de honte et d'infamie etc. Ceci est plus visible encore si du plan individuel nous passons au plan social, où les effets de l'une et de l'autre ont davantage le temps et l'espace de se manifester. Les vertus civiques: obéissance, probité, sens du devoir, justice, dévouement au bien commun, favorisent singulièrement la paix, la concorde, la prospérité et le bonheur de tous.

Tout cela est vrai, souvent, le plus souvent peut-être. Mais pas toujours. Et là même où la sanction apparaît visible, elle reste toujours imparfaite. Il suffit d'ouvrir les yeux. Que de justes sont malheureux, réduits à la misère, torturés par la maladie, victimes de persécutions etc.! Combien d'hommes sans scrupules ont une vie florissante! De même dans l'ordre social: des peuples honnêtes, pacifiques sont parfois ravagés, déportés, détruits; d'autres s'étendent et prospèrent pendant de longs siècles par la violence et la fourberie.

Et puis il y a les souffrances, plus déchirantes parfois, qui viennent de la vertu même, des exigences d'une conscience délicate et facilement inquiète, insatisfaite en tout cas d'être si en dessous de son idéal.

Il faut donc avouer que l'harmonie de la valeur et du bonheur ne se réalise, dans la vie présente, que très imparfaitement. Ce qui est une espèce de scandale pour la raison.

298. - Ce scandale, il est clair qu'on ne le lèvera pas en recourant à l'immortalité que A. Comte appelle « subjective » (on dirait mieux « objective »), c'est-à-dire au souvenir « impérissable » que laissent les « justes, dont la mémoire est en bénédiction ». D'une part, en effet, ces justes ne sont plus là pour en jouir: pour eux, cette récompense se réduit à la joie de penser, durant leur vie, que, s'ils font bien, les homme — peut-être — se souviendront d'eux, ce qui est tout de même, un peu maigre. Et d'autre part, il y a une foule d'actes bons, excellents, voire héroïques, dont les autres ne peuvent avoir aucune connaissance et par suite aucun souvenir. (L'acte, par exemple, d'un naufragé qui cède à un autre sa ceinture de sauvetage, si tous les deux sont engloutis). Etre immortel selon mon être-pour-autrui ne sert de rien, si je ne suis immortel d'abord selon mon être-pour-moi.

Le scandale n'est levé que si l'harmonie de la valeur et du bonheur, que la raison exige mais que la vie présente ne réalise pas, est obtenue dans une autre forme d'existence, après la mort, ce qui implique la permanence du sujet. Or la psychologie rationnelle démontre précisément que l'âme humaine, possédant l'être à titre propre (et pas seulement à titre de « forme » du corps), n'est pas, de soi, entraînée par la dissolution de l'organisme, et, étant simple dans son essence, n'a en soi aucun principe de désagrégation : autrement dit, qu'elle est, de soi, immortelle. L'exigence de la raison pratique recoupe ainsi les conclusions de la raison spéculative. L'espérance humaine est fondée.

> Il est vrai que parler d'âme humaine, spirituelle et immortelle, passe aujourd'hui, aux yeux de certains, pour d'assez mauvais goût. Mais la juste réaction contre le dualisme platonico-cartésien ne va-t-elle pas à un excès pire encore que celui dont elle veut nous guérir ? Si l'on n'y prend garde, elle risque de conduire à un matérialisme plus ou moins larvé, dont les symptômes se font déjà sentir çà et là jusque dans la théologie et la morale. C'est fort bien de pourfendre l'angélisme ou la spiritualité désincarnée — on a vu que nous n'hésitons pas à le faire —, mais non point aux dépens d'une spiritualité authentique, c'est-à-dire vraiment « spirituelle ». L'homme n'est pas raison pure mais il est plus que son corps vivant et sentant, et il a en lui-même de quoi échapper à l'inexorable loi de corruption qui entraîne son organisme.

Nous n'avons pas à déterminer ici le moment où l'harmonie dont nous parlons se réalise. Est-ce immédiatement après la mort ou plus tard, au bout d'une période de préparation ? La raison ne peut rien dire là-dessus ; nous laissons donc ce point à la théologie. Il paraît cependant assez plausible, rationnellement, que l'âme, devenue, de par sa « séparation », entièrement transparente à soi-même, entièrement « pour soi », capable donc d'un engagement plénier, ne puisse plus désormais changer son choix radical.

> Nous ne disons rien, non plus, de l'opinion récente qui situe le choix définitif à l'instant de la mort, au moment où le sujet accède à un mode d'existence différent de l'existence temporelle. Cette hypo-

thèse peut intéresser le théologien, mais non le moraliste. La fonction de l'éthique est de régler les actes que l'homme pose dans le temps. Et il faut éviter à tout prix ce qui tendrait à diminuer le sérieux de l'épreuve temporelle et la profondeur spirituelle de nos options, qui s'expriment et s'articulent au long de la durée dans la diversité de nos choix immédiatement repérables.

299. - L'exigence morale ne saurait évidemment se satisfaire d'une immortalité qui supprimerait le *moi* personnel, en noyant l'individu dans le Tout. Cette confusion universelle rendrait impossible l'établissement d'une proportion entre la béatitude et la valeur morale des sujets singuliers [9].

On pourrait, par contre, se demander si, au lieu d'une immortalité définitivement acquise après la mort, il ne serait pas au moins aussi raisonnable d'admettre une « réincarnation », dont la qualité répondrait précisément à la qualité morale de la vie antérieure. On sait que cette doctrine se rencontre en beaucoup de religions : on la trouve chez les anciens druides et elle est fondamentale dans la pensée indienne (bien que postérieure aux temps védiques) [10]. Nombre de philosophes l'ont professée : parmi les anciens, Platon (mythe d'Er le Pamphylien, au Xe livre de la *République*), Plotin etc.; parmi les modernes, en particulier, Renouvier (comme hypothèse plus plausible). Elle est défendue de nos jours par beaucoup de spirites, et surtout par les théosophes (Annie Besant) et les anthroposophes (Rudolf Steiner).

A en croire ses partisans, il n'y aurait pas d'autre moyen d'expliquer d'une manière satisfaisante l'inégalité des conditions humaines et la misère, apparemment imméritée, de tant d'hommes ici-bas.

A cette doctrine on peut, du simple point de vue philosophique, opposer les objections suivantes :

1. Une âme humaine individuelle est la forme d'un corps individuel, *de ce corps-ci,* et lui est strictement adaptée. Elle ne saurait donc en informer un autre. Il est impensable que *cette* âme perde sa relation intrinsèque à *ce* corps pour en acquérir une différente : son individualité changerait, elle ne serait

---

[9] C'est ainsi qu'au temps de la querelle averroïste, vers 1270, certains disaient : saint Pierre est sauvé, donc je serai sauvé puisque nous avons la même âme intellective. Voir saint Thomas, *De unitate intellectus*.

[10] Il n'est pas question de la réincarnation dans les *Védas*. Elle semble être enseignée dans les *Brahmanas* (commentaires des Védas traitant des sacrifices). Elle l'est clairement dans les *Upanishads* (traités philosophiques et théosophiques souvent d'une grande élévation). On sait que la chronologie des livres sacrés indiens est extrêmement incertaine.

plus *cette* âme. (A plus forte raison, si le « corps » dans lequel s'effectue la « renaissance » n'est pas un corps humain!).

2. On pourrait, il est vrai, répondre : du seul fait que cette âme reçoit un corps nouveau, elle lui communique son individuation, jamais perdue, et en fait *son* corps — le même qu'elle avait dans sa vie antérieure. N'est-ce pas ainsi, du reste, que beaucoup de théologiens contemporains, après Billot, entendent la résurrection des corps? Seulement, on ne comprend pas comment, dans ces conditions, nous ne conservons aucun souvenir de nos existences passées, même de celle qui a précédé immédiatement celle-ci. Les quelques faits que l'on allègue en ce sens peuvent presque tous recevoir une explication psychologique; aucun, en tout cas, n'atteste d'une manière irrécusable, la présence d'un tel souvenir.

On dira que si l'âme oublie ainsi, c'est parce qu'elle revêt une nouvelle enveloppe corporelle. Mais de deux choses l'une. Ou bien ce corps est un *autre* corps, et alors il ne peut être informé par la *même* âme. Ou bien, c'est le *même* corps, mais cela suppose que l'âme se l'approprie, et alors il est bien étrange que ce corps ainsi approprié, « fait sien » par l'âme, l'empêche de se servir des expériences et connaissances qu'elle s'est acquises auparavant. Ces expériences ne lui sont d'aucun secours; elles sont, pour cette âme, retombées dans le néant. Et il est étrange, aussi, que l'âme ne puisse, même dans le plus profond recueillement, rien savoir de son état antérieur. D'autant que, selon certains « réincarnationistes », l'âme conserverait de sa vie passée des tendances qui se manifesteraient au cours de la vie présente. Pourquoi ne conserverait-elle pas aussi des souvenirs, qui pourraient, du moins par un effort d'intense réflexion, accéder à la conscience claire?

3. D'ailleurs, l'hypothèse de la réincarnation est inutile. Si une vie est trop courte pour déterminer le sort *définitif* de l'homme, plusieurs vies le seront également, car il restera toujours la disproportion du fini à l'infini. Si le cycle des renaissances est sans fin, la béatitude est impossible [11]. Si l'homme doit renaître jusqu'à ce qu'il soit mûr pour l'atteindre, bons et mauvais connaîtront finalement le même sort, ce qui enlève

---

[11] Parlant de cette hypothèse, saint Augustin écrit: « Quoniam per nescio quos fieri circumitus, id aiunt isti, ut post nescio quanta volumina saeculorum iterum ad illam sarcinam corruptibilis carnis et supplicia pendenda redeundum sit; *qua opinione, quid horribilius cogitari possit, ignoro* », Epist., 166, c. 9; PL. t. 33, col. 732. — On sait que la pensée indienne est toute orientée vers la *moksha*, la libération du cycle des renaissances, de ces *circumitus*.

beaucoup au sérieux de l'action. Et l'on aurait ce paradoxe — ou ce scandale : un homme se détournant du bien en pleine lumière, dans un engagement total et assuré, avec cela, de jouir du même bonheur que le juste ...

4. Enfin, la sanction n'a de valeur morale que si l'on en connaît le motif : à cette condition seulement l'ordre de la justice est manifesté, le bien encouragé, le mal rendu, pour la nature même, objet d'horreur. Mais ici l'homme ignore complètement ce qu'il a pu faire, avant cette vie, de bien ou de mal ; il lui est impossible de se repentir d'une faute dont sa conscience ne lui dit rien.

300. - Quant aux raisons apportées en faveur de la réincarnation, elles n'ont pas grand poids. L'inégalité des conditions humaines s'explique suffisamment, d'un côté, par les différences qui doivent nécessairement se rencontrer entre les êtres finis, de l'autre, par les interférences des libertés entre elles et avec les déterminismes naturels, la « discrétion » divine laissant les êtres être ce qu'ils sont et agir selon ce qu'ils sont [12]. Pour ce qui est du problème du mal, la raison, laissée à elle-même, ne trouve, il est vrai, que bien peu de lumière ; elle en trouve cependant. La difficulté n'est pas tellement d'expliquer la possibilité du mal : celle-ci — comme l'inégalité dont nous venons de parler — a sa raison suffisante dans dans la finitude créaturelle, dans le fait qu'un univers en devenir ne peut être parfait d'un coup, dans le franc jeu enfin des libertés. Développer ceci est du ressort de la théologie naturelle. La vraie difficulté — comme dans le cas du mal moral, n. 235 — vient des proportions effrayantes que présente le mal *dans la réalité*. La philosophie, ici, ne peut que reconnaître ses limites. Mais l'hypothèse de la réincarnation poserait plus de problèmes qu'elle n'en résoudrait.

Ajoutons que cette doctrine a souvent des conséquences funestes dans l'ordre moral et social. Non seulement elle abolit ou du moins amenuise beaucoup la différence entre le bien et le mal, puisque l'homme le plus pervers peut croire qu'il arrivera infailliblement, lui aussi, à la béatitude, mais, vue d'un autre côté, elle risque de conduire au désespoir, quand l'homme se sent écrasé par le poids de fautes inconnues dont il ne peut en aucune façon empêcher les effets. Car c'est ainsi, la plupart de temps, que la réincarnation est présentée. Au point de vue social, du fait que l'inégalité des conditions est attribuée à une faute *personnelle,* on est moins porté à plaindre et à secourir les pauvres, les opprimés, les malheureux ; souvent même l'effort pour améliorer leur condition est découragé : ce serait aller contre la Loi suprême.

Reconnaissons pourtant que la réincarnation peut se présenter comme assez vraisemblable à ceux qui n'admettent d'autre béatitude qu'une béatitude obtenue par les seules forces de l'homme, au terme de son développement naturel. Dans ce cas, en effet, il semblera difficile-

---

[12] Cf. saint Thomas, *Cont. gent.*, II, 44 : « Quod rerum distinctio non processit ex meritorum vel demeritorum diversitate », et 45 : « Quae sit prima causa distinctionis rerum secundum veritatem » (elle vient « ex propria Dei intentione, perfectionem creaturae dare volentis, qualem possibile erat eam habere »).

ment croyable qu'un brave homme, sans culture, dont l'horizon intellectuel n'a guère dépassé les soucis de l'existence immédiate, qui ne s'est jamais élevé jusqu'aux « grands problèmes », se trouve, aussitôt après sa mort, en possession de la Vérité! N'est-il pas plus raisonnable d'imaginer une série de vies intercalaires, par lesquelles notre homme parviendra peu à peu à sa pleine maturité spirituelle? C'est pourquoi certains auteurs, même catholiques, tout en rejetant cette thèse, n'osent pas en affirmer l'absolue impossibilité [13]. — Quoi qu'il en soit, la difficulté s'évanouit, dès là que notre béatitude ne'st pas seulement le fruit de nos œuvres, mais bien plus celui de la grâce du Christ en nous. La doctrine catholique du Purgatoire apporte ici beaucoup de lumière, surtout si le Purgatoire n'est pas conçu, comme il l'est trop souvent, d'une façon purement juridique (le paiement d'une « dette »), mais comme une purification passive et graduelle, préparant l'âme à voir et à goûter les réalités supérieures, un peu à la manière des « nuits » mystiques.

301. - On voit, par ce qui précède, l'importance du problème de la mort pour la réflexion morale. C'est évident, dans une perspective eudémoniste: non seulement la certitude de la mort exclut la parfaite félicité, mais encore, comme le dit si bien Pascal, « toutes nos actions et nos pensées doivent prendre une route si différente, selon qu'il y aura des biens éternels à espérer ou non, qu'il est impossible de faire une démarche avec sens et jugement qu'en la réglant par la vue de ce point, qui doit être notre dernier objet » [14]. Mais ce n'est pas moins vrai selon notre perspective. Car, si la mort est la fin de tout, l'effort moral, pour justifié qu'il soit en lui-même par sa consonance à la raison droite, ne peut pas ne pas apparaître vain. Les valeurs réalisées par l'homme disparaîtront avec lui! D'où une contradiction, et combien tragique, entre la transcendance axiologique d'une vie selon la raison, qui participe de l'absolu de la Valeur, et sa précarité ontologique. (Et c'est peut-être simplement cela que veulent dire ceux dont nous avons parlé au n. 293). — Du reste, nous reconnaissons bien volontiers qu'en cette matière la réflexion philosophique, laissée à ses seules lumières, est vite à bout et que les conclusions auxquelles, par ses propres ressources, elle peut parvenir, elle les possède plus pleinement et plus solidement, lorsque la révélation l'a éclairée [15].

---

[13] Ainsi J. Leclercq, *Les grandes lignes de la philosophie morale*, Louvain, 1947, p. 320.
[14] Pascal, *Pensées*, éd. Brunschvicg, n. 542.
[15] Sur le problème de la mort, voir, par exemple, J. L. L. Aranguren, *Etica*, pp. 403-416; M. F. Sciacca, *Morte e immortalità*, Milan, 1959; K. Rahner, *Zur Theologie des Todes*; Fribourg en Br., 1958 (tr. fr. par G. Daoust, dans *Traités théologiques*, t. III, Desclée De Brouwer, 1963, pp. 103-167); R. Troisfontaines, *Je ne meurs pas ...*, Paris, 1960; *J'entre dans la vie*, Paris, 1963;

302. - Deux remarques pour conclure.
La première concerne la durée de la sanction terminale. La sanction d'une vie bonne est le bonheur, or celui-ci, nous venons de le dire, ne saurait être plein s'il doit finir [16]. Il est faux, quoi qu'en aient dit les stoïciens, que la durée n'ait ici aucune importance, qu'« un instant de bonheur vaille une éternité ». Quant à la sanction d'une vie coupable, il semble bien qu'elle doive comporter la perte définitive de la béatitude, pour la raison indiquée n. 299, 3. La philosophie peut-elle exclure l'hypothèse de l'annihilation ? De toute façon, elle a ici bien peu à dire. En ces matières un sage pragmatisme convient. L'important n'est pas de savoir exactement quel est le sort de ceux qui ont manqué leur existence et jusqu'à quel point il est tolérable, mais d'agir en sorte que la question, pour nous et pour les autres, se trouve rejetée dans l'irréel.

La seconde remarque se rattache justement à ce pragmatisme : elle concerne le rôle de la sanction, et, plus précisément, de sa prévision, pour donner à la loi morale toute sa vigueur et son efficacité pratique. Cet aspect, avons-nous dit, n'est pas le principal (n. 293), mais il a son importance. Il est trop clair que, si le bonheur n'avait aucun lien avec la vertu, la tentation serait excessive pour l'ensemble des hommes et les meilleurs n'échapperaient pas au découragement.

On objectera peut-être que cette efficacité de la sanction n'apparaît guère, puisque tant d'hommes — même parmi les croyants — n'en sont point touchés. Et si l'on répond que ce motif n'opère que sur ceux qui veulent se conduire selon la

---

G. Martelet, *Victoire sur la mort*, Paris, 1962. — Dans une tout autre ligne, Vl. Jankélévitch, *La Mort*, Paris, 1966, qui conclut à la fois à l'« absurdité de la survie » et à l'« absurdité de la nihilisation » : quelque chose d'éternel demeure : c'est la « quoddité » : « avoir été, avoir vécu, avoir aimé ». Ce qui reste tout de même bien décevant ...

[16] « Cum enim ipsa beatitudo sit perfectum bonum et sufficiens, oportet quod desiderium hominis quietet et omne malum excludat : naturaliter autem homo desiderat retinere bonum quod habet, et quod ejus retinendi securitatem obtineat ; alioquin necesse est quod timore amittendi vel dolore de certitudine amissionis affligatur. Requiritur ergo ad veram beatitudinem, quod homo certam habeat opinionem bonum quod habet numquam se amissurum ; quae quidem opinio, si vera sit, consequens est quod beatitudinem numquam amittet ; si autem falsa sit, hoc ipsum est quoddam malum falsam opinionem habere ... ; non igitur jam vere anit beatus, si aliquod malum ei inest », saint Thomas, *Somme théol.*, I-II, 5, 4. — Cf. saint Augustin, *De Trinitate*, XIII, 8 : Si la béatitude nous abandonne, ou bien c'est contre notre gré, ou bien avec notre gré, ou bien en nous laissant indifférents. Dans le premier cas, nous sommes frustrés : pas de béatitude. Dans le second cas, ce qu'on avait n'était pas la béatitude, puisqu'on accepte de la perdre. Dans le dernier cas enfin, ce n'était pas non plus une béatitude, puisqu'elle était incapable de se faire aimer.

raison, il paraît superflu : celui qui veut agir selon la raison trouve dans la valeur morale une raison suffisante d'être vertueux.

La vérité est que la pensée de la sanction fournit un motif efficace à qui veut agir raisonnablement *dans la ligne de l'eudémonisme*. Or, cette considération est licite et louable (n. 287), pourvu qu'elle ne soit pas exclusive, au point de ramener la valeur morale à une valeur utilitaire. Elle répond au dynamisme naturel de la volonté ou plutôt du sujet spirituel. La béatitude est à *l'horizon* de toute notre activité (nn. 139; 280). Nous ne pouvons ni ne devons renoncer au bonheur. Il est donc licite et louable de présenter à la volonté des motifs qui l'inclinent, en tant qu'elle est *nature*, dans le sens où la valeur morale l'attire, en tant qu'elle est *raison*. Certes, l'acte bon est déjà, de par sa consonance à la raison et à la nature raisonnable, un bien pour celle-ci (nn. 132; 134); c'est pourquoi, on l'a vu, la valeur morale fournit, par elle-même, une motivation subjective : elle intéresse le désir (n. 286). Mais cette motivation est le plus souvent gênée ou neutralisée par le poids des tendances inférieures dont les exigences ne s'accordent pas toujours avec celles de la raison. Ainsi, l'acte bon, comme tel, a beau être, de soi, un bien pour la nature, il ne lui apparaît pas généralement sous cet aspect. La rôle préventif de la sanction (n. 290) consiste précisément à compléter sur ce point la motivation subjective, en présentant l'acte comme lié à la béatitude et par là, comme celle-ci, purement et simplement désirable.

Reste que, dans la mesure où le sujet progresse moralement, dans cette même mesure le désir du bonheur et par suite la pensée de la sanction, sont de plus en plus informés par l'amour de la valeur, au point que la raison de vouloir la béatitude en vient à être principalement le désir de se trouver ainsi totalement livré à l'Idéal.

CHAPITRE XVI

OU SITUER LA BEATITUDE VERITABLE?

303. - En quoi consiste la béatitude, quel est l'objet capable de nous procurer la totale satisfaction, en un mot, quel est le *souverain bien*, tel est, nous le savons, un des thèmes essentiel de la problématique morale des anciens. Varron, au témoignage de saint Augustin [1], en comptait jusqu'à 288 solutions possibles! Que toutes aient eu ou non effectivement des défenseurs, nous n'avons pas à le rechercher, d'autant que la plupart ont été déjà éliminées par nous: nommément toutes celles qui situent la béatitude dans le plaisir ou, en général, dans les biens de la vie présente. Une raison décisive, d'ailleurs, est que cette vie passe et que la béatitude ne mérite pas son nom si elle doit finir (n. 302) [2]. C'est une des grandes faiblesses de l'éthique aristotélicienne de ne proposer à l'homme qu'un bonheur dans les limites de notre existence terrestre (n. 64), tout en reconnaissant que cette béatitude, la seule possible pour nous, reste nécessairement imparfaite. « Où l'on voit bien à quel point leurs génies éminents se sentaient pressés des deux côtés; de cette impasse nous sortirons en posant... que les hommes — puisque l'âme humaine est immortelle — peuvent parvenir après cette vie à la vraie félicité » [3].

Mais, cela admis, en conclusion du chapitre précédent, la question posée tout à l'heure reste entière. Comment concevoir cette béatitude *après la mort*? Plusieurs hypothèses sont possibles.

On peut d'abord penser que l'âme « séparée » trouve la joie pleine dans la contemplation lucide de son essence, que ne lui masque plus l'écran corporel, dans la pleine et parfaite

---

[1] *Civ. Dei*, XIX, 1; PL., t. 41, col. 621-623.
[2] Sur les principales opinions touchant la béatitude et leur discussion, voir saint Thomas *Cont. gent.*, III, 27-36 et *Somme théol.*, I-II, 2.
[3] « In quo satis apparet quantam angustiam patiebantur hinc inde eorum praeclara ingenia; a quibus angustiis liberabimur, si ponamus ... homines ad veram felicitatem post hanc vitam pervenire posse, anima hominis immortali exsistente », saint Thomas, *Cont. gent.*, III 48.

présence à soi et possession de soi. Ce que l'homme cherche dans cette vie à travers toutes ses démarches par la médiation des objets, n'est-ce pas justement cette totale transparence, la parfaite conscience de soi ? Son travail même n'a-t-il pas, au fond, avant tout pour but, en transformant le monde, en l'humanisant, de lui permettre de s'y retrouver et d'intérioriser ainsi sa propre essence [4] ? — Ne disons pas que dans cette hypothèse la sanction s'évanouirait. Car ce dont l'âme « séparée » prend possession, ce n'est pas simplement la nature spirituelle présupposée à ses démarches et identique sous ses options : c'est *elle-même*, sous la figure qu'elle s'est librement donnée, conforme ou non à l'Idéal, harmonieuse ou difforme.

Certains, parmi les anciens et notamment parmi les stoïciens, ont situé la béatitude dans la connaissance des secrets de l'univers, la contemplation de l'ordre du monde [5]. D'autres, en particulier certains arabes, dans la connaissance et le commerce des « substances séparées », c'est-à-dire des purs esprits, soit parce qu'ils attribuaient à l'un d'eux (et non immédiatement à Dieu) la création de l'âme, soit parce qu'ils admettaient, comme Averroès, un Intellect séparé, unique pour tous les hommes, par lequel et dans lequel nous connaissons la vérité [6]. Ces opinions sont passées de mode, mais à la réflexion il semble assez raisonnable de lier le bonheur humain à la présence et au commerce des autres personnes et en premier lieu des personnes *humaines*. Le plus grand plaisir de l'homme, c'est l'homme [7]. Il ne serait pas impossible de donner à l'humanisme contemporain un développement eschatologique, qui situerait le bonheur parfait dans une communion parfaite et éternelle avec les autres sujets humains, c'est-à-dire dans la réalisation plénière et définitive de l'Humanité comme Tout [8]. N'est-il pas vrai,

---

[4] L. Lavelle a parfois des façons de parler qui *semblent* aller dans ce sens.

[5] Ainsi, par exemple, Sénèque : « Nunc animus fratris mei, velut ex diutino carcere emissus, tandem sui juris et arbitrii, gestiit et rerum naturae spectaculo fruitur », *Consolat. ad Polyb.*, 9, 2. « Aliquando naturae tibi arcana retegentur, discutietur ista caligo et lux undique clara percutiet », *Ep.*, 102,28. — Mais cette béatitude, pour Sénèque, n'est pas éternelle : comme tous les stoïciens, il admet des cycles ou, comme on dit après Nietzsche, le « retour éternel ». L'âme ne jouira de son bonheur que jusqu'à la conflagration qui marquera la fin du cycle présent : elle disparaîtra alors dans le grand Tout.

[6] Ainsi Ibn-Badja (Avempace), Ibn-Rochd (Averroès) ; cf. *Cont. gent.*, III, 41-44. — D'après saint Thomas, cependant, ces auteurs parlaient plutôt d'une béatitude à obtenir *dès cette vie* par la conjonction avec les intelligences séparées.

[7] Ἀνθρώπῳ ἥδιστον ἄνθρωπος, Aristote, *Eth. Eud.*, VII, 2, 1237 a 28-29.

[8] La doctrine de l'immortalité de l'âme n'est pas toujours, en fait, liée à l'affirmation de Dieu. La religion d'Israël, bien que strictement monothéiste,

d'ailleurs, que beaucoup, même parmi les bons chrétiens, semblent surtout consolés, au moment de mourir, par l'espoir de retrouver bientôt « les leurs » ?

Pour les penseurs chrétiens et, en dehors du christianisme, pour la plupart de ceux qui admettent une réalité suprême, un Absolu, la béatitude comporte essentiellement une certaine union avec celui-ci. Union d'ailleurs diversement conçue. Dans les systèmes monistes ou panthéistes, il s'agit d'une fusion de l'individu avec le Tout, où la personnalité véritable disparaît. Ainsi dans la doctrine de l'*advaita* (non-dualité) du vedântiste Çankara (où, à vrai dire, la personnalité ne disparaît pas, parce qu'elle n'a jamais été, mais simplement son illusion) [9]; ainsi chez Spinoza (bien que sa pensée, sur ce point, manque un peu de clarté et que ses interprètes ne soient pas d'accord, sans compter que, selon lui la béatitude est déjà de cette vie où « nous sentons et éprouvons notre éternité ») [10], etc. — Chez les penseurs qui reconnaissent un Dieu personnel et transcendant, la personnalité humaine subsiste au sein de la béatitude et y trouve même son achèvement. L'unité s'opère, non sur le plan de l'être — par identification ontologique — mais sur le plan de l'agir spirituel (de la connaissance et de l'amour).

---

ne connaît guère, jusqu'à une époque tardive, que les sanctions, individuelles ou collectives, de la vie présente; l'immortalité, ou est ignorée, ou en tout cas n'a aucune portée morale. Inversement, on trouve des doctrines qui affirment l'immortalité mais ne reconnaissent pas Dieu. C. Renouvier va jusqu'à voir une opposition entre la thèse de l'immortalité et le monothéisme. Lui-même, dans sa dernière philosophie, penche vers un certain polythéisme (jugé par lui plus « démocratique » !), où les personnes divines et les personnes humaines divinisées ne diffèrent qu'en degré (*Traité de psychologie rationnelle*, Paris, 1912, t. II, pp. 300-315). — Chez les indiens, le système (darçana) *Samkhya*, qui enseigne l'immortalité, voire l'éternité de l'âme individuelle (purusha), tendant, à travers les réincarnations successives, à sa définitive libération de la nature matérielle (prakriti), par le retour à sa pure essence, est un système athée (voir R. Grousset, *Les philosophies indiennes*, Paris, t. I, pp. 96-139; plus brièvement E. Gathier, *La pensée hindoue*, Paris, 1960, pp. 87-91).

[9] Sur Çankara, voir G. Dandoy, *L'ontologie du Vedânta*, Paris, 1932; O. Lacombe, *L'absolu selon le Vedânta*, Paris, 1938; Johanns, *La pensée religieuse de l'Inde*, Louvain 1952; E. Gathier, o. c., pp. 51-59.

[10] « Sentimus experimurque nos aeternos esse », *Eth.*, V^a p., prop. 33., schol.. — Sur la doctrine spinozienne du « salut », voir, par exemple, A. Rivaud, *Histoire de la philosophie*, t. III, Paris, 1950, pp. 309-313. « Le langage de Spinoza est — peut-être volontairement — ambigu. Spinoza paraît parler d'une vie future, telle que le Christianisme l'enseigne, ou bien d'une plongée dans le divin, qui, sans ajouter un instant à notre durée bornée, nous en révèle instantanément la vanité. Il a pris soin de ne pas préciser, pour toucher à la fois ceux qu'obsèdent encore les dogmes de leur religion et ceux que la sagesse a définitivement affranchis », *ib.*, p. 311.

304. - Selon la foi chrétienne, la béatitude véritable, la seule à laquelle l'homme ait jamais été destiné en fait, est une béatitude surnaturelle et gratuite, excédant à la fois et les possibilités et les prétentions de l'homme comme tel. Elle consiste dans une immédiate union spirituelle avec Dieu par la connaissance intuitive (« vision béatifique ») et le pur amour. C'est une question disputée dans l'Ecole s'il faut la situer formellement dans un acte de l'intelligence, comme l'enseigne saint Thomas [11], dans un acte de la volonté, comme le pense Scot [12], ou dans tous les deux à la fois, comme le propose Suarez [13].

Il est important de noter que les anciens auteurs, jusque vers le milieu du XVII° siècle, ne reconnaissent d'autre béatitude proprement dite que la béatitude « surnaturelle ». Et lorsque saint Thomas (pour ne rien dire des autres) parle d'une *béatitude imparfaite,* ce qu'il entend par là, c'est celle des « philosophes »: la béatitude *dans les limites de la vie présente.* Par la suite, le progrès de la réflexion et le déplacement de la problématique théologique ont introduit la notion d'une béatitude proportionnée aux possibilités et aux exigences purement *naturelles* de l'homme, mais de l'homme considéré comme porteur d'une âme immortelle : béatitude *après la mort,* dont l'élément principal serait encore une certaine union avec Dieu par la connaissance et l'amour. On s'est demandé — de nos jours surtout — si une telle béatitude — qui n'a jamais été la destination réelle de l'homme — eût suffi à combler son désir *naturel.* Saint Thomas ne semble pas le penser [14]. Mais cette question relève plutôt de la théologie. Venons à celle qui nous intéresse directement.

305. - Sur la nature de la béatitude et de l'objet béatifiant, il semble qu'on puisse formuler quatre hypothèses — et quatre seulement. Ou bien elle consiste en une certaine possession spirituelle du monde (par la connaissance, la contemplation esthétique etc.); ou bien elle consiste en une possession et jouissance spirituelles du sujet *par lui-même;* ou bien encore dans le

---

[11] Saint Thomas, *Somme théol.,* I-II, 3, 4.
[12] *In IV Sent.,* d. 49, q. 4; Wadding, t. X, pp. 381-383.
[13] *De ultimo fine,* disp. VII, sect. 1, n. 12; Vivès, t. IV, pp. 79 s. — Interprétation plus souple de saint Thomas et de Scot chez A. Marc, *Dialectique de l'Agir,* pp. 197-201.
[14] *Cont. gent.,* III, 50: « Quod in naturali cognitione quam habent substantiae separatae de Deo, non quiescit earum naturale desiderium ». *ib.,* c. 51; I 12 1 etc. Il y a eu, entre les deux guerres mondiales, une littérature abondante sur la question. Voir *Bulletin thomiste,* 1932, pp. 651-675 et 1935, pp. 573-590, pour les travaux concernant l'interprétation de saint Thomas.

commerce et la communion des *autres sujets finis* (humains ou non); ou bien enfin dans quelque union spirituelle de connaissance et d'amour avec le *Sujet infini,* c'est-à-dire avec Dieu. Examinons donc successivement ces quatre hypothèses.

306. - La première ne nous retiendra pas longtemps. Il est clair que l'homme ne peut trouver le plein bonheur, la satisfaction adéquate dans ce qui est au-dessous de lui. L'y chercher, ce serait pour lui se dégrader. Or la possession, fût-ce du monde entier, est au-dessous de la dignité du sujet spirituel, dont une seule pensée vaut plus que tout l'univers. Le monde physique, considéré en lui-même, ne saurait combler le désir d'une nature ouverte sur l'universel et l'absolu, désir qui transcende tout l'ordre des *objets* infra-spirituels (n. 97) et ne se satisfait que dans la connaissance et l'amitié des *personnes.*

Remarquons-le en effet: dans la connaissance, dans la contemplation esthétique, ce ne sont pas les choses qui, *par elles-mêmes,* viennent enrichir et délecter l'esprit: elles ne le font que dans la mesure où, grâce à l'activité de celui-ci, elles revêtent un être intelligible ou esthétique. c'est-à-dire dans la mesure où le sujet lui-même met « en acte second » la valeur de vérité ou de beauté qui dormait en elles. Dans la connaissance ou la contemplation, l'élément « formel » provient donc de l'esprit; la connaissance sensible et, à plus forte raison, l'objet sensible jouent plutôt, remarque saint Thomas, un rôle matériel [15]. Qu'est-ce que la beauté d'un tableau, ou d'un coucher de soleil, sans l'œil et l'esprit qui les contemplent? La joie de connaître ne vient pas, à proprement parler, des choses, mais de la connaissance que, par elles, le sujet prend de soi. Ce qu'il aime en elles, c'est, au fond, l'être lumineux qu'il leur donne — leur signification humaine.

307. - La béatitude sera-t-elle donc dans la parfaite conscience de soi, dans le retour achevé du sujet à son essence? Mais cette essence est finie: elle est celle d'un homme, voire d'un homme individuel; elle n'égale ni la totalité de l'être, ni même la plénitude de l'humanité. Comment pourrait-elle combler la

---

[15] « Non potest dici quod sensibilis cognitio sit totalis et perfecta causa intellectualis cognitionis, sed magis quodammodo est materia causae », *Somme théol.,* I 84 6. Pour saint Thomas, en effet, la cause immédiate de l'acte intellectuel, celle qui « active » l'intelligence, n'est pas le sensible comme tel, mais le sensible en tant que sa signification latente est rendue manifeste par la spontanéité intellectuelle de l'« intellect agent ». L'élément formel de la cause, celui auquel convient en propre la causalité, est donc bien l'œuvre de l'esprit.

capacité infinie du sujet spirituel? Comment ce qui n'est qu'*un être* serait-il capable de saturer une puissance ouverte sur *l'être* et dont le propre est de dépasser toute limite, de contester tout ce qui n'est pas le Tout?

Mais précisément la béatitude du sujet ne serait-elle pas de se connaître et de se posséder en tant qu'il est le Tout — *quodammodo omnia*? — Que veut-on dire par là? De quelle totalité parle-t-on? S'il s'agit d'une totalité en puissance: le sujet considéré comme pure capacité, on dit une chose absurde. La puissance doit toute sa valeur à l'acte; la joie que sa possession procure est tout entière relative à celle que l'acte procurerait; autrement dit, la joie de se saisir capable de devenir tout n'est qu'une ombre de celle que l'on éprouverait à se voir « devenu tout », à saisir cette capacité comme remplie. Il s'agira donc d'une totalité en acte. Et alors la cause véritable de la béatitude ne sera pas le sujet lui-même, qui, dans son être, n'est pas tout, mais ce qui, en s'unissant et se communiquant à lui, lui donne de devenir « en quelque manière » tout: une totalité réelle, « en soi », non plus simplement *quodammodo* — *la Totalité*. Non pas l'univers, la totalité des objets, nous avons dit pourquoi (n. 306), mais une totalité d'ordre supérieur, d'où le sujet tire sa dignité spirituelle — en ce sens qu'il n'existe comme esprit qu'en s'ouvrant à elle et ne connaît les choses qu'en les lui rapportant — et qui doit donc avoir, elle aussi, un caractère spirituel et personnel.

On sait bien, du reste, que la joie véritable ne se trouve que dans la société et la communion. Seule une personne peut rendre heureuse une personne. « Que chacun interroge sa conscience et, sans doute, sans contestation possible, il trouvera que, comme il n'y a rien de meilleur que l'amour, il n'y a rien non plus de plus délicieux. La nature nous l'enseigne et avec elle une expérience répétée ... L'amour ne peut donc pas être absent du bonheur suprême. Mais, pour qu'il y ait amour, il faut qu'il y ait quelqu'un pour le donner et quelqu'un pour le recevoir »[16].

---

[16] « Conscientiam suam unusquisque interroget, et procul dubio et absque contradictione inveniet quia, sicut nihil charitate melius, sic nihil charitate jucundius. Hoc nos docet ipsa natura, idem ipsum multiplex experientia ... Necesse est itaque in summa felicitate charitatem non deesse. Ut autem charitas ... sit, impossibile est eum deesse et qui et cui exhibere vel exhiberi possit », Richard de Saint-Victor, *De Trinitate*, III 3, dans l'édition critique de J. Ribailler, Paris, 1958, p. 138. — Richard parle de Dieu et voudrait par cet argument démontrer le mystère de la Sainte Trinité, mais le principe qu'il pose vaut également de l'homme et n'est même concluant que pour celui-ci.

308. - Ne pourrait-on pas dire que cette Totalité, d'où le sujet spirituel tire sa valeur, n'est autre que le société des personnes, l'humanité par exemple, et que c'est aussi en elle que le sujet trouve son achèvement? Nous l'avons vu, cette perspective n'est pas sans attrait pour la pensée contemporaine, humaniste et portée à se contenter d'une transcendance « horizontale », vers l'*autre*.

Mais on a montré (nn. 86; 145) que la valeur du sujet spirituel ne peut se définir, en dernière instance, par relation aux autres personnes (finies). Leur valeur, à elles aussi, est participée et limitée; elles n'ont pas en elles-mêmes le fondement de leur dignité et de leur être. Elles ne peuvent donc pas plus que le sujet lui-même combler l'appétit spirituel. Et cela, si étendue, si diverse que l'on imagine leur société. Une infinité de relatifs ne font pas l'absolu. Quelle que soit l'intimité de leur immanence réciproque (par la connaissance et l'amour), une multitude de sujets ontologiquement distincts ne réalisera jamais cette coïncidence parfaite de la plénitude et de la transparence qui reste l'idéal de la conscience de soi.

D'ailleurs, ce que requiert la pleine félicité, ce n'est pas n'importe quelle société. Une société de malades ou d'infirmes n'est pas, par elle-même, réjouissante; on peut s'y attacher, mais pour d'autres raisons. Et encore moins une société de voleurs ou de pervers. Pour jouir sans contrainte, sans arrière-pensée, il nous faut la société de personne elles-mêmes heureuses et dignes de l'être. Or la liberté humaine rend problématique l'existence d'une telle société. Du fait que tu agis bien, il ne suit pas que j'agisse bien. Si donc la béatitude consistait entièrement ou essentiellement dans le commerce des autres, elle deviendrait elle-même problématique et plus encore sa proportion à la valeur morale de chacun : la sanction juste ne serait plus assurée. On aurait même ce paradoxe : le meilleur serait, sous ce rapport, le moins heureux, puisqu'il ne trouverait personne de son niveau ...

Enfin — et cette raison est sans doute décisive — il n'y a de communion profonde et heureuse que dans un même amour pour un même Idéal, dans la participation d'une même Valeur, à laquelle, par le plus profond de leur être, tous se rapportent et qui est ainsi capable de les unir du dedans.

309. - Il ne reste donc que la quatrième hypothèse : celle qui situe la béatitude humaine dans quelque union spirituelle avec Dieu. Mais nous ne sommes pas réduits à cette preuve indirecte. La même exigence rationnelle et spirituelle, qui nous a fait rejeter les autres réponses, aurait pu nous conduire directement à celle-ci.

En effet, la parfaite actuation de la nature spirituelle comporte l'actuation parfaite de l'intelligence et de la volonté. Or celle-ci exige la connaissance et l'amour de l'être en qui l'objet formel de ces deux puissances — le vrai et le bien — existe au degré maximum ou plutôt au-delà de tout degré, sur un mode éminent et original. Cet être est l'Etre absolu — Dieu. La béatitude véritable requiert donc la connaissance et l'amour de Dieu, selon toute la perfection accessible à l'homme.

Et en effet, puisque le vrai et le bien ont la même amplitude que l'être, l'intelligence et la volonté ne peuvent trouver la pleine satisfaction que dans la connaissance du vrai absolu et total, du bien absolu et total. On le montrerait aisément par l'analyse du dynamisme spirituel qui met en évidence ce mouvement infini par lequel l'esprit, selon la double intentionnalité de la pensée et du vouloir, transcende tout objet fini, contingent, dépendant et relatif — mouvement infini, qui ne serait qu'un « mauvais infini » au sens hégélien du mot, qui ne serait pas même possible, si nul infini réel et authentique ne lui correspondait. Nous renvoyons sur ce point à la psychologie rationnelle et à la théologie naturelle. Voir aussi plus haut, n. 153.

Du reste, on a montré (n. 308), que la personne ne peut trouver son achèvement et sa félicité que dans le commerce d'une autre personne et que notre joie n'est pleine que si nous savons l'aimé à la fois heureux et digne de son bonheur. La félicité parfaite, la béatitude, exige donc la société d'une personne parfaite en qui bonheur et valeur coïncident en un commun sommet et dont la joie fasse notre joie.

Nous conclurons donc : la béatitude véritable de l'homme requiert essentiellement une certaine union spirituelle avec Dieu.

L'identité en Dieu de la sainteté infinie et de la joie infinie, exprimant l'une et l'autre l'adhésion infinie de l'Etre absolu à soi-même, c'est-à-dire sa « pureté » infinie (Dieu est Dieu de part en part et il n'y a en Lui que Lui), fonde pour nous la possibilité et l'espérance de voir un voir un jour réalisée au plan du créé l'harmonie parfaite de la valeur et du bonheur.

310. - Nous avons, dans ce qui précède, considéré la béatitude à partir des exigences du sujet spirituel. Mais l'homme est aussi sujet incarné. Sa béatitude, semble-t-il, ne sera *plei-*

nement humaine que si elle l'affecte *tout entier*, dans l'intégrité de sa nature mixte. D'où la souveraine convenance — pour ne rien dire de plus — de la résurrection des corps. — De celle-ci, toutefois, et de l'état du corps ressuscité, nous n'avons pas et nous ne pouvons pas former de représentation convenable; il vaut donc mieux ne pas s'y essayer. Un tel corps, en effet, désormais soustrait à la mort, à la maladie, au vieillissement, aux diverses nécessités biologiques etc., se trouverait dans des conditions sans analogue dans notre expérience et contraires à l'image du monde qui se découvre à nous présentement. Il va de soi que, sans être *surnaturelle* au sens strictement théologique du mot, la résurrection des corps ne peut, en aucune manière, être due au seul jeu des lois de la nature.

311. - Quelques mots, pour finir, sur une délicate question.

Ce qui a été dit de l'union à Dieu requise pour la béatitude vaut, en premier lieu et sans restriction, de la béatitude *surnaturelle*. Qu'en eût-il été dans un ordre purement naturel? La connaissance de Dieu, l'union avec Dieu n'auraient pu se réaliser que d'une façon indirecte et médiate — sans doute à travers la nature spirituelle, perçue comme image de Dieu, dans le sujet lui-même et dans le autres, de sorte que la connaissance et l'amour de Dieu eussent été en nous comme le couronnement de la connaissance et de l'amour de l'homme. Mais cette connaissance, plus parfaite, incomparablement, que notre connaissance conceptuelle, fût demeurée essentiellement *analogique,* elle eût, comme à présent, comporté un moment de négation. Connaître Dieu plus parfaitement, cela eût signifié: pouvoir dire de Lui, à propos de perfections plus hautes: ce n'est pas cela!

Aurait-elle été perfectible ou, au contraire, fixée pour toujours dès l'instant de la mort. Certains auteurs optent pour la seconde hypothèse [17], mais cela paraît bien dur. A la différence du bienheureux qui, par la vision de l'essence divine, est d'une certaine manière dans l'éternité [18], l'âme « séparée », dans son état naturel, reste dans la durée successive, sinon dans le temps proprement dit. La supposer fixée une fois pour toute et comme pétrifiée, a quelque chose de monstrueux. On saisit là le danger qu'il y a à transposer simplement au registre de la nature ce qui vaut au registre de la grâce (l'inverse n'étant pas

---

[17] Voir par exemple Cathrein, *Philosophia moralis*[14], p. 39-40.
[18] Saint Thomas, *Somme théol.*, I, 10, 3.

moins dommageable, évidemment). — Rien donc n'interdit de penser que l'amour et la connaissance de Dieu par le moyen des créatures eussent été susceptibles d'un perfectionnement indéfini, de façon à faire de cette félicité naturelle, « une félicité en mouvement »[19]. — Mais en voilà assez sur ces possibles.

Aussi bien la félicité naturelle n'est pas la béatitude « tout court ». Le désir naturel du sujet va plus loin. Et pourtant, par lui-même, ce sujet est incapable d'accéder à la connaissance immédiate et intuitive de Dieu et il n'a à son égard aucune exigence, à élever, aucun titre à faire valoir. L'intuition de Dieu est naturelle à Dieu seul. Et c'est là le paradoxe de l'être spirituel : une capacité et un désir disproportionnés à son pouvoir et à ses droits.

Comme tout cela s'accorde ensemble, comment une aspiration naturelle à la béatitude proprement dite n'enlève rien à sa parfaite gratuité, nous laisserons, une fois de plus, à la théologie, le traitement de cette difficile question. Elle seule, là-dessus, est compétente. On se contentera ici de deux observations[20].

1°. L'expression « désir naturel » n'est pas univoque. Autre est la tendance ou l'aspiration visant l'achèvement d'une nature *dans son ordre* (en tant que *telle nature*), la possession de ce que requiert son intégrité physique, le déploiement de ses puissances et de ses énergies selon leurs possibilités propres etc. : tendance dont l'échec est nécessairement ressenti comme un frustration ; autre l'aspiration, propre à la nature spirituelle en tant que spirituelle, vers un dépassement de soi-même et de la finitude créaturelle par l'union avec ce qui est au-dessus et au-delà de toute nature. Parler ici de frustration, pour le cas où cette tendance n'eût pas été satisfaite, c'est employer un mot hors du contexte qui lui donne un sens.

2°. Il ne faut pas juger de la « nature pure » dans la perspective d'une nature effectivement élevée à l'ordre surnaturel, existentiellement ordonnée à la pleine béatitude. Dans cette perspective, qui est la nôtre, la non-obtention de cette béatitude se présente inévitablement comme une frustration. Faute de distinguer entre le point de vue des essences, des « natures

---

[19] J. Maritain, *Neuf leçons ...*, p. 101. Cf. Leibniz : « un chemin par les plaisirs », *Nouveaux Essais sur l'Entendement humain*, III, c. 21 ; éd. Gerhardt, t. V, p. 180. Cf. aussi, du même, *Principes de la Nature et de la Grâce*, n. 18 ; Gerh., t. VI, p. 606.
[20] Voir *Etre et Agir dans la philosophie de saint Thomas*[3], pp. 342-355. Plus brièvement, *Essai ...*, n. 173, pp. 423-426.

absolues », et celui de l'existence concrète, on regardera comme « frustrée » une humanité hypothétiquement laissée laissée à sa condition « naturelle ». Mais, dans cette hypothèse, la perspective eût été autre et le non-accomplissement du désir naturel eût été valorisé différemment.

CONCLUSION

312. - Nous voyons mieux à présent en quel sens Dieu est la *fin dernière* de l'homme. Qu'il s'agisse de la valeur morale à réaliser (nn. 172; 173) ou de la béatitude à obtenir, l'homme « existe » essentiellement comme un élan vers Lui. Toute sa valeur est, radicalement, de L'aimer; toute sa félicité de participer à Sa joie.

Il apparaît également que l'homme procure la gloire de Dieu, non seulement en vivant selon la raison, comme il convient à Son image (*ib.*), mais encore en trouvant en Lui son bonheur. C'est, en effet, une « gloire » pour Dieu, un signe de son excellence souveraine, d'être seul capable de combler l'esprit, comme c'est la gloire de l'esprit de ne pouvoir être comblé que par Dieu.

Par là aussi s'éclaire la *fin de la création*. Elle n'est pas seulement de permettre à l'homme, par l'exercice de la moralité, de participer à sa manière l'amour dont Dieu s'aime et de Le glorifier en se donnant et en s'abandonnant à Lui dans l'accomplissement de Son vouloir: elle est aussi de conduire l'homme, par le plein épanouissement de sa nature et l'exercice harmonieux de ses facultés, à participer à cette *perfection consciente de soi* de la nature divine, qui a nom béatitude. Car Dieu a créé tous les êtres, et en premier lieu les personnes, *pour être* (n. 283), et pour être pleinement, ce qui comporte, quand il s'agit des personnes et la valeur morale et la béatitude (n. 284). Par cette union du bonheur et de la perfection morale, la créature imite à sa façon l'unité en Dieu de la béatitude infinie et de la sainteté, qui exprime l'identité de la volonté divine avec le Bien béatifiant et la Valeur suprême et fonde pour nous la possibilité et l'espoir de voir réalisée l'harmonie parfaite de la félicité et de la vertu.

Il apparaît donc que la fin de la création n'est pas simplement que l'homme, en vivant selon la raison, reflète *objectivement* la perfection divine, mais qu'il soit *lui-même* accompli, comblé, *dans sa subjectivité*. Autrement dit, l'homme n'est pas pour Dieu un *objet*, un *instrument*, dont il se servirait pour en tirer sa « gloire » : c'est un *sujet,* qui doit glorifier Dieu par le bien même de sa subjectivité. — Mais, d'un autre côté, le but de la création ne peut pas non plus être simplement la félicité subjective de l'homme : si l'homme devait être heureux à tout prix, pourquoi n'aurait-il pas été créé tel, définitivement et d'entrée de jeu ? Le but de la création est donc — si nous considérons l'ordre *normal* — que l'homme soit heureux d'un bonheur vraiment *sien* : sien, en ce sens, tout au moins, qu'il y ait, d'une façon ou d'une autre, contribué par ce qu'il a de plus personnel : l'exercice de sa liberté. La béatitude, normalement, est une béatitude *méritée,* une *récompense.* Ceux-là y parviennent qui, en agissant bien, en s'ouvrant à la Valeur, maintiennent, dans leur existence vécue, leur dignité de personne. S'ils ne la maintiennent pas, il en sera d'eux selon ce qu'ils se seront faits eux-mêmes. On voit par là dans quelles limites il faut reconnaître à la personne une valeur absolue : à condition que la personne respecte en elle-même la dignité qui est la sienne en se comportant « dignement ». Souveraine *discrétion* de Dieu, qui « dispose de nous avec respect ». Notre dignité personnelle est entre nos mains : il dépend de nous de la sauver ou de la perdre ou, plus exactement, d'en changer le signe ...

313. - Mais, de l'ensemble de notre traité, nous pouvons tirer encore une autre conclusion. Sur les questions suprêmes de la vie, de la destinée humaine, la raison ne nous laisse pas tout à fait sans lumière, mais cette lumière, pour précieuse qu'elle soit, est bien faible et vacillante, et n'éclaire pas bien des choses qu'il nous importerait de savoir. Supposons acquise la conviction rationnelle de l'immortalité et de la sanction définitive. Il est clair que notre appréciation *pratique* des valeurs humaines devra être très différente selon que le bonheur qui nous est proposé est du même ordre, essentiellement, que nos bonheurs humains ou, au contraire, n'a aucune commune mesure avec eux, non seulement du point de vue de la certitude, de la durée ou même de l'intensité, mais du point de vue de l'excellence intrinsèque. C'est pourquoi le chrétien aura parfois l'air de mépriser les valeurs terrestres, les humbles joies de ce monde — *terrena despicere* —, de les tenir pour rien. Mais, dans la mesure où ce « mépris » est dans la ligne du christianisme authentique, il exprime avant tout l'immensité des biens attendus, ce « poids éternel de gloire », en comparaison duquel les biens et les maux de la vie présente pèsent si peu. Or cette comparaison serait vaine si ces biens et ces maux n'étaient effectivement « rien ». C'est justement, au contraire, parce qu'ils sont « quelque chose », parce qu'ils comptent, parce que leur saveur ou leur amertume ont une épaisseur charnelle, que leur sacrifice, leur négation, leur « mépris » (*minus pretium*) ont une valeur et un sens [1]. — Il y a ainsi dans la morale ou, du moins, dans la spiritualité chrétienne, des choses que la raison laissée à elle-même aurait du mal à justifier et qui apparaissent facilement à ceux qui n'ont pas l'esprit du Christ, comme des erreurs, des folies, des perversions affectives (« insensibilité », au sens péjoratif d'Aristote) [2]. C'est là le « scandale de la Croix », que nul souci de « dialogue » n'autorise à « évacuer ». Non certes que la Révélation contredise les exigences rationnelles, mais elle apporte de nouveaux critères de valeur [3].

C'est pourquoi l'éthique philosophique, bien qu'elle aboutisse à des conclusions parfaitement valides et solides, reste cependant imparfaite, non seulement pour ce qui regarde la détermination concrète de ce qui est à faire — détermination dont s'occupe l'éthique spéciale —, mais même quant au sens plénier de ses affirmations. Elle ne comprend pas toute la portée de ce qu'elle dit (n. 8).

Ici comme ailleurs, la Révélation ne se contente pas de nous faire connaître des vérités que la raison naturelle n'eût jamais découvertes ni soupçonnées: grâce à elle, les vérités rationnelles elles-mêmes reçoivent un nouvel éclairage et une signification plus profonde.

---

[1] Voir l'excellente mise au point de J. Maritain, *Le paysan de la Garonne*, Paris, 1966, pp. 71-79.

[2] Comme exemple de cette incompréhension, voir comment F. Jeanson juge le précepte chrétien d'aimer ses ennemis: « Humilité vicieuse, mépris généralisé, refus défaitiste de la réalité humaine, de sa réalité charnelle, de son ambiguïté: ce n'est pas de l'amour, c'est de la rage », *La foi d'un incroyant*, Paris, 1963, p. 135. Lire toute la critique, pp. 130-135.

[3] Est-il besoin d'ajouter que la foi chrétienne (et l'affirmation philosophique de l'immortalité), loin de diminuer, comme le prétendent les marxistes, l'urgence des tâches de la vie présente, leur confèrent au contraire une nouvelle dimension de valeur? Car c'est en s'efforçant d'établir ici-bas le règne de la justice et de la charité que l'homme, dans la perspective chrétienne, compose sa destinée éternelle. — Sans parler — ce qui pourtant est essentiel — de la valorisation nouvelle que prennent, dans cette même perspective, la personne humaine, ses droits et tout l'ordre des devoirs qui la concernent.

INDEX DES NOMS PROPRES

Les chiffres en italiques renvoient aux notes. Les parenthèses signifient que l'auteur est cité sans que sont nom soit expressément mentionné. Saint Thomas ne figure pas dans cet index.

ABÉLARD, 314, 315
ADLER (Mortimer J.), *151*
ALEXANDER (Samuel), 138
ALEXANDRE LE GRAND, 96
ALEXANDRE DE HALÈS, *345*
ALEXANDRE VIII, *217*
ALPHONSE DE LIGUORI (Saint), 359
ALSZEGHY (Zoltan), 230
ANDRONICOS, *377*
ANSELME (Saint), *71, 115,* 162, 187, *204, 206,* 329
ANTISTHÈNE, *65,* 147, 150
ARANGUREN (José Luis L.), *333, 419*
ARISTIPPE, *65,* 104, 113
ARISTOTE, 7, 8, 11, 36, 37, 38, 42, 43, 45, 51, 52, *71, 72, 90, 95,* 107, 108, 109, *117,* 136, 137, 146, 158, (189), 246, 252, 262, 269, 273, 288, 322, 369, 370, *371,* 372, 374, 377, 380, 391, 394, 406, (411), 412, (422), *423,* 435
AUBERT (Jean-Marie), *294*
AUGUSTIN (Saint), 38, 47, 146, 240, 326, 373, *417, 420,* 422
AVEMPACE (IBN BADJA), *423*
AVERROÈS (IBN ROCHD), *423*
AYER (Alfred Jules), 15, *16, 18,* 49

BALDWIN (James Mark), 138
BAÑEZ (Domingo), 209
BARTHÉLEMY DE MEDINA, 359
BAYET (Albert), *256*
BEAUVOIR (Simone de), 150, *392*
BECK (Lewis White), *161*
BENTHAM (Jeremy), 53, 105-107, 112, 113, 122
BERGSON (Henri), 140, 144
BERNARD (Saint), 147, 151, 203

BESANT (Annie), 416
BIEL (Gabriel), 98
BILLOT (Louis), 200, 204, 210, 217, 417
BILLUART (Charles-René), 40, 329, *330*)
BLIC (Jacques de), *342*
BLONDEL (Maurice), *91*
BOÈCE, 388
BOEHM-BAWERK (Eugen), 48
BONALD (Louis de), 121
BONAVENTURE (Saint), 335, 336, 338, 340, 342, *345*
BORNE (Etienne), 333
BOSANQUET (Bernard), 138
BOSSUET, 248
BOUGLÉ (Célestin), 48, 122
BOYER (Charles), 19, 170
BRADLEY (Francis Hubert), *111,* 113, 138
BRENTANO (Franz), *44,* 48
BRETON (Stanislas), *46*
BROCHARD (Victor), 11
BROGLIE (Guy de), *132*
BRUNSCHVICG (Léon), *205*
BUBER (Martin), *120*
BURLAMAQUI (Jean-Jacques), *291*

CAJETAN, 209, *320, 330*
CALLICLÈS, 96
CALVEZ (Jean-Yves), *125*
CAMUS (Albert), 63
ÇANKARA, 424
CARNAP (Rudolf), *16*
CARNÉADE, 96, 291
CATHREIN (Victor), 60, 173, *200,* 210, 217, *248,* 315, 316, *430*
CHARLESWORTH (Maxwell John), *18*

CHRYSIPPE, 376
CICÉRON, 240, 342, *377*, 388, *389*
CLAEYS-BOÚÚAERT (Paul), 224
CLÉANTHE, 314, 377
COMPAYRÉ (Gabriel), 84
COMTE (Auguste), 76, 95, 120, 121, 122, 124, 125, 133, 293, 414
COUVREUR (Gilles), *279*
CRUCHON (Georges), *65*

DANDOY (Georges), *424*
DE KONINCK (Charles), *243*
DELBOS (Victor), *161*
DEMAN (Théodore), *19*, *330*, *359*, *361*
DENZINGER (Heinrich), *217*, *226*, *358*, *360*
DESAN (Wilfrid), *150*
DESCARTES (René), 98, 153, 203, 220, 314, *378*, *381*
DESCOQS (Pedro), *210*
DESJARDINS (Claude), *208*
DIOGÈNE LAERCE, *104*, *105*, *147*
DOSTOIEVSKI (Fédor), 224
DUGUIT (Léon), *272*
DUMEIGE (Gervais), *226*
DUMÉRY (Henry), *145*
DURKHEIM (Emile), *8*, 48, 96, 122, 123, 127, *131*, 133, 292

EHRENFELS (Christian von), 48
EISLER (Rudolf), 45
ELTER (Edmund), *95*, *173*, *209*, *210*
ÉPICURE, *104*, *105*, *152*
ENGELS (Friedrich), 125
ERNOUT (Alfred), *270*
ESCHMANN (I. Th.), *243*

FABRO (Cornelio), *198*
FAUCONNET (Paul), *8*
FESTUGIÈRE (André-Jean), *103*
FLICK (Maurizio), *230*
FORCELLINI, *270*
FOULQUIÉ (Paul), 45, *91*
FOURIER (Charles), 105, 382
FREUD (Sigmund), 58
FRINS (Victor), *33*, *41*, 173, 315, 316, *328*, *330*, *339*
FUCHS (Josef), *20*, *267*, *294*, *300*, *303*, *340*, *354*, *361*

GAIUS, 289

GATHIER (Emile), *424*
GAUTHIER (René-Antoine), *107*, *108*, 109, *370*, *371*
GÉNY (François), 293
GIDE (André), *268*
GILSON (Etienne), *248*
GOETZ (Joseph), 61
GONZÁLEZ MORAL (Ireneo) 210, *328*
GOUHIER (Henri), *120*
GREDT (Joseph), 172
GRÉGOIRE LE GRAND (Saint), 7, *267*
GROTIUS (Hugo),
GROUSSET (René), *424*
GUINDON (Roger), *12*
GURVITCH (Georges), *23*
GUSDORF (Georges), *80*
GUYAU (Jean-Marie), 139, 405
GUZZO (Augusto), *46*

HALÉVY (Emile), *106*
HAMEL (Edouard), *365*
HÄRING (Bernhardt), 57
HARTLAND-SWANN (John), 9, *10*
HARTMANN (Nikolai), 49, *54*, 71, 86, *313*, *332*, 351, *380*
HEGEL (Georg Wilhelm Friedrich), 293
HÉGÉSIAS, 113
HEIDEGGER (Martin), 191
HEINECCIUS (Johann Gottlieb HEINECKE), *291*
HELVÉTIUS (Claude-Adrien), 105
HENRI DE GAND, 342
HILDEBRAND (Alice von), *267*
HILDEBRAND (Dietrich von), 45, 49, *54*, *69*, *267*, *323*, *340*, 350, *374*, *384*
HOBBES (Thomas), 96-98, 99, 101, 102, *106*, 293
HOLBACH (Paul Henri d'), 105
HUGUENY (Etienne), *340*
HUGO (Victor), *76*, 128
HUME (David), 23
HÜRTH (Franz), *267*
HUTCHESON (Francis), 120
HUXLEY (Thomas), *143*

IRÉNÉE (Saint), *231*

JACQUES (Saint), *232*
JANKÉLÉVITCH (Vladimir), 235, *420*
JAURÈS (Jean), *255*

INDEX DES NOMS PROPRES

JEAN DAMASCÈNE (Saint), 38
JEAN DE SAINT-THOMAS, *10*, 209
JEANSON (Francis), *150*, *255*, *435*
JELLINEK (Georg), 285, 293
JÉRÔME (Saint), 342
JHERING (Rudolf von), 270, 285, 293
JOHANNS (Pierre), *424*
JOLIF (Jean-Yves), *107*, *108*, *370*, *371*
JOLIVET (Régis), 173
JURIEU (Pierre), 248
JUSTINIEN, 288

KANT (Immanuel), 23, 47, 74, 79, 85, 149, 157-163, 165, 166, 167, 168, 183, 194, 195, 208, 223, 231, 237, 243, 285, 294, *300*, 303, 305, 315, 377, 383, 390, 397, 406
KELSEN (Hans), 272
KIERKEGAARD (Sören), 247
KLUBERTANZ (George P.), *263*
KNAUER (Peter), *325*

LABOURDETTE (Michel.-M.), *19*
LA BRUYÈRE (Jean de), 8
LACHANCE (Louis), 272
LACOMBE (Olivier), *424*
LACROIX (Jean), *161*
LALANDE (André), *143*
LA ROCHEFOUCAULD (François de), 350, 397
LAVELLE (Louis), *15*, *46*, 49, *52*, *57*, *193*, *204*, *333*, *423*
LEBACQZ (Joseph), *353*
LECANUET (E.), *253*
LECLERCQ (Jacques), *129*, *419*.
LE FUR (Louis), 293
LEHU (Léonard), 170, *200*, *209*, 315, 316, *322*, *330*
LEIBER (Robert), *343*
LEIBNIZ (Gottfried Wilhelm), 119, 388, 390, 406, *411*
LÉNINE, 124, 138
LÉON XIII, *284*
LÉONARD (Jean), *107*
LE ROY (Edouard), *204*
LE SENNE (René), *23*, 49, *52*, 65, 80, *104*, *105*, *143*, 154, *256*, *378*
LÉVY-BRUHL (Lucien), 9, 11, 15, 48, 96, 122, 124
LIBERATORE (Matteo), 171

LOTTIN (Odon), *11*, 210, *236*, *244*, *321*, *335*, *340*, *342*, *346*, *358*
LOTZE (Rudolf Hermann), 48
LUBAC (Henri de), 118, *120*

MACDONNEL (A. A.), 7
MACLAGAN (W. G.), *118*, *340*
MACROBE, 377
MADINIER (Gabriel), *130*
MAISTRE (Joseph de), 121
MALEBRANCHE (Nicolas), 47, 171, *378*
MARC (André), *425*
MARCEL (Gabriel), 274
MARITAIN (Jacques), *10*, *18*, *19*, 20, 44, *110*, *115*, *120*, *125*, *132*, 151, 209, *215*, *222*, *243*, *263*, *268*, 282, *290*, *332*, *431*, *435*
MARTELET (Gustave), *420*
MARTY (François), *161*
MARX (Karl), 48, *106*, 124, *125*, 182, 267
MATHIEU (Vittorio), *46*
MAUSBACH (Joseph), 172
MEHL (Roger), *152*
MEILLET (Antoine), 270
MEINONG (Alexius), 48
MERCIER (Désiré), 199, 208
MERLEAU-PONTY (Maurice), *135* 253
MERSENNE (Marin), 98
MILL (John Stuart), 95, 107, 118, 122, 127, 128
MITIN (Mark B.), 135
MOHR (Richard), 60
MOLIÈRE, 176, 324
MONTAIGNE, 96
MONTESQUIEU, 242
MOORE (George Edward), *16*, 118
MORANDINI (Francesco), 354
MOUNIER (Emmanuel), *120*
MÜLLER-FREIENFELS (Richard), 48
MÜNSTERBERG (Hugo), 48

NABERT (Jean), *333*
NAUS (John E.), *10*, *263*, *378*
NÉDONCELLE (Maurice), *120*
NEWMAN (John Henry), *106*, *229*
NIETZSCHE (Friedrich Wilhelm), 48, 58, 59, 98, 139, *380*, *423*

OCKHAM (Guillaume d'), 98, 272
OLLÉ-LAPRUNE (Léon), *12*, *107*, *108*

PARODI (Dominique), *131, 206*
PASCAL (Blaise), 419
PATON (H. J.), *161*
PAUL (Saint), *82, 95,* 119, 146, 151, 222, (229), 355
PIAGET (Jean), *65*
PIE VII, *284*
PIERRE (Saint), *(230)*
PIERRE LOMBARD, *342*
PINCKAERS (Servais), *40, 323*
PINDARE, 381, *382*
PLATON, 11, 36, 47, 195, 256, 288, 377, 416
PLÉ (Albert), *112*
PLOTIN, 416
POLIN (Raymond), 48, *146,* 150, 152, 154
PONCEAU (Amédée), *65, 382*
POUCHET (Robert), *71, 115*
PRELLER (Ludwig): voir RITTER
PRÜMMER (Dominik), 360
PUFENDORF (Samuel von), 99, 101, 102, 199, 208

RABAN MAUR, *342*
RACHEL (Samuel), *291*
RAHNER (Karl), *419*
RAMÍREZ (Jaime María), *19*
RANWEZ (Edouard), *341*
RAUH (François), 23
RÉGNON (Théodore de), *188*
REICHENBACH (Hans), *16*
REINER (Hans), 57, *333*
REINERS (Hermann), *323*
RENARD (Georges), 293
RENOUVIER (Charles), 416
RIBOT (Théodule), 48
RICARDO (David), 48
RICHARD (Timothée), *340*
RICHARD DE SAINT-VICTOR, *427*
RICKERT (Heinrich), 48
RICOEUR (Paul), *8, 36, 333*
RIPERT (Paul), 293
RITTER (Heinrich), *104, 105, 147*
RIVAUD (Albert), *424*
ROBERT (Ch.), *294*
RODRIGO (Lucio), *359*
ROLDÁN (Alejandro), *36, 44, 49*
ROMANO (Pietro), *46*
ROMMEN (Heinrich), *294*
ROSMINI (Antonio), 171
ROUSSEAU (Jean-Jacques), 23, 292

ROUSSELOT (Pierre), *365*
RUSKIN (John), 388

SAINT-JEAN (Raymond), 45, *91*
SAINT-SIMON (Claude-Henri de), 293
SAND (George), 383
SARTRE (Jean-Paul), 38, 48, *81,* 148-149, 153, 154, 224, *247,* 255
SAVIGNY (Friedrich Karl von), 291, 292
SCHELER (Max), *8,* 49, 57, 71, *120,* 125, *192,* 229, 266, *340,* 352
SCHELLING (Friedrich Wilhelm Joseph), 139, 292
SCHIFFINI (Santo), 170, 174, 179, 229, *248, 290,* 315, *339*
SCHLEIERMACHER (Friedrich), *135*
SCHÖNMETZER: voir DENZINGER
SCHOPENHAUER (Arthur), 118
SCIACCA (Michele Federico), *170, 419*
SCOT (Jean Duns),, 145, 248, 328, *330,* 335, 336, 425
SÉNÈQUE, 342, *423*
SERTILLANGES (Antonin - Dalmace), *333*
SHAFTESBURY (Antony Ashley Cooper, Earl of), *120, 121, 199*
SIDGWICK (Henry), *80,* 122, *127*
SIMON (Yves), *10, 263*
SMITH (Adam), 120
SOCRATE, 104, 131, 288, 331
SOLOVIEV (Vladimir), *67, 262*
SOPHOCLE, *65,* 76
SPENCER (Herbert), 138, 139, 142
SPINOZA (Baruch), 13, 22, *135,* 146, 147, 151, 424
STAHL (Friedrich Julius), 291, 292
STEINER (Rudolf), 416
STENDHAL, 43
STEVENSON (Charles L.), 15, *16,* 77
STIRNER (Max), 148
SUAREZ (Francisco), 172, 173, 174, 179, 182, 239, 240, 290, *291,* 315, 316, 328, 330, 336, *337,* 338, 346, 425
SULLY-PRUDHOMME, 299

TEILHARD DE CHARDIN (Pierre), 138, 139
TETENS (Johann Nikolaus), *44*
THÉOPHRASTE, 8

THOMASIUS (Christian), 294
TONNEAU (Jean), 74
TROISFONTAINES (Roger), *419*

UDO, 342
ULPIEN, 288, 289

VACHEROT (Etienne), 76
VAGOVIC (Stefan), *125*
VANIER (Jean), *103, 107*
VARRON, 422
VATTEL (Emmerich), *291*
VAZQUEZ (Gabriel), 199, 208, 219, *330, 335*

VERGA (Leonardo), *171*
VIALATOUX (Joseph), *132*
VIGNAUX (Paul), *98*
VILLEY (Michel), 272, 293, *294*

WEIL (Eric), 65, *109, 193, 255*
WESTERMARCK (Edward), 8, *61*
WINDELBAND (Wilhelm), 48
WITTGENSTEIN (Ludwig), *16*
WOLFF (Christian), 199, *291*
WRIGHT (John H.), *132, 243*

ZALBA (Marcelino), *340*
ZÉNON, 314, 377

TABLE DES MATIERES

(Les chiffres entre parenthèses indiquent les paragraphes)

PAGE

INTRODUCTION

I. Définition. Etymologie (1). — Définition réelle: science normative des actes humains (2), — catégoriquement normative (3), — selon la lumière de la raison (4). — II. Intérêt et légitimité. Intérêt et objections d'ordre général (5). — Objections plus spécifiques (6). — L'objection de J. Maritain (7). — Mise au point (8). — III. L'éthique et les autres branches du savoir philosophique. Rapport avec les autres disciplines « pratiques » (9). — Ethique et métaphysique (10). — IV. Méthode et division du traité. Méthode (11). — Division (12) 7

Première Partie: LA VALEUR MORALE

LIVRE PREMIER. ESSENCE ET NORME DE LA VALEUR MORALE   31

Chapitre premier: LES DONNÉES DE LA CONSCIENCE MORALE . . .   31

I. *L'action humaine*   31

Actes de l'homme et actes humains (13). — Caractéristiques de l'acte humain (14). — Structure de l'acte humain selon saint Thomas (15). — Le volontaire et l'involontaire (16)   31

II. *De la valeur en général*   44

Fin et valeur (17). — Excursus sur la philosophie des valeurs (18-20). — Connaissance de la valeur (21). — Quelques caractères de la valeur (22). — La hiérarchie des valeurs (23, 24) . . .   44

III. *La valeur morale*   57

A. *Le phénomène de la valeur morale.* Y a-t-il une valeur morale? Sens de la question (25) — Opinions (26). — L'existence des jugements moraux comme donnée de fait de la conscience humaine (27-29) — Nos jugements sur autrui (30). — Nos jugements sur nous-mêmes. L'expérience du remords (31). — Fausseté des explications réductrices (32). — Quelques caractères de la valeur morale (33)   57
B. *Le phénomène de l'obligation.* Introduction (34). — L'obligation manifestée par la conduite et le langage humains (35, 36). —

	PAGE
L'expérience intérieure. Analyse d'un cas (37). — Elimination des éléments non moraux (38, 39). — Ce qui reste (40). — Caractère absolu de l'exigence morale (41). — Irréductibilité de l'obligation (42). — Obligation et conflit (43). — Obligation et valeur morale. Le principe : « il faut faire le bien » (44). — Confirmation du caractère normatif de l'éthique (45). — Qu'il importe de mieux déterminer l'essence de la valeur morale (46)	74

Chapitre II. LE CONSTITUTIF INTERNE DE LA VALEUR MORALE . . 91

    Objet et méthode de l'enquête (47-49) 91

I. *L'extrinsécisme moral* 94

    Introduction (50-51). — Les précurseurs (52). — Hobbes (53). Pufendorf (54). — Critique (55-58). — Ce qu'on peut en retenir (59) 94

II. *Le naturalisme moral* 103

    A. *L'eudémonisme.* Introduction (60). L'hédonisme : Aristippe (61). — Epicure (62). — Bentham (63). — L'eudémonisme rationnel : Aristote (64). — L'eudémonisme eschatologique (65). — Critique de l'hédonisme (66-70). — Critique de l'eudémonisme en général (71-73). — L'eudémonisme négatif (74) 103
    B. *Ethiques altruistes et communautaires.* Introduction (75). — Ethiques sentimentales : Comte (76). — Utilitarisme : Mill (77). — Morale sociologique (78). — Morale marxiste (79). — Critique : introduction (80). — Critique de l'éthique sentimentale (81). — Critique de l'utilitarisme (82-84). — Critique de la morale sociologique (85-89). — Critique de la morale marxiste (90) . . 119
    C. *Ethiques cosmiques et biologiques.* Introduction (91). — Les stoïciens (92). — Les modernes. L'éthique évolutionniste. Spencer (94). — Guyau (94). — Nietzsche (95). — Bergson (96). — Critique (97-100). — Ce qu'on peut retenir (101) 135

III. *La valeur morale cherchée dans l'activité spirituelle* . . . 145

    Introduction (102) 145
    A. *Ethiques de la liberté.* Introduction (103-104). — Dans l'antiquité : Antisthène (105). — L'individualisme libertiste de Stirner (106). — Sartre (107). — Une tendance du bergsonisme (108). — Divers sens du mot liberté (109). — Critique de la morale de la liberté (110-113) 145
    B. *Ethiques de la raison.* Introduction (114). — I L'éthique formelle de Kant. Présentation (115-118). — Critique (119-125). — II. L'éthique de la raison ouverte. Introduction (125). — Interprétation thomiste : la norme morale dans le jugement de la raison droite (127). — Autres interprétations : la norme morale dans l'ordre objectif (128). — Suarez : la norme dans la nature raisonnable comme telle (129). — Critique. Bien fondé de la thèse thomiste (130-131). — Bien-fondé des autres positions (132-133). — La question cruciale : le rôle de la raison est-il purement déclaratif ou

constitutif de la valeur morale? (134). — La convenance avec la raison constitue formellement la convenance avec la nature comme convenance morale (135-136). — Conclusion de l'enquête (137) . 155

Chapitre III. Déduction de la valeur morale. Eclaircissements sur l'idéal de la raison pratique 185

I. *Déduction de la valeur morale* 185

Introduction (138). — Déduction (139). — Réponse à une difficulté (140). — En quel sens l'Idéal est fin (141) 185

II. *Elucidation de l'Idéal de la raison pratique* 190

Introduction (142). — L'Idéal pratique à l'horizon de l'esprit s'ouvrant dans l'amour spirituel (143-146). — Ni kantisme, ni idéalisme (147-148). — Transition (149) 190

Livre II. FONDEMENT ONTOLOGIQUE DE L'ORDRE MORAL . 197

Chapitre IV: Fondement dernier et norme suprême de la valeur morale 197

Introduction (150). — Opinions (151). — La valeur morale requiert Dieu comme fondement ultime en soi (152, 153). — Comment et sous quel aspect Dieu fonde l'ordre moral (154-157) . 197

Chapitre V: Fondement de l'obligation morale 207

Introduction (158). — Opinions (159-160). — Le fondement prochain de l'obligation est le même que celui de la valeur morale (161-162). — Impossibilité de déduire l'obligation radicale à partir de Dieu législateur (163, 164). — Dieu, fondement ontologique de l'obligation (165-167). — Trois corollaires (168-170) . . . 207

Chapitre VI: Exposé synthétique 207

Dieu en créant convertit les êtres vers soi, en les faisant participer à l'amour dont il s'aime (171). — Cette ordination à Dieu s'exprime dans la créature raisonnable par la conscience de l'obligation (172). — En quel sens les êtres existent pour la gloire de Dieu (173). — Corollaires (174) 227

Deuxième Partie: L'ORDRE MORAL

Livre III. L'ORDRE MORAL OBJECTIF 235

Introduction (175) 235

Chapitre VII: La loi 236

PAGE

Définition selon saint Thomas (176). — Notion thomiste et notion suarézienne de la loi (177). — Division traditionnelle (178-179). — Observations critiques (180). — Transition (181) . . . 236

Chapitre VIII: Universalité et immutabilité des règles morales 246

Introduction (182). — Limites de la question (183). — Universalité et immutabilité du premier principe (184). — Universalité et immutabilité des déterminations fondées sur la nature humaine (de la « loi naturelle ») (185, 186). — D'où vient la variété des jugements moraux? (187-189). — Connaissance de la loi naturelle (190). — Jugement sur l'éthique de situation (191, 192). — Remarques pour conclure (193) 246

Chapitre IX: Le droit 270

I. *Du droit en général* 270

Définition (194). — Droit et justice (195). — Le « sien » (196). — La mesure propre de la justice (197). — Fonction de la justice et du droit (198). — Diverses espèces de justice (199). — La relation juridique (200). — Diverses espèces de droits (201). — Droit et devoir (202, 203). — Propriétés du droit (204). — La coactivité est-elle de l'essence du droit? (205-207) 270

II. *Du droit naturel dans son rapport à la morale* 288

Droit naturel et droit positif (208). — Le droit des gens (209). — La critique du droit naturel (210, 211). — Défense du droit naturel (212-215). — Rapport entre droit naturel et droit positif (216, 217). — L'ordre juridique et l'ordre moral (218, 219). — Le droit naturel est-il immuable? (220) 288

Livre IV. L'ORDRE MORAL SUBJECTIF 309

Introduction (221) 309

Chapitre X: Les facteurs de la moralité 311

Introduction (222). — Opinions (223). — Unité et dualité de l'action humaine (224). — La spécification par l'objet (225). — Les circonstances (226). — La fin et l'acte « interne » (227). — Fin et objet: rapport des deux spécifications (228). — La fin ne justifie pas les moyens (229). — Le principe du double effet (230). — Résumé (231) 311

Appendice I: L'acte externe ajoute-t-il quelque chose à la valeur morale de l'acte interne? (232). — Appendice II: De l'être moral (233). — Appendice III: Du mal moral (234, 235) . . 326

Chapitre XI: Le problème des actes indifférents 334

Introduction (236). — Opinions (237). — Jugement (238, 239) 334

	PAGE
Chapitre XII: LA CONSCIENCE MORALE	341

Introduction. Conscience et syndérèse (240). — Conscience erronée et conscience douteuse (241) 341

I. *La conscience erronée* 345

Opinions (242). — Erreur vincible ou invincible, coupable ou non coupable (243). — La conscience invinciblement erronée oblige (244). — L'erreur invincible et non coupable excuse (245). — Comment l'ignorance peut être coupable (246). — Ne pas faire peu de cas de la rectitude objective (247) 345

II. *La conscience douteuse* 352

Introduction (248) 352
A. *Le jugement de conscience.* Il ne faut pas agir quand le doute porte sur la valeur de la position de l'acte (249). — Une certitude morale suffit (250). — La conscience apparemment mauvaise (251, 252) 353
B. *Comment former le dernier jugement de conscience?* Le problème (253). — Le tutiorisme (254). — Les systèmes moraux: probabiliorisme et équiprobabilisme (255). — Le probabilisme (256). — Le système de la compensation (257). — Schéma général (258). — Examen de la question. Remarques préalables (259). — Ne pas s'exposer au danger de violer l'ordre objectif (260). — Ni à celui de se créer de fausses obligations (261). — Il faut, pour embrasser le parti le moins sûr, des raisons proportionnées (262). — Quand y en a-t-il? (263). — Deux types d'actes appelant deux jugements (264). — La conscience hésitante entre deux devoirs (265). — Remarque (266) 357

Chapitre XIII: LA VIE MORALE 369

La vertu: Définition (268). — Effets. Vertu et valeur morale (269). — Vertu et liberté (270, 271). — Division (272). — Connexion (273). — Les vices (274). — Le progrès de la vie morale (275). — Les passions et l'affectivité (276). 369

Troisième Partie: BONHEUR ET MORALITE

LIVRE V. BONHEUR ET MORALITE 387

Chapitre XIV. LE DÉSIR DU BONHEUR ET SON RÔLE DANS LA VIE MORALE 387

Introduction (277). — La béatitude (278). — Opinions (279). — Le désir naturel de la béatitude. Témoignage de l'expérience (280). — L'analyse du vouloir (281, 282). — Le dynamisme de l'être spirituel (283). — Le lien entre la béatitude et la valeur morale (284). — Le désir du bonheur et l'intention morale (285-288) 387

	PAGE
Chapitre XV: L'HARMONIE FINALE DE LA VALEUR ET DU BONHEUR OU LE PROBLÈME DE LA SANCTION	399

Introduction (289). — Le mérite (290). — La sanction (291). — Opinions (292). — Justification insuffisante de la sanction (293). — La vraie justification (294-296). — Imperfection des sanctions de la vie présente (297). — La sanction parfaite postule l'immortalité (298). — L'hypothèse de la réincarnation. Critique (299, 300). — Importance du problème de la mort (301). — Remarques pour finir (302) 399

Chapitre XVI: Où SITUER LA BÉATITUDE VÉRITABLE? 422

Hypothèses et opinions (303-305). — La béatitude n'est pas dans la jouissance de l'univers (306). — Ni dans la jouissance de soi-même (307). — Ni dans la société des personnes humaines (308). — L'objet adéquat de la béatitude est Dieu (309). — Convenance de la résurrection (310). — Une délicate question: le terme du désir naturel (311) 422

CONCLUSION. La fin dernière (312). — Insuffisance de l'éthique naturelle (313) 433

Index des noms propres 437
Table des matières 443

TIPOGRAFIA POLIGLOTTA DELLA PONTIFICIA UNIVERSITÀ GREGORIANA
PIAZZA DELLA PILOTTA, 4 - ROMA